深远海工程装备与高技术丛书

自升式风电安装船技术与应用

上海振华重工(集团)股份有限公司　著

上海科学技术出版社

图书在版编目(CIP)数据

自升式风电安装船技术与应用 / 上海振华重工(集团)股份有限公司著. —上海：上海科学技术出版社，2019.1
（深远海工程装备与高技术丛书）
ISBN 978-7-5478-4259-1

Ⅰ.①自… Ⅱ.①上… Ⅲ.①电站船 Ⅳ.①U674.37

中国版本图书馆 CIP 数据核字(2018)第 270951 号

自升式风电安装船技术与应用
上海振华重工(集团)股份有限公司　著

技术编辑　张志建　陈美生
美术编辑　赵　军

上海世纪出版(集团)有限公司　出版、发行
上海科学技术出版社
(上海钦州南路71号　邮政编码200235　www.sstp.cn)
苏州望电印刷有限公司印刷
开本 787×1092　1/16　印张 33　插页 4
字数 830 千字
2019 年 1 月第 1 版　2019 年 1 月第 1 次印刷
ISBN 978-7-5478-4259-1/U·76
定价：268.00 元

本书如有缺页、错装或坏损等严重质量问题，请向工厂联系调换

内 容 提 要

  本书分为 11 章四大部分：第 1 章阐述了自升式风电安装船的发展现状、市场需求类型及发展趋势，收集了大量的国内外有关自升式海上风电安装船的资料；第 2～5 章阐述了自升式风电安装船的总体布置及主要参数、桩腿强度、浮态稳性、站立稳性、轮机系统及内外舾装等重要设计内容，对风电安装船基本性能进行了研究和广泛的讨论，并阐述了风电安装船的设计原理和方法；第 6～7 章阐述了自升式风电安装船电气控制及液压控制两大重要控制系统，针对不同类型的自升式风电安装船配套形式，详细阐述了两大控制系统在设计和研究中的方法和研究成果；第 8～11 章阐述了自升式风电安装船起重机设计、抬升升降系统设计、动力定位系统及抱桩器等核心配套设备的设计内容。

  本书的主要读者是从事海洋工程装备设计、开发、安装、维修的工程技术人员和管理人员，特别是海上风电场相关人员，以及高等院校相关专业的高年级本科生、研究生与教师。

学 术 顾 问

潘镜芙　中国工程院院士、中国船舶重工集团公司第七〇一研究所研究员
闻雪友　中国工程院院士、中国船舶重工集团公司第七〇三研究所研究员
顾心怿　中国工程院院士、胜利石油管理局资深首席高级专家
方书甲　中国造船工程学会原副理事长、研究员
童小川　中国船舶重工集团公司科技委主任、研究员
俞宝均　中国船舶设计大师、中国船舶工业集团公司第七〇八研究所研究员
杨葆和　中国船舶设计大师、中国船舶工业集团公司第七〇八研究所研究员
赵耕贤　中国船舶设计大师、中国船舶工业集团公司第七〇八研究所研究员
徐绍衡　中国船舶设计大师、江苏省舰船及海洋自动化工程研究中心首席科学家

丛书编委会

主　　　编	潘镜芙　童小川
常务副主编	闻雪友
副　主　编	方书甲　王自力　刘志刚　沈余生　桂文彬
	黄　震　王文涛
编　　　委	（按姓氏笔画排序）
	尤　熙　冯志敏　刘建峰　李林烨　杨葆和
	何可耕　张　云　张锦岚　陈福正　林宪东
	周国平　赵耕贤　俞宝均　翁一武　崔维成
	焦　侬
编委办公室	刘　震　田立群　周海锋　施　璟　杨文英
	方思敏　赵宝祥　李　慧　蒋明迪
主 编 单 位	中国造船工程学会《船舶工程》编辑部

《自升式风电安装船技术与应用》编审委员会

主　任　王文涛

副主任　何可耕　张家齐　晁世方　施海滨　李　泽　戚海峰
　　　　　洪　超　黄卫民

委　员　余　谦　韩传杰　曲庆亮　张译元　胡　文　董　伟
　　　　　孟　旭　张　叶　王晓飞　陆忠华　原林林　王硕峰
　　　　　袁新勇　王　宇　欧金生　张建明

前　言

　　风力发电是近年来世界各国普遍关注的新能源开发项目之一，其中海上风力发电已经成为世界清洁能源发展的亮点，步入高速发展期。海上风电以其风资源持续稳定、风速高、发电量大和不占用土地资源等优点得到各国的重视。国家能源局风电发展"十三五"规划指出，应积极稳妥推进海上风电建设。到 2020 年，全国海上风电项目开工 1 000 万 kW，力争累计并网容量达到 500 万 kW 以上，这意味着现有的风电安装船根本不能满足今后风电安装的需求，风电安装船市场有巨大的需求空间。

　　本书分为四大部分 11 章：

　　第一部分为第 1 章，概述了自升式风电安装船的发展现状、市场需求类型及发展趋势，收集了大量的国内外有关自升式海上风电安装船的资料。

　　第二部分为第 2～5 章，概述了自升式风电安装船的总体布置及主要参数、桩腿强度、浮态稳性、站立稳性、轮机系统及内外舾装等重要设计内容，对风电船基本性能进行了研究和广泛的讨论，并阐述了风电安装船平台的设计原理和方法。

　　第三部分为第 6～7 章，概述了自升式风电安装船电气控制及液压控制两大重要控制系统，针对不同类型的自升式风电安装船配套形式，详细阐述了两大控制系统在设计和研究中的方法和研究成果。

　　第四部分为第 8～11 章，概述了自升式风电安装船起重机设计、升降系统设计、动力定位系统及抱桩器等核心配套设备的设计内容，并进行了广泛的研究讨论。

　　本书总结了上海振华重工(集团)股份有限公司十多年来自升式风电安装船及其核心配套设备的设计和研究成果。

　　自升式风电安装船的研究和设计是一个不断发展的领域，由于作者水平和时间所限，本书必然存在着一些缺点和不足，恳切希望广大读者给予批评和指正。

作　者

2018 年 9 月

目 录

第 1 章 自升式风电安装船发展现状和前景 1
  1.1 技术及装备发展现状 3
  1.2 市场需求及类型 6
  1.3 发展趋势研究 9

第 2 章 总体布置设计及主要性能计算分析 11
  2.1 主要参数分析 13
    2.1.1 可变载荷及甲板面积确定 13
    2.1.2 主尺度方案确定 14
    2.1.3 质量重心控制原则 15
  2.2 主要设备及舱室布置 18
    2.2.1 风机设备布置 18
    2.2.2 施工工艺对总体布置的影响 19
    2.2.3 起重机布置 25
    2.2.4 抱桩器布置 29
    2.2.5 机械舱室布置 32
    2.2.6 管弄布置 37
    2.2.7 生活区舱室布置 39
    2.2.8 脱险通道设计考虑 41
    2.2.9 危险区舱室布置 42
    2.2.10 典型设计工况 44
  2.3 主要性能计算 45
    2.3.1 质量预估及升降能力选型分析 45
    2.3.2 干舷及储备浮力计算分析 46
    2.3.3 风载荷计算分析 51
    2.3.4 航行完整稳性计算分析 61
    2.3.5 航行破舱稳性计算分析 65
    2.3.6 漂浮起吊作业特殊稳性计算分析 72
    2.3.7 站立稳性计算分析(结构提供) 80

第3章 船体与桩腿设计与分析 …… 83
3.1 船体与桩腿强度设计通则 …… 85
3.2 设计载荷与工况 …… 85
3.2.1 环境载荷 …… 85
3.2.2 重力及功能载荷 …… 87
3.2.3 工况分类 …… 87
3.3 主船体结构设计 …… 88
3.3.1 总体强度 …… 88
3.3.2 局部强度 …… 88
3.4 桩腿设计 …… 89
3.4.1 桩腿的型式 …… 89
3.4.2 桩腿水动力参数的选择 …… 89
3.4.3 桩腿强度计算 …… 90
3.5 桩靴设计 …… 90
3.5.1 桩靴强度 …… 90
3.5.2 探索桩靴新型式 …… 91
3.6 海底地基 …… 93
3.6.1 海底地基特征 …… 93
3.6.2 桩靴插深计算 …… 93
3.7 结构优化 …… 96

第4章 轮机设备及主要系统设计 …… 99
4.1 电站选型设计及推进器选型要素 …… 101
4.1.1 电站 …… 101
4.1.2 推进器选型要素 …… 103
4.2 轮机主要系统设计 …… 103
4.2.1 舱底水系统 …… 103
4.2.2 压载水系统 …… 105
4.2.3 冷却水系统 …… 107
4.2.4 冲桩系统 …… 110
4.2.5 压缩空气系统 …… 116
4.2.6 燃油、滑油系统 …… 120
4.2.7 消防灭火系统 …… 122
4.2.8 日用淡水系统 …… 126
4.2.9 阀门遥控、液位遥测系统 …… 130
4.2.10 防污染系统 …… 131
4.3 冷藏、通风、空调设备及系统设计 …… 133

　　　　4.3.1　冷藏系统设计 ……………………………………………………………… 133
　　　　4.3.2　通风系统设计 ……………………………………………………………… 135
　　　　4.3.3　空调系统设计 ……………………………………………………………… 143

第 5 章　舾装设计 …………………………………………………………………………… 151
5.1　外舾装设计特点与原则 ……………………………………………………………… 153
5.2　外舾装主要设备设计 ………………………………………………………………… 153
　　　　5.2.1　锚泊设备系统的选型和布置 ………………………………………………… 153
　　　　5.2.2　系泊设备的选型和布置 ……………………………………………………… 154
　　　　5.2.3　拖曳系统的选型和布置 ……………………………………………………… 155
　　　　5.2.4　起重设备的选型和布置 ……………………………………………………… 156
　　　　5.2.5　救生消防设备的选型和布置 ………………………………………………… 157
　　　　5.2.6　舱盖类设备的选型和布置 …………………………………………………… 159
　　　　5.2.7　栏杆、梯道等铁舾件的设计 ………………………………………………… 160
　　　　5.2.8　其他杂项的设计 ……………………………………………………………… 162
5.3　内装设计流程与细则 ………………………………………………………………… 163
　　　　5.3.1　内装设计的特点与原则 ……………………………………………………… 163
　　　　5.3.2　生活区的划分与舱室布置 …………………………………………………… 164
　　　　5.3.3　厨房、餐厅公共区域的设计与布置 ………………………………………… 167
　　　　5.3.4　内装主材的设计与选择 ……………………………………………………… 170

第 6 章　电气控制系统 ……………………………………………………………………… 175
6.1　电力系统 ……………………………………………………………………………… 177
　　　　6.1.1　电源种类和容量的确定 ……………………………………………………… 177
　　　　6.1.2　配电系统设计 ………………………………………………………………… 178
　　　　6.1.3　配电系统计算 ………………………………………………………………… 179
6.2　升降控制系统 ………………………………………………………………………… 181
　　　　6.2.1　升降控制系统特征 …………………………………………………………… 181
　　　　6.2.2　升降控制系统硬件设计 ……………………………………………………… 181
　　　　6.2.3　升降控制系统软件设计 ……………………………………………………… 183
　　　　6.2.4　常见故障分析及处理 ………………………………………………………… 185
6.3　起重机电气系统 ……………………………………………………………………… 186
　　　　6.3.1　电气系统概述 ………………………………………………………………… 186
　　　　6.3.2　电气设计相关规范 …………………………………………………………… 188
　　　　6.3.3　电气系统组成 ………………………………………………………………… 189
　　　　6.3.4　电气安装工艺 ………………………………………………………………… 201
　　　　6.3.5　安全保护设计及控制难点 …………………………………………………… 207

6.4 锚机系统 209
　　6.4.1 锚机控制系统特征 209
　　6.4.2 锚机控制系统硬件设计 210
　　6.4.3 锚机控制系统软件设计 212
　　6.4.4 常见故障分析及处理 220
6.5 推进电气系统 221
　　6.5.1 推进系统简介 221
　　6.5.2 电气设计相关规范 222
　　6.5.3 推进系统的组成 222
　　6.5.4 推进系统的功能 226
6.6 中央控制系统设计 227
　　6.6.1 系统概述 227
　　6.6.2 系统方案设计 228
　　6.6.3 系统主要技术指标 232

第7章 液压传动与控制系统 233

7.1 抬升液压系统 235
　　7.1.1 抬升液压系统特征 235
　　7.1.2 抬升液压系统原理 235
7.2 起重机液压传动与控制系统 247
　　7.2.1 起重机液压系统特征 247
　　7.2.2 起重机液压系统的分类及工作原理 248
7.3 锚机液压传动与控制系统 264
　　7.3.1 锚机液压系统特征 264
　　7.3.2 锚机液压系统工作原理 264
7.4 动力定位液压传动与控制系统 275
　　7.4.1 动力定位液压系统特征 276
　　7.4.2 动力定位液压系统工作原理 276
7.5 抱桩器液压传动与控制系统 281
　　7.5.1 抱桩器液压系统特征 281
　　7.5.2 抱桩器液压系统原理 282
7.6 液压系统故障分析 285

第8章 自升式风电安装起重机 287

8.1 概述 289
　　8.1.1 现状和特点 289
　　8.1.2 主要参数 292

         8.1.3 主要部件和组成系统 300
         8.1.4 稳定性 307
         8.1.5 安全评估 307
         8.1.6 规范和准则 307
    8.2 全回转风电安装起重机 308
         8.2.1 全回转起重机的金属结构 308
         8.2.2 全回转起重机的机构 324
         8.2.3 全回转起重机的缠绕系统 337
         8.2.4 全回转起重机的辅助系统 344
    8.3 绕桩式全回转风电安装起重机 348
         8.3.1 绕桩式全回转起重机的金属结构 350
         8.3.2 绕桩式起重机的机构 362
         8.3.3 绕桩式全回转起重机的辅助系统 366
    8.4 桅杆式回转风电安装起重机 366
         8.4.1 桅杆式回转起重机的金属结构 366
         8.4.2 桅杆式回转起重机的机构 367
         8.4.3 桅杆式回转起重机的辅助系统 370
    8.5 固定臂架式风电安装起重机 370
         8.5.1 固定臂架式风电安装起重机的金属结构 370
         8.5.2 固定臂架式风电安装起重机的机构 372
         8.5.3 固定臂架式风电安装起重机的附件 373
    8.6 电气系统 373
         8.6.1 起重机的供电 373
         8.6.2 机构用交流变频电动机 376
         8.6.3 起重机的控制系统 377
         8.6.4 起重机辅助电气设备 378
    8.7 液压系统 379
    8.8 电液起重机与电驱起重机的选型 380
         8.8.1 电液起重机的优势 380
         8.8.2 电驱起重机的优势 381
         8.8.3 两种起重机的选型比较 382

第9章 升降系统设计 383
    9.1 升降系统概述 385
         9.1.1 背景 385
         9.1.2 主要设计参数 386
         9.1.3 相关结构部件 387

- 9.1.4 升降系统的分类 ··· 391
- 9.1.5 升降系统选型 ··· 391
- 9.1.6 产品性能参数表 ··· 392
- 9.1.7 锁紧系统 ··· 393

9.2 齿轮齿条式升降系统 ··· 396
- 9.2.1 结构布置 ··· 397
- 9.2.2 减速箱 ··· 399
- 9.2.3 齿轮和齿条 ··· 402
- 9.2.4 电机和制动器 ··· 403
- 9.2.5 电气控制系统 ··· 404

9.3 液压油缸式升降系统 ··· 404
- 9.3.1 升降系统介绍 ··· 406
- 9.3.2 国内液压升降系统 ··· 409
- 9.3.3 液压销孔式升降系统对比 ··· 410
- 9.3.4 电气控制系统 ··· 412

第10章 动力定位系统 ··· 413

10.1 概述 ··· 415
- 10.1.1 船舶动力定位系统定义 ··· 415
- 10.1.2 动力定位系统的功能及应用 ··· 416
- 10.1.3 动力定位系统的组成 ··· 417

10.2 船舶动力定位传感器测量系统 ··· 420
- 10.2.1 传感测量系统基本组成 ··· 420
- 10.2.2 位置参考系统 ··· 423
- 10.2.3 传感器系统 ··· 424
- 10.2.4 参考模型 ··· 425

10.3 动力定位能力分析 ··· 427
- 10.3.1 设计总则 ··· 427
- 10.3.2 总体设计 ··· 427
- 10.3.3 功能实现 ··· 429
- 10.3.4 1 200 t 风电安装平台 DP2 能力分析 ··· 436

10.4 船舶动力定位数据处理系统 ··· 445
- 10.4.1 多传感器数据融合技术的概述 ··· 445
- 10.4.2 船舶动力定位数据处理与数据融合 ··· 445
- 10.4.3 船舶动力定位的数据滤波与运动状态估计 ··· 447

10.5 动力定位控制方法 ··· 452
- 10.5.1 LQG 控制器设计 ··· 453

  10.5.2 基于非线性预测控制的动力定位控制算法 …………………… 460
 10.6 推力分配 ……………………………………………………………………… 465
  10.6.1 推力分配问题的一般提法 …………………………………… 466
  10.6.2 推力分配问题的解法 ………………………………………… 469
  10.6.3 实际问题 ……………………………………………………… 471
 10.7 船舶动力定位推进器系统 …………………………………………………… 472
  10.7.1 概述 …………………………………………………………… 472
  10.7.2 形式和原理 …………………………………………………… 473
  10.7.3 水动力计算 …………………………………………………… 475
  10.7.4 系统设计 ……………………………………………………… 478
  10.7.5 布置 …………………………………………………………… 480
 10.8 船舶动力定位控制系统仿真测试 …………………………………………… 482
  10.8.1 硬件在环仿真(DP-HIL)系统 ……………………………… 482
  10.8.2 仿真测试方法 ………………………………………………… 486

第 11 章 抱桩器设计 ……………………………………………………………… 491
 11.1 抱桩器简介 …………………………………………………………………… 493
 11.2 抱桩器基本参数 ……………………………………………………………… 493
 11.3 抱桩器原理及工况 …………………………………………………………… 493
  11.3.1 液压原理 ……………………………………………………… 493
  11.3.2 作业工况 ……………………………………………………… 494
 11.4 抱桩器各系统简介 …………………………………………………………… 494
  11.4.1 主推系统 ……………………………………………………… 494
  11.4.2 侧推系统 ……………………………………………………… 494
  11.4.3 抱箍系统 ……………………………………………………… 495
  11.4.4 电控系统 ……………………………………………………… 496
  11.4.5 液压系统 ……………………………………………………… 496
 11.5 抱桩器系统主要特点 ………………………………………………………… 497
 11.6 电控系统操作说明 …………………………………………………………… 497
  11.6.1 电控柜指示灯说明 …………………………………………… 497
  11.6.2 操作站指示灯说明 …………………………………………… 497

参考文献 ……………………………………………………………………………… 501

自升式风电安装船技术与应用

第1章 自升式风电安装船发展现状和前景

1.1 技术及装备发展现状

当前开发可再生能源风靡全世界,风能是其中最重要的一种新能源形式。随着风电技术的发展,海上风力发电已经成为世界新能源发展的热点。海上风电设备的运输与安装需要较高水平的技术支持,由具有可靠作业能力的装备来完成。而风电安装船(wind turbine installation vessel,WTIV)是一种全新的海洋工程船,主要用于海上风电设备的运输和吊装,它将运输船、海上作业船、起重船以及生活供给船的各项功能融为一体,可以独立完成上述运输和安装作业。

海上风力发电作为无污染的可再生能源开发,因其具有更好的风能条件、不涉及土地征用问题、不会造成大气污染、环保价值可观等优点,受到世界各国的普遍高度重视,近年来发展非常迅速。

自1991年丹麦建成第一个近海风电场以来,世界各国相继开始建设海上风电工程。到目前为止,包括丹麦、英国、爱尔兰、瑞典、荷兰、德国等国家建成海上风电装机容量约为40 GW。国内,海上风电开发项目发展迅速,目前在江苏、福建、广东、山东、河北、辽宁等沿海地区都相继建成海上风电场。据统计,至2014年,国内海上风电总装机容量已达700 MW;按照国家相关规划,到2020年,海上风电总装机容量应达到3 000万 kW。根据国家能源局风电发展"十三五"规划,我国将积极稳妥推进海上风电建设,到2020年,全国海上风电项目规划开工1 000万 kW,力争累计并网容量达到500万 kW以上。项目实施将根据资源状况、建设条件等,分类推进。

1955年,自美国Dean兄弟公司设计建造的第一艘自升自航船问世开始,风电工程船发展可以分为3个阶段。第一代,没有专门的风电安装船,由已有的起重船和工作驳船等联合作业;第二代,具有自升功能的驳船或平台,但不具有自航功能;第三代,具有自航、自升、起重功能的专用风电安装船。目前,国外专业的海上风电安装公司建造的风电安装船属于第三代风电安装船,用于风电场的安装、维护及其他海上支持作业。国内最初的海上风电安装船舶绝大多数并不是为海上风电机组的安装而特别设计的,但伴随着我国海上风力发电的迅猛发展,开始出现新建或改装的专业化海上风电场工程船。未来很长一段时期内,随着海上风力发电的快速发展,预计专业化的海上风电场工程船将有长期的、稳定的需求。

典型的第三代如2012年交付的HGO InfraSea Solutions公司的"Innovation"号,装载能力达8 000 t,最大起重量1 500 t,最大作业水深65 m。三星重工2016年向Seajacks交付的"Seajacks Scylla"号是目前较为先进的风电安装船,采用Gusto MSC NG14000X型设计,可用甲板面积超过5 000 m^2,可变载荷超过8 000 t,配备1 500 t起重机,可容纳130人,航速超过13 kn,能够在超过65 m水深的风场安装风机组件。

国内最初的海上风电安装船舶绝大多数并非为海上风电机组的安装而特别设计的，伴随着我国海上风力发电的迅猛发展，开始出现新建或改装的专业化海上风电工程船。2009 年，上海振华重工率先开展了风电安装船的自主研发设计，建造了坐滩式风电安装船"龙源振华壹号"和齿轮齿条自升式风电安装船"龙源振华贰号"。两条船均配备 800 t 全回转起重机，为当时国内最大的专用风电安装船。在这两条船的基础上，上海振华重工深入总结成功经验，于 2016 年向中交第三航务工程局有限公司交付了国内最先进、具备最大起重能力的 1 000 t 自升式风电安装船"三航风华"号，集大型设备吊装、风电基础打桩、设备安装、运输于一体，装载和起重能力强劲。随后，上海振华重工紧跟国际最新技术发展趋势，突破性地研发了适用于未来 8～10 MW 风机安装的"龙源振华叁号"2 000 t 自升式风电安装船，拥有世界最大起重量。

表 1.1 国外已建成主要风电安装船

基本信息		主尺度				主钩能力(t)	升降系统&桩腿数量和长度(m)	DP能力
船名	船东	水深(m)	船长(m)	船宽(m)	型深(m)			
Seafox5	Seafox Ltd	65	151	50	9.00	1 200	液压插销 4×106	DP2
Innovation	GeoSea	65	147.50	42.00	11.00	1 500	齿轮齿条	DP2
MPI Adventure	MPI Offshore Ltd	40	138.5	40.80	10.00	1 000	液压插销 6×73.565	DP2
MPI Discovery	MPI Offshore Ltd	40	138.5	40.80	10.00	1 000	液压插销 6×73.565	DP2
MPI Sea Breeze Sister Vessel	MPI Offshore Ltd	45.0	100	40.2	8.0	1 000	液压插销 4	DP2
Seajacks Scylla	Seajacks UK Ltd	65	139	50	11	1 500	齿轮齿条 4×105	DP2
NORA	Master Marine	50	117.62	50	9	750	齿轮齿条 4×130	DP2
Pacific Orca	Swire Blue Ocean A/S	58	160.90	49.00	10.40	1 200	液压插销 6×105	DP2

注：统计数据截至 2018 年 10 月。

表 1.2 国内已建成主要风电安装船

船名	船长(m)	船宽(m)	型深(m)	主钩能力(t)	最大作业水深(m)	设计单位	制造单位	备注
龙源振华叁号	100.8	43.2	8.4	2 000，双钩各 1 500	50	上海振华重工	上海振华重工	目前世界上最大风电安装船

(续表)

船 名	船长(m)	船宽(m)	型深(m)	主钩能力(t)	最大作业水深(m)	设计单位	制造单位	备 注
三航风范	92.2	40.5	7.8	1 200×2	—	上海佳豪	武桥重工	浮吊(最大起吊高度120 m)
三航风华	81.6	40.8	7.2	1 000	40	上海振华重工	上海振华重工	桩定位(桩腿长度79.7 m)
龙源振华贰	76.8	42	6	800	35	上海振华重工	上海振华重工	桩定位(桩腿长度67 m)
龙源振华1	99	43.2	6.5	800	30	上海船舶运输研究所	上海振华重工	浮吊(可坐坐滩)
托本	100	40	8	1 000	45	丹麦Ramboll	韩国大宇	桩定位(桩腿长度78 m)
华电1001	89.9	39	6.6	700	25	上海航盛	润邦海洋	桩定位(桩腿长度60 m)
海洋风电38	89.62	36	5	250	12	中国船舶及海洋工程设计研究院	韩通船舶重工	桩定位(桩腿长度42 m)
精铟1	85.8	40	7	800	45	中国船舶及海洋工程设计研究院	黄埔文冲	桩定位(液压升降)
福船三峡2	108.5	40.8	7.8	800	50	中国船舶及海洋工程设计研究院	厦门船舶重工	桩定位(航速6 kn)
港航平9	118.8	42	6.8	1 200	40	上海佳豪	大津重工	桩定位(桩腿长73 m)
顺一1600	115.8	58	56	1 600	32	上海船舶设计研究院	黄埔文冲	无桩腿,深潜坐底,桅杆吊
海洋风电69	85.8	40	7	500	40	中国船舶及海洋工程设计研究院	韩通船舶重工	桩定位(桩腿长度75 m)

注:统计数据截至2018年10月。

未来很长一段时期内，随着海上风力发电设备的快速发展，预计对专业化的海上风电工程船将有一定数量的长期、稳定的需求。

国外船东专门建造的风电安装船属于第三代风电安装船，集运输、自航、自升、起重、动力定位等功能于一体，能独立完成海上风电设备安装工作，具有以下特点：

（1）配置有较大起重能力和起吊高度的起重机。

（2）具有较大的甲板空间，以用于运输海上风电机组的组成部分。

表1.3 风电安装船发展阶段

阶 段	高起重能力	高甲板能力	大工作甲板	多人员住舱	直升机甲板	自升功能	自航功能	DP2/DP3动力定位
第一代	✓	✓	✓	—	—	—	—	—
第二代	✓	✓	✓	✓	✓	✓	✓	—
第三代	✓	✓	✓	✓	✓	✓	✓	✓

（3）设置了定位或起升用桩腿，用于保证起吊和安装精度，并提高了安装作业环境条件的适应性。

（4）作业就位和移位不需要拖轮拖行，节省了大量拖航费用。

（5）操作机动、灵活，可避开不良海况条件，安全可靠。

（6）具有多用途功能，通用性好，可用于很多其他工程，如海上设备吊装、平台建造、海上维修等。

1.2 市场需求及类型

海上风电场开发建设中最重要的一个环节是海上安装。相对于陆上风机的安装，海上施工难度要高得多。海上风电场的安装主要包括风机基础及机舱、叶片的安装。典型的安装过程是由平甲板船装载风机部件或风机基础拖航到现场，再由风电安装船完成打桩及最后的安装。按照船型特点，海上风电安装船分类如下：

（1）起重船（见图1.1）。通常具备自航能力，船上配备起重机，可以运输和安装风车和基础。起重船除在浅水区需要考虑吃水外，其余区域不受水深限制，在不同风机位置间转移速度快，操纵性好，使用费率低，船源充足；但起重船极其依赖天气和波浪条件，对控制工期非常不利，且安装稳定性比自升式安装船差。

（2）坐底式风电安装船（见图1.2）。一般应用于沿海滩涂或极浅水域，依靠潮水退去或压载系统将船体坐在海底，通过锚泊系统固定，然后进行吊装、安装作业，优点是稳定性

图 1.1　起重船

图 1.2　坐底式风电安装船

好,但受到作业水深限制,移位速度慢,对船底强度需特殊考虑。这种船型一般只应用于滩涂海域,现已较少使用。

(3) 自升式风电安装船(见图1.3)。目前应用较为广泛的海上风电安装装备,一般配备4~6个桩腿,到达现场之后桩腿插入海底固定平台,通过升降装置升起船体,通过船体上安装的大型起重机完成风机的安装。这种类型的海上风电安装船甲板宽阔,易于装载风机,通过平台上配有的打桩机可实现基础打桩,吊装时稳定性好。但由于不具备自航能力,自升式安装船须由拖船拖航,导致在现场安装移位时时间较长,操纵不便,且需要平静海况。

图1.3 自升式风电安装船

(4) 自航自升式风电安装船(见图1.4)。兼具自升式平台和浮式船舶的优点,专门为风机安装而设计建造,与上述安装船相比,其具备一定的航速和可操纵性,可一次性运载更多的风机,具有打桩和吊装功能,且安装、移位速度较快。目前,自航自升式风电安装船是海上风电安装的首选装备。

图1.4 自航自升式风电安装船

1.3 发展趋势研究

早期的风电安装船都是借用或由其他海洋工程船舶改造而成,但随着风机的大型化,小型船舶无法满足起重高度和起重能力的要求,且使用时会出现机动能力、定位性能差,风浪稍大就不能作业和效率低等问题。因此,针对海上风电场开发设计专用的风电安装装备是十分必要的,且随着海上风电逐步向深水发展,海上风电安装船的发展趋势如下:

(1) 适用水深越来越大。随着海上风电场建设逐步向深水推进,因此要求风电安装装备的水深适应能力逐步增强,从滩涂到目前的 40~60 m 水深。可以预测,随着将来的浮式风机逐步成熟,海上风电安装船的适用水深将进一步加大。

(2) 主吊能力越来越大。随着海上风机功率的不断增大,到目前已经有 8 MW 的海上风机研制成功,因此重量越来越大;海上安装的一体化吊装也成为节省成本、增加效率的有效方案,对安装设备的吊装能力提出了更高要求。目前,海上风电安装平台主流吊装能力一般在 800~1 600 t,上海振华重工已经设计出 2 500 t 主吊能力的风电安装船。

(3) 主甲板可利用面积越来越大。为提高安装效率,要求海上风电安装船可运载更多数量的风机设备,因此风电安装船的主甲板面积需要进一步加大,以适应海上风电建设不断发展的需求。

(4) 主甲板承载能力增强。随着风电设备重量及安装能力的不断增加,对海上风电安装船的主甲板承载能力要求不断提高,已经从前几年的 4 t/m^2 到目前的 20 t/m^2,且有不断增加的趋势。

(5) 功能愈发完善。随着海上风电场建设的不断发展成熟,也进一步要求风电安装船的各种功能愈发完善,如配备动力定位系统,配备大功率打桩锤、抱桩器,可容纳更多的工作人员,配备有直升机甲板等。

(6) 更适用于中国"软地质"。中国近海地质不同于欧洲,普遍偏软,传统的自升式安装船由于配备独立桩靴,随着起重机吊重的增加,插深较深导致拔桩困难问题日渐突出。以上海振华重工为首的设计人员开始研发自升沉垫式风电安装船,如"龙源振华陆号",其配备 2 500 t 全回转起重机,利用其沉垫的超大坐底面积和浮力,显著减少入泥深度,可有效解决插拔桩困难。

第 2 章　总体布置设计及主要性能计算分析

2.1 主要参数分析

想要设计出一艘功能先进、符合用户要求的风电船,需要紧密围绕用户提供的设计任务书,统筹考虑风电船的造价、可变载荷、甲板面积、吊重能力、海底地质条件适应性、现场施工流程和工艺需要(风机机位选择、抱桩器的位置、流向等因素)、起重机的布置和选型、重量控制等因素。而确定主尺度是设计一座风电船首先要面对的问题,主参数的确定将关系到整船的主要技术指标能否满足要求。影响主尺度的因素主要包括可变载荷和甲板面积。

2.1.1 可变载荷及甲板面积确定

对于一艘风电安装船,可变载荷无疑是最重要的指标,关乎着船体的风机设备装载能力及自持能力,同时也体现了风电安装能力。可变载荷的常规定义包括:淡水、燃油、润滑油、工作人员、生活供应品、饮用水、船东、设备、压载水、货物等。

一般而言,设计任务书中会提出"需满足若干套 6 MW 或 8 MW 风机组件运输与预装"等类似要求,结合目前典型的 6 MW 和正在研发的 8 MW 的风机尺寸、重量资料(见表 2.1),可以分析得知所需的甲板面积、甲板载货重量。此外,可变载荷还包括燃油和淡水,跟自持力(续航能力)有着莫大的关系,还需综合考虑运营成本,核算出燃油、润滑油和淡水等所需的舱容。

表 2.1 典型 6 MW 和 8 MW 风机参数

类别	6 MW 风机		8 MW 风机	
	尺寸(占地面积)	重量	尺寸(占地面积)	重量
塔筒	直径 6 m	3 段共约 505 t	直径 8 m	4 段共约 880 t
叶片	(长×宽)75 m×5.5 m	3×32 t	(长×宽)80 m×5.4 m	3×40 t
轮毂	(长×宽)7.2 m×6.6 m	74 t	机舱轮毂合一 (长×宽)20 m×8 m	400 t
机舱	(长×宽)15.6 m×6.7 m	291 t		
单套风机	830 m²	966 t	1 200 m²	1 400 t
汇总	2 490 m²	2 880 t	2 400 m²	2 800 t

注:本表数据来源于华锐风电科技(集团)股份公司和 Vestes Wind System A/S 集团。

由表 2.1 可知运输单套 6 MW 和 8 MW 风机设备所需甲板面积,并且还需要考虑预留其他的工装件的空间,布置 6 MW 及 8 MW 风机设备的示意图如图 2.1 所示。

图 2.1　3 套 6 MW 风机设备布置示意图

2.1.2　主尺度方案确定

可变载荷和甲板面积一旦确定,预留出生活楼及艏楼甲板的空间后,结合以往类似风电船项目(见表 2.2),初步拟定船长、型宽和型深。

表 2.2　参考风电安装船主要参数

类　别	"龙源振华贰号"	"三航风华"号	"龙源振华叁号"	"托本"号
起重机布置	甲板吊	绕桩吊	甲板吊	甲板吊
船长(m)	76.8	81.6	100.8	100
型宽(m)	42	40.8	43.2	40
型深(m)	6	7.2	8.4	8
可变载荷(t)	2 151(抬升) 3 200(拖航)	3 000(抬升) 3 000(拖航)	4 500(抬升) 4 500(拖航)	4 000(抬升) 4 000(拖航)
甲板面积(m²)	1 800	2 000	2 500	2 000
桩腿长度(m)	67	79.7	85	78.68

初步预估空船重量后,结合初步的稳性计算结果(图2.2),能满足规范和使用要求。

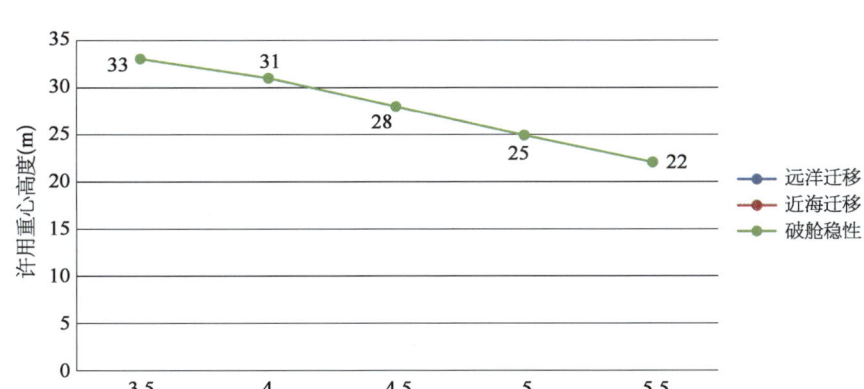

图 2.2 稳性计算——许用重心高度曲线

2.1.3 质量重心控制原则

1) 质量控制定义

所谓质量控制,是指在设计阶段通过估算得到风电安装船的空船质量、重心数据,并对质量、重心数据进行评估,评估认可后,作为风电安装船建造过程中的质量指导,确保风电安装船最终完工质量与估算质量相统一的一个过程。简而言之,质量控制是对风电安装船的空船质量、重心数据的一个计算和监控的过程。

2) 风电安装船质量控制的重要性

当抬升风电安装船主体时,整个主体的质量(包括空船质量和设计的甲板可变载荷)由抬升机构传递给桩腿承受。如果空船质量超重,将无法满足甲板设计可变载荷要求,那么风电安装船的经济性也将大打折扣;如果可变载荷为零,风电安装船就失败了。

当风电安装船主体顺利抬升至预定高度,进行风电设备作业时,风电安装船要增加必需的甲板设计可变载荷;此外风电安装船还会受到吊重载荷。桩腿、桩靴的最大承载能力是一定的,如果空船质量过大或重心不能调整到设计要求的位置,势必会影响到吊重能力和甲板可变载荷,进而影响风电安装船的经济性。

风电安装船上任何一个模块质量增加(包括桩腿、桩靴),都可能会导致吃水超限,进而影响拖航时的可变载荷,而且当风电安装船浮在海上时,桩腿、桩靴缩回船体内部,桩腿、桩靴质量大、高度高,其重心位置对整个风电安装船的重心影响很大,桩腿、桩靴的结构加强引起质量增加,严重时会导致风电安装船重心无法满足稳性要求。

3) 质量控制方法

(1) 质量、重心估算。因在风电安装船的不同设计阶段,收集或确定下来的资料详略不一,因此应采用适当的估算方法,且估算质量前应将风电安装船的质量组成按专业进行划分,如结构钢材质量、舾装质量、轮机管系质量及电气设备质量。

① 初步估算。设计之初,风电安装船确定的资料信息很少,只能粗略估算风电安装船质量。可以参考一些经验公式,采用百分数法来估算如钢材、舾装、电气设备等的质量。

② 详细估算。当设计进行到详细设计阶段,风电安装船的结构形式、设备配置已基本确定。收集到较为详细的资料信息时,可以进行风电安装船详细质量估算。

各专业在进行详细估算时,须统一规定原点位置及正方向,确定风电安装船状态(站立状态或漂浮状态)、焊接质量、涂装质量占结构质量的比例、钢材密度等信息。一般焊接质量取钢材质量的 1.75%,涂装取 1.5%,根据船厂的实际建造能力,也有焊接比例取 2%~3%。

(2) 质量、重心数据评估。质量、重心估算完成后,需要对质量、重心数据进行评估。评估的方式有两种:一是对比评估,另一种是计算评估。

① 对比评估。对比评估需要搜集同类风电安装船质量、重心估算信息,比较各专业或区域的质量百分数(即专业质量与风电安装船浮态排水量之比)。若能取得更详细的质量、重心信息,如各专业更详细的分项质量信息,则可以更准确地进行评估。如有较大差别,则应核查统计质量是否有误,对比找出质量相差较大的专业和区域,由总体到分项,逐步核查,直至找出原因。

② 计算评估。计算评估是在估算得到的质量、重心数据后,通过一系列计算,校核风电安装船的结构强度、抬升锁紧能力及浮态的稳性等是否满足设计要求。

在现有质量、设计可变载荷情况下,计算校核桩腿、桩靴强度是否满足,抬升能力是否足够;通过配载校核风电安装船预压载工况是否能够正常预压,站立作业工况是否能够调整重心到指定位置,移航工况重心是否能够调整到稳性要求的高度。

若有任何一种情况不能满足要求,则要核查质量、重心估算数据,或采取措施控制质量。

4) 质量控制影响因素

风电安装船质量控制问题贯穿于整个设计、建造过程,每个阶段都有影响质量控制的各种因素,下面分别进行叙述。

(1) 基本设计阶段。风电安装船有三个"心":重心、浮心和桩腿中心。风电安装船移航时,整个风电安装船要求处于正浮状态,需要调整重心位置,确保重心与浮心位置在同一竖直线上;当风电安装船站立工作时,需要保证风电安装船三根桩腿受力均匀,此时则要尽量调整重心位置至三根桩腿的中心位置。两种风电安装船的不同状态,重心需要调整到不同位置。因为风电安装船均为对称设计,所以这里主要关注三"心"沿长度方向的纵向位置。基本设计在确定桩腿间距、选择风电安装船外形及舱室布置时需全局考虑,协调三个"心"的位置。

① 主体外形尺寸。不同的船体外形尺寸,将从总体上决定风电安装船主体的钢结构质量水平和重心位置,而且风电安装船的浮心位置也基本确定。对于长、宽、高相同的风电安装船主体,外部形状不同的话,其质量、重心数据也会大相径庭。在确定风电安装船主体尺度和选择主体形状时,应关注主体外形对风电船重心的影响,选择适宜的外形尺寸。

② 桩腿间距。桩腿间距是指后桩腿中心距前腿中心纵向间距、两根后桩腿间的横向

间距。桩腿间距确定后，桩腿的中心位置也随即确定。桩腿中心与风电安装船的浮心是否取在同一位置？如两心不在同一位置，间距多大，孰前孰后？风电安装船主体外形决定了浮心位置，桩腿间距决定了桩腿中心位置，上述两个问题归根结底为风电安装船主体外形尺寸与桩腿间距的研究。

③ 舱室布置。在风电安装船主体和桩腿间距确定后，需要进行舱室布置，主要是指机械舱室位置的布置。机械舱室的位置决定了设备的重心位置，在划分舱室时，应尽量将机械舱室围绕浮心和桩腿的中心来布置。

④ 风电安装船的设备配置。风电安装船质量除钢材质量外，另一主要分块就是设备质量。设备的配置与风电安装船的吊重能力、风电安装船居住人数等因素有关。

A. 风电安装船吊重能力。因用户对大吊重能力的需求，导致起重机能力提高。更大的吊重能力使得风电安装船设备质量及尺寸、管系尺寸、电力负荷提升，归根结底是风电安装船设备质量增加。

另一方面，风电安装船上系统多，管系复杂，而控制管路的阀件更是繁多。很多船东为了操作的便利，常常要求管路上的阀件提供本地操作和远程操作两种方式。如要提供远程控制，必然要增加遥控设备、传感设备等，这些都会在一定程度上增加质量，需要权衡利弊来取舍。

B. 风电安装船居住人数。众所周知，风电安装船居住人数也在逐渐增加，必然要求有更大的上建模块提供足够的居住舱室，更大的厨房空间和储物空间满足人员的食物供应，更大的空调和制冷机满足温度要求，更多的内装设备及轮机管系满足生活需求，更大的淡水舱室满足用水要求等。这一系列的"更大/更多"都会带来质量的增加。

（2）详设阶段。

① 质量、重心统计的裕量控制。详设质量控制是很重要的工作，就是质量、重心详细估算准确性及裕量控制。只有质量、重心统计准确了，才能进行合理的评估，评估的结果才具有参考性。进行重量控制时，应该注意留出一定的裕量，以考虑不可预见的因素导致的质量增加。裕量考虑应根据实际情况及经验来定。钢材质量要考虑实际到厂的钢材质量与理论值的差距。

② 轮机管系及通风设计。管路设计涉及管子直径及管路走线布置。管系走线应尽量路程最短。管系布置与设备布置密不可分，因此在布置设备时，首先应充分考虑管路的走线问题。因风电安装船上设备众多，无法确保所有的管路都走直线，必须将管路进行主次划分，确保主要的管路尽量直线、线路最短，次要管路进行绕行。其次要基于设计实践经验，借助理论的数值计算来辅助校核的方式，优化设计通风方案，进而实现质量控制。

③ 电气控制设计。电气专业的质量控制，可从集成控制方面着手，尽量减少质量。

④ 内装设计。内装质量占总重比例虽然不大，但如果注意到质量控制的话，也会取得不错的效果。内装质量主要在甲板敷料和防火绝缘材料两部分。可以综合考虑材料成本和减重效果因素，权衡选择。

（3）建造阶段。

① 焊接工艺。焊接工艺中的质量控制，需要对焊接质量提高要求，如要求焊角打磨

等。焊接质量的高要求虽然会带来一定的人力和物力的增加，但可以实现风电安装船的高品质。

② 局部加强。船厂在实际建造过程中，现场验船师会提出某处设备基座结构加强不足，需要加强。船厂为赶进度，往往会凭借经验或采取保守措施补强，结果导致结构过强，而增加质量。这种情况须尽量避免。另一方面，总装和吊装时，也会增加吊耳和临时补强，这些额外结构都会增加质量。建造过程中的局部加强引起的质量增加有些不可避免，需要在设计过程中考虑留出裕量。

③ 代用。代用是指现场生产时，临时找不到图纸上规定的型材或钢板，取用更大板厚或更大尺寸的型材。为避免建造过程中的乱代用，需要项目部在项目实施过程中要求现场严格按图施工。

5) 结论

综上所述，质量控制是建造一条满足设计要求、品质一流的风电安装船必不可少的过程，是风电安装船设计和建造阶段的工作重点。在风电安装船设计和建造的各个阶段，都有众多的因素影响着质量控制。如风电安装船主体外形尺寸、风电安装船设备配置、风电安装船建造工艺等。风电安装船的设计需要纵观全局，建造过程需要精益求精，才能很好地做质量控制。

2.2 主要设备及舱室布置

2.2.1 风机设备布置

常规来说，一套完整的风机设备包括基础桩、塔筒、机舱、轮毂、叶片。而由于各部件的重量及装载时占地面积差异较大，需采取合理的装载形式以满足风电安装船实际施工的需要。欧洲的风电安装船到目前为止已经发展到第三代，具有超大甲板面积和装载能力，因为欧洲（英国、德国、丹麦等国家）的海上风电场建设起步较早，现在已经从沿海走向近海，有些地方已经是离岸约 60 km、水深约 60 m。因此一般是需要风电安装船以一定的自航能力自行携带风机设备到达风场进行安装作业（见图 2.3），虽然提高了施工效率，但是船的造价也大大提高。我国的海上风电场建设虽起步较晚，但是水深也是从潮间带走向水深 30 m 或更深处，近年新型的风电安装船均朝着大型化发展，一方面是吊重能力，另一方面在装载能力、装载面积上都提出了更高的要求，逐步和国际接轨。

基础桩的重量较重，目前 6 MW 风机的基础桩约为 700~800 t，8 MW 的风机预计会在 1 500 t 左右，长度约 70~100 m。如果对风电船的通航宽度要求不高，可采用横向装载基础桩的方式，否则基础桩需要纵向装载。国外的风电安装船一般都采用绕桩式起重机

图 2.3 欧洲风电安装船运输图

的方式,除了有效增大舷外跨距和甲板面积,也更容易满足纵向装载。纵向装载基础桩带来的后果就是没有空间再装载其他风机设备,而横向装载则可以留一部分给塔筒。

塔筒质量相比基础桩较轻,并且可以分成几段,在特殊工装的支持下,可以竖立放置在甲板面上(如图 2.3 黄色部件所示),有效增大了空间利用率。机舱和轮毂因体积较小,放置的位置可视具体情况而定,以便充分利用甲板面积。

欧洲风电安装船单桩施工如图 2.4 所示。叶片虽然质量最轻,每片约 30~50 t,但因其较长,需要做好专门的工装件,层层叠放,可利用成块的甲板区域放置若干套,如图 2.5 所示。

2.2.2 施工工艺对总体布置的影响

一般情况下,施工单位会针对每条风电安装船的特点来考虑风机设备安装的施工工艺,下面以上海振华重工完全自主研发设计建造并交付的"龙源振华贰号"800 t 自升式风电安装船为例,简单介绍其典型施工工艺。

根据调研国外海上风电场施工方案,并结合"龙源振华贰号"的特点,制定近海风电场单桩施工总体方案如下:

采用大型运输船在上海振华重工大南通基地码头一次运输 3 套单桩基础和 3 套风机设备,现场"龙源振华贰号"一次抬升、稳船后,完成单桩沉桩、风机设备吊装工作,再移船至下一个机位进行施工。

(1)运输船配置方案。本施工方案中配置 2 艘 1 万吨级大型运输船,一艘采用上海

图 2.4　欧洲风电安装船单桩施工图

图 2.5　欧洲风电安装船风机设备吊装图

振华重工振华 12 改造,一艘新建。

（2）运输方案。在上海振华重工大南通基地码头,采用大型运输船一次运输 3 套单桩和 3 套风机设备:

① 运输船上布置滑道工装、塔筒竖立运输工装、叶片叠放工装。

② 单桩水平运输、塔筒竖立运输、机舱轮毂和 2 个叶片兔耳式运输、第三个叶片叠放运输。

③ 上海振华重工大南通基地码头需要配置 500 t 门机、120 t 门机、1 000 t 浮吊等,进

行单桩和风机设备装船、兔耳组件组装等。

（3）现场定位。"龙源振华贰号"定位：按图 2.6 保证机位中心在抱桩器中心处，并按照图纸要求塔筒门方向进行定位。

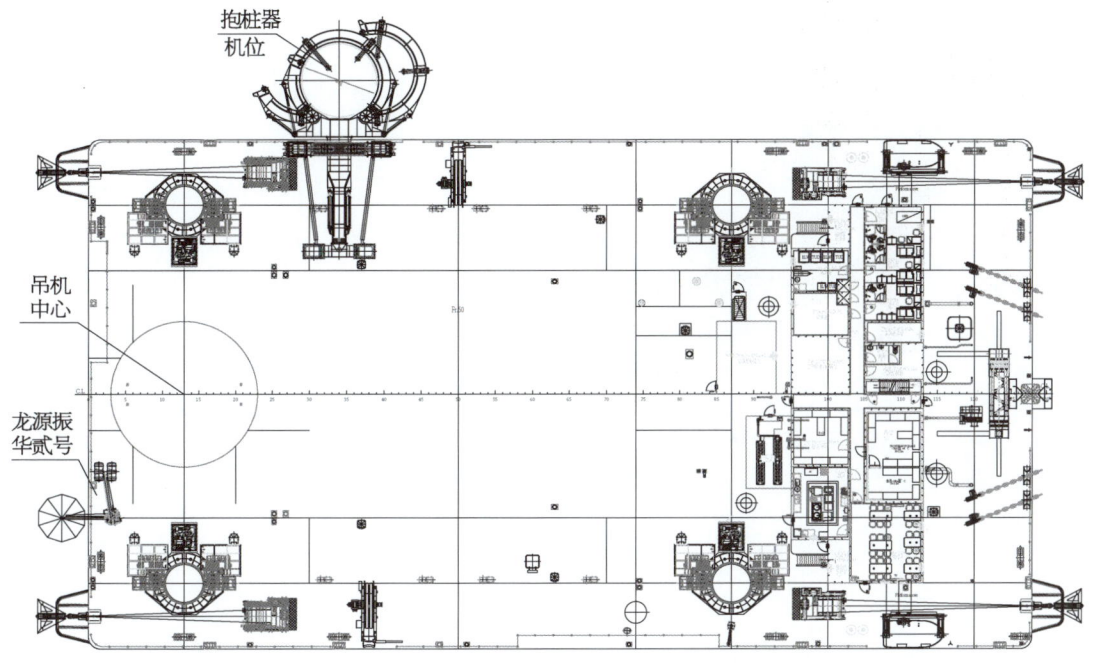

图 2.6　现场定位图

（4）运输船定位。按图 2.7 将运输船靠近"龙源振华贰号"，然后运输船抛锚，抛锚后通过绞锚，保证起吊单管桩的纵向中心与"龙源振华贰号"纵向中心在同一直线内，并且将运输船与"龙源振华贰号"船艉距离控制在 22 m 左右。

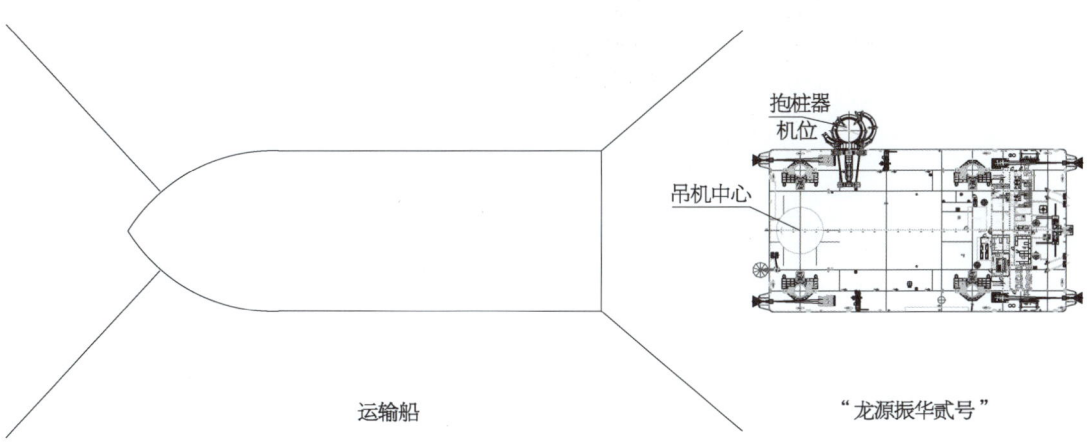

图 2.7　运输船定位图

(5)沉桩施工。单桩竖立：将索具组装好后挂于吊机钩头，再套入单桩吊耳上，然后通过滑道工装缓慢竖立单桩，如图2.8所示。

沉桩：单桩竖立后旋转起重机臂架，将单桩套入抱桩器，然后自沉打桩，再将索具松脱放置在"龙源振华贰号"上，再起吊打桩锤并套入单桩上端，接着进行压锤沉桩，直至设计标高；最后安装附属件。单桩打桩施工效果图如图2.9所示，单桩打桩现场施工图如图2.10所示。

(6)运输船二次定位。按图2.11所示将运输船调整至"龙源振华贰号"垂直位置，然后抛锚定位。

(7)塔筒吊装。挂好索具后按图2.12所示依次吊装下塔筒、中塔筒和上塔筒，并依次安装高强度螺栓，打好力矩。

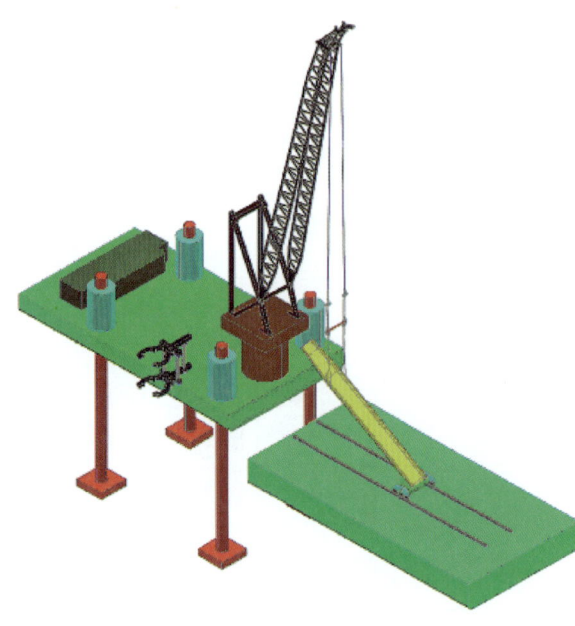

图2.8 单桩竖立图

图2.9 单桩打桩施工效果图

(8)兔耳组件吊装。组装好吊梁和索具，并挂于机舱和轮毂上，起吊兔耳组件与上塔筒进行安装，然后安装高强度螺栓并打好力矩。如图2.13所示。

图 2.10 单桩打桩现场施工图

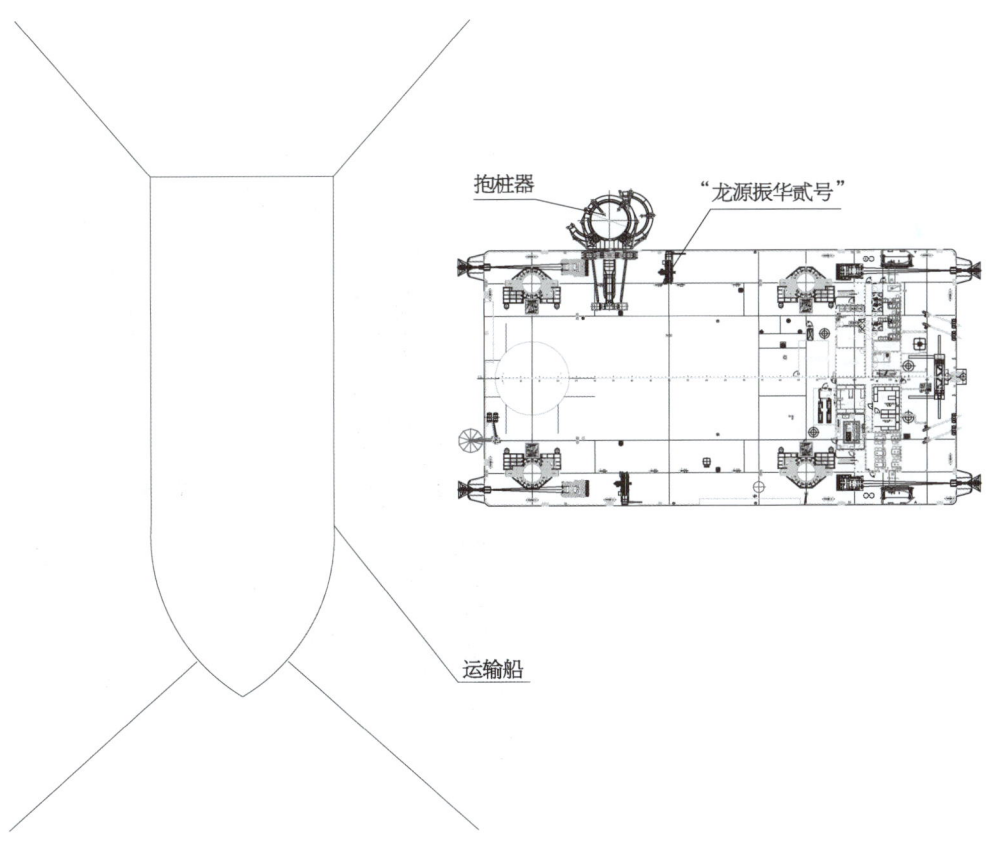

图 2.11 运输船二次定位图

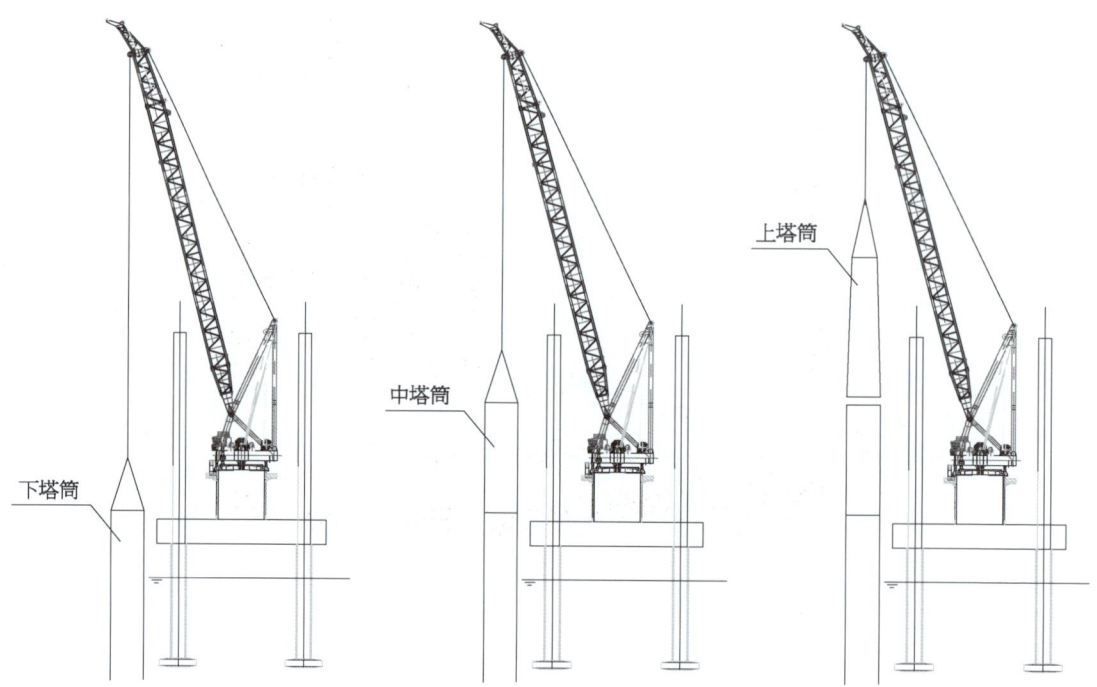

图 2.12 塔筒吊装图

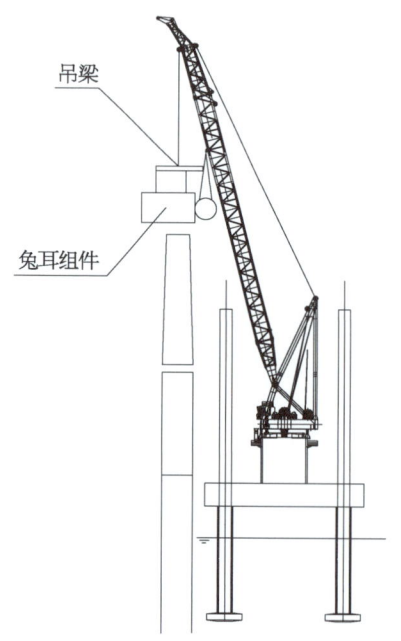

图 2.13 兔耳组件吊装图

图 2.14 第三个叶片吊装图

(9) 第三个叶片吊装。利用专用工装吊起第三个叶片,然后旋转竖立,再将其与轮毂进行安装,最后安装高强度螺栓并打好力矩,如图 2.14 所示。

以上是"龙源振华贰号"典型施工工艺的介绍,包括基础桩及后续塔筒叶片的吊装。由于"龙源振华贰号"是甲板吊——起重机是放置在主甲板上,起重机筒体不是绕着某个桩腿。因此需要最大限度地利用尾吊舷外跨距大的优势,以利于从外来运输船上吊取货物。

除了上述工艺以外,还有绕桩式的施工方案,如图 2.15 所示,运输船和风电安装船同艏向,抱桩器放置在船艉,起重机从舷侧吊取货物进行安装。

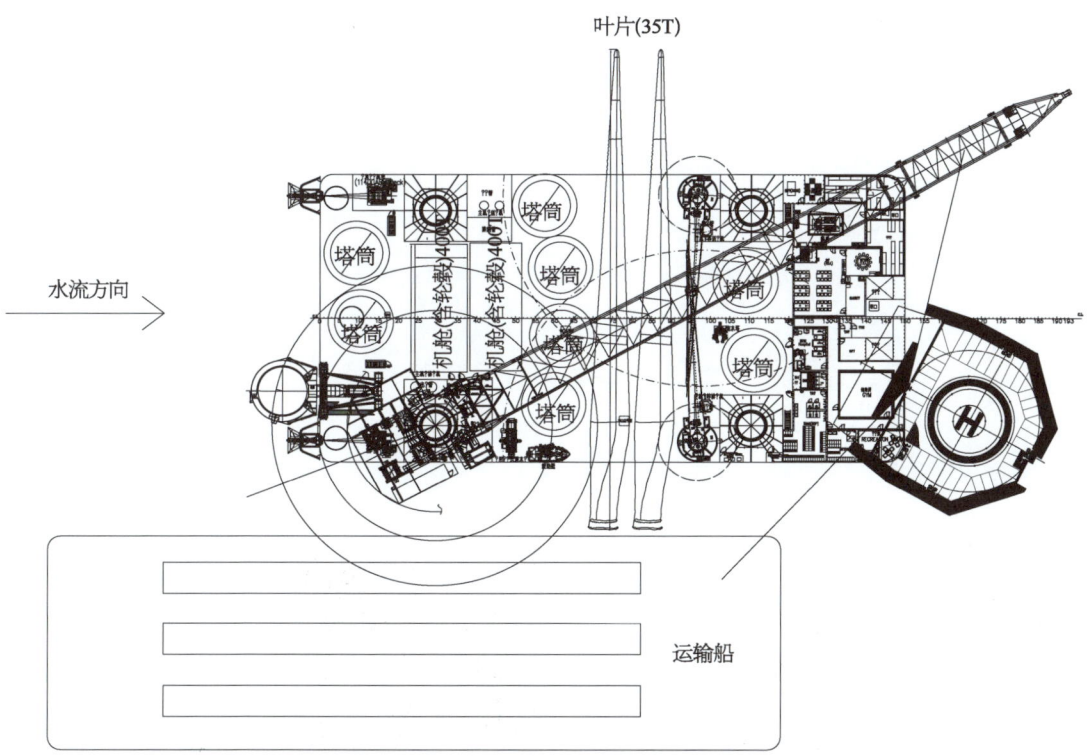

图 2.15 绕桩式起重机施工工艺示意图

2.2.3 起重机布置

因为自升式风电安装船依靠桩腿将上船体抬离水面,避免了涌浪的侵袭,但是在抬升状态,尤其在作业风场水深较小的情况下,会导致较长的一段桩腿伸出主甲板以上,这将对起重机在抬升状态起吊作业产生一定的影响,因此风电安装船操作者需要密切关注起重机臂架和桩腿之间的相对关系,避免起重机臂架和桩腿发生碰撞,这对起重机的位置选择也提出了要求。

另一方面,起重机的布置对于施工工艺影响很大,风电安装船的设计者应根据用户的要求选择合适的布置方式。

从大类来讲,起重机的布置分为甲板吊和绕桩吊两种,而甲板吊又可分为起重机筒体在船中和舷侧两种。下文将分别介绍几种布置形式及其特点。

(1)甲板吊——起重机筒体在船中。上海振华重工设计的"龙源振华贰号"800 t自升式风电安装船及"龙源振华叁号"2 000 t自升式风电安装船均属于这种类型,如图2.16～图2.19所示。

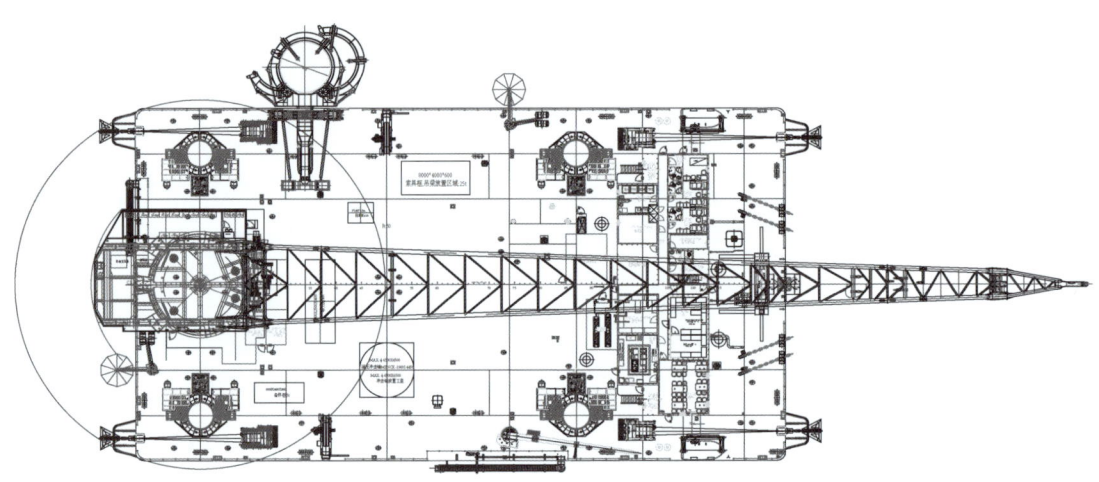

图2.16 "龙源振华贰号"俯视图

图2.17 "龙源振华贰号"打桩施工图

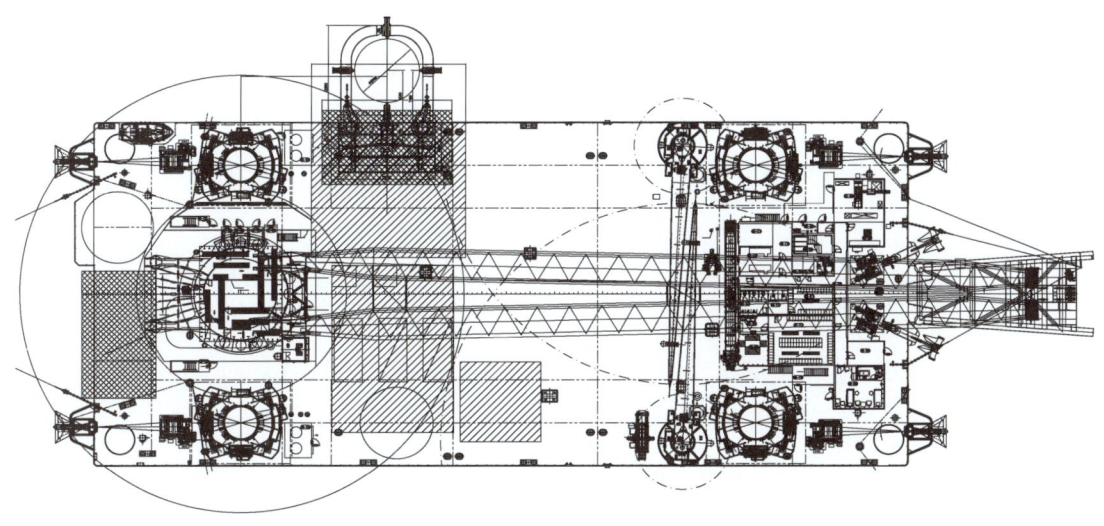

图 2.18 "龙源振华叁号"俯视图

图 2.19 "龙源振华叁号"模型

其中 2 000 t 自升式风电安装船是集大型设备吊装和风电设备打桩、安装于一体,可在水深 50 m 以内的泥砂质海域作业,具有 DP1 动力定位能力,浮态时可全回转降载作业,固定尾吊 1 500 t。采用 4 条圆柱形桩腿,配备 2 000 t 全回转起重机,是截至 2018 年世界上最大吊重能力的自升式风电安装船。

① 优点：

A. 起重机居中布置，船体舱室左右舷可以对称布置，利于质量重心的控制。

B. 抬升状态作业时艉部两条腿可以分担起重机和货物的自重以及倾覆力矩引起的垂直力，单个桩腿的极限支反力降低将会减少对桩腿端部桩靴的面积要求，进而降低拔桩难度。

C. 浮态下面起重机全回转能力较强，并且具备超强的尾吊能力，可以比肩一般的浮式起重船。

② 缺点：

A. 因起重机筒体在主甲板，会导致筒体下方的盲区部分不能用来装载货物，会减少可用的甲板面积。

B. 起重机仅能在尾吊工作最大起重量时有着较大的舷外跨距，在左右舷吊重时只能从运输船上吊取质量小的风机设备，对于质量较大的基础桩则无能为力。

C. 起重机臂架回转工作容易受到桩腿的干扰，尤其是受艉部两条桩腿的影响较大，在浮态作业时基本无法回转吊重。

（2）绕桩吊。上海振华重工设计的"三航风华"号属于这种类型，如图 2.20 所示。"三航风华"号可在水深 40 m 以内的泥砂质海域作业，具有 DP1 动力定位能力。采用 4 条圆柱形桩腿，配备 1 000 t 及 360 t 绕桩式全回转起重机各 1 台，起重能力属国内一流，升降系统先进、功能全面，是专业的海上风电施工平台。

图 2.20 "三航风华"号风电拼装风机

① 其优点包括：

A. 同尺度下的自升式风电安装船，采用绕桩式起重机可获得更多的可用甲板面积。

B. 侧吊时舷外有效跨距更长，更利于从舷外吊重量较大的风机设备。

C. 起重机臂架全回转作业时不易受桩腿干扰。

D. 抱桩器位置选择余地更多，既可以放在船艉，又可以放在舷侧。运输船可和风电安装船平行停靠，这样的话流速对其影响小。

② 其缺点包括：

A. 抬升状态作业时起重机和货物的自重以及倾覆力矩引起的垂直力大部分将施加到绕桩的那根桩腿上，单个桩腿的极限支反力降低将会增大对桩腿端部桩靴的面积要求，进而增加拔桩难度；

B. 浮态全回转吊重能力受限制，"三航风华"号浮态全回转吊重能力降至 475 t。

就前文提到的舷外跨距影响，以"三航风华"号举例说明，起重机在 1 000 t 吊重时的回转半径设计为 25 m，扣除 5.6 m 的舷内距离，还有将近 20 m 的最大有效舷外跨距，可以轻松满足从运输船上起吊风机的设计需求。

另外考虑到未来风机设备的发展，8 MW 甚至 10 MW 以上的风机都可能在不远的将来问世，上海振华重工今后设计的起重机主钩的吊高均为主甲板以上 120 m、主甲板以下 20 m，这样可以满足水面 140 m 以上叶片的安装作业。

(3) 甲板吊——起重机筒体在舷侧。上海振华重工从欧洲引进的"托本"号 1 000 t 自升式风电安装船（图 2.21）及国外 GustoMSC 设计的 JB118（图 2.22）均属于这种类型。

总体来看，这种方案更像绕桩式起重机和放置在甲板船中处的"结合版"，综合了两种方案的优点和缺点。

这种方案更适合于船长较长的风电安装船，否则甲板面积牺牲得较厉害，并且起重机臂架要伸出船艉很长的距离，臂架搁架的设计也将会面临更大的挑战。

2.2.4 抱桩器布置

在风电安装船进行打桩作业时，为了保证基础桩的垂直度，需要用一套高精度的海上桩体打桩纠偏与扶正系统，亦称"抱桩器"，上海振华重工已经完全自主研发系列化抱桩器，桩体直径范围为 5~8 m，打桩精度超过 0.4%，纠偏推力最大可达 100 m，如图 2.23 所示。

抱桩器的布置和起重机的位置有着莫大的关系，为了充分利用起重机的极限起重量，抱桩器的中心需要在起重机的工作幅度以内。

对于绕桩式风电安装船，抱桩器既可以放在舷侧，也可以布置在船艉，选择余地更多。从施工工艺的角度考虑，抱桩器在船艉能更好地发挥其作用，此时运输船可以平行停靠风电安装船，起重机可以从运输船上起吊风机设备后顺势完成打桩工作。此外，这样布置可以大大减轻水流对风电安装船和运输船的冲击，对动力定位能力需求也随之减小，节省了油耗成本，提高了工作效率。吊装作业时运输船和风电安装船的相对位置如图 2.24 所示。

图 2.21 "托本"号 1 000 t 自升式风电安装船

图 2.22 GustoMSC 设计的 JB118 自升式风电安装船

图 2.23 上海振华重工自主研发的抱桩器

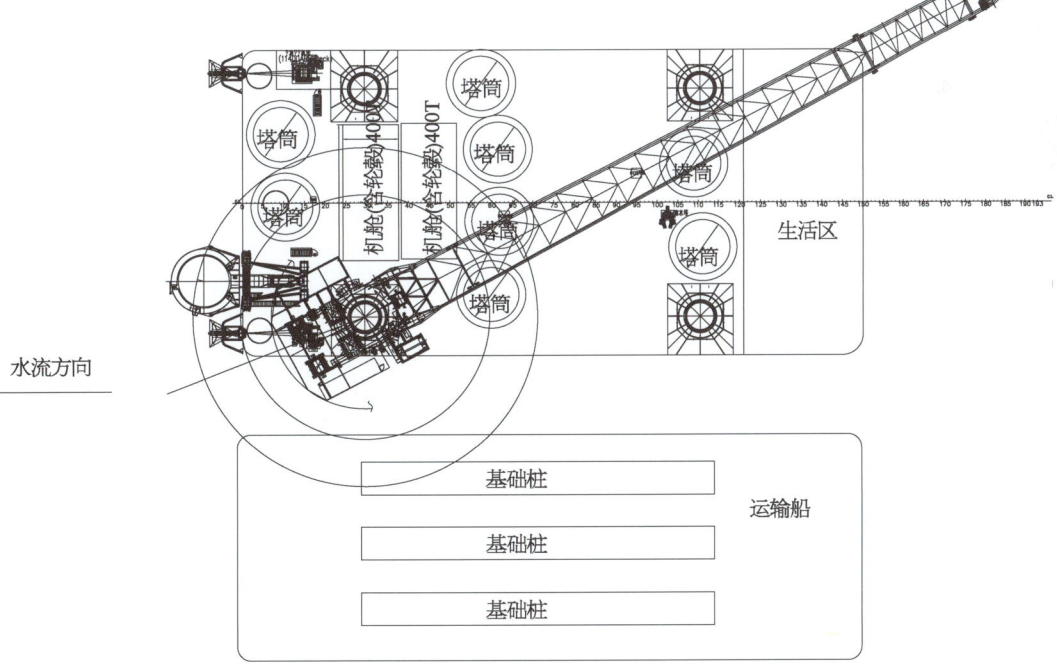

图 2.24 吊装作业时运输船和风电安装船的相对位置示意图

另外,因基础桩施工(液压锤打桩)过程中,基础桩的振动容易对距离风电安装船最近的桩靴产生不利影响——扰动,导致地基不稳定而发生桩腿滑移等危险现象,因此需要保证基础桩和桩靴之间有一定的安全距离,见表 2.3。

表 2.3　典型自升式风电安装船基础桩和桩靴的距离

风电安装船名称	基础桩中心与桩腿中心的距离(m)	桩靴边缘与基础桩边缘的距离(m)
"三航风华"号	24	13
"托本"号	35.5	27(甲板吊)
"龙源振华叁号"	26.6	15.2

如前文所述,因为打桩时基础桩是由抱桩器抱紧,所以在选择抱桩器的位置时,需要考虑抱桩器尽量远离桩靴,提高打桩作业的安全性。

2.2.5　机械舱室布置

风电安装船上的机械处所较多,如主机舱、辅机舱、配电板间、变压器间、CO_2 间、VFD 间、推进器舱、机修间、电工间、液压动力站、应急发电机室、充放电室、蓄电池间、锚链舱、钢丝绳堆场、储藏室、仓库、油漆间、氧气间、乙炔间等。

下面以上海振华重工设计的两条船"三航风华"号和"龙源振华叁号"为例,说明风电安装船机械舱室的布置。

(1)"三航风华"号机械舱室布置特点。"三航风华"号配备液压插销式升降系统,比传统的齿轮齿条式升降系统增加液压动力站,机械甲板从艉至艏依次布置如下:

① 艉部推进器舱 P/S。因本船具备 DP1 动力定位功能,船体的四个角都各配备 1 台全回转推进器。

② 储藏室,左右舷侧为管子和电缆通道及楼梯间。储藏室可以用来放置备品备件。

③ 艉部液压动力站,内设抬升电气房。液压动力站靠近艉部两条桩腿,节省液压油管长度,进而节省成本。

④ 主机舱、配电板间、机修间、电工间的两侧是排烟管汇。配电板间靠近主机舱,可大幅度减少电缆长度,而集控台布置在配电板间,也有利用值班人员对主机舱情况的观察和掌握。主机舱尽量靠近船艉,这样可以最大限度地减少主机排烟对生活区的污染。考虑到 1 000 t 主起重机是位于船艏右舷,如此布置也可以平衡整船的重心。此外,燃油舱和淡水舱布置在左舷靠近船艉,也是出于平衡起重机质量的考虑。

⑤ 辅机舱、变压器室、钢丝绳堆场。辅机舱也称泵舱,内部主要放置各种泵、水柜、污水处理装置等。辅机舱和变压器室尽量靠近主机舱,可以有效减少电缆和管路。

⑥ 艏部液压动力站,内设抬升电气房。设置考虑同艉部液压动力站,与艏部升降系统相距较近。

⑦ 艏部推进器室 P/S。DP1 动力定位功能需要。

"三航风华"号机械舱室布置如图2.25所示。

有关液压动力站的布置,"三航风华"号是分为艏艉两个房间,还有另一种做法是把全船所有的液压动力站都放到同一个房间,如图2.26所示,这样液压泵站可以互为备用,显著减少泵站数量,同时也节省了船体的空间,预留其他功能性的舱室。

(2)"龙源振华叁号"机械舱室布置特点。"龙源振华叁号"2 000 t自升式风电安装船,配备1台2 000t@25 m的起重机,4根圆柱形桩腿,升降系统为电动齿轮齿条形式,机械甲板从艉至艏依次布置如下:

① 艉部推进器舱P/S、VFD间P/S。因本船具备DP1动力定位功能,船体的四个角都各配备1台全回转推进器,而且本船VFD是推进和升降系统共用,功率较大,根据规范要求,VFD间必须独立设置舱室。

② CO_2间,左右舷侧为楼梯间。一般来说CO_2间设置在主甲板以上,便于人员操控,但是根据规范要求,也可以放置在船体内,须额外设置一条直通主甲板的逃生通道。另外因为CO_2间和楼梯间相连,CO_2间的门不能直接开向楼梯间,防止楼梯间失火以后无法进入CO_2间。

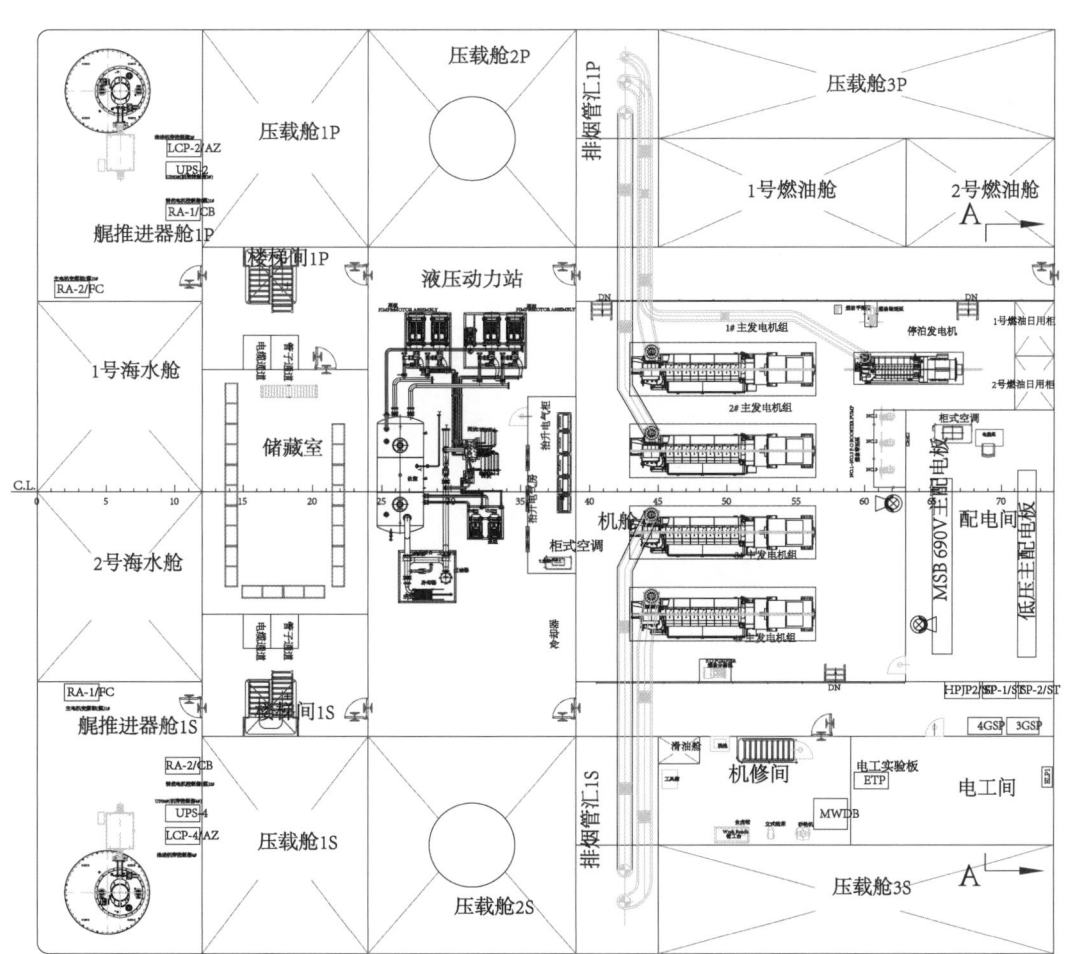

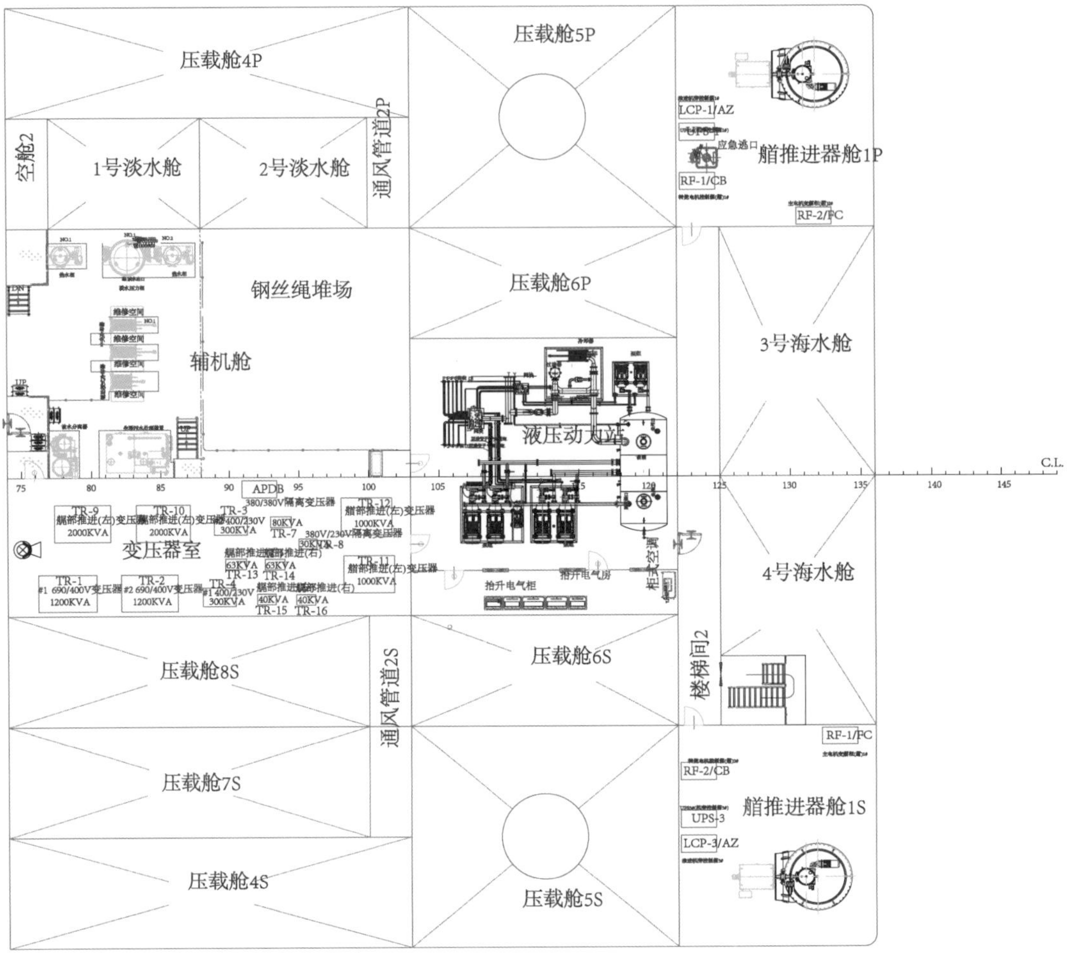

图 2.25 "三航风华"号机械舱室布置图

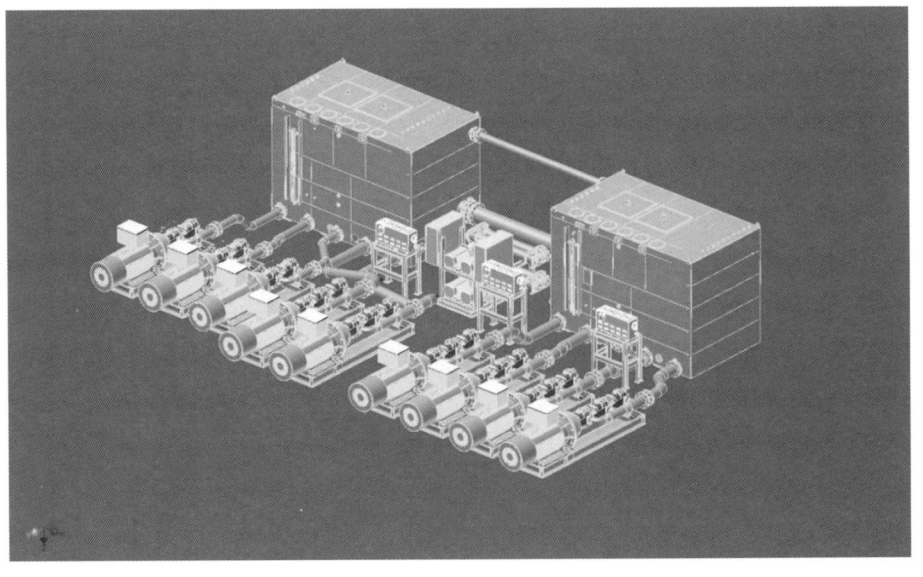

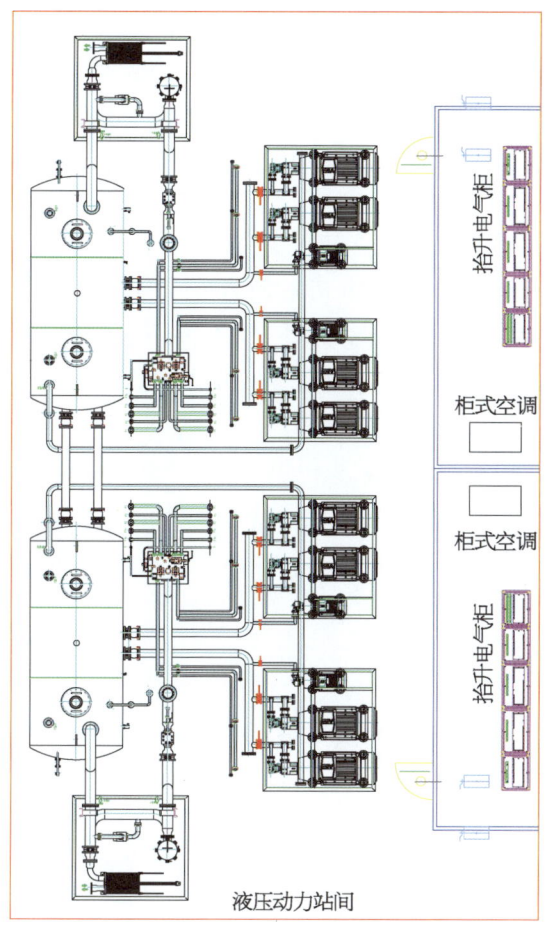

图 2.26 液压动力站间布置图

③ 仓库 1P/S。本风电安装船的主尺度较大,船长为 100.8 m,故空余的功能性舱室较多,根据用户的要求,尽量全部利用上,所以设置了较多的仓库,用来放置备品备件等货物。

④ 主机舱、机修间、电工间,两侧是排烟管汇。主机舱尽量靠近船艉,这样可以最大限度地减少主机排烟对生活区的污染。

⑤ 辅机舱、配电板间、变压器室、钢丝绳堆场。同"三航风华"号,配电板间和变压器间靠近主机舱,可大幅度减少电缆长度,而集控台布置在配电板间,也有利用值班人员对主机舱情况的观察和掌握。辅机舱设置在变压器室和配电板间下面,充分利用了分层空间,可有效减少电缆和管路。

⑥ 娱乐室、健身房、洗衣房、餐厅、厨房、冷库、空调间、仓库等。根据用户的特殊要求,餐厅、厨房和娱乐室等非居住生活处所放置在主甲板以下,可以提高对船体空间的利用率,同时也减少了上层建筑的高度和重量。

⑦ 艏部推进器舱 P/S、艏部 VFD 间 P/S、锚链舱。推进器舱和 VFD 间的设置同艉

部。本船虽然是非机动船,但根据用户要求也配置了2台航行锚机,供以后航行过程中在锚地临时休息时使用,锚链舱的位置取决于主甲板上锚机的定位。另外在条件允许的情况下,锚链舱的深度尽量大一些,最好是6 m以上,这样才能使锚链更自然地存放,更有利于锚链舱空间的利用。很多风电安装船也设置艏楼甲板,将航行锚机放置在艏楼甲板上,锚链舱的深度更容易满足。

⑧ 应急发电机室。规范要求应急发电机的存放位置应在破舱稳性计算出的最终破损水线的上方,一般而言,应急发电机放置在上层建筑的顶上,如上海振华重工设计建造的Super M2型及JU2000E型自升式钻井平台。但是针对风电安装船,如果稳性比较富裕,可以将应急发电机室设置在主甲板面上,但是要确保其风雨密性不遭受破坏。

⑨ 油漆间、氧气瓶间、乙炔瓶间。本风电安装船将这几个小舱室放置在主甲板上,位于起重机筒体下方。为了更好地使起重机筒体和船体的横纵舱壁结合,起重机的筒体结构设计为"天圆地方"形式,内部空间当做储藏间,可用作储存风电施工装备体积较小的配件及工具。油漆间和乙炔瓶间为危险源,两者的相互关系还需要满足规范中危险区域的要求,后文也将有详述。

⑩ 充放电室、蓄电池间。"龙源振华叁号"风电安装船将这两个舱室放置在03层甲板,位于生活楼左舷的位置,顶上为露天甲板,靠近救生艇登乘平台。"龙源振华叁号"机械舱室布置图如图2.27所示。

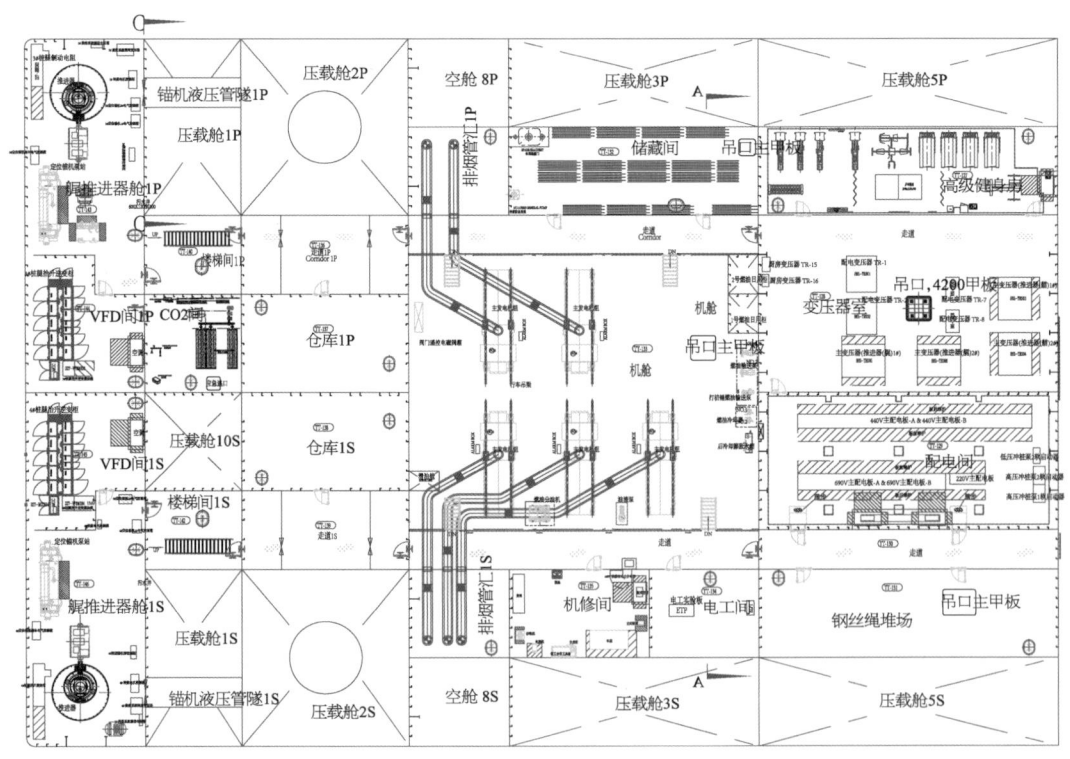

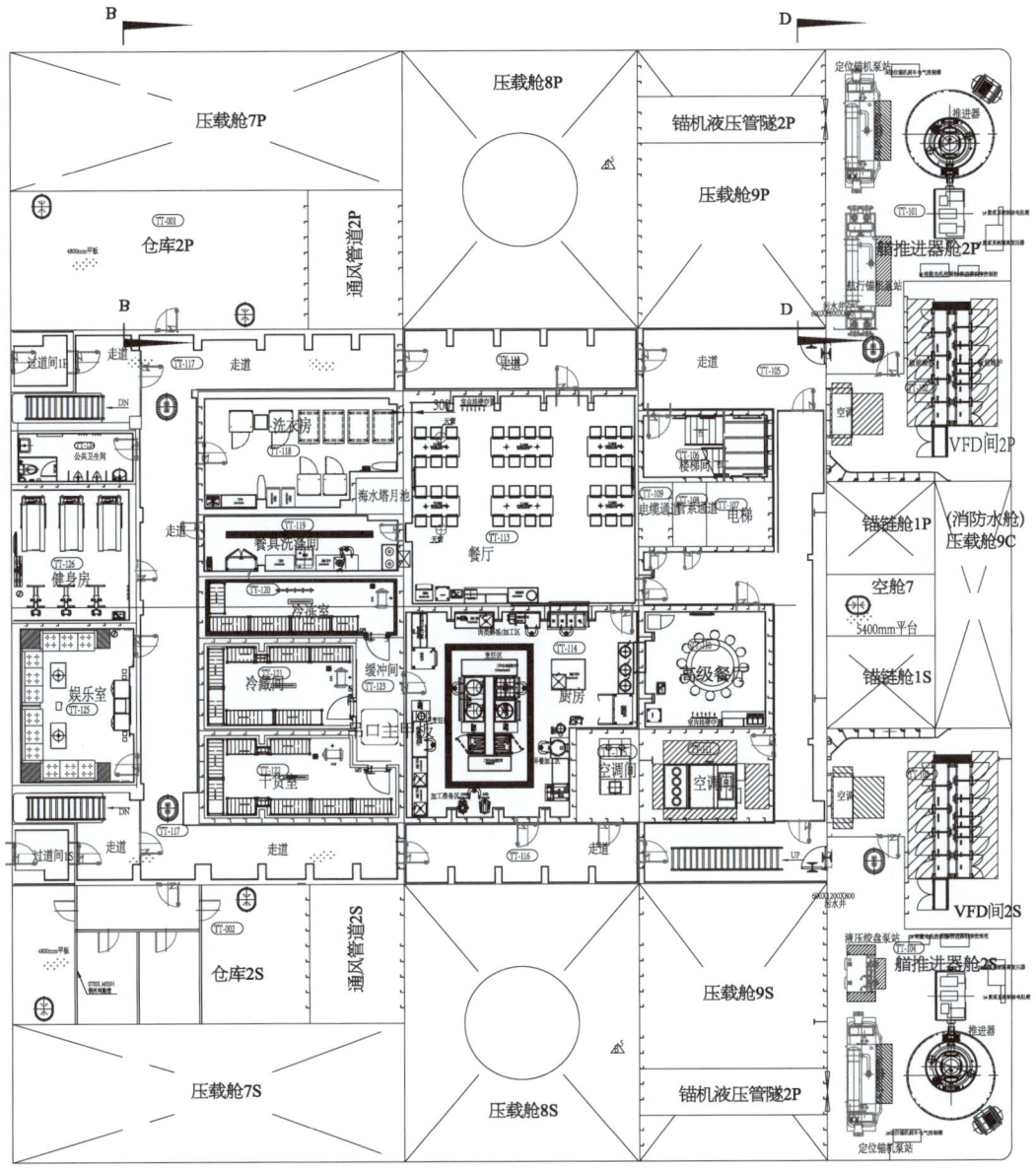

图 2.27 "龙源振华叁号"机械舱室布置图

2.2.6 管弄布置

自升式风电安装船上的管弄设置尤为重要,因为四周都是压载舱,压载舱的压载水均来自海水总管,一般情况下海水总管需要做成环形,更利于管子的布置。"龙源振华叁号" 2 000 t 自升式风电安装船管弄布置如图 2.28 所示。

上述方式虽然对于海水总管布置有利,但是也带来新的问题。管弄穿舱势必要在横舱壁上进行开孔,尤其是在连接左右舷桩腿的强框架上,对风电安装船的整船强度产生不

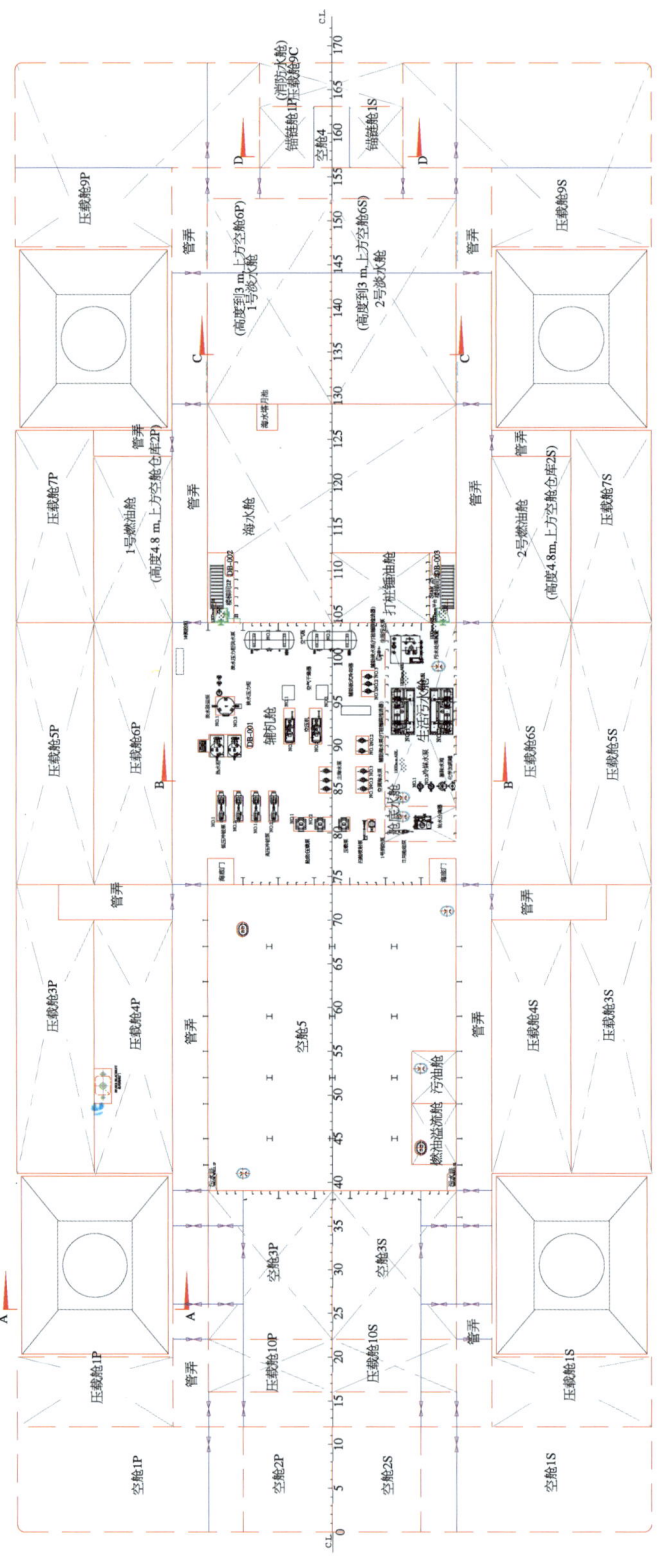

图 2.28 "龙源振华叁号"管弄布置图

利影响。如果是环形管弄,开孔在围井区周围,且根据前面机械舱室的布置图可知,管弄开孔的正上方是逃生通道开门孔的位置,这样这道舱壁的垂向都被挖掉,需要增加钢板的厚度。

基于上述原因,上海振华重工在新研发的 1 200 t 自升式风电安装船上对围井区的管弄采取了特殊处理,使它们从船中通过,可避免在围井周围频繁开孔,从而提高整船的强度,如图 2.29 所示。

2.2.7 生活区舱室布置

以一艘 1 200 t 自航自升式风电安装船为例,住舱人员为 100 人,需考虑 100 人的住宿、办公、娱乐、健身、更衣、会议等要求。本着舒适性、紧凑性、功能性的原则,重点做以下布置:

① 主甲板以下:布置洗衣间(工业洗衣机)和被服间,洗衣间放置在舱内,工作时产生的噪声不会影响人员休息。

② 主甲板层:布置更衣室、娱乐室、健身房、餐厅、船员餐厅、厨房、冷藏间、干货库、冷冻间、医务室等,方便施工人员就餐及休息。

③ 01 层甲板(艏楼甲板):布置 4 人间、洗衣间(家用洗衣机)、会议室(用作施工人员培训)、空调间、被服间。露天甲板布置 2 台航行锚机、2 台定位锚机及救生筏设备。该层主要居住施工人员。艏楼的设置主要是考虑船舶迎浪或斜迎浪航行时减少甲板上浪。甲板上浪严重的话将威胁到甲板上船员、设备和甲板开口封闭装置等的安全。因此,载重线法规对船舶的最小高度有明确的规定。艏楼甲板的宽度还应满足锚泊、系泊、拖曳设备及其他设备布置。

④ 02 层甲板:布置 2 人间、洗衣间(家用洗衣机)、空调间、被服间、杂物间。露天甲板布置 2 艘 100 人的救生艇,满足救生要求。该层可兼作船员、施工人员住宿。

⑤ 03 层甲板:布置 1 人间、船长套房、轮机长套房、2 间 VIP 套房、洗衣间(家用洗衣机)、会议室(大)、办公室空调间、被服间、公共卫生间、UPS 间。露天甲板为救生艇登乘区,满足 0.35 m^2/人的面积要求。该层全为单人间,可负责接待贵宾入住。

⑥ 04 层甲板:主要为中央控制室,内含直升机登乘候机空间。整个中央控制室四周全为玻璃(倾斜式),360°无死角,保证视野开阔。

一艘自航自升式风电安装船典型生活区的布置如图 2.30 所示。

此外,生活区部分舱室的位置可以根据用户的需要进行调整,例如龙源振华偏向于餐厅、厨房、娱乐室、健身房等放在主船体以下,如"龙源振华叁号"2 000 t 自升式风电安装船的布局。而且每一层居住舱室也可以进行个性化定制,包括 1 人间、2 人间和贵宾室的数量等。现在各个行业都在提倡"以人为本",而设计是作为源头,只有真正设身处地地从使用者的角度考虑居住人员的感受,才能设计出高品质的产品。

生活区设计的基本要求是在适用、经济的前提下,尽力改善船员的工作和生活条件,尽量做到舒适、方便和安全,例如国际劳工公约《MLC2006》明确提出居住舱室要有合适的自然采光。海员的工作环境比较艰苦,给他们提供舒适安逸的居住场所是设计人员优

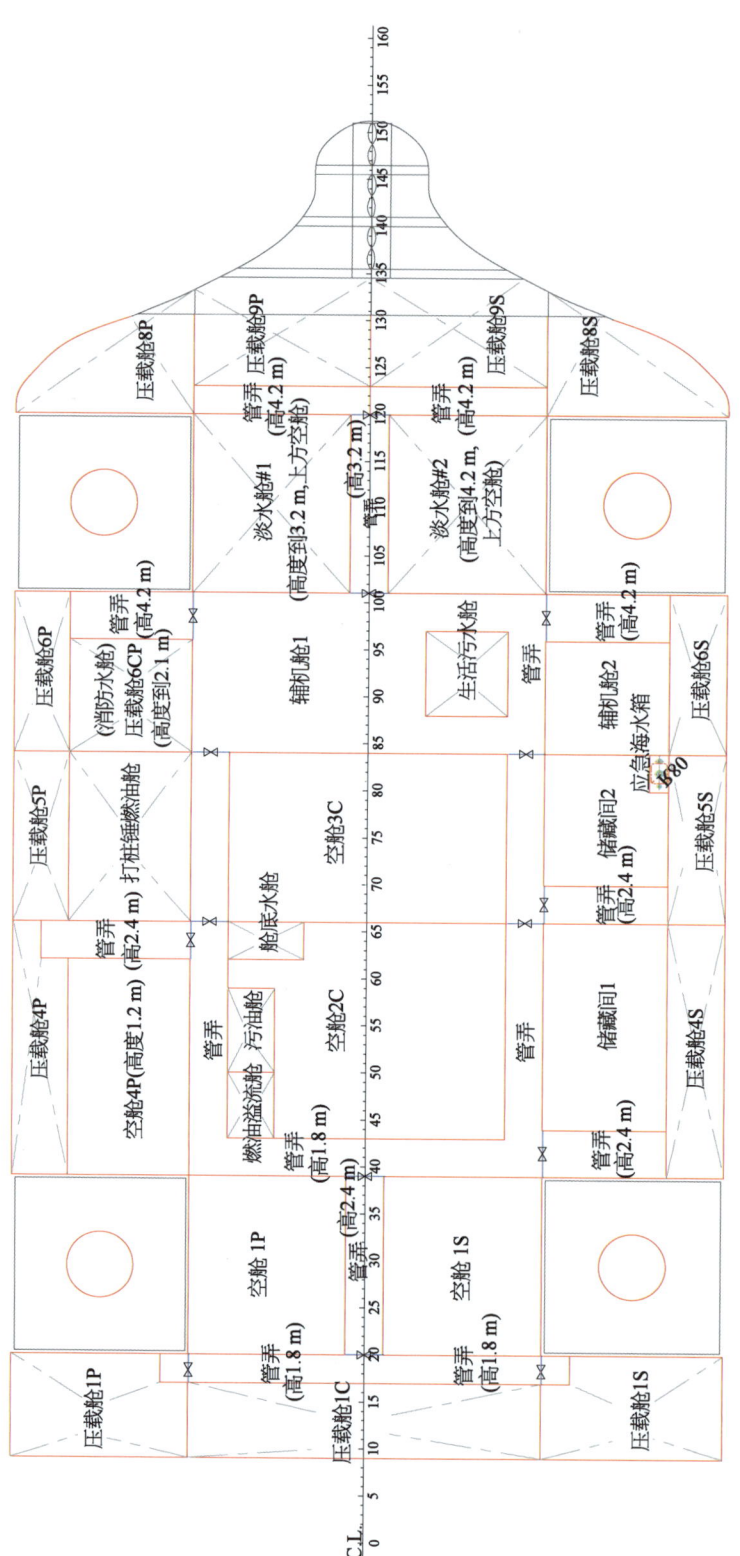

图 2.29 优化设计后的管弄布置图

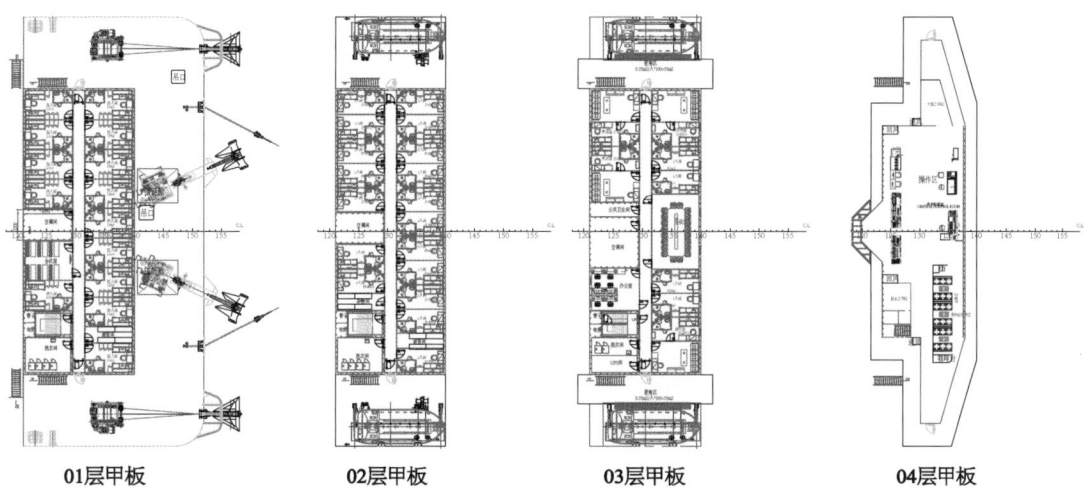

图 2.30 典型生活区布置图

先要考虑的。以往施工人员住 4 人间,但是房间里没有独立卫生单元,上海振华重工从设计"龙源振华叁号"开始,就为所有的住舱都配置卫生单元,并且尽量加大 4 人间面积,目前设计的 4 人间的面积约 22 m²,高于规范要求值。

随着设计理念的更新,国内的船东也向欧洲船东看齐,以后会逐渐减少 4 人间的使用,更多地配置 2 人间。

2.2.8 脱险通道设计考虑

关于脱险通道的布置原则,《海上移动平台入级规范 2016》里有明确的规定:平台上有人工作的处所应设有两个彼此远离的、安全的和无障碍的脱险通道至应急集合站或其他撤离的地点,脱险通道的设计应考虑到在任何一个地点发生事故时,至少一个脱险通道不遭破坏。在一般情况下,脱险通道应沿平台的两侧设置。除非特殊情况,考虑到处所的大小、性质等因素也可免设一个脱险通道。

1) 露天甲板下的机器处所

(1) 每一个 A 类机器处所脱险通道的设置应符合下列之一:

① 尽可能分开设置的两部钢梯通向该处所上部同样分开设置的门,由这些门可到达露天甲板。其中一部钢梯应从该处所下部至该处所以外的一个安全地点提供连续的防火遮蔽,并在下端设一个自闭式的防火门。防火遮蔽与 A 类机器处所的相邻接的部分应达到 A-60 级标准,其余部分应达到"A-0"级标准。防火遮蔽的内部尺寸至少应为 800 mm×800 mm,并应设有应急照明。

② 一部钢梯通向该处所上部的一个门,由此门可到达露天甲板;另外,在该处所下部远离上述钢梯的位置装设一个能从两面进行开关的钢门,由此门可进入从该处所下部到露天甲板的安全脱险通道。

(2) 除 A 类以外的机器处所应设有两条脱险通道,但对于只是偶然进入的处所和到门的最大步行距离不大于 5 m 的处所,可只设一条脱险通道。

2) 围蔽的生活区

① 围蔽的生活区内应设有彼此尽可能远离的两个分开的脱险通道至露天甲板和撤离地点。

② 生活区内端部封闭的走廊长度不许超过 7 m。

③ 电动的升降梯不能当作脱险通道使用。

按照规范要求,一般而言需要设两条逃生通道,生活区需要设两条室外梯。因此上海振华重工在设计"三航风华"号和"龙源振华叁号"时,均在生活楼设置了两条室外梯作为主要脱险通道,室内梯道作为次要脱险通道。

如果设置室外斜梯在布置上或者空间上有困难,经过中国船级社审图工程师认可后,也可以将其中一条脱险通道设计为直梯,以满足规范要求。

"龙源振华叁号"的主甲板和生活区脱险通道布置图如图 2.31 和图 2.32 所示。

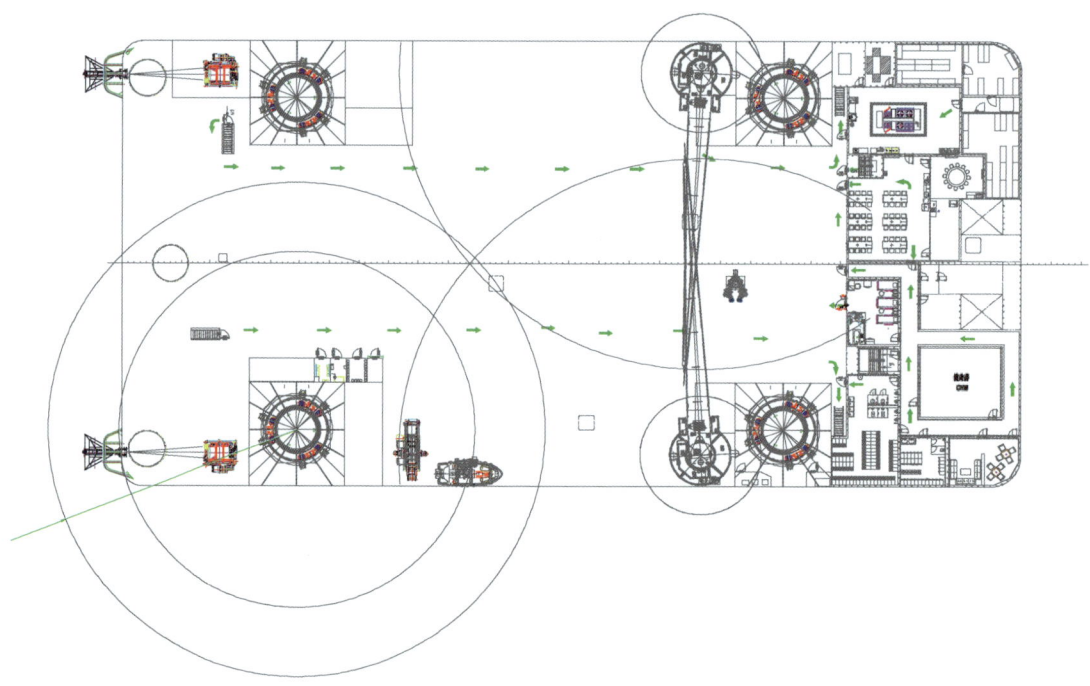

图 2.31 "龙源振华叁号"主甲板脱险通道布置图

2.2.9 危险区舱室布置

《海上移动平台入级规范 2016》里提到,对危险区进行识别和划分的目的是便于有区别地、合理地选择防爆电气设备、电缆和机械装置,以及消除其他潜在的引爆源,以避免爆炸的发生。

根据防爆电气设备选择需要,依照爆炸性气体存在的可能性和时间长短,危险区分为

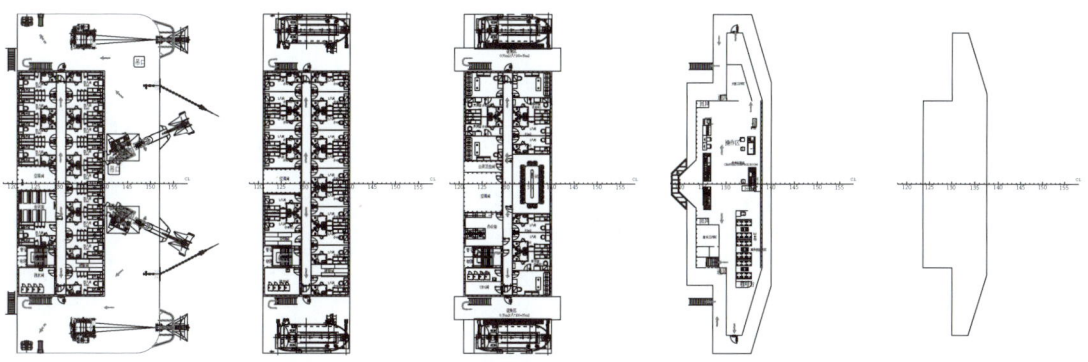

图 2.32 "龙源振华叁号"生活区脱险通道布置图

如下三类:

① 0 类危险区:指在正常工作条件下持续和长期存在爆炸性气体环境的区域。

② 1 类危险区:指在正常工作条件下可能出现爆炸性气体环境的区域。

③ 2 类危险区:指在正常工件条件下不大可能出现爆炸性气体环境,即使出现也只是短时间存在的区域。

根据以上规范要求,结合风电安装船实际情况,风电船上的危险源主要有油漆间、乙炔间和蓄电池间。其中,油漆间和乙炔间属于 2 类危险区。具体绘制方法如图 2.33 和图 2.34 所示。

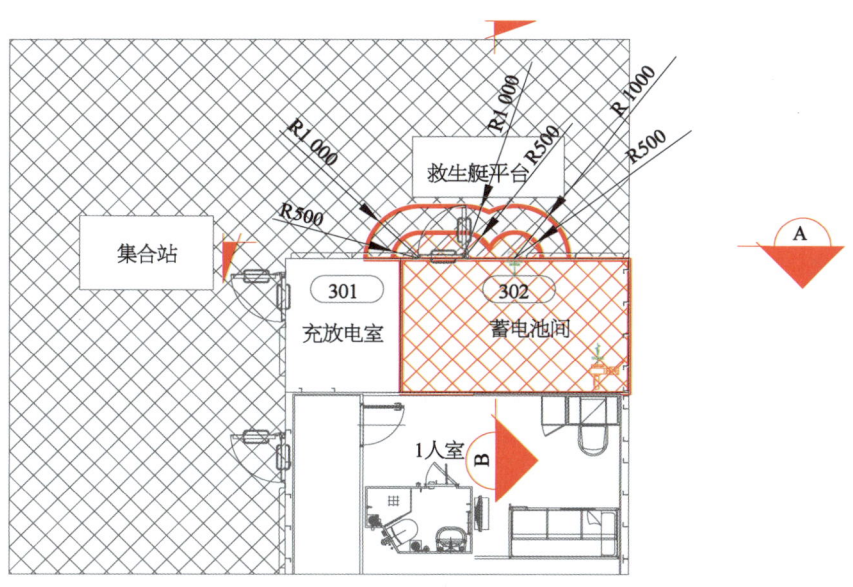

图 2.33 "龙源振华叁号"蓄电池间危险区图

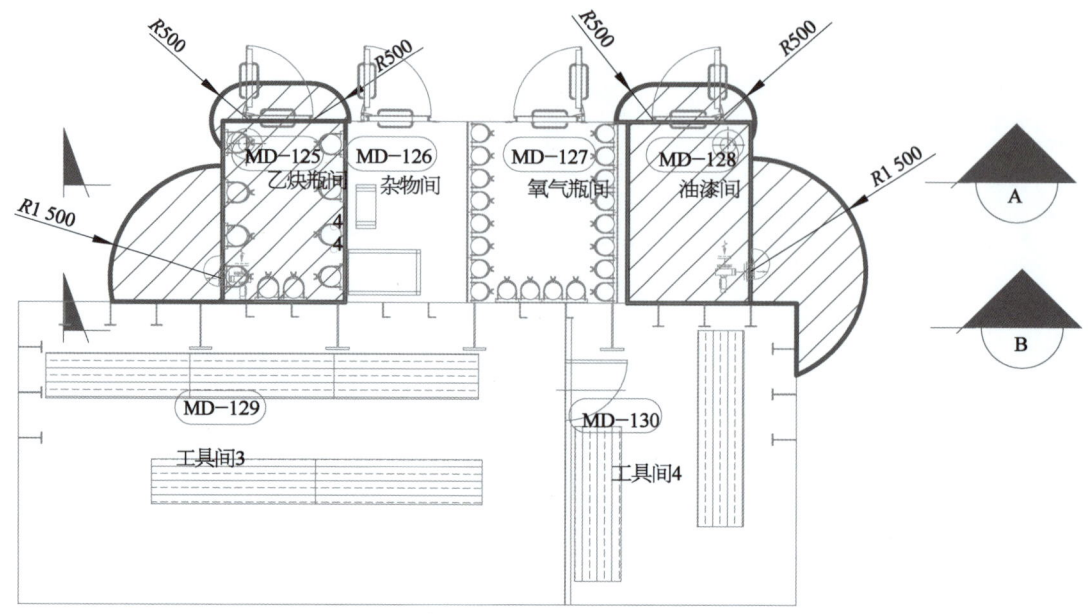

图 2.34 "龙源振华叁号"乙炔间和油漆间危险区图

2.2.10 典型设计工况

自升式风电安装船使用过程中有各种不同的操作工况,比较复杂。以一次风机设备安装过程来看,自升式风电安装船必须经历如下的工况:

移航→就位→下放桩腿→抬升主船体→预压载→风电安装作业→主船体下降→拔桩(一般需要冲桩)→桩腿收回→移航至下一机位。

以上各工况中,比较典型的工况为移航、下放桩腿、预压载、风电安装作业、插桩及拔桩等,现分别介绍如下:

(1) 移航。自升式风电安装船的移航分为自航、拖航、推进器辅助推进等不同方式,大多数为拖航。拖航时风电安装船漂浮于水面,桩腿全部升起。该工况下的特点是:受风面积大、重心高、摇摆惯性矩大,这些因素对风电安装船的稳性和强度都将带来很大的影响,因此设计者和使用者要对移航工况的性能充分重视。

(2) 下放桩腿。下放桩腿是把桩腿下放到离海底只有几米的地方,此时风电安装船处于漂浮状态,但桩腿水中部分的长度以及重心、浮心和质量惯性矩等要素都在不断地发生变化,因此平台的初稳性、大角度稳性和摇摆等性能也随之变化。随着桩腿的下降,作用在桩腿上的流体动力和惯性力等不断增加,桩腿和主船体连接处将承受较大的力,特别是桩腿和海底相接触或碰撞的情况。

(3) 插桩及拔桩。下放桩腿时,几根桩腿被同时下放到桩靴底部距离海底几米的地方停止。风电安装船在拖船的辅助下定位,然后迅速将全部桩腿同时下放至触底,以免风电安装船被水流冲离机位而造成定位误差。一般插拔桩这种工况对环境条件要求比较高,在风浪流都比较小的情况下进行，例如风速小于 5 级，最大波高小于 1 m，流速小于 1 m/s。

（4）预压载。预压载的目的是为了不使自升式风电安装船由于打桩作业等引起的振动、风浪流等环境载荷引起的倾覆力等原因，而使桩腿继续下陷或突然"穿刺"，导致风电船发生严重倾斜甚至倾覆等危险现象。在风电安装船有一定安全气隙的时候，对所有桩腿进行预压载达到目标极限支反力，压实地基。因此，预压载作业对于自升式风电安装船的使用安全是极为重要的，需要设计者合理考虑。

自升式风电安装船不同于以往的钻井平台，因其一般情况下有 4 条桩腿，可不使用压载水预压，但耗时长且效率较低。风电安装船可采用对角预压载，即利用风电安装船上的升降系统，让对角的两条桩腿承受风电安装船的重量，直到这两条桩腿底部受力达到目标支反力，保压等待一段时间，再换另外两条对角的桩腿来承受风电安装船的重量，反复对角进行加载，直到把地基压实，桩腿不再沉降。

对角压载与压载水压载的方式相比，能大大提高施工效率，是风电安装船的最优选择。

风电安装船典型工况环境条件见表 2.4。

表 2.4 风电安装船典型工况环境条件

项目\工况	站立作业工况 1-主钩工作	站立作业工况 2-无吊重工作	站立时风暴自存工况	浮吊作业	动力定位	区域移泊
最大可变载荷(t)	4 500（含吊重）	4 500	2 000	—	4 500	4 500
吊重(t)	2 000	0	0	固定尾吊 1 500@30 m 全回转 800@25 m	0	0
水深(m)+插深(m)	50+10	50+10	50+10	—	—	—
气隙(m)	6	6	6	—	—	—
最大波高(m)	3.5	4.5	6.5	1.5	2	2
最大风速(m/s)	15	36	51.5	12	15	13.8
静水面流速(m/s)	1.542	1.542	1.542	1.028	1.028	1.028
海底流速(m/s)	0	0	0	0	0	0

2.3 主要性能计算

2.3.1 质量预估及升降能力选型分析

以上海振华重工研发的 1 200 t 液压插销式自升式风电安装船为例，根据实际设备布置,预估空船质量数据,参见表 2.5。

表 2.5 典型风电安装船质量重心统计表

类别			质量(t)	纵向重心坐标 L_{CG}(m)	横向重心坐标 T_{CG}(m)	重心高 G_Z(m)
空船	起重机		1 470	40.70	−8.76	35.67
	液压抬升机构		1 300.0	42.00	0.0	11.19
	桩腿桩靴		4 000.00	42.00	0.0	37.01
	结构	船体	3 900.00	43	0.17	5.00
		上建	400.00	75	0.00	15.52
		抬升围壁	500.00	40	0.00	15.08
	结构总质量		4 800.00	45.35	0.14	6.93
	轮机	通风	30.00	45.00	0.13	10.00
		管系	400.00	47.50	0.40	5.17
		机械	300.00	33.00	0.31	4.23
	轮机总质量		730.00	41.44	0.35	4.98
	外舾装	铁舾	230.00	45.00	−0.45	14.05
		设备	600.00	60.00	0.81	8.92
	外舾总质量		830.00	55.84	0.46	10.34
	内舾装		170.00	72.00	0.00	14.28
	电气		200.00	45.00	−0.96	4.40
	空船总质量		13 500	44.29	−0.87	19.54
	船体质量(除桩腿桩靴)		9 300	45.26	−1.24	12.19

分析:可变载荷为 4 200 t,抬升质量为 9 300+4 200=13 500 t,每条腿需要的抬升能力为 13 500/4=3 375 t,考虑一定的四腿受力不均匀性,故升降系统的额定抬升能力定为 3 750 t/单腿。

根据主船体结构分析报告可获得桩靴底部最大支反力:扣除单个桩腿桩靴质量,再考虑部分裕量,则可得知升降系统的静支撑能力为 2×3 750=7 500 t。

2.3.2 干舷及储备浮力计算分析

1) 计算说明

本计算按照《1966 年国际载重线公约》的 1988 年议定书附件 B 修正案的规定和要求编制。本船参照法规对 B 型船的要求进行计算。

2) 定义

(1) 长度(L):对于无舵杆的船舶,长度(L)为最小型深 85%处水线总长的 96%。

(2) 宽度(B):船舶的最大宽度,对金属船壳的船舶,是在船中处量至两舷肋骨型线,其他材料的船舶在船中处量至两舷船壳的外表面。

(3) 型深(MD)：从龙骨板上边量至干舷甲板舷侧处横梁上面的垂直距离。

(4) 计算型深(D)：船中处型深加干舷甲板边板的厚度。

(5) 方形系数(C_b)。

$$C_b = \nabla / (L \times B \times d_1) \tag{2.1}$$

式中 ∇——船舶的型排水体积；
d_1——最小型深的 85%。

(6) 基本干舷 F_0。

(7) 长度在 100 m 以下船舶的干舷修正 F_1：

$$F_1 = 7.5 \times (100 - L) \times (0.35 - E_1/L) \text{(mm)} \tag{2.2}$$

式中 L——船长(m)；
E_1——上层建筑有效长度 E，但不包括凸形甲板的长度。

(8) 方形系数对干舷的修正值 F_2：

$$F_2 = (F_0 + F_1) \times [(C_b + 0.68)/1.36 - 1] \text{(mm)} \tag{2.3}$$

式中 C_b——方形系数，取不小于 0.68。

(9) 计算型深修正 F_3：D 超过 $L/15$，则干舷应按 $(D - L/15)R$ mm 增加，其中 R 对船长小于 120 m 的船舶为 $L/0.48$，对船长为 120 m 和 120 m 以上的船舶为 250。

(10) 上层建筑和凸形甲板对干舷的修正值 F_4。

(11) 非标准舷弧面积对干舷的修正值 F_5。

标准舷弧剖面（L 以 m 为单位）见表 2.6。

表 2.6 标准舭艏弧剖面

位　　置	纵坐标值	系　数
尾垂线	$25(L/3+10)$	1.00
离尾垂线 $L/6$	$11.1(L/3+10)$	3.00
离尾垂线 $L/3$	$2.8(L/3+10)$	3.00
船中	0.00	1.00
离首垂线 $L/3$	$5.6(L/3+10)$	3.00
离首垂线 $L/6$	$22.2(L/3+10)$	3.00
首垂线	$50(L/3+10)$	1.00

(12) 夏季干舷 F_S：

$$F_S = F_1 + F_2 + F_3 + F_4 + F_5 \tag{2.4}$$

(13) 夏季淡水干舷 F：
$$F = F_S - \nabla/40T \tag{2.5}$$

式中 ∇——夏季载重水线时的海水排水量(t)；

T——夏季载重水线处在海水中每一厘米吃水吨数(t/cm)。

(14) 最小船首高度 F_b 及储备浮力：
$$F_b = 6\,075(L/100) - 1\,875(L/100)^2 + 200(L/100)^3 \times (2.08 + 0.609C_b - 1.603C_{wf} - 0.012\,9(L/d_1)) \tag{2.6}$$

式中 F_b——计算的最小船艏高度(mm)；

L——(1)中定义的长度(m)；

B——(2)中定义的型宽(m)；

d_1——最小型深的 85%；

C_b——方形系数；

C_{wf}——$L/2$ 的前体水线面面积系数：$C_{wf} = A_{wf}/(L/2)B$；

A_{wf}——吃水 d_1 处 $L/2$ 的前体水线面面积。

除油船、化学品液货船和气体运输船以外的所有 B 型干舷船艏端应有附加的储备浮力。在艏垂线之后 $0.15L$ 范围内，夏季载重水线和甲板边线之间的侧投影面积(图 2.35 中 A_1 和 A_2)和封闭上层建筑(如设置)的侧投影面积(A_3)之和 $A_\sum$ 小于：
$$A_\sum \geqslant [0.15F_{min} + 4.0(L/3 + 10)]L/1\,000 \text{ m}^2 \tag{2.7}$$

式中 F_{min}——$F_{min} = (F_0 \times F_2) + F_3$；

F_0——表列干舷(mm)；

F_2——方形系数修正；

F_3——型深修正(mm)。

侧投影面积如图 2.35 所示。

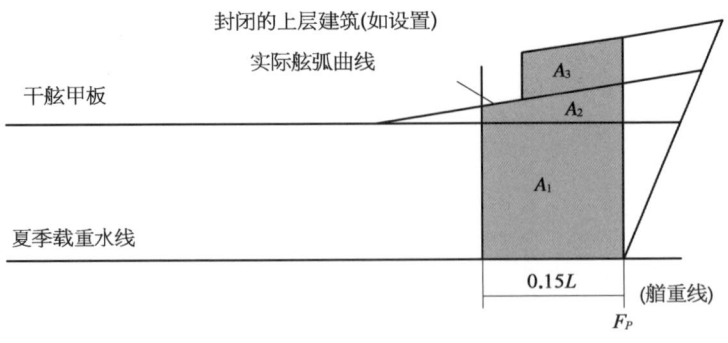

图 2.35 侧投影面积

3) 主尺度

总长 L_{oa}：100.8 m；水线长 L_{WL}：100.8 m；垂线间长 L_{BP}：100.8 m；型宽 B：43.2 m；型深 MD：8.4 m；设计吃水：5.8 m；板厚：22 mm。

4) 干舷计算

船长 L：96.768 m；船宽 B：43.2 m；计算型深 D：8.422 m；方形系数 $C_b = \nabla/(L \times B \times d_1)$：0.922。

(1) 基本干舷：

船舶类型：B；基本干舷 F_0：1 204.59 mm。

(2) 长度在 100 m 以下船舶干舷修正 F_1：

长度在 24 m 和 100 m 之间，封闭上层建筑有效长度不超过船长 35% B 型船舶，其列表干舷应增加：

$$F_1 = 7.5 \times (100 - L) \times (0.35 - E/L) = 7.5 \times (100 - 96.768) \times 0.35 = 8.48 \text{ mm}$$

(3) 方形系数对干舷的修正值 F_2：

本船型系数 C_b 超过 0.68，应乘以系数：$(C_b + 0.68)/1.36 = (0.922 + 0.68)/1.36 = 1.178$。

$$F_2 = (F_0 + F_1) \times (1.178 - 1) = 215.93 \text{ mm}$$

(4) 计算型深修正 F_3：D 超过 $L/15$，则干舷应按 $(D - L/15)R$ mm 增加，其中 R 对船长小于 120 m 的船舶为 $L/0.48$，对船长为 120 m 和 120 m 以上的船舶为 250。

$$F_3 = (D - L/15) \times (L/0.48) = (8.422 - 96.768/15) \times (96.768/0.48) = 397.31 \text{ mm}$$

(5) 上层建筑和凸形甲板对干舷的修正值 F_4：

$$F_4 = 0 \text{ mm}$$

(6) 非标准舷弧面积对干舷的修正值 F_5：

① 实际舷弧剖面（L 以米为单位）见表 2.7。

表 2.7 实际舷弧剖面

位　置	纵坐标值	系　数	乘　积
尾垂线	0.00	1.00	0.00
离尾垂线 $L/6$	0.00	3.00	0.00
离尾垂线 $L/3$	0.00	3.00	0.00
船中 1	0.00	1.00	0.00
Sum			0.00
$S_a = \text{Sum}/8$			0.00

(续表)

位 置	纵坐标值	系 数	乘 积
船中 2	0.00	1.00	0.00
离首垂线 $L/3$	0.00	3.00	0.00
离首垂线 $L/6$	0.00	3.00	0.00
首垂线	0.00	1.00	0.00
Sum			0.00
$S_f = \text{Sum}/8$			0.00

② 标准舷弧剖面(L 以米为单位)见表 2.8。

表 2.8 标准舷弧剖面

位 置	纵坐标值	系 数	乘 积
尾垂线	1 056.40	1.00	1 056.40
离尾垂线 $L/6$	469.04	3.00	1 407.12
离尾垂线 $L/3$	118.32	3.00	354.95
船中 1	0.00	1.00	0.00
Sum			2 818.48
$S_{a0} = \text{Sum}/8$			352.31
船中 2	0.00	1.00	0.00
离首垂线 $L/3$	236.63	3.00	709.90
离首垂线 $L/6$	938.08	3.00	2 814.25
首垂线	2 111.80	1.00	2 112.80
Sum			5 636.95
$S_{f0} = \text{Sum}/8$			704.62

③ 尾楼或首楼给予舷弧修正值:

$$S_f = 2 \times Y_f \times L_f / (3 \times L) \tag{2.8}$$

④ 非标准舷弧面积对干舷的修正值 F_5:

$S_1 = 0.00$ mm; $0.75 - (S_1/2L) = 0.75$ mm; $U = S_{f0} - S_f = 704.62$ mm; $W = S_{a0} - S_a = 352.31$ mm; $(U+W)/2 = 528.46$ mm; $F_5 = (U+W)/2 \times [0.75 - (S_1/2L)] = 396.35$ mm。

(7) 夏季最小干舷 F_S:

$$\begin{aligned} F_S &= F_0 + F_1 + F_2 + F_3 + F_4 + F_5 \\ &= 1\,204.59 + 8.48 + 215.93 + 397.31 + 0 + 396.35 \\ &= 2\,222.66 \text{ mm}。 \end{aligned}$$

实际干舷：2 622 mm＞F_s，满足规范要求。

(8) 夏季淡水干舷 F：

$$F = 2\,622 - \nabla/(40 \times T) = 2\,622 - 22\,232.7/(40 \times 44.5) \times 10 = 2\,497 \text{ mm}$$

(9) 最小船艏高度 F_b 及储备浮力：

最小船艏高度：

$$F_b = 6\,075(L/100) - 1\,875(L/100)2 + 200(L/100)3 \times$$
$$[2.08 + 0.609 C_b - 1.603 C_{wf} - 0.012\,9(L/d_1)]$$
$$= 3\,441.36 \text{ mm}$$

实际船艏高度 = D + 甲板厚度 − 夏季载重线吃水 = 8 400 + 22 − 5 800 = 2 622 mm。

储备浮力：

$$[0.15 F_{\min} + 4.0(L/3 + 10)]L/1\,000$$
$$= [0.15(F_0 F_2 + F_3) + 4.0(L/3 + 10)]L/1\,000$$
$$= [0.15(1\,204.59 \times 1.178 + 397.31) + 4.0(96.768/3 + 10)]96.768/1\,000$$
$$= 42.71 \text{ m}^2$$

$0.15L$ 的投影面积为 37.74 m²。

根据《海上移动平台入级规范 2016》第 3 篇 3.2.1.2 所述：自升式平台的高度和储备浮力一般不能满足《1966 年国际载重线公约》第 39(1) 条、第 39(2) 条和 39(5) 条的要求，此时可适当放宽要求。但对每次平台拖航，均应根据所定航线、航程长短以及气象情况给予特殊考虑。

2.3.3 风载荷计算分析

自升式风电安装船作为典型的海上移动平台，其风载荷应按照《海上移动平台入级规范 2016》进行计算，下面以"龙源振华叁号"为例介绍风电安装船风载荷计算流程。根据 CCS《海上移动平台入级规范 2016》及平台技术规格书要求，风载荷分别计算了以下几个工况：

区域拖航：风速 36 m/s(70 kn)。
远洋拖航：风速 51.5 m/s(100 kn)。
站立风暴自存工况：风速 51.5 m/s(100 kn)。
站立作业工况(起重机不工作)：风速 36 m/s(70 kn)。
站立作业工况(起重机主钩工作)：风速 15 m/s。

1) 计算方法

① 风压 P 按下式计算：

$$P = 0.613 \times 10^{-3} V^2 \tag{2.9}$$

式中 V——设计风速(m/s)。

② 风载荷：

$$F = C_h C_s S P \tag{2.10}$$

式中 P——风压(kPa)；

S——平台在正浮或倾斜状态时,受风构件的正投影面积(m^2)；

C_h——受风构件的高度系数,其值根据构件高度 h(构件型心到设计水面的垂直距离)按表2.9选取；

C_s——受风构件形状系数,其值根据构件形状由表2.10选取。

表 2.9 高度系数 C_h

海平面以上的高度 h(m)	高度系数 C_k
0～15.3	1.00
15.3～30.5	1.10
30.5～46.0	1.20
46.0～61.0	1.30
61.0～76.0	1.37
76.0～91.5	1.43
91.5～106.5	1.48
106.5～122.0	1.52
122.0～137.0	1.56
137.0～152.5	1.60
152.5～167.5	1.63
167.5～183.0	1.67
183.0～198.0	1.70
198.0～213.5	1.72
213.5～228.5	1.75
228.5～244.0	1.77
244.0～259.0	1.79
259 以上	1.80

表 2.10 形状系数 C_s

构 件 形 状	C_s
球 形	0.4
圆柱形	0.5
大的平面(船体、甲板室、平滑的甲板下表面)	1.0
甲板室群或类似结构	1.1
钢 索	1.2

(续表)

构件形状	C_s
井架	1.25
甲板下暴露的梁和桁材	1.3
小部件	1.4
独立的结构（起重机、梁等）	1.5

2）计算流程

首先在 NAPA 软件中建立各工况对应的风载模型，完整建出各工况下受风构件模型，并根据规范要求在 NAPA 中为各受风构件指定形状系数 C_s。该平台主要受风构件及对应在 NAPA 模型中的名称列举如下：

船体：

SO.HULL：船体

吊机：

SO.CRANE-FOUDA：吊机基座

SO.CRANE-ROTA：吊机回转台

SO.CRANE-TOP：吊机顶部支架

SO.CRANE-BM1：吊机吊臂 1

SO.CRANE-BM2：吊机吊臂 2

SO.CRANE-ROTA-STORED：存储位置的吊机回转台

SO.CRANE-TOP-STORED：存储位置的吊机顶部支架

SO.CRANE-BM1-STORED：存储位置的吊机吊臂 1

SO.CRANE-BM2-STORED：存储位置的吊机吊臂 2

SO.CRANE-ROTA-(ANGLE)：旋转相应角度的吊机回转台

SO.CRANE-TOP-(ANGLE)：旋转相应角度的吊机顶部支架

SO.CRANE-BM1-(ANGLE)：旋转相应角度的吊机吊臂 1

SO.CRANE-BM2-(ANGLE)：旋转相应角度的吊机吊臂 2

上建：

SO.SUPER1：主甲板至 01 层上建

SO.SUPER2：01 层至 03 层上建

SO.SUPER3：03 层至 04 层上建

SO.SUPER4：04 层至房顶

抬升结构：

SO.JACKCASE-AS：右舷艉部抬升结构

SO.JACKCASE-AP：左舷艉部抬升结构

SO.JACKCASE-FP：左舷艏部抬升结构

SO.JACKCASE-FS：右舷艏部抬升结构

桩腿：

SO.LEG-AP：拖航状态下艉部左舷桩腿

SO.LEG-AS：拖航状态下艉部右舷桩腿

SO.LEG-FP：拖航状态下艏部左舷桩腿

SO.LEG-FS：拖航状态下艏部右舷桩腿

SO.LEG-AP-EL-UP：自升作业下艉部左舷桩腿上部

SO.LEG-AS-EL-UP：自升作业下艉部右舷桩腿上部

SO.LEG-AP-EL-LW：自升作业下艉部左舷桩腿下部

SO.LEG-AS-EL-LW：自升作业下艉部右舷桩腿下部

SO.LEG-FP-EL-UP：自升作业下艏部左舷桩腿上部

SO.LEG-FS-EL-UP：自升作业下艏部右舷桩腿上部

SO.LEG-FP-EL-LW：自升作业下艏部左舷桩腿下部

SO.LEG-FS-EL-LW：自升作业下艏部右舷桩腿下部

风电桩、风叶及吊重：

SO.WINDPILE1：风电桩1

SO.WINDPILE2：风电桩2

SO.WINDBLADE：一套风叶（含三片）

SO.CRANELOAD-2000T：等效2 000 t吊重

SO.CRANELOAD-2000T-(ANGLE)：旋转相应角度的等效2 000 t吊重

自升式作业工况风载荷模型如图2.36所示。

在计算时，建立坐标系统（见图2.37），坐标原点位于0♯肋位：X 轴——正方向为船艏方向；Y 轴——正方向为左舷方向；Z 轴——船底基线以上为正。

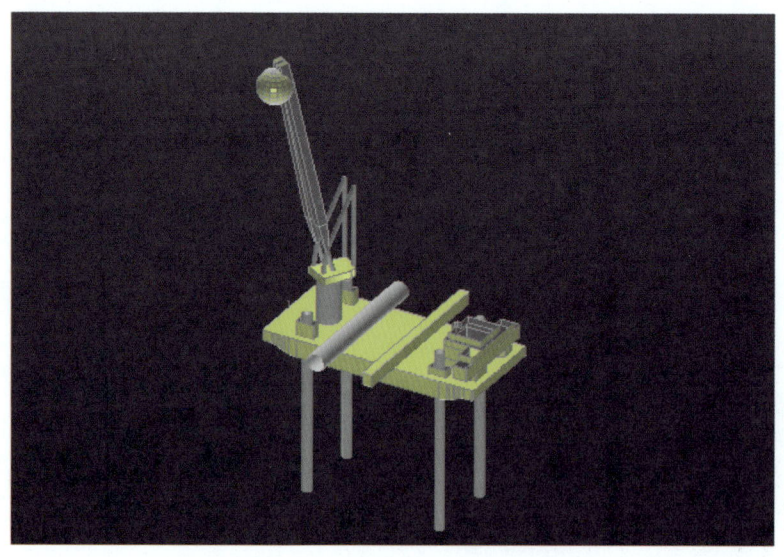

图2.36　自升式作业工况风载荷模型

方位角 AZI a：在 XOY 平面内稳性轴和 X 轴正方向有一个夹角"a"。方位角"a"逆时针为正。

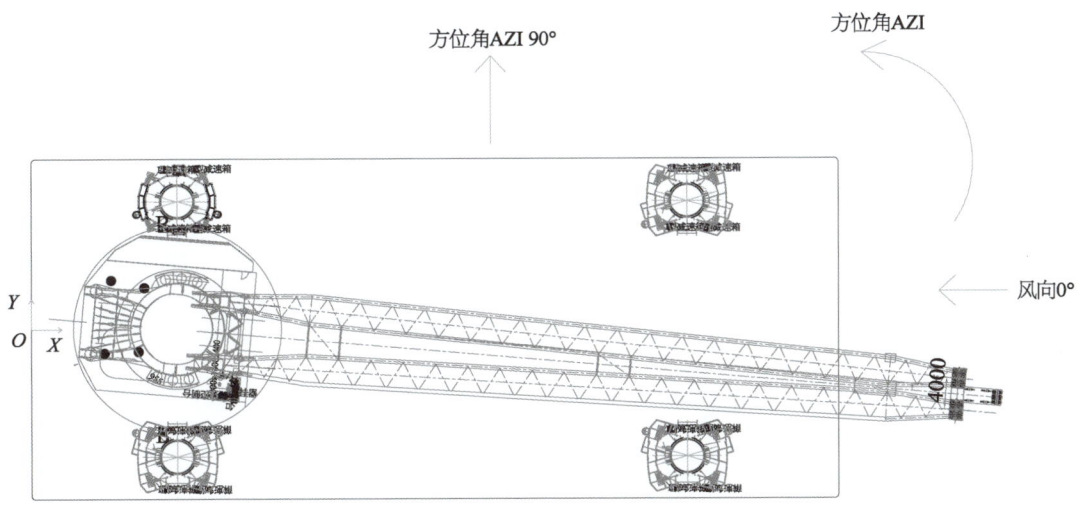

图 2.37　坐标系定义示意图

3）各工况计算内容

（1）区域拖航和远洋拖航工况。风载荷模型起重机吊臂固定在搁架上，桩腿完全收回至桩靴底部与船底平齐，计算吃水范围由 4.2～5.8 m，方位角（风向角）考虑 0°～360°，区域拖航风速 70 kn/远洋拖航风速 100 kn，平台横倾角度 0°～20°。拖航工况风载荷模型如图 2.38 所示。

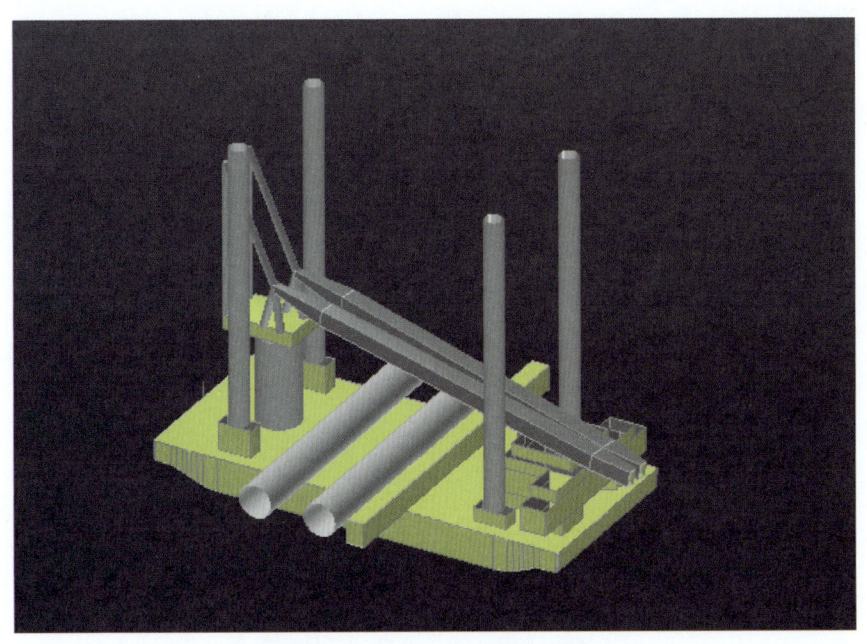

图 2.38　拖航工况风载荷模型

在 NAPA 中编制相应的计算宏，分别计算指定吃水、横倾角及方位角下各受风构件的风载荷，并将同一吃水对应的不同方位角、横倾角下的风载荷计算结果进行汇总。部分计算结果如图 2.39 所示。

```
Loading condition T=5.8, TR=0

Draught=5.800 m  Trim=0.0 deg  Heel=20.0 deg  Azim=180.0 deg

NAME           V      COEF    AREA    WPR     REFZ    WFZ     TL      WF     WMOM
               m/s            m2      t/m2    m       m       m       t      tm
SO.HULL        36.0   1.00    955.7   0.08    5.80    10.54   4.740   77.1   365.7
SO.SUPER1      36.0   1.00    76.1    0.08    5.80    12.15   6.354   6.1    39.0
SO.SUPER2      36.0   1.00    81.3    0.08    5.80    17.68   11.885  6.6    78.0
SO.SUPER2      37.8   1.00    20.2    0.09    5.80    22.70   16.901  1.8    30.3
SO.SUPER3      36.0   1.00    13.0    0.08    5.80    20.55   14.746  1.0    15.4
SO.SUPER3      37.8   1.00    37.8    0.09    5.80    22.98   17.182  3.4    57.6
SO.SUPER4      36.0   1.00    1.9     0.08    5.80    20.72   14.917  0.2    2.3
SO.SUPER4      37.8   1.00    47.5    0.09    5.80    23.63   17.828  4.2    75.1
SO.LEG-AP      36.0   0.50    2.2     0.08    5.80    20.81   15.013  0.1    1.3
SO.LEG-AP      37.8   0.50    63.8    0.09    5.80    28.70   22.900  2.8    64.9
SO.LEG-AP      39.4   0.50    65.1    0.10    5.80    44.05   38.250  3.2    120.6
SO.LEG-AP      41.0   0.50    63.0    0.10    5.80    59.30   53.500  3.3    176.8
SO.LEG-AP      42.1   0.50    63.0    0.11    5.80    74.30   68.500  3.5    238.6
SO.LEG-AP      43.0   0.50    17.5    0.12    5.80    83.89   78.092  1.0    79.1
SO.LEG-AS      36.0   0.50    48.7    0.08    5.80    15.30   9.496   2.0    18.7
SO.LEG-AS      37.8   0.50    63.8    0.09    5.80    28.70   22.900  2.8    64.9
SO.LEG-AS      39.4   0.50    65.1    0.10    5.80    44.05   38.250  3.2    120.6
SO.LEG-AS      41.0   0.50    63.0    0.10    5.80    59.30   53.500  3.3    176.8
SO.LEG-AS      42.1   0.50    34.0    0.11    5.80    70.85   65.050  1.9    122.3
```

WIND MOMENT SUMMARY (FIELD TRANSIT)

WIND SPEED=70 KN   DRAFT=5.8 M

AZI degree	WIND degree	HEEL0 tm	HEEL10 tm	HEEL20 tm
0.0	-90.0	5183.3	5536.0	5668.7
15.0	-75.0	5375.2	5633.8	5826.1
30.0	-60.0	5433.1	5675.1	5986.5
45.0	-45.0	5354.2	5606.5	6044.6
60.0	-30.0	5146.2	5395.3	5946.5
75.0	-15.0	4823.7	5033.9	5645.3
90.0	0.0	4706.1	4883.2	5468.7
105.0	15.0	5094.9	5338.1	5924.1
120.0	30.0	5372.7	5629.8	6133.8
135.0	45.0	5520.7	5753.5	6113.7
150.0	60.0	5527.4	5742.9	5902.1
165.0	75.0	5396.9	5635.0	5664.4
180.0	90.0	5182.1	5472.1	5463.3
195.0	105.0	5371.4	5590.7	5559.5
210.0	120.0	5427.0	5623.4	5652.4
225.0	135.0	5346.2	5564.2	5726.7
240.0	150.0	5136.8	5410.6	5730.4
255.0	165.0	4813.6	5158.0	5618.3
270.0	180.0	4696.1	5064.0	5550.3
285.0	195.0	5085.5	5419.5	5863.5
300.0	210.0	5364.6	5671.2	6015.4
315.0	225.0	5514.5	5806.3	6030.4
330.0	240.0	5523.5	5821.1	5948.3
345.0	255.0	5395.5	5727.8	5824.5
360.0	270.0	5183.3	5536.0	5668.7

图 2.39 拖航工况风载荷模型计算结果

（2）站立风暴自存工况。风载荷模型起重机吊臂固定在搁架上，桩腿插深 10 m，水深 50 m，气隙 6 m，方位角（风向角）考虑 0°～360°，风速 100 kn，最大可变载荷 2 000 t。站立风暴自存工况风载荷模型如图 2.40 所示。

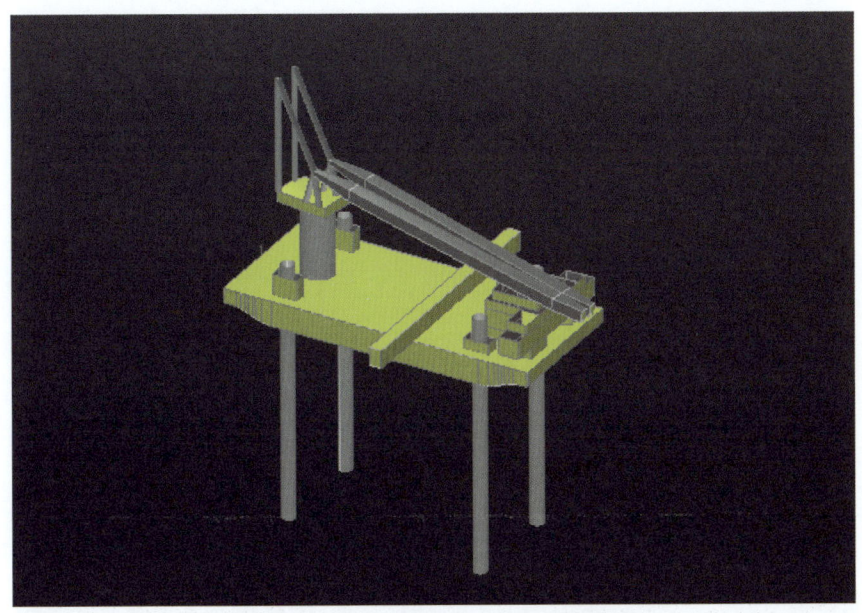

图 2.40　站立风暴自存工况风载荷模型

在 NAPA 中编制相应的计算宏，分别计算指定方位角下各受风构件的风载荷，并将不同方位角的风载荷计算结果进行汇总。部分计算结果如图 2.41 所示。

（3）站立作业工况起重机不工作。风载荷模型起重机吊臂固定在搁架上，桩腿插深 10 m，水深 50 m，气隙 6 m，方位角（风向角）考虑 0°～360°，风速 70 kn，最大可变载荷 4 000 t。风载荷模型如图 2.42 所示。

```
T = -6 m, TR=0, Wind velocity = 100 kn, Wind direction= -90 deg

Loading condition T=5.8, TR=0

Draught=-6.000 m   Trim=0.0 deg   Heel=0.0 deg   Azim=0.0 deg

NAME                    V      COEF     AREA     WPR    REFZ    WFZ         TL       WF       WMOM
                       m/s              m2       t/m2    m       m           m        t         tm
SO.CRANE-BM1-STOR.     56.4    0.60     284.8    0.20   -6.00   33.79       39.789   33.9      1347.7
SO.CRANE-BM1-STOR.     58.7    0.60      85.5    0.21   -6.00   42.10       48.101   11.0       530.0
SO.CRANE-BM2-STOR.     56.4    0.60     283.3    0.20   -6.00   33.79       39.789   33.7      1340.5
SO.CRANE-BM2-STOR.     58.7    0.60      85.2    0.21   -6.00   42.10       48.103   11.0       528.1
SO.CRANE-FOUDA         51.5    0.50       9.1    0.17   -6.00    8.85       14.850    0.8        11.1
SO.CRANE-FOUDA         54.0    0.50     153.4    0.18   -6.00   16.90       22.900   13.9       319.1
SO.CRANE-FOUDA         56.4    0.50      55.5    0.20   -6.00   27.25       33.250    5.5       182.9
SO.CRANE-ROTA-STO.     56.4    1.00      65.6    0.20   -6.00   31.75       37.750   13.0       491.1
SO.CRANE-TOP-STOR.     56.4    0.50      59.4    0.20   -6.00   36.75       42.748    5.9       251.8
SO.CRANE-TOP-STOR.     58.7    0.50     107.1    0.21   -6.00   46.89       52.890   11.5       608.2
SO.CRANE-TOP-STOR.     60.3    0.50      94.8    0.23   -6.00   62.50       68.500   10.7       735.0
SO.CRANE-TOP-STOR.     61.6    0.50       8.9    0.24   -6.00   70.71       76.714    1.1        81.0
SO.HULL                51.5    1.00     781.9    0.17   -6.00    4.43       10.428  129.2      1347.0
```

```
-----------------------------------------------
NAME                AREA       WF       WMOM
                    m2         t        tm
-----------------------------------------------
AZI0                2756.6     386.0    9754.4
AZI15               3073.5     427.9    10471.6
AZI30               3226.1     445.0    10630.7
AZI45               3204.8     436.3    10224.5
AZI60               3012.9     402.7    9290.9
AZI75               2662.8     346.2    7890.7
AZI90               2369.9     295.0    7126.6
AZI105              2832.5     367.2    8785.9
AZI120              3148.9     419.0    10012.7
AZI135              3301.1     447.4    10731.1
AZI150              3278.2     450.6    10897.1
AZI165              3079.6     427.9    10493.6
AZI180              2755.3     385.8    9749.9
AZI195              3069.5     427.4    10457.8
AZI210              3219.6     444.3    10608.4
AZI225              3196.3     435.4    10195.2
AZI240              3003.0     401.5    9256.8
AZI255              2652.1     344.9    7854.0
AZI270              2359.2     293.7    7089.9
AZI285              2822.6     366.0    8751.6
AZI300              3140.3     418.0    9983.1
AZI315              3294.5     446.7    10708.3
AZI330              3274.0     450.1    10882.7
AZI345              3078.1     427.7    10488.4
AZI360              2756.6     386.0    9754.4
-----------------------------------------------
```

图 2.41 站立风暴自存工况风载荷模型计算结果

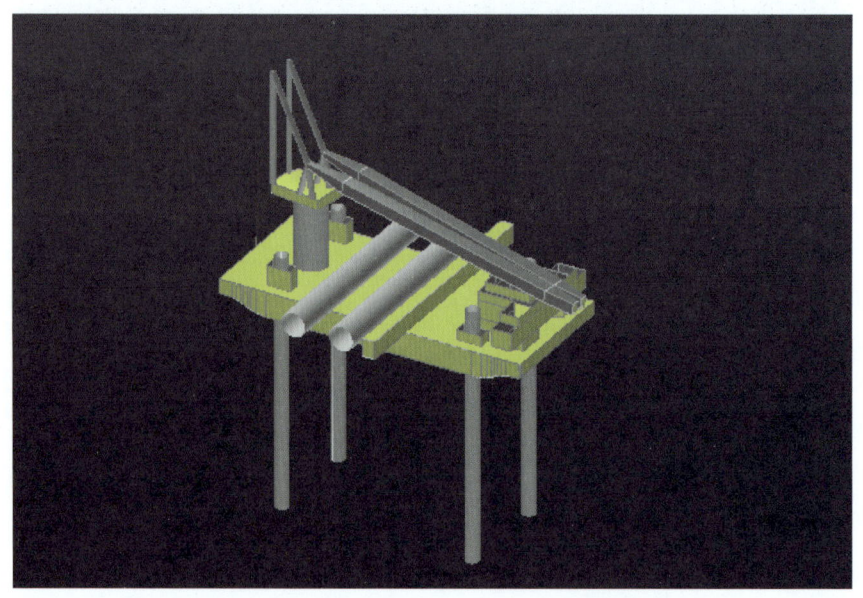

图 2.42 站立状态起重机不工作工况风载荷模型

在 NAPA 中编制相应的计算宏,分别计算指定方位角下各受风构件的风载荷,并将不同方位角的风载荷计算结果进行汇总。部分计算结果如图 2.43 所示。

(4) 站立作业工况起重机主钩工作。风载荷模型起重机吊臂 0°~360°旋转,桩腿插深 10 m,水深 50 m,气隙 6 m,方位角(风向角)考虑 0°~360°,风速 15 m/s,最大可变载荷

```
T = -6 m, TR=0, Wind velocity =70 knot, Wind direction= -90 deg

Loading condition T=5.8, TR=0

Draught=-6.000 m  Trim=0.0 deg  Heel=0.0 deg  Azim=0.0 deg

NAME                V     COEF   AREA    WPR    REFZ   WFZ     TL      WF     WMOM
                   m/s            m2     t/m2    m      m      m       t      tm
SO.CRANE-BM1-STOR. 39.4   0.60   284.8   0.10   -6.00  33.79   39.789  16.6   658.5
SO.CRANE-BM1-STOR. 41.0   0.60    85.5   0.10   -6.00  42.10   48.101   5.4   259.0
SO.CRANE-BM2-STOR. 39.4   0.60   283.3   0.10   -6.00  33.79   39.789  16.5   655.0
SO.CRANE-BM2-STOR. 41.0   0.60    85.2   0.10   -6.00  42.10   48.103   5.4   258.0
SO.CRANE-FOUDA     36.0   0.50     9.1   0.08   -6.00   8.85   14.850   0.4     5.4
SO.CRANE-FOUDA     37.8   0.50   153.4   0.09   -6.00  16.90   22.900   6.8   155.9
SO.CRANE-FOUDA     39.4   0.50    55.5   0.10   -6.00  27.25   33.250   2.7    89.4
SO.CRANE-ROTA-STO. 39.4   1.00    65.6   0.10   -6.00  31.75   37.750   6.4   240.0
SO.CRANE-TOP-STOR. 39.4   0.50    59.4   0.10   -6.00  36.75   42.748   2.9   123.0
SO.CRANE-TOP-STOR. 41.0   0.50   107.1   0.10   -6.00  46.89   52.890   5.6   297.2
SO.CRANE-TOP-STOR. 42.1   0.50    94.8   0.11   -6.00  62.50   68.500   5.2   359.1
SO.CRANE-TOP-STOR. 43.0   0.50     8.9   0.12   -6.00  70.71   76.714   0.5    39.6
SO.HULL            36.0   1.00   781.9   0.08   -6.00   4.43   10.428  63.1   658.2
SO.JACKCASE-AP     36.0   1.10     7.3   0.08   -6.00   8.85   14.850   0.6     9.6
```

```
    NAME       AREA    WF     WMOM
                m2      t      tm
    AZI0      2756.6  188.6  4766.4
    AZI15     3363.4  221.8  5351.7
    AZI30     3786.1  242.1  5648.3
    AZI45     3996.7  248.0  5637.7
    AZI60     3982.9  239.4  5325.7
    AZI75     3744.6  216.7  4732.1
    AZI90     3489.9  193.3  4389.7
    AZI105    3914.4  227.0  5169.6
    AZI120    4118.9  247.3  5678.4
    AZI135    4093.1  253.4  5885.3
    AZI150    3838.2  244.8  5778.5
    AZI165    3369.5  221.8  5362.5
    AZI180    2755.3  188.5  4764.2
    AZI195    3359.3  221.6  5344.9
    AZI210    3779.6  241.7  5637.4
    AZI225    3988.3  247.5  5623.5
    AZI240    3973.0  238.8  5309.1
    AZI255    3734.0  216.1  4714.2
    AZI270    3479.2  192.7  4371.8
    AZI285    3904.4  226.4  5152.8
    AZI300    4110.3  246.9  5664.0
    AZI315    4086.5  253.1  5874.1
    AZI330    3834.0  244.5  5771.4
    AZI345    3368.0  221.7  5359.9
    AZI360    2756.6  188.6  4766.4
```

图 2.43 站立状态起重机不工作工况风载荷模型计算结果

5 000 t(含钩载 2 000 t)。风载荷模型如图 2.44 所示。

在 NAPA 中编制相应的计算宏,分别计算指定臂架旋转角度及方位角下各受风构件的风载荷,并将指定臂架旋转角度不同方位角的风载荷计算结果进行汇总。部分计算结果如图 2.45 所示。

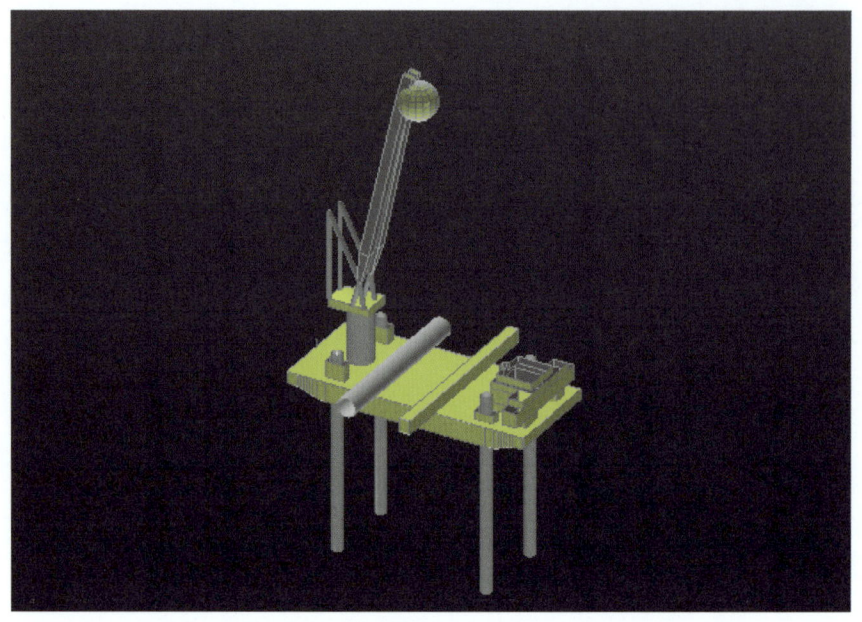

图 2.44　站立状态起重机主钩工作工况风载荷模型

```
------------------------------------------------
NAME                    AREA        WF      WMOM
                        m2          t       tm
------------------------------------------------
AZI0                    3184.6      41.5    2282.3
AZI15                   3560.1      45.1    2249.8
AZI30                   3752.9      46.2    2119.7
AZI45                   4125.9      49.6    2346.6
AZI60                   4278.8      50.3    2469.6
AZI75                   4200.2      48.3    2479.9
AZI90                   3890.8      43.6    2363.1
AZI105                  4028.3      46.1    2277.0
AZI120                  3958.3      46.2    2099.5
AZI135                  4075.1      48.9    2299.4
AZI150                  3984.1      49.1    2407.3
AZI165                  3682.7      46.6    2407.4
AZI180                  3185.8      41.5    2285.3
AZI195                  3560.7      45.1    2251.4
AZI210                  3752.9      46.2    2119.7
AZI225                  4125.4      49.6    2345.1
AZI240                  4277.6      50.3    2466.5
AZI255                  4198.6      48.3    2475.6
AZI270                  3888.9      43.6    2357.8
AZI285                  4026.1      46.1    2271.4
AZI300                  3956.1      46.2    2093.4
AZI315                  4073.0      48.9    2293.5
AZI330                  3982.1      49.1    2402.0
AZI345                  3681.1      46.6    2403.1
AZI360                  3184.6      41.5    2282.3
------------------------------------------------
```

```
T = -6 m, TR=0, Wind velocity =15 m/s, Wind direction= -90 deg

Loading condition T=5.8, TR=0

Draught=-6.000 m  Trim=0.0 deg  Heel=0.0 deg  Azim=0.0 deg

NAME                V     COEF   AREA   WPR    REFZ    WFZ      TL       WF    WMOM
                   m/s           m2     t/m2    m       m        m        t     tm
SO.CRANE-BM1-30    17.1   0.60   36.6   0.02   -6.00   50.35    56.352   0.4   22.6
SO.CRANE-BM1-30    17.6   0.60   81.2   0.02   -6.00   62.59    68.588   0.9   64.4
SO.CRANE-BM1-30    18.0   0.60   85.0   0.02   -6.00   77.75    83.750   1.0   85.9
SO.CRANE-BM1-30    18.3   0.60   82.3   0.02   -6.00   93.00    99.000   1.0   101.7
SO.CRANE-BM1-30    18.5   0.60   85.0   0.02   -6.00  108.25   114.250   1.1   124.6
SO.CRANE-BM1-30    18.8   0.60   82.1   0.02   -6.00  123.48   129.485   1.1   139.9
SO.CRANE-BM1-30    19.0   0.60   37.1   0.02   -6.00  134.69   140.692   0.5   70.4
SO.CRANE-BM2-30    17.1   0.60   36.7   0.02   -6.00   50.35    56.352   0.4   22.7
SO.CRANE-BM2-30    17.6   0.60   81.4   0.02   -6.00   62.59    68.590   0.9   64.6
SO.CRANE-BM2-30    18.0   0.60   85.3   0.02   -6.00   77.75    83.750   1.0   86.2
SO.CRANE-BM2-30    18.3   0.60   82.6   0.02   -6.00   93.00    99.000   1.0   102.1
SO.CRANE-BM2-30    18.5   0.60   85.3   0.02   -6.00  108.25   114.250   1.1   125.0
SO.CRANE-BM2-30    18.8   0.60   82.4   0.02   -6.00  123.48   129.485   1.1   140.4
SO.CRANE-BM2-30    19.0   0.60   37.2   0.02   -6.00  134.69   140.693   0.5   70.7
SO.CRANE-FOUDA     15.0   0.50    9.1   0.01   -6.00    8.85    14.850   0.1    0.9
SO.CRANE-FOUDA     15.8   0.50  153.4   0.02   -6.00   16.90    22.900   1.2   27.2
SO.CRANE-FOUDA     16.5   0.50   55.5   0.02   -6.00   27.25    33.250   0.5   15.6
SO.CRANE-ROTA-30   16.5   1.00   68.5   0.02   -6.00   31.75    37.750   1.2   43.7
SO.CRANE-TOP-30    16.5   0.50   59.1   0.02   -6.00   36.75    42.755   0.5   21.3
SO.CRANE-TOP-30    17.1   0.50  106.8   0.02   -6.00   46.86    52.862   1.0   51.6
SO.CRANE-TOP-30    17.6   0.50   93.7   0.02   -6.00   62.50    68.500   0.9   61.9
SO.CRANE-TOP-30    18.0   0.50    8.4   0.02   -6.00   70.68    76.676   0.1    6.5
SO.CRANELOAD-2000. 18.8   1.00  141.7   0.02   -6.00  126.12   132.123   3.1   410.7
SO.CRANELOAD-2000. 19.0   1.00   44.3   0.02   -6.00  132.83   138.832   1.0   138.3
SO.HULL            15.0   1.00  781.9   0.01   -6.00    4.43    10.428  11.0   114.7
```

图 2.45 站立状态起重机主钩工作工况风载荷模型计算结果

2.3.4 航行完整稳性计算分析

稳性计算是基于 NAPA 软件模型进行计算。坐标系如图 2.46 所示。该平台坐标系为右手坐标系,O 为坐标原点,X 轴沿船长方向,船艏为正,Y 轴沿船宽方向,左舷为正。在稳性计算时,稳性轴与 X 轴夹角沿逆时针方向变化,风向与稳性轴垂直。

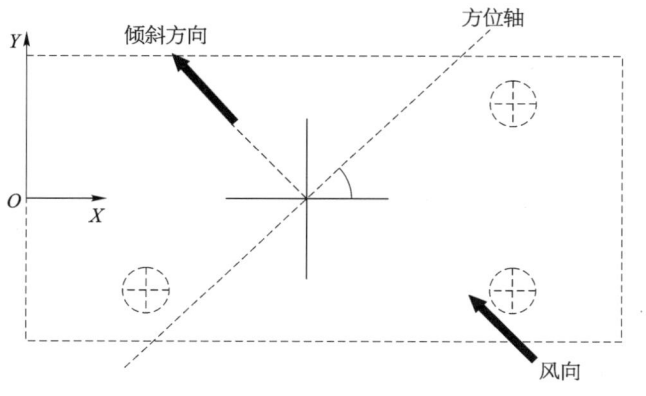

图 2.46 坐标系示意图

1) 完整稳性校核衡准要求

(1) 对来自任何方向作用于平台的风力均应加以考虑:对迁移和正常作业工况,最小风速应取 36 m/s(70 kn);对自存工况,最小风速应取 51.5 m/s(100 kn)。

(2) 至第 2 交点或进水角处的复原力矩曲线下的面积较小者,至少应比至同一限定角处的风倾力矩曲线下面积大 40%。

(3) 复原力矩曲线从正浮至第 2 交点的所有角度范围内,均应为正值。且在所有漂浮作业工况的整个吃水范围内,经自由液面修正后的初稳性高度应不小于 0.15 m。完整稳性曲线如图 2.47 所示。

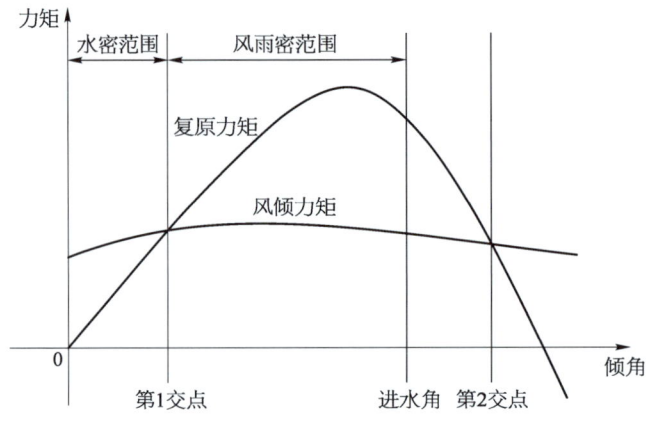

图 2.47 完整稳性曲线

2) 完整稳性计算流程

(1) 建立 stabhull 模型。

(2) 定义完整稳性进水点。完整稳性计算时,船体并没有持续进水,空气管、通风管、通风口及风雨密门等风雨密开口允许短时间浸水,水密开口完全可以浸入水中,故这些开口在计算时可以不用考虑,仅考虑非保护性开口即可。完整稳性进水点见表 2.11。

表 2.11 完整稳性进水点

进水点	描述	关闭型式	纵坐标 (m)	横坐标 (m)	垂坐标 (m)
EP - EG1P	EXHAUST PIPE	UNPROTECTED	24.492	21.6	23.723
EP - EG2P	EXHAUST PIPE	UNPROTECTED	26.092	21.6	23.723
EP - EG1S	EXHAUST PIPE	UNPROTECTED	24.493	-21.6	23.723
EP - EG2S	EXHAUST PIPE	UNPROTECTED	26.501	-21.6	23.723
EP - EG3S	EXHAUST PIPE	UNPROTECTED	25.687	-21.6	24.808

(3) 定义稳性衡准。在 NAPA 中定义适用于完整稳性校核的衡准,根据规范要求在

NAPA 中选择下述衡准：

1. Criterion: A.AREA.100, 'ABS MODU Area A+ B>1.4(B+ C)，100 knot wind'
   Area ratio in wind condition >1.4
   External moment: MODU100
   Range: 0，FAUN
2. Criterion: A.MINGZO.100，'ABS MODU MINGZ>0 100 knot wind'
   Requirement calculated by macro MODU.MINGZO
   External moment: MODU100
   Change in attained value with GM: +
   Unit: M
   Satisfied: IF，REQ<ATT
3. Criterion: V.GMO.15,'GM>0.15 m'
   GM>0.15 m

（4）定义稳性校核初始工况。在 NAPA 中分别设置吃水（T）、纵倾（TR）、重心高度（KG）、横倾角、方位角、风载荷模型等参数。一般吃水的设置应能涵盖该平台运营过程中最小吃水及最大吃水；初始工况考虑纵倾为 0。该平台初始工况定义如图 2.48 所示。

Intact Condition	Notes							
NAME	T [m]	TR [m]	KG [m]	Heeling angles (deg.)	Azimuth Angles (deg.)	TYPE	Use	Wind Model
1 T4.2	4.2	0.0	33.0	(0 50 2)	(0 360 15)	FIELD_MOVE	WIND_MODEL	WIND
2 T4.6	4.6	0.0	31.0	(0 50 2)	(0 360 15)	FIELD_MOVE	WIND_MODEL	WIND
3 T5.0	5.0	0.0	28.0	(0 50 2)	(0 360 15)	FIELD_MOVE	WIND_MODEL	WIND
4 T5.4	5.4	0.0	25.0	(0 50 2)	(0 360 15)	FIELD_MOVE	WIND_MODEL	WIND
5 T5.8	5.8	0.0	22.0	(0 50 2)	(0 360 15)	FIELD_MOVE	WIND_MODEL	WIND

图 2.48 该平台初始工况定义

（5）计算结果。根据假定的初始工况，编制相应的计算宏，对上述三个衡准进行校核，根据校核结果适当调整假定的初始重心高度值，再进行衡准校核，反复调整校核，直到得到每一个吃水对应的最大许用重心高度。完整稳性许用 KG 值见表 2.12 和表 2.13。

表 2.12 迁移时各工况下许用 KG 值

漂浮工况	吃水(m)	风速(节)	控制衡准	许用重心高度(m)
Field Move	4.2	70	Area Ratio≥1.40	33
Field Move	4.6		Area Ratio≥1.40	31
Field Move	5.0		Area Ratio≥1.40	28
Field Move	5.4		Area Ratio≥1.40	25
Field Move	5.8		Area Ratio≥1.40	22

表 2.13 远洋拖航工况下许用 KG 值

漂浮工况	吃水(m)	风速(kn)	控制衡准	许用重心高度(m)
Ocean Transit	4.2	100	Area Ratio≥1.40	33
Ocean Transit	4.6		Area Ratio≥1.40	31
Ocean Transit	5.0		Area Ratio≥1.40	28
Ocean Transit	5.4		Area Ratio≥1.40	25
Ocean Transit	5.8		Area Ratio≥1.40	22

部分计算结果如图 2.49 所示。

```
T=5.8 RESULTS OVERALL
AZIMUTH ANGLE 0
GZ LIST
KG =22

Loading condition: T=5.8 m; TR=0 m

--------------------------------------------------------------------
RCR        TEXT                                    REQ    ATTV  UNIT  STAT
--------------------------------------------------------------------
A.AREA.70    ABS MODU Area A+B>1.4(B+C), 70 knot wind   1.400   3.892         OK
A.MINGZ0.70  ABS MODU MINGZ>0 70 knot wind             0.000   0.000   M     OK
V.GM0.15     GM > 0.15 m                               0.150  11.994   m     OK
--------------------------------------------------------------------


                    AZIMUTH ANGLE 0
                    GZ LIST
                    KG =22

            Loading condition T=5.8, TR=0

           T     HEEL    TR      GZ    EPHI     MOM  MOMARM  RESUNFL
           m   degree     m       m   rad*m      tm      m        m
         5.800    0.0  0.000   0.000   0.000  11649.3  0.520    3.20
         5.799    1.0  0.000   0.209  -0.007  11764.5  0.525    2.94
         5.796    2.0  0.000   0.419  -0.011  11945.1  0.533    2.69
         5.786    4.0  0.000   0.842  -0.008  12349.2  0.551    2.17
         5.768    6.0  0.000   1.270   0.009  12739.6  0.568    1.66
         5.747    8.0  0.001   1.596   0.040  13110.9  0.585    1.13
         5.774   10.0  0.003   1.609   0.076  13450.7  0.600    0.55
         5.857   12.0  0.005   1.477   0.109  13723.6  0.612   -0.09
         5.976   14.0  0.008   1.238   0.135  13962.2  0.623   -0.78
         6.123   16.0  0.009   0.929   0.151  14166.6  0.632   -1.50
         6.286   18.0  0.010   0.554   0.155  14338.3  0.640   -2.24
         6.441   20.0  0.011   0.108   0.144  14490.0  0.647   -2.98
         6.586   22.0  0.012  -0.386   0.117  14637.6  0.653   -3.72
         6.722   24.0  0.013  -0.912   0.071  14761.9  0.659   -4.44
         6.848   26.0  0.014  -1.461   0.007  14861.0  0.663   -5.17
         6.964   28.0  0.015  -2.023  -0.077  14938.2  0.667   -5.88
         7.068   30.0  0.017  -2.596  -0.181  15018.9  0.670   -6.58
         7.160   32.0  0.019  -3.173  -0.305  15081.7  0.673   -7.27
         7.240   34.0  0.021  -3.752  -0.450  15122.3  0.675   -7.95
         7.307   36.0  0.024  -4.331  -0.614  15137.5  0.675   -8.62
         7.362   38.0  0.027  -4.907  -0.799  15128.9  0.675   -9.27
         7.402   40.0  0.030  -5.477  -1.004  15099.4  0.674   -9.91
         7.431   42.0  0.032  -6.040  -1.228  15051.0  0.672  -10.53
         7.448   44.0  0.036  -6.592  -1.472  14990.0  0.669  -11.13
         7.452   46.0  0.040  -7.134  -1.735  14910.1  0.665  -11.72
         7.441   48.0  0.046  -7.662  -2.017  14807.9  0.661  -12.29
         7.416   50.0  0.051  -8.175  -2.316  14684.6  0.655  -12.84
```

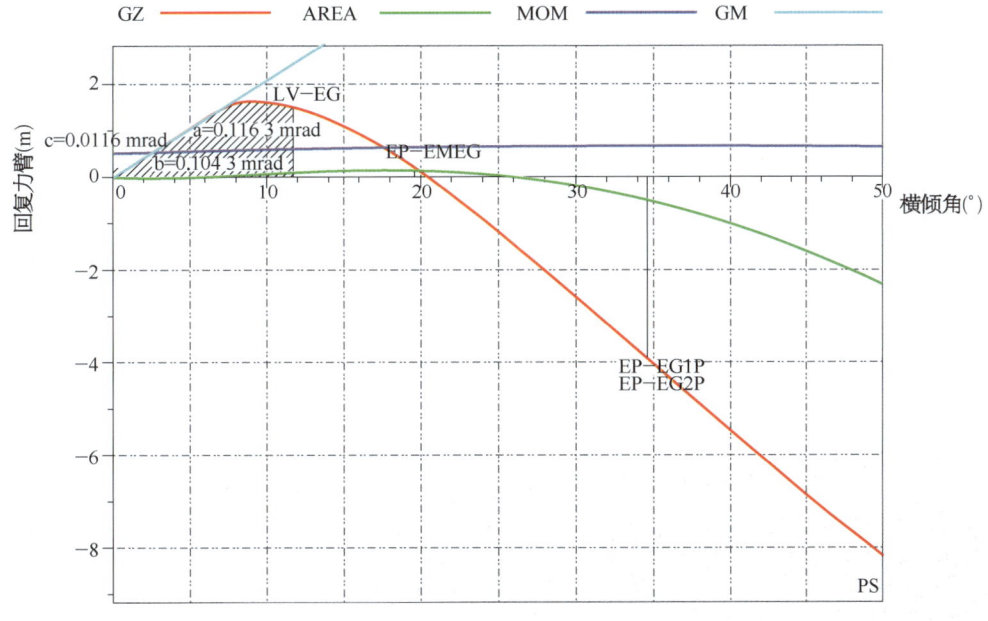

图 2.49　远洋拖航工况计算结果

2.3.5　航行破舱稳性计算分析

《海上移动平台入级规范 2016》及《海上风机作业平台指南》中对破损范围规定如下。

评定自升式平台的破损稳性时,有效水密舱壁之间的破损范围假定如下:

① 水平贯入:1.5 m。

② 垂向范围:自底板向上无限制。

位于假定的水平贯入范围内的有效水密舱壁之间或其最近台阶部分之间的距离,应不小于 3.0 m;否则,一个或几个相邻舱壁应假定不存在。

如果小于①中假定范围的破损会导致更为严重的情况,则应考虑这种较小范围的破损。

凡处于①所述破损范围内的管路、通风系统、围壁通道等,应假定均遭破损。在水密限界处应设有可靠的关闭设置,以防止预定为完整的其他处所发生继续浸水。

1) 破舱稳性校核衡准要求

(1) 任何舱室受到规定的破损,并在来自任何方向,风速为 25.8 m/s(50 kn)的风倾力矩作用下,考虑下沉、纵倾和横倾的联合影响后,破损水线应低于可能导致发生继续进水的任何开口的下缘。破舱稳性要求如图 2.50 所示。

(2) 剩余稳性要求,如图 2.51 所示。

$$R_oS = \theta_m - \theta_s \geqslant \text{Max}\{(7° + 1.5\theta_s), 10°\}$$

2) 破舱稳性计算流程

(1) 建立舱室模型。根据内部水密划分图,在 NAPA 中逐一建立全船舱室模型,典型舱室模型如图 2.52~图 2.54 所示。

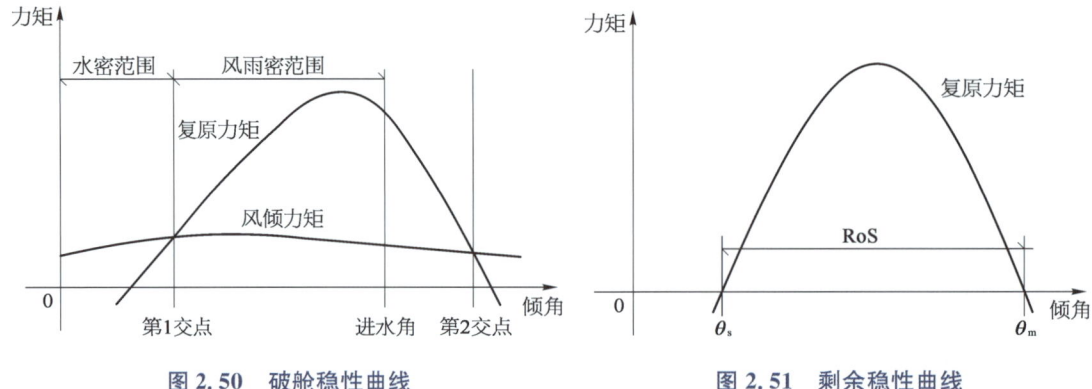

图 2.50 破舱稳性曲线　　　　　　　图 2.51 剩余稳性曲线

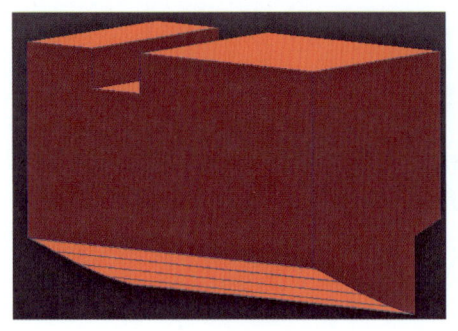

图 2.52 压载舱 1P 模型　　　　　　图 2.53 压载舱 3P 模型

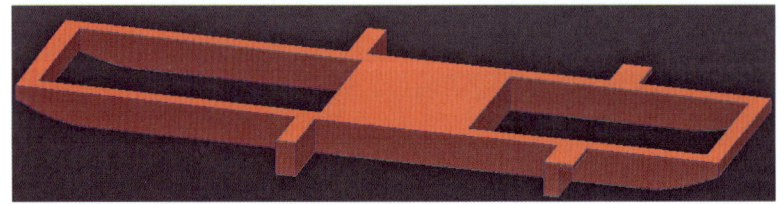

图 2.54 管弄模型

（2）定义舱室破损工况。根据规范对自升式平台破损范围的要求，分别定义舱室破损工况，考虑到平台舱室对称布置，选取左舷舱室进行破损校核，破损工况定义见表 2.14。

表 2.14 各破损舱室

破损工况	破 损 舱 室
DAM01	VOID 1P ＋ THRUSTER 1P ＋ VFD 1P ＋ HYDRAULIC TUNNEL1P
DAM02	SPUD－AP
DAM03	VOID 2P ＋ THRUSTER 1P ＋ VFD 1P ＋ HYDRAULIC TUNNEL1P

(续表)

破损工况	破 损 舱 室
DAM04	SW BALLAST TANK 1P
DAM05	SW BALLAST TANK 10P
DAM06	SW BALLAST TANK 2P
DAM07	STAIR 1P + CO2 ROOM
DAM08	VOID 3P
DAM09	TUNNEL + VOID 6P/S
DAM10	SW BALLAST TANK 3P + VOID 8P
DAM11	SW BALLAST TANK 4P
DAM13	SW BALLAST TANK 5P
DAM14	WAREHOUSE 1P/S + CORRIDOR 1P/S
DAM15	SW BALLAST TANK 6P
DAM16	SW BALLAST TANK 7P
DAM17	NO.1 DIESEL OIL TANK
DAM18	SEA WATER TANK
DAM19	SW BALLAST TANK 8P
DAM20	NO.1 FRESH WATER TANK
DAM21	SW BALLAST TANK 9C
DAM22	FORE PART + PUBLIC ROOM GYM + SWITCH ROOM + WAREHOUSE 2P + WAREHOUSE 2S + STAIR 2P + STAIR 2S
DAM23	SW BALLAST TANK 9P + THRUSTER 2P + VFD 2P + HYDRAULIC TUNNEL 2P
DAM24	ENGINE ROOM
DAM25	HAMMER OIL TANK
DAM26	SPUD-FP
DAM27	SEWAGW WATER TANK
DAM28	BILGE WATER HOLDING TANK
DAM29	DIRTY OIL TANK
DAM30	DIESEL OIL OVERFLOW TANK
DAM32	ANCHOR CHAIN TANK 1P/S + VOID 4 + VOID 7

典型工况破损示意图如图 2.55 和图 2.56 所示。

（3）定义破舱稳性进水点。破舱时，空气管、通风管、通风口及风雨密门等开口进水会导致水密舱持续进水，这些开口都应该作为入水点考虑。破舱稳性进水点见表 2.15。

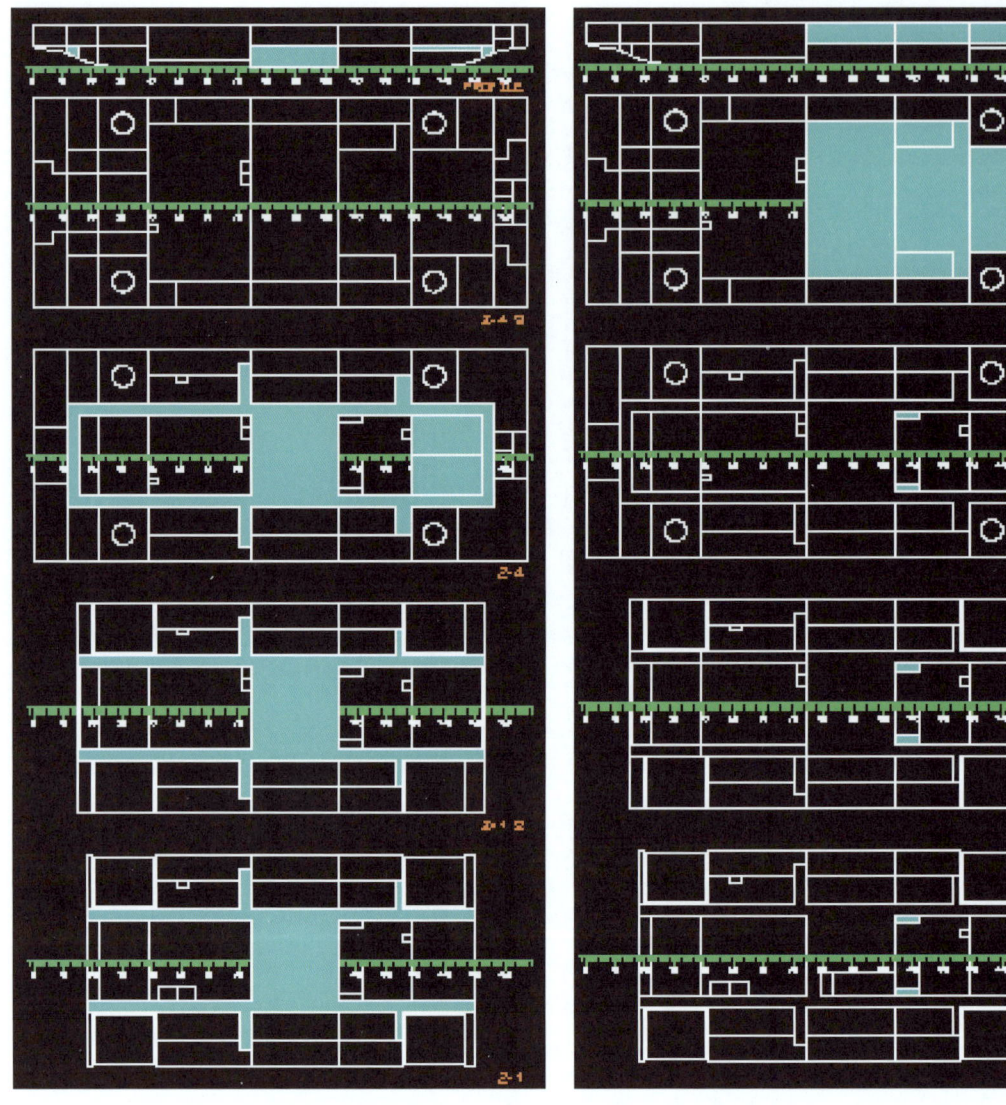

图 2.55　DAM09 破损示意图　　　　图 2.56　DAM55 破损示意图

表 2.15　破舱稳性进水点

进水点	描述	关闭型式	纵坐标（m）	横坐标（m）	垂坐标（m）
DF-S1	DOOR	WEATHERTIGHT	14.4	−9	8.78
DF-P1	DOOR	WEATHERTIGHT	14.4	9	8.78
EP-EG1P	EXHAUST PIPE	UNPROTECTED	24.492	21.6	23.723
EP-EG1S	EXHAUST PIPE	UNPROTECTED	24.493	−21.6	23.723
AP-BW1P	AIR PIPE	WEATHERTIGHT	13	11	9.16
AP-BW1S	AIR PIPE	WEATHERTIGHT	13	−11	9.16

(续表)

进水点	描 述	关闭型式	纵坐标(m)	横坐标(m)	垂坐标(m)
VP-EG8.1P	VENTILATION PIPE	WEATHERTIGHT	25.1	19.4	12.9
VP-EG8.2P	VENTILATION PIPE	WEATHERTIGHT	25.1	17.4	12.9

（4）定义破舱稳性衡准。在 NAPA 中定义适用于破舱稳性校核的衡准，根据规范要求在 NAPA 中选择下述衡准：

1. Criterion: V.PROGRW.MODU, 'Eq. w/wind less than downflooding'
   Maximum heeling angle < FA deg
   External moment: MODUSO
1. Criterion: A.RS.SE, 'Residual Stability Criteria — Range of Stability' Range of positive part of the GZ curve > ABS.SE.RS deg Range: EQZ, -

（5）定义稳性校核初始工况。在 NAPA 中分别设置吃水（T）、纵倾（TR）、重心高度（KG）、横倾角、方位角、风载荷模型等参数。一般来说吃水的设置应能涵盖本平台运营过程中最小吃水及最大吃水；初始工况考虑纵倾为 0。该平台初始工况定义如图 2.57 所示。

Intact Condition	Notes							
NAME	T [m]	TR [m]	KG [m]	Heeling angles (deg.)	Azimuth Angles (deg.)	TYPE	Use	Wind Model
1 T4.2	4.2	0.0	33.0	(0 50 2)	(0 360 15)	FIELD_MOVE	WIND_MODEL	WIND
2 T4.6	4.6	0.0	31.0	(0 50 2)	(0 360 15)	FIELD_MOVE	WIND_MODEL	WIND
3 T5.0	5.0	0.0	28.0	(0 50 2)	(0 360 15)	FIELD_MOVE	WIND_MODEL	WIND
4 T5.4	5.4	0.0	25.0	(0 50 2)	(0 360 15)	FIELD_MOVE	WIND_MODEL	WIND
5 T5.8	5.8	0.0	22.0	(0 50 2)	(0 360 15)	FIELD_MOVE	WIND_MODEL	WIND

图 2.57 该平台初始工况定义

（6）计算结果。根据假定的初始工况，编制相应的计算宏，对上述两个衡准进行校核，根据校核结果适当调整假定的初始重心高度值，再进行衡准校核，反复调整校核，直到得到每一个吃水对应的最大许用重心高度。破舱稳性许用 KG 值见表 2.16。

表 2.16 破舱稳性许用 KG 值

吃水(m)	风速(kn)	控制衡准	许用重心高度(m)
4.2	50	Residual stability criteria	33
4.6	50	Residual stability criteria	31

(续表)

吃水(m)	风速(kn)	控 制 衡 准	许用重心高度(m)
5.0	50	Residual stability criteria	28
5.4	50	Residual stability criteria	25
5.8	50	Residual stability criteria	22

部分计算结果如图 2.58 所示。

```
SUMMARY OF DAMAGE STABILITY CALCULATION RESULTS

STABILITY CRITERIA

------------------------------------------------------------------
CASE           STAGE    PHASERCR       REQ     ATTV UNIT   STAT
------------------------------------------------------------------
I.T4.2/DAM01    1       EQ   V.PROGRW. 11.963  1.346 deg   OK
I.T4.2/DAM01    1       EQ   A.RS.SE   10.000 18.302 deg   OK
I.T4.6/DAM01    1       EQ   V.PROGRW. 10.741  1.650 deg   OK
I.T4.6/DAM01    1       EQ   A.RS.SE   10.000 17.294 deg   OK
I.T5.0/DAM01    1       EQ   V.PROGRW.  9.467  1.758 deg   OK
I.T5.0/DAM01    1       EQ   A.RS.SE   10.000 17.059 deg   OK
I.T5.4/DAM01    1       EQ   V.PROGRW.  8.200  1.754 deg   OK
I.T5.4/DAM01    1       EQ   A.RS.SE   10.000 16.745 deg   OK
I.T5.8/DAM01    1       EQ   V.PROGRW.  7.002  1.674 deg   OK
I.T5.8/DAM01    1       EQ   A.RS.SE   10.000 16.422 deg   OK


RESULTS

------------------------------------------------------------------
CASE           STAGE    PHASE SIDE       T      TR    HEEL
                                         m       m  degree
------------------------------------------------------------------
I.T4.2/DAM01   INTACT   EQ    PS       4.200  0.000   0.0
I.T4.2/DAM01    1       EQ    PS       4.227  0.000   0.4


DAMAGED COMPARTMENTS

--------------------------------------------------------------------------
CASE           STAGE  PHASE NAME            PERM   VOL    XCG   YCG   ZCG
--------------------------------------------------------------------------
I.T4.2/DAM01    1     EQ    R.VOID1P        0.95   93.0   4.22  13.80 3.72
I.T4.2/DAM01    1     EQ    R.THRUS1P       0.85   18.4   3.68  15.05 4.31
I.T4.2/DAM01    1     EQ    R.VFD1P         0.85    6.1   3.21   4.09 4.27
I.T4.2/DAM01    1     EQ    R.HYDTUNNEL1P   0.85    0.0    -      -    -
--------------------------------------------------------------------------
```

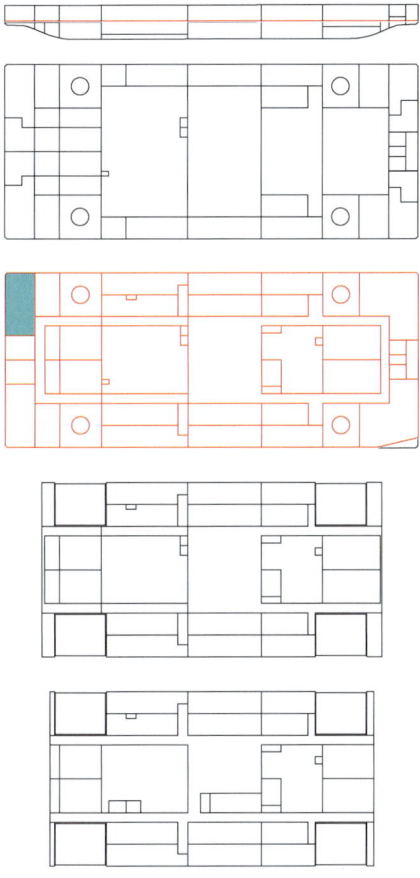

图 2.58 破舱稳性计算结果(一)

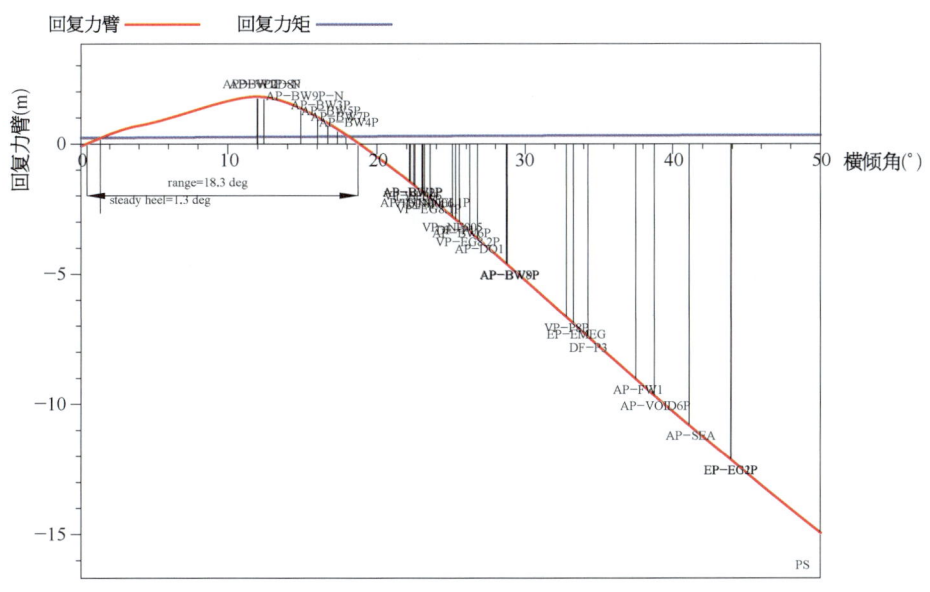

图 2.59 破舱稳性计算结果(二)

2.3.6 漂浮起吊作业特殊稳性计算分析

1) 计算衡准

(1) 起重船作业稳性要求。《海上移动平台入级规范 2016》2016 年第二次规范变更通告(以下简称 CCS 规范变更通告)第 3.3.1.1 条对于具有漂浮起吊作业功能并在中国海域作业的非柱稳式起重/安装维修平台,还需要满足中华人民共和国海事局《国内航行海船法定检验技术规则 2011》第 4 篇第 7 章关于起重船在起重作业状态下的稳性特殊要求。

根据《国内航行海船法定检验技术规则 2011》中第 4 篇第 7 章第 3.10.6 条起重船在作业状态下的稳性应满足下列要求:

① 初稳性高度 GM:

$$GM \geqslant \frac{M_f + M_h + M_l}{0.171\,6 \theta_c \Delta} \tag{2.11}$$

式中　GM——初稳性高度,并计及自由液面与悬吊重物对初稳性高度的影响(m);

M_f——起重船承受的风压倾侧力矩(kN·m);

M_h——旋转式起重机起吊荷重倾侧力矩(kN·m);

M_l——船舶不对称装载倾侧力矩(kN·m);

θ_c——起重船允许的极限静倾角(°);

Δ——所核算装载情况下的排水量(t)。

② 稳性衡准数 K_c:

$$K_c = \frac{l_q}{l_f + \dfrac{M_h + M_l}{9.81 \Delta}} \geqslant 1 \tag{2.12}$$

式中　l_q——最小倾覆力臂(m),但不计横摇影响;

l_f——风压倾覆力臂(m);

M_h、M_l、Δ——同式(2.11)。

(2) 起重平台作业时完整稳性要求。根据 CCS 规范变更通告,自升式平台起重作业漂浮稳性应满足下列衡准要求:

当风从最不利方向施加时,起重/安装维修平台在多种起重作业装载状况下的完整稳性应符合以下衡准(见图 2.60),其中起吊倾覆力臂包括起吊荷重和不对称压载(如有时)的共同作用:

A. 倾覆力臂曲线和回复力臂曲线第 1 交点所对应的倾角应小于甲板边缘入水角,进水角或起重机作业最大允许倾角中的小值。

B. 自倾覆力臂与复原力臂曲线第 1 交点至第 2 交点、进水角和 40°三者最小值之间的复原力臂曲线与起吊倾覆力臂曲线包围面积至少为 0.08 rad·m;且自静平衡角至第 2 交点或进水角处复原力臂曲线下面积较小值,至少应比自静平衡角至同一限定角处风

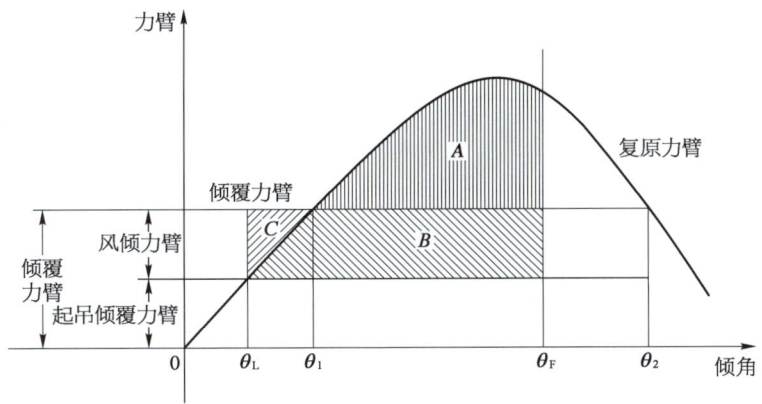

图 2.60　衡准校核示意图

倾力臂曲线下的面积大 40%，即 $(A+B) \geqslant 1.4(B+C)$。

图 2.60 中符号含义：

θ_L——静平衡角，系指包括不平衡装载倾覆力臂在内的起吊倾覆力臂曲线与复原力臂曲线第 1 交点所对应的倾角；

θ_F——进水角；

θ_1——倾覆力臂曲线与复原力臂曲线第 1 交点所对应的倾角；

θ_2——倾覆力臂曲线与复原力臂曲线第 2 交点所对应的倾角。

(3) 起重平台作业时吊物丢失稳性要求。《海上移动平台入级规范》(2016) 第 3.3.2.8 条规定，如果起重/安装维修平台设有起吊作业反向压载系统，则应对每一装载和作业条件下起吊荷重突然跌落对完整稳性的影响予以研究，并满足本条的下述规定：

① 下述规定基于起重/安装维修平台是在良好气象条件下进行起重作业的，即不考虑风的影响。

② 对任一装载情况，起吊荷重失去前的静平衡角 θ_L（起吊倾覆力臂曲线与起吊荷重失去前复原力臂曲线的第 1 交点所对应的倾角）应小于甲板边缘入水角和起重机作业最大允许倾角。

③ 起吊荷重失去后的静平衡角 θ_E（起吊荷重失去后复原力臂曲线与在起吊荷重排水量下由反向压载引起的倾覆力臂曲线的第 1 交点所对应的倾角）应不超过 15°。

④ 自第 1 交点至进水角、第 2 交点或 30°中较小角之间的剩余面积（图 2.61 中的 A_1）应不小于图 2.61 中面积 A_2 的 1.3 倍，即 $A_1 \geqslant 1.3A_2$。图 2.61 中符号含义：

RM(1)——无起吊荷重排水量下的复原力臂曲线；

RM(2)——有起吊荷重排水量下的复原力臂曲线；

HM(1)——无起吊荷重排水量下由反向压载引起的倾覆力臂；

HM(2)——有起吊荷重排水量下由起吊荷重和反向压载联合作用引起的倾覆力臂；

θ_F——进水角、第 2 交点对应倾角或 30°中的较小角；

θ_L——起吊荷重和反向压载联合作用下的静平衡角；

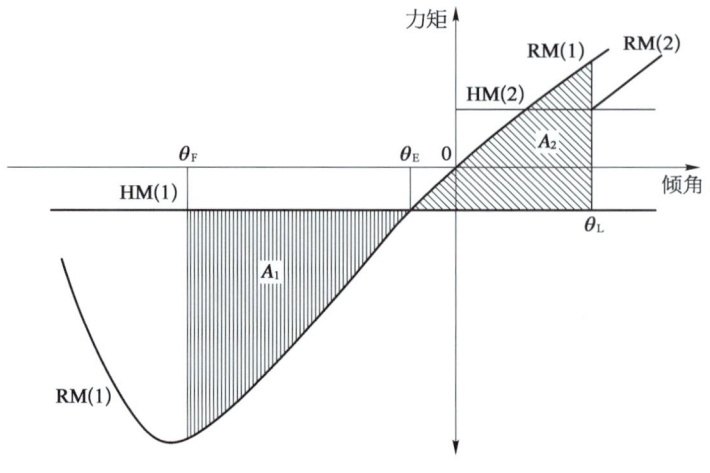

图 2.61 起吊荷重稳性分析

θ_E——起吊荷重失去后反向压载引起的静平衡角。

2)计算内容

(1)起重船作业稳性校核。在 NAPA 中编制相应的计算宏,另外分别制定起重机浮态全回转起吊作业过程中每隔 30°对应的舱室具体加载方案,再针对每一个具体加载工况进行起吊前及起吊后稳性校核。制定舱室加载方案时,分别考虑燃油淡水 10% 和 100% 两种工况。

起重船在起重作业状态下的稳性特殊要求校核结果(典型工况)见表 2.17 和表 2.18。

表 2.17 主吊机作业工况一(800 t@25 m)

臂架角度	回转半径(m)	吊重(t)	装载率(%)	风速(m/s)	平均吃水(m)	横倾角	纵倾值	KG值(m)	要求GM值	实际GM值	要求K_c值	实际K_c值	衡准满足情况
90°	25	800	10	12	5.567	2.2°	−0.218	26.50	6.387	8.682	1	1.190	满足

表 2.18 主吊机作业工况二(800 t@25 m)

臂架角度	回转半径(m)	吊重(t)	装载率(%)	风速(m/s)	平均吃水(m)	横倾角	纵倾值	KG值(m)	要求GM值	实际GM值	要求K_c值	实际K_c值	衡准满足情况
90°	25	800	100	12	5.643	2.2°	−0.218	26.00	6.325	8.664	1	1.172	满足

部分工况加载示意图及计算结果如图 2.62 和图 2.63 所示。

(2)起重平台作业时完整稳性校核。在 NAPA 中编制相应的计算宏,另外分别制定起重机浮态全回转起吊作业过程中每隔 30°对应的舱室具体加载方案,再针对每一个具体加载工况

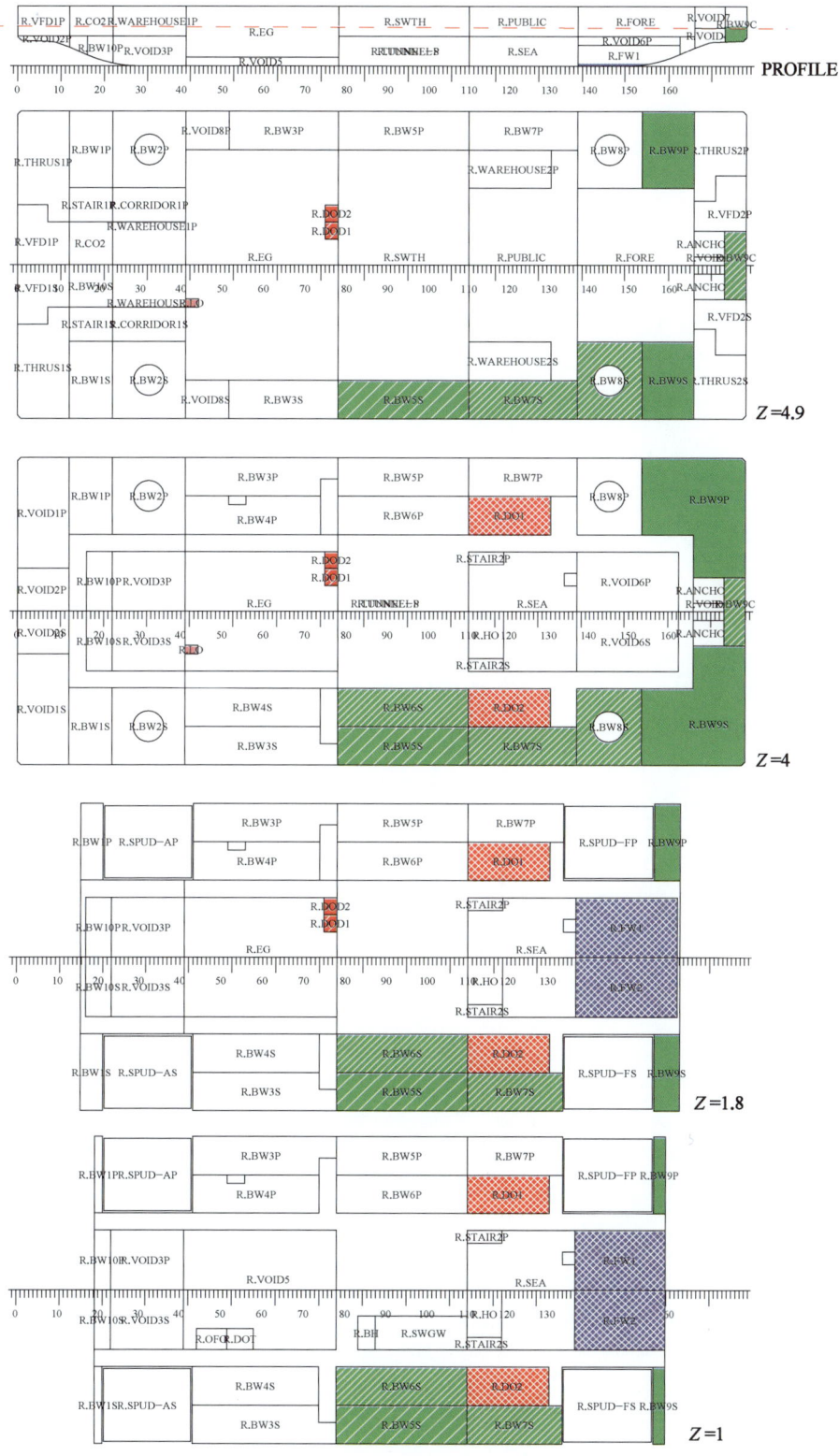

图 2.62 起重机作业部分工况加载示意图

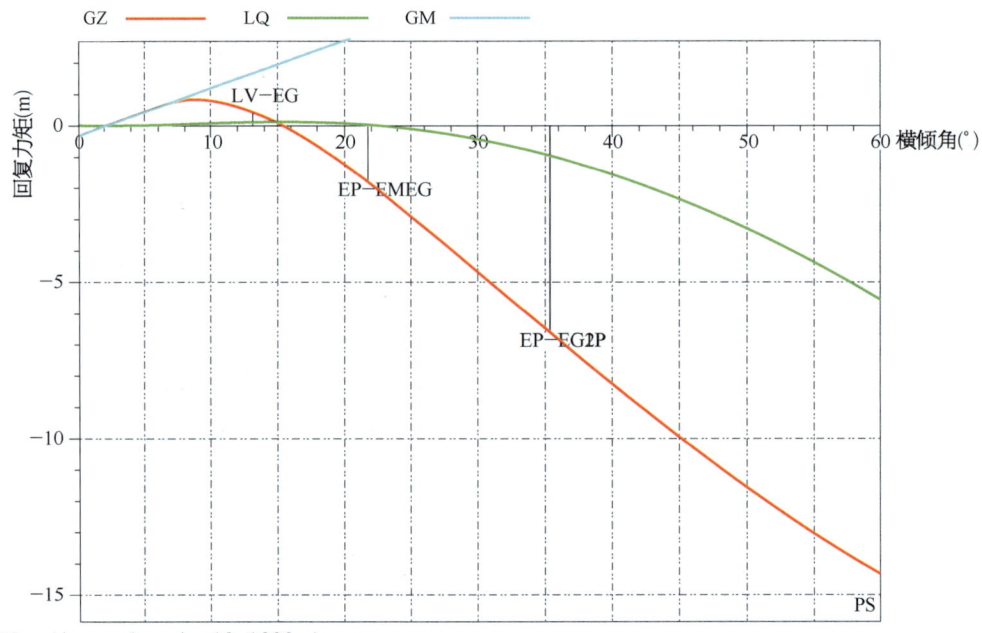

Flooding anlge is 13.1388 degree.

LOADING CONDITION LD-90DEG-10%

```
LOADING CONDITION LD-90DEG-10%
------------------------------------
  HEEL      KN        GZ       EPHI
degree      m         m       rad*m
------------------------------------
   0.0    -0.014    -0.33     0.000
   5.0     3.072     0.44     0.005
  10.0     5.740     0.81     0.065
  15.0     7.293     0.10     0.111
  20.0     8.177    -1.22     0.065

  25.0     8.650    -2.89    -0.113
  30.0     8.919    -4.67    -0.442
  35.0     9.060    -6.47    -0.928
  40.0     9.113    -8.23    -1.569
  45.0     9.100    -9.94    -2.363

  50.0     9.038   -11.54    -3.301
  55.0     8.954   -13.02    -4.374
  60.0     8.886   -14.31    -5.567
------------------------------------
```

Loading condition: LD-90DEG-10%

```
----------------------------------------------------------------
RCR                  TEXT                  REQ    ATTV  UNIT  STAT
----------------------------------------------------------------
CCS_MINGM_WORKING    Checking Minimum GM   6.387  8.682       OK
CCS_KC_WORKING       Checking Minimum Cap. 1.000  1.190       OK
----------------------------------------------------------------
```
Static angle of inclination is 3 degree.
Lq = 0.444892 m
Lf= 0.0573818 m

图 2.63　起重机作业部分工况计算结果

进行起吊时稳性校核。制定舱室加载方案时,分别考虑燃油淡水10%和100%两种工况。

起重平台作业时完整稳性校核结果(典型工况)见表2.19和表2.20。

表 2.19　主吊机作业工况一(800 t@25 m)

臂架角度	回转半径(m)	吊重(t)	装载率(%)	风速(m/s)	平均吃水(m)	允许倾角	实际静平衡角 θ_L 值	要求A面积	实际A面积	要求面积比	实际A面积	衡准满足情况
90°	25	800	10	12	5.567	2.0	1.6	0.08	0.107	1.4	10.8	满足

表 2.20　主吊机作业工况二(800 t@25 m)

臂架角度	回转半径(m)	吊重(t)	装载率(%)	风速(m/s)	平均吃水(m)	允许倾角	实际静平衡角 θ_L 值	要求A面积	实际A面积	要求面积比	实际A面积	衡准满足情况
90°	25	800	100	12	5.643	2.0	1.6	0.08	0.101	1.4	10.7	满足

部分工况加载示意图及计算结果如图2.64和图2.65所示。

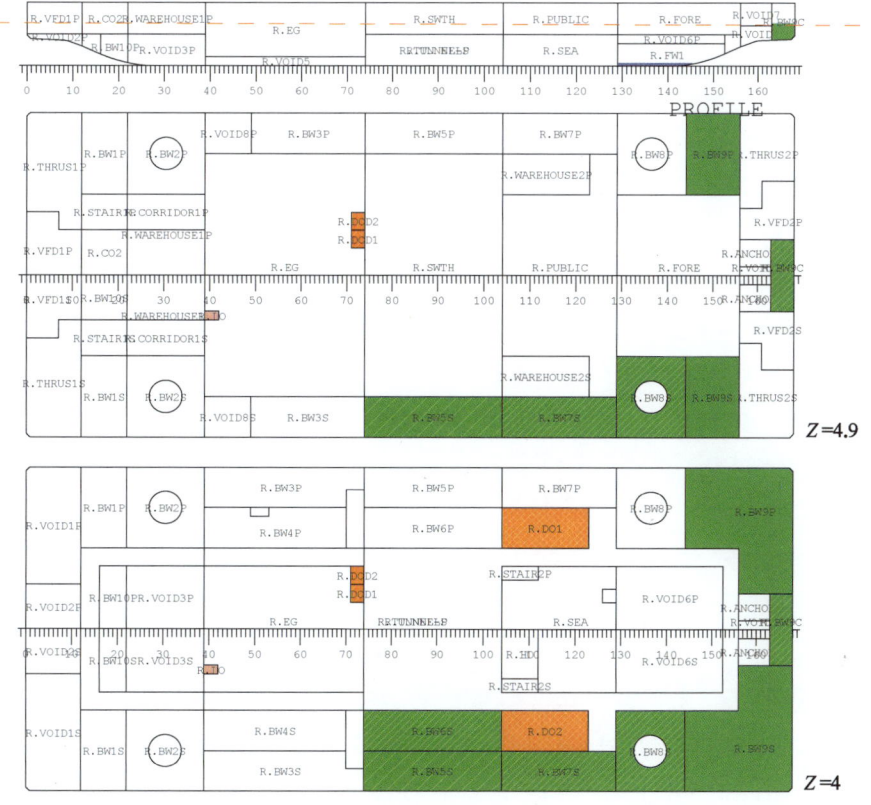

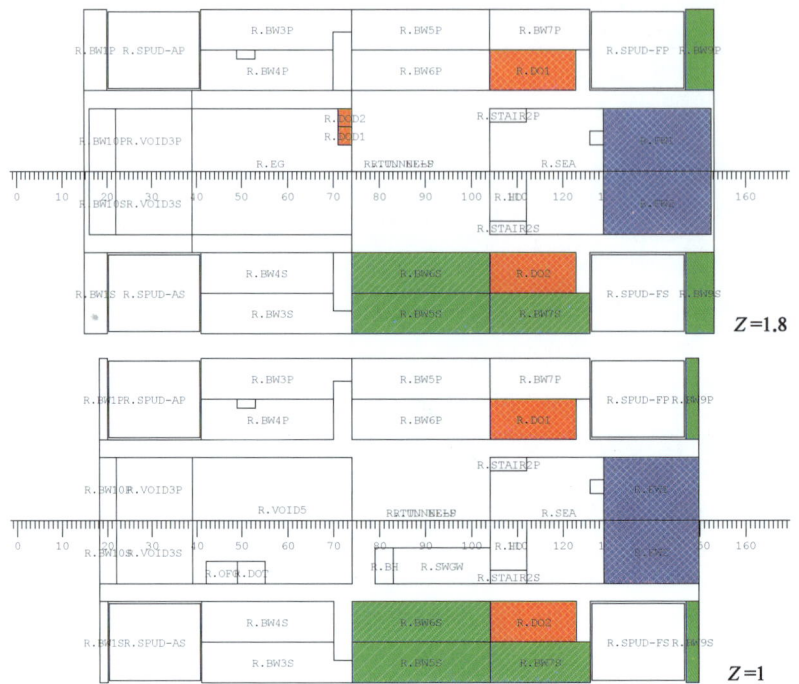

图 2.64 起重平台部分工况加载示意图

```
flooding angle:  5.577 deg.


LOADING CONDITION LD-90DEG-10%
HEEL    degree    0.0     2.0     4.0     6.0     8.0    10.0    12.0    14.0
KN      m        -0.063  1.603   3.260   4.552   5.088   4.957   2.468   3.191
GZ      m        -0.53   0.21    0.94    1.31    0.92   -0.12   -3.51   -3.69

HEEL    degree   16.0    18.0    20.0    22.0    24.0    26.0    28.0    30.0
KN      m        3.634   4.434   5.155   5.278   5.532   5.727   6.124   6.064
GZ      m       -4.14   -4.23   -4.38   -5.12   -5.72   -6.35   -6.78   -7.64



Loading condition: LD-90DEG-10%
------------------------------------------------------------------------------
RCR             TEXT                                    REQ     ATTV UNIT  STAT
------------------------------------------------------------------------------
A.AREA.24       ABS MODU Area A+B>1.4(B+C), 24 knot .   1.400   10.819      OK
V.AREA0.08      Area under GZ curve between EQZ and .   0.080    0.107 mrad OK
ZPMC.MAXHEEL    First intercept is less than FRB & FA   5.044    1.621 deg  OK
```

图 2.65 起重平台部分工况计算结果

(3) 起重平台作业时吊物丢失稳性校核。在自升式起重平台漂浮起重作业时，平台稳性轴应垂直于吊重垂心到船体漂心之间的连线，如图 2.66 所示。

图 2.66 中符号含义：

β——臂架旋转角度(°);
L_a——起重机水平外伸距离(m);
L_t——旋转中心纵向坐标(m);
L_{cf}——漂心纵向坐标(m);
L_{arm}——吊重到漂心距离(m);
θ_{azi}——稳性轴与 X 轴夹角(°)。

"龙源振华叁号"分别校核了臂架旋转角度 $0°\sim180°$ 范围的漂浮作业吊物丢失稳性,本书选取主吊机臂架旋转至 $90°$ 时漂浮起吊作业作为典型案例,则计算稳性轴与起重机臂架角度的关系如表 2.21 中的数据。

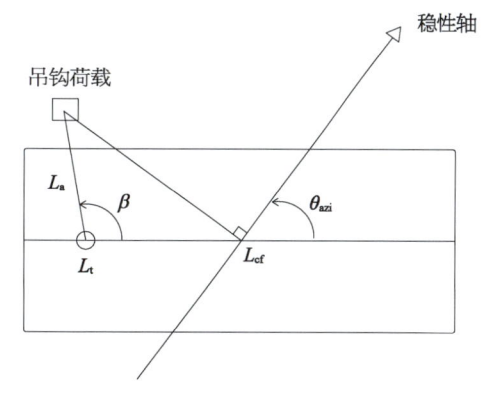

图 2.66 稳性轴与起重机臂架角度的关系图

表 2.21 计算稳性轴与起重机臂架角度的关系

臂架角度 β(deg)	起重机水平外伸 L_a(m)	旋转中心纵向坐标 L_t(m)	漂心纵向坐标 L_{cf}(m)	吊重到漂心距离 L_{arm}(m)	吊重(t)	起吊力矩(tm)	稳性轴与 X 轴夹角 θ_{azi}(°)
90	25	18.3	50.374	40.67	800	32 533.0	52.1

在 NAPA 中分别设置吃水(T)、重心高度(KG)、横倾角、方位角、风载模型等参数。一般吃水的设置应能涵盖本平台运营过程中最小吃水及最大吃水;初始工况考虑纵倾为 0。

在 NAPA 中定义相应的衡准,编制计算宏对每一指定臂架旋转角度及吃水工况进行衡准校核,根据校核结果,适当调整重心高度(KG)再进行衡准校核,反复调整校核,直到得到每一个吃水在起重机全回转作业下对应的最大许用 KG。吊物丢失稳性许用 KG 值见表 2.22。

表 2.22 全回转起吊荷重跌落各工况下许用 KG 值

漂浮工况	吃水(m)	风速(kn)	控 制 衡 准	许用重心高度(m)
油田拖航	4.2	24	面积比≥1.30	36.3
油田拖航	4.6		面积比≥1.30	33.8
油田拖航	5.0		面积比≥1.30	31.3
油田拖航	5.4		面积比≥1.30	28.7
油田拖航	5.8		面积比≥1.30	26.1

部分计算结果如图 2.67 和图 2.68 所示。

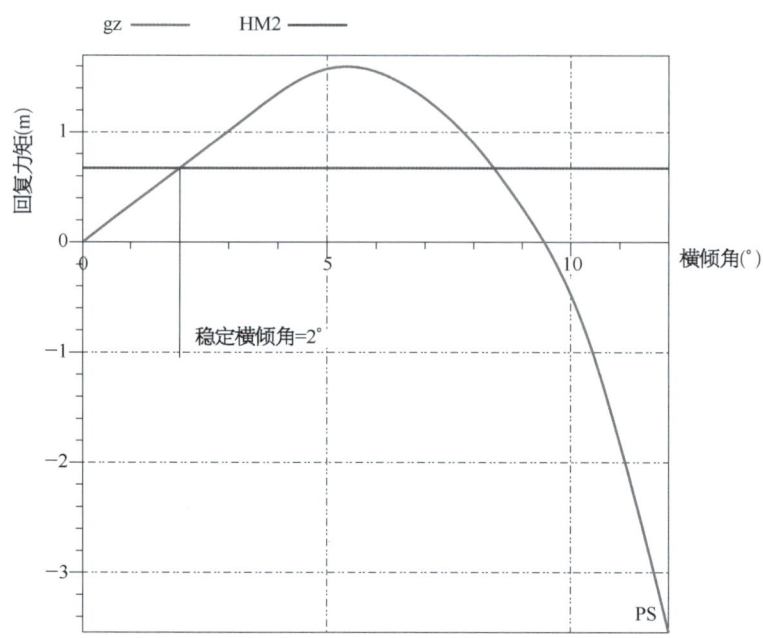

图 2.67 起重平台作业吊物丢失计算结果(一)

2.3.7 站立稳性计算分析(结构提供)

当风电安装船处于站立状态时,桩腿和船体会受到环境载荷以及设备工作载荷的作用,这些载荷对平台会产生倾覆和滑移的效应,因此平台本身要有足够的抗倾覆和抗滑移的能力。

(1) 平台的抗倾覆能力应满足下式的要求:

$$\frac{M_k}{M_q} \geqslant K_q \qquad (2.13)$$

式中 M_k——平台站立时的抗倾覆力矩(kN·m),在计算抗倾覆力矩时平台的装载量应取最小值,并考虑最不利的偏心影响,土壤对桩腿桩靴的黏聚力、吸附力和拔桩力都不应计入抗倾覆力矩中;

M_q——平台站立时的倾覆力矩(kN·m),在计算抗倾覆力矩时应考虑风浪流载荷最不利的叠加影响,动力放大效应以及平台水平方向位移导致的 P-Δ 效应;

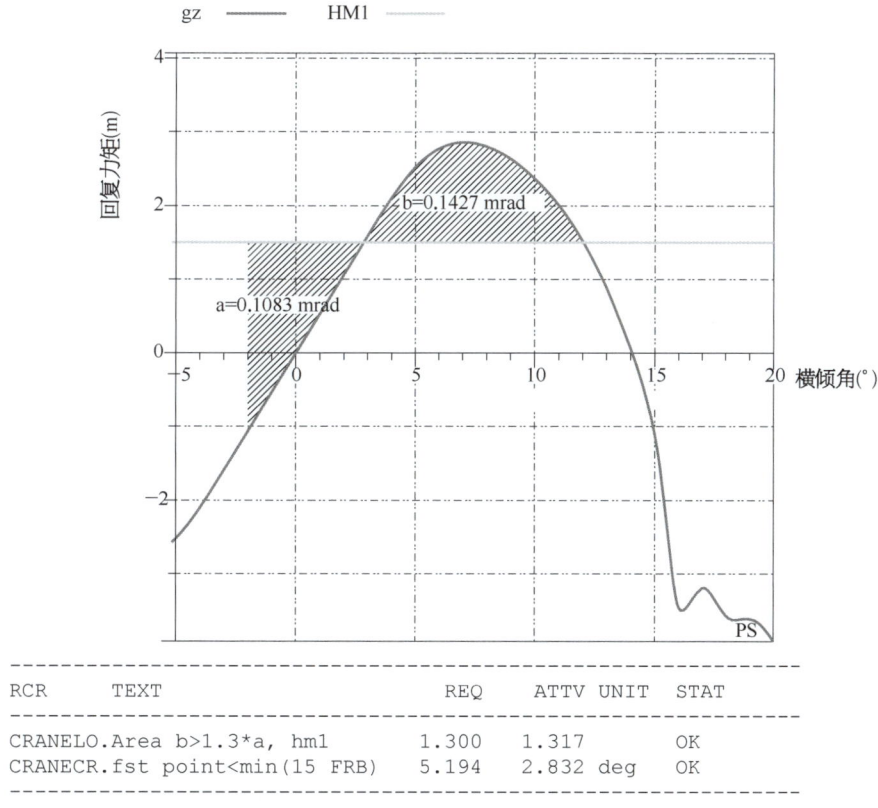

图 2.68　起重平台作业吊物丢失计算结果(二)

K_q——抗倾覆安全系数,对于自升式风电安装船,在正常作业和风暴自存工况下,其抗倾覆安全系数均取 1.1。

(2) 平台的抗滑移能力应满足下式的要求:

$$\frac{R_H}{F_H} \geqslant K_H \tag{2.14}$$

式中　R_H——平台站立时的抗滑移力(kN),包括土壤的黏聚力、摩擦力、被动土压力以及抗滑移装置产生的抗滑力;

F_H——平台站立时的滑移力(kN),包括作用在平台上的所有水平力;

K_H——抗滑移安全系数;对于自升式风电安装船,在正常作业工况下不小于 1.4,风暴自存工况下不小于 1.2。

自升式风电安装船技术与应用

第 3 章 船体与桩腿设计与分析

3.1　船体与桩腿强度设计通则

在自升式风电安装船的总体参数布置初步确定后,已知船舶主尺度、船体型线、船舶建筑型式、甲板层数、内底分布、舱壁位置和舱室用途等,便可进行船体和桩腿桩靴的结构设计。结构设计包括确定船体结构型式、构件尺寸和连接方法,以及各种工况下的结构强度计算,使得设计出的结构在具有必需的强度和刚性的情况下,结构质量尽可能轻。

3.2　设计载荷与工况

作为一种近海工程结构物,自升式风电安装船服役期间,既要抵抗各种外部的环境载荷,也要承受自身重力载荷以及作业时产生的各种载荷。在进行结构强度计算时,会根据风电安装船的作业状态将各类载荷进行组合,从而明确校核船体与桩腿结构强度的各种设计工况。

3.2.1　环境载荷

自升式风电安装船的结构必须能抵抗一定的环境载荷。环境载荷一般指风、浪、流对主船体和桩腿的作用力,同时假定风浪流作用的方向一致并叠加。如有必要,也需要考虑地震载荷、海冰载荷等对平台的影响。

自然界的风运动规律复杂,大量实测资料表明,风的速度并不是恒定的,而是一个随机变化的过程,需要用统计分析的方法来描述和分析。在实际的工程应用中,计算风对结构物的作用力通常有两种处理方式。一种是假设风速不随时间变化,只考虑对结构物的静力作用。这种方法简便易行,在给定设计风速的情况下,可以很方便地计算出风载荷的大小。另一种是考虑风随机变化的脉动特征,对结构物的受力进行动力分析。在计算自升式风电安装船的风载荷时,通常采用第一种处理方式,只计算风对船体和桩腿的静力作用。风载荷的确定可以采用风洞试验的方法或者根据规范提供的计算公式进行计算。风洞试验的优点是可以更精确地得出结构物所受风载荷,缺点是时间成本和经济成本较高。因此通常都是根据船级社的规范公式计算风载荷。根据中国船级社《海上移动平台入级规范2016》第2篇第2章的规定,风载荷按如下公式计算:

$$F = C_h C_s S P \tag{3.1}$$

式中　P——风压(kPa)，$P = 0.613 \times 10^{-3} V^2$；

　　　S——平台受风构件的迎风投影面积(m^2)；

　　　C_h——平台受风构件的高度系数，见表3.1；

　　　C_s——平台受风构件的形状系数，见表3.2；

　　　V——设计风速(m/s)。

表3.1　高度系数 C_h

距离海面的高度 h(m)	高度系数 C_h
0～15.3	1.00
15.3～30.5	1.10
30.5～46.0	1.20
46.0～61.0	1.30
61.0～76.0	1.37
76.0～91.5	1.43
91.5～106.5	1.48
106.5～122.0	1.52
122.0～137.0	1.56
137.0～152.5	1.60
152.5～167.5	1.63
167.5～183.0	1.67
183.0～198.0	1.70
198.0～213.5	1.72
213.5～228.5	1.75
228.5～244.0	1.77
244.0～259.0	1.79
259.0 以上	1.80

表3.2　形状系数 C_s

构件的形状	形状系数 C_s
球形	0.4
圆柱形	0.5
大的平面(船体、甲板室、平滑的甲板下表面)	1.0
甲板室群或者类似结构	1.1
钢索	1.2
井架	1.25
甲板下暴露的梁和桁材	1.3

构件的形状	形状系数 C_s
小部件	1.4
独立的结构(起重机、梁等)	1.5

自升式风电安装船在站立状态时,桩腿会暴露在海水中,受到波浪和流的载荷作用。通常,自升式风电安装船的桩腿直径和波长的比率小于 0.2,可采用莫里森(Morison)方程来计算波浪对桩腿的作用力。莫里森方程假设流体中的构件不影响波浪的特性,并将波浪载荷描述为流体加速度产生的惯性力和黏性产生的摩擦力之和。莫里森方程的微分形式为:

$$\mathrm{d}F = C_m \rho \mathrm{d}V \dot{u}_n + \frac{1}{2} C_d \rho \mathrm{d}A \mid u_n \mid u_n \tag{3.2}$$

上式中,$\mathrm{d}F$ 表示体积为 $\mathrm{d}V$ 投影面积为 $\mathrm{d}A$ 的微段构件所受的波浪力。方程右边第一项表示构件所受惯性力,第二项表示摩擦力。$\dot{u}_n$ 和 u_n 是垂直于构件轴线的瞬时波浪流体水质点的加速度和速度,当同时还有海流存在时,u_n 为波浪水质点的速度与海流速度之和在垂直于构件轴线方向的分量;C_m 和 C_d 分别是惯性力系数和阻力系数。对于圆形截面构件,$C_m = 1.3 \sim 2.0$,$C_d = 0.6 \sim 1.2$。对于非圆形截面构件,C_m 和 C_d 可以按公认的文献选取,或者由实验确定。

根据中国船级社《海上移动平台入级规范 2016》的规定,业主或者设计方可以采用设计波能谱或者具有确定尺度、形状和周期的确定性设计波来作为设计参数。设计波的最大波高 $H_{\max}$ 可由相同重现期的有义波高 H_s 转换得到:

对于热带气旋海域: $H_{\max} = 1.75 H_s$

对于非热带气旋海域: $H_{\max} = 1.86 H_s$

在设计波的最大波高 $H_{\max}$ 确定后,其波浪周期 T 应为 $\sqrt{6.5 H_{\max}} \leqslant T \leqslant \sqrt{11 H_{\max}}$,用几个不同的波浪周期值计算平台的结构应力,最终取使平台产生最大的结构应力的值作为设计参数。对于某些周期的波浪,虽然波高小于最大波高 $H_{\max}$,但是可能对平台的结构有更大的影响,这种情况也应进行考虑。

3.2.2 重力及功能载荷

自升式风电安装船的重力及功能载荷指在静水条件下由平台自重以及平台作业产生的载荷。在平台作业时,主要有吊机起重载荷、打桩时产生的载荷。

3.2.3 工况分类

在设计自升式风电安装船时,应分析以下工况:

(1) 正常作业工况指在规定的环境条件下,自升式风电安装船满载且船体抬升到预定的高度进行作业。正常作业工况可细分为三种工况:第一种为吊机无吊重工况,可变载荷全部在主船体上;第二种为主吊机最大吊重工作工况,主船体上的可变载荷减去了吊机起吊的重量;第三种为主吊机最大吊重静载工况,即不考虑环境载荷,按静态工况校核。

(2) 浮态作业工况指在规定的环境条件下,船体处于漂浮状态时,吊机进行起重作业的状态。

(3) 迁移工况指自升式风电安装船在迁移过程中的状态,根据迁移区域的不同可以分为风场内迁移工况和远洋迁移工况。

(4) 升降工况指自升式风电安装船升降桩腿、预压以及升降主船体时的状态。在强度校核时通常考虑预压载工况。预压载可采用分级压载或者对角压的形式。采用分级压载的预压载形式,通过调配压载水,使船体重心偏移,先压实艏部或艉部的两条腿,再压实剩下的两条腿。分级压载的缺点是调配压载水需要水泵工作,耗费能量,且耗费时间长,使作业效率降低,好处是对比对角压,其对主船体结构强度的要求较小。对角压是通过调整升降系统,使主船体的质量分配到对角位置的两条腿上,从而达到压实桩腿的目的。其优点是便捷、耗费时间短,缺点是对主船体的结构强度要求较高,增加了主船体的建造成本。

(5) 自存工况指在极端的环境条件下,自升式风电安装船不能正常作业,通过减少可变载荷以及其他措施使之处于安全状态。

3.3 主船体结构设计

3.3.1 总体强度

自升式风电安装船主船体一般为长方形箱形结构,由多道纵舱壁和横舱壁将主船体划分为若干个舱室。主船体的围阱结构将主船体与桩腿连接,起到将桩腿载荷传递到主船体上的作用,是受力的关键区域。围阱区设置有升降装置,用以升降以及约束船体的垂向位移,上下导向用以约束桩腿和船体之间的水平相对运动。为分析自升式风电安装船主船体的总体强度,需要建立全船的有限元模型。船体主甲板、底板、船体外围板、舱壁板、围阱区和T型材的腹板等结构通过板单元模拟,纵骨、垂直和水平扶强材、T型材面板和桩腿等构件用梁单元模拟。在站位分析时,桩靴型深一半的位置施加铰支的约束,涉及的工况有作业工况、风暴自存工况、预压载工况。

3.3.2 局部强度

船上的各类设备基座的结构加强,也需要根据规范的要求进行校核。涉及的设备有主发电机、拖曳与系泊设备、各类锚机、救生平台等。起重机基座的支撑结构应力衡准根据《船舶与海上设施起重设备规范》选取。局部强度计算的模型范围也应满足规范的要求,减少边界条件和模型范围对模型中心区域计算结果的影响。

3.4 桩腿设计

3.4.1 桩腿的型式

桩腿常见的型式有桁架式和壳体式。经验表明,在作业水深不超过 70 m 时,采用壳体式桩腿较为经济;当作业水深超过 70 m 时,采用桁架式桩腿更经济。风电安装船一般在近海作业,作业水深较浅,因此多采用圆筒形壳体式桩腿。

根据抬升系统的不同,圆筒形桩腿可分为销孔式和齿条式。对于液压抬升系统,桩腿上开有销孔,液压装置通过销轴的动作实现平台的升降;对于齿轮齿条抬升系统,桩腿上焊接有成对的齿条,通过齿轮在齿条上的相对运动实现平台的升降。

3.4.2 桩腿水动力参数的选择

当自升式风电安装船处于站位状态时,桩腿主要受到波浪和流的作用。在计算波浪和流对桩腿的作用力之前,需要明确桩腿的水动力参数。拖曳力系数 C_D 和惯性力系数 C_M 为经验系数,与雷诺数 R_e 和构件表面相对粗糙度以及库尔根-卡陪数 K_C 有关。

根据中国船级社《海上移动平台入级规范 2016》的规定,对于圆形构件,其拖曳力系数 C_D 为 0.6~1.2,惯性力系数 C_M 为 1.3~2.0。当圆柱形桩腿上焊接有齿条时,除了通过做实验或者仿真模拟计算外,还可以通过经验公式来计算其水动力参数。文献 SNAME-TR5-5A 给出的经验公式可以作为参考。

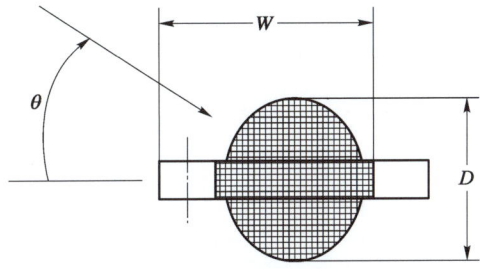

图 3.1 带有齿条的圆形截面构件剖面

根据文献 SNAME-TR5-5A,对于截面如图 3.1 所示的构件,对于不同方向的来流,其惯性力系数 C_{Mi} 取 2.0,其拖曳力系数 C_{Di} 可按下式计算:

$$C_{Di} = \begin{cases} C_{D0}, & 0° < \theta < 20°; \\ C_{D0} + (C_{D1}W/D - C_{D0})\sin^2[(\theta-20°)^{9/7}], & 20° < \theta < 90° \end{cases} \quad (3.3)$$

式中 θ——角度,单位为°,见图 3.1;

C_{D0}——$C_{D0} = 0.65$;

C_{D1}——投影直径 W 对应的流向垂直于齿条时($\theta = 90°$)的拖曳力系数。按下式计算:

$C_{D1}=1.8$,当 $W/D<1.2$ 时；

$C_{D1}=1.4+\dfrac{1}{3}(W/D)$,当 $1.2<W/D<1.8$ 时；

$C_{D1}=2.0$,当 $W/D>1.8$ 时。

3.4.3 桩腿强度计算

站立工况下风电安装船受到的载荷有自身的重力、风载荷、波浪和流载荷以及波浪载荷动力效应引起的惯性载荷，另外还要考虑主船体产生横向偏移后，由其自身重力引起的二次力矩 P-Delta 载荷。

动力效应引起的惯性载荷可采用单自由度法或者时域分析方法计算求得。单自由度法的动力放大系数计算公式为：

$$DAF=1/\sqrt{[1-(T_n/T)^2]^2+[2\zeta(T_n/T)]^2} \tag{3.4}$$

式中 ζ——临界阻尼百分比（一般不大于7%）；

T——波浪周期；

T_n——平台平动自振周期。

惯性力的计算公式为：

$$F_{\text{inertia}}=(DAF-1)\times(F_{\max}-F_{\min})/2 \tag{3.5}$$

式中 $F_{\max}$——桩腿底端最大波浪剪力；

$F_{\min}$——桩腿底端最小波浪剪力。

时域分析方法分别得到桩腿底端波浪剪力及波浪弯矩的动力放大因子 DAFF 和 DAFM；然后分别计算其对应的惯性力 F_{inertia} 和惯性弯矩 M_{inertia}，并加载到模型中。

在拖航工况下，依据 CCS 规范 MODU 2016，远洋拖航工况桩腿上的计算弯矩应按照周期 10 s，单边横摇摆幅 15°或单边纵摇摆幅 15°，以及平台在相应倾角时重力弯矩的 120% 求得。

3.5 桩 靴 设 计

3.5.1 桩靴强度

在对桩靴结构进行有限元强度分析时，主要考虑预压载工况、预压载偏心工况、风暴自存与作业工况以及拔桩工况。

在预压载工况下，桩靴以及桩靴与桩腿的连接部位应能承受最大的预压载荷，并假定此载荷均匀分布在桩靴与海底从最初接触到桩靴完全贯入这一过程中可能接触的面积上。

预压载偏心工况考虑到桩靴可能遭受的底部不均匀受力的情况,桩靴以及桩靴与桩腿的连接部位应能承受最大的垂直反力作用在50%的底部面积上产生的力和力矩。

在风暴自存与作业工况下,桩靴以及桩靴与桩腿的连接部位应能承受最大的垂直反力和相应的水平载荷,以及桩腿下导轨处弯矩的50%,按最危险的方向进行叠加。风电安装船在风暴自存和正常作业工况下,会承受任意方向的环境载荷,因此桩靴以及桩靴与桩腿的连接部位应能承受不同方向的组合载荷。

在拔桩时,桩腿上表面通常会有回填的沙土,桩腿下表面会受到吸附力,一般吸附力最大为桩腿支反力的40%。

3.5.2 探索桩靴新型式

常规型式的桩靴在拔桩时,有时会遇到插深过深、拔桩困难的情况,甚至会出现桩靴脱落的情况。为克服常规桩靴的这一弊端,设计了可折叠式的新型桩靴。在插桩时,桩靴自动展开,分散对地基的压力。在拔桩时,折叠块自动翻转,减小桩靴的吸附力,利于桩靴拔出。桩靴展开状态的俯视图、侧视图如图3.2、图3.3所示。桩靴拔桩翻转视图如图3.4所示。

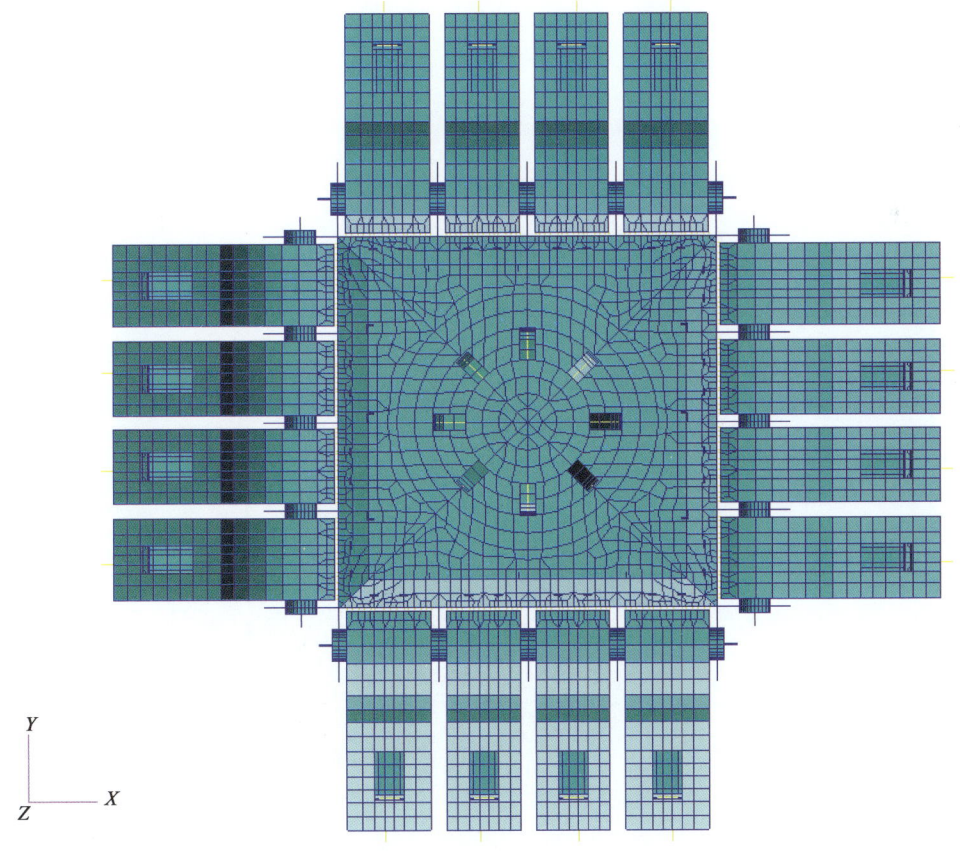

图3.2 桩靴展开状态俯视图

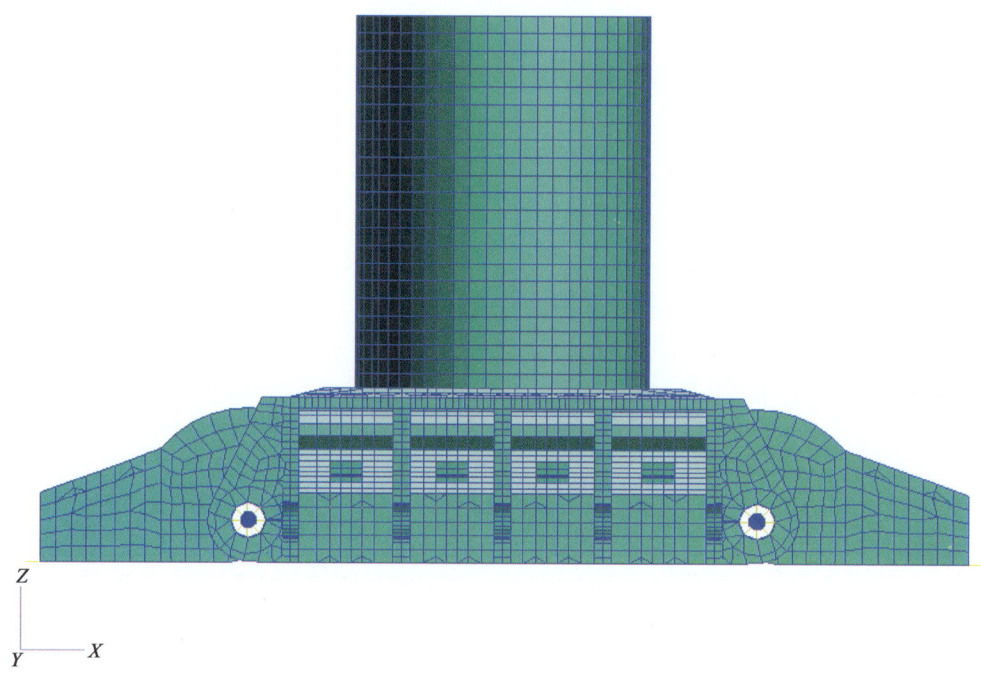

图 3.3 桩靴展开状态侧视图

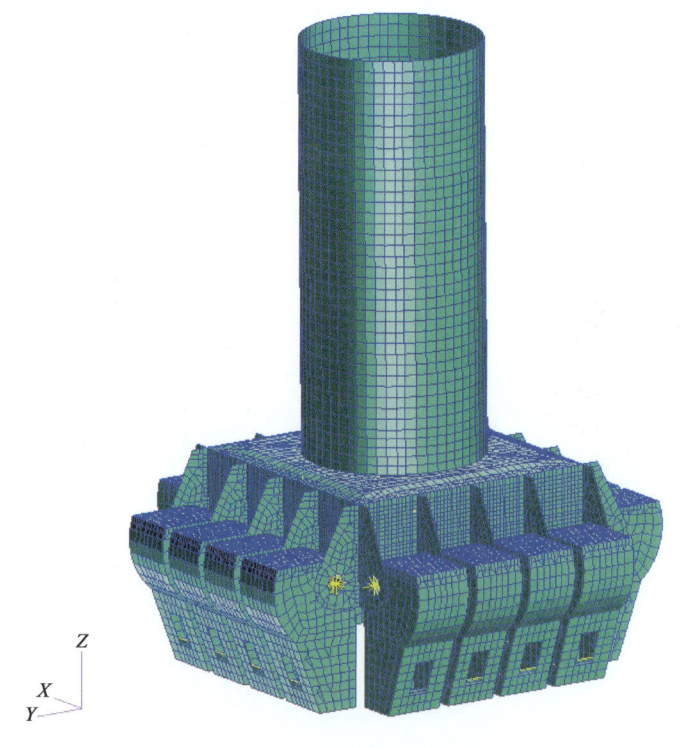

图 3.4 桩靴拔桩翻转状态视图

3.6 海底地基

自升式风电安装船在进行插桩作业前,必须了解海底地基的地质信息,确定是否适合在此海域作业。海底的地基特征影响到桩腿的插深,如果插深过深,则可能导致拔桩困难,甚至拔不出的情况。对于具有鸡蛋壳特征的地基,还可能发生桩腿穿刺的危险,对船体结构造成严重的损害,甚至威胁到作业船员的生命安全。

3.6.1 海底地基特征

海底地基通常由各种土介质构成。土介质是由土颗粒、水和空气组成的三相混合物。土体的性质非常复杂,在对土的研究中,不仅要考虑土体的整体性质和运动规律,也要考虑组成土体的各种离散颗粒的性质和运动规律。在工程实践中,通常运用经典土力学的理论和方法来解决土质地基的问题。天然地基上的浅基础是经典土力学的研究范围之一。自升式风电安装船一般在近海进行作业,海底地基土层通常未经人为处理,属于天然地基。自升式风电安装船的桩靴一般尺寸较大,桩靴对海底地基的压强相对较小,插深也相对较浅,具有浅基础的特点。因此,可以认为天然地基上的浅基础理论可以适用于风电安装船的插桩研究。

海底地基土层的组成通常有黏土、粉土、砂土、砾石,它们的区别在于粒径的不同。详细的分类见表3.3。

表3.3 土的分类

分类	黏土	细粉砂	粗粉砂	细砂	中砂	粗砂	砾石
粒径(mm)	小于0.004	0.004~0.016	0.016~0.065	0.065~0.25	0.25~0.5	0.5~2.0	2~256

黏土和粉土属于细粒土,砂土和砾石属于粗粒土。按土的混合比例划分,细粒土的质量占一半以上的称为细粒土,粗粒土的质量占一半以上的称为粗粒土。

海底地基通常并非单一的土层,而是多层结构。当上层土为坚硬土质,下层土为软土质时,如果承载力不够,桩靴可能会穿透上层坚硬土层,导致桩腿突然下陷。如果下陷深度较大,则会引起平台的严重倾斜,甚至倾覆。

3.6.2 桩靴插深计算

根据SNAME TR5—5A的要求,通常计算桩靴预压载时的插深遵循以下三个步骤:

① 桩靴模型化；
② 计算地基对不同深度的桩靴的承载力，并绘制成曲线；
③ 根据桩靴的最大预压载反力在曲线上读取出桩腿的入泥深度。

按照传统的地基分析方法，桩靴通常被简化为一个圆形平板。圆形平板的等效直径根据桩靴与泥面的实际接触面积换算得出。当桩靴全部入泥时，等效面积取桩靴的最大横截面积。在之后的地基承载力分析中，以此圆形平板在不同入泥深度为参照。

在计算地基极限承载力时，必须考虑覆土回填的影响。对于非常软的黏土地基，发生回填的可能性较大，而对于较硬的黏土或者砂土，一般桩靴插深较浅，不易出现覆土回填。当满足下面的公式时，则可认为黏土不会出现回填：

$$D \leqslant \frac{Nc_{us}}{\gamma'} \tag{3.6}$$

式中　　D——入泥深度；
　　　　c_{us}——入泥深度范围内的黏土的平均不排水黏性抗剪强度；
　　　　N——稳定性系数；
　　　　γ'——黏土的浮容重。

（1）黏土地基中的插深。在没有覆土回填的情况下，黏土地基特定深度的极限承载力公式为：

$$F_V = (c_u \cdot N_c \cdot s_c \cdot d_c + p'_o)A \tag{3.7}$$

式中　　c_u——黏土的不排水粘性剪切强度（kPa）；
　　　　N_c——黏土承载力系数（规范建议选取 5.14）；
　　　　s_c——黏土的承载力形状系数；
　　　　d_c——黏土承载力深度系数；
　　　　p'_o——在特定深度处的最大承载面上的有效覆土压强（kPa）；
　　　　A——桩靴与土层的最大等效接触面积（m²）。

在有覆土回填的情况下，则极限承载力按下式计算：

$$V_{Lo} = F_V - F'_o A + \gamma' V \tag{3.8}$$

式中　　V_{Lo}——有覆土回填时黏土地基的极限承载力（kN）；
　　　　F'_o——承载面上因为覆土回填产生的有效覆土压强（kPa）；
　　　　γ'——黏土的浮容重（kN/m³）；
　　　　V——桩靴排开土的体积（m³）。

（2）砂土地基中的插深。在没有覆土回填的情况下，砂土地基或者颗粒状物质地基在特定深度的极限承载力公式为：

$$F_V = (0.5\gamma' B N_\gamma s_\gamma d_\gamma + p'_o N_q s_q d_q)A \tag{3.9}$$

式中　　B——桩靴与泥面有效接触面积的直径，当桩靴为方形桩靴时，为桩靴宽度（m）；

N_γ——砂土承载力系数 $2(N_q+1)\tan\phi$,ϕ 为砂土的内摩擦角(°);

s_γ——砂土的承载力形状系数,对于圆形桩靴,取 0.6,对于方形桩靴,取 $1+(B/L)\tan\phi$,L 为桩靴长度;

d_γ——砂土承载力深度系数,取为 1;

N_q——砂土承载力系数 $e^{\pi\tan\phi}\tan^2(45+\phi/2)$;

s_q——砂土的承载力形状系数 $1+(B/L)\tan\phi$;

d_q——砂土承载力深度系数。

在有覆土回填的情况下,则极限承载力按式(3.8)计算。

(3) 钙质砂土地基中的插深。钙质砂土地基中的插深非常难以预测,如果钙质砂土的性质非常坚固,则插深会很浅;如果钙质砂土质地松散,则插深会很深。因此在这种地质条件下进行作业时,应非常小心。

(4) 粉土地基中的插深。当粉土的性质为非排水性质,则用黏土地基插深公式计算其极限承载力;当粉土的性质为排水性质,则用砂土地基插深公式计算其极限承载力。

(5) 分层土壤地基中的插深。对于分层土壤地基,在插桩过程中通常有 3 种地基破坏模式:

① 整体剪切破坏;

② 挤压破坏;

③ 穿刺破坏。

当不同土层的土体强度变化不大时,通常出现第一种地基破坏模式,桩靴下的土体强度可以用平均土体强度表示,桩腿的插深用上面给出的公式计算得出。

(6) 黏土土层的挤压破坏。当上层土质为软质的黏土,下层土质的强度远大于上层土质强度时,其土层的垂向极限承载能力为:

当没有覆土回填时:

$$F_V = A\left\{\left(a + \frac{bB}{T} + \frac{1.2D}{B}\right)c_u + p'_o\right\} \geqslant (c_u \cdot N_c \cdot s_c \cdot d_c + p'_o)A \quad (3.10)$$

当覆土回填时:

$$F_V = A\left\{\left(a + \frac{bB}{T} + \frac{1.2D}{B}\right)c_u\right\} + \gamma'V \geqslant (c_u \cdot N_c \cdot s_c \cdot d_c + p'_o)A + \gamma'V$$

(3.11)

上式中,挤压因子 a 和 b 的推荐值为 $a=5.00$,$b=0.33$。T 为桩靴等效面到硬质土层的距离。当 $B \geqslant 3.45T(1+1.1D/B)$ 时,挤压破坏将会出现。从上式可以看出,垂向极限承载力的下限为黏土的极限承载能力。当 $T \ll B$ 时,垂向极限承载能力的上限为下层硬质土层的极限承载能力。

(7) 两层黏土土层的穿刺破坏。当上层为硬质黏土,下层为软质黏土时,硬质黏土表面的极限垂向承载能力为:

$$F_{\mathrm{V}}=A\left(3\frac{H}{B}c_{\mathrm{u,t}}+c_{\mathrm{u,b}}\cdot N_{\mathrm{c}}\cdot s_{\mathrm{c}}\right)\leqslant c_{\mathrm{u,t}}\cdot N_{\mathrm{c}}\cdot s_{\mathrm{c}}A \tag{3.12}$$

式中 H——桩靴等效面到软质黏土层的距离；

$c_{\mathrm{u,t}}$——上层黏土的不排水黏性剪切强度；

$c_{\mathrm{u,b}}$——下层黏土的不排水黏性剪切强度。

当桩腿有一定插深时，硬质黏土的极限垂向承载能力为：

当没有覆土回填时：

$$F_{\mathrm{V}}=A\left\{3\frac{H}{B}c_{\mathrm{u,t}}+c_{\mathrm{u,b}}\cdot N_{\mathrm{c}}\cdot s_{\mathrm{c}}\left(1+0.2\frac{D+H}{B}\right)+P_{\mathrm{o}}'\right\}$$
$$\leqslant A(c_{\mathrm{u,t}}\cdot N_{\mathrm{c}}\cdot s_{\mathrm{c}}\cdot d_{\mathrm{c}}+P_{\mathrm{o}}') \tag{3.13}$$

当覆土回填时：

$$F_{\mathrm{V}}=A\left\{3\frac{H}{B}c_{\mathrm{u,t}}+c_{\mathrm{u,b}}\cdot N_{\mathrm{c}}\cdot s_{\mathrm{c}}\left(1+0.2\frac{D+H}{B}\right)\right\}+\gamma'V$$
$$\leqslant Ac_{\mathrm{u,t}}\cdot N_{\mathrm{c}}\cdot s_{\mathrm{c}}\cdot d_{\mathrm{c}}+\gamma'V \tag{3.14}$$

(8) 上层为砂土下层为黏土土层的穿刺破坏。当上层土层为砂土，下层为软质的黏土，上层砂土的极限垂向承载能力为：

当没有覆土回填时：

$$F_{\mathrm{V}}=F_{\mathrm{V,b}}-AH\gamma'+2\frac{H}{B}(H\gamma'+2P_{\mathrm{o}}')K_{\mathrm{s}}\tan\phi A \tag{3.15}$$

当覆土回填时：

$$F_{\mathrm{V}}=F_{\mathrm{V,b}}-AH\gamma'-AI\gamma'+2\frac{H}{B}(H\gamma'+2P_{\mathrm{o}}')K_{\mathrm{s}}\tan\phi A \tag{3.16}$$

式中 $F_{\mathrm{V,b}}$——下层黏土表面的承载力，用式(3.7)计算；

K_{s}——穿刺剪切因子，与砂土土层和黏土土层的强度有关，可以用公式 $K_{\mathrm{s}}\tan\phi\approx 3c_{\mathrm{u}}/B\gamma'$ 进行估计。

3.7 结构优化

桩腿间距的选择影响到主船体的整体强度，也事关桩腿的受力情况。一般而言，桩腿间距大则对主船体的强度要求变高，相当于单跨梁的跨距变大，梁所受弯矩更大，却有利于改善桩腿的受力状态。因为弯矩一定时,力臂越长,力越小,所以桩腿所受压力会随桩腿间距的变大而减小。

在总体设计时,会从总布置的考虑因素来确定桩腿的间距,通常没有考虑结构方面的因素。当然作为一个最基本的设计参数,桩腿间距的选择是一个牵一发而动全身的事情。如果想通过桩腿间距的优化配置来达到结构优化的目的,需要各个专业部门之间的协同配合,并综合考虑各个方面的因素。

自升式风电安装船技术与应用

第 4 章　轮机设备及主要系统设计

4.1 电站选型设计及推进器选型要素

轮机设备是风电安装船运行的主动力源,设备的配置状况是风电安装船的直接性能体现。轮机设备的选型遵循生产上适用、技术上先进、经济上合理的原则。

① 功能上适用——所选型的设备应与风电安装船的吊装、打桩等工作需求相适应。

② 技术上先进——在满足风电施工生产需要的前提下,其性能指标保持先进水平,以提高产品质量和延长设备寿命。

③ 经济上合理——要求设备价格合理,不仅体现在采购成本上,同时在使用过程中能耗、维护费用要低。

因此,轮机设备的选型有多方面的综合考虑因素,也涉及设计院设计能力、船东投入。设计人员应在平时工作中,多注意对船用主机、辅机、辅助机械、通风、空调、冷藏设备、各种类型传感器、液位测量仪表、压力及温度自动控制阀、遥控阀、液压技术、气电控制技术、消防设备及器材、防污染设备、机舱自动化设备、网络技术、信息技术、能量转换技术、热传导技术、船舶损管自动控制技术、节能技术、防振、仿真、防噪、防腐、防辐射、新材料、新标准、新法规、每年各船级社规范修改通报等各种设备样本及技术资料的收集,这是设计人员积累知识的源泉,是设计工作中最重要和必备的参考资料。

4.1.1 电站

风电安装船电站是整船套发电机组总成,是全船动力源,是风电安装船设备运行的动力保证。因此,发电机组的合理配置至关重要。

从油品上考虑,由于风电安装船都是近海作业,要求污染小,机动性强,设备运行负荷根据工程需要变化,以及尽量提高可变载荷,所以风电安装船都是采用的轻质柴油,发电机组选型也是以此为出发点。

电站的容量需要通过电力负荷估算确定,从停泊工况、抬升作业、桩腿抬升、桩腿下降、动力定位及应急工况综合考虑。根据电力负荷估算情况得出最大总功率,并兼顾停泊工况选型机组数量及每台功率值。发电机组数量配置和单台发电机组的额定容量,要综合考虑电力负荷要求、柴油机经济运行负荷率和后期设计容量增加空间等因素确定。对于风电安装船,主要可以从以下 6 个工况进行负荷估算,分别为停泊工况、作业工况、抬升(桩腿下降)工况、抬升(桩腿上升)工况、应急工况和动力定位工况。通过各个工况的负荷率估算出所需电站容量,然后结合舱室空间及厂商表给出设备选型。

表 4.1 为"龙源振华叁号"项目的电力负荷汇总表。

表 4.1 电力负荷汇总表

序号	负载	停泊工况 功率(kW)	系数(%)	功率(kW)	抬升作业 功率(kW)	系数(%)	功率(kW)	抬升(桩腿下降) 功率(kW)	系数(%)	功率(kW)
1	TOTAL CL(总连续负荷)	715.23	100.00	715.23	2 611.55	100.00	2 611.55	4 282.16	100.00	4 282.16
2	TOTAL IL(总间断负荷)	323.70	60.00	194.22	365.17	60.00	219.10	260.30	60.00	156.18
	总负荷			909.45			2 830.65			4 438.34
	需求主发数量(1 530 kW)			0.59			1.85			2.90
	1 530.00									
	需求应发数量(250 kW)									
	250.00									
	使用发电机数量			1			3			4
	备用发电机数量			4			2			1
	发电机负荷率(%)			59%			62%			73%

序号	负载	抬升(桩腿上升)工况 功率(kW)	系数(%)	功率(kW)	应急工况 功率(kW)	系数(%)	功率(kW)	动力定位工况 功率(kW)	系数(%)	功率(kW)
1	TOTAL CL(总连续负荷)	4 061.47	100.00	4 061.47	195.63	100.00	195.63	7 062.10	100.00	7 062.10
2	TOTAL IL(总间断负荷)	1 999.04	60.00	1 199.42	2.00	60.00	1.20	214.45	60.00	128.57
	总负荷			5 260.89			196.83			7 190.77
	需求主发数量(1 530 kW)			3.44						
	1 530.00									
	需求应发数量(250 kW)						0.79			4.70
	250.00									
	使用发电机数量			4			1			5
	备用发电机数量			1			0			0
	发电机负荷率(%)			86%			79%			94%

注:LF——load factor,需求系数;CL——continuous load,连续负载;IL——interrupted load,间断负载。

根据估算最终所选 5 台 1 530 EkW CAT3516BHD 型发电机组。另外，应急发电机组根据上述估算表选用 250 kW 型发电机组。

上例仅为一个项目的参考，具体船型需要具体设计。

4.1.2 推进器选型要素

推进器最常用的推进型式分为电力推进器和柴油机直接驱动型推进器。对于风电安装船，船型相对不大，推进器只是用于近距离移船及作业点位调整，因此从经济性、实用性上考虑，通常设置为电力推进器。

而电力推进器又分为多种形式：调距桨、固定桨、定速电机、变频电机、全回转、固定导流方向等。如何在众多的推进器中综合选出最适合的配置是需要进行综合的考虑及作业需求分析：

① 风电安装船自带桩腿，在抬升、下降时需要用到动力辅助。

② 船体脱离水面后不需要推进器。

③ 风电安装船通常是在一个风场内作业，仅当此风场作业结束后或者应急时需要转移风场，通过拖行是完全可行的，因此可以设置推进器作为辅助推进。

④ 风电安装船通常设置了千吨以上的起重装置，因此在浮态吊重时需要动力定位会比较方便。

因此综上考虑，推进器需要满足偶尔的动力定位及辅助推进。这就决定了推进器必不可少，但是对功率及冗余没有太大要求。

所以根据船型、吃水、风浪流、载荷及船东期望的静态航速要求，按照 DP1（此配置对于风电安装平台已足够，船东提高配置为特殊情况）配置推进器即可。

以上为轮机两大主要设备的选型参数原则、计算参考及考虑因素，在风电安装船设备选型过程中可以作为设计依据、选型参考。

4.2 轮机主要系统设计

4.2.1 舱底水系统

（1）系统介绍。舱底水系统分为日用舱底水系统和保船舱底水系统，保船舱底水系统担负有保证船舶安全航行的重要任务，是船舶管路系统中不可缺少的部分。日用舱底水系统能有效地排除机械舱室内生成的舱底水；保船舱底水系统在紧急情况下，可对水密舱室在有限进水情况下进行有效的排水。

舱底水来源大致为：

① 设备及管路密封不良泄漏的油和水；
② 清洗设备的冲洗水；
③ 灭火时的消防水，甲板冲洗水；
④ 维修设备时泄放管路内部的水；
⑤ 空调管路、风管的冷凝水以及钢质舱壁及管壁的冷凝水。

舱底水一般都积聚在舱的底部。为便于舱底水的抽吸，有双层底的船舶一般设置污水井（通常污水井容积不小于 0.3 m³），其吸口设置于污水井中。由于吸口位置很低，舱底水泵应为自吸式。舱底泵的排量应符合规范的各种要求。

保船舱底水系统一般由各个支吸口、泥箱、滤网、舱底水泵组成，各个支吸口连接到舱底水总管；如大量进水时，可通过应急吸口排出舷外，应急吸口一般连接除舱底泵外的最大动力泵，此泵不小于所要求的舱底水泵。

日用舱底水系统由舱底水日用泵、污水井和舱底水存放舱组成，将污水排放到舱底水存放舱，经油水分离器分离后排舷外。

（2）系统设计。

① 舱底水管径计算。舱底水管径可根据《海上移动平台入级规范 2016》计算。舱底水总管的内径应不小于最大舱底水支管内径的 1.414 倍。

每一舱室舱底水支管的内径应不小于按照下面公式计算得出的值：

$$d_1 = 2 + 2.1\sqrt{A} \tag{4.1}$$

式中 A——当舱室进水一半时，不包括扶强材在内的该舱被浸湿的表面面积（m²）。

对于不规则的舱室，A 值要特殊计算。

舱底水支管的内径一般不小于 50 mm。所有舱底水吸入管路，在与舱底泵吸口连接之前，都不应与其他管路有任何连接。

日用舱底水一般选择 DN50 的管径。

② 舱底泵数量及排量计算。根据规范要求，船上至少设置 2 台符合规范要求的动力舱底水泵，每台独立动力舱底泵可以为单独的舱底泵，也可以由独立动力的消防泵或者压载泵兼代，但每一泵组的总排量应不低于上述的每一舱底泵计算排量，且为自吸式泵。

舱底泵排量通过以下计算可以确定：

可由前述计算求得的舱底水总管的内径算出舱底泵的排量。每一舱底泵的排量应不小于下式计算的值，即

$$Q = 5.66 d_1^2 \times 10^{-3} \tag{4.2}$$

式中 Q——每一舱底泵计算排量（m³/h）；

d_1——舱底水泵总管计算内径（mm）。

对于使用消防水、水喷淋的处所，舱底泵的排量不能低于消防、水喷淋所释放的排量。

日用舱底泵排量和数量规范没有规定,作为日常使用,排量一般不大。

③ 系统布置与隔离。为了防止水密舱室之间、水密舱室与货舱之间、干燥舱室与任何水舱间发生沟通的可能性,即在舱底水管路系统中,水的流动是单向的,因此管路系统中的分配阀箱、舱底泵或舱底水管总管上舱底水吸入管、直通舱底泵吸入管、舱底泵与舱底水总管的连接管等均应设截止止回阀。

机舱和推进器的每根舱底水支管及直通舱底泵的吸管(应急吸管除外)均应设置泥箱,并自泥箱引一直管至污水井,直管下端或应急舱底水吸口不得设滤网。

④ 应急吸口布置和液位报警。主机舱、发电机舱、推进器舱和泵舱为重要的机器处所,除了支吸口和直接吸口,还应设有应急舱底吸口,该吸口一般应连接一台合适的最大排量的泵并安装截止止回阀,阀杆的手轮在花钢板以上的高度不少于 460 mm,应急吸口上不应设置泥箱和滤器。

舱底水污水井一般设置高位报警,当舱底水液位达到高位设定值时,触发报警,提醒船员及时抽除舱底水。另外,在水线以下空舱内设置舱底水吸口的同时,也设置液位报警,以便破舱进水时发出警报。

图 4.1 所示是某风电安装船的舱底水系统图。

4.2.2 压载水系统

(1) 系统介绍。船舶在航行、作业和停泊时都要保持它的稳定性。压载水管路系统的功能就是对压载水舱注入或排出水,以达到船舶的船体纵、横向平衡,保持适当的稳心高度,并配合全回转吊装作业时的船舶稳性等。

压载系统由全部的压载舱、安装在辅机舱内部多台压载泵和 1 台扫舱喷射泵组成。由于压载泵的排量很大,要将舱内的水吸干是很困难的,所以往往还配有扫舱泵。扫舱泵可以是活塞泵,也可以是喷射泵。两者相比,后者简单得多,施工方便、节省建造费用,所以目前被广泛采用。扫舱喷射泵的工作水由消防泵提供,执行压载水舱的扫舱工作。考虑到风电安装船的作业大多在近海作业,在压载泵的出口配置反冲洗过滤装置,对进入压载舱的海水进行过滤以减小压载舱泥沙淤积。压载舱左右舷具备压载水调拨功能。压载泵需满足远程遥控启停。压载泵出口阀门需采用开度阀门。压载系统还包括一套液位遥测和阀门遥控系统,可在中央控制室和配电板间通过压载控制台操控系统的运行。具体见 4.2.9 节。

(2) 全船压载水系统设计。

① 压载泵的选用。压载泵的排量 Q 按下式计算,必须满足任务书规定的注入/排放的时间,即

$$Q = \frac{V}{H} \tag{4.3}$$

式中 V——压载舱的容积(m^3);

H——注入/排放时间(h),H 主要取决于全回转吊机旋转一周的作业工况要求。

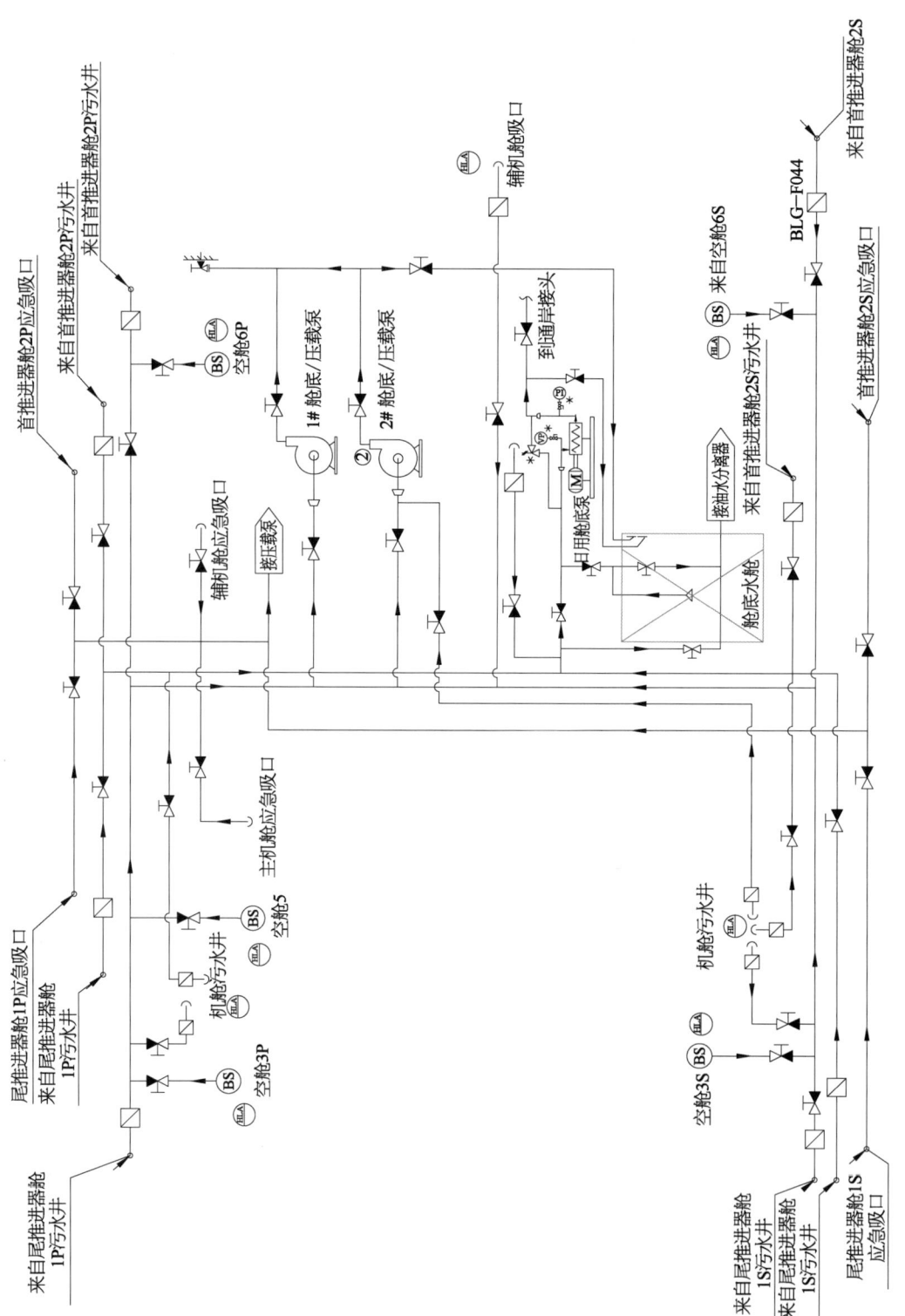

图 4.1 风电安装船舱底水系统

② 阀件的选用及管路系统布置。全船压载水系统有支管式、总管式、环形总管式、管隧式和半管隧式。风电安装船通常选择总管式。在作业时压载水可通过压载泵从海水总管吸水,总管接至各压载水舱的支管阀件采用遥控蝶阀。可由计算机根据压载工况遥控操纵泵与阀门的开/闭(停),以确保风电安装船的压载工况需要。

A. 在压载水管路系统中,压载水在管内的流动不是单向的,而是有进有出,既要将压载水注入各压载水舱,又要通过同一管道将压载水由压载水舱排出,因此在管路系统中不能设置止回阀。通常通过遥控蝶阀转换来完成调遣装驳任务。

B. 压载水管的布置及压载舱吸口的数量都应满足规范的要求,即在正常营运条件下的正浮或倾斜位置均能排除和注入各压载水舱的压载水。压载水管的布置,必须避免船外的水或压载舱内的水进入货舱、机舱及其他舱室,符合压载水管不得通过饮水舱等规范要求。在船首尖舱的压载水管穿过船首部防撞舱壁时,应设可在舱壁甲板以上通过传动轴启闭的截止阀,以便船艏部撞破时立即关闭该阀,防止海水进入压载管路系统。

C. 管径确定方法。

a. 海水门与泵之间的管路。注水时,要使泵达到额定排量,务必使泵吸口处的有效吸入压力大于泵的需要吸入压力。

b. 泵与压载舱之间的管路。这段管路的管径应由调拨水的水量和调拨时间来确定,按管内流速为 2~3 m/s 来确定管径。

c. 遥控阀组的设计。各压载水舱的阀采用遥控阀,其遥控阀组的操纵台一般设在驾驶室内或配电板间。遥控蝶阀可采用纯液压式、电液式、气动式、电动式等驱动头。

(3) 横倾平衡系统设计。根据风电安装船作业工况的需要,一般情况下会在左右舷设置横倾调节水舱,单独配备一套压载水调节管路用于浮态时起重机作业船体横倾调节。横倾平衡系统的控制方式较多使用双向泵控制和用大排量的压载泵兼做横倾平衡泵。控制箱一般设在控制室或驾驶室。左、右两个平衡水舱都设有高液位报警和低液位报警,接至该控制箱。操作为自动控制,倾斜仪的信号接入控制箱以控制水的流向。

双向泵一般为轴流泵,虽然费用要贵一些,但其管路极为简单,控制也最简单,只要改变泵的转向,即可改变水的流动方向。如果压载泵的排量满足横倾的要求,这时压载泵可兼做横倾平衡泵。空间布置灵活,经济性佳。

4.2.3 冷却水系统

(1) 冷却水系统介绍。冷却水系统作用是为平台上所有水冷设备在各工况下提供合适温度、压力及足够流量的冷却用水,保证平台水冷设备正常工作。

(2) 冷却水系统分类。冷却水系统主要有以下 3 种。

① 海水冷却系统:平台上所有需水冷的设备都为海水冷却。

② 中央冷却系统:平台上所有需水冷的设备都为淡水冷却。淡水经换热器与海水换热,海水不与设备直接接触,能够减轻海水对设备的腐蚀。

③ 混合冷却系统:平台上需水冷设备一部分是海水冷却,另一部分为淡水冷却。

海水冷却系统和淡水冷却系统各有优缺点,见表 4.2。

表 4.2　海水/淡水冷却系统对比

	海水冷却系统	淡水冷却系统
优　点	1. 只须配备海水冷却泵及连接管路； 2. 管路系统简单	1. 用水设备内部管路无需耐海水材料，节约成本； 2. 减少海水携带泥沙对设备的影响； 3. 需耐腐蚀的海水冷却管路短； 4. 冷却器维修量小； 5. 可靠性更高
缺　点	1. 所有被冷却设备的冷却器均用海水冷却，设备腐蚀相对较严重； 2. 海水中泥沙对设备产生不利影响，需要经常清洗； 3. 所有冷却管路都需耐海水腐蚀处理	1. 需要分别配备一套海水冷却泵系统和一套淡水冷却泵系统； 2. 管路系统复杂； 3. 初期投资成本高

混合冷却系统两者的优缺点兼而有之。虽然海水冷却系统初期投资成本低，但是维修量大、可靠性低，平台冷却系统现已很少采用此方案。

(3) 冷却系统设计。冷却系统主要有以下 3 种配置方式。

① 海水冷却系统：海水冷却泵通常根据设备在平台上的重要性及不同压力要求，设计几套海水冷却系统。每套海水冷却系统根据所带被冷却设备的多少及各种运行工况所需海水量，选择不同的海水泵配置方案。

② 中央冷却系统：一般将柴油机组单独设计成一套淡水冷却系统，其他水冷设备设计成一套淡水冷却系统，两者不共用换热器与冷却水泵。

③ 混合冷却系统：其设计灵活性较高，能兼顾设备对冷却水质的要求、初始投资成本及管路系统的简单化。如可将成柴油机组配置为淡水冷却，其他水冷设备为海水冷却；或者是柴油机组、空压机、冷藏装置为海水冷却，其他水冷设备为淡水等设计方式；能满足船东各种个性化要求，混合冷却系统在实际使用中采用最为普遍。

冷却系统形式主要是依据技术规格书、作业水域及所选设备相关要求来确定。

(4) 热平衡计算。如冷却水系统设计为中央冷却或者混合冷却。淡水冷却部分需进行热平衡计算。以热平衡计算为依据来系统选用换热器、淡水冷却泵、海水冷却泵。

热平衡计算主要包括以下几个步骤。

① 确定淡水冷却流程图，将平台上所有淡水冷却设备绘制在同一张图中。

② 将淡水冷却设备已知参数在流程图中标示，如冷却水量、冷却水进出口温度、设备换热量等。

③ 将环境参数在流程图中标出，如海水设计温度，淡水进机温度等。海水设计温度一般为 32℃，淡水进机温度根据厂家推荐。

④ 进行首次预估，确定其余参数（如海水泵、淡水泵预估流量及泵的配置方式）。

⑤ 换热器厂家最终计算确定配套系统设备的参数。

图 4.2 是某风电安装船淡水冷却系统热平衡计算流程。

需要特别指出的是，如果选用淡水冷却设备较多，但这些设备一般不同时使用。如图

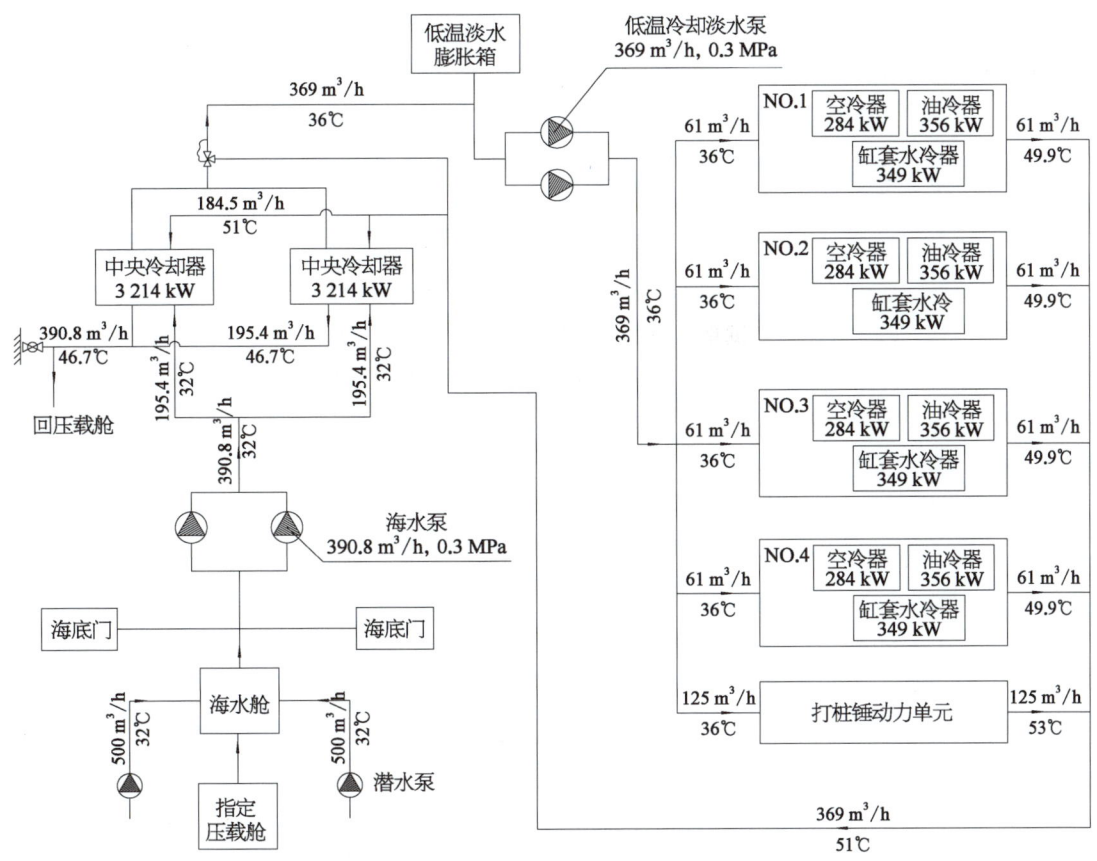

图 4.2 淡水冷却系统热平衡计算流程举例

4.2 所示,当打桩锤动力单元工作时,柴油发机有四台全开工况。当打桩动力单元不工作时,柴油发电机组只需开 2 台。在计算换热功率时,只需根据冷却量需求最大工况计算。

(5) 自升式风电安装船特殊取水工况。相较于船舶,风电安装船有两个比较特殊的工况:抬升工况和浅水区抬升工况。

① 抬升工况:当风电安装船被抬升机构抬高至高于水面时,此时无法通过海底门取水,需要另外设置能够提供足够量冷却用水的潜水泵取水机构。应根据风电安装船抬升后用水量最大工况来确定潜水泵的流量,扬程则应根据型深、气隙等高度参数确定。

对于桩腿为圆筒式的风电安装船,潜水泵取水机构有 3 种设置方式。第一种是置软管卷盘式,此取水方式只适用于海况比较好的水域。第二种是泵塔式,此取水方式工作可靠,适用于任何海况。第三种为混合式(软管卷盘与泵塔取水方式均设置),主要是为了满足 CCS 规范对潜水泵两个水源需要相互远离的要求。若风电安装船桩腿为三角桁架式,则可将潜水泵取水机构设置在桩腿处。

如图 4.2 所示,风电安装船在两舷分别各设置一台潜水泵,潜水泵将海水泵送至海水舱(该舱专门用于装载冷却用海水),冷却海水泵经海水总管从海水舱取水,换热后的海水排入海中。

② 浅水区域抬升工况：在这种极端工况下，风电安装船抬升后既不能通过海底门取水，也不能通过潜水泵取水。设计时需要将冷却水系统设置成内循环，如图4.2所示。内循环时，换热器换热后的海水不直接排舷外，而是回指定压载舱。压载舱中海水经压载泵再驳运至海水舱，海水冷却泵依旧经海水总管从海水舱取水。

(6) 冷却水系统应用举例。图4.3是某自升式风电安装船冷却系统，属于混合冷却。发电柴油机组、燃油冷却器、冷水机组、伙食冷藏、配电板间空调、机修间空调、VFD间空调为海水冷却。定位锚机动力单元、航行锚机动力单元、推进器（舵桨+推进电机）为中央冷却。打桩锤动力单元则根据船东要求设计成既可淡水冷却，也可海水冷却。

主发电机组和燃油冷却器配备3台海水冷却泵，两用一备。冷水机组和空调冷却配置3台海水泵，两用一备。淡水冷却系统配备2台海水冷却泵，一用一备；3台淡水冷却泵，两用一备。

风电安装船在漂浮状态下，冷却海水泵通过海水总管从海底门取水。

抬升工况作业工况，则通过潜水泵把海水泵送至海水缓冲舱，海水缓冲舱的水供至海水总管，冷却海水泵依然从海水总管取水。并且考虑到多台水泵工作时可能会出现抢水的情况，柴油机组冷却海水泵与打桩锤动力单元冷却海水泵还专门设置了直接从海水缓冲舱取水的管路。

浅水区域抬升工况，风电安装船无法从外界取到海水。所有经设备与板冷换热后的海水不直接排舷外，而是通过相关管路回到指定压载舱，压载舱中海水再经压载泵驳运至海水舱，冷却海水泵依然从海水总管或者海水舱中取水，形成一个完整的内循环。

4.2.4 冲桩系统

(1) 冲桩系统的介绍。自升式风电安装船每次更换作业地点都需要进行拔桩操作。拔桩过程会受到各种阻力，阻力大小受风浪流作用、桩靴自重、桩靴入泥深度、插桩周围土质、桩靴形状、桩靴周围土壤对桩靴吸附力等因素的影响。其中，桩靴周围土壤对桩靴吸附力对拔桩阻力影响最大。冲桩系统可对桩靴上下表面进行冲洗，破坏桩靴下表面土壤对桩靴的吸附力，冲洗桩靴拔出后上表面留下的泥土。

(2) 冲桩系统设计。风电安装船处于抬升状态时，桩靴入泥深度少则几米，多则几十米。为保证冲桩效果，冲洗水一般都配备高、低压两路管路。高压是为了将喷嘴冲洗通畅，低压则是将冲洗水灌注至桩靴与泥土的接触面，以破坏泥土对桩靴的吸附力。

对于钻井平台，可利用平台现有高压泥浆泵提供高压冲洗水。利用主海水泵提供低压海水，如图4.4所示。

风电安装船无高压泥浆泵，须单独为冲桩系统配备冲桩水泵。冲桩泵扬程可根据船东要求确定，泵的流量可根据桩靴内喷嘴数量和管路流速确定。若海水系统压力过低，通常还须单独配置低压冲桩泵，如图4.5所示。某风电安装船冲桩系统配置了1台150 m^3/h×6.0 MPa 高压冲桩泵，1台180 m^3/h×2.0 MPa 低压冲桩泵。冲桩泵从海水总管取水，经冲桩泵加压送至主甲板4个桩腿附近。

(3) 桩腿上冲桩立管接头位置选择。经管路送至主甲板桩腿附近的冲桩水须经软管

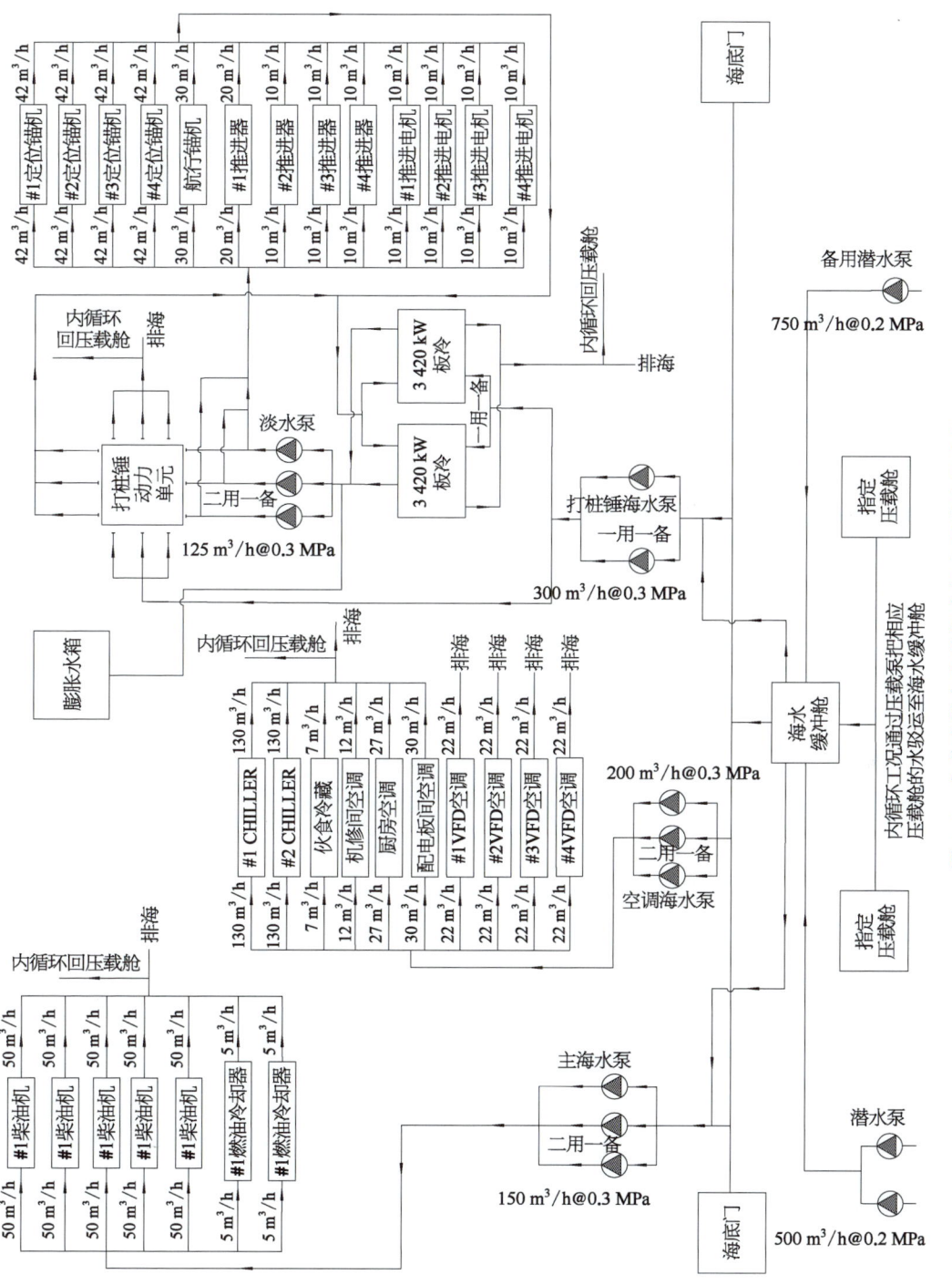

图 4.3 自升式风电安装船冷却水系统应用举例

与桩腿上冲桩立管连接,最终把冲桩水送至桩靴各喷嘴处。桩腿上冲桩立管一般都是从桩腿顶部贯穿至桩靴。冲桩立管上软管接头设置位置有两种选择:一种是在立管上每隔一定距离连续开设接头,冲桩时,把冲桩软管和与其距离最近的接头连接即可;另一种是只在冲桩立管顶部(桩腿顶部)开设软管接头,冲桩时将主甲板上的软管与冲桩立管顶部接头连接。

对于三角桁架式桩腿,接头的设置一般都采用在立管上开设连续多个接头,如图 4.4 所示。接头采用可快速拆装的由壬连接。

对于圆筒式桩腿,上述两种接头位置都有采用。图 4.6 是在圆筒式桩腿上连续设置多个开孔,冲桩水接头从开孔处引出,

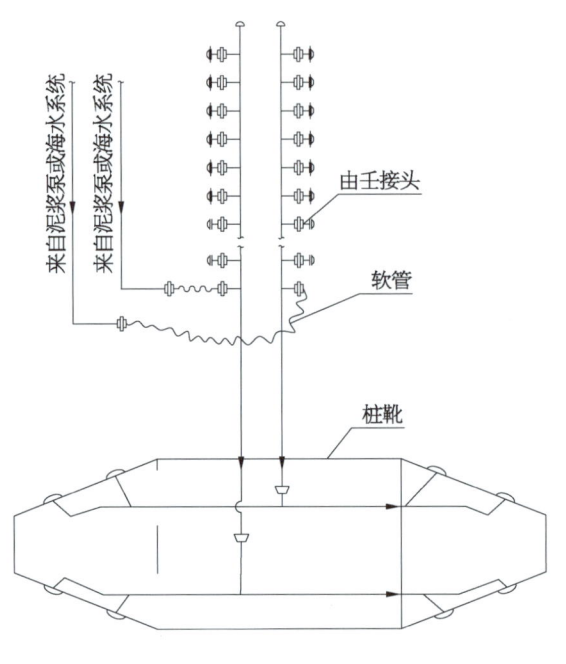

图 4.4 某钻井平台冲桩系统

且接头为螺纹连接型式。接头不连接冲桩软管时,则接口用件 1 螺纹塞拧紧,保证冲桩立管的密闭性。冲桩立管上设置多个冲桩软管接头能减少冲桩软管长度,但圆筒桩腿开孔

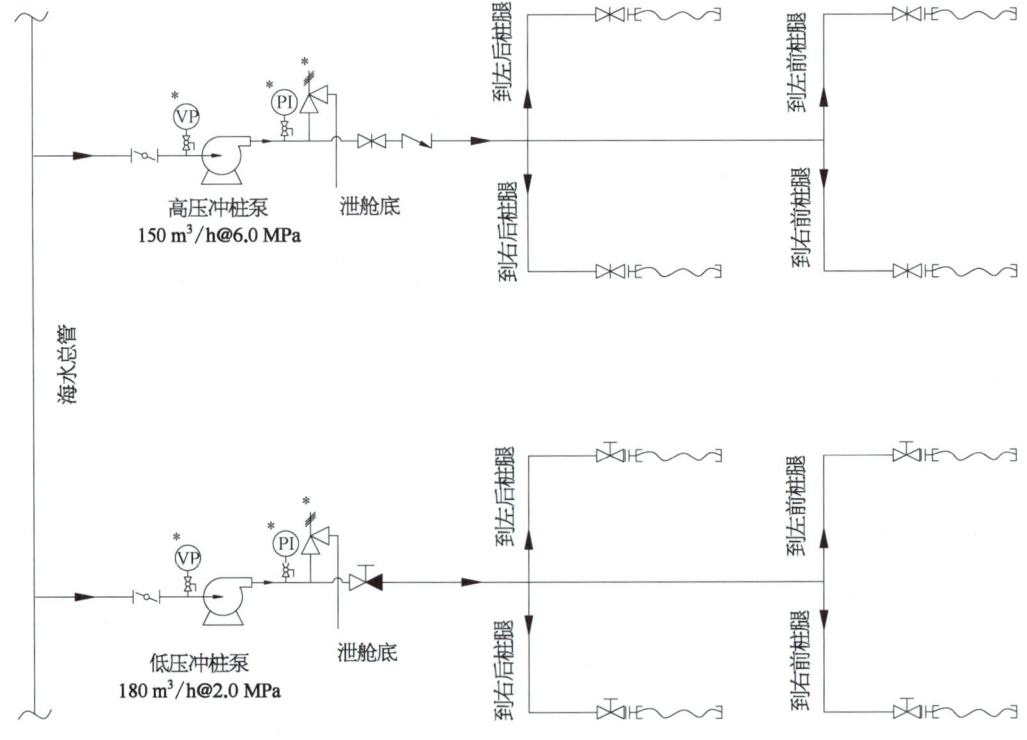

图 4.5 某风电安装平台冲桩系统

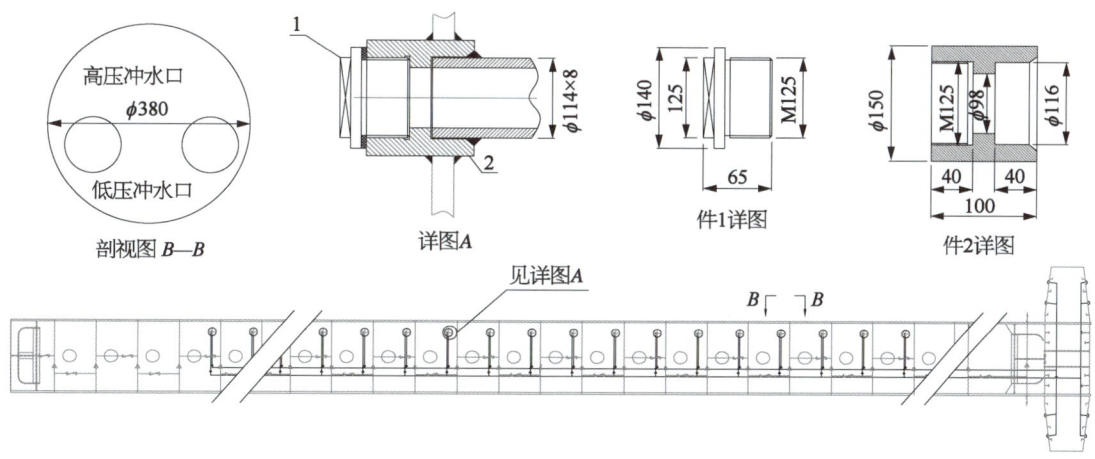

图 4.6 圆筒式桩腿冲桩立管连续设置冲桩水接头

也相应增加,影响桩腿强度。

图 4.7 是圆筒式桩腿只在冲桩立管顶部设置冲桩水接头简图。来自冲桩泵的冲桩水经主甲板软管卷盘上的软管送至桩腿顶部冲桩管接头,接头连接型式为对焊法兰。桩腿顶部设置了拆装软管用操作平台、眼板、管路支架、管路固定销、固定软管用钢丝绳、软管导向装置等,以保证接头处连接可靠且易于拆装。冲桩结束后,通过软管卷盘将软管回收。

(4) 桩靴内部冲桩管路布置。桩靴内部冲桩管路主要有两种布置方式,一种是将喷射管路进行分组,并在各支管上设置遥控阀,如图 4.8 所示。该布置方式的优点是每组喷射管路单独工作,可避免因某几个喷射管冲开后,整个冲桩系统压力骤降,致使其他喷嘴无法冲通。缺点是桩靴内空间有限,喷射管分组布置比较困难。而且当电动阀出现故障时必须进坞才能检修,增加了系统的故障排除难度。该布置方式并不常见,更多的是采用第二种方式:在桩靴内设置一根冲桩总管,从总管引出多根喷射管,如图 4.9 所示。此布置方式更为简洁,易于管路布置。桩靴内除了管子无其他附件,故障点少。而且喷射管上设置可拆卸法兰短管,方便检修。

(5) 冲桩喷嘴的布置与保护。冲桩喷嘴应均匀地布置在桩靴表面。喷嘴覆盖面积越大,冲桩效果越有效。但实际设计时需要考虑桩靴强度问题和桩靴内管路布置问题,不宜在桩靴表面开过多喷射口。多数情况下喷嘴设置数量为 12~20 个。可根据船东要求适当增减喷嘴数量。图 4.10 是某平台桩靴上表面 16 个喷嘴布置。

为尽可能避免在插桩时桩靴周围土壤被挤压入喷嘴,堵塞喷射管,还需要对喷嘴进行保护。用厚壁半圆板保护喷嘴最为常见,如图 4.11 所示。半圆板上开有 6 个直径为 30 mm 的小孔,便于冲桩时冲桩水溢出。

(6) 平台冲桩系统应用举例如图 4.12 所示。冲桩水经管路送至主甲板每个桩腿附近的高、低压冲桩管,再经卷盘上的软管送至桩腿顶部,最终至桩靴内各喷嘴。系统还从低压冲桩管路引出了冲洗桩靴上表面管路与冲洗桩腿齿条管路,以达到更好地清洗桩靴

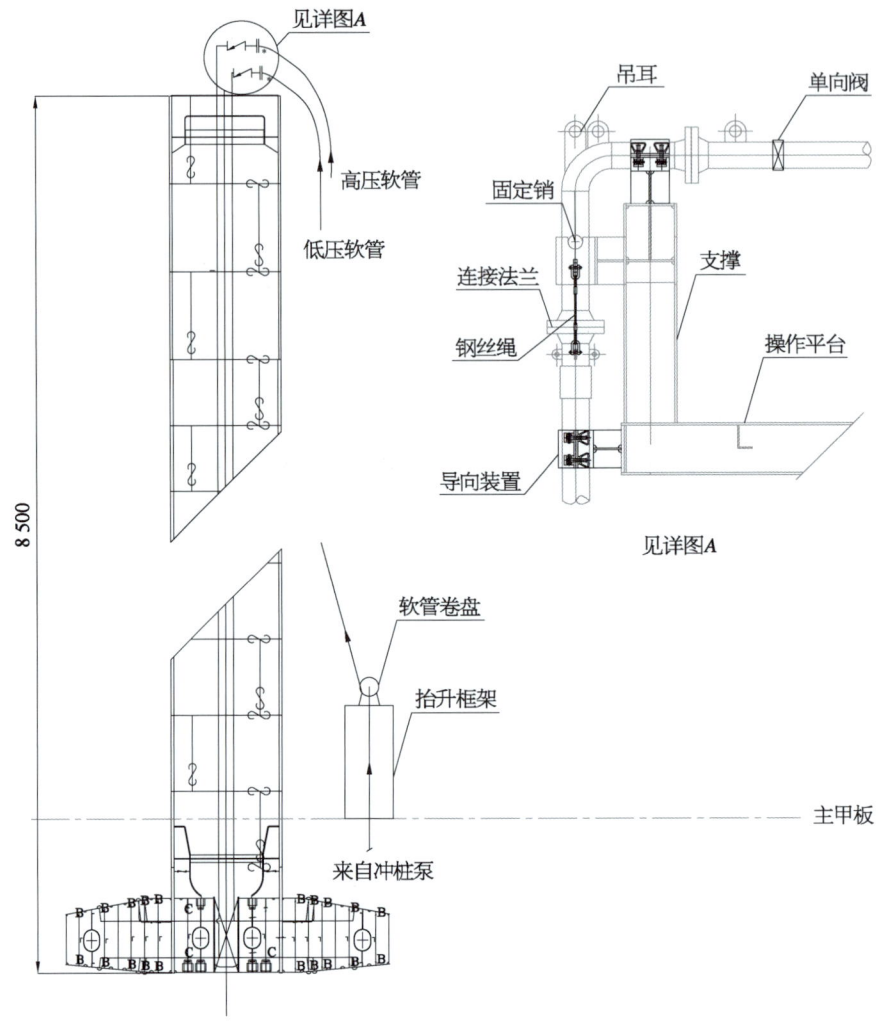

图 4.7　圆筒式桩腿冲桩立管顶部设置冲桩水接头

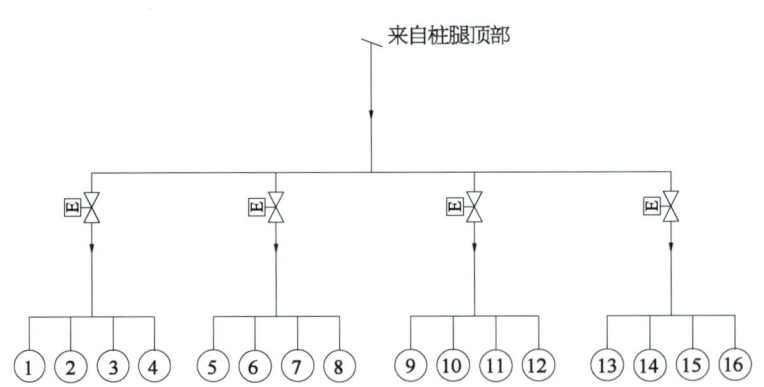

图 4.8　桩靴内冲桩管路分组布置形式

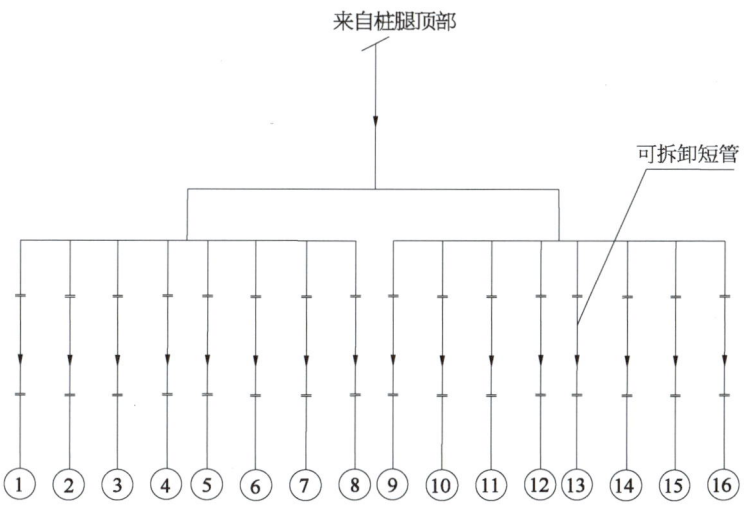

图 4.9 桩靴内冲桩管路总管布置形式

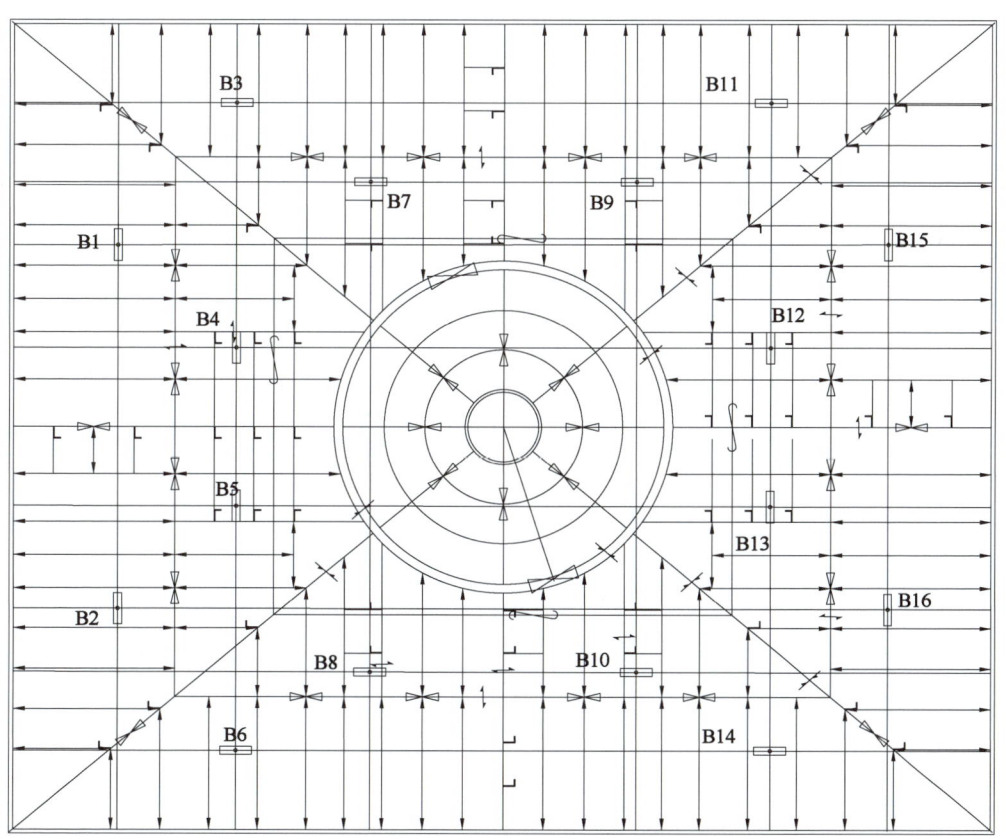

图 4.10 冲桩喷嘴在桩靴表面布置

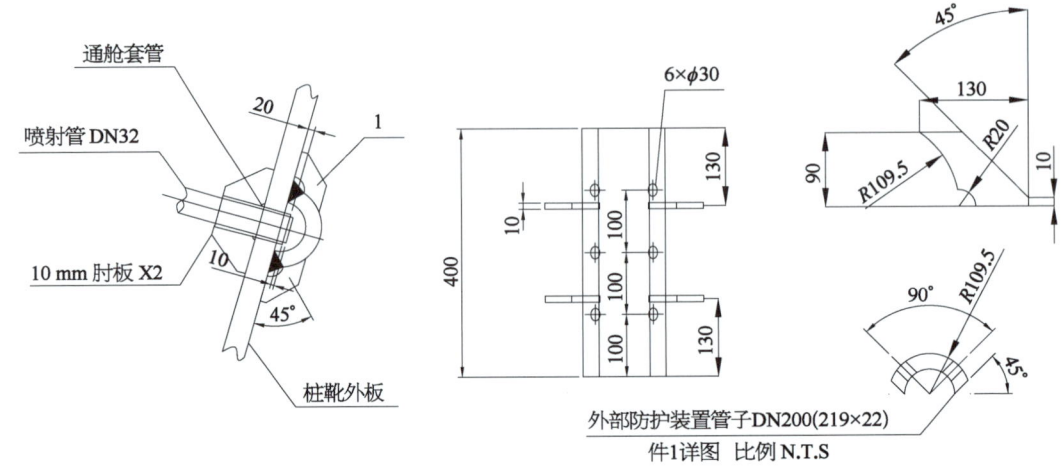

图 4.11 喷嘴穿桩靴及保护型式

上表面泥土及齿轮啮合良好的目的。

4.2.5 压缩空气系统

(1) 系统介绍。压缩空气系统是风电安装船上重要的系统,主要为主推进柴油机和柴油发电机组的起动以及为全船其他设备和吹扫提供压缩空气。系统由空压机、空气干燥器、空气瓶、减压阀组、阀门组件及管路等组成。

空压机工作压力大小一般根据船上用气设备最高压力确定,压缩空气由压缩机排出口排出,经过空气干燥器,进入主空气瓶,主空气瓶供柴油发电机组起动使用,主空气瓶引出一路出口供其他设备所用气,根据不同用途的用气压力设有合适的减压阀组。有的船舶会根据需要另外设置杂用空气瓶或者控制空气瓶,其他用气设备主要有燃油分油机、油水分离器、水泵自吸装置、海底门吹除及水密风闸控制箱等。

另外,在机舱和其他用气处所设置杂用压缩空气接口,每个杂用接口都应安装一个软管阀,供吹扫用。

(2) 空压机的选型和参数确定。空压机经常使用的有活塞式和螺杆式两种。一般3.0 MPa 的选用两级活塞式的,1.0 MPa 的选用螺杆式的。对于冷却方式,排量小压力低的一般选用风冷,排量大压力高的选择水冷效果较好,也可根据机舱布置等实际情况选择。作为起动空气气源的空压机根据规范要求至少设置两台,其中一台作为备用,两台压缩机的总容量应能在 1 h 内由大气压充至两个启动空气瓶连续启动次数所要求的压力。

空压机总排量 Q 为:

$$Q = V_{总}(P_{气瓶}/P_{大气压} - 1) \tag{4.4}$$

干燥器的选择应和空压机排量匹配,干燥器常用的有吸附式和冷冻式。吸附式干燥器是最常用的干燥器,运行时不需要冷却水,耗电低,依靠内部吸附剂吸附水分子进行工

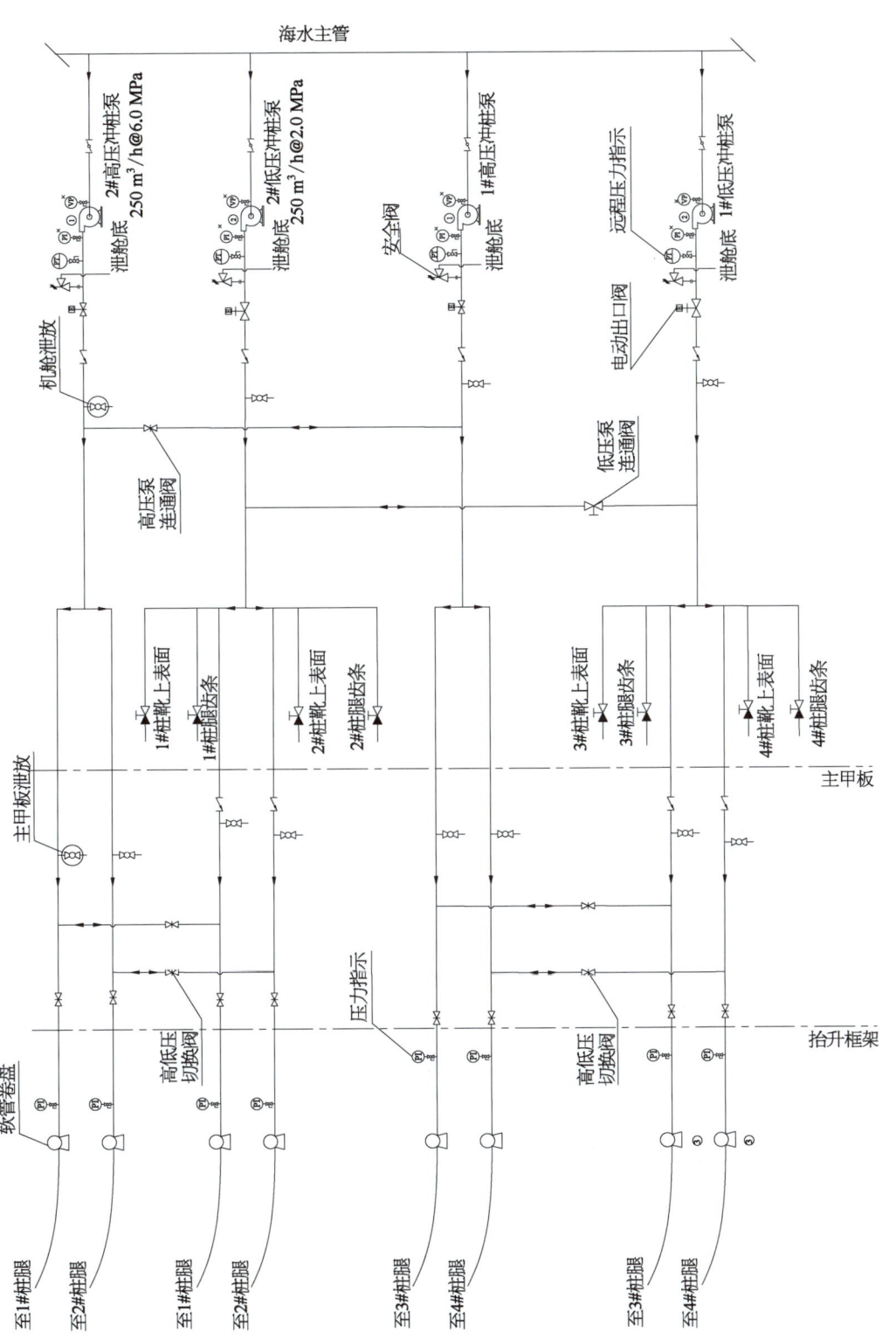

图 4.12 冲桩系统应用举例

作,工作时一个塔工作,另一个塔脱水。由于两个干燥塔经常交替工作,导致控制部件易损坏。由于对油分敏感,油分会使吸附剂失效,干燥塔需要配合无油空压机使用。

冷冻式干燥器根据空气冷冻干燥原理,利用低温使水汽凝结析出,除了对用气质量和工艺上有特殊要求的,绝大多数干燥器选用冷冻式;但冷冻式干燥器对环境比较敏感,当环境温度超过38℃或低于0℃时就无法有效运转,且大容量的干燥器会消耗大量的冷却水。选型时可根据实际情况选择合适的干燥器。

(3) 空气瓶参数确定。空气瓶有立式和卧式的,根据机舱布置选择合适的型式。空气瓶一般包括瓶体、进口阀(瓶头阀)、出口阀(截止止回阀)、安全阀、泄放阀和压力表等附件。

主空气瓶数量至少设置2个,主空气瓶压力大小由柴油机起动压力确定,主空气瓶的容量要满足规范要求,应在不补充空气的情况下,对每台可换向的主机能从冷机连续起动不少于12次,试验时应正倒车交替进行;对每台不能换向的主机能从冷机连续起动不少于6次,如主机多于2台时,空气瓶的总容量应足够每台主机起动3次,总的起动次数应不小于12次,但不必超过18次。对于只有主柴油发电机组的风电安装船,单台主柴油发电机组起动次数为3次,但总的起动次数不超过8次。如果有其他用气设备,气瓶容积要相应增加。

对于有主机和发电机组的风电安装船,主空气瓶容积计算如下:

主机起动所需压缩空气量 V_1:

$$V_1 = P_E V_E n / (P_{max} - P_{min}) \tag{4.5}$$

发电机组起动所需压缩空气量 V_2:

$$V_2 = n V_E / (P_{max} - P_{min}) \tag{4.6}$$

式中 V_E——单次起动所需气量;

n——起动次数;

P_E——大气压,取 0.1 MPa;

P_{max}——最大起动压力;

P_{min}——最小起动压力。

主空气瓶总容量 $V = V_1 + V_2$。

对于仅有主发电机组的风电安装船,主空气瓶容积计算如下:

根据所选主发电机组查出初次启动空气的消耗量 V_1 及二次起动的空气消耗量 V_2。

根据CCS规范至少保证8次起动的总空气量:$V_S = N \times V_1 + (8-N) V_2$。

因此,起动空气瓶总容积:

$$V = V_E P_a / (P_{max} - P_{min}) \tag{4.7}$$

式中 V_E——柴油机单次起动压缩空气需要量;

P_{max}——空气瓶充满时的压力;

P_{min}——柴油发电机组能起动的最低的压力;

P_a——大气压力；

N——主发电机组数量。

根据其他设备用气压力，可以设置减压阀组，减压阀组应为设置一台并联的备用减压阀或设置旁通管，减压阀后装设安全阀和压力表。

压缩空气系统设计应根据用气量大小选择合适的管径，避免用气量不足；注意设备用气的质量要求，避免提供的气源不能满足使用要求。

图 4.13 是某风电安装船压缩空气系统图。

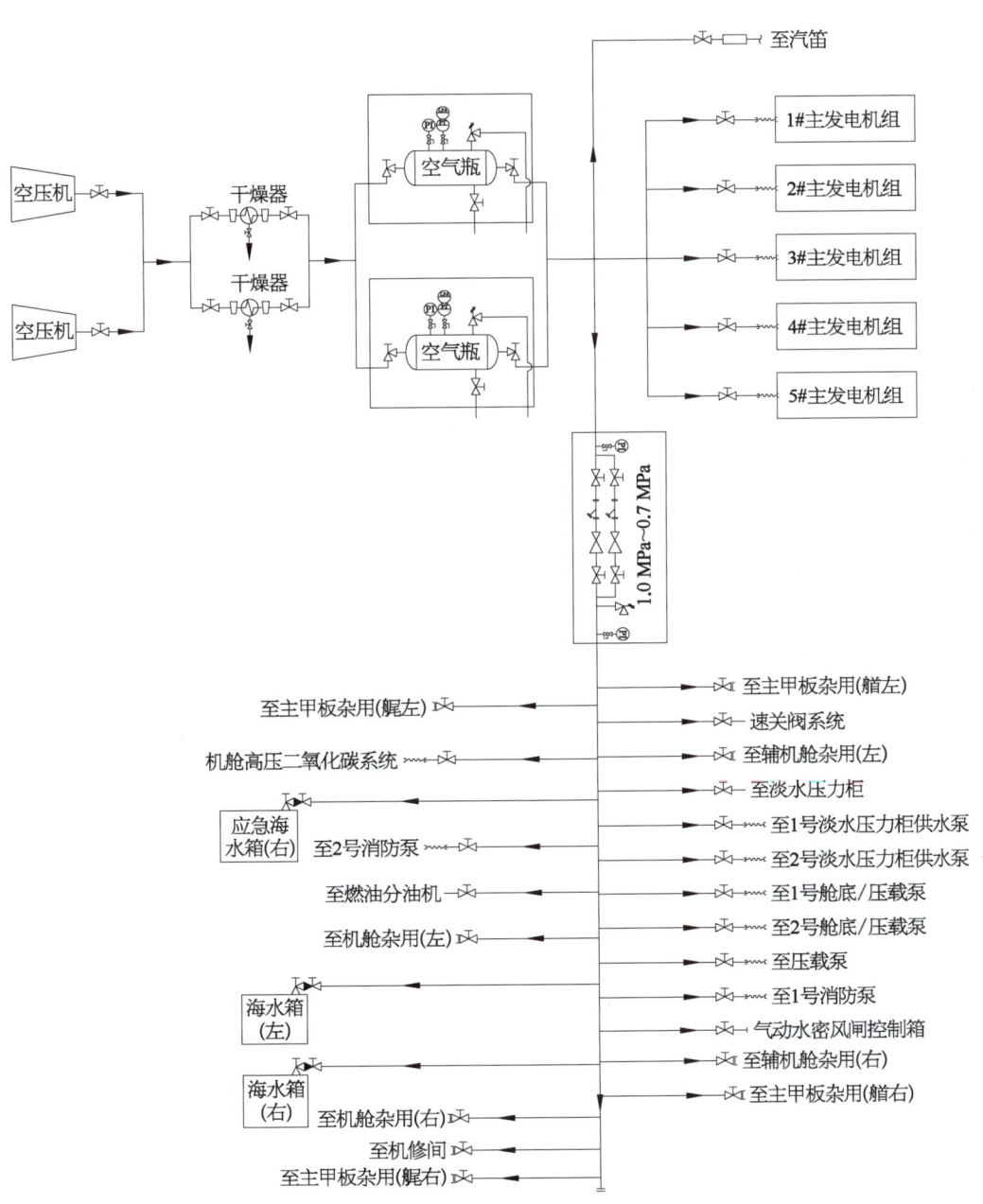

图 4.13　某风电安装船压缩空气系统图

4.2.6　燃油、滑油系统

（1）燃油系统。自升式风电安装船配备的主柴油发电机组、停泊发电机组、应急发电机组、辅助锅炉等需要燃油系统提供燃油进行工作。主柴油发电机组和停泊发电机组所用燃油，其闪点（闭式）一般不应低于 60℃，应急发电机的原动机所用燃油的闪点可不低于 43℃。自升式风电安装船上一般选用符合 ISO 8217—2017 的船用柴油，如 DMX、DMA 等；或按 GB 252—2015 选用 0♯、－10♯等轻柴油。

为了提供足够数量和一定品质的燃油，船上燃油系统一般由注入、驳运、输送、净化、供给等部分组成。

① 燃油注入和驳运及输送系统。燃油系统在主甲板左右舷货物供应站应设置甲板注入口。注入管系左右舷应分别设置滤器、流量计、取样装置、压力表等以及带有泄放管的围堰。燃油注入总管应配有防止超压的设施，如安全阀等，该阀的溢油应排至溢流舱柜或其他安全处所。注入管应伸入燃油舱柜内并尽可能接近底部，燃油舱须设高液位报警。

燃油注驳运及输送系统设两台燃油输送泵，一用一备，可实现两个燃油舱之间互相驳运的功能；可将燃油舱内的燃油（高位吸口）输送至燃油日用柜，还可将燃油日用柜的净油泵至应急发电柴油机燃油日用柜或其他用户处。在输送泵的进口管路设置燃油粗滤器，精度应满足使用要求。

两个燃油日用柜及应急发电机日用燃油柜一般配置磁性液位计，并设高、低位报警，底部设有的阀或旋塞应为自闭式的，且应收集至污油舱柜。

② 燃油净化系统。船上应根据需要设置燃油净化系统以去除燃油中的水分和有害杂质。燃油净化系统宜设置两套，每一套的净化能力应能满足发电机组最大连续负荷的需要；任何一套系统的失效，不能影响另一套系统的正常工作。对于轻质燃油，可根据需要仅设置一套净化系统。

自升式风电安装船的燃油净化系统一般设一台燃油分油机。燃油分油机应满足发电机组最大连续负荷的需求。燃油分油机从燃油舱低位吸口抽油，经分离净化后注入燃油日用柜。

燃油分油机在控制单元内应设置必要的控制与报警显示。

③ 燃油供给系统。燃油日用柜可分别向柴油发电机组供油，燃油回油至燃油日用柜。系统可以根据柴油机制造厂的建议设置进油或回油冷却器及旁通管路。

应急发电机日用燃油柜直接向应急发电机组柴油机供油，回油至应急发电机燃油日用柜。

从燃油日用舱引出管路接至各个柴油机，若外设燃油供给泵时，应设有一台有足够容量（所有柴油机满负荷运行工况）的独立动力驱动的主供给泵和一台备用泵；若每台柴油机分别各设有独立的供给泵时，则可仅设一台能供立即使用的备用泵或每台柴油机的供给泵互为备用，其条件是每台泵的容量能够满足两台柴油机同时使用（CCS 规范要求）。进机多余的燃油应返回燃油日用柜，且所有回油管路均要持续向上布置。

所有独立驱动的燃油输送泵、燃油增压泵、分油机及燃油系统中的其他泵的动力源除能就地切断外,还应能在其所在舱室外面易于到达的地点进行应急切断。

连到单个柴油机的所有分支管路均应根据制造商的建议确定管路尺寸和配备过滤器、截止阀、旁通阀等,特别注意避免主机的压力波动。

应急柴油发电机组燃油供给系统应在应急发电机室设置独立的应急燃油日用柜,可供柴油机在100%负荷下至少运行18 h。此外,还要根据发动机制造商的建议安装必要的过滤器和其他管路附件。

④ 其他。对于如有损坏会使燃油从设在双层底以上的燃油舱、燃油日用柜等溢出的燃油管,应为其在油舱柜上直接装设一个旋塞或阀门,该旋塞或阀门除能就地控制外,还应能在旋塞或阀门所在处所之外便于到达之处进行遥控关闭。

自升式风电安装船上的遥控切断阀通常采用气动关闭,其动力源(即快关阀控制箱)应可靠,且应设在该阀所在处所之外。

燃油快关阀箱内的储气瓶应设低压报警,瓶容量应满足船级社要求,低压报警前通常至少能关闭所有快关阀2次。

应急发电机燃油阀遥控切断的控制和位置,应与其他阀的遥控切断控制分开,一般设置为在应急发电机室外手动操作。

凡可能漏油的地方(如不构成船体结构部分的油柜、油泵、油滤器、燃油分油机、燃油冷却器等)下面均应设置集油盘并引至污油舱内。分油机的油渣及污水排放也到污油舱。

油管路不应直接设在热源(如锅炉、蒸汽管线、排气总管、消音器等)电气设备及其他引火源的上方和附近,如不可避免,应采取措施(如不设可拆卸的接头)防止油喷射或滴落在热表面上。

油管路中的垫片以及油柜上的人孔和手孔上的垫片应由耐油和耐热的材料制成。

(2) 滑油系统。滑油系统的任务是为动力装置中的所有机械设备提供一定压力和适量的润滑油,在运动表面形成油膜,避免干摩擦。滑油除润滑外,还有冷却、清洁、密封、防锈和减震等作用。

对于自升式风电安装船上的滑油系统则主要服务发电机组柴油机。而主发电机组、停泊发电机组等,不管是选用高速机还是中速机,一般要求设备厂家成套供应所有的附属设备及附件,包括机带滑油泵、滑油冷却器、温度调节阀、滤器、滑油预供泵、湿式油底壳等,组成独立滑油循环系统。

外设滑油系统与燃油管路系统类同,一般包括滑油注入、滑油供应(补油)和滑油污油泄放等管系。

① 滑油注入,一般在主甲板上设置滑油加注站,滑油通过加注口注入滑油柜。滑油柜一般设磁性翻板式液位计、自闭式放水阀、油盘等。

② 滑油供应系统的滑油柜向主发电机组与停泊发电机组油底壳注油一般采用重力补油,根据布置需要也会借助手摇泵注入,注油总管需设置滑油滤器。而应急发电机组柴油机则直接采用油桶加注。

③ 滑油污油泄放管系。主发电机组和停泊发电机组的油底壳滑油泄放一般是重力泄放,也可在泄放管路上设置一台手摇泵备用,用于在低温时油底壳滑油的泄放。

4.2.7 消防灭火系统

在自升式风电安装船上发生火灾是十分危险的,应当引起足够的重视。在船上设置火灾报警和消防系统就能预防和制止火灾的发生和蔓延。消防系统在船级社的入级与建造规范上都有详细的规定,系统设计时应满足这些规定。

消防系统常见的有水消防系统、水喷淋灭火系统、水雾灭火系统、二氧化碳灭火系统、泡沫灭火系统等。对于自升式风电安装船,一般设有为全船灭火用的水消防系统及为机舱和厨房排烟管道消防用的固定式二氧化碳灭火系统。

(1) 水消防系统。自升式风电安装船上的水消防系统一般设计为干式消防系统,通常由消防泵、隔离阀、国际通岸接头、消火栓(消防阀)、消防水带、水枪以及相互连接的管子等部分组成。

① 消防泵的数量及排量确定。

自升式风电安装船按规范要求应至少配置两台消防泵,一用一备。

消防泵的选型,以某自升式风电安装船为例,计算如下:

A. 设船上选用消防水枪喷嘴口径为 19 mm,所需消防水要求:0.35 MPa×25.7 m³/h(按 CCS MODU 规范要求)。

B. 消防泵理论最小排量:$Q_1=2$ 股$\times 19=51.4$ m³/h>25 m³/h(SOLAS 公约对每台消防泵最小排量要求);另外,该船未设置水喷淋系统和泡沫灭火系统,因此无需考虑其他水灭火系统水量要求;设取每台消防泵水量为 90 m³/h。

C. 消防泵压头计算:$P=P_1+P_2+P_3$

消防阀所需压力:$P_1=0.35$ MPa

静压头损失:$P_2=0.024$ MPa(泵至最高位置消火栓的垂直距离约为 24 m)

管路压力损失:$P_3=0.25$ MPa

消防泵压头:$P=P_1+P_2+P_3=0.35+0.24+0.25=0.84$ MPa

按以上计算设计选取消防泵为 90 m³/h×0.9 MPa,2 台。

② 水消防系统设计注意事项。

A. 遇热易于失效的材料,除非其有充分的保护,不得用于消防总管和消火栓。

B. 两台消防泵应分别布置在不同防火分隔区域内,保证当任何一个处所失火时不能使两台消防泵同时失去效用。

C. 消防总管如设置成环形管路,应设适当数量的隔离阀。

D. 应在消防泵所在的机械处所之外设置隔离阀,用于将该处所内的消防总管部分与消防总管其他部分隔断,且应设在易于到达及操作的位置。

E. 对于自升式风电安装船(平台)至少应设有两个吸水源(海底门、海底阀、滤器和管道),任一吸水源的失效不能招致所有吸水源同时失效,还应满足下列附加要求:

① 在风电安装船升起状态下,每一消防泵应能从至少由两个相互远离(当不能远离时,应另设一套临时潜水泵系统)的独立潜水泵系统中吸水。一个潜水泵系统失效不应导致另外的潜水泵系统失效。

② 在风电安装船升降过程中,钻井水系统应能向消防泵供水,在风电安装船开始起降之前钻井水舱至少应有 40 m³ 的消防水。作为替代措施,风电安装船上也可设不低于 40 m³ 的缓冲水舱作为升降过程中的消防供水源。

(2) 二氧化碳系统。

① 简介。二氧化碳是一种比空气重、无臭、不导电的惰性气体,不腐蚀金属,不损伤机械和货物,对电气绝缘没有破坏作用。二氧化碳气体有较强的浸透性和扩散性,当下沉覆盖在燃烧物的表面时,驱逐空气、隔断氧气。由于隔绝空气的时间较短,所以二氧化碳只能扑灭表面的火焰,须配水以彻底扑灭火灾。同时二氧化碳也有一定的冷却作用,特别适用于可燃性液体引起的火灾。

二氧化碳灭火系统广泛使用在海上平台和各类船舶的机舱、锅炉舱、辅机舱、货舱、货油泵舱、厨房等处所。在发生火灾的舱室里,若喷进占舱室容积 28.5% 的二氧化碳气体,舱室中的含氧量能立即减少到 15% 以下,从而有效地控制火势。

② 二氧化碳灭火剂容量计算。以某自升式风电安装船为例,船上设置一套固定式二氧化碳系统,其主要用于机舱和配电板间的保护;另厨房配有单独的二氧化碳灭火系统用于保护厨房集气罩。计算如下:

A. 舱室容积:

a. 机舱舱容 $V_1 = 2\,964$ m³(不包含机舱棚);

b. 配电板间舱容 $V_2 = 635$ m³;

c. 厨房烟道容积 $V_3 = 5$ m³。

B. 二氧化碳需要量计算:

按国际消防安全系统规则(FSS)要求,

a. 机舱应备二氧化碳量(不包含机舱棚):

$$G_1 = V_1 \times 40\%/r = 2\,964 \times 0.4/0.56 = 2\,117.2 \text{ kg}$$

式中 r——二氧化碳密度即 0.56 m³/kg,CCS 规范要求。

b. 配电板间应备二氧化碳量:

$$G_2 = V_2 \times 40\%/r = 635 \times 0.4/0.56 = 453.6 \text{ kg}$$

c. 厨房烟道应备二氧化碳量:

$$G_3 = V_3 \times 40\%/r = 5 \times 0.4/0.56 = 3.6 \text{ kg}$$

C. 二氧化碳需要瓶数计算:

二氧化碳气瓶按每瓶 68 L 容积充装 45 kg 计:

a. 机舱应备二氧化碳瓶数:

$$N_1 = G_1/45 = 2\,117.2/45 = 47.1 \text{ 瓶}$$

实取 48 瓶。

b. 配电板间应备二氧化碳瓶数：

$$N_2 = G_2/45 = 453.6/45 = 10.1 \text{ 瓶}$$

实取 11 瓶，取 48 瓶瓶组中的 11 瓶单独释放。

结论：由上述计算可知，该船设 2 套二氧化碳系统保护。系统一设 48 瓶 68 L 的二氧化碳气瓶，采用组合分配方式，保护机舱和配电板间。其中机舱取 48 瓶采用气动兼手动打开方式保护；配电板间取 11 瓶采用气动兼手动打开方式保护。系统二设 1 瓶 7 kg 二氧化碳气瓶，采用手动打开方式保护厨房烟道。

③ 二氧化碳管系设计。对高压二氧化碳管路，按 CCS 规范应符合以下要求：

A. 通往机器处所和控制站的二氧化碳管应有足够的尺寸和喷嘴数量，以使上述处所所需二氧化碳量的 85% 能在 2 min 内喷入被保护处所。

B. 约 10% 的二氧化碳总量应排放到机舱底层花钢板以下的保护处所。

C. 通往被保护处所的二氧化碳管的直径应根据预计输送的二氧化碳量来决定，相应管径所能通过的最大二氧化碳见表 4.3（来源于 CCS《海水移动平台入级规范 2016》第 7 篇）。

表 4.3 管子内径与流通量

管子内径(mm)	管内可流通的最大二氧化碳量(kg)
15	60
20	100
25	135
32	275
40	500
50	1 100
65	1 600
80	2 400
90	3 300
100	4 750
114	6 800
127	9 500
152	15 250

D. 二氧化碳系统钢管的最小壁厚应符合表 4.4（CCS《海水移动平台入级规范 2016》第 7 篇）的规定。为了选用符合标准的钢管，其壁厚可以允许与表列壁厚稍有差异。

表 4.4　二氧化碳钢管最小壁厚　　　　　　　　　　　　　　　　　（mm）

管子外径	管 壁 厚 度	
	分配阀箱前的总管	分配阀箱至被保护舱室支管
21.3～26.9	3.2	2.6
30.0～48.3	4.0	3.2
51.0～60.3	4.5	3.6
63.5～76.1	5.0	3.6
82.5～88.9	5.6	4.0
101.6	6.3	4.0
108.0～114.3	7.1	4.5
127.0	8.0	4.5
133.0～139.7	8.0	5.0
152.4～168.3	8.8	5.6

按上述要求，可推算出被保护处所的施放总管内径（以上述某自升式风电安装船为例，内径用 D 表示）：

a. 机舱：二氧化碳用量 $=48$ 瓶 $\times 45$ kg $=2\,160$ kg，二氧化碳施放总管 $D_1=80$ mm。

b. 配电板间：二氧化碳用量 $=11$ 瓶 $\times 45$ kg $=495$ kg，二氧化碳施放总管 $D_2=40$ mm。

④ 二氧化碳喷嘴数量计算。

通常按以下公式计算：

$$k = S \times 85\%/s \tag{4.8}$$

式中　k——喷嘴数量；

　　　S——施放总管通经截面积；

　　　s——每只喷嘴截面积。

以上述某自升式风电安装船为例，设该船选用某型喷嘴，喷嘴有 4 只 $d-\phi 8$ mm 喷射孔。被保护处所所需二氧化碳喷嘴数量计算如下：

a. 机舱喷嘴数量：

$$k_1 = S_1 \times 85\%/s = (\pi D_1^2/4) \times 85\%/(4 \times \pi d^2/4) = 21.4 \text{ 只}$$

机舱实际应需用该型喷嘴共计为 22 只。

b. 配电板间喷嘴数量：

$$k_1 = S_2 \times 85\%/s = (\pi D_2^2/4) \times 85\%/(4 \times \pi d^2/4) = 5.4 \text{ 只}$$

配电板间实际需要用该型喷嘴共计为 6 只。

⑤ 二氧化碳管系布置一般要求。

A. 每个二氧化碳瓶的瓶头阀至集合管的连接管上应装有止回阀，瓶头阀与总管连接必须使用符合公认标准的金属挠性管。

B. 集合管至分配阀箱的总管上应装有量程为 0~24.5 MPa 的压力表,并装设盲板法兰。

C. 在总管或分配阀箱上应装设压缩空气吹扫管接头;必须装设截止止回阀或可拆快速接头。

D. 二氧化碳管路不得通过起居处所和服务处所;如无法避免时,则通过该处所的管子不得有可拆接头。

上述水消防系统和二氧化碳消防系统是自升式风电安装船最常用的消防配置。其他消防系统,如水雾灭火系统一般设在油船、散货船、集装箱船等船舶的 A 类机械处所,用于消防保护;水喷淋灭火系统一般用在客船和海上钻井平台及其服务性生活平台或生活驳船等;而泡沫灭火系统则一般用在液货船上或有油泄漏存在失火危险的甲板,如直升机甲板、钻井平台上的泥浆处理区等区域。不管是船舶还是钻井平台如配置了上述消防系统,均应满足或符合《消防安全系统规则》的相关规定要求。

4.2.8　日用淡水系统

日用淡水系统可以分为机械舱室杂用淡水供应、饮用水供应、洗涤水供应和卫生冲洗水供应这 4 个部分。其中,机械舱室杂用淡水供应包括机械设备(如分油机等)淡水供应、中央冷却系统中的淡水膨胀水柜补水及舱室淡水软管阀淡水杂用等;洗涤水供应又分为冷水供应和热水供应。

大多数风电安装船由于液舱的容量足够,作业区域都是近海,每次作业的持续时间也相对较短,所以基本都是不配备造水机的,而是直接在平台上设置容量足够的淡水舱,通过设置在主甲板左右两舷的加注站进行淡水加注。

(1) 淡水舱容积的确定。淡水舱的容量需要满足平台在要求的自持力时间内全体乘员的日常淡水消耗(机械舱室的杂用淡水量与人员的日常消耗相比小很多,除了特殊要求外,一般计算时不予考虑)。

$$V = nQt \times 10^{-3} \tag{4.9}$$

式中　V——淡水舱总容积(m^3);

　　　n——平台定员;

　　　t——平台自持力(d);

　　　Q——平台每人每天的淡水消耗量,L/(人·d);这个数值一般为 100~200 L,如果卫生冲洗水也用淡水时,则还需要增加,采用常规便具,冲洗水量为 70 L/(人·d);采用真空便具,冲洗水量为 35 L/(人·d),如果船东有要求的以船东要求为准。

(2) 关键设备选型。

① 淡水压力水柜。风电安装船的淡水供应常规都是采用压力式供水,它由淡水压力水柜和淡水供水泵组成。压力水柜保持一定的水压向各用水处所供水,通过设置在压力

水柜上的高压和低压压力传感器自动控制淡水供水泵的启动和停止,淡水供水泵设置两台,相互备用。

$$V_p = V_1 + V_2 + V_3 \tag{4.10}$$

$$V_1 = p_2 \times V_2 / (p_1 - p_2) \tag{4.11}$$

$$V_2 = (1.2 \times Q_天 / t) \times t_1 \tag{4.12}$$

式中 V_p——压力水柜的容积(m^3);

V_1——高水位时压缩空气容积(m^3);

V_2——水柜的供水有效容积(m^3);

V_3——低水位时的水容积(m^3);

t——每天的使用时间(h);

t_1——淡水压力柜供水时间(h);

$Q_天$——每天消耗的水量=$Q_{消耗}$×平台人数;

p_1——高水位时的空气压力,通常取 600 kPa;

p_2——低水位时的空气压力,通常取 400 kPa。

V_3 初步计算时可取 100～200 L。

淡水供水泵的规格一般取 3～5 m^3/h,如果卫生冲洗水使用淡水,则淡水泵规格增加为 5～10 m^3/h,具体可以根据压力水柜厂家的推荐选取。泵的型式尽量选择带有自吸能力的漩涡式或离心式水泵,非自吸式离心泵也可以使用,但是需要注意水泵的安装高度以及泵进口管路中的存水量以满足吸入能力要求。

② 热水柜。热水柜一般采用电加热或者蒸汽加热,风电安装船上使用电加热居多,热水柜选型的关键就是计算加热电功率:

$$E = \frac{W(t_h - t_w)}{860\eta} \tag{4.13}$$

$$Q_h = 70\% \times n \times Q_{消耗} / T \tag{4.14}$$

$$W = Q_h \times (t - t_1)/(t_2 - t_1) \tag{4.15}$$

式中 E——热水柜的消耗电功率(kW);

Q_h——热水消耗率;

n——平台人数;

W——加热水量;

t_h——热水出口温度(℃);

t_w——冷水进口温度(℃);

t——热水使用温度(℃);

T——热水使用时间,通常取 6 h/d;

η——加热效率,通常取 0.85。

热水循环泵的规格一般取 1.5~2.5 m³/h,压力 0.08~0.2 MPa,一般该泵都是交由热水柜厂家选配提供。

(3) 机械舱室杂用淡水供应系统。淡水压力水柜出口设置一路供水总管到机械舱室,用于杂用淡水供应。机械舱室中需要淡水供给的设备或系统有分油机(包括燃油和滑油分油机)、舱底水油水分离器、生活污水处理装置、冷媒水系统及中央冷却系统中的淡水膨胀水箱等。根据平台的不同需求,这些设备或系统也会有增减。在机舱和辅机舱的左右舷各设置一个淡水软管阀,用于舱室内的淡水杂用。

机械舱室的供水管材质一般选用无缝钢管,接入各用水设备时需要注意各设备的进水流量和压力要求,必要时设置水减压阀。为避免回流水对总管淡水造成污染,各设备供水支管阀门需要具有止回功能。

(4) 洗涤水供应系统。洗涤水供应又分为冷水供应和热水供应。冷水供应是从淡水压力水柜出口引一路淡水总管到生活区域各层甲板,然后在各层甲板又分别引出淡水支管到各舱室,最后各舱室用水设备分管与淡水支管连接,从淡水支管取水。洗涤水供水管路的材质在主甲板上和主甲板下一般是不一样的。在主甲板下,洗涤水供水管路一般选用无缝钢管,在主甲板上的生活楼区域可以选用碳钢管、紫铜管、不锈钢管和塑料管。目前碳钢管在主甲板上已经基本不采用,紫铜管近年来也很少选用,不锈钢管和塑料管是主甲板上生活楼区域供水管路的常规选择,具体根据船舶重量控制要求和成本要求选用。

冷水供水管路管径选取要求:

① 各舱室用水设备与淡水支管连接的供水分管管径的选取,需要满足各舱室用水设备的进水口管径要求。

② 各层甲板淡水供水支管管径的选取,该支管管径的选取可以通过支管中的各用水设备分管的管径查表得到相应的用水设备的同时使用系数 Y(见表 4.5)和管径当量数 E(见表 4.6),最后计算得到支管的总当量数,最后通过查表(见表 4.6)得到符合要求的支管管径。

表 4.5 用水设备的同时使用系数 Y

器具总数	2	3	4	5	10	15	20	30	50	100
$Y(\%)$	100	80	75	70	53	48	43	40	36	33

表 4.6 供水管路当量管径表(管径当量数 E)

管径(mm)	6	8	10	15	20	25	32	40	50	65	80	90	100	125	150	200	250	300
6	1	—	—	—	—	—	—	—	—	—	—	—	—	—	—	—	—	—
8	2.1	1	—	—	—	—	—	—	—	—	—	—	—	—	—	—	—	—
10	4.5	2.1	1	—	—	—	—	—	—	—	—	—	—	—	—	—	—	—

（续表）

管径(mm)	6	8	10	15	20	25	32	40	50	65	80	90	100	125	150	200	250	300
15	8.2	3.8	1.8	1	—	—	—	—	—	—	—	—	—	—	—	—	—	—
20	16	7.7	3.6	2	1	—	—	—	—	—	—	—	—	—	—	—	—	—
25	30	14	6.6	3.7	1.8	1	—	—	—	—	—	—	—	—	—	—	—	—
32	60	28	13	7.2	3.6	2	1	—	—	—	—	—	—	—	—	—	—	—
40	88	41	19	11	5.3	2.9	1.5	1	—	—	—	—	—	—	—	—	—	—
50	164	77	36	20	10	5.5	2.8	1.9	1	—	—	—	—	—	—	—	—	—
65	255	120	56	31	15.5	8.5	4.3	2.9	1.6	1	—	—	—	—	—	—	—	—
80	439	206	97	34	27	15	7	5	2.7	1.7	1	—	—	—	—	—	—	—
90	632	297	139	78	31	21	11	7.2	3.9	2.5	1.4	1	—	—	—	—	—	—
100	867	407	191	107	53	29	15	9.9	5.3	3.4	2	1.4	1	—	—	—	—	—
125	1 525	716	335	188	93	51	26	17	9.3	—	3.5	2.4	1.8	1	—	—	—	—
150	2 414	1 133	531	297	147	80	41	28	15	9.5	5.5	3.8	2.8	1.6	1	—	—	—
200	4 795	2 251	1 054	590	292	160	80	54	29	19	10.9	7.6	5.5	3.1	2	1	—	—
250	8 468	3 876	1 862	1 042	516	282	143	97	52	33	19	13.4	9.8	5.6	3.5	1.8	1	—
300	13 292	6 240	2 923	1 635	809	443	233	152	81	52	30	21	15	8.7	5.5	2.8	1.6	1

洗涤水热水供应，常规的热水供应都是采用压力式，它主要由热水压力水柜和热水循环泵组成。热水供水管路是一个循环管路，热水压力水柜从淡水压力水柜处取水，加热后的热水通过供水总管通往各层甲板的热水供水支管，各用水设备通过热水分管从热水支管取水，到达各用水舱室的热水支管最后在各甲板又汇总成一路热水回水总管，在热水循环泵的作用下回到热水压力水柜重新加热使用。热水管路需要有一定的绝热能力，如果管路本身不具备绝热能力就需要进行绝热包覆。热水供水管路管径的选取可以参考冷水供水管路。

（5）饮用水供应系统。船舶的饮用水水质需要满足我国饮用水水质标准的要求《生活饮用水标准》(GB 5749—2006)。一般淡水舱中的淡水都是不能直接饮用的，需要经过过滤和消毒等流程后，水质达到要求了才能作为饮用水，用于厨房烹饪用水和生活区域各饮水机用水。

一般风电安装船上配备有饮用水处理装置，它由粗滤器、精滤器和紫外线消毒器组成。装置直接从淡水压力水柜取水，对淡水进行粗滤-精滤-吸附-紫外线消毒处理，最后将产生的符合饮用水标准的饮用水通往各层饮用水需求设备。饮用水管路的管径选取可以参照洗涤水管路。

饮用水管路的材质一般选用不锈钢管和紫铜管，目前多用不锈钢管，在主甲板以上生活楼区域还可以采用符合饮用水要求的塑料管。

（6）卫生冲洗水供应系统。卫生冲洗水又可以分为卫生淡水和卫生海水，以往船舶的卫生单元大、小便器的冲洗都是使用舷外海水，但是目前越来越多的船舶选择使用淡水来作为卫生冲洗水。风电安装船作业的区域都是在近海，而且淡水舱容量足够，所以目前风电安装船也越来越倾向于使用淡水作为卫生冲洗水。使用淡水作为卫生冲洗水时,卫生冲洗管路就合并到了洗涤水管路中,在淡水舱容量计算时就需要将卫生水消耗量考虑进去。

如果使用海水作为卫生冲洗水,该卫生冲洗水供应也是压力式供水,需要配备卫生水压力水柜和海水供水泵,这些设备的设计计算与淡水供应系统相同,卫生水压力水柜可以选择单独的压力柜,也可以选择淡水和海水组合式压力水柜(一个大压力柜分为淡水和海水上下两部分)。

但是考虑风电安装船都属近海作业,泥沙较多,所以推荐风电安装平台项目尽量还是采用淡水冲洗。

4.2.9 阀门遥控、液位遥测系统

(1) 系统介绍。为便于了解各液舱中的液位变化,以及在拖航及到达工作地点时,显示风电安装船的四角吃水情况,且为了实现船舶浮态计算机自动调整、后勤管理网络化,风电安装船设有液位遥测装置,可监测各液舱中的液位高度和起重船四角吃水情况。

液位遥测系统为压载水舱、燃油舱、淡水舱等舱室及平台的四角吃水设置液位遥测系统。这些舱室的液位变化都能在驾驶室内的计算机上进行显示、报警。

压载水系统正常操作及调驳操作所涉及的阀门均采用遥控蝶阀。遥控阀门也能本地控制和显示开/关状态。在控制台上设带控制功能的压载水系统模拟图,能够对遥控阀的开关进行控制并显示开关状态。

(2) 系统设计。为方便布线或者走管路,阀门遥控系统和液位遥测系统会共用测控柜。测控箱一般会在船艏和船尾各布置一个。系统包括两个测控柜、两套控制站和一套带驱动头的阀件。控制站通过电缆连接到测控柜,测控柜通过电缆控制阀件的驱动头进而实现阀件的启闭。液位传感器的压力转化为电信号传送到测控柜,再通过通信线传送到控制站显示、报警。

① 液位遥测系统。该系统由传感器、阀件/附件等组成。各测量箱的数据可传送到中央控制室,在中央控制室能及时显示及报警。液位传感器尽量不要布置在主甲板区域,但布置位置需便于维修。液位传感器选择合适的安装方式,以减少水中沉淀物损坏传感器。

目前,常用的液位遥测装置形式如下:

A. 吹气式——在测量管端吹气,与液位平衡后,根据压力测出液位,指示方式为液位、气压。

B. 压电式——用压电传感器将液位变化转换成模拟量电信号,通过模拟量输入模块在显示屏上显示液位,指示方式为模拟式、数字式。

C. 雷达式——用电磁波的反射原理测出液位,指示方式为模拟式、数字式。

② 阀门遥控系统。阀有3种遥控方式:电动阀——电控;气动阀——用气动或电磁气动阀;液动阀——用电磁液压阀。

4.2.10 防污染系统

防污染系统需要满足《经1978年议定书修订的1973年国际防止船舶造成污染公约》(简称《MARPOL 73/78 公约》)及其通过并生效的所有修正案的要求。对于自升式风电安装船,主要包括以下系统。

(1) 机舱防油污染系统。机舱油污染分为含油舱底水与污油,船上通常会设有舱底水舱和污油舱分别收集。

污油包括用油设备的泄漏、分油机和油水分离器分离后的残渣以及主机的废滑油等。通常会通过专用的围堰直接收集到污油舱。船上会配备一台专用的污油泵,负责将污油舱内的污油通过通岸接头排放至岸上或者工作船,除此之外不应有其他管路将污油舱的东西直接排放至舷外。污油的国际通岸接头形式如图4.14所示。

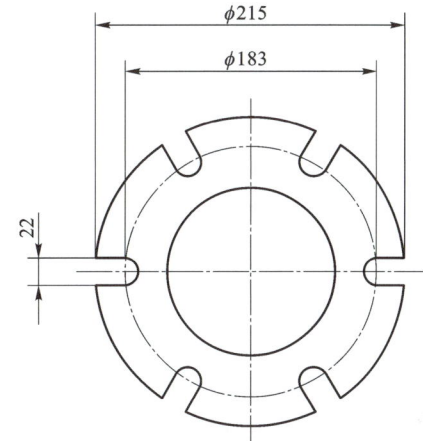

图 4.14 污油及含油舱底水标准国际通岸接头

污油舱的最小容积可以参考以下公式进行计算:

$$V = KCD + 20DP/10^6 \quad (4.16)$$

式中 K——系数,一般风电安装平台主机燃料都为轻柴油,取 0.005;
C——燃油每天消耗量(t);
D——两次污油排放之间可能的最长时间(d),没有数据的情况下取 30 d;
P——船上发电机组的总功率(kW)。

污油泵的最小能力可以参考以下公式计算:

$$Q = V/t \quad (4.17)$$

式中 V——污油舱的容积(m^3);
t——排空所需的时间(h),按照国际要求取 4 h,如挂德国旗为 2 h。并且最小不应低于 2 m^3/h。

除此之外,所有机械处所的泄放都视为含油舱底水,通常通过舱室里的地漏汇集到附近的污水井中,然后再通过日用舱底水系统收集到舱底水舱中。船上需配备一台油水分离器,根据舱底水舱液位自动控制启动和停止,及时分离其中含油舱底水,达标后排出到船外。油水分离器应配备 1.5×10^{-5} 油分检测器以实时检测处理后的舱底水,并实现相应控制,如满足含油量小于 1.5×10^{-6} 的要求则排出舷外,不满足则回到舱底水舱重新处理。一般情况下除了经过油水分离器之外,不应有其他途径将含油舱底水直接排出舷外。舱底水舱的最小容积可参考以下公式来计算:

$$V = 1.5 + (P - 1\,000)/1\,500 \quad (4.18)$$

式中 P——船上发电机组总功率。

对于要进入美国海域和专属经济区的船只,还应满足美国海岸警卫队规范的要求:每个燃油及滑油的透气管,溢流管和注入管下方或四周应设有固定容器或者封闭的甲板区域,其容积应满足:总吨位在 300 t 及以上但小于 1 600 t 的船舶,容积不小于半桶(约 79.5 L);总吨位在 1 600 t 及以上的船舶,容积不小于 1 桶(约 159 L)。

(2) 防生活污水污染系统。生活污水主要分为两类:一类称为黑水,包括从小便池和马桶收集的排泄物,以及医务室的所有排放;另一类称为灰水,包括除黑水以外的所有生活废水,例如从洗池、淋浴以及所有生活区域地漏收集的泄放。

对于黑水的排放,需要满足《MARPOL 73/78 公约》附则 4 的要求,具体为:

船舶在距最近陆地 3 n mile 以内,禁止排放未经生活污水处理装置处理的生活污水。

船舶在距最近陆地 3 n mile 以外,可排放经粉碎和消毒的生活污水。

船舶在距最近陆地 12 n mile 以外,可以排放未经粉碎和消毒的生活污水。

在目前的实际设计中,一般都会配备污水处理装置,不考虑黑水的直接排放。对于在近海作业的风电安装船项目,通常也设有一个生活污水储存舱,用于在污水处理装置损坏或者所处海域不允许排放的情况下临时收集黑水,并可以通过专门的生活污水泵通过甲板上的通岸接头排放至岸上或工作船。生活污水的国际通岸接头形式如图 4.15 所示。

一般情况下,灰水的排放没有规范的要求,可以直接排放。但是出于环境保护、相关水域的要求或是船级社附加的考虑,会让灰水也能收集到生活污水储存舱中,或者进入污水处理装置,具体设计遵循设计规格书和船东的要求。厨房的灰水由于含有较多油分,需要先经过撇油器,然后再进行排放或处理。

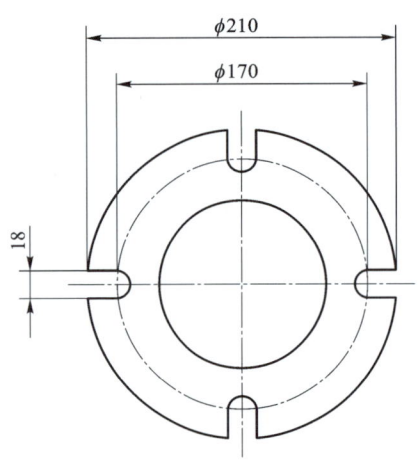

图 4.15 生活污水标准国际通岸接头

生活污水储存舱的最小容积可以参考以下公式进行计算:

$$V = 10^3 PDq \tag{4.19}$$

式中 V——最小容积(m^3);

P——船上乘员人数;

D——需容纳生活污水的天数(d);

q——每人每天产生的生活污水量(L/DP),真空便具为 25,普通便具为 70,如需容纳灰水则另加 110。

生活污水处理装置厂家一般都是按照规范生产的,只需要根据船上乘员数量选型即可。

(3) 防止船舶造成空气污染。根据《MARPOL 73/78 公约》附则 6,防治大气污染主要包括以下几个方面:

① 关于禁止使用"消耗臭氧层物质"的规定。

② 关于"氮氧化物(NO_x)"释放控制的规定。
③ 关于"硫氧化物(SO_x)"释放控制的规定。
④ 关于"船上焚烧"的规定。

对于风电安装平台来说,一般不设焚烧炉。消耗臭氧层物质目前也已经基本淘汰,不作为制冷剂使用了。硫氧化物排放限制的是船上使用的燃油的硫含量(通常不超过 4.5%m/m,SO_x 排放控制区内不超过 1.5%m/m)。因此设计阶段主要相关的就是氮氧化物的释放控制。

根据 2008 年的 MEPC 修订案,对于 2016 年 1 月 1 日之后建造的船舶上安装的柴油机的氮氧化物(NO_x)排放量,有以下要求:

若该船舶在排放控制区(ECA)以内的区域运营,NO_x 的排放必须满足 Tier Ⅲ。

若该船舶在排放控制区(ECA)以外的区域运营,NO_x 的排放必须满足 Tier Ⅱ。

具体排放要求如下:

Tier Ⅱ:氮氧化物(NO_x)排放总值应在以下限值内:
① 14.4 g/kW·h(当 n 小于 130 r/min);
② $44 \times n^{(-0.23)}$ g/kW·h(当 n 大于等于 130 r/min,但小于 2 000 r/min);
③ 7.7 g/kW·h(当 n 大于等于 2 000 r/min)。

Tier Ⅲ:氮氧化物(NO_x)排放总值应在以下限值内:
① 17.0 g/kW·h(当 n 小于 130 r/min);
② $45 \times n^{(-0.23)}$ g/kW·h(当 n 大于等于 130 r/min,但小于 2 000 r/min);
③ 9.8 g/kW·h(当 n 大于等于 2 000 r/min)。

以上 n 为柴油机的额定转速。

上述要求不针对应急发电机组柴油机,以及安装在救生艇或者其他只在应急情况下使用的设备或装置上的柴油机。

具体设计中,柴油机排放等级的实现与取证工作由柴油机厂家完成,设计者只需要根据规格书和船东具体的作业要求,确定柴油机所需的排放等级即可。

4.3 冷藏、通风、空调设备及系统设计

4.3.1 冷藏系统设计

风电安装船在海上工作时间较长,为保证工作人员日常生活所需的食品安全,须配备相应的伙食冷藏系统对食物进行储存。冷藏系统设置时需要考虑各冷库的相应温度、湿度、打冷时间等。

(1) 冷库的组成和主要参数。目前风电安装船采用的冷库多为装配式冷库,设为干货库、冷藏库及冷冻库。在食品的低温储藏中,储藏温度高于0℃(通常为1~10℃)时为冷藏,低于0℃(通常−18℃以下)为冷冻。具体温度按照规格书定。冷库内冷风机的设计运转时间一般按照每天不超过18 h计算。

(2) 冷库库容的确定。伙食冷库的大小,按照风电安装船船员的人数和自持天数来确定。按照食品储藏量确定各冷库库容,各库净容积 V_n 为:

$$V_n = q\gamma nD \tag{4.20}$$

式中 V_n——各冷库净容积(m^3);
q——每人每日所需食品量[kg/(人·d)],通常取值范围为肉库0.20~0.40,鱼肉库0.10~0.30,蔬菜库0.75;
γ——食品装载系数(m^3/kg),通常取值范围为:肉库0.03~0.05,鱼肉库0.01~0.04,蔬菜库0.02~0.03;
n——船员人数;
D——自持天数。

以某风电安装船设计为例,船员人数108人,自持力30 d,确定各库库容分别为:冷冻库38 m^3,冷藏库50 m^3,干货库38 m^3。

(3) 冷库的结构。冷库隔热采用拼装式不锈钢隔热板,通常采用的隔热材料为岩棉、玻璃棉和阻燃聚氨酯。

冷库门全部采用不锈钢材料并用聚氨酯整体发泡成型。采用从内外可开启的开门机构,具有防反锁功能。其中,冷冻库用的低温冷库门配有电热丝。库内温度用温度计指示,安装位置根据实际冷库布置确定,安装在厨房靠近冷库门的位置。

(4) 冷库的负荷计算。冷库总耗冷量包括以下几个方面(具体计算方法参考船舶设计手册):

① 维护结构传热所引起的耗冷量 Q_1:包括太阳辐射、舱壁导热负荷。
② 食品含热的耗冷量 Q_2:包括冷却、冷冻、再冻和储藏食品。
③ 开门进入的通风换气耗冷量 Q_3:如目前按照船上一日四餐,每餐进入冷库2次,即8次计算。
④ 工作人员热负荷 Q_4:按照人员每次进入停留0.5 h计算。
⑤ 电灯的发热量 Q_5。
⑥ 电动机的发热量 Q_6。

根据以上的耗冷量可以得到两种工况下的设备负荷:

A. 制冷工况设备负荷:

$$Q_{L1} = Q_1 + Q_2 + Q_3 + Q_4 + Q_5 + Q_6$$

B. 维持工况设备负荷:

$$Q_{L2} = 24(Q_1 + Q_3 + Q_4 + Q_5)/Z + Q_6 \tag{4.21}$$

式中　Z——冷库内设备每天运行时间(h),范围为 16~20 h,常用 18 h。

因为食品热负荷只在制冷工况存在,所以一般冷库内冷风机的设备制冷量按照维持工况负荷选择。

冷藏机组的制冷量一般按照所供冷库各冷风机的总能量预留 10%的裕量。

(5) 冷藏系统设计及注意事项。按照目前风电安装船的设置,冷藏机组配两套压缩冷凝机组,在规定的室外气温和冷却水温度条件下,一台机组能够维持规定的库内温度,另外一台机组备用。制冷系统装有高低压保护、缺相保护、过载保护等功能。库温能够自动调节。

图 4.16 为某项目冷藏系统原理图,配置两套压缩冷凝机组,且低温库地漏设置电伴热。

① 冷风机盘管的除霜一般采用电加热式。

② 冷库的温度控制是由温度继电器控制供液电磁阀来实现的,如果高温、低温合用一套制冷机组,则温度控制以低温库为准,而高温库的回气管上装有蒸发压力调节阀,以保证高温库蒸发温度相对应的蒸发压力。

③ 在控制回路里设有压缩机高压、油压、水压过载保护,并在中心控制室的控制盘上设有压缩机故障报警。

④ 制冷系统的管路必须采取相应措施,保持系统内部的绝对清洁,所有的管路都应根据设计进行绝热包扎,以防表面凝水。绝热包扎应使用预制的对剖式泡沫绝热材料。管材采用紫铜管。

图 4.17 为某风电安装船冷库布置在主船体内,选择了装配式冷库。缓冲间紧挨厨房,缓冲间上设置吊口,方便货物的搬运。冷藏系统的冷媒控制阀盘设置在缓冲间内,方便控制各库冷媒流量。

对于风电安装船,采用此种冷藏系统设计方案,可以降低设备运行成本,也更便于安装和维护。

4.3.2　通风系统设计

根据风电安装船通风区域的不同,通风方式一般分为机械通风和自然通风两大类。机械送风、机械排风舱室如主机舱、辅机舱、变压器间等,机械排风、自然送风舱室如二氧化碳间、乙炔间、蓄电池间、冷藏机组间、储藏室等。

(1) 通风系统设计的目的:

① 提供设备燃烧需要消耗的空气量;

② 带走设备的散热量;

③ 为工作人员创造适宜的环境条件。

(2) 通风量的确定。通风量的确定根据不同的舱室功能也不相同,一般是按换气次数或根据室内热负荷来计算,取下列两项中的最大值。

如蓄电池间、乙炔间、油漆间等危险区域由于房间内设备发热量较小,在设计时一般按照每小时最小换气次数取值(一般取值 12 次)计算通风量。公式如下:

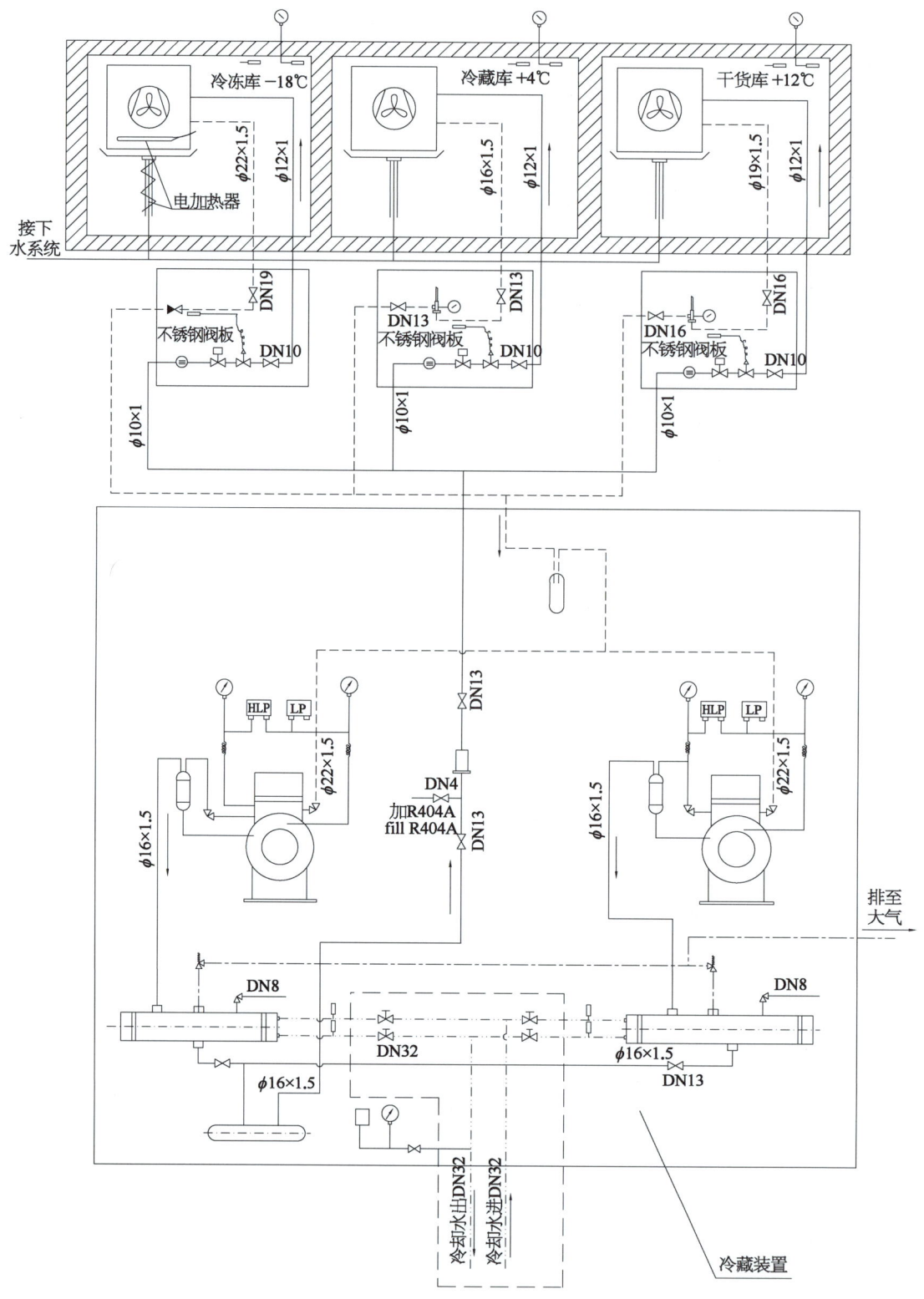

图 4.16 冷藏系统原理

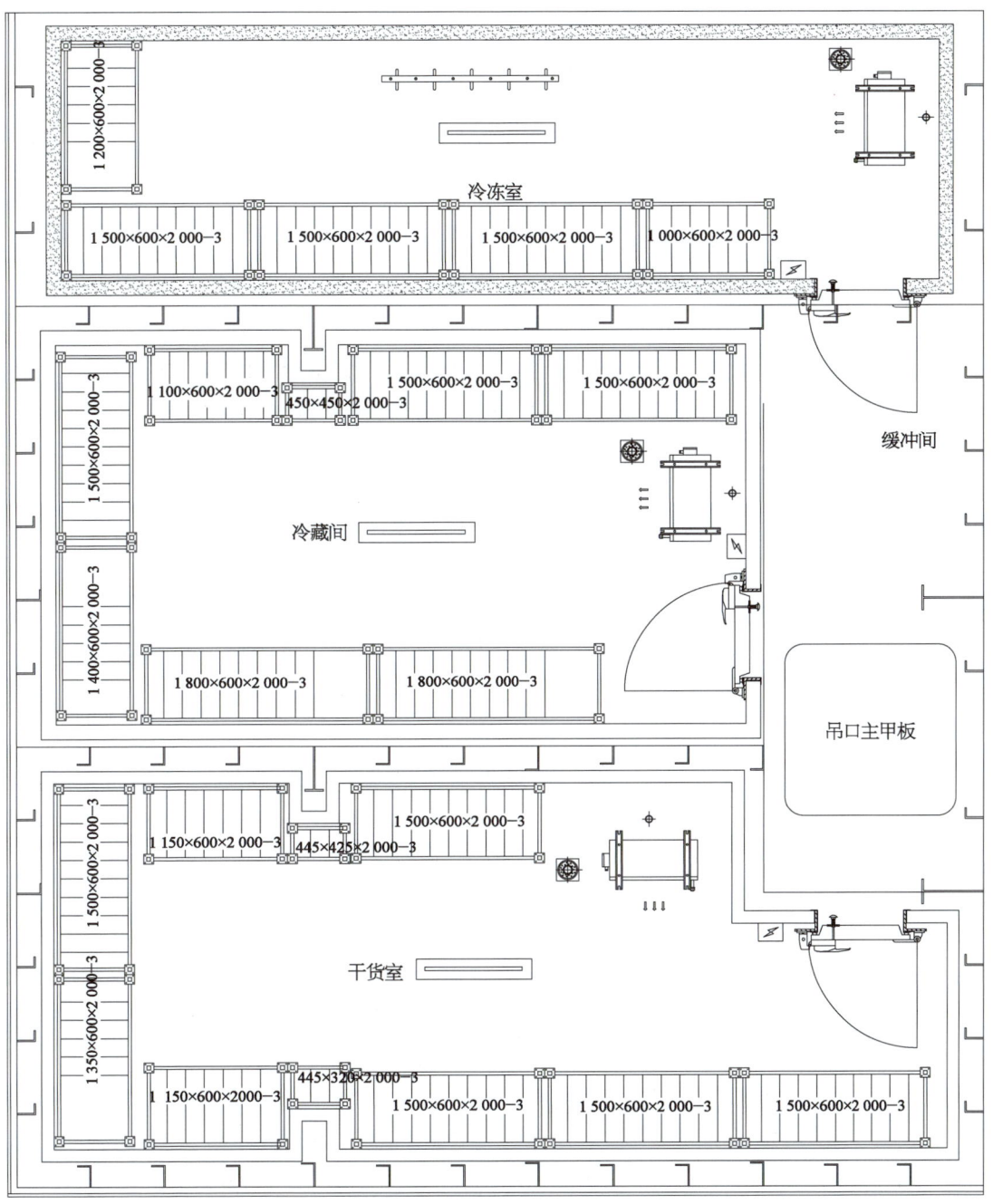

图 4.17 冷库布置

$$V = nv \tag{4.22}$$

式中 V——通风量(m^3/h);

n——最小换气次数(次/h);

v——舱容(m^3)。

对于变压器间这种设备发热量较大的舱室,则首先考虑按照带走设备散热来计算通风量,考虑电气设备运行的安全可靠,确定房间温升时一般取值为5℃。公式如下:

$$V = \frac{Q}{\rho C_{\mathrm{P}} \Delta T} \tag{4.23}$$

式中　Q——舱内热负荷(W);

　　　ρ——空气密度(kg/m^3);

　　　C_p——空气质量热容($kJ/kg \cdot K$);

　　　ΔT——温差(K)。

(3) 风速、风压的确定。考虑到风机的选型及风电安装船舱室的噪声控制,机械区主风管风速不超过12 m/s,支管风速不超过8 m/s,自然排风口风速控制在3～5 m/s。生活区螺旋风管主风管风速不超过12 m/s,支管风速不超过8 m/s,自然排风口风速控制在2 m/s左右。

考虑到风机长期稳定运行,在风机选型时,需计算通风风管阻力,风机压力选型需在阻力计算之后预留10%裕量。

(4) 机械区通风系统管路布置。

① 机舱。机舱通风量计算参考国际标准(ISO 8861—1998),按照该标准推荐的公式和数据进行计算,主要是由燃烧、散热两个因素决定的,选取两者之和为所需要的通风总量。

以某风电安装船为例:机舱送风单独引支管到靠近柴油机增压器进气处,如图4.18所示的几路支管,这样可以保证柴油机燃烧充分。送风口布置时还需保证经常操纵与操作维修的场所的通风。送风口不能直接面对散热设备和电气设备等设备表面。机舱应设置独立的送排风。

机舱风管布置时,在空间允许情况下,不采用结构风管。如图4.18所示,在布置不便时采用大尺寸的矩形主风道,可以沿着舱壁与船体结构共同围成形成结构风管,这种布置省工省料,风管也不会振动,但由于船体结构不光滑,有筋骨等结构,会很大程度上增加管路阻力。因此在计算风道管路阻力时,需要考虑适当增加阻力系数。

② 辅机舱、二氧化碳间、乙炔间、储藏室等独立的工作间,设有独立的抽风机将室内的热量、有害气体抽出,抽风口应尽量布置成与供风口成对角的对流路线,并充分利用新鲜空气驱除有害气体的作用。二氧化碳间的抽风口应布置在房间下方,因为有害气体(二氧化碳)密度比空气大;乙炔间和蓄电池间抽风口应布置在房间上方,因为有害气体密度比空气小。

风管净高的确定。风管底至甲板应有2 100 mm的净高,在高度方向上的尺寸应考虑下面的设备(如中央冷却器、压力水柜等)和上面的管路系统、电缆、船体结构、大梁等。

机械通风的进风口要设置在非危险区,并在危险区域以外至少3 m,以防吸入可燃气体。机械通风的排风口要考虑风向、风压影响,保证不发生回流现象。

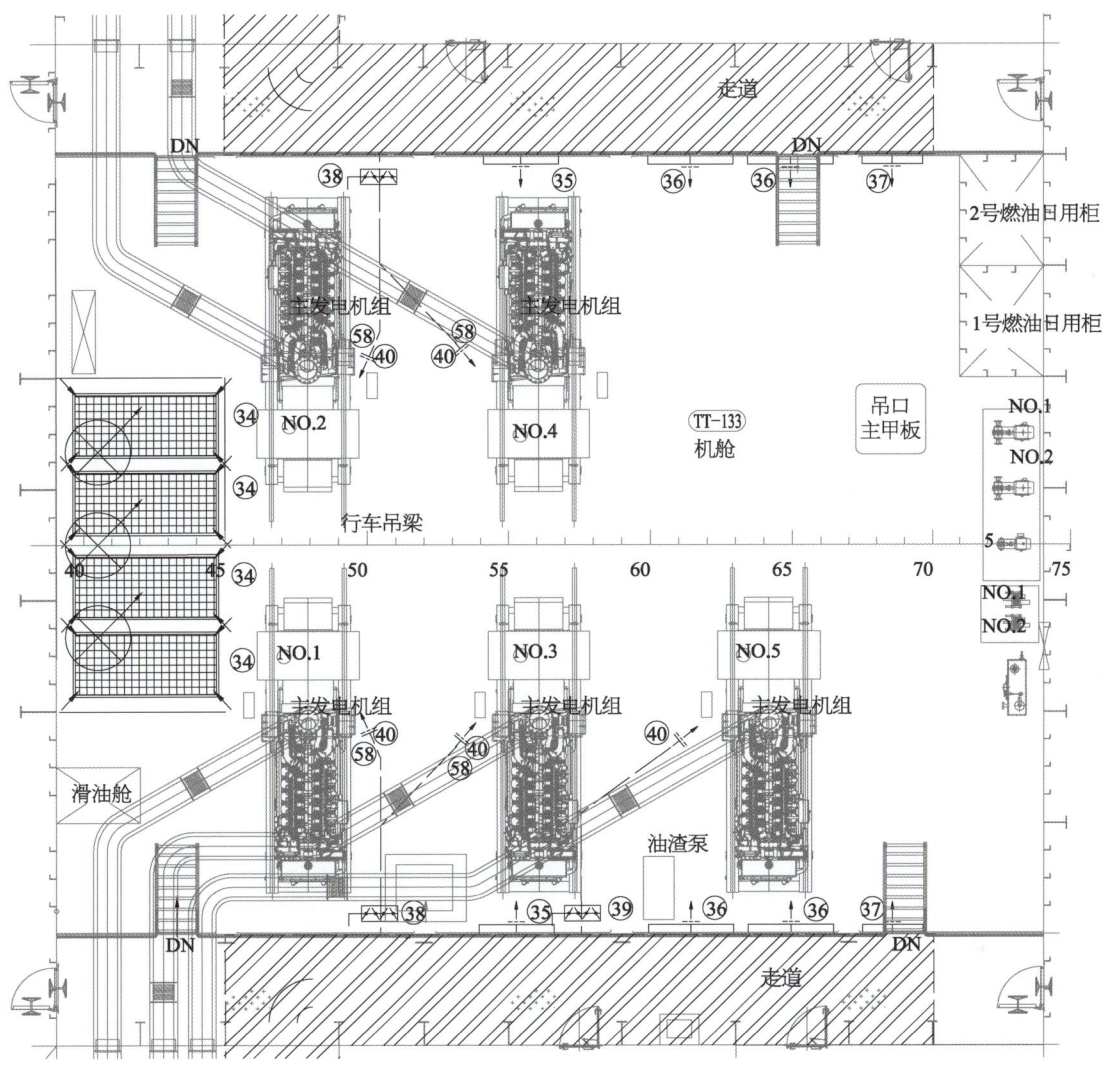

图 4.18 机舱风管布置

(5) 生活区通风系统管路布置。

① 卫生单元和公共卫生间。卫生单元和公共卫生间设有抽风系统,并用风管直接排到室外。抽风换气次数需大于空调送风(如有)次数,以保证舱室的空气质量。送风可为空调送风,也可从走道或者外界自然进风。

② 厨房。

厨房设有独立的机械送排风及空调系统,且抽风量大于送风量。厨房抽风系统能在正常情况下保持对餐厅的负压,使生活区的冷空气补充到厨房内,并确保厨房内的空气不进入生活区。

图 4.19 为某风电平台选用送排风一体的集气罩,在集气罩上形成送风气帘,减少烹饪时热气的扩散,有利于降低房间温度。厨房排风直接排放到外界大气。

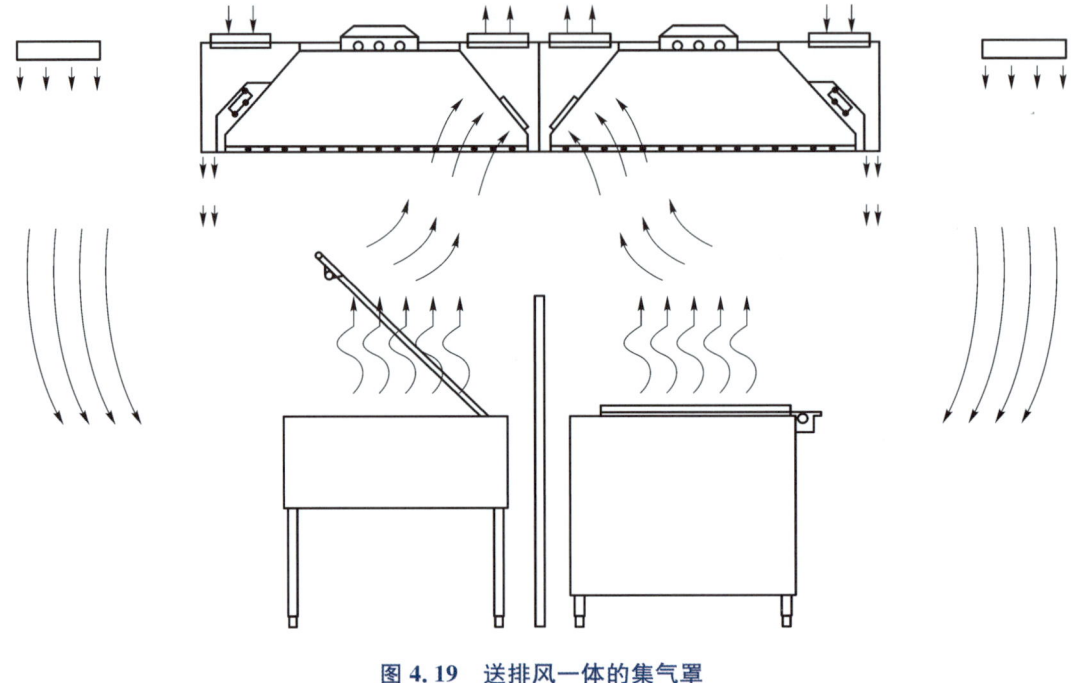

图 4.19　送排风一体的集气罩

③ 医务室。医务室应设有独立的机械排风，排风直接单独排至外界大气，不得用于再循环，抽风量应大于送风量，以保证一定的负压。

④ 洗衣间和浴室。洗衣间、浴室的门下设有格栅，在负压情况下通过走道补充空气。

生活区室外通风口都应按照船级社要求装有一个可靠的风雨密关闭装置。进/排风机的风筒/风口都须按照船级社规范要求进行设计和安装，其风筒高度、与甲板/墙壁的连接、风口都须满足规范的要求。

风机进出口一般安装软连接或帆布连接，减小结构振动和噪声。

(6) 防火风闸和水密风闸的设置。根据规范要求，风电安装船上所有穿越防火等级要求且截面积大于 0.075 m^2 的风管上安装防火风阀。在平衡风管上需要安装防火风闸。

所有防火风阀都有开关指示，所有的防火风阀要能在舱壁两侧控制。

通风系统设计要保证在任何区域内部着火的情况下，能在区域外部易于到达的地方关闭通风系统。

通风管道尽量避免穿过有可能发生火灾或气体泄漏的地区，如果必须穿越这些地区时，管道内的空气应尽可能设计为正压。其管道的材料和绝缘材料的防火级别要和该地区相适应。

穿过防火舱壁或甲板的通舱件的做法要符合规范要求。

水密风闸安装在水密分隔舱壁的通风管上，当某一舱壁破舱时，为防止海水通过通风管进入另外舱室，须关闭水密通风管上的水密风闸。

(7) 风机的选型和布置。风机按照工作原理分为离心式和轴流式,其中又分为防爆型和非防爆型。

通风系统中,安装于室外的风机防护等级为 IP56;功率大于 7.5 kW 的,配有空间加热器。安装在机械处所的风机防护等级为 IP44;管道风机防护等级为 IP22。风机的功率、风量和静压应与安装后的风管系统相匹配,以确保能提供各个舱室的设计风量。服务于危险处所的风机,如乙炔间、蓄电池间、油漆间等区域的风机需要满足防爆要求。

上建生活区域风机尽量采用管道风机,以有效降低设备噪声对生活区的影响。

厨房排风机设计时可考虑用电动机外置的轴流风机来满足 ISO 9943—2009 的要求,以避免风机电动机工作时产生火花,引发火灾,电动机外置也能有效的保护电动机,延长风机使用寿命。

机舱风机选型。一般机舱风机选型时会遇到风量较大,一台风机的风量无法满足,此时可以在系统中并联设置两台或者多台风机,并联风机总特性曲线,是由各种压力下的风量叠加而得。然而,在实际管网系统中,两台风机并联工作时的总风量,往往不等于单台风机工作时的两倍;风量增加的数量一般与管网的特性以及风机型号是否相同等因素有关。

由图 4.20 可以看出,风机并联所得的效果只有在压力损失低的系统中才明显;所以,在选型时应尽量避免采用两台风机并联。确实需要并联时,应采用相同型号。如风电安装船主机舱送风采用两台同型号的风机,保证送风量。

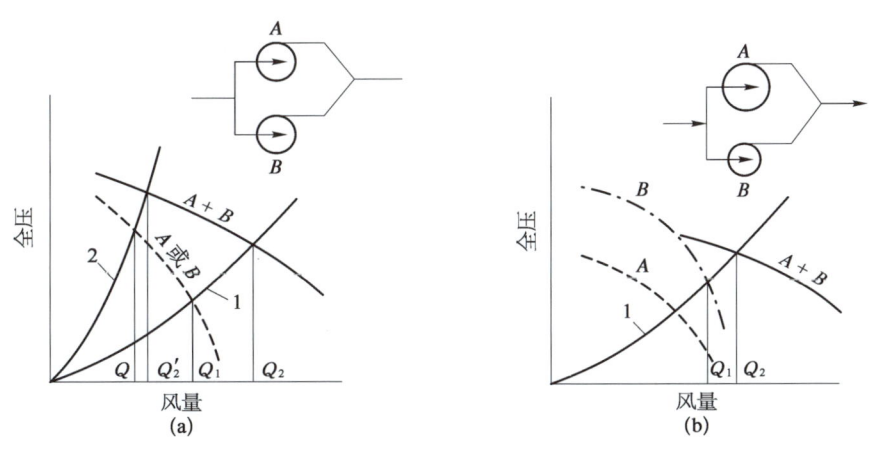

图 4.20 风机的并联
(a) 两台型号相同风机的并联;(b) 两台型号不同风机的并联

风电安装船的主甲板面需要更多的空间存放风机及安装设备,因此主甲板上尽量减少通风头且布置时靠近舷边。以某风电安装船为例,主船体部分只有主机舱独立通风,送排风机布置在主甲板上靠近起重机和桩腿。辅机舱及其他舱室共用一个通风系统,送排风机布置在主甲板上靠近桩腿。这样的布置不占用甲板的空间。

机械区域风机噪声较大，布置时应尽量远离生活区和中控室。如某风电安装船项目在甲板上可设置风机房，将主机舱风机设置在风机房中，减少噪声对上建的影响。

凡配有二氧化碳灭火设施的轮机舱室的风机应配有室外遥控关闭装置，通往室外的风口也应配有关闭装置。

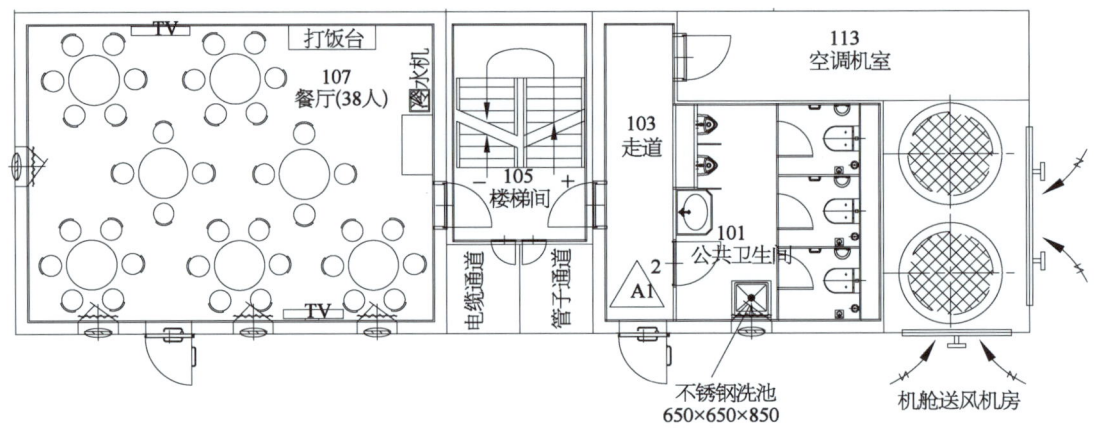

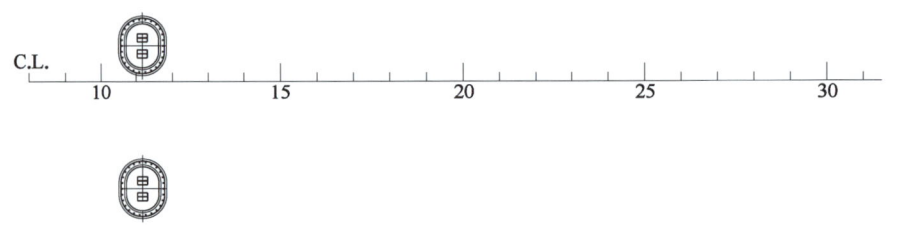

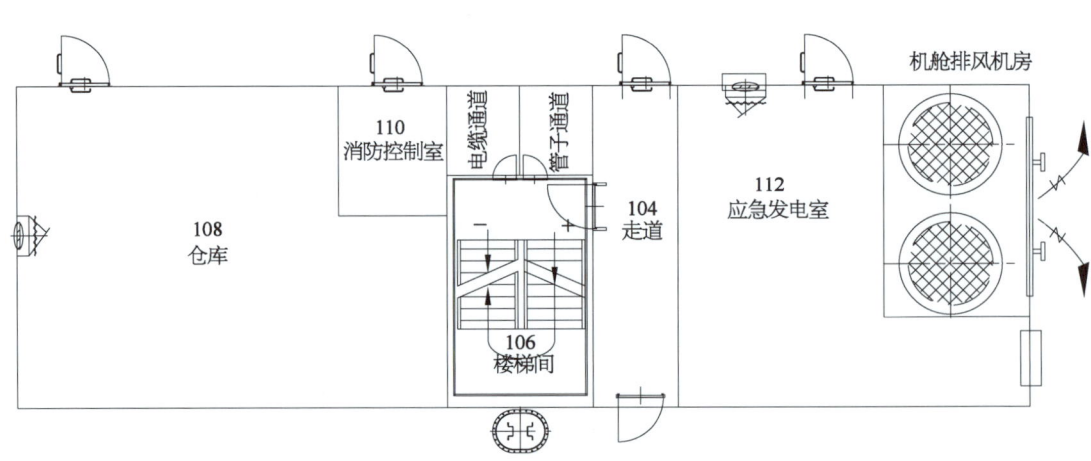

图 4.21　风机房设置

通风系统是保证设备散热、设备正常工作的重要系统。通风系统设计时首先要考虑到设备燃烧、设备散热及人员工作所需的空气量,根据所在区域不同选择适当的送排风形式,为人员提供安全、舒适的环境,减少人员暴露在危险空气下的可能。通风系统设计的合理性,已越来越引起人们的重视。

4.3.3 空调系统设计

(1) 空调系统设计概述。空调是通过人工手段对室内环境的空气的温度、湿度、洁净度、速度等参数进行调节和控制的过程。空调系统主要包括冷源/热源设备、冷热介质输配系统、末端装置以及其他辅助设备等。合理地进行空调系统设计需掌握空调系统设计的基本步骤。

舱室空调系统设计的基本步骤如下:

① 熟悉设计平台或船舶的原始设计资料,如设计任务书、建造规格书等。

② 确定室内外设计参数,主要根据规格书要求,并核查作业区域的气象参数,再根据空调区域的功能确定室内空气的冬、夏设计参数。

③ 确定空调区域的热工参数等,主要包括舱壁、甲板面、玻璃、门等的传热系数,以及室内其他设备散热量等。

④ 进行空调热湿负荷计算,根据第三步及舱壁等的面积计算传热量以确定最不利条件下空调热湿负荷。

⑤ 确定最佳的空调方案,通过技术和经济性比较,选择合适的空调系统方式、冷热源方式及空调系统控制方式。

⑥ 空调系统送风量计算及气流组织确定,根据第④步确定空调系统送风量,且满足人员所需最小新风量要求及正压要求,根据第⑤步确定空调送回风口形式,并布置送回风口,进行气流组织设计。

⑦ 空调水、风系统设计,布置空调风管道,进行风道系统的水力计算,确定管径、阻力等。布置空调水管道,进行水管路的水力计算,确定管径、阻力等。

⑧ 主要空调设备的设计选型,根据空调热湿负荷计算,确定空调设备的容量及送风量,并以此确定其他空调组成设备。根据风道系统的水力计算,确定风机的流量、风压等。

(2) 空调系统负荷计算。冷热负荷计算时,夏季室内设计参数一般取 24℃、50%,冬季室内设计参数一般取 20℃、50%,具体可参照设计规格书。室外设计参数根据所在海域气象参数确定。

以某风电安装船设计为例,设计计算参数见表 4.7。以餐厅为例,用餐人数为 42 人,餐厅容积为 165 m^3,围壁的传热系数取 0.8 W/(m·K),天窗的传热系数取 6.5 W/(m·K),餐厅人员显热负荷取 50 W,潜热负荷取 75 W。

由表 4.7 温湿度参数及以上数据,可计算出餐厅所需冷负荷为 48.3 kW,所需热负荷为 16.4 kW。

表 4.7 设计计算参数

季　节	温度(℃)	相对湿度	住舱新风比
夏季(室外)	45	70%	不小于30%
冬季(室外)	−20		
夏季(生活区室内)	24	50%	
冬季(生活区室内)	20	50%	

(3) 空调系统类型。选择空调设备前,需要确定采用何种空调系统形式更为合理,以下先简要介绍一下空调系统。

空气调节系统一般由空气处理设备和空气输送管道以及空气分配装置组成。根据需要,可以进行以下分类：

① 按空气处理设备位置分类。

A. 集中系统：所有的空气处理设备都集中在空调机房内,集中进行空气的处理、输送和分配。主要形式有单风管系统、双风管系统和变风量系统等。

B. 半集中系统：除了有集中的中央空调器外,半集中空调系统还设有分散在各空调房间内的二次设备(即末端装置)。主要形式有末端再热式系统、风机盘管系统等。

C. 分散系统：每个房间的空气处理分别由各自的整体式布局空调机组承担,不设集中的空调机房。主要形式有分体式空调等。

② 按负担室内负荷所用的介质种类分类。

A. 全空气系统：空调房间的室内负荷全部由经过集中处理的空气来承担,此系统所需较大的风管空间。主要形式有一次回风、二次回风等。

B. 全水系统：空调房间的热、湿负荷全靠水来负担,此类系统所需管道空间较小,但无法解决室内通风换气问题,一般不单独使用。主要形式有风机盘管系统等。

C. 空气-水系统：空调房间的热、湿负荷同时由经过处理的空气和水来承担。主要形式有风机盘管加新风系统等。

D. 制冷剂系统：将制冷剂系统的蒸发器直接设置在室内来承担空调房间热、湿负荷。主要形式有单元式空调、分体式空调等。

③ 按集中系统处理的空气来源分类。

A. 封闭式系统：所处理的空气全部来自空调房间本身,没有室外空气补充,又称再循环空气系统。此系统无新风进入,适用于不经常有人停留的舱室,如配电板间等。

B. 直流式系统：处理的空气全部来自室外,室外空气处理后送入室内,然后全部排出室外,又称全新风系统。此系统采用全新风送入,适用于不宜回风的舱室,如厨房等。

C. 混合式系统：运行时混合一部分回风。此系统既考虑新风要求,又考虑节能,适用于生活区舱室,如住舱等。

④ 按空气流量是否变化分类。

A. 定风量系统。定风量系统在运行过程中,风量始终保持恒定。空气处理机组内的风机能耗在运行过程中也始终恒定,每个风口的风量在运行过程中也始终不变。

B. 变风量系统。变风量系统是指系统及系统内每个风口的风量均根据室内要求、按一定的控制方法在运行过程中不断调整,以满足不同使用要求,该类系统中空调机组内的风机能耗总是处于变参数运行状态;在低风量时可以节省部分风机的运行能耗。

以某风电安装船设计为例,生活区甲板设计居住人数为 108 人,生活区共 5 层。本平台采用 2 台冷水机组,制冷量为 2×60%,以冷水为冷源送至服务于各层空调处所的空气处理机组(简称 AHU),各 AHU 通过热湿交换处理新风、回风、混合空气,送风到每个舱室以达到所需的室内温、湿度。可知此风电安装船生活区采用的空调系统按空气处理设备位置分类为集中空调系统;按负担室内负荷所用的介质种类分类为全空气系统;按集中系统处理的空气来源分类为混合式系统。

此风电安装船除生活区中央空调系统外,还有服务于机舱配电板间、VFD 间等舱室的组装式空调系统及服务于主甲板变频电源间的分体式空调属于分散系统、制冷剂系统及封闭式系统。而服务于厨房的组装式空调系统由于需要全新风,故属于直流式空调系统。

(4) 空调系统气流组织设计。空调系统气流组织设计主要考虑送风口及回风口位置确定、送回风口形式的确定等。在进行气流组织设计之前,首先确定空调系统送风量。

① 空调系统送风量确定。

A. 新风量的确定。空调系统新风量的确定需遵循以下 4 个原则:

a. 补充局部排风的排风量,舱室设有机械排风时,新风量应能补充这部分排风量。

b. 保证舱室正压要求的正压风量,部分舱室相对于其他舱室或室外要求保持正压,防止室外空气渗入室内,干扰室内空调参数。空调房间正压值一般规定不大于 50 Pa,通常保持 5~10 Pa 即可。

c. 卫生标准要求的风量,主要考虑人呼出二氧化碳,使得室内空气的成分变化,给人体健康带来不良影响。根据舱室功能性不同,不同区域的要求有所不同,可根据相关要求选择。

d. 按空调总风量计算,有限航区,不小于空调总风量的 30%;无限航区,不小于空调总风量的 50%。

B. 送风温差的确定。送风温差与风口类型、安装高度及室温允许波动有关,送风高度小于等于 5 m 时,不宜大于 10℃;送风高度大于 5 m 时,不宜大于 15℃。

C. 送风量确定。根据第 2 步可知送风状态点,故送风量可由下式确定:

$$G = Q/(h_N - h_O) \tag{4.24}$$

式中 G——空调系统送风量(kg/s);

Q——空调系统冷、热负荷(kW);

h_N——室内焓值(kJ/kg);

h_O——室内焓值(kJ/kg)。

以餐厅为例,根据设计参数及冷热负荷参数,可计算出餐厅的送风量约为 2 000 m³/h。

D. 空调舱室的换气次数。舱室的换气次数应满足最小换气次数要求,最小换气次数可依据相关规范及用户规格书规定确定。

② 气流组织设计。气流组织设计是空调系统设计的一个重要环节,它直接影响着空调系统的使用效果,只有合理的气流组织才能充分发挥送风的冷却和加热作用。

A. 空调区域风量平衡。空调风量是舱室温、湿度满足要求的基本条件,决定了系统设计的合理性,否则会出现正压过大或负压过大的情形,进而影响舱室舒适性。对于部分要求保持负(正)压的舱室,应计算确定负(正)压风量的大小,如厨房、医务室、厕所等。

B. 送、回风口形式。送风口一般选择散流器形式,散流器安装在内装板上,自上而下送出气流,散流器可分为盘式、片式、流线型及送吸式散流器,其中盘式散流器使用较多。另外,允许室温波动范围较大的舱室可采用圆形或球形喷射式送风口,如厨房,便于随时调节送风口方向。

回风口是一个汇流的流场,风速衰减很快,一般采用格栅式回风口。

C. 风口布置。气流组织形式应根据空调要求,结合舱室特点及发热设备位置等合理地确定,形成稳定的温度场和速度场,这就要求合理地布置送风口位置。常用的布置方式主要有：上送风下回风,易于形成均匀的温度场和速度场,如住舱,采用顶部送风,门格栅回风；上送风上回风,对于住舱需增加回风管道,且易形成气流组织短路；下送风上回风,送风气流易较快地与发热设备进行热交换,风管布置空间较大的可采用,如电气设备间。

以某风电安装船设计为例,图 4.22 为 02 甲板层生活区部分住舱空调管路原理图。图中空调处理器(AHU)放置于空调机室,AHU 送风管分为三路,分别送至本层各舱室,在各路风管管道上设置调节风阀以合理分配风量。为了控制风管噪声,总管风速一般控制在 11 m/s 以下,送风口风速一般不宜大于 2 m/s,且送风末端采用带电加热布风器,可对舱室温度进行微调,以满足船员个性化要求。AHU 出口处设置静压箱,以稳定送风气流和减少气流振动,降低空调噪声。为了减少人的不舒适性及防止送风口结露影响,送风口不宜正对床铺。为了减少空调出风口静压,应减少送风管路阻力损失,这就要求管路布置时应尽量避免送风管路弯头过多、异径等造成的压损。

为了实现舱室气流组织的合理化,避免回风口与送风口产生短路或者"死区"。此平台采用舱室门格栅走廊回风,回风口断面风速不宜过大,以免引起扬尘和不舒适感。另外,平台新风口百叶窗设置于右舷楼梯附近,百叶窗的入口处设初效过滤器,以减少灰尘颗粒进入空调器,避免堵塞新风回风混合管道。在 AHU 内部设置了中高效过滤器以进一步过滤空气。为了降低新风回风管带来的噪声,新风及回风管道应采用消音风管或在管道上加消音器。

为了让人员通道远离卫生单元排风产生的恶臭味,卫生单元的排风出口引至舷外较远处,减少排风机的噪声,排风机一般选用管道风机。

(5) 空调设备选型。

① 冷水机组。按功能可分为单冷、冷热两用和热回收型。由于船舶特殊环境限制,一般采用单冷形式,而冷热两用型受到冬季外界环境温度过低影响,导致机组性能系数下降、结霜(如机组带有融霜功能也不适用)等影响不宜采用。

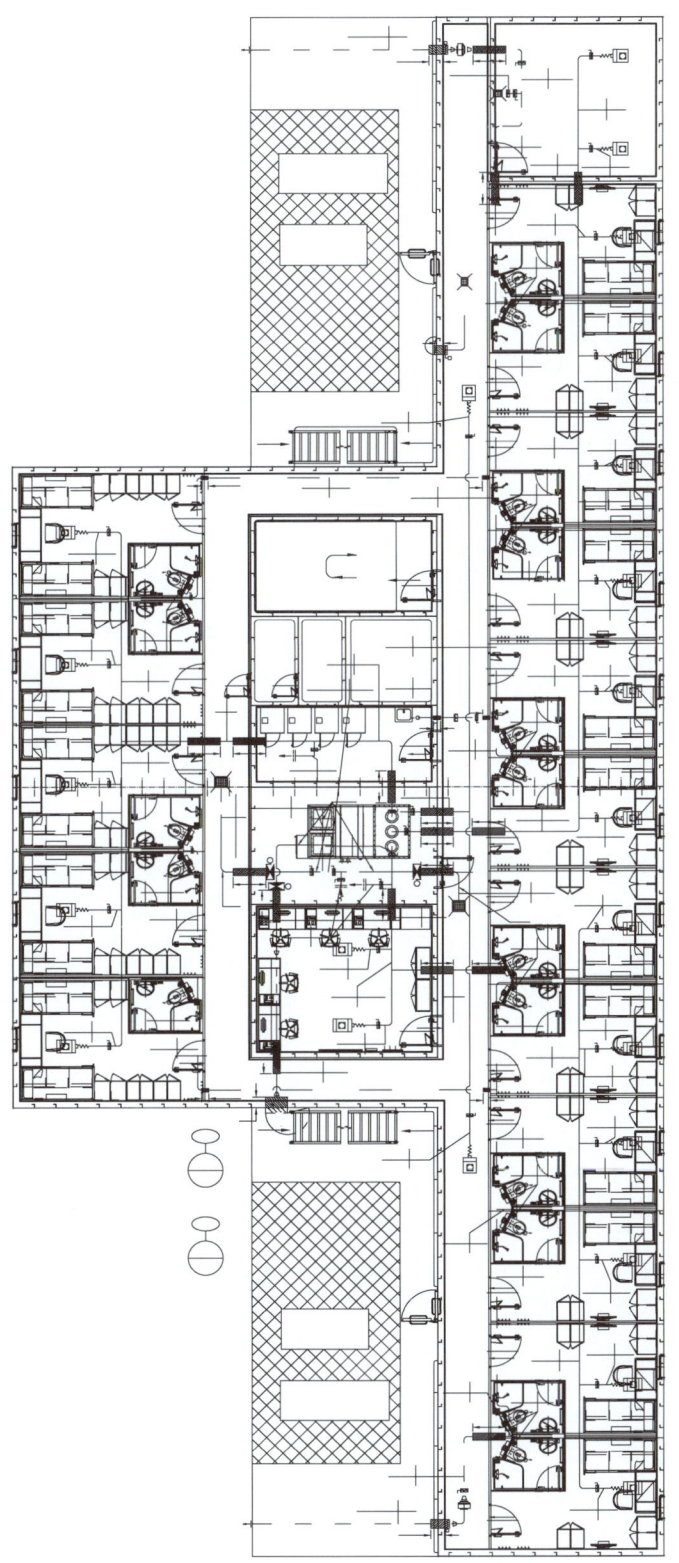

图 4.22 某风电安装船 02 甲板层住舱管路原理图

按机组冷却方式可分为水冷式、风冷式和蒸发冷却式。按按机组的制冷压缩机分为活塞式、螺杆式、涡旋式和离心式。制冷量不大于 116 kW 时,一般采用活塞式;制冷量大于 116 kW 时,一般采用螺杆式,选择何种形式需要综合考虑制冷量及设备价格等因素。

② 冷媒水泵。空调水系统有两种最基本的形式,即开式和闭式系统,如图 4.23 所示。

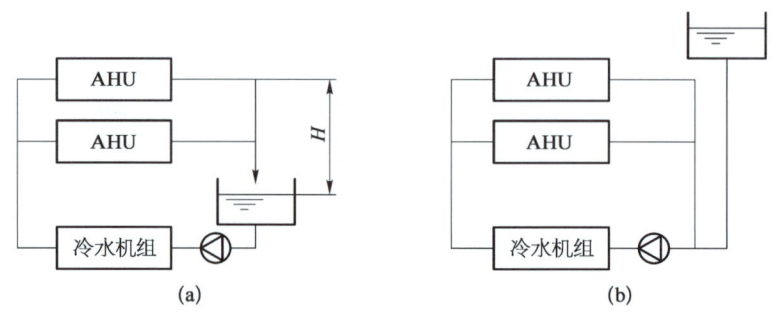

图 4.23　空调水系统形式
(a) 开式水系统;(b) 闭式水系统

在计算冷媒水泵扬程时需区分两种水系统形式,开式系统需要考虑层高的影响而闭式系统不需考虑。

冷媒水泵的扬程由管道沿程阻力和局部阻力决定,设计计算时需要考虑管路阀附件的局部阻力及管道的沿程阻力。

③ 定压装置。常用的定压装置有膨胀水箱、补给水泵和定压罐。

膨胀水箱优点:结构简单,造价低,对系统的水压稳定性好,补水控制方便。补给水泵定压的主要设备是水泵,补给水泵的流量应补充系统的渗漏水量,正常情况下补水量取系统循环水量的 1‰,事故补水量为正常补水量的 4 倍。气压罐是利用气压罐内的压力来控制空调水系统的压力。

④ 空调器。

A. 箱体。空调箱采用防腐性能板材,如镀锌钢板、玻璃钢板或其他合适的材料,其中玻璃钢箱体应采用氧指数不小于 30 的阻燃树脂制作;箱体要求壁板结合牢固,整体密封性严密;箱体壁板的绝热热阻应不小于 0.74 $m^2 \cdot K/W$,夏季供冷时,保证箱体外表面不结露;采用表面冷却器的机组应有凝结水处理装置,喷水室应设水池,箱体应排水通畅不积水、不渗水。

B. 表面式冷却器和加热器。表面式空气冷却器和加热器大多采用翅片管式的结构形式。冷却器下部必须设有滴水盘和带水封的排水装置,表面式冷却器的冷水流速一般取 0.6~1.8 m/s,空气质量流速为 2.5 kg/($m^2 \cdot s$),当迎面风速大于 2.5 m/s 时,应加设挡水板。

C. 电加热器。电加热的特点是加热均匀、热量稳定、效率高、体积小、调节方便,但电耗较大。电加热与通风机之间要有启闭连锁装置,只有在通风机运转时,电加热器电路才能延时接通,一般电加热器出口还须装有过温器,在空气温度超过某一规定值时切断电加热电源。加热器一般采用不锈钢材质。

D. 加湿段。为增加空气的含湿量,达到相对湿度的要求,需要对空气进行加湿处理。空气加湿一般分直接接触式式和表面式两大类,直接接触式通常是喷淋到被处理的空气中去,而表面式不和被处理的空气直接接触。

E. 风机段。风机段应采用高效离心风机,适用于空调的离心风机有前倾式和后倾式,前者具有体积小、转速低、噪声低、价格便宜、效率低等特点,适合于小风量、低扬程的机组;而后者具有体积大、噪声高、价格略高等特点,适合于大风量、高扬程的机组,特别适合需要进行风量调节的场合。风机段应内置式轻型可调节的减振装置,以降低风机的振动噪声。

F. 新、回风混合段。在新风口和回风口上应装有调节阀,供调节新风量、回风量的比例,调节阀由手动、电动或气动执行机构控制。

G. 过滤段。在空调器中,表面式冷却器、加热器前,必须设置过滤段,以保持换热器表面清洁。空气过滤器选型时应考虑过滤器效率及阻力的合理性。

对于此类风电安装船,采用本空调系统设计方案,不但在设计阶段可以节省设置成本,且可避免因一台冷水机组故障时导致空调系统瘫痪的现象,另外,也可降低设备的运行成本。空调系统设计时,首要目标是保证室内达到所需的温、湿度要求,同样还需要进行合理的气流组织设计以实现对舱室热湿环境、空气品质的全面控制。采用何种空调系统、如何改善室内环境等是一个不断研究的课题。

自升式风电安装船技术与应用

第 5 章　舾 装 设 计

5.1　外舾装设计特点与原则

风电安装船按船级社的规范要求进行船体甲板机械设备和通道的设计。通道的设计必须认真考虑设备(如主发电机组等)需要的拆装维修空间问题,并需考虑日后设备维修拆装的预案,包括在舱壁和甲板结构中预留"工艺孔"和合适的吊点。机械设备维修时必须要拆除的格栅、梯子等应设计得简单合理,便于拆除。

设计各类通道、舱口和人孔等,应考虑到日后调整的需要,并应为所有的阀、按钮、手柄等操纵装置设置安全通道。

5.2　外舾装主要设备设计

5.2.1　锚泊设备系统的选型和布置

锚泊又称抛锚系留,是风电安装船的一种停泊方式。根据常规的工程平台使用要求,锚泊设备主要有2种:临时锚泊设备和定位锚泊设备。

① 临时锚泊设备通常称为航行锚泊设备,供风电安装船在锚地、港内或遮蔽水域内等待泊位或潮水时临时停泊之用,而并非设计成供风电安装船在恶劣天气中处于完全开敞的远离海岸的水域中,或在进行或漂移中系住风电安装船之用。临时锚泊设备通常由舾装数并按船级社规范配置。由于风电安装船基本上为非自航船,规范上没有强制要求配置航行锚泊设备,但有些船东希望配置航行锚泊设备,因此可将艏部定位锚泊设备按照规范的要求,兼作航行锚泊设备或另外配置航行锚泊设备。

② 定位锚泊设备在风电安装船作业时控制船位,或在有限范围内改变船位所配置的锚泊设备。通常以风电安装船自身为中心,向四周抛出若干个锚及锚索系住风电安装船。定位锚泊设备根据作业水域的水深及作业要求的环境条件配置。

一般来说,风电安装船定义为非自航船,只需配置4套定位锚泊设备,但风电安装船一般会至少配置1台大吊机,船东有可能当浮吊使用,就会产生浮态吊装工况,因此有些风电安装船配置6台或8台定位锚机设备。每套锚泊设备由锚绞车、锚索、锚、导缆器、锚架、锚浮标、起锚缆等组成,并配备就地控制台和驾驶室远程遥控控制台。工程船舶一般受空间限制,锚机至导缆器的距离很难满足自然排绳的要求,所以锚机上配置排绳器还是很有必要。锚机、导缆器的布置应确保锚索在滚筒上排列整齐和不受限制地抛出或收回,锚存放在锚架上。

一般来说,锚机按其驱动方式可分为:手动锚机、气动锚机、机动锚机、电动锚机及液压锚机,目前最常用的是电动和液压锚机。锚机是保证船舶抛起锚作业安全的装置,因此各国船级社的规范对于锚机的结构均提出了要求,这些要求大体一致,但局部还是有些不同之处。

电动锚机是船舶使用最为广泛的锚机,其传动方式为电动机通过减速装置驱动轴,驱动轴与传动轴之前设有离合器,抛锚时脱开离合器,用制动器控制传动轴,设置滚筒时也设有单独的制动器和离合器。电动锚机按其电制可分为直流和交流,直流可实施无极调速,交流则为分级调速,目前大多数电动锚机均设有变频器,能实现无级调速。

液压锚机的传动方式为液压电动机通过开式齿轮驱动轴,其他机械部件与电动锚机相似。液压锚机需设置液压泵站,它可独立使用,也可与其他甲板机械设备共用。液压锚机由于省去了电动机和减速箱,因此机械部分体积小,重量轻。液压锚机起动平稳,减速方便,可实现无级调速。

定位锚机底座联接可采用销轴形式,在销轴上装有拉力传感器。锚机的制动器、离合器可用油缸液控,由主油路减压供油。刹车可以随操作手柄一起动作,制动器、离合器也可以各自单独操作。机旁设置制动器、离合器操作箱,箱面板上设置制动器、离合器操作开关、运行指示灯、就地-遥控转换开关、液压系统运行压力、锚机收放缆长度、锚机拉力显示信息等。

集中控制系统可采用由微处理器为核心的 PLC 系统,通过主 PLC 实现安全、可靠、有效的控制功能,通过以太网连接至 PLC 模块,实时监控移船锚机运行状态和故障诊断。采用闭式运行系统,适时监控并指示卷筒的运行状态以及制动器、离合器等的运行状态。

5.2.2 系泊设备的选型和布置

系泊具有多种型式,最普通的型式是码头系泊。一个系泊系统是否有效、合理,对风电安装船、船员、码头和环境的安全都很重要,如何以最佳系泊方式去抵抗各种力,这是系泊设备布置中要解决的问题。

风电安装船的系泊设备必须能抵御诸多外力因素,如风、水流、潮汐、波浪和吃水变化等。通常,系泊设备的布置应能承受最大的风力和水流力,其储备强度也能足够抵抗可能出现的其他较为缓和的力。风电安装船由于潮汐涨落或装卸货引起的与码头相对高度的变化所产生的系泊力,可采取调整缆索的长度加以补偿。

通过舾装数选配表,并结合风电安装船的舾装数,可得到风电安装船的系泊索数量、长度和破断强度的具体配置和要求。但需要注意的是,船级社规范中规定的系泊索数量、长度和破断负荷是最低要求,是基于船横向停靠在有遮蔽的港口码头上。船级社规范中对系泊索的要求仅为建议性的,而非入级要求,这是因为规范规定的舾装数主要反映了锚泊时的受力状态,而对以侧面受力为主的系泊考虑不够,一般船上的实际配置高于规范的要求。

风电安装船上收放系泊索机械分为系缆绞车和绞盘,绞盘使用较少,尤其是大型船舶基本上都使用绞车。系泊绞车具有多种功能:将系泊索的一端固定在船上;调整系泊索长度以适应每个港口的系泊模式并补偿吃水和潮水的变化;储存系泊索。同时还起到安全装置作用,一旦缆索上的力接近破断负荷时,可控制绞车释放缆索上的负荷。绞车按其控制方式分为:自动和手动;按其驱动类型分为:电动、液压和汽动;按其驱动装置相连的卷筒数分为:单卷筒、双卷筒和三卷筒;

5.2.3 拖曳系统的选型和布置

对于自航船舶,由于船舶在营运过程中可能会遇到需要拖带其他船舶或被其他船舶拖带的情况,一般均应配置适当的拖曳设备;而非自航船舶由于船舶本身无推进设备,或虽有推进设备也仅能在短距离时使用,长距离调遣仍须依靠其他船舶来拖带,因此均需配备拖曳设备。各国政府和船级社制订了一系列的规范和规则,对从事海上拖带作业的拖船、被拖平台、被拖移动式平台及其他被拖海上设施的结构、性能、设备等提出了严格的要求,并对拖曳设备做了详细规定。

对于拖曳设备的性能设计,海上拖航阻力是很重要的设计依据。海上拖航阻力的估算是以拖航航线为依据,对无限航区拖船应在风速等于 20 m/s(风从船首成 30°角方向吹来),船首水流速度为 0.5 m/s,有义波高为 5 m 条件下,拖带力至少应能保持被拖平台的航向。拖船在静水中的拖航速度一般应满足如下要求:拖带常规线型的被拖船时,应不小于 6 kn;拖带特殊线型的被拖平台或半潜钻井平台时,应不小于 5 kn;拖带自升式钻井平台及其他水上建筑物时应不小于 4 kn。

海上拖曳设备一般由固定拖曳设备和活动拖曳设备组成。固定拖曳设备包括:拖力眼板、导缆孔及回收装置;活动拖曳设备又称拖索具,包括主拖缆、备用拖缆、短缆、龙须缆、三角板、卸扣、回收缆等。

被拖物上至少配有拖力点(拖力眼板或拖桩),及能穿过摩擦链的导缆孔,被拖物上合适的系缆桩或锚泊装置也可以作为拖力点,导缆装置的形状应能防止摩擦链的链环承受过大的应力。拖力眼板应采用快速解脱型拖力眼板,横轴的截面通常采用圆形或椭圆形,其大小应保证龙须链的末端链环或连接卸扣套入。导缆孔井口的大小应足以使龙须链(缆)及其连接卸扣顺利通过,孔表面的曲率半径应避免龙须链或防擦链产生不利的弯曲,其形状类似巴拿马运河导缆孔。拖力眼板和导缆孔应至少能承受主拖缆破断负荷的 1.3 倍,此时各零部件的应力应不大于材料的屈服点(通常取 0.95)。

主拖缆和备用拖缆应为钢丝绳,如良好海况区域及拖航时间小于 24 h 的短时间拖航,主拖缆可采用尼龙缆。钢质的拖缆、短缆和龙须链/缆应有良好的润滑,卸扣、连接环、三角板等连接件应持有验证试验证明,每根龙须缆/链的破断强度应不小于主拖缆的破断强度,所有连接零件包括卸扣、连接环及三角板等的破断负荷应不小于其使用的最大拖缆的破断负荷的 1.5 倍。在拖带索具所经过的易磨损的部位一般应设有合适的防磨损措施,如使用防擦链,防擦链通常应从拖力点延伸至导缆装置之外 3 m,防擦链一般应为有档链。超过 72 h 的拖航作业,拖船与被拖物在接拖上的技术需要应使用一根长度一般在

10～30 m 的短缆,特殊情况可根据需要使用更长的短缆,短缆的最小破断强度应与主拖缆的最小破断强度相当。

5.2.4　起重设备的选型和布置

为了增加风电安装船的自动化水平,可配置各式的起重设备,以满足货物装卸、风电安装船上设备的维修起吊、人员的转移等。对于海上作业的平台或工程船舶,配置专用海工吊机,将会很大提高整个风电安装船的工作效率。

起重机基座的强度应符合规则的规定,一般来说起重机基座的设计负荷应根据起重机的自重、臂展长度、起升负荷、风力、起升负荷时的加速度引起的动负荷以及风电安装船的纵横倾和纵横摇运动等各项可能产生的最恶劣的工况的组合。

起重机的布置要合理,能够充分利用好回转半径,更多更好地覆盖甲板面积,特别是要覆盖住机舱吊物口、索具吊物口等经常需要吊装和维护的范围,同时还需考虑舷外的吊装空间,便于辅助平台上的物品吊运。

风电安装船一般配置 1 台或 2 台起重机,起重机能在 3 级海况下使用,一般具有载人功能,根据船东的要求来配置有无独立的司机室,起重机动力单元配有风冷和电加热系统,确保冬天低温和夏天高温天气都能正常使用。起升绞车可在船用环境下工作,它由带刹车的减速器、液压马达和卷筒等组成,其中减速器和制动器集成在卷筒内,绞车设有钢丝绳保护挡板,以防止钢丝绳逃出卷筒。吊臂为全封闭的变截面箱型结构,由船用钢板焊接而成,通过吊臂轴安装于塔身上,起升绞车以及角度指示器安装在吊臂上,适用于海上环境。回转支承为双排或三排圆柱式,安装在机加工表面上,且为船用环境而设计。回转支承采用了高强度紧固件,以保证回转支承的正常工作条件,回转支承采用内齿传动,以便在船用环境下保护齿面。减速机、制动器、液压马达被集成在一起,回转支承上装有适当数量的润滑油杯。变幅油缸可在船用环境下工作,活塞杆表面经过镀铬处理,油缸两端设有关节轴承。油缸上设有润滑油杯。所有外露硬管采用不锈钢,软管应适用于船用环境,软管应按照船级社对工作压力的要求进行选择。

起重机的起升、回转和变幅的任何一个动作都可满负载、满速度工作。并可在负载、速度有所下降的情况下进行任意两个动作的联动。起升、回转和变幅均由液压驱动,所有动作都可以从 0 至最大值无级变速控制。当实际压力超过溢流阀的设定压力时,溢流阀被打开,绞车马达、液压缸及回转马达都设有平衡阀,其作用是当软管破裂或其他故障造成压降时设备马上停止动作。应急操作系统由手摇泵、必要的阀件和管路组成并与原先的液压动力系统连接在一起。

下述运动均装配有安全限位装置。当安全限位装置动作时,液压马达和/或电机就停止。

① 液压安全阀:各种安全阀装置可防止液压泵及起升、变幅、回转马达超负荷。

② 起升和下降限位。

③ 应急卸荷阀:打开卸荷阀,吊机所有动作停止。应急卸荷阀安装在起重机操作平台上。

④ 吊钩的紧急下降系统。

5.2.5 救生消防设备的选型和布置

救生设备是指在风电安装船遇险时，使船上人员安全迅速撤离风电安装船，并在水上维持生命的专用设备的总称。

风电安装船救生设备的主要类型如下：

① 救生载具：救生艇、救生筏、救助艇等。

② 个人救生设备：救生圈、救生衣、救生服等。

③ 视觉信号：火箭降落伞信号、手持火焰信号及漂浮烟雾信号等。

④ 存放、登乘、降落与回收设备：各类降落设备（包括吊艇架及艇绞车）、救生筏架、登乘梯及海上撤离装置等。

⑤ 抛绳设备：抛绳器和抛绳枪等。

⑥ 通用应急报警系统与有线广播系统。

⑦ 无线电救生设备：双向甚高频无线电话设备、雷达应答器及救生艇筏应急无线电示位标等。

救生艇筏应布置在尽可能靠近起居处所和服务处所的地方，集合站应设在紧靠登乘站的地方，集合站与登乘站均应设于从起居处所和工作区域容易到达的地方，每个集合站应有足够的无障碍场地，来容纳指定在该站集合的所有人员。

风电安装船配备救生艇，放置在风电安装船的两边，救生艇的总容量应容纳风电安装船人员总数。风电安装船每舷所配备气胀式或刚性救生筏，总容量应能容纳船上人员总数的50%。风电安装船应配置救助艇，但如果配置的救生艇能满足救助艇的规则要求，此救生艇可以兼做救助艇。

风电安装船左右舷按载员数配置对应的全封闭玻璃钢救生艇，此艇受风浪翻覆时能够自行浮正，吊艇的吊钩装置为带负荷脱钩装置，根据规范要求配备的细小属具存放在水密属具箱内，罗径、探照灯等属具固定在支架上，所有座位符合规范要求，乘员座位上装有4点式安全带，救生艇两侧装有可浮救生索，供人员行走的表面均采用防滑处理，艇内装有手摇泵，用于排除艇内积水。按规范要求，救生艇表面贴有反光带并贴有对应的船名、港籍名及呼号。登乘门位于救生艇尾部和两侧，尾门上装有通风菌，在0~180°倾斜情况下，通风菌将保持在水位之上，当主机开动时，通风菌同样可以防止低压给船舱带来的危险。

艇降落装置乃是将救生艇或救助艇从存放位置安全地转移到水面上的设施，艇降落装置主要由吊艇架与艇绞车组成。风电安装船的救生艇布置在生活楼处，由于风电安装船的空间局限性，艇降落装置采用了平台式救生艇吊，其中一舷的艇吊兼做救助艇吊功能。

此艇吊放艇是依靠自身的重力放艇，救生艇能在较短的时间内，且没有任何停顿，连续下放至水面。同时此艇也可以通过遥控下放，操作人员在艇内通过小卷筒上的遥控钢丝绳遥控起艇机制动器重锤，可使救生艇顺利下放或停止，操作人员也可以在风电安装船上直接操作制动器重锤。降落装置及其附属设备的强度,除绞车制动器外,应足以经受不小于 2.2 倍最大工作负荷的静负荷试验。构件和滑车、吊艇索、眼板、链环、紧固件和其他一切用作连接降落设备的配件设计时,都有一个安全系数,所有构件的最小安全系数为 4.5,吊艇索、吊艇链、链环和滑车的最小安全系数应为 6。每具降落设备可在结冰情况下保持有效,救生艇降落设备应能收回载有 2 人的救生艇和 6 人的救助艇,救助艇降落设备应能以不小于 0.3 m/s 的速度从水面升起载足全部乘员和属具的救助艇。

风电安装船配置的救生圈,除了不带任何属具的救生圈外,还配有带自亮灯的救生圈、带自发烟雾信号和自亮灯的救生圈以及带可浮救生索的救生圈。其中带自发烟雾信号和自亮灯的救生圈的质量通常不小于 4 kg,其他救生圈的质量通常不小于 2.5 kg。救生圈应存放在风电安装船两舷容易拿到之处,在可能范围内,存放在所有延伸到船舷的露天甲板上,至少有 1 个应放在船尾附近。风电安装船每舷至少有 1 个救生圈应装有可浮救生索,其长度不小于其存放处在最轻载航水线以上高度的两倍或 30 m,取较大值。

救生衣可在水中提供浮力且能承托身体的特制背心,使落水者背部拖出水面不低于 120 mm,身体向后倾斜与垂向夹角不小于 20°,以待援救。救生衣的属具有救生衣灯及用细索系牢的哨笛。救生衣通常存放在船员和乘客的居住和休息处所,也可相对集中存放在容易到达的处所,值班人员使用的救生衣应存放在驾驶室、机舱、控制室及其他有人值班的处所,存放位置应有明显标志。

救生服又叫浸水保温服,是防水连衣服,可使穿着该服的人员在水中减少体热损失。通常为救助艇艇员和海上撤离系统工作人员使用,以便在水面扶正气胀救生筏和协助遇难人员登乘。救生服应符合《LSA 规则》的规定,且在满足该规则对于救生衣要求的情况下可以兼作救生衣。但是目前国内救生服虽然大多为自然保温材料制成,但是一般达不到救生衣的浮力和稳性等要求,尚需在救生服外面加穿救生衣。

视觉信号为风电安装船遇险时请求救援的火焰信号,船用的红光降落伞信号,红光火焰信号及橙色烟雾信号均为救生艇、救生筏、救助艇必须配置的属具,此外,平台还应按规定配备船用红光降落伞信号,并将其存放在驾驶室或其附近处。

抛绳设备是使遇险船与营救船(或岸上)建立直接联系的装置,抛绳器作为引缆,在两船间传送拖索,然后将遇险船舶拖离。抛绳设备应符合《LSA 规则》的规定,每具抛绳设备应包括:不小于 4 个能在无风天气中将绳抛射至少 230 m 的抛绳体,以及不小于 4 根破断力不小于 2 kN 的抛射绳。

灭火器分为手提灭火器、大型灭火器和手提式泡沫喷枪。每具手提式干粉或二氧化碳灭火器的容量应不小于 5 kg,而每具泡沫灭火器应至少具有 9 L 的容量,所有手提式灭火器的质量不应超过 23 kg,且其灭火器性能至少与 9 L 液体灭火器相当;大型灭火器用于扑灭油类火灾的 45 L 或 135 L 泡沫灭火器应设有滚轮和足够长的软管以保护其所覆盖的溢油火险区域;手提式泡沫喷枪应包括一具能以消防水带连接于消防总管的吸入式空气泡沫枪,连同 1 只至少能盛装 20 L 泡沫浓缩液的可携式容器和 1 只备用容器。灭火器布置时应在易于看到,且在失火时能迅速和容易到达的地点,用于任何处所的手提式灭火器,其中一具应设在该处所的入口处。每种手提式灭火器的备用数量应按前 10 个灭火器的 100% 和余下灭火器 50% 的量进行配备，但总数量不必超过 60 个备份。

消防员装备由一套个人配备、一具呼吸器和一根救火绳组成。个人配备包括防护服、消防手套、消防靴、消防头盔、安全灯（手提灯）和太平斧。消防员装备的目的是：为消防员配备合适的装备以便救火和救人。有些失火危险处所配备手提灭火器，消防员可以迅速消灭初始火灾；但是有些油类失火危险处所除配备手提灭火器之外，还配有大型移动灭火器以便于消防员扑灭迅速蔓延的手提灭火器无法灭掉的油类火灾。为达到此目的应满足下列功能：消防员装备的设置和品质应便于人员进行救火、救人而不受到伤害；手提灭火器应处于随时可用状态，操作便捷；大型可移灭火器应处于随时可用状态，操作简单。

消防员装备的技术要求：防护服的材料应能保护皮肤不受火焰的热辐射，并不受蒸汽的灼伤和烫伤。衣服的外表应是防水的；消防靴和手套应由橡胶或其他不导电材料制成；消防头盔能对撞击提供有效防护；电安全灯（手提灯）应是认可型的，其照明时间至少为 3 h，用于危险区的安全灯应为防爆型；太平斧的手柄应具有高压绝缘；呼吸器应为一具自给式压缩空气呼吸器，其筒内空气储存量在标准大气状况下至少应有 1 200 L，或一具其他型式的自给式呼吸器，其可供使用的时间至少为 30 min。呼吸器所用的空气瓶应能互换；每根耐火救生绳的长度至少为 30 m，此绳应一次性通过静载荷为 3.5 kN、时间为 5 min 的认可试验，此绳应能用弹簧卡钩系在呼吸器的背带上，或系在一条分开的腰带上，以防止在拉拽救生绳时与消防员脱开。消防员装备应保持即刻用状态，并应存放在易于到达之处，存放位置应有永久性的清晰标志，各套储存的位置应尽量互相远离，每一风电安装船上至少应配备两套消防员装备。

在所有船上的机器处所内，应急逃生呼吸装置（EEBD）应位于易于看到的位置，随时可用。在发生火灾时，这些位置应能随时迅速和容易地到达，应急逃生呼吸装置位置的确定应考虑到机器处所的布置和通常在该处所工作的人员数量。EEBD 应按照规定配置，且风电安装船上应存有备用装置。

5.2.6 舱盖类设备的选型和布置

人孔盖和小舱盖是两种在风电安装船上广泛使用的舱室出入口启闭装置。风电安装船上一般都设有众多的液舱（如燃油舱、滑油舱、淡水舱、压载水舱等），以及某些因船体结构或关系检修的需要而平时人员不需出入的舱室，这些舱室有的在中间风电安装船下，有的在双层底内，通常在围蔽这些舱室的甲板、风电安装船、内底板和舱壁上开一些人孔，并设置人孔盖，供施工和检修人员出入用，一旦作业完成人员离开之后，即用人孔盖予以关闭。

人孔盖的强度和密性（水密、油密或气密）要求较高，因此人孔盖的结构和密封垫料应能保证人孔盖不低于其所在位置的船体结构（如甲板、风电安装船、内底板、舱壁等）的强度和密性。小舱口盖是指开孔尺寸不大，用人力就能容易启闭的舱口盖，常用的小舱口盖主要有两种：一种是风雨密舱口盖，通常安装在干舷甲板以上的各层露天甲板和半封闭的上层建筑或甲板室内部的甲板上；另一种是非风雨密舱口盖，只能用于平台内部的甲板或风电安装船上。除非特殊设计，一般的小舱口盖不能用于液舱顶部。风雨密舱口盖只能承受外来风浪的袭击,不能承受来自舱内的强大水压力,因此对于风电安装船破舱以后需要保持水密的甲板或风电安装船,不应设置小舱口盖。

对通过水平布置的开口,舱口或人孔进入的通道,其尺寸应足以允许佩戴自给式呼吸器和个人防护装备的人员能不受阻碍地上下梯子,且应提供一个便于将受伤人员从处所的底部吊运上来的宽敞出口,该出口的最小尺寸应不小于 600 mm×600 mm。对通过垂向开口的出入口,或供作贯通处所各处的人孔,其开口的最小尺寸应不小于 600 mm×800 mm,从开口边缘至下部底板的高度应不超过 600 mm,除非备有格栅或其他的踏脚板。

根据《国际平台载重线公约》的规定,在开敞的干舷甲板上和后升高甲板上,以及位于从首垂线起船长四分之一以前的开敞上层建筑甲板上,和在位于从首垂线起的船长四分之一以后的上层建筑甲板上设有衬垫和夹扣装置的风雨密钢质舱盖或其他相当材料舱盖的舱口围板,在甲板以上的高度分别为 600 mm 和 450 mm,小舱口围板的厚度应不小于规范对舱口开口线的甲板所规定的最小厚度或 11 mm,取较小值。如果主管机关认为在任何风浪条件下,并不影响平台安全,则此围板高度可以减小或完全取消,如设有舱口围板,则它们的结构应坚固。

人孔盖主要采用了带围板的升高式人孔盖、平置式人孔盖以及人孔盖上带有盖板的埋入式人孔盖这三种形式。人孔盖的盖板、围板和座圈通常采用热轧碳素钢或用与安装人孔盖处的船体结构相同的材料制造,垫圈和拉手采用普通碳素钢,密封垫圈采用阻燃型耐油或耐海水橡胶,如人孔盖设在引用水舱,密封垫圈需采用引用水橡胶,螺栓或螺柱采用不锈钢或碳素钢,螺母采用碳素钢、不锈钢或黄铜等材料,碳素钢制作的螺栓、螺柱、螺母及垫圈均为镀锌。

在做人孔盖及小舱口盖的密性试验时,保证密性的焊缝区域不得涂刷油漆、水泥和敷设隔热材料等。冲水试验使用的喷嘴直径不小于 16 mm,喷嘴出口处的水压力至少为 0.2 MPa,喷嘴离被试部位的距离为 1.5 m,试验时间不超过 3 min,试验后,焊缝和密封处等被试验部位应无任何渗漏水现象。

5.2.7 栏杆、梯道等铁舾件的设计

船上的露天甲板,包括上层建筑及甲板室的各层甲板的边缘,若为开敞部分应设置栏杆。干舷甲板不设舷墙的部位亦应设置栏杆。梯口、舱门及各类风电安装船的开敞边缘处,考虑对人员的保护,均应设置栏杆。

栏杆可分为固定式和活动式两大类。常用的固定式栏杆型式可分为扁钢栏杆和钢管栏杆;常用的活动栏杆型式可分为链条式活动栏杆和可拆式活动栏杆。链条式活动栏杆使用链条或钢丝绳代替刚性扶手或横档,并在链条或钢丝绳的端部配置卸扣、挂钩或松紧螺旋扣;可拆式活动栏杆为焊接固定套管,将栏杆立柱插入固定套管中,并用带舌小销固定,不用时拔出带舌小销,栏杆整体移出。钢质固定式栏杆由于其安全可靠、结构简单、施工方便,在风电安装船中得到广泛的使用。风电安装船在一般情况下很少使用活动栏杆,但是因为有工作需要,在局部区域设置活动栏杆,如救生艇登艇处、主甲板工作区域处等。

栏杆应至少有三档,栏杆的最低一档以下的开口应不超过 230 mm,其他各档的间隙应不超过 380 mm,现栏杆高度为 1 050 mm,栏杆柱间距一般不大于 1.5 m,但在栏杆的转角处应适当增加栏杆柱,使得栏杆扶手及横档的悬空部分尽量减少,在干舷甲板和上层建筑上的栏杆至少每第三根撑柱应用托架或撑条支持,在栏杆的最下层需安装踢脚板。

风暴扶手由支架与扶手组成,室外风暴扶手通常采用镀锌钢管,并用圆钢或钢板作支架,焊接固定在甲板室外围壁上。风暴扶手的支架间距一般为 1 000~1 400 mm,高度为扶手中心至甲板 900~1 000 mm 处,支架与围壁的固定可以是焊接,也可以用沉头螺钉(以防止伤手),在布置风暴扶手时,应注意不要影响门的启闭,一般来说,风暴扶手只需要在通道的一侧壁上。

便于设备的维修和船员的行走,船上设置很多钢质检修平台和船员的安全通道平台。此类平台主要由格栅/花钢板、结构框架、结构支撑等组成。平台的设计载荷决定支持结构的尺寸大小,并影响支持结构布置、格栅规格选取/花钢板板厚选取。设计载荷由平台用途决定,通道及小型设备检修平台:均布载荷 4.5 kN/m² 或由船东定;大中型设备检修平台:均布载荷 9.0 kN/m² 或由船东定;大中型设备支持平台:设备重量/荷载定或由船东定;一般在平台结构设计前,布置图已确定平台大致尺寸,位置及高度等,平台设计在考虑各种因素后给出最终数据,可根据情况做出局部调整。在平台设计开始前,消化相关结构图纸作为设计的背景,并清楚了解平台设计的主要环境和用途。在设计过程中注意检查结构、设备、管系、电缆托架、风管等,同时设计过程中注意如平台为逃生通道的一部分,需要满足逃生通道规范中对净高和净宽的要求及需注意对格栅的要求,特别是玻璃钢格栅的要求。平台设计过程中尽量选取采用的型材,型材的规格尽量统一,设计过程中尽量简化,达到减重的目的。设计过程中需考虑格栅的型式,不同规格的格栅由于自身的属性,要求的铺设格栅的结构框架网格大小也是不一样的,格栅的安装、主受力方向的朝向也会对平台结构的设计有一定的影响。平台垂向支持结构(柱)尽量安排在与甲板纵向骨材/梁或横向骨材/梁对应位置,如不能做到,甲板下应加适当的加强材。平台斜撑结构同样也尽量安排在与舱壁垂向骨材/竖梁或水平骨材/水平桁对应位置,如不能做到,舱壁另一侧应加适当的加强材。

在风电安装船的设计中梯道的布置是非常重要的内容,因为它同安全有密切关系,所使用的各种梯子应采用钢质或经主管机构批准的等效材料制造,这是一条基本原则。在设计过程中一般还需遵守以下规则:室外及露天甲板上的斜梯斜度应为 45°~60°,斜度超过 65°的梯子不应作为人员经常使用的梯道,梯道宽度不应小于 600 mm,本项目斜梯斜度为 45°~50°,梯道宽度为 800 mm。无论是直梯还是斜梯,长度过长时应设中间平台,并在梯架长度中间加设固定耳板,本项目在直梯高超过 6 m 和斜梯高超过 4 m 时加中转平台。斜梯两边应设置扶手,人员经常使用的直梯超过一定高度需加安全护笼。梯道的布置及梯子的选择应与梯口配合,通常梯口开口尺寸的宽度至少应大于梯宽 150 mm,本项目中梯口开口尺寸的宽度大于梯宽至少 200 mm。舱内梯子的下端不能直接用焊接的办法固定在船外板上,必须设法焊接固定在底部构架上。在居住区内、机舱和人员易达的露天甲板上的斜梯应设置防尘板。在本项目设计过程同时还注意到了以下几点:室外斜梯扶手为镀锌钢管；直梯净宽为 400 mm，同时直梯后方至少留有 150 mm 净空；淡水舱的直梯为不锈钢 316，燃油舱直梯表面酸洗处理，其余直梯均为热浸锌；燃油舱直梯的安装形式采用了焊接式；室外楼梯的踏步为预制成型钢格栅，踏步板前封板采用防滑形式。

5.2.8 其他杂项的设计

（1）检验通道。风电安装船在其整个营运期限内定期对其所有构件进行检验，以确保不会因腐蚀、超载或碰擦而发生诸如裂缝、屈曲或变形等损坏，并确保厚度减薄是在已定的极限范围之内。为对船体结构进行全面和近观检验及检查，设置合适的出入通道是必不可少的，此类通道在风电安装船设计阶段时就应加以考虑和规定。

对于要求进行近观检查和厚度测量的结构构件，除双层底处所外，应设有 1 个永久通道，如在其结构允许安全和有效使用的条件下，经批准的替代方法可结合所设置的永久通道一起使用，永久通道应尽可能与风电安装船结构构成一个整体，确保其牢固且对风电安装船总强度有利。永久通道中的高架走道部分（如设有），其净宽应不小于 600 mm，除非在绕过垂直桁材处净宽可减至 450 mm，并应在通道开放一边全长范围设置栏杆，当由倾斜构件构成部分通道时，该处结构应是防滑结构，栏杆高度为 1 000 mm，由扶手和 500 mm 高度处的中间横档构成，构造要牢靠，栏杆支柱的间距应不超过 3 m。从船底通往永久通道和垂向开孔的通道应由便于行走的走道、梯子或踏板等组成，踏板应设置成供脚踏的横向支撑，为垂直面设置的梯子，其横档中心距垂直面的距离应不小于 150 mm，当垂向人孔高于行走平面 600 mm 时，应在两面设有踏板和带把手的可登平台。永久式斜梯应有小于 70°的倾角，距斜梯表面 750 mm 范围内不应有障碍物，但开口处的净空可减至 600 mm，在最大 6 m 垂向高度范围内应设置大小合适的休息平台，梯子和扶手应由钢或有足够强度和刚度的等效材料制成，通过支柱牢固地永久在液舱结构上，支撑的方式和支柱的长度应使振动减到最小。梯子框架之间的梯子宽度应不小于 400 mm，踏板应以垂向间距 200～300 mm 等间距布置，如使用钢材，踏板应由截面不小于 22 mm×22 mm 的两根方钢构成水平梯级，方钢的棱角边缘朝上，踏板应由梯子框架支撑，以双面连续焊永久固定，所有斜梯应在踏板两侧合适的高度处，设置结构牢固的扶手。对于垂直梯和螺旋梯，其宽度和结构应符合主管机关能接受的国际或国家标准，独立式的可携式梯子的长度应不超过 5 m。可考虑将螺旋梯作为斜梯的替代设备。按此考虑，最上面 2.5 m 部分仍可由螺旋梯构成，不必换为垂直梯。从甲板进入液舱的入口处的垂直梯最上部应在 2.5 m 长度内保持垂直（不计顶部障碍物的净值），且与一台架连接。该台架应设置在垂直梯一侧。如果在甲板结构以下 1.6～3 m 范围内有纵向或横向永久通道可落脚，则该垂直梯可设置在甲板结构以下 1.6～3 m。

（2）船底放泄塞。舱室维修或清理时通过各种泵先将舱室内的液体排除，但是由于泵的吸口的特性，舱内的剩余液体不能完全排除，这时就需要布置一些放泄塞来排除剩余的液体。放泄塞的座板材质和附近结构材质一致，旋塞的材质为铜质或不锈钢，一般放泄塞位置都设在直梯附近，并放泄塞的安装位置应尽量在最低位置，放泄塞打开方式可分为舱室内打开和舱室外打开，根据风电安装船的特性，配置的放泄塞为舱室内打开方式。每一类型的船底放泄塞配备适当数量的开启扳手,船底塞附近外板上设置舱名标志,以便于知道放泄塞所在舱室。

(3)护舷。由于风电安装船在靠码头或者其他供应船靠泊时,为了防止摩擦损耗结构,从而破坏船体外板,一般情况下在船体外板安装配置护舷。一般护舷可分为钢质护舷、橡胶护舷、木质护舷和橡胶垫等,一般来说,此类工程船船东多数会选用木质护舷。木质护舷材质一般选用硬木,木材应无腐朽、虫眼、开裂、毛刺、污物等,护舷木需做防腐防水处理,木护舷在钻安装孔时榫眼、锁眼、螺纹眼等不允许有崩茬、翘皮等缺陷,眼内要求光洁。由于木护舷经常泡在水里或在潮湿的环境,为了提高木护舷的使用寿命,木护舷在安装前需要浸桐油。

5.3 内装设计流程与细则

近些年,世界各国均面临严峻的环境恶化、自然资源锐减问题,而海上风电作为一种清洁的可再生资源,具有节约土地资源、风能平稳、无噪声及景观污染、资源丰富且适合大规模开发利用等一系列优点,其开发利用技术以及相关装备制造业得到迅猛发展,这也使得海上风电安装技术以及相关装备成为海上风电发展的关键因素!

风电安装船,作为海上风电重要的施工装备,备受各大风电施工总包方的青睐!近几年,国内有关风电安装船的订单急剧增加,与风电场的开发速度相比,风电安装船的数量仍有很大的市场空缺。根据已交付及正在建造的风电安装船项目,对其设计流程进行归纳总结,以达到设计优化、减少设计误差、缩短建造周期的最终目的。本节将着重针对风电安装船的内装设计流程与细则加以分析、梳理,从而提升风电安装船整个居住处所的舒适度。

5.3.1 内装设计的特点与原则

内装设计是船舶工程设计中的重要组成部分,也是用户对船舶设计质量最为关注的一面,因为内装设计的好与坏将直接决定了船舶内部,尤其居住处所的舒适性以及美观性。船舶内装设计也是空间与人的关系的设计,因此内装设计具有双重特性,一是技术性能的设计,在设计过程中严格遵守船舶建造的各种规范。二是美学设计,在满足建造规范的前提下用完美的形式将居住处所表达出来。因此,船舶内装设计既是技术设计又是感官设计。

风电安装船的内装设计,需要周详地考虑若干设计重点,包括生活区布置、规范及法规、降噪减震、安全防火、材料选择、舱室效果、面材色卡搭配等内容。同时,一定要确保工艺要求的可行性、内装材料及设备的实用性和最终整体效果的美观性。有关风电安装船内装设计特点及原则,可以从技术设计、规范要求、美观实用三个方面加以阐述。

(1) 技术设计。内装设计需要严格遵守规格书中针对内装专业的技术要求,通过设计图纸来完成,图纸将作为现场施工依据,具体可分为以下 5 个部分:

① 根据技术规格书中的要求,绘制生活舱室布置图,这是内装设计的最基本图纸,也是较多重要图纸的设计依据和底图。

② 绘制内装专业的重要图纸。在生活舱室布置图绘制完成后,以此为设计基础,需要绘制内装的其他重要图纸,例如:防火区域划分图、绝缘布置图、舱室门布置图、钢质门布置图、甲板敷料布置图、窗布置图等,这些图纸将作为最重要的施工依据和蓝图。

③ 绘制各种典型舱室布置图,此图将作为舱室完整性交付的参考依据。常见的典型舱室布置图有餐厅/厨房布置图、洗衣间布置图、会议室布置图、健身房布置图、办公室布置图以及驾驶室布置图等。

④ 根据技术规格书的要求,在绘制典型舱室布置图的同时,编制内装相关材料、设备的订货订单、订货技术要求文件,这些文件将是内装材料 & 设备采购的技术依据。

⑤ 根据用户要求,制作舱室效果图,并确定内装材料色卡图册。效果图的制作会很直观地将舱室最终的整体效果展现给用户,方便用户及时更改或确认内装色卡图册,也为部分材料的采购奠定基础。

这就是风电安装船内装设计工作的整体流程,是设计工程师的专用语言,也是设计、生产、用户相互沟通的渠道。

(2) 规范要求。规范、公约等是船舶设计工作的基本依据,必须严格遵守执行,也是船舶及船员安全最基本的保障。根据不同的船型、挂旗国以及业主的要求,会有各类型规范、公约需要贯穿整个设计工作。内装设计过程中经常遵守的公约及规范有《SOLAS 公约》《海上移动平台入级规范》《载重线公约》《ILO 92&133》等。

(3) 美观实用。内装设计的美观,就是用美的形式与舱内空间有机结合形成美的韵味,给人以较为鲜明的感染力,使得生活在该空间里的人得到美的享受。

实用则是设计后居住区域的实际使用价值,体现在船舶工作中的状态以及船员日常生活中居住、活动、休息娱乐的需求。

以上从诸多方面详尽介绍了风电安装船内装设计的特点与原则,将风电安装船的内装设计流程全面概括地展现,接下来会就生活区的布置、内装材料的选择、色卡搭配等方面对风电安装船的内装设计做详细的介绍与说明。

5.3.2 生活区的划分与舱室布置

风电安装船,由于其施工作业的自身特点,要求其甲板可用面积最大化。因此其主甲板上方居住区域的结构轮廓较为狭小。同时,为了远离噪声源,降低振动影响,将船员居住处所、工作处所尽可能布置在主甲板上方结构中,这样也方便船员的日常工作、休息。

而对于人员较为密集,舱室面积要求较大的处所及区域,例如娱乐室、厨房、餐厅、健身房等公共区域则布置在主船体内部,以充分利用主船体内部的充裕空间。例如某风电安装船主船体内的布置如图 5.1 所示。

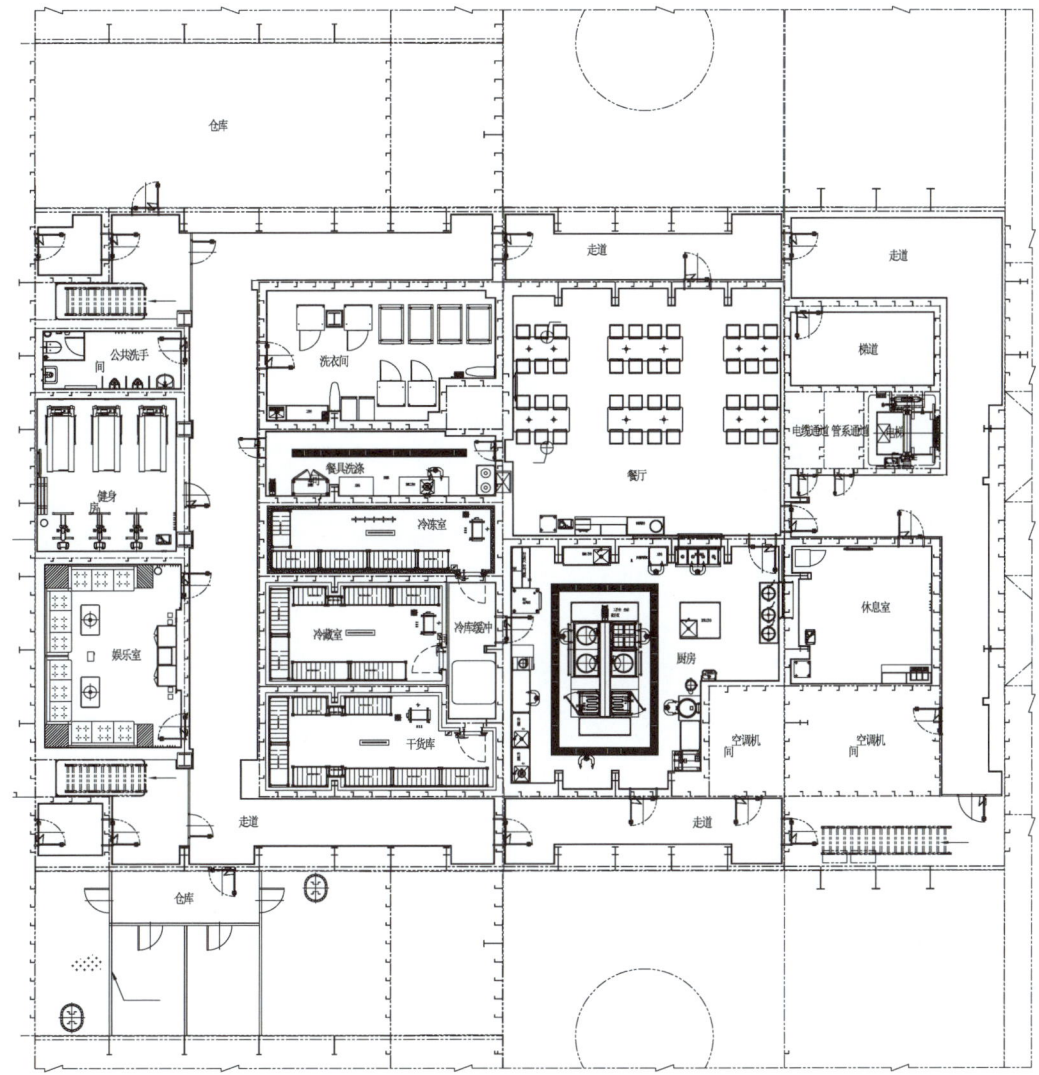

图 5.1　风电安装船主船体内布置

从该布置图中可知，人员密集、噪声较大的区域娱乐室、健身房、餐厅厨房等均布置在主船体内部，且通过钢结构与隔音绝缘的设计方案远离机舱区域，既保证了舱室面积，又避免因为噪声影响船员日常休息。

图 5.2 为主甲板布置图，针对主甲板上方居住区外轮廓较为狭小，将更衣室、洗浴及公共洗手间布置在主甲板，并设置由内通往艉部工作区域的风雨密门，方便船员工作后经由洗浴、更衣后进入生活区，也保障了整个生活区内的清洁度与装饰材料的耐久度。

该风电安装船上层建筑位于艉部，分为 5 层甲板，按照技术规格书、公约、规范以及业主的要求，根据舱室的不同功能、用途、以及生产设计空调风管、水管和电缆的连续性，具体布置大致如下：

（1）主甲板——更衣室、船员更衣室、公共洗手间、淋浴间、医务室、应发室、变频室、

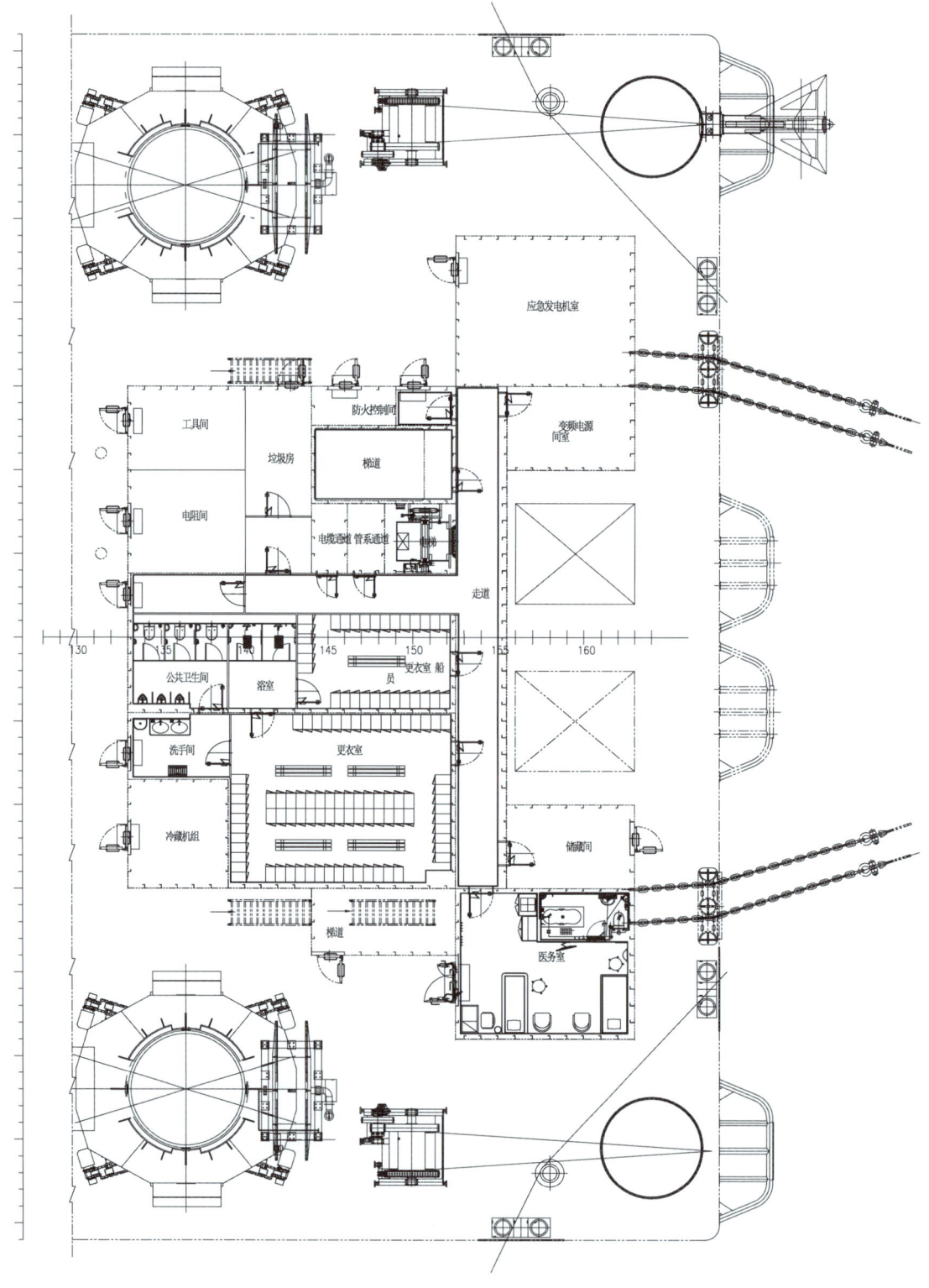

图 5.2 主甲板布置

工具间、电缆及管弄通道。

(2) 01甲板——四人间、会议室、空调机间、洗衣间、水管&电缆通道、电梯间。

(3) 02甲板——四人间、两人间、办公室、空调机间、洗衣间、水管&电缆通道、电梯间、被服间。

(4) 03甲板——会议室、单人间、套间、公共洗手间、洗衣间、茶水间、电梯控制室、船长室、轮机长室、办公室、会客室、水管&电缆通道、电梯间。

(5) 04甲板——中央控制室。

在生活区布置图基本确定后,需要根据生活区布置图绘制内装最基本也最重要的防火区域划分图,该防火划分图关系到后续内装材料防火等级的确定。根据技术规格书中的要求,遵照CCS《海上移动平台入级规范(2016)》中第7篇第5章对各类型舱室的进行属性划分,然后确定相邻舱室间的舱壁、甲板的耐火完整性(即防火级别),见表5.1、表5.2。

5.3.3 厨房、餐厅公共区域的设计与布置

前面提到将餐厅、厨房等公共舱室布置在主船体内,最大限度地利用主船体内的充裕空间。本节详细描述有关餐厅、厨房的设计与布置。

某风电安装船,定员108人,入级CCS,餐厅与厨房等公共区域均布置在主船体内,由图5.3可清楚地看到餐厅的整体布置。根据业主要求,专为贵宾布置了一间高级餐厅,位于厨房相邻一侧舱室,通过一扇防火服务窗实现食物的传递功能。考虑到该风电安装船实际使用期间的饮食习惯,将高级餐厅的餐桌设计为圆盘式,可容纳12人同时就餐,且专门为该高级餐厅布置了诸如冷藏柜、冷热饮水机、碗碟消毒柜等设备,方便该餐厅内的人员用餐。

结合该平台后期的实际操作情况,业主要求船员餐厅至少容纳40人同时就餐。由该布置图得知,船员餐厅内共计布置六人餐桌四张、八人餐桌两张,可同时容纳40人就餐,满足业主的要求。由于餐厅属于人员密集区域,且舱室面积很大,因此同时在两个方向布置了舱室门,既满足了逃生要求,又极大地方便船员就餐。餐厅内通往逃生舱门的走道宽度至少设置为1 200 mm,更好地保障了船员用餐时的通畅性。

另外,在靠近厨房的一侧,布置了符合中餐饮食习惯的设备及家具,例如木质工作台用来摆放餐具,不锈钢工作台用来存放主食(米饭、馒头等)以及汤,方便船员自行取食。饮水机、冷藏冰箱、制冰机等设备能很好地供船员使用。

由于该风电安装船定员108人,且可容纳至少40人同时用餐,因此厨房的合理布置显得至关重要!图5.4为本平台厨房的平面布置图,该厨房根据中餐制作的特点,配备了中餐加工常用的电磁大锅灶、蒸饭箱等设备。按照烹饪的流程,将厨房按照不同功能划分区域,分为食品准备区(解冻、清洗等)、食材加工区(搅拌、切割等)、烹饪区、早餐加工区等若干个区域,与此同时将烹饪区布置在厨房中间,"岛式"烹饪区能够更好地兼顾食材初加工、准备阶段,使得整个烹饪流程更顺畅。

本风电安装船厨房区域专门设立了早餐加工区,根据中式早餐特点,配备了豆浆机、电饼铛、油煎锅等,符合后期船员的饮食习惯,并且单独一个区域将提高加工效率。

表 5.1 分隔相邻处所的舱壁的耐火完整性

处所	(1)	(2)	(3)	(4)	(5)	(6)	(7)	(8)	(9)	(10)	(11)
控制站 (1)	A-0$^{(d)}$	A-0	A-60	A-0	A-15	A-60	A-15	A-60$^{(c)}$	A-60	*	A-0
走廊 (2)		C	B-0	B-0 A-0$^{(b)}$	B-0	A-60	A-0	A-0$^{(c)}$	A-0	*	B-0
起居处所 (3)			C	B-0 A-0$^{(b)}$	B-0	A-60	A-0	A-0$^{(c)}$	A-0	*	C
梯道 (4)				B-0 A-0$^{(b)}$	B-0 A-0$^{(b)}$	A-60	A-0	A-0$^{(c)}$	A-0	*	B-0 A-0$^{(b)}$
失火危险较小的服务处所 (5)					C	A-60	A-0	A-0	A-0	*	B-0
A类机器处所 (6)						*$^{(a)}$	A-0$^{(a)}$	A-60	A-0$^{(c)}$	*	A-0
其他机器处所 (7)							A-0$^{(a,c)}$	A-0	A-0	*	A-0
危险区 (8)								—	A-0	—	A-0
失火危险较大的服务处所 (9)									A-0$^{(c)}$	*	A-0
露天甲板 (10)										—	*
卫生间和类似处所 (11)											C

表 5.2 分隔相邻处所的甲板的耐火完整性

甲板下处所 \ 甲板上处所		(1)	(2)	(3)	(4)	(5)	(6)	(7)	(8)	(9)	(10)	(11)
控制站	(1)	A-0	A-0	A-0	A-0	A-0	A-60	A-0	A-0(e)	A-0	*	A-0
走廊	(2)	A-0	*	*	A-0	*	A-60	A-0	A-0(e)	A-0	*	*
起居处所	(3)	A-60	A-0	*	A-0	*	A-60	A-0	A-0(e)	A-0	*	*
梯道	(4)	A-0	A-0	A-0	*	A-0	A-60	A-0	A-0(e)	A-0	*	A-0
失火危险较小的服务处所	(5)	A-15	A-0	A-0	A-0	*	A-60	A-0	A-0(e)	A-0	*	A-0
A 类机器处所	(6)	A-60	A-60	A-60	A-60	A-60	*	A-60	A-60	A-60	*	A-0
其他机器处所	(7)	A-15	A-0	A-0	A-0	A-0	A-0(a)	*(a)	A-0	A-0	*	A-0
危险区	(8)	A-60(c)	A-0(c)	A-0(c)	A-0(c)	A-0	A-60	A-0	—	A-0	*	A-0
失火危险较大的服务处所	(9)	A-60	A-0	A-0	A-0	A-0	A-60	A-0	—	A-0(c)	*	A-0
露天甲板	(10)	*	*	*	*	*	*	*	*	*	—	*
卫生间和类似处所	(11)	A-0	A-0	*	A-0	A-0	A-0	A-0	A-0	A-0	*	*

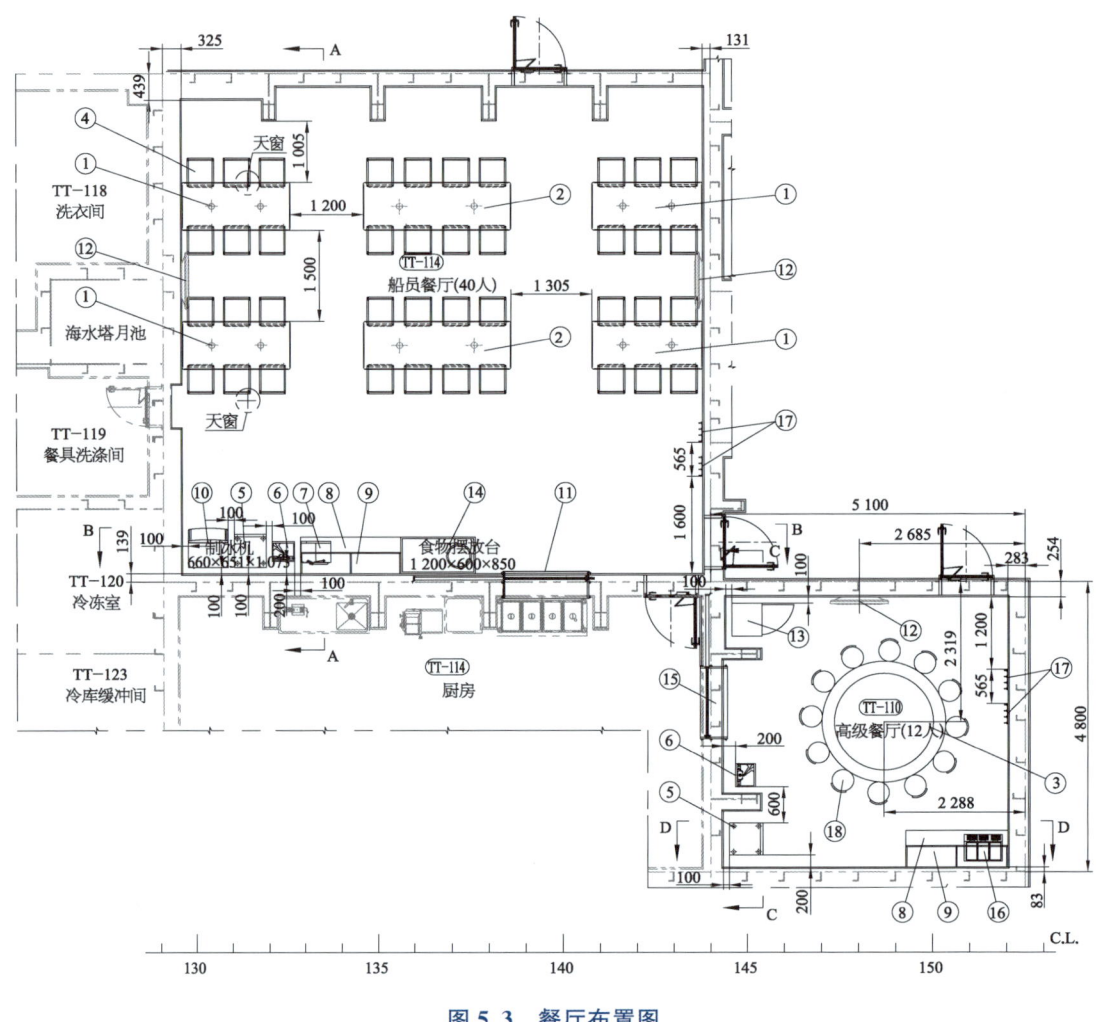

图 5.3 餐厅布置图

由于厨房整个舱室的面积有限,为了避免烹饪污染,也为了更好地进行人员分流,将餐厅相邻一侧布置了餐具洗涤间。餐具洗涤间配备一台洗碗机、污物粉碎机、预冲洗龙头、碗碟消毒柜等,通过一扇滑动服务窗与餐厅进行碗碟餐具回收。并且在舱室一段配有冲洗软管,能及时将舱室内的地面污垢冲洗干净,保证了碗碟洗涤间的整体清洁度。

厨房、餐厅等公共区域是船舶中至关重要的功能性舱室,在设计阶段要充分考虑业主要求,结合风电安装船的结构特性,给出最优布置,以满足船员的使用需求。

5.3.4 内装主材的设计与选择

前面阐述过防火区域划分图的重要性,根据防火区域划分图纸可以确定各个分割的防火级别,从而确定绝缘、甲板敷料、板材的防火级别。本节着重分析内装主要材料,绝缘、敷料、板材的设计及选择。

(1)甲板敷料和防火绝缘的设置共同满足防火结构的要求,对于某些 A60 级甲板分

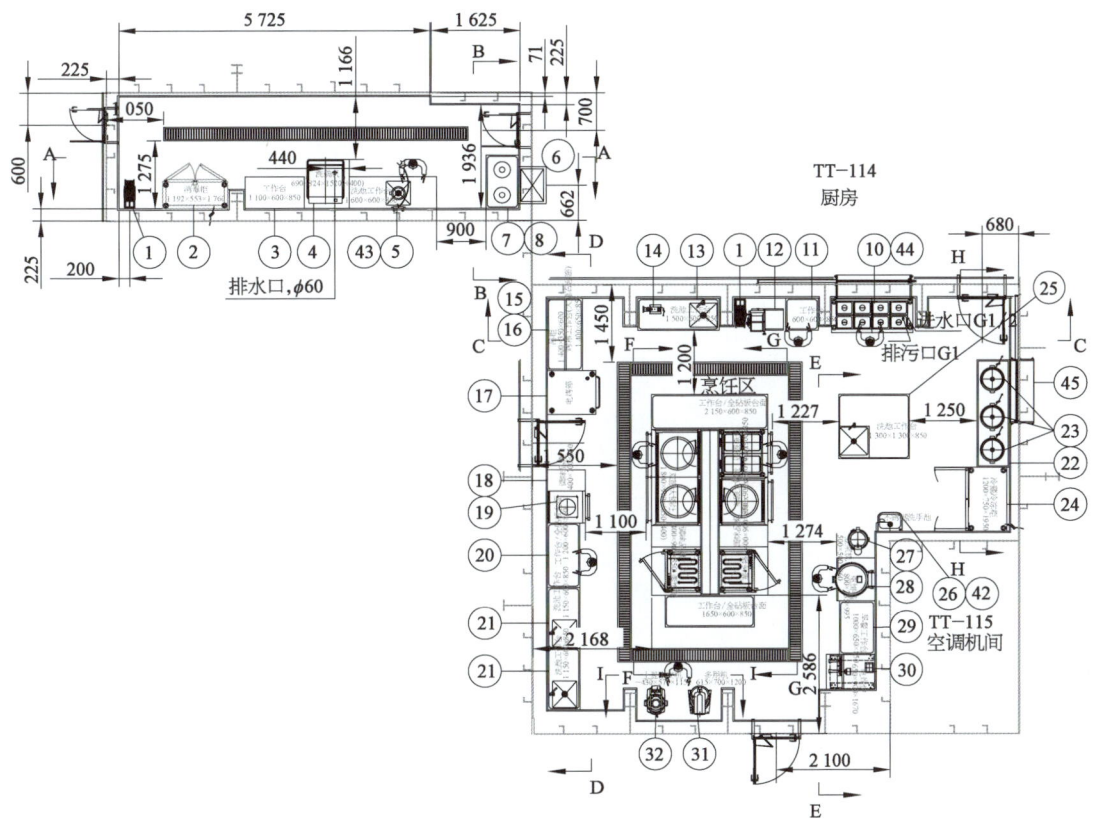

图 5.4 厨房布置图

割,如果甲板反面 A60 绝缘因为电缆、风管等布置原因无法或者很难安装时,通常可以采用 A60 级甲板敷料,取代在甲板反面安装 A60 绝缘,这样设计增加了平面作业的工作量,降低了空间和交叉作业的工作量,对于其他工种的安装也起到了简化作用。

(2) 内装绝缘分为保温隔音绝缘、防火绝缘。船体钢结构自身具有良好的导热性能,通常情况下其防火级别可达到 A0 级。若分割需满足 A60 级防火要求,需在分割上加装防火绝缘,船体结构与防火绝缘可满足 A60 级防火的要求。船舶的主体为钢结构,太阳辐射热和大气辐射热对船体内部的温度影响非常大,保温隔热材料依靠其松软组织中的气泡产生隔热作用,在船舶项目中应用非常广。它是依据舱室的舒适性要求来布置,一般情况下,上层建筑内部与外界相邻的房间内,其与室外相邻的钢围壁和甲板处均敷设保温隔热绝缘。

(3) 设计依据与参考图纸。绝缘布置的设计依据有技术规格书、SOLAS 公约以及其他入级规范。在此基础上,以生活区布置图为基本图纸,根据防火区域划分图,便可确定绝缘布置。

(4) 绝缘材料选择。常用的船舶绝缘材料有岩棉、陶瓷面、玻璃棉等材质,越发严格的环保要求,玻璃棉已经很少用在船舶上,取而代之的是岩棉和陶瓷棉,其中陶瓷纤维毯具有良好的导热系数,在满足防火、保温要求的前提下有进入人体一定时间后可排出体外,更有益于船员的健康。

(5) 甲板敷料的设计与选择。海工船舶上室内舱室甲板由于工作和生活的需要,通常会敷设适当的铺材或其他保护或装饰材料,这类材料与钢甲板一起具有一定的防火分隔、减振降噪、隔声隔热、防滑装饰、防撞耐磨和修正不平等作用,称为甲板敷料。

甲板敷料主要分为甲板基层敷料和面层敷料。基层敷料的种类很多,采用的材料有水泥、乳胶、膨胀珍珠岩、岩棉、陶瓷棉、玻璃棉、硅酸钙板及其他辅助材料等;面层敷料为装饰层,主要有木材、PVC 地板、橡胶地板、瓷砖、地毯和环氧地坪等。

甲板敷料的设计依据同样为技术规格书、SOLAS 公约及其他入级规范。根据总布置图、防火区域划分图便可确定甲板敷料布置。

不同区域的基层敷料,类型、厚度、节点均不相同。一般情况下,对于普通干燥区域,选用 8 mm 基层甲板敷料,外加 2 mm 自流平敷料用以找平;潮湿区域,例如厨房、洗涤间、洗衣间等,通常选用基层甲板敷料(8 mm),某些需要加装流水槽的舱室,因流水槽高度(40 mm)较大,因此需要增加基层敷料厚度,此种情况下可采用基层敷料外加填充料两层设计,或者使用一层较厚基层敷料(45 mm),但需在钢甲板加装马脚用以增强敷料黏结力,避免因敷料过厚而开裂。

针对隔音降噪有较高要求的舱室,可选用浮动地板系统来满足要求,通常选用 50 mm 岩棉加 1.5 mm 钢板厚再施工基层甲板敷料,该节点可以很好地满足隔音减振的要求。

在确定甲板敷料类型及节点后,需要根据业主的喜好,选择面层材料。通常情况下,普通住舱选用 PVC 地板作为面层材料,而较为高级的舱室,例如高级套间、会议室等,可选用高级羊毛地毯作为面层材料。对于厨房、餐厅等潮湿区域,可选用防滑瓷砖或环氧敷料作为面层材料,而瓷砖布置因为砖缝白水泥会在使用后期出现难以清除的污渍,且砖面耐脏程度较差,因此越来越多的项目会选用色彩艳丽、防滑防水且耐腐蚀的环氧敷料作为潮湿区的面层材料。

某些特殊舱室在选择敷料类型时需注意该舱室的使用特性,例如蓄电池间的敷料需要使用耐酸材料或者直接使用耐酸油漆。

(6) 复合岩棉板系统的设计与选择。上层建筑内部的分隔除了钢围壁分隔一定的功能区域外,在钢围壁周围或内部还将用相应的内装结构材料进行装饰或再分隔,其作用除了与钢围壁共同组成必要的耐火分隔,还具有装饰及隔音作用,这些装饰或分隔作用的材料构成了围壁系统,也被称为舱室系统。

围壁系统分为壁板和天花板,是根据防火划分图以及舱室的装饰性要求来布置的,目前有两种类型的板材,一种是目前国际上最常用的复合岩棉板,作为衬板的一般为 25 mm 和 30 mm 厚,作为独立围壁的为 50 mm、70 mm 和 75 mm 厚;另一种是铝蜂窝复合板,其与复合岩棉板唯一的不同点只是芯材为铝蜂窝。复合岩棉板的隔音效果比铝蜂窝板好,但铝蜂窝板的单位重量较轻,在减重要求较高的项目以及军舰上使用较多。

壁板和天花板根据其安装节点又分别有多种类型,例如典型的壁板类型有 A 型、C

型、M型等，典型的天花板有A型、B型、D型、P型、方块型等。各种类型的围壁系统均用顶底槽及吊挂件等型材连接，并通过焊接的方式与钢围壁及顶甲板固定。

常用的壁板类型为A型、C型，图5.5为A型、C型壁板示意图。

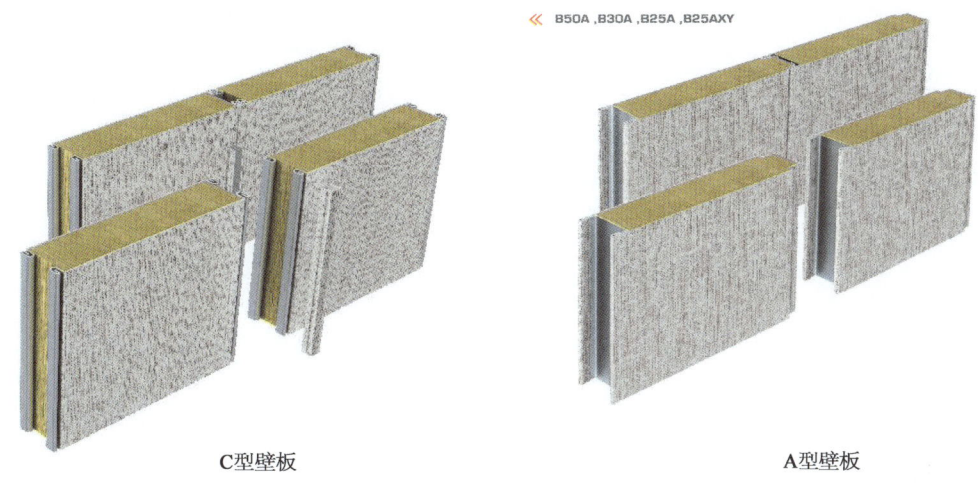

图5.5　A型、C型壁板示意图

C型壁板相邻两块板材通过U型嵌条固定，方便安装；A型壁板相邻两块壁板通过凹凸槽对插固定，安装后牢固性较好。两种类型相比，C型壁板在后期拆卸壁板时更为便捷，而A型壁板后期若需拆除某一块壁板时，需要将一排板材全部移动拆除，加大了拆卸工作量。因此，C型壁板被广泛使用在海工船舶项目上。

常用的天花板类型为A型、D型，图5.6和图5.7为D型、A型壁板示意图。

D型天花板，又称留缝式天花板。标准宽度300 mm，其中缝隙宽度25 mm。通过吊挂梁及两侧螺钉固定。结构形式为单侧0.7 m镀锌板外加25 mm厚度岩棉。

A型天花板，结构形式类似于A型壁板。标准宽度550 mm。通过两端吊挂型材及螺钉固定。结构形式为双侧0.7 m镀锌板外加30 mm厚度岩棉。

D型天花由于自身强度较差，且面板净宽仅为275 mm，因为对于需在天花板上加设检修门的处所，D型天花实用性较差，后期可能因为承重原因造成天花板变形。而A型天花因为双侧镀锌板，强度较大，且标准宽度为550 mm，能够很好地承载较大尺寸、较大重量的检修门或者其他挂件。

以上从实际使用出发，给出常用壁板、天花板的优缺点，在设计开始时需要与业主沟通确定板材类型。

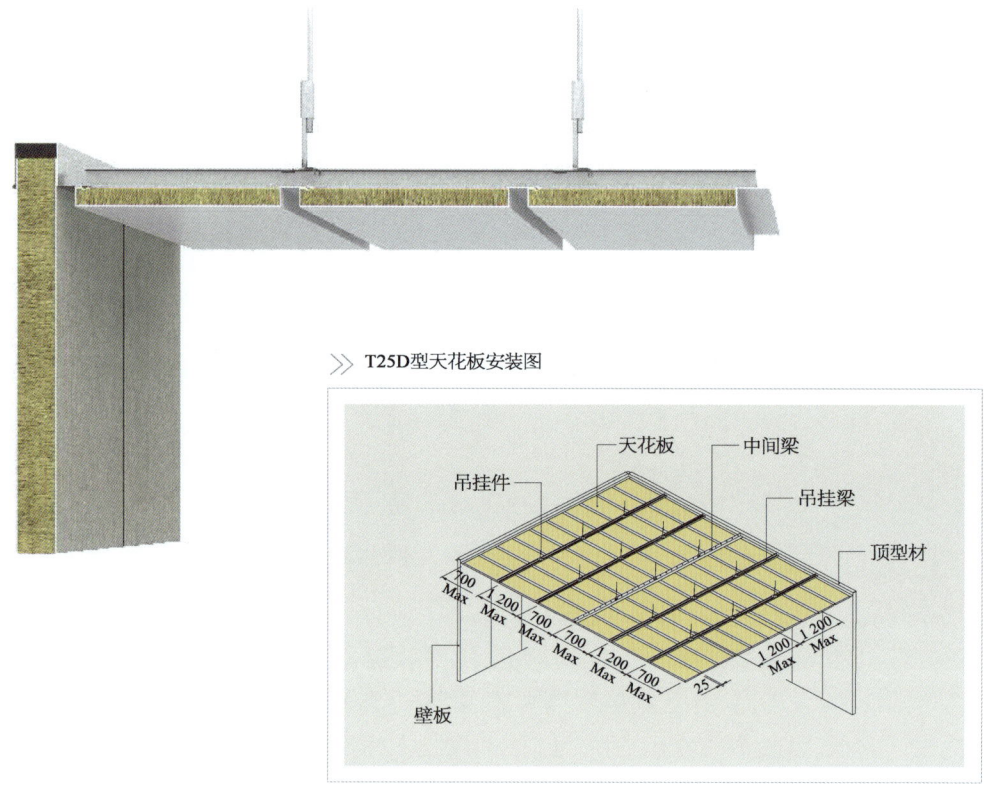

图 5.6　D 型(留缝式)天花板

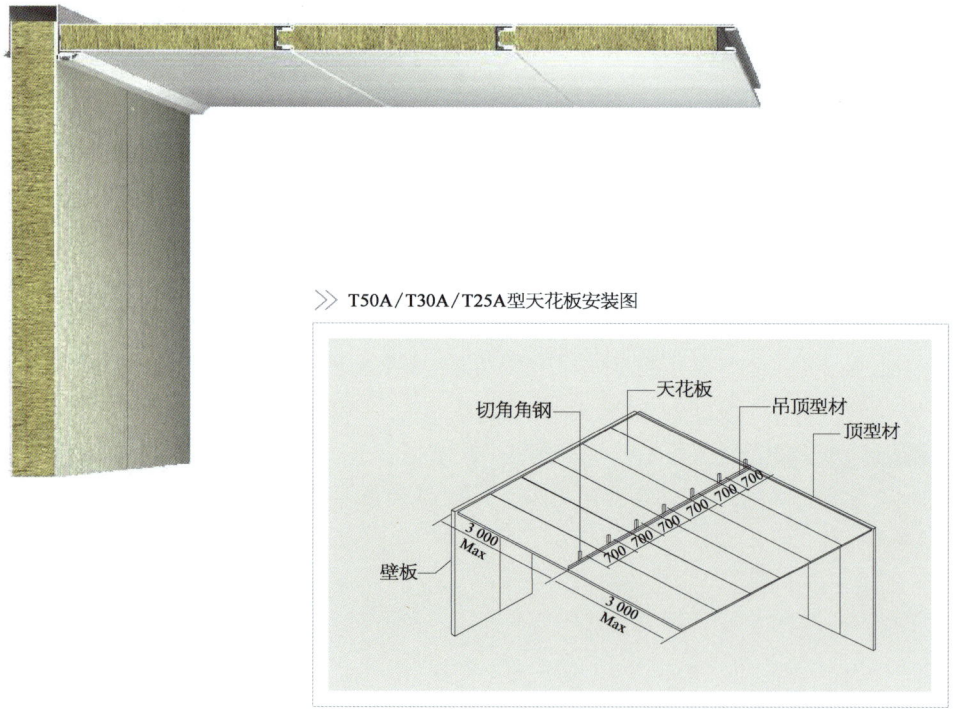

图 5.7　A 型天花板

自升式风电安装船技术与应用

第 6 章　电气控制系统

6.1 电力系统

6.1.1 电源种类和容量的确定

1）概述

风电安装船的电源,主要包括主发电机、应急发电机、变压器以及蓄电池。依据船级社规范、法规以及风电安装船的特点,并对风电安装船的用电负载进行定量估算,确定电源的容量和台数。

2）发电机容量和台数的确定

(1) 计算方法。船舶电力负荷计算是根据全船用电设备的数量、负载和使用情况进行的,其计算结果用于确定发电机容量和台数。

目前船舶电力负荷计算方法包括:需要系数法、三类负载法、日夜负载法、概率分析计算法等。上述方法中,需要系数法和三类负载法应用较多。

(2) 计算工况。船舶电力负荷计算时,通常需要考虑船舶运行工况,风电安装船的运行工况大致可分为:

① 起重机作业——船体抬离水面并到位后或船体坐底后,起重机吊重及打桩作业等。

② 抬升(桩腿下降)——船体抬升状态。

③ 抬升(桩腿上升)——拔桩状态。

④ 动力定位——插桩或拔桩情况下,动力定位状态。

⑤ 航行——航行状态。

⑥ 停泊——码头停泊或不作业状态。

⑦ 应急——主电源供电失效情况下,船舶应急工作状态。

(3) 用电设备分类。通常按照系统对用电设备进行分类,风电安装船的用电设备一般包括:

① 辅机设备——包括消防泵、海水冷却泵、推进器海水冷却泵、打桩锤海水冷却泵、潜水泵、舱底/压载泵、冲桩泵等。

② 机修设备——包括砂轮机、台钻、电焊机等。

③ 通风设备——包括机舱风机、辅机舱风机、推进舱风机、其他功能舱室风机、生活区风机等。

④ 空调设备——包括生活区空调装置、配电间空调、冷水机组等。

⑤ 甲板机械——包括抱桩器、救生艇吊、杂物吊、锚机、液压绞盘等。

⑥ 推进设备——包括推进电机、推进就地控制箱、转舵电机控制箱等。

⑦ 厨房和洗衣设备——包括消毒柜、开水器、洗碗机、洗衣机和烘干机等。

⑧ 抬升设备——包括抬升电机、抬升辅助设备、抬升控制台等。

⑨ 起重机设备——包括起重机主电源、起重机辅助电源等。

⑩ 照明设备——包括机舱照明、生活区照明、甲板照明等照明设备,以及航行灯、信号灯等。

⑪ 弱电设备——包括无线电通信和导航设备、内部通信设备等。

⑫ 其他——包括蓄电池充电设备等。

(4) 连续负载和间断负载。连续负载是指连续运行的负载,间断负载是指间断运行的负载。连续使用的大功率用电设备对发电机容量和台数确定影响较大,因此,电力负荷计算时,对该大功率用电设备的需要功率的估算应尽可能准确。

(5) 电力负荷计算书编制。船舶电力负荷计算时,通常按如下步骤进行:

① 根据轮机、电气、舾装、抬升、起重机等专业提供的用电设备数据,并结合用电设备的额定功率、效率以及总数量,然后计算用电设备的总功率。

② 根据风电安装船类型选择计算工况,并确定各计算工况下所需使用的用电设备的实际使用数量,并按连续负载和间断负载加以区分。

③ 确定各计算工况下用电设备的需要系数。

④ 计算各计算工况下用电设备所需总功率。

⑤ 选用连续负载的同时系数,计算各计算工况下用电设备总需要功率。

⑥ 选用间断负载的同时系数,计算各计算工况下用电设备总需要功率。

⑦ 计算所需总功率,确定发电机容量和台数,并计算各计算工况下发电机负荷率。

3) 变压器容量的确定

变压器通常是为了给低于主电源电压的用电设备供电或作为隔离变压器使用。

变压器容量的确定,通常根据用电设备额定功率、各类负载功率因数和同时使用系数计算得到。通常可以采用以下计算公式:

所需变压器容量(kVA)=Σ[用电设备额定功率(kW)×各类负载同时使用系数/各类负载功率因数]

4) 蓄电池容量的确定

蓄电池容量,是指充满电的蓄电池用一定的电流放电至规定放电终止电压的放电量。计算方法如下:

所需蓄电池容量(Ah)=负载功率(W)×负载工作时间(h)/[负载电压(V)×蓄电池容量系数]

6.1.2 配电系统设计

1) 配电方式选择

配电方式是指主配电板和区配电板、分配电板及其与用电设备之间的电缆和电线的连接和布设方式。通常需根据各用电设备的具体要求，并考虑整个电力系统的可靠性、灵活性、经济性以及操作管理方便等因素后，选择合理的方式。目前采用较多的是馈线式和环路式。

馈线式是指各区配电板、分配电板和重要负载分别由各自馈电电路直接从主配电板获得供电的输配电方式。

环路式是指干线形成闭合环路，所有用电设备均从该环路获得供电的输配电方式。

风电安装船通常采用馈线式配电方式，主要优点在于：节约电缆、易于维护以及费用较低等。

2) **确定主电网**

确定主电网，即确定哪些用电设备由主配电板供电。根据规范及法规等，风电安装船主电网供电设备通常包括：消防泵、海水冷却泵、潜水泵、压载泵、冲桩泵、空压机、生活污水处理装置、油水分离器、阀门遥控、柴油分油机、防海生物、机修间设备、风机、救生设备、推进装置、锚机、厨房洗衣设备、空调、抬升、起重机、正常照明、航行及信号灯、火灾探测系统、内部通信系统、外部通信系统等。

3) **确定应急电网**

确定应急电网，即确定哪些用电设备由应急配电板供电。根据规范及法规等，风电安装船应急电网供电设备通常包括：消防泵、空压机、风机、救生设备、抬升、起重机（应急电）、应急照明、航行及信号灯、火灾探测系统、障碍灯及雾笛系统、内部通信系统、外部通信系统等。

4) **确定临时应急电网**

确定临时应急电网，即确定哪些用电设备由蓄电池充放电板供电。根据规范及法规等，风电安装船临时应急电网供电设备通常包括：航行及信号灯、救生艇/筏的应急照明、内部通信系统、外部通信系统、需 DC24V 供电的设备等。

5) **电力系统图设计**

风电安装船电力系统图设计通常包括：全船电力单线图设计、主配电板单线图设计（各电压等级）、应急配电板单线图设计（各电压等级）、分电箱单线图设计以及 24VDC 充放电板单线图设计。

下面着重介绍下风电安装船的全船电力单线图的构成。全船电力单线图通常用于表示电源装置、配电装置以及负载的相互电气连接关系。电源装置通常指发电机（比如，主发电机、停泊发电机、应急发电机）和变压器；配电装置通常指主配电板和应急配电板；负载通常指主配电板和应急配电板的用电设备。全船电力典型单线图如图 6.1 所示。

6.1.3 配电系统计算

1) **概述**

配电系统计算，主要包括短路电流计算、选择性保护分析、谐波分析以及电压降计算。

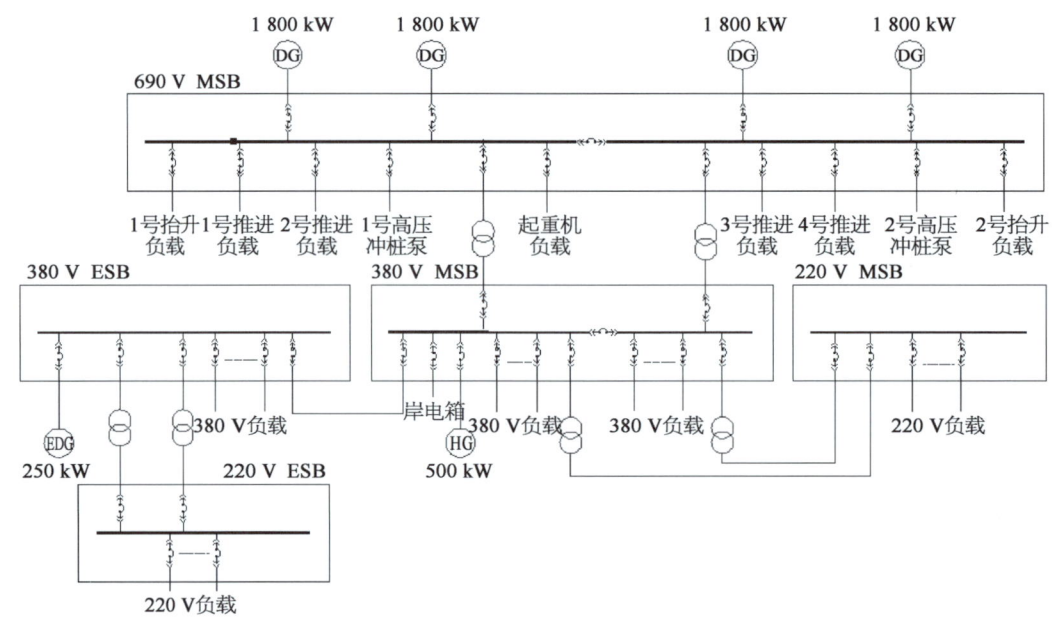

图 6.1　全船电力单线图

2）短路电流计算

短路电流计算时，应考虑到可能并联连接的所有发电机，以及需要同时运行的所有电动机。一般应计算电力系统以下各处的短路电流：发电机输出端短路，主汇流排短路，应急配电板、区配电板以及分配电板的汇流排短路，电力和照明变压器次级短路。

3）选择性保护分析

电力系统在2个或2个以上的过电流保护电器串联的电路中，当发生过电流故障时，最接近故障点的保护电器应起保护作用，而不会导致其他保护电器误动作。

4）谐波分析

当连接在电网中的负荷呈现线性特性时（即不是正弦电流），负荷电流将使正弦电压产生畸变，通常将相对于正弦电压或正弦电流波形的偏差叫做谐波畸变。

风电安装船的谐波源主要为变频器，为确保设备正常工作，需要进行谐波分析，并且采取适当措施限制电压畸变，尽可能确保设备不会出现故障。船级社对谐波值均有具体要求，如 CCS 要求在配电系统中电压总谐波不应超过 8%，单相谐波不应超过 5%。

5）电压降计算

为确保设备正常工作，通常需进行电压降计算。船级社对电压降计算结果有具体要求，比如，CCS 要求，当电缆在正常工作条件下承载最大电流时，从主配电板或应急配电板的汇流排到任何安装点的电压降，应不超过额定电压的 6%。由蓄电池供电，其电压不超过 50 V 者，可增至 10%。另外，航行灯线路应有较小的电压降，以保持其足够的亮度和颜色。

6.2 升降控制系统

6.2.1 升降控制系统特征

升降控制系统利用变频控制技术以及高滑差电机的特性,解决了风电安装船升降时多个抬升电机速度同步性差,负载不均衡等问题,同时采用了高度编码器、电子倾角仪、超速开关等传感器,实现了风电安装船桩腿高度监测,弦位移差检测及防止平台倾斜或失速下坠等功能,大大提高了风电安装船在升降工况下的安全系数。抬升电机的变频控制技术能够减小电机启动时对风电安装船电网的冲击,还能节约用电能耗,降低了风电安装船的使用成本。

采用分布式的控制方案,实现了全自动化控制,将桩腿升降的控制简化为上升、下降两个动作,而操作人员无需在意升降系统装置实际受力状况,并实现了全过程中数据显示和记录。

6.2.2 升降控制系统硬件设计

控制系统的硬件包括:主驱动回路装置中的脉冲变压器、变频柜组、电机控制柜组、升降电机以及相应控制系统回路中所包含的中央控制台、本地操作站,以及相应的各种信号检测传感器,包括电子倾斜仪、位置编码器、带超速开关的转速传感器等;升降操作可通过从中央控制台或本地操作站来进行,操作相应的按钮来进行升降机构上升下降,完成风电安装船插桩、压桩、拔桩、高度监测,防止倾斜等各种升降任务。升降系统如图6.2所示。

脉冲变压器原边电路连接船体供电,副边电路连接变频柜组主回路输入端;制动电阻箱连接变频柜组制动单元;变频柜组主回路输出端连接电机控制柜组主回路输入端;电机控制柜组主回路输出端连接升降电机;带超速开关的转速传感器安装于升降电机侧,输出信号连接到变频柜组编码器单元;位置编码器信号输出端与本地操作站信号输入端连接。变频柜组、电机控制柜组、本地操作站、位置编码器和中央控制台通过DP-PROFIBUS和光纤通信方式组成冗余环网通信,实时进行数据交换和控制指令传递。

主回路装置中的脉冲变压器为12脉波或者24脉波变压器,二次侧形成四路输出,并独立进入变频器隔离开关。该变压器用于连接船体发电机配电和变频柜,能最大限度地抑制谐波。

变频柜组连接脉冲变压器和电机控制柜组,接收中央控制台发出的逻辑控制指令,同时接收相应的转速传感器信号,实现升降电机的变频调速。变频柜组包括4个独立的进线隔离开关,配置整流模块和逆变模块的直流母线型变频器;并配备有制动单元,与制动器单元相连的制动电阻,将在直流母线电压过高时,吸收并消耗电机产生的能量。每套变

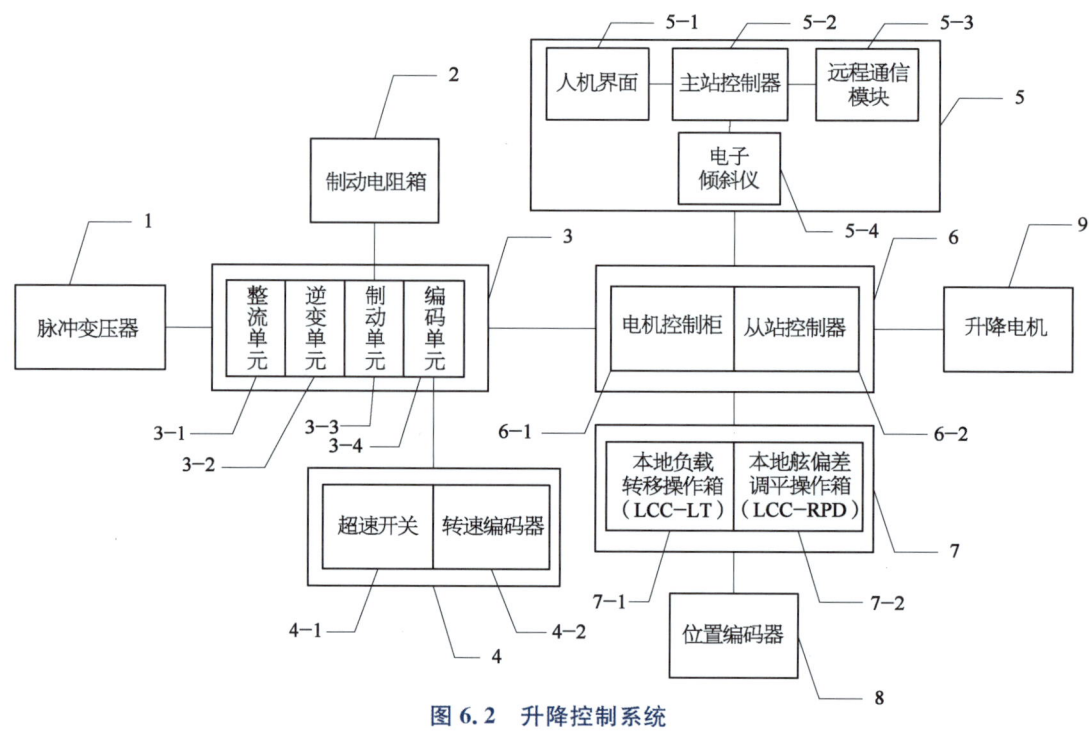

图 6.2　升降控制系统

1—脉冲变压器；2—制动电阻箱；3—变频柜组；4—带超速开关的转速传感器；5—中央控制台；
6—电机控制柜组；7—本地操作站；8—位置编码器；9—升降电机

频柜组的额定输出电流可以并联驱动 18 套电机完成上升/下降动作。在正常控制中，制动器打开的命令将通过变频器检测输出频率，并满足逻辑条件的情况下释放。

电机控制柜组连接变频柜组和升降电机，通过远程通信方式连接中央控制台和本地操作站，接收中央控制台或本地操作站发出的控制指令，柜子的各个元件就会有相应的动作，实现升降电机的启动、正反转、调速和制动。

升降电机输入端连接电机控制柜组，输出端连接升降齿轮箱传动轴，通过控制升降电机的正反转，输出合适的扭矩，实现自升式钻井平台的升降运动。升降电机采用了滑差变频电机，其可以根据实际情况，实时调整转速，从而在升降钻井平台和升降桩腿时可以采用不同的速度。

中央控制台为升降控制系统的核心，通过远程通信模块采集相应的变频柜组、电机控制柜组、本地操作站、升降电机、位置编码器、带超速开关的转速传感器的信号，由可编程逻辑控制器发出相应的逻辑控制指令，使升降系统按照相应的操作指令进行动作，并且提供相应的安全保护逻辑指令，时刻保证系统的平稳性与安全性。在中央控制台上配备若干专业化操作人机界面，实现对风电安装船的每个桩腿的所有安全数据的监控，并且设计多种人性化操作画面实现高可靠、全方位的自动化人机交互。

中央控制台可以实现升降电机的载荷分配。由触摸屏选择舷管，再选择升降电机，设定转矩给定值，然后按下 RETORQUE 按钮，所选电机接触器闭合，变频器工作，制动器释放,待本电机扭矩达到设定值或者未到达设定扭矩值而运行 5 s 后自动停止。如果没有达到预期设定扭矩值,可再次运行,如达到预期扭矩值,可选择下一个电机运行,以此类推,使所有的电机都保持在同一个扭矩值的容许范围内为止,扭矩再分配操作完成。

本地操作站包括本地负载转移操作箱(LCC-LT)和本地舷偏差调平操作箱(LCC-RPD),连接中央控制台和电机控制柜组,进行本地操作站与中央控制台的互锁操作,实现对齿条进行微动调整和紧急情况的应急操作。

电子倾斜仪安装于中央控制台内,当风电安装船的倾斜度达到预设的报警值时系统会发出声光警报来警示操船者。

位置编码器安装在每条腿舷侧,采集高度信息并输入到控制系统,并输出高度值到本地舷偏差调平操作箱(LCC-RPD)显示,操作者根据此高度信息方便快速地进行弦杆高度调平操作。

带超速开关的转速编码器置于升降电机侧,实时检测升降电机转速,并且通过超速开关的设定值来大大降低风电安装船的下降风险,对升降速度进行了实时监控,当发现有任何超速现象,系统将立即强制升降船作业,同时使电机刹车失电,升降电机锁死,从而最大限度地保护风电安装船升降作业安全。

制动电阻箱与变频器柜组制动单元相连接,平台下降时电机反转,需要将功率释放到制动单元和制动电阻上,吸收并消耗电机产生的能量。

6.2.3 升降控制系统软件设计

1) PLC 软件控制

PLC 软件逻辑控制如图 6.3 所示。在升降系统中通过以上 5 个部分(包含了监控和执行),从而形成了一套完整的升降控制系统。

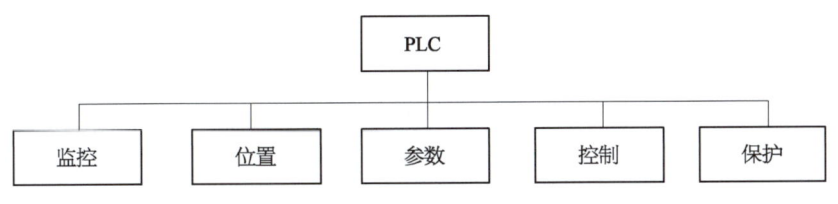

图 6.3 PLC 软件逻辑控制

升降系统 PLC 软件逻辑控制主要分为 5 个部分:

(1) 监控——它是用来监控输入/输出反馈变量的变化状态,以确保程序正常运行。例如:针对制动器释放限位、接触器、断路器反馈信号的状态变化。

(2) 位置——读取高度编码数值。用于监控升降系统 4 条桩腿的高度位置,起着至关重要的作用。

(3) 参数——软件逻辑的参数块主要通过 Profibus 通信将速度/力矩参数输入到 VFD 中,同样包括在操控系统过程中,用户对于输入设定值的调节。

(4) 控制——在整个逻辑控制中起着核心的作用。

(5) 保护——结合系统的因果逻辑关系,从而设定保护停车模式。

2) VFD 软件控制

VFD 逻辑控制如图 6.4 所示。VFD 逻辑控制包含 4 个主要执行部分,基于以上条件在 VFD 内部形成一套完整的控制系统。

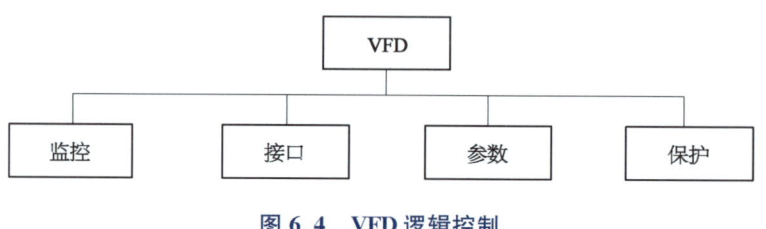

图 6.4 VFD 逻辑控制

VFD 逻辑控制主要分为以下几点:

(1) 监控——主要监控包括电压、电流、频率以及传递给 VFD I/O 点的状态。

(2) 接口——主要包括两大块:PLC 到 VFD、VFD 到 PLC。

(3) 参数——允许软件使用输入参数设定、选择。

(4) 保护——保护主电机和 VFD 驱动器本身。

3) HMI 人机界面

HMI 功能分类如图 6.5 所示,配置结构如图 6.6 所示。

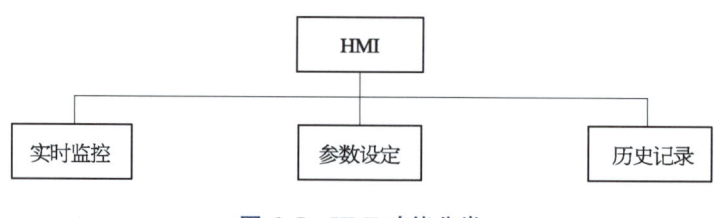

图 6.5 HMI 功能分类

(1) 实时监控——主要显示当前系统中的包括电流、电压、功率值变化以及各系统内部通信状态。

(2) 参数设定——系统提供了一个相对开放的设定环境,用户可根据实际工况来设定该部分的参数值,如倾斜角度/桩腿高度的报警和停止值。

(3) 历史故障记录——包括操作记录、故障报警信息记录。

HMI 监控系统有多个显示画面,分别位于中央控制站 CCC 和本地控制站 LCC。为了防止数据丢失,系统配备了两个工控机。当工控机 1# 当机时,系统将会自动切换读取工控机 2# 内的数据。工控机 1# 可以视为"时间服务器",设置其他电脑的显示时间将与工控机 1# 每天 0:00 进行一次时间同步。当 HMI 监控运行时,它将与实际连接服务器的时间同步,也可通过手动进行时间同步。

系统默认的扫描时间为 100 ms。即系统默认与 PLC 通信的频率和屏幕刷新的速度大约为 100 ms。

每台 HMI 触摸屏和 IPS 安装的是 Windows 系统和 SCADA 软件。可以从 HMI 系统中通过检索获取数据文件。历史报告(即"故障报警日志")——系统将保存曾经发生过的故障信息和部分状态点的变化,并以 CSV 格式存储在硬盘。

考虑到抬升系统的实际操控频率周期,通常可用的存储量至少为 5 年。正常运行 1 h,报警记录最大占据 1 KB 的内存空间。报警记录的内存空间是根据报警数量而言的。10 000 条警报记录会占据大约 10 MB 的内存空间。在突然失电情况下,也能确保数据安全。

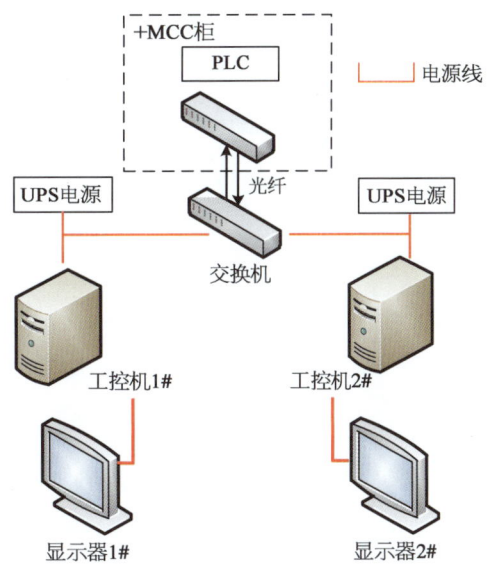

图 6.6　HMI 配置结构

6.2.4　常见故障分析及处理

风电安装船常见故障分析及处理表见表 6.1。

表 6.1　常见故障分析及处理

故障名称	故障原因	处理方法
抬升电机过流	电源电压过低,电动机在额定负载下造成温升过高; 电动机通风不良或环境温度过高; 电动机过载或单相运行	测量空载和负载电压; 检查电动机风扇及清理通风道,加强通风降低环温; 用钳型电流表检查各相电流后,对症处理
抬升电机绝缘低	绕组受潮或淋水滴入电动机内部; 绕组上有粉尘、油污; 定子绕组绝缘老化; 接线盒橡皮垫损坏,接线盒内部受潮或淋水	将定子,转子绕组加热烘干处理; 用汽油擦洗绕组端部烘干; 检查并恢复引出线绝缘或更换接线盒橡皮垫
抬升电机超速	线路故障; 超速开关故障; 齿轮与齿条之间振动太大	检查线路及开关本身; 检查齿轮与齿条间隙
抬升电机力矩偏差	同一弦杆上各电机受力不均	平台姿势微调,重新分配力矩; 检查各电机是否正常工作
速度编码器无信号	线路故障; 编码器故障; 适配卡故障	检查编码器及适配卡本身; 检查通信线路是否正常

(续表)

故障名称	故障原因	处理方法
制动器释放/磨损限位故障	限位故障； 线路故障； 制动盘磨损	检查线路及限位本身； 更换制动盘
高度编码器及 RPD 故障	线路故障； 编码器故障； 桩腿入泥角度不佳	检查线路及编码器本身； 检查编码器终端电阻及地址是否设对； 重新调整风电安装船姿势，保持平台水平
船体倾斜故障	线路故障； 电子倾角仪故障； 风电安装船实际倾斜角度大于报警值	检查线路及电子倾角仪本身； 查看气泡仪与电子倾角仪角度是否一致； 重新调整风电安装船姿势，保持平台水平
制动电阻过温故障	热敏开关故障； 冷却风扇反向或停止； 出风口有障碍物	检查热敏开关及线路； 检查冷却风扇及线路； 检查出风口是否有障碍物，热风是否有回流
变频器故障	线路故障； IGBT 故障； PCB 板卡故障； 过载； 过压； 绝缘不好	查看故障代码，根据厂家手册进行排查
其他通信故障	线路故障； 屏蔽不佳	查看人机界面上通信图指示，排查各通信节点包括路由器、光电转换模块、PLC 模块等； 检查通信电缆屏蔽，按规范施工

6.3 起重机电气系统

6.3.1 电气系统概述

1) 风电安装起重机及电气系统简介

浮式起重机的电气系统是起重机的重要组成部分，如果说机械结构是起重机的躯干和骨骼，那电气系统就是起重机的神经、大脑和心脏。起重机的电气系统实现将船体或平台发电机提供的电能转化为实现起重机构运转作业的机械能的过程，并提供了相应的逻辑控制、安全保护以及速度调节功能。

风电安装起重机属于浮式起重机类,安装于风电安装船、驳船或风电安装船上,用于执行海上风电安装、维护和拆除的吊装及打桩任务。风电安装起重机按其驱动方式可分为电液驱动起重机和全电力变频调速起重机;而按其结构形式可分为全回转臂架式起重机、绕桩式回转起重机、桅杆式回转起重机、固定臂架式起重机等几种形式,相比常规重型浮式起重机,风电安装起重机具有自重轻、吊装高度高、综合性能强以及使用频率高的特点。本节集中讨论安装于自升式风电安装船的起重机,因为风机吊装时水平方向位置调整工况需求频繁,若采用固定臂架式起重机,通过风电安装船或平台本体的位置移动来实现代价高且效率低下,因此,通常自升式风电安装起重机均为可回转型式。对于同一种驱动方式而言,所有类型的回转式起重机,其电气系统的配置和供配电方案基本相同,区别仅在于回转电力传输设备(中心集电器、拖链、滑触线等)等具体设备的结构形式不同。

2) 起重机的两种驱动调速方式比较

如图 6.7 所示,全电力变频调速起重机电气系统的驱动过程是将来自船体或平台发电机的三相交流电,通过变频器整流逆变单元的处理,在控制系统的调节下,转化成电压、频率可调的三相交流电,驱动变频调速电机带动执行机构动作并实现速度调节的过程。

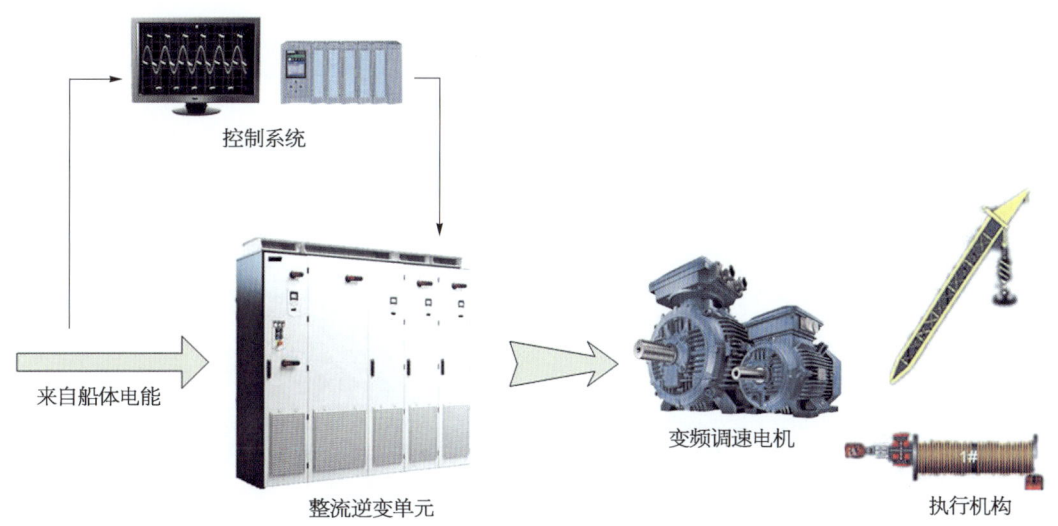

图 6.7 起重机全电力变频驱动示意

全电力变频调速起重机运用变频技术,具有调速范围广、调速精度高、调速效果平滑稳定、节能高效并能实现轻负载下恒功率调速的优点,是目前市场的主流机型。

而电液驱动的起重机,是由船体发电机提供的电能,驱动液压泵站电动机,带动泵站运转,将电能转化为液压能,再经由电控系统调节比例阀电流以控制到液压马达的液压油流量,实现驱动调速的过程。

电液驱动起重机的液压驱动系统可分为开式系统和闭式系统两类,开式系统即定量泵阀控系统,是通过调节多路阀中对应不同机构比例阀的电流来实现流量调节,最终达到不同机构的速度和方向调节,该系统的效率较低,响应时间较长,不适合于要求快速响应的风电安装起重机;而闭式系统,是指一组液压泵与一组液压马达组成配对,通过调节液压泵的输出流量,也就调节了液压马达的输入流量,实现液压马达的转速调节,从而达到控制机构转速的效果。

电液驱动(以下简称液驱)起重机与全电力变频调速起重机(以下简称变频驱动起重机或电驱起重机)相比,虽然在效率、节能、调速效果及系统运行平滑程度上难以媲美,但电液驱动起重机具有环境清洁度要求低、动力单元及机构体积小的优点。

接下来,本节将探讨和介绍自升式风电安装起重机电气系统的设计方案和要点。

6.3.2 电气设计相关规范

自升式风电安装起重机(以下简称起重机或浮吊)的电气系统设计需要遵循相应海域规定的船级社入级规范、国际电工委员会以及航行或作业所在国家的法律法规。

1) 行业技术规范

(1) GB 3811《起重机设计规范》;

(2) IEC 61892《移动和固定海上设施的电气安装》;

(3) GB5226.1/IEC 60204—1《机械电气安全机械电气设备第1部分:通用技术条件》;

(4) IEC 60204-32《机械安全机械电气设备-起升机器相关技术要求》;

(5) IEC 60947-5-1《机电控制回路设备中控制设备和开关元件》。

2) 船级社规范

(1) 中国船级社规范:

①《海上移动平台入级规范》;

②《钢制海船入级规范》;

③《起重设备规范》;

④《起重设备法定检验技术规则》。

(2) DNVGL 船级社规范:

① OFFSHORE LIFTING APPLIANCE DNVGL-ST-0378

② SHIPBOARD LIFTING APPLIANCE DNVGL-ST-0377

(3) 美国船级社规范:

① MOBILE OFFSHORE DRILLING UNITS＞PART4 MACHINERY AND SYSTEM

② STEEL VESSELS＞PART4 VESSEL SYSTEMS AND MACHINERY

③ GUIDE FOR CERTIFICATION OF LIFTING APPLIANCES

(4) 英国劳氏船级社规范:

CODE FOR LIFTING APPLIANCES IN A MARINE ENVIRONMENT

3) 欧盟地区法律

(1) EN ISO 13849《机器安全-控制系统部件的安全》;

(2) EN 13852-1《浮式起重机》;

(3) EN 13852-2《海事起重机》。

6.3.3 电气系统组成

风电安装起重机的电气系统按照模块化设计的思路可分为主配电系统、电控系统、辅助配电系统3个模块。主配电系统又可称为驱动配电回路,是提供起重机驱动力的供电主电源配电回路;电控系统全称电气控制系统,顾名思义是起重机电气系统中承担逻辑控制任务相关设备的集成;辅助配电系统是除主驱动回路和控制回路以外的其他用电设备的集合,包括暖通系统、照明系统、润滑系统等。

1) 主配电系统

(1) 主配电回路设备组成。

① 全电力变频驱动风电安装起重机的主配电系统指从起重机和船体的分界面到执行终端动力输出的变频调速电机的所有驱动及电力传输设备,包括或部分包括:高压开关柜、回转电力传输设备、主变压器、变频驱动柜、变频调速电机、制动电阻、主回路动力电缆。

图 6.8 为一种全电力变频驱动风电安装起重机的主配电回路单线图示例,该系统为船体侧低压两路进线(低压未配置高压开关柜),回转电力传输设备为中心集电滑环,整流移相变压器配合变频器柜组实现 24 脉整流以及变频输出到电机侧,变频器柜组配置制动单元柜配合制动电阻实现制动能量消耗。

② 电液驱动风电安装起重机的主配电回路较为简单,仅仅实现将船体侧的进线电源传输到液压站电机,包括:回转电力传输设备、电动机起动装置、主回路动力电缆。起重机主驱动单线图示例如图 6.8 所示。

(2) 主回路船体进线电源。主回路电源提供起重机重载所需的最大电能。主电源通常为三相交流低压,推荐电制为 690 V,全电力变频调速起重机建议分两路供电,以便实现双 12 脉或 24 脉整流用。

对于特殊的用电功率较大的起重机设备(以目前国内风电安装起重机的容量,需求不大),视船体电站的选择,可考虑使用中压供电,回转电力传输设备、高压开关设备及高压变压器应做相应的考虑配备。

(3) 回转电力传输设备。因风电安装起重机的回转工况需求,需配备回转电力传输设备实现将平台(或船体)侧的电能(固定部分)传输到起重机上(旋转部分)。通常视旋转工况和回转结构的不同,可选用中心集电滑环、旋转拖链系统以及滑触线系统。

① 中心集电滑环。滑环整体依靠弹力搭接、滚动搭接或密封原理,巧妙的运动结构与密封结构设计,精密的零件制作配合,以及合理的选材等,构成稳定可靠的旋转连通系统。只要将滑环附着于无限旋转的设备上,就可以给旋转体提供动力能源,使旋转体在无限旋转运动的同时,还能进行电力传输。

对于一般的全回转形式的起重机会在筒体的中心位置安装中心集电器。其由高压电力滑环、低压电力滑环、低压控制滑环、光缆耦合器(根据需要)、碳刷等组成。安装时,要

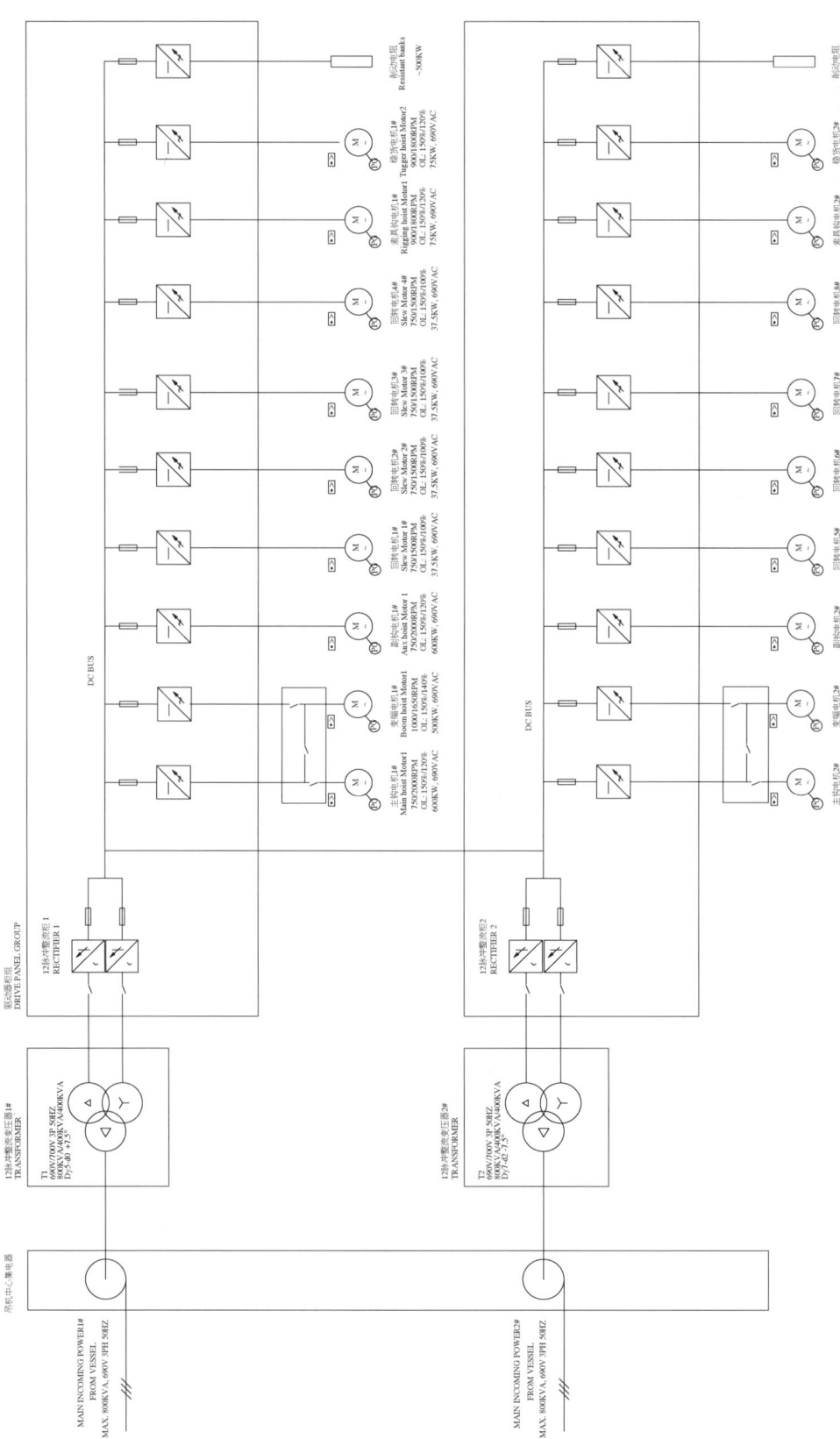

图 6.8 起重机主驱动单线图示例

求碳刷和铜环紧密接触,和浮吊旋转部分的连接采用万向联轴节。起重机中心集电滑环如图 6.9 所示。

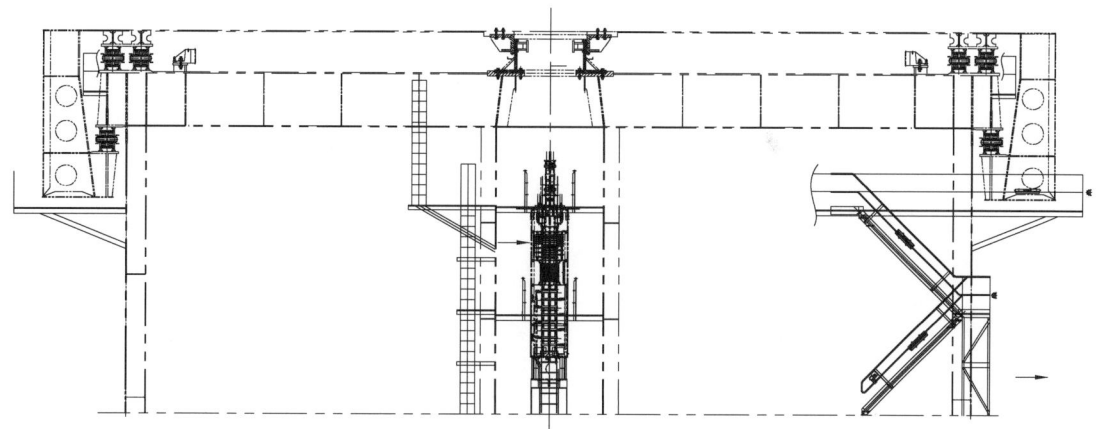

图 6.9 起重机中心集电滑环示意图

② 旋转拖链系统。对于绕桩式的起重机,由于筒体中心被抬升的桩腿所占据,无法使用中心集电器的方案,故需要在起重机筒体的外部进行移动供电。其中一个选项就是电缆拖链方式。

拖链外形似坦克链,由众多的单元链接组成,链接之间转动自如。具有较高的压力和抗拉负荷,良好的韧性、高弹性、耐磨性和阻燃性,高低温时性能稳定,可以使用在室外。耐油、耐盐,并有一定的耐酸、耐碱能力。通过在其中穿入专用的拖链电缆,完成移动供电,该拖链电缆应具备高柔性,长寿命,抗腐蚀等特性。

对于起重机来说,拖链在筒体外部绕成 S 形,目前能够做到±270°旋转角度,能够满足起重机的 360°各个位置的旋转需求。起重机旋转拖链如图 6.10 所示。

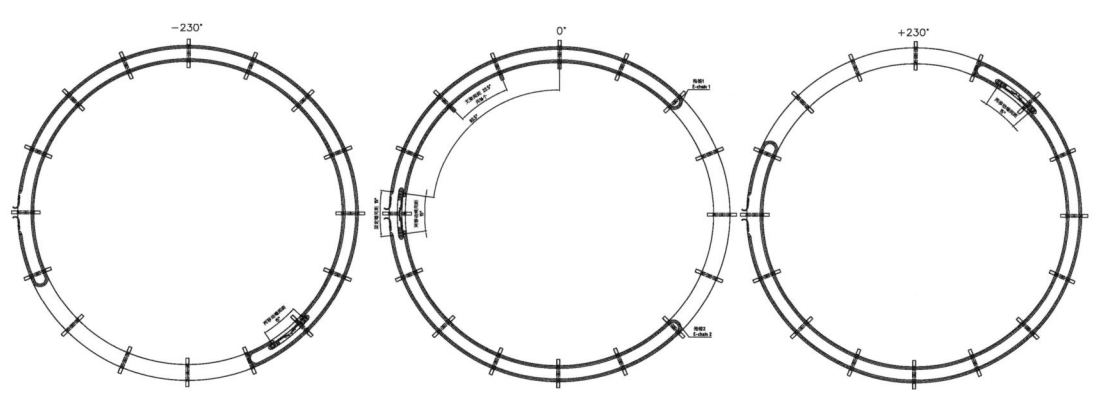

图 6.10 起重机旋转拖链示意

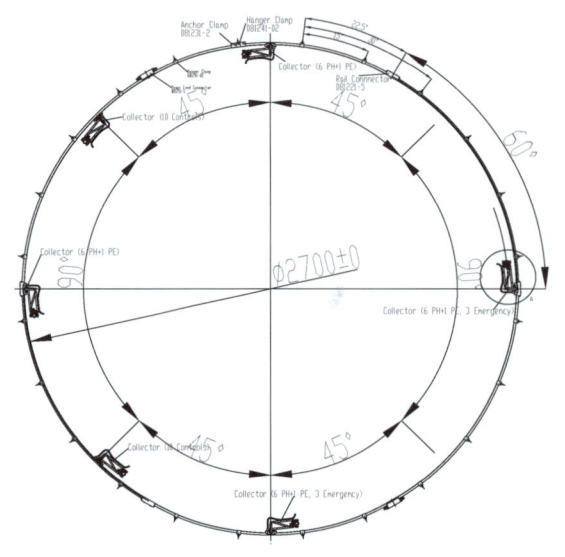

图 6.11 起重机滑触线示意

③ 滑触线系统。滑触线为一种硬质导线，固定安装在船体的筒体侧环绕一周，从起重机上伸出碳刷与之压紧接触，完成旋转供电，如图 6.11 所示。

④ 综合分析比较。

经济性：从经济性的角度上衡量，因为中心集电滑环的用料最省，且因为应用最广，配套供应商有标准化生产，能更进一步降低成本，所以滑环最经济，拖链次之，滑触线目前国内还没有可靠的供应配套厂商，因此价格最为昂贵。

A. 可靠程度：因为拖链相当于是一种直接连接的形式，减少了滑动摩擦环节造成的一系列问题，因此可靠程度最高。滑环和滑触线可靠程度视工艺制造水平高低可能会有不同，但均逊色于拖链连接方式。

B. 空间要求：中心集电滑环形式只能安装于圆筒体中心位置，虽然适应多数浮吊情况，但对于特殊的空间要求来说，却无法满足（如绕桩式起重机）。滑触线及拖链则可以对布局进行相应调节，相比较起来，滑触线可以按照不同的半径来布置，只用考虑所选滑触线的弯折程度即可。

C. 回转工况要求：拖链因为是一种直接连接方式，当起重机与船体发生围绕筒体中心的相对位移时必须有一个限度要求且要求一定要能够复位。因此，拖链对于回转工况的适应性最差，而滑环和滑触线可以满足连续全回转的工况要求。

D. 工艺要求：拖链和滑触线用得较少，因为半径较大，加工和安装的误差容易放大，工艺要求高，且电缆均需要专用的柔性电缆。

（4）主变压器。对于两路低压三相交流进线电源，分别配置三绕组变压器，变压器相位角偏移 15°，变压器二次侧分别连接两个并联的 12 脉冲整流器，以此组成 24 脉冲整流方案。在此方案中，变压器承担整流前端移相和隔离作用，因此也常被称为整流移相变压器。

对于采用 AFE 的整流变频方案，变压器起到隔离作用。

变压器制造及检验除前文限定外还需遵守的规范和标准（所有标准按最新版本执行）：

① 《干式电力变压器》(GB 1094.11)；

② 《干式电力变压器技术参数和要求》(GB/T 10228)；

③ 《电力变流变压器》(JB/T 8636)；

④ 《干式变压器负载导则》(GB/T 17211)；

⑤ 《外壳防护等级（IP 代码）》(GB 4208)；

⑥ 《电力变压器 第 11 部分：干式变压器》(IEC 60076-11)；

⑦《变流变压器》(IEC 61378-3);
⑧《外壳防护等级(IP CODE)》(IEC 60529);
⑨《干式电力变压器负载导则》(IEC 905);
⑩《电气装置安装工程电气设备交接试验标准》(GB 50150);
⑪《船用变压器》(CB/T 1001);
⑫《海洋平台变压器》(CB/T 3528)。

三相变压器铁心采用冷轧取向硅钢片,全斜接缝。变压器线圈采用层式线圈。冷却方式为空气自冷式+风机冷却。

风电安装起重机变压器性能应高于行业标准,其参数允许偏差范围见表6.2。

表 6.2 变压器性能参数允许偏差范围

项 目	允 许 偏 差
空载损耗	+15%
负载损耗	+15%
总损耗	+10%
空载电流	+30%
阻抗电压	±10%
电压比	±0.5%或阻抗电压的±10%,两者取较小者

① 变压器绕组电阻不平衡率:变压器绕组电阻不平衡率,相间应不大于4%,线间应不大于2%。

② 变压器绝缘电阻:变压器一、二次绕组之间及一、二次绕组对地之间的绝缘电阻应不低于50 MΩ,在相当于额定负载条件下,热态绝缘电阻应不低于5 MΩ。
海洋平台变压器绝缘电阻不低于100 MΩ。

③ 变压器的外施耐压:变压器一、二次绕组之间及一、二次绕组对地之间应能承受工频28 kV(有效值)耐压试验1 min,而无击穿和闪络现象。

④ 变压器的感应耐压:变压器应能承受2倍额定电压、2倍额定频率历时1 min的感应耐压试验。

⑤ 变压器的突发短路:船用变压器应能承受2倍任何绕组端头短路时的热效应和机械效应历时2 s而不致损坏。

⑥ 船用变压器的电压调整率:变压器的电压调整率是衡量变压器供电质量好坏的数据。当负载功率因数为0.8(滞后)时应不超过5%。

⑦ 变压器过载能力:变压器过载能力应符合表6.3要求。

(5)变频器柜组。变频器柜组承担整流逆变的任务,是变频调速的核心设备。
船体电站为有限容量电站,起重机作为船体的一个主要用电设备,其整流逆变系统配置方案的优劣将直接影响到船体电网质量,其主要变现为谐波畸变率(THD)。

表 6.3 变压器过载能力要求

过　　载	时间(min)
20%	60.0
30%	45.0
40%	30.0
50%	15.0
60%	5.0
80%	0.3

S：视在功率。P：有功功率。Q：无功功率。R_{sc}：短路比定义为 P_{CC} 电源短路功率与相关设备额定视在功率的比值，$R_{sc}=S_{s}/S_{n}$。

ω_1：基波成分的角频率，$\omega_1=2\pi f_1$，其中 f_1 是基波频率(比如 50 Hz 或 60 Hz)。

n：整数，$n=2,3,\cdots\cdots$。谐波频率定义为 $\omega_n=n\times\omega_1$。

I_n：n 次电流的均方根值：线路电流的谐波成分。

Z_n：在频率 $n\times\omega_1$ 下的阻抗。

$\%U_n$：谐波电压成分占基波(线)电压的百分比。

THD：在输入电流中的总谐波畸变定义为：

$$THD=\frac{\sqrt{\sum_{n=2}^{\infty}I_n^2}}{I_1}$$

式中　I_1——基波频率电流的均方根值。

表 6.4 为各船级社对 THD 的限制要求。表 6.5 为各种整流配置方案的标准高次谐波电流成分汇总(数据来源于 ABB)。

表 6.4 各主要船级社规范对 THD 值的限制值

船　级　社	允许总谐波畸变率(THD)	单次谐波分量最大允许值
美国船级社	5%	3%
中国船级社	5%	—
德国船级社	8%	5%
英国船级社	8%	21 次谐波分量<1.5%

表 6.5 各种整流方案标准高次谐波电流成分汇总

	5 次	7 次	11 次	13 次	17 次	19 次
不带电抗器的 6 脉冲整流	63%	54%	10%	6.1%	6.7%	4.8%
带电抗器的 6 脉冲整流	30%	12%	8.9%	5.6%	4.4%	4.1%

(续表)

	5 次	7 次	11 次	13 次	17 次	19 次
12 脉冲整流	11%	5.8%	6.2%	4.7%	1.7%	1.4%
虚拟 24 脉冲整流	3.6%	2.6%	7.5%	5.2%	1.2%	1.3%
24 脉冲整流	4.0%	2.7%	1.0%	0.7%	1.4%	1.4%
IGBT 整流	2.6%	3.4%	3.0%	0.1%	2.1%	2.2%

对于 24 脉整流方案，在两个整流移相变压器后端配置 12 脉冲整流单元并联，并且两组母排通过母排连接柜形式相连组成 24 脉冲整流，当两路进线电源有一路出现问题时，该方案可实现降容一半以 12 脉冲整流形式应急运行。对于 AFE 主动前端整流或前端回馈整流形式，是以 IGBT 为整流元器件形式，进线采用一路进线，可实现制动能量回馈电网(若电网不具备制动能量回收承载能力，还应考虑配备制动单元吸收制动能量)。

变频柜组的逆变单元承担变频驱动调速任务，提供力矩校验、制动检测、主从控制、滑差控制等吊机驱动控制功能，通过对变频器输出电压和频率的调节实现电机输出转速的闭环控制。

(6) 变频调速电机。全电力变频调速起重机拖动机构动作的电机为闭环矢量控制交流变频电机，恒转矩调速范围为零速～额定转速，恒功率调速范围为额定转速～最高转速。

电机制造及检验除前文限定外还需遵守的规范和标准(所有标准按最新版本执行)：

A. 旋转电机第 1 部分：额定值和性能(IEC 60034-1)；

B. 旋转电机第 2 部分：旋转电机损耗和效率的试验测定方法(IEC 60034-2)；

C. 旋转电机第 5 部分：旋转电机外壳防护等级分类(IP 代码)(IEC 60034-5)；

D. 旋转电机第 6 部分：冷却方法(IC 代号)(IEC 60034-6)；

E. 旋转电机第 7 部分：结构型式的分类和安装布置(IM 代号)(IEC 60034-7)；

F. 旋转电机第 8 部分：旋转电机的线端标志与旋转方向(IEC 60034-8)；

G. 旋转电机第 9 部分：噪声限值(IEC 60034-9)；

H. 旋转电机第 11 部分：装入式热保护第 1 章：旋转电机的保护规则(IEC 60034-11)；

I. 旋转电机第 12 部分：电压 660 V 及以下 50 Hz 单速三相笼型感应电动机的起动性能(IEC 60034-12)；

J. 旋转电机第 14 部分：轴中心高 56 mm 及以上的电机机械振动、振动的测量、评价和限值(IEC 60034-14)；

K. 旋转电机第 17 部分：变频供电的笼型感应电动机应用导则(IEC 60034-17)；

L. 旋转电机第 25 部分：专为变频电源设计的交流电动机的设计和性能指南(IEC 60034-25)；

M. 标准电压(IEC 60038)；

N. 旋转电机的尺寸及功率等级(IEC 60072)。

① 由于变频器控制传动的变频电机在运行过程中将产生谐波电流并出现电压峰值,使主绝缘遭受应力和 du/dt 电压梯度,绕组绝缘易受应力导致损坏,因此应采取以下相应技术措施:

A. 加强绝缘结构设计,355 及以上基座电机应采用模绕式线圈(成型绕组),主绝缘材料应采用高可靠材料(例如 NHN 复合材料和亚胺薄膜 6050)。

B. 定子绕组采用 VIP 真空压力浸渍无溶剂工艺处理,提高绝缘性、机械强度及热稳定性。

C. 变频器产生的谐波电压主要对首尾几匝线圈冲击最大,引线与绕组焊接的首尾端几匝做特殊绝缘处理。

② 因变频电源输出电压非正弦波,一般情况下谐波电流使电流有效值较工频时增加 2%~10%,电机温升增加 10%~20%,因此设计时尽量降低温升,增加裕度。由于谐波的存在会造成低频脉动转矩,使电机噪声、振动加剧,尤其是脉冲转矩的频率和电机某一部件固有频率接近时,会激起较强的振动。因此在设计时,根据变频器类型、起制动方案、负载类型、调速范围等选择合理的电磁参数,如槽配合、转子槽型及绕组跨距等,减少噪声、振动现象以满足变频调速的要求。

③ 考虑到运行方式、过载能力、电源中高次谐波的存在,易使磁路饱和度增加,加剧电机振动和噪声,因此选用高导磁低损耗的冷轧硅钢片、冲片作氧化处理。

④ 为减少振动、噪声,应提高结构设计的强度,严格控制结构件的加工精度和同轴度,采用中间公差,以保证电机气隙的均匀度。

⑤ 最大电压上升率:$dv/dt = 10 \text{ kV}/\mu s$,定子绕组的绝缘系统必须满足以上要求。

⑥ 定子绕组与线圈除正常按标准规定进行绝缘强度试验外,并进行匝间冲击试验,冲击电压试验峰值 U 按如下选取:

$$U > K_1 \cdot K_2 \cdot U_e$$

式中 U_e——定子绕组对地绝缘工频耐电压试验值(2 倍额定电压+1 000 V);

K_1——电压系数取 1.4;

K_2——运行系数,频繁起制动电机取 1.2。

(7)制动电阻。起重机重载起升的过程,是将电能转化为重力势能的过程,而与之相反,重载下降的过程,是将重力势能转化为电能的发电过程,产生的制动能量将反馈到直流母排,使母排电压升高。对于二极管整流的起重机,这部分制动能量无法回馈电网,而即使是 AFE 整流形式,由于平台(或船体)侧的柴油发电机也只是有限容量的电网(通常风电安装起重机作为平台最主要的用电设备,其所占整个柴油发电机功率比重较高),只能承受小部分能量的回收,因此需要增加发热电阻来实现制动能量的消耗,重载下降时,电机反转发电,能量回馈到直流母排,待母排电压上升到阈值,制动单元开始工作,接通制动电阻通过电阻发热消耗掉这部分功率。

制动电阻的设计须在机构计算时同时计算最大工况下的制动功率,并根据变频器品牌厂商的制动单元选型,从而确定制动电阻的分组形式、功率及阻值。

(8) 主回路电缆。主回路电缆为低压或中压船用电缆,其选型和敷设应完全满足船级社对于电缆的相关要求,具体请参见电气系统设计概述章节的内容。

(9) 液压站电机起动装置。液压站电机的起动方式有直接起动、星三角起动及软起动器起动3种方式。直接起动又称直接全压起动,是通过合闸直接使电动机通满额电压的起动方式;星三角起动是使电机在星形接法下起动,待起动完成通过开关接触器切换到三角形接法运行,因星形接法电机起动电压为三角形接法的58%,所以星三角起动又称为降压起动;软起动器起动顾名思义,是在电机前端配置软起动器来起动电机的方式。其中,直接起动方式,起动瞬间会产生约为额定电流6~8倍的起动电流,对电网造成冲击,星三角形式的起动电流是直接起动的1/3,而软起动器的起动方式可以获得更好的起动表现。

如图6.12所示,可以直观地看出,软启动器具有最优异的起动表现,而星三角起动在起动电流上也比直接起动更小。从成本角度考虑,软起动器的成本很高、星三角和直接起动成本较低。通常,对于小功率的电机,可忽略起动电流对电网的影响,应采取直接起动的方案,但对于大功率的电动机,只能采取星三角甚至软起动器的方式起动电机,具体方

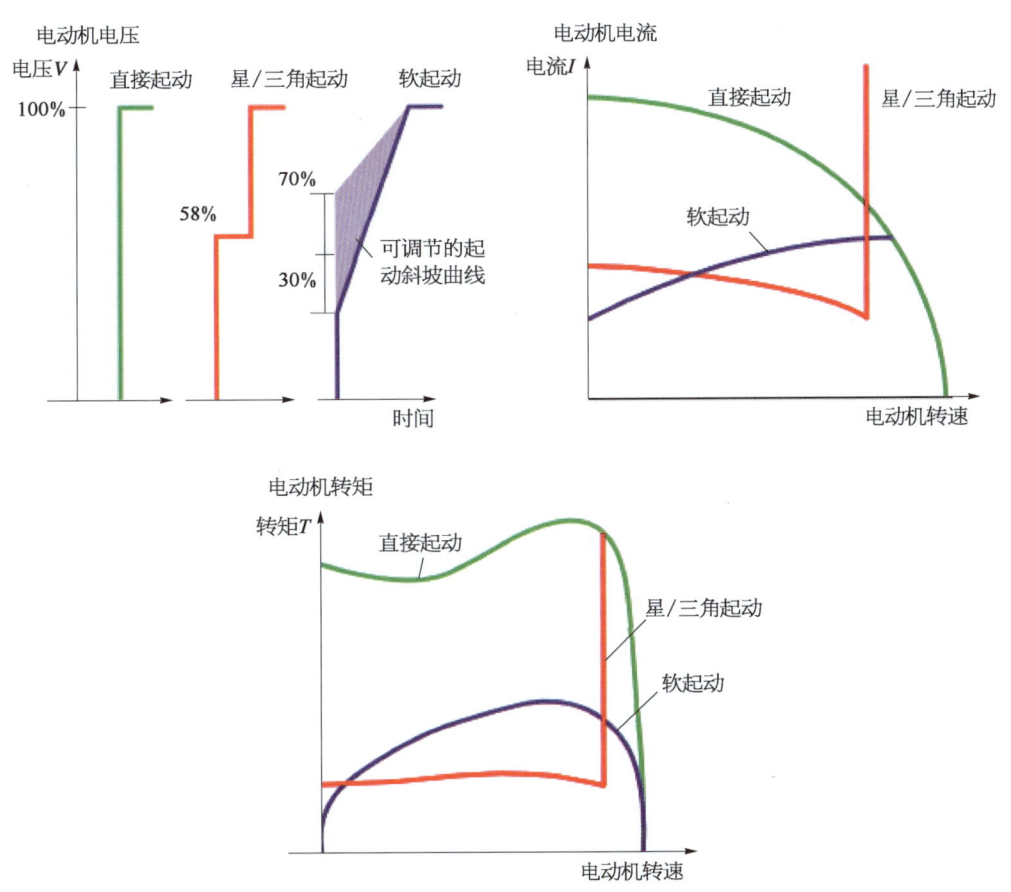

图6.12　3种起动方式在电机电压、电流和转矩的不同表现

案需视电机自身的额定功率以及平台(或船体)侧电网容量而定。

2) 电控系统

(1) 中央控制器。中央控制器采用可编程逻辑控制器——PLC，PLC 作为风电安装起重机电控系统的大脑，一般选用知名品牌的中高端系列产品，例如 ABB 品牌的 AC500 和 AC800M 系列，西门子的 S7-300/400 系列、S7-1500 系列，富士电机的 MICREX-SX SPH 系列。

(2) 通信。现场总线：一般使用 Profibus-DP 为主，目前趋向于使用 Profinet，与上位机通信可以使用 MODBUS-TCP。

(3) 软件编制。PLC 编程：一般的逻辑保护等情况下使用 LAD 或者 FBD 语言进行编程，对于重复调用的功能块或者涉及算法的程序使用 ST 来进行编程。

(4) I/O 系统。I/O 系统即输入/输出系统，是风电安装起重机的神经。

① 所有的限位、速度、位置等反馈信号通过 I/O 点传给 PLC 作处理。

② 外部设备的动作反馈信号通过 I/O 点传给 PLC 处理。

③ 电控系统内部的状态也通过 I/O 点传给 PLC 作处理。

(5) 力矩限制系统。力矩限制系统是起重机重载力矩保护功能的关键设备，由力限器系统主机和各个力矩检测的传感器以及臂架角度传感器组成。系统主机安装于起重机操作室内，力传感器通常选用安装于缠绕系统测力改向滑轮轴上的销轴式力矩传感器形式，其输出方式视系统不同可选用数字式或模拟量，角度传感器用于检测臂架的当前角度，采用双轴角度传感器，输出方式通常为模拟量输出。

力矩限制系统主机根据本机吊载性能曲线自动计算出当前臂架角度(幅度)下各机构允许的额定起重量，并与当前各机构的实际负荷(或力矩)进行对比，当负荷(或转矩)达到 90% 额定值时，将发出预警信号：闪烁黄色指示灯。当负荷(或转矩)达到 105% 额定值时，将发出过载报警信号：闪烁红色指示灯和鸣响电笛并停止机构动作。在这种情况下，需旋动过载旁路自复位钥匙开关，并尽快下放重物，此时，起升机构只能作下降运动，变幅机构只能作收幅运动。力矩限制系统中所有的销轴式重量传感器均采用可靠的双通道冗余机制，保证吊载过程中信号的高可用性。

(6) 人机交互界面(HMI)。HMI 提供起重机运行的各项参数(例如机构的运行速度、方向、限位状态、质量)和故障提示功能(当前报警、历史报警)，提供起重机故障和报警的历史查询功能，提供维护保养的提示功能，并能提供有限的机构电气调试开放的进阶功能。同时，HMI 的信息通常需要或建议提供给船体中控台。

3) 起重机操作室

操作室又称司机室，是风电安装起重机进行工作的中央操纵室，设有起重机的各种重要功能的主要控制(操纵)装置和显示仪表。操作人员根据现场指挥人员的要求在此直接操作，以完成起重机的各项动作要求。

(1) 操作室位于回转平台前部右侧，具有良好的视野，能清楚观察到臂架和头部吊钩的运行情况。

(2) 操纵室采用钢制框架的防水结构，墙壁和顶部采用夹层隔热，密封良好。室内的装饰材料均具有防火阻燃性。

（3）操纵室前半部的正面、侧面、顶部均设置固定玻璃窗，在操作室侧面墙壁设置推拉式窗户，能调整到关闭、半开和全开 3 个位置。

（4）所有玻璃采用防眩光安全玻璃，并配置遮阳窗帘。

（5）联动台位置的正面和顶部玻璃窗设有雨刮器，所有雨刮器都配置喷淋器和喷淋水箱。并配置外部平台用来清洗玻璃，但不得影响操纵视野。

（6）操作室内部的正面和侧面设有 2 道防护栏杆，保护司机安全，同时不影响视野。

（7）室内配置与机内及船体通讯的自动电话，并配置连接船体的广播喇叭；电话和广播喇叭由船体提供，以保证系统的一致性，吊机厂商提供安装。

图 6.13　起重机操作室示意

（8）室内设置一把上下、前后距离、后靠背角度可调节的座椅，覆以透气防滑材料并配有安全带，座位的设计和固定都方便于司机出入，座椅的扶手可以调节。

（9）座椅两边的地板上各安装一个联动操作台。联动台上的主令控制器使用灵活，位置准确，没有干扰，部件抗磨损并容易更换。控制台安装的操作设备和元器件为司机经常性或必需的控制元件，力求在司机需要的位置放需要的控制元件。左右联动台上基本的控制元器件有：主钩主令控制器；副钩主令控制器；变幅/回转主令控制器；索具钩主令控制器；稳货机构速度/力矩控制相关操作元器件；重载问询控制；控制电源开合和故障报警、复位控制；紧停按钮；臂架棘爪控制；旁路控制；投光灯控制；其他操作相关开关、指示灯；力矩限制系统显示器（显示各起升钩头上的吊重重量、臂架角度、超载报警、风速、水平角度等信息）；操作室 HMI 显示器（显示吊机机构电气运行状态、故障信息等吊机信息）。

（10）除联动台设备外，操作室内还配置有：操作室配电和控制柜组；照明和调光开关；内部通信系统——自动电话（能和吊机其他地方和平台或船体通信）；操作室外部安装喊话喇叭（司机可以通过喊话喇叭和甲板面的作业人员交流）；一套 VHF 无线电台和配套麦克风；10 A 中国标准插座 2 套或以上；公共广播喇叭（能调节音量和平台或船体相连，可以接收平台或船体广播信息）；配置火警探头和手动报警盒（和平台或船体火警系统相连）。分体式冷暖空调器（确保操作室内的温度为 18～26 ℃）；手提瓶式灭火器；报警喇叭，连接声光报警器，可以在操作室内控制；CD 播放机和 HIFI 音响；19″或以上液晶 CCTV 显示器及监控系统控制器（图像信号可输出至平台 CCTV 或船体系统显示）；助理（教练）座椅。

4) 电气辅助配电

(1) 闭路电视监视系统。闭路电视监控系统又称 CCTV(closed-circuit television)系统,实现对绞车运行状态的实时监测功能。

① 在主钩、副钩、变幅、索具钩等主要机构卷筒旁安装固定摄像头进行卷筒运行状态(卷筒运转、钢丝绳状态、制动器动作等)实时监控。

② 在操作室安装彩色监控器,以便司机能在操作位置清晰观察所有监控画面,并能进行多画面、单画面切换监控等操作。

③ 提供起重机 CCTV 监控画面至船体连接的接口。

④ 在臂架头部设置彩色变焦带阻尼摄像头,用以监视钩头或作业区域状态(可选项)。

(2) 照明系统。

① 不同室内照明区域的最低照度应不低于如下标准:操作室:$\geqslant$200 lux;电气室:$\geqslant$100 lux;机房:$\geqslant$100 lux(维修照明时)。

② 起重机臂架上配置 1 000 W 高压钠灯或照度和 1 000 W 钠灯相当的 LED 投光灯用以作为作业区域的照明保障。

③ 稳货平台前部配置向下照射的 400 W 高压钠灯或照度和 400 W 钠灯相当的 LED 投光灯作为铰点下方区域的照明。

④ 机房内配置 400 W 高压钠灯或照度相当的 LED 投光灯作为维修照明。

⑤ A 字架顶部和臂架头部安装有中光强航空障碍灯,满足民航相关规定,其控制方式为天黑自动运行,即使正常供电中断时,障碍灯也能通过太阳能或蓄电池设备持续工作 96 h。

(3) 通信和火警系统。

① 操作室内设一台扩音机(含 1 个麦克风)和喊话大喇叭。

② 操作室设一台固定式海事频率 VHF 无线电台,配鹅颈麦克风和脚踏开关。

③ 在操作室、电气房设置自动电话,能实现相互间通话,并能和船体通话。

④ 在操作室、电气房、机房内设置公共广播,能接收船体发布的信息,操作室的广播音量可调。

⑤ 在操作室、电气房、机房等室内场所按规范安装火警探头和手动报警盒,作为船体火灾报警系统的一个部分,火警按钮为红色标记。

(4) 空调和通风系统。

① 在放置驱动器柜和电气控制柜的电气房配置一套冷暖空调,保证房间温度维持在 18~26℃。

② 在操作室设一套冷暖空调,保证房间温度维持在 18~26℃。

③ 电气房设温控开关,当房间温度上升到设定警戒值时,温控开关发报警信号。

④ 机房设置温控开关,当机房温度上升到设定警戒值时,自动开启机房通风机设备。

(5) 接地系统和防雷保护。

① 起重机安装有保护接地系统和避雷保护装置。机上所有电气设备，正常不带电的金属外壳/金属管线/电缆金属铠装层/照明外壳均可靠接地。金属结构之间活动的部分用接地线连接。起重机的保护地线通过回转电力传输设备（滑环、拖链或滑触线）可靠连接到船体结构上。

② 起重机最高点装有避雷针，通过起重机的金属构架可将雷电安全引到地面。

6.3.4 电气安装工艺

1）电气安装工艺设计概述

电气安装工艺设计主要是为了实现电气设备安全可靠地安装于起重机上，并确保电气设备通过高效工艺设计，实现电气施工的合理布局，为项目整体总装起到节能增效之作用。

电气安装工艺设计主要由电气设备安装工艺设计，电缆链路工艺设计两大部分组成。

（1）电气设备安装工艺设计。电气设备安装工艺设计主要由以下几部分组成：

① 电气柜体的安装与固定。主要包含电气屏柜、变压器、高压柜、制动电阻等大件设备。

② 电气通用辅助设备的安装与固定。主要包含小件电气元件（开关、插座、广播、电话等）、CCTV系统元件（摄像头、补光灯等）、照明系统（投光灯、步道灯等）、报警系统（声光报警、电笛、航空障碍灯等）。

③ 特殊设备的安装与固定。主要包含火警系统（火警探头及手动报警），EMC防电磁干扰系统等。特殊设备的安装与固定，在通用电气安装要求的情况下，还需要满足相关设备安装的特殊要求。

A. 电气柜体的安装：主要需要根据柜体的实际高度以及设备使用性质来确定具体的安装工艺方案，比如电气控制屏柜，通常安装在电气房内，主要采用上下固定方式进行屏柜安装，柜体下方的固定，主要通过设计相应支承底架，根据屏柜下固定开孔定位尺寸，在支承底架上配钻开孔，进行螺栓固定；屏柜上方固定方式主要采用，从电气房结构延伸短支架，通过长角铁将组柜形式的电气柜顶部吊耳孔和短支架以螺栓形式固定在一起，完成对屏柜的整体固定和安装。图6.14和图6.15为电气柜体的固定方式示例。

B. 电气通用辅助设备的安装与固定：通用辅助设备的安装与固定主要考虑设备的可操作性及便于维护。

表6.6为常用设备的安装高度要求。

（2）电缆链路的电气工艺设计。电缆链路是指设备与设备之间电缆的通路，通常链路的实现主要有电缆托架，电缆穿线管，机械电缆槽、扎线扁钢等几种形式。主要起到固定和保护电缆的作用。

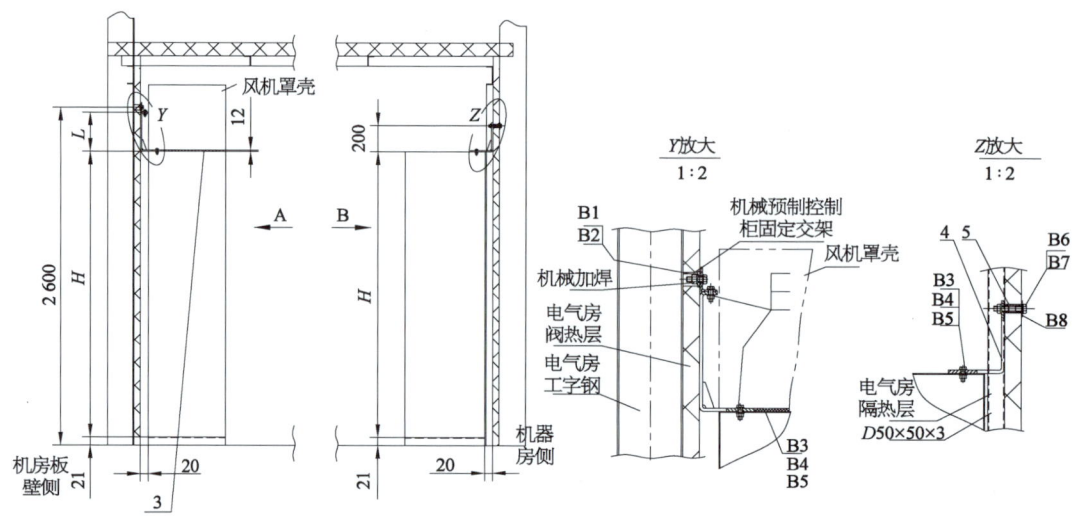

图 6.14 屏柜顶部固定安装示例 1

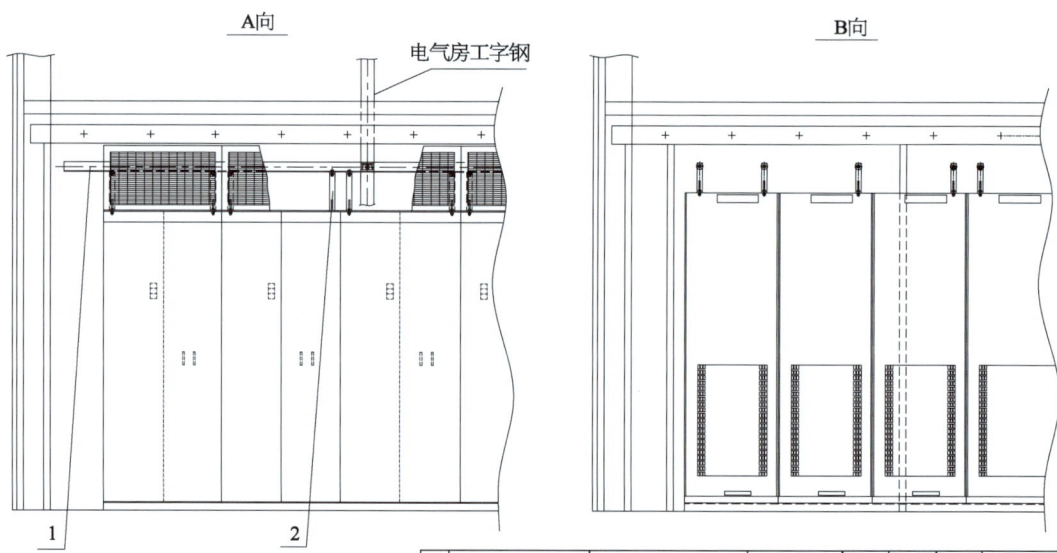

附表1：不同电控柜的柜体尺寸（不含风机罩壳）与其对应的L型支架规格

电控柜品牌	电控柜体高度(H)	支架长度(L)
Alstom	2000	490
ABB	2130	360
SIMENS	2200	290
GE	2200	290
FUJI	2300	190
YASKAWA	2350	140

零件号	名称及规格		材料及型号	数量	单个重量	总计	备注
B8	垫圈GB/T 96 16		Q235				
B7	螺栓GB/T 5783	M16×90	Q235				
B6	螺母GB/T 18230.6	M16	Q235				
B5	螺母GB/T 18230.6	M12	Q235				
B4	垫圈GB/T 95 12		Q235				
B3	螺栓GB/T 5783	M12×40	Q235				
B2	垫圈GB/T 95 16		Q235				
B1	螺栓GB/T 5783	M16×60	Q235				
5		3/4硬管	Q235				长度为50 mm
4		L型控制屏固定支架2	Q235				
3		12mm橡皮垫	橡皮				
2		L型控制屏固定支架1	Q235				
1		L75×60×5−X	Q235				X=电气房长度
零件号	型控制屏固定支架	名称及规格	材料及型号	数量	单个重量	总计	备注

图 6.15 屏柜顶部固定安装示例 2

表 6.6 常用设备安装高度推荐

序号	设　　备	标准范围 安装尺寸(mm)	设定面	备　注
1	室内电源插座	350 或 1 300	地板	
2	空调插座	小于 0.5 m		距离空调电源引出线 0.5 m 之内
3	排风扇插座	小于 0.5 m		距离排风扇电源引出线 0.5 m 之内
4	电话插座、网络插座、网络路由器、TV 插座、电源插座	150		插座底部据办公桌面上方 150 mm
5	房间内灯开关	1 300		靠门锁侧,开关边缘距门框的距离宜 0.1~0.2 m,底部距离地面 1.3 m 高度
6	温度 & 湿度计	2 000		
7	挂钟	2 000		
8	喇叭	2 200~2 500		
9	户外和机械区插座	1 300		不含平台栏杆侧
10	平台栏杆侧开关、插座	栏杆扶手下方		
11	火警按钮	1 300		
12	启停按钮	1 300		
13	烟感	靠近顶棚		
14	户外及机械区域照明灯具	2 500~3 000		
15	分电箱,启动箱,就地操作站	顶部离地 1 850 或底部离地 1 400		不含平台栏杆侧

注:上述尺寸是参考点与设备底部之间的距离。

① 电缆托架的安装与固定。需要尽可能平直,避免大而急的变化(包括垂直和水平方向),当出现双层托架或者多路托架汇总时,需要考虑托架之间距离的保持。电气托架的安装示例如图 6.16~图 6.18 所示。

② 电缆管路的安装与固定。主要包含有金属硬管和包塑金属软管两类,金属硬管是机械区用于保护电缆不受损伤的方法之一。除特别要求以外,采用镀锌的英制焊接式电缆管,通常用于开放式电缆敷设方式,金属硬管的端口不带螺纹,但需在端口上加装尼龙护套;常用金属硬管的尺寸有 1/2″、3/4″、1″、1-1/4″、2″、3″、4″等,定长 3 m。包塑金属软管(下面简称软管)具有可挠弯曲、良好的耐蚀、防水、防部分化学物品和便于截取等特点。电缆管路的安装如图 6.19、图 6.20 所示。栏杆侧电缆管路安装如图 6.21 所示。

2) 电气安装固定的基本要求

① 紧固性:设备安装的基本要求是确保设备可以牢固的固定在金属结构上。常用的固定方式包括螺栓、螺钉、铆钉、焊接等几种方式。紧固时必须注意紧固件的材质,强度满

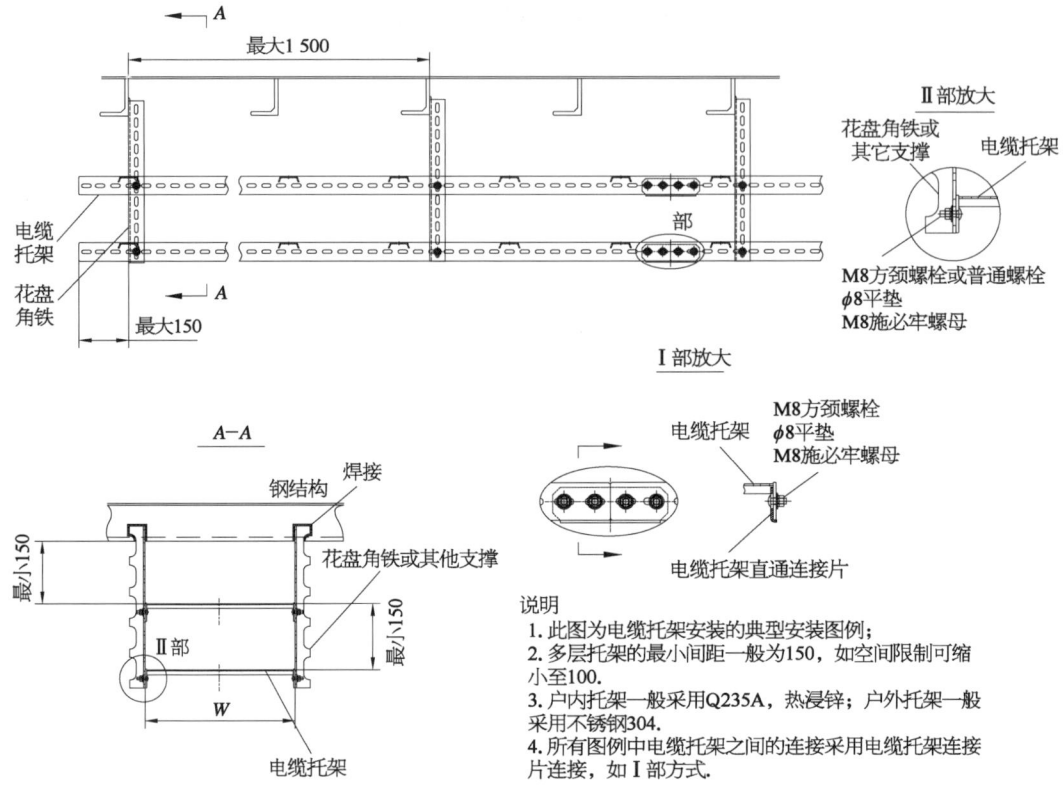

图 6.16　电缆托架安装联接示例

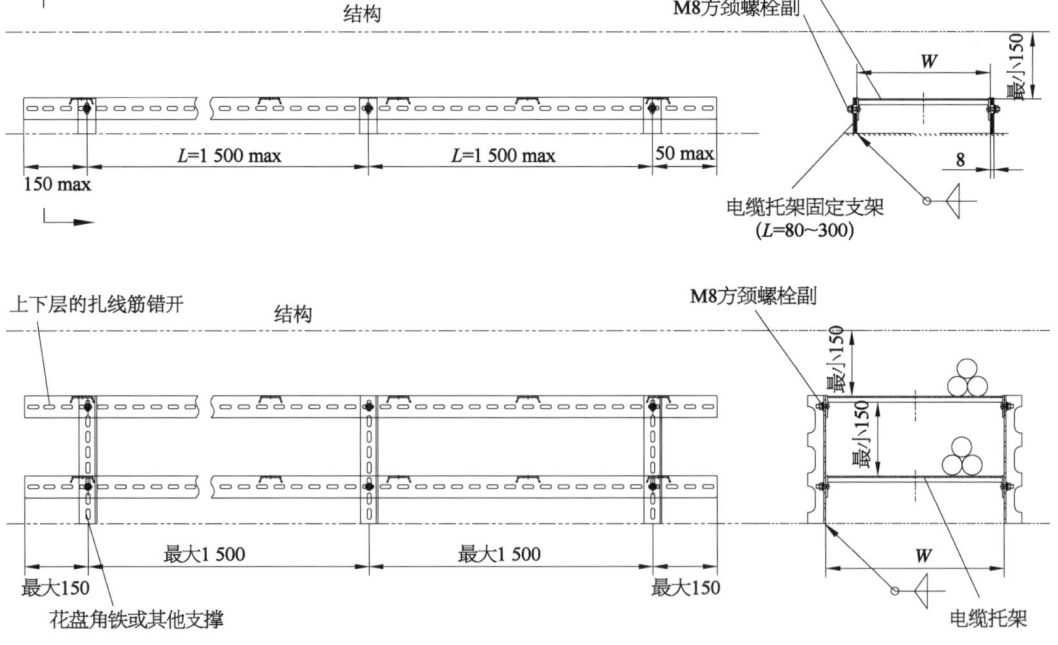

图 6.17　构件内电缆托架安装示例

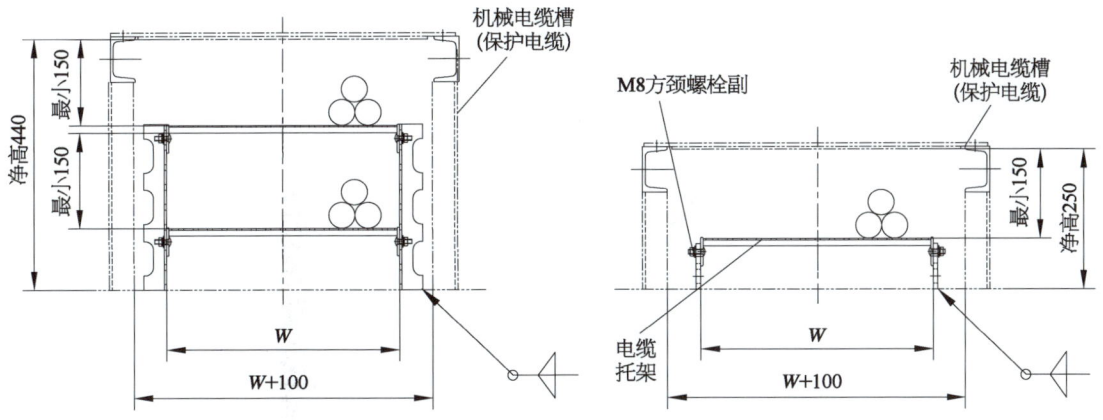

图 6.18　机械电缆机械电缆槽内的电缆托架安装图例

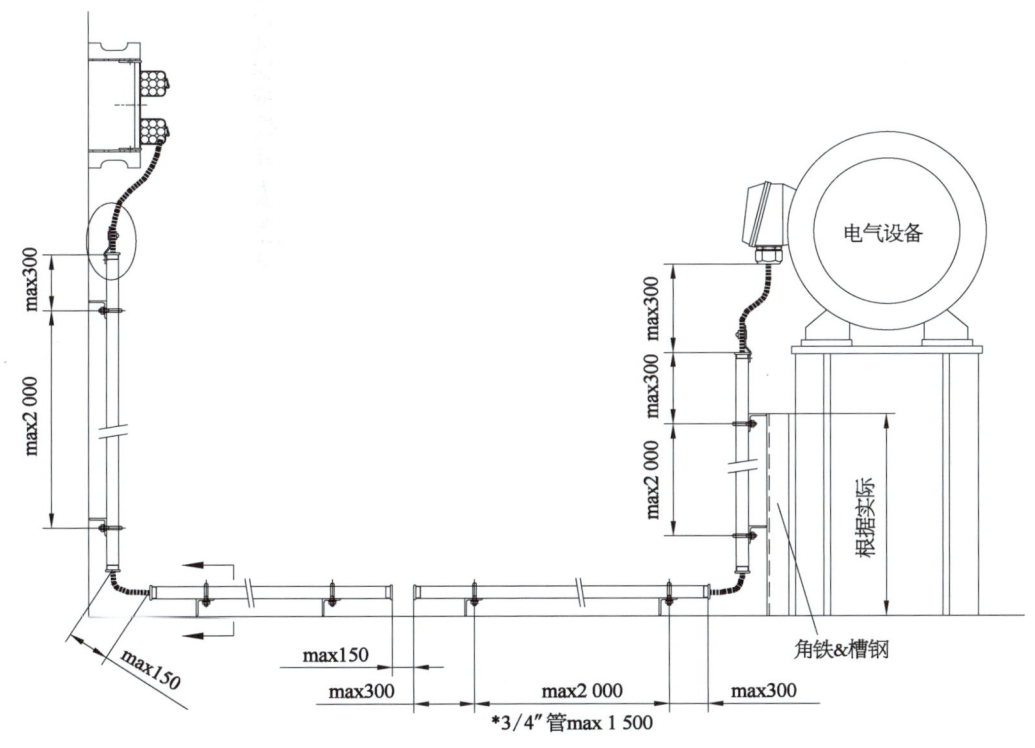

图 6.19　电缆管路的安装示例 1

足应用场合的需求。

② 安全性：安全性要求主要包含有防松、防震、可操作性和维护性以及防坠落等几个方面。主要确保电气设备在安装过程中，对于施工人员及设备本身的安全保障。

③ 可拆卸性：设备安装时需要考虑方便、快捷地进行拆卸，以提高维修保养的效率。

④ 防水、防潮、防锈、防盐雾耐腐蚀性：作为确保电气设备正常工作的必要条件在施工的任何阶段都需要考虑。船用设备的材料选择应充分考虑海上盐雾环境，采用抗盐雾

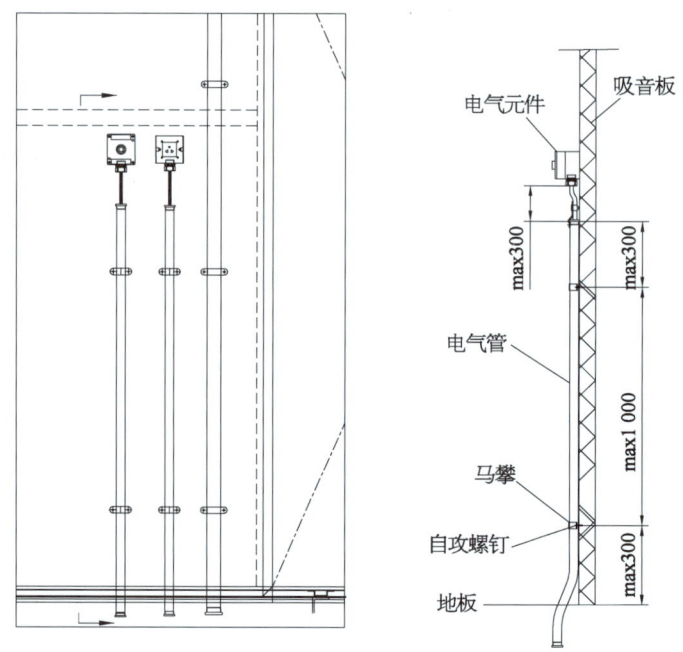

图 6.20　电缆管路的安装示例 2

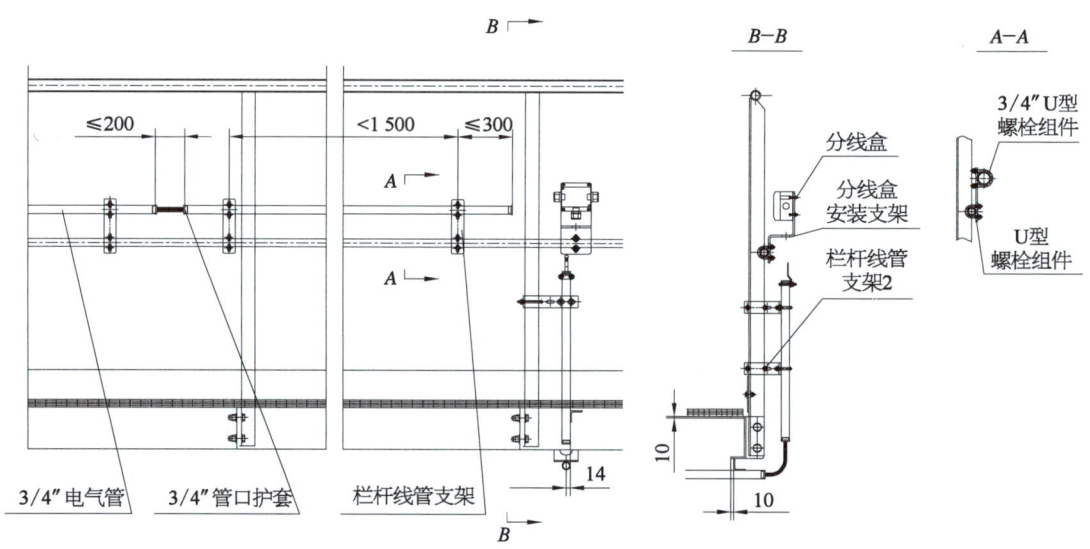

图 6.21　栏杆侧电缆管路安装示例

耐腐蚀材料,室外电缆托架、接线箱体等建议选用不锈钢材质、主要设备油漆按照 C5 - M 标准执行。特别需要注意在元器件已经安装但没有接线时,进线口的防水工作。

⑤ 防油漆污染、防灼伤、防飞溅以及防尘等:为有效防止施工过程中由于其他工种造成对电气设备的污染或损坏,在安装全过程,需要考虑对电气设备和电缆等的各种保护。

⑥ 电气设备完好性:所有电气设备安装前后都需要检查设备以及安装材料本身的完

好性,以及安装支架等的完好性。在安装完成后,应确保电气设备免遭任何损坏。

6.3.5 安全保护设计及控制难点

1) 操作安全保护

起重机从操纵、控制、电气、动力、机构等各方面综合设计考虑,确保设备能安全运行并符合安全保护、报警、联锁与控制的有关要求。

① 操作室内设负荷限制系统彩色液晶显示器,能实时监测起升重量、变幅角度、回转角度、起重机水平度以及风速等作业参数。

② 操作室内设 HMI 人机交互液晶显示屏,可使司机能实时监测电气、机构运行状态。HMI 画面(吊机运行状态)可通过通信传输给平台中控室。

③ 在电气房内设一套安全监控管理系统和彩色液晶显示屏,可使维修人员实时监测电气、机构运行状态,设定和读取维修运行参数等。

④ 设操作警报装置:基于安全考虑,操作主起升,回转和变幅机构前司机需要按操作按钮,鸣响警报器。

⑤ 配置力矩限制(超负荷保护)装置:

A. 当负荷(或转矩)达到 90% 额定值时,发出预警信号:闪烁黄色报警。

B. 当负荷(或转矩)达到 105% 额定值时,发出警告信号:闪烁红色报警和鸣响报警器;在这种情况下,起升机构只能作下降运动,变幅机构只能作收幅运动。

C. 当载荷信号降至 100% 额定起重量以下,才恢复各机构正常运行。

⑥ 在各起升机构卷筒侧安装绝对位置编码器,来实时监控起升位置,并在起升接近极限位置时能自动限速和停止,防止冲顶。

⑦ 起升机构卷筒侧安装超速开关装置,设置在卷筒的速度达到允许的最高速度的 115% 时跳闸保护。

⑧ 设置臂架上升极限机械限位装置。

⑨ 在电气房、操作室联动台上分别安装急停装置,能使机构同时停止工作,紧急切断按钮为红色标记。

⑩ 所有的主驱动回路均设有过电流保护,低电压保护,短路保护和缺相保护。

⑪ 在臂架头部位置,安装各吊钩起升高度极限位置控制装置。

⑫ 臂架铰点处设有角度传感器,输出臂架角度值,输送到力矩限制器,用于控制不同跨距的不同负荷(形成负荷力矩曲线,分为固定状态和浮态),达到力矩保护和报警的功能。

⑬ 风速计设置在 A 字架顶部,风速达到 15 m/s 时操作室力矩限制显示器黄色色块报警并声音报警,风速达到 20 m/s 时红色色块报警并声音报警,并延时 2~3 min 切断控制使各机构停止工作。

⑭ 配置起重机水平仪,操作时以该水平仪为主,平台(或船体)侧水平仪仅作参考。

2) 起重机多钩同步控制

在风电安装船起重机上经常遇到的一种工况就是使用起重机的 2 个吊钩进行抬吊作业,即 2 个吊钩吊载同一个部件进行同步上升或者下降运行,这里的困难点就是 2 个钩必须同步运行,否则质量分配就会发生变化,导致一个吊钩过载,起重机不能继续运行。所以关键点就是要保证 2 个钩在运行的过程中钢丝绳运动的距离保持一致。

对于 2 个钩是相同参数设计的吊钩来说,这样实现起来会容易一点。只要保证了 2 个吊钩的驱动电机的转速一致,钢丝绳运动的偏差就不会太大,就不太可能会发生偏载。对于这种情况,在变频方案中,需要使用 2 个机构电机为主从驱动方式,吊钩 1 的电机为主机,吊钩 2 的电机为从机,利用变频器参数中的速度跟随功能,始终保持吊钩 2 的电机转速与吊钩 1 相同即可,并且对 2 个吊钩的钢丝绳运动距离进行检测(使用绝对值编码器测量卷筒的旋转角度),当钢丝绳运动距离过大的情况发生时,司机手动对其中的一个吊钩进行动作,减少 2 个吊钩的钢丝绳之间的偏差。

对于电液驱动的起重机来说,首先在液压马达上必须配置有速度传感器,在 PLC 控制系统内实现液压马达的闭环速度控制功能,在需要抬吊的情况下,PLC 程序中设置吊钩 1 为主机,吊钩 2 的液压马达速度跟随吊钩 1 的液压马达速度,这样就能保证 2 个吊钩的液压马达速度一致,卷筒运行速度一致。当然液压系统的调试和调节精度会相对差一点,这样会导致更加容易出线需要司机进行手动调整的情况。

3)起重机臂架与平台桩腿防碰撞保护

安装于自升式平台上的风电安装起重机,起重机臂架与平台桩腿之间存在着相互碰撞的可能性。为了防止碰撞事故的发生,需要增加防碰撞保护功能。

防撞保护功能应用于自升式平台起重机,用以防止桩腿和起重机臂架之间相互碰撞。通过读取平台桩腿高度信息,结合起重机自身的臂架俯仰角度和回转角度,在程序内部三者共同参与计算及逻辑控制,对可能发生碰撞区域进行联锁保护,适当限制变幅和回转的动作,以防止起重机与桩腿相撞。起重机臂架与自升式平台桩腿防撞区域如图 6.22 所示。

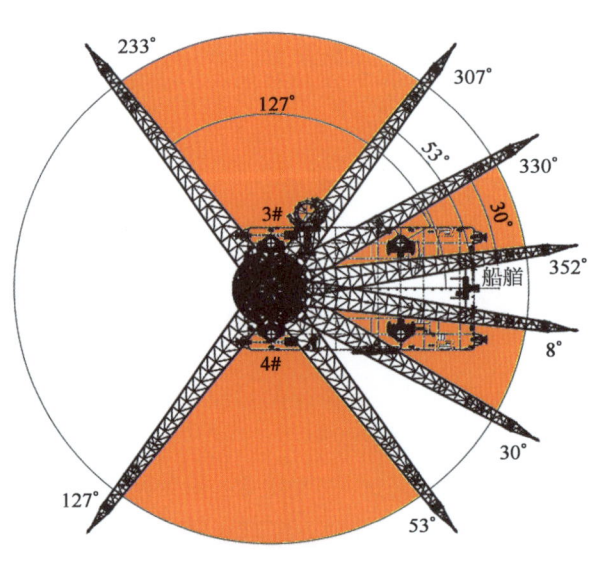

图 6.22 起重机臂架与自升式平台桩腿防撞区域示意

4)应急下放

为了满足船级社对于(载人情况下的)应急释放的要求,需要在主电源缺失,控制器损坏以及驱动器损坏等 3 种情况下(同时只出现 1 种情况)保证货物能够下放,臂架能够下放,回转机构能够动作。为了实现上述功能,在起重机电气设计时就需要进行相应的特殊考虑。

(1)主电源缺失:因为变频调速系统无法实现无电源情况下工作,所以必须要求船体提供应急配电板的电源,容量可以为常规容量 30% 左右。

(2)控制器损坏:搭设继电器回路来实现各机构的定速应急下放动作。

(3) 变频器损坏：对于起升机构优先解决方案是更换备件，整个逆变器模块进行更换。对于变幅机构，一般设置其他机构的驱动器切换到变幅电机功能，可以实现变幅应急动作。对于回转机构，可以在缺失1个变频器的情况下继续运行，但是速度需要做出限制。

6.4 锚机系统

6.4.1 锚机控制系统特征

风电安装船锚机控制系统利用变频控制技术和PLC控制，实现对船舶进行位置的调整定位，锚机具备对缆绳张力的动态恒定调节功能。同时采用了绝对值编码器、质量传感器、限位开关等传感器，实现绳长、绳张力的监测。锚机电机的变频控制使用单传动变频系统，能够减小电机启动时对船体电网的冲击，既节约能源，又节省空间。

锚机配置机旁无线遥控器实现机旁多视角、多位置操作，实时观察现场作业情况，保证操作安全；同时配有CCTV监控系统和人机界面，在驾驶台监测锚机运行状态，可远程集中操作锚机，实现了自动化控制，并全过程中显示和记录数据。

在设计锚机系统时，由于系统所处环境和工作状况的特殊性，比如有时设备暴露在复杂海洋环境下需要长期经受高温、高湿、低温、盐雾、霉菌、日光辐射等不利环境，在风高浪急行驶中，在别的设备运行中承受摇摆及高低频冲击与振动。由于风电安装船设备布置的紧凑，密度大，特别是近年来随着船上电力电子设备的增多，设备所面对的电磁环境也日益恶劣。为了确保设备的可靠性，保证其正常的使用性能，对于电气而言，器件的选型、设备的设计和安装、系统的构建，设备和系统的维护和保养，都应严格按照船用标准和规范进行。

锚机电气控制系统的构成如下：

（1）高低压配电系统，负责上机电源的通断及各机构电源的分配。

（2）PLC控制系统，作为控制核心负责采集各种相关信号，通过动作元件发出运动指令，并和全船管理系统进行通信，重要参数纳入全船管理系统界面。

（3）变频器驱动系统，接收来自PLC的指令，调整输出电压、电流、力矩的大小，实现对锚机电机的运动控制。

（4）检测反馈系统，通过各种检测元件，采集所需的各种信号，反馈回PLC或者变频器，实现各项闭环控制及状态指示。

（5）操作系统，操锚人员通过操作系统上的各种操作元件，对设备发出动作命令，实现设备的各项功能。

（6）状态及故障显示系统，结合PLC程序中故障诊断及状态指示程序，将分析后的故障信息和状态信息通过人际界面显示给操作及维护人员。

6.4.2 锚机控制系统硬件设计

控制系统控制硬件包含：变频柜组、变频电机以及相应控制回路中所包含的锚机配电柜(MCC控制柜)、遥控柜(PLC控制柜)、本地操作站、远程操作台、无线遥控器，以及相应的各类信号检测传感器，包括绝对值编码器、重量传感器、限位开关还有摄像头。

锚机控制系统硬件配置如图6.23所示。

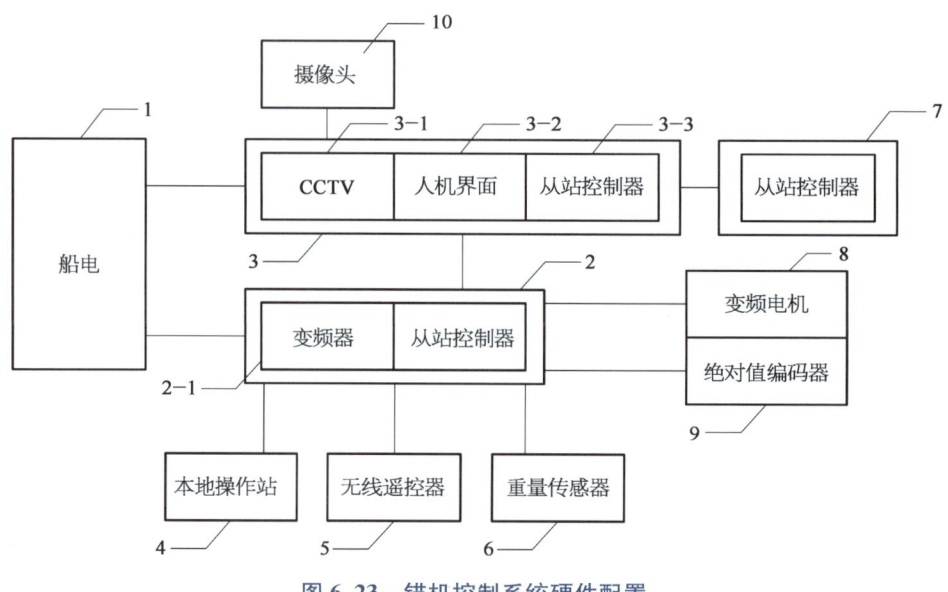

图6.23 锚机控制系统硬件配置

1—船体供电设备；2—配电柜；3—远程操作台；4—本体操作站；5—无线遥控器；6—重量传感器；
7—PLC柜；8—变频电机；9—绝对值编码器；10—摄像头

船体供电设备给配电柜和远程操作台供电，连接变频器2-1主回路输入端；变频器主回路输出端连接变频电机；配电柜分别给PLC柜、本地操作站、远程操作台供电；绝对值编码器安装于锚机本地卷筒轴的一侧，输出信号连接到配电柜；重量传感器安装在锚机本体，输出型号连接到配电柜；摄像头与远程操作台通过网线连接；变频器2-1、PLC柜、远程操作台和绝对值编码器通过PROFIBUS-DP总线系统形成环网通信，实现各设备之间的控制数据传输。

船体供电，根据船体电站的配置不同，船体给锚机系统的动力电源分高压和低压供电系统。高压系统常用电压等级：6.3 kV·A，50/60 Hz；6.6 kV·A，50/60 Hz；11 kV·A，50/60 Hz。低压系统常用电压等级：440 VAC，60 Hz；380 VAC，50 Hz。

配电柜的每台锚机都配备一台锚机配电柜，用于锚机的驱动及控制。该柜体安装于生活区一楼两侧电气房内。柜体内部配备了变频器，集成绞车硬件控制回路。变频器2-1变频电机，接收远程操作台和本地操作站发出的逻辑控制指令，同时接收相应的绝对值传感器信号，实现电机的变频调速。由于对速度控制要求非常高，本系统采用每台变频器驱动一台电机,通过采集电机实际转速信息实现对电机的直接转矩控制。在正常控制中,制动器打开的命令将通过变频器检测输出频率,并在满足逻辑条件的情况下释放。单传动变频系统如图 6.24 所示。

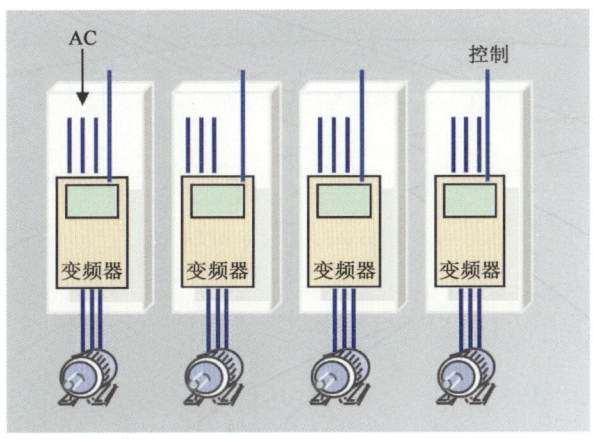

图 6.24 单传动变频系统的示意图

远程操作台位于驾驶室内,可在驾驶室远程操作绞车。除了操作锚机,还可通过人机界面实时观察绞车的状态数据,通过 CCTV 系统来观察绞车的实时画面。远程操作台实物如图 6.25 所示。

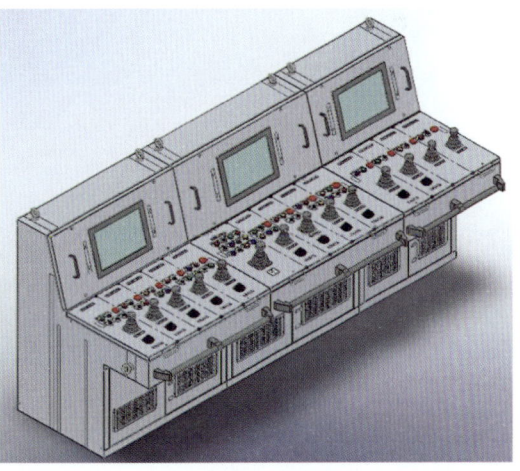

图 6.25 远程操作台实物

本地操作站位于锚机本体上,用于在锚机旁临时操作锚机。设立本地操作站的主要目的在于遥控操作台故障检修时或者分合离合器时,可以应急使用本地操作站控制锚机的单机运行。

无线遥控器,操作人员可将遥控器拿在手上,灵活走动以便观察锚机状态时操作。

重量传感器安装于锚机前侧两端底座上,用于检测钢丝绳上的所受的拉力,拉力值可在遥控操作台上实时监测。重量传感器实物如图 6.26 所示。

PLC 柜安装于驾驶室上方顶甲板处,用于安装 PLC 模块,接收 4 台锚机的数据,且传输至 PLC 系统。

绝对值编码器安装于锚机本地卷筒轴的一侧,用于检测卷筒上钢丝绳的层数以及圈数,以此来计算放出的缆绳长度。绝对值编码器如图 6.27 所示。

图 6.26 重量传感器实物

图 6.27 绝对值编码器实物

6.4.3 锚机控制系统软件设计

锚机系统的软件设计主要是可编程控制器(PLC)和人机界面。

1) PLC 软件控制

可编程序控制器广泛地应用于工业控制。它通过用户存储的应用程序来控制生产过程,具有可靠性高、稳定性和实时处理能力强的优点。可编程序控制器是把计算机技术与继电器控制技术有机结合起来,为工业自动化提供的几乎完美的现代化自动控制装置。在现代化生产过程中,许多自动控制设备、自动化生产线,均需要配备电气控制装置。

PLC 控制系统,作为控制核心负责采集各种相关信号,通过动作元件发出运动指令。本系统构成如图 6.28 所示。

(1) 系统逻辑功能。

① 紧停——每台绞车包含 4 处紧停,分别是配电柜紧停、机旁操作台紧停、远程控制台紧停、HBC 遥控器紧停,它们串联在电路中通过控制合继电器发挥作用。

② 控制合/控制断——变频器的起动都必须通过位于驱动系统控制屏(DCP)、本地操作盒(LCP)和远程控制台(RCC)的"控制合"起动,没有例外。控制合过程如图 6.29 所示。

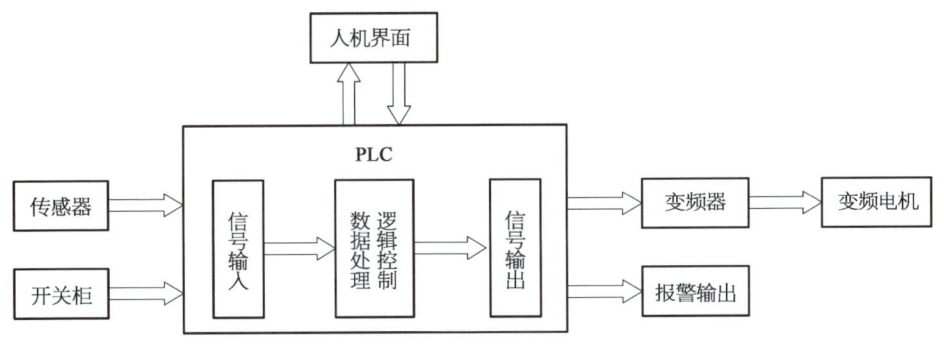

图 6.28　PLC 系统构成示例

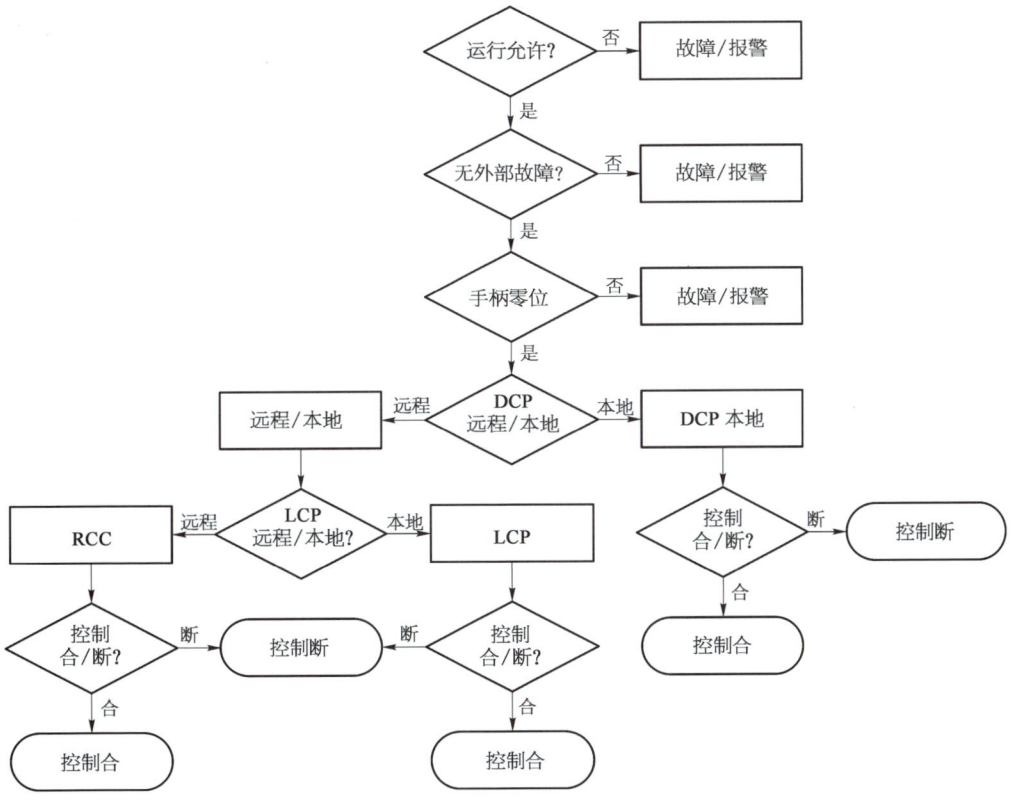

图 6-29　控制合流程示例

③ 电气停车——电气停车意味着当条件不满足,变频器自动进入减速-停止阶段,变频器输出速度低于 30 r/min 时,制动器抱闸。以下条件会触发电气停车:紧停连锁故障、液压站故障、电机故障、制动器故障、变频器故障、钢丝绳相关报警等。

④ READY 状态——READY 状态将在以下条件满足的情况下发出:没有电气停车、变频器 READY、主接触器吸合(包括电动机的接触器吸合)。检测电动机是否正常工作如图 6.30 所示。

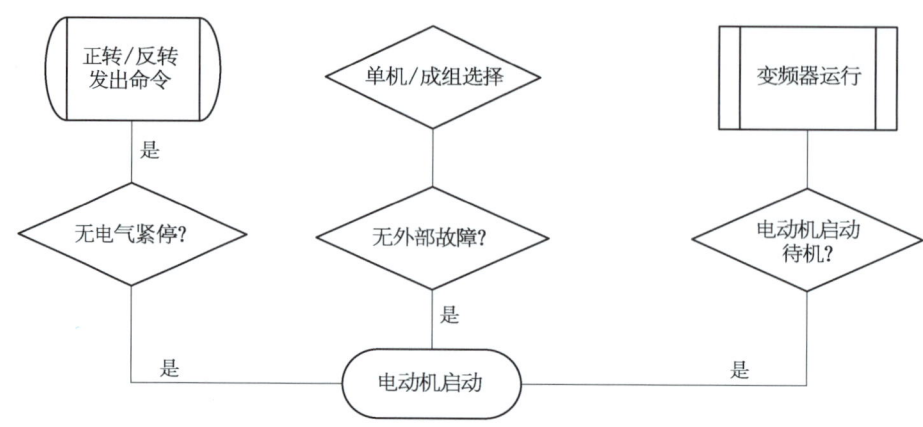

图 6.30 检测电动机是否正常工作流程示例

⑤ 执行元件是否正常——检测电机、制动器等是否正常。

⑥ 监测保护功能——变频器状态监视信号：三相进线电流、运行、故障；高速制动器故障监测；过电流和过负荷保护功能。

⑦ 绳长检测——绳长小于或大于多少米，报故障，反之正常。绳长检测流程如图 6.31 所示。

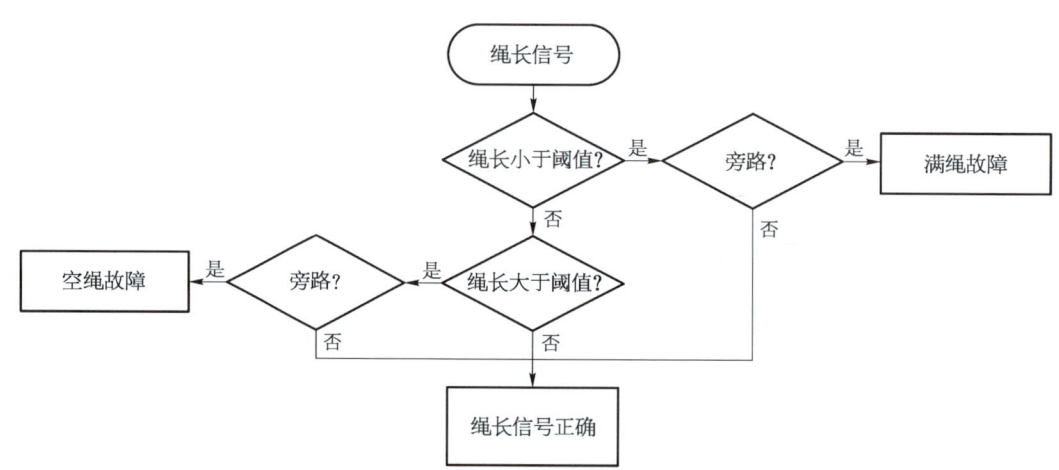

图 6.31 绳长检测流程示例

⑧ 超速监控——每台锚机的驱动电机装有 1 个增量编码器，系统监控该编码器的反馈值，当该值大于 50 Hz(1 520 r/min)，同时在硬件和软件回路中，UVA 失电。

⑨ 锚机操作——一般情况下，锚机操作包括本地操作(见图 6.32)和远程操作(见图 6.33)两部分，以下是各种锚机的操作流程。

(2) 监控信息。

① 开关量信号——控制合、单机、联动、本地、远程、带式制动器打开、高速制动器打

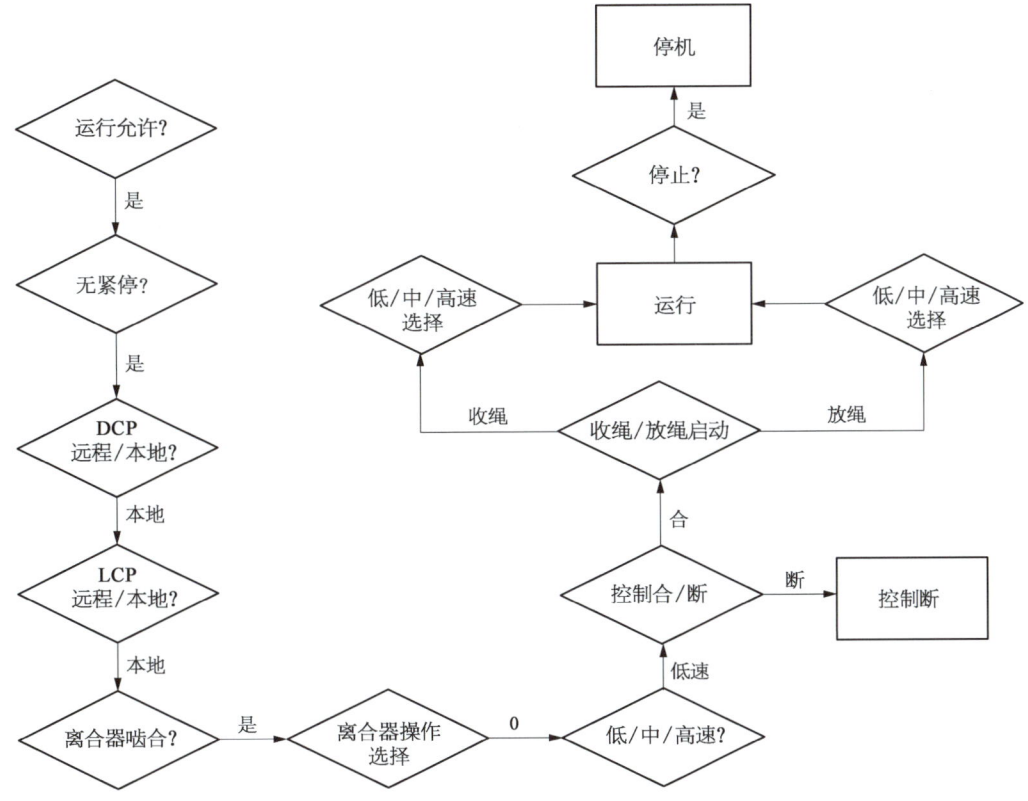

图 6.32 锚机本地操作流程示例

开、驱动准备、紧停、运行、报警、故障、快速、慢速、连续、寸动。

② 电机信号——电机转速、速度给定、实际转速、电机转矩、电机电流、电绕组温度。

③ 钢丝绳信号——钢丝绳张力、钢丝绳放出长度、钢丝绳线速度。

2) VFD 软件控制

VFD 逻辑控制包含 4 个主要执行部分,基于以上条件在 VFD 内部形成一套完整的控制系统。VFD 逻辑控制结构如图 6.34 所示,运行逻辑示例如图 6.35 所示。

VFD 逻辑控制主要分为以下几点:

① 监控——主要监控包括电压、电流、频率、转矩、直流母排电压以及传递给 VFD I/O 点的状态。

② 接口——主要包括两大块: PLC 到 VFD、VFD 到 PLC。

③ 参数——允许软件使用输入参数设定、选择。

④ 保护——保护主电机和 VFD 驱动器本身,例如电机热保护、堵转保护、电机缺相保护、接地故障保护、过流、直流过压、直流欠压、变频器温度、短路、电源缺相、控制板温度。

3) CCTV 监控系统

通过 CCTV 闭路电视监控系统可以实现对锚机工作的全程监控,如带有云台的监视设备可以通过旋转摄像头对准相应动作锚机收放绳的细节。CCTV 配置结构如图 6.36 所示。

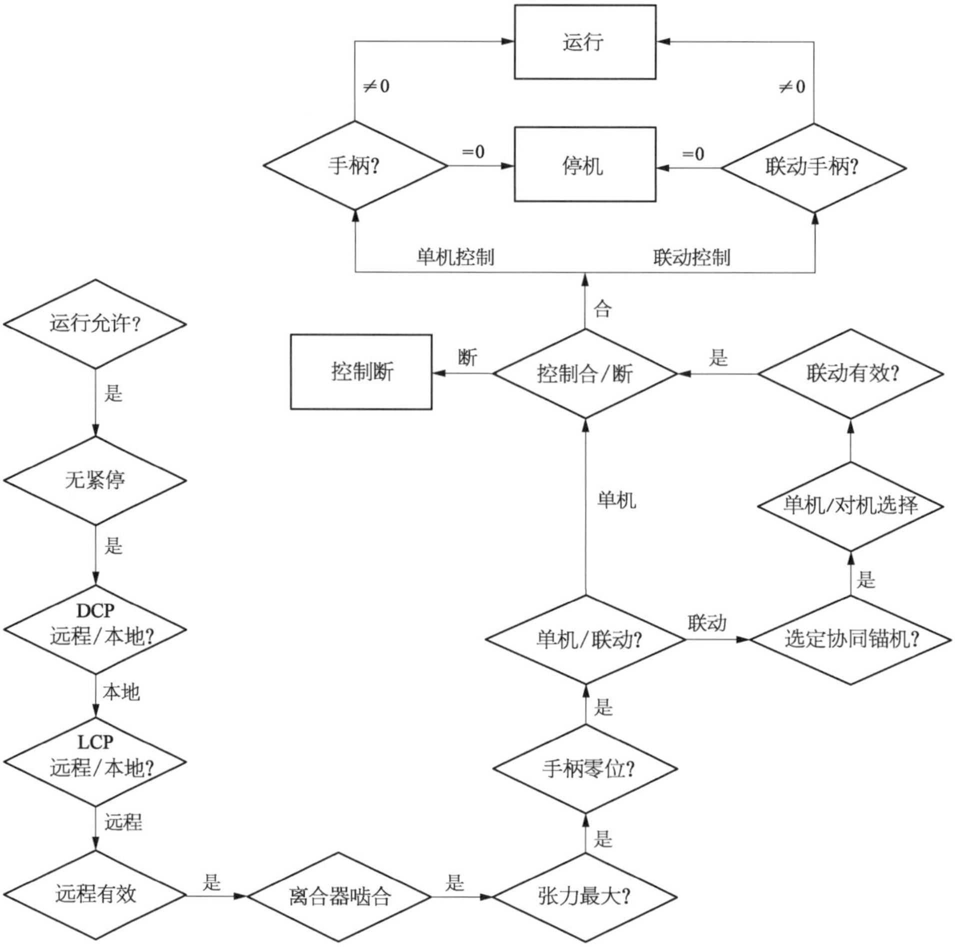

图 6.33 锚机远程操作流程示例

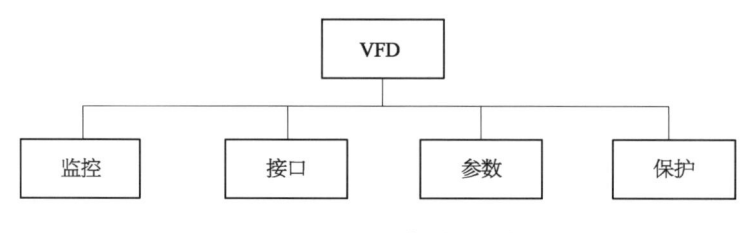

图 6.34 VFD 逻辑控制结构

该系统一般是由以下几个部分组成：

（1）摄像系统。摄像系统是闭路电视系统的主要构成部分，其功能主要为系统摄取最佳的被监视对象，所以防护措施要比较完善。其主要组成部分为摄像机、摄像镜头、防护罩和支架。如果被监视位置范围较大，需要镜头不断调整角度以观察不同位置，则还要增加可控装置。防护罩的作用主要是保护镜头免受雨水和阳光、狂风等自然现象的侵害。

整个摄像系统装于支架上后，安装于铺管机构上相应的部位，摄像系统的数量视需要

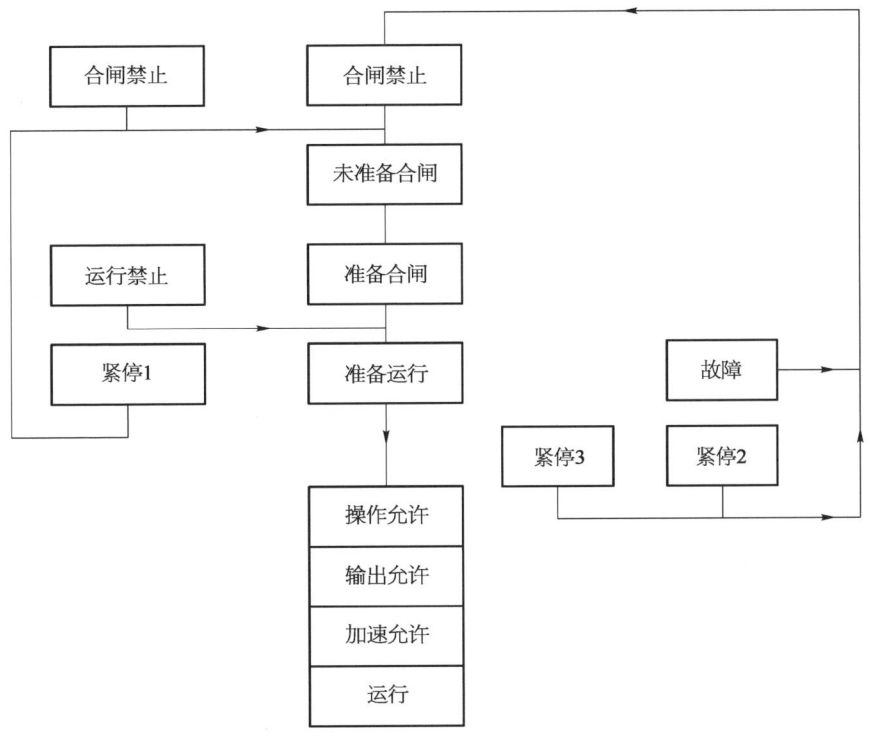

图 6.35 VFD 运行逻辑示例

而定。

(2) 工控机及硬盘录像机。每个摄像头的通信电缆及相应的网线连接到交换机上,然后再利用网线把交换机同工控机和硬盘录像机相连,则可以将每个摄像机监视的画面转换成图像或视频存储起来。

(3) 监视器。把监视器同工控机及硬盘录像机相连,构成一个计算机系统,可以通过监视器观察相应的视频画面,该监视器分辨率一般比较高,可以通过调节改变画面的大小。

4) 人机界面

人机界面集成在遥控操作台上,用于监控锚机系统的各项参数,记录系统中出现的报警、故障等。系统内包括主机、显示器、CPU 以及交换机,主机和 CPU 之间通过交换机来实现数据传输。

人机界面有以下几个画面:

(1) 综合监视界面——简单记录了锚机的几项重要数据,包括绳长、层数、张力、电流等。可以通过主页面上的链接按钮,切换到其他页面。综合界面示例如图 6.37 所示。

(2) 单机界面——单机页面更加详细地记录了锚机运行中的一些数据,并且通过指示灯、数据条、指示表更加形象地表现出来。在此页面的顶端还可查看当前发生的三四条故障报警信息。单机界面示例如图 6.38 所示。

(3) 故障报警界面——可以查看更多的故障报警信息,例如紧停故障、主电动机高温

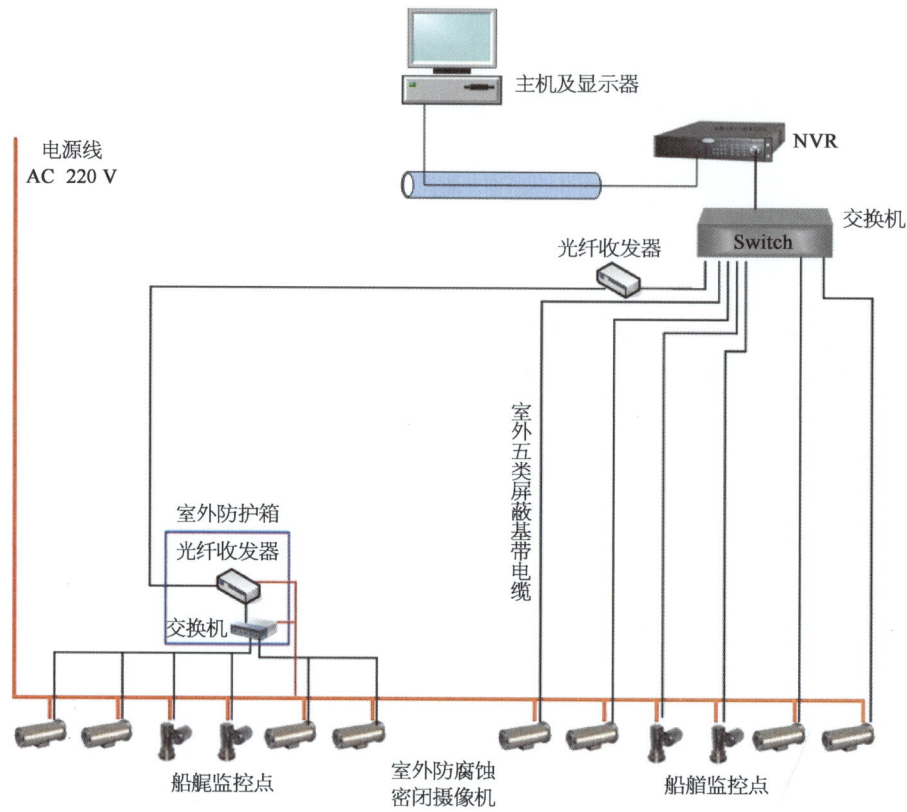

图 6.36　CCTV 配置结构

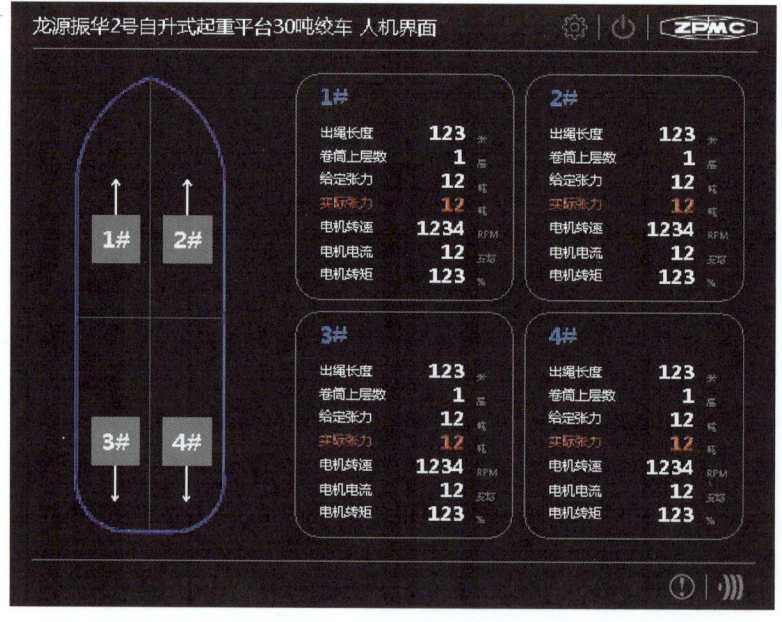

图 6.37　综合界面示例

图 6.38 单机界面示例

故障、液压站低液位故障、液压站高温故障、变频器故障、制动器故障等。故障报警界面示例如图 6.39 所示。

图 6.39 故障报警界面示例

（4）缆绳设置界面——如果需要重新标定钢丝绳绳长，需要进入缆绳设置页面进行缆绳设置。出于安全性考虑，此页面并不对所有人开放，进此页面必须在主页上登录。缆绳设置界面如图6.40所示。

图6.40　缆绳设置界面示例

6.4.4　常见故障分析及处理

风电安装船电气系统常见故障分析及处理见表6.7。

表6.7　常见故障分析及处理

故障名称	故障原因	处理方法
电机过流	电源电压过低，电动机在额定负载下造成温升过高； 电动机通风不良或环境温度过高； 电动机过载或单相运行	测量空载和负载电压； 检查电动机风扇及清理通风道，加强通风降低环温； 用钳型电流表检查各相电流后，对症处理
电机绝缘低	绕组受潮或淋水滴入电动机内部； 绕组上有粉尘、油污； 定子绕组绝缘老化； 接线盒橡皮垫损坏，接线盒内部受潮或淋水	将定子、转子绕组加热烘干处理； 用汽油擦洗绕组端部烘干； 检查并恢复引出线绝缘或更换接线盒橡皮垫
电机超速	线路故障； 超速开关故障； 齿轮与齿条之间振动太大	检查线路及开关本身； 检查齿轮与齿条间隙

(续表)

故障名称	故障原因	处理方法
重量传感器信号有误	线路故障； 重量传感器故障	检查重量传感器本体及放大板； 检查电缆线路是否正常
绝对值编码器无信号	线路故障； 编码器故障	检查编码器本身； 检查通信线路是否正常
制动器释放/磨损限位故障	限位故障； 线路故障； 制动盘磨损	检查线路及限位本身； 更换制动盘
变频器故障	线路故障； IGBT故障； PCB板卡故障； 过载； 过压； 绝缘不好	查看故障代码，根据厂家手册进行排查
其他通信故障	线路故障； 屏蔽不佳	查看人机界面上通信图指示，排查各通信节点包括路由器、光电转换模块、PLC模块等；检查通信电缆屏蔽，按规范施工

6.5 推进电气系统

6.5.1 推进系统简介

电力推进系统在各类船舶上都有广泛应用。在海洋工程船领域，包括破冰船、铺缆船、挖泥船、测量船、海洋石油平台、天然气开采平台、海上风电安装平台等。

螺旋桨作为目前船舶上主要应用的推进方式，根据调速的方法不同，分为定速电动机驱动变距螺旋桨(CPP)以及变速电动机驱动定距螺旋桨(FPP)。FPP以其控制简便、动态响应快、输出转速和转矩变化范围大等优点，逐渐获得了广泛的应用。

回转式(azimuth)推进器将螺旋桨置于水下，方向可以360°旋转，可以用以替代方向舵的作用；将电动机放置在船舱，通过传动轴驱动螺旋桨。配合动力定位系统，回转式推进器既可以驱动船舶航行，也可以通过控制螺旋桨的方向控制运动方向。

Z形舵桨传动装置，主要功能是将主电机输出的动力通过弹性联轴器及舵桨上下齿轮箱内两对螺旋锥齿轮传递到螺旋桨上，从而产生推力；舵桨通过操纵转舵机构使螺旋桨立柱做360°任意方向的回转。使船舶在任意方向都能获得最大推力。在主电机转速不变的情况下，实现船舶的前进、倒退、回转及横移等姿态，集推进和操舵功能于一体，可用作船舶的主、辅推进与动力定位。

6.5.2 电气设计相关规范

风电安装船的电气系统设计需要遵循相应海域规定的船级社入级规范、国际电工委员会，以及航行或作业所在国家的法律法规。通常需要满足的法律法规和技术规范列举但不限于（以下规范如无特殊指明版本，皆默认为最新版）：

① 《海洋移动平台入级与建造规范》；
② 《海上风机作业平台指南》；
③ 《钢制海船入级规范》；
④ 《材料与焊接规范》；
⑤ 中国海事局《国际航行海船法定检验技术规则》的相关要求；
⑥ 《起重设备法定检验技术规则》；
⑦ 《船舶及海上设施起重设备规范》；
⑧ 中国海事局《海上拖航法定检验技术规则》；
⑨ 《海上拖航指南》；
⑩ 《中国造船工业标准》；
⑪ 《中国造船质量标准》。

6.5.3 推进系统的组成

1）概述

推进控制系统一般由运动控制系统、电力传动控制系统、电力系统组成。运动控制系统在驾驶室、机舱内设置控制台，由驾驶室控制台操作人员进行船舶航向、航速等信号的设定，系统根据指令采取相应的控制策略，发出控制命令，电力传动控制系统根据控制命令，改变或保持推进的转速和舵角，以控制航向。电力系统提供推进器所需的电力，以及全船其他设备的电力供应。同时，检测的信号会传送给监控系统，显示系统重要的状态参数、故障报警和安全保护。电力推进系统基本结构如图6.41所示。

2）转舵系统

（1）转舵系统的定义。随动操舵由电、机构成的全闭环控制回路来实现，在操纵系统中采用编码器为角差传感器。其中一个安装于驾驶室内复合手柄上用作指令发送器，另一个安装于机舱舵桨反馈箱上，作舵角反馈用。通过控制器对信号的采集、分析、处理后输出左右操舵信号，给变频器驱动回转电机，控制回转电机的正反转。驱动电机通过行星减速器带动回转轴承转动，使舵桨跟随手柄作相应的回转。当舵桨转动角度与手柄指令角度差小于死区时，舵桨停止转动，与其关联的编码器跟随转动，驱动驾控台舵桨表指示出相应回转角度，使操舵更直观可靠。

（2）转舵系统的组成：变频器控制箱、制动电阻箱、回转电机、行星减速箱。

（3）报警接口。

① 舵桨润滑油系统报警：润滑低油位报警；润滑油高温报警；润滑油堵塞报警。

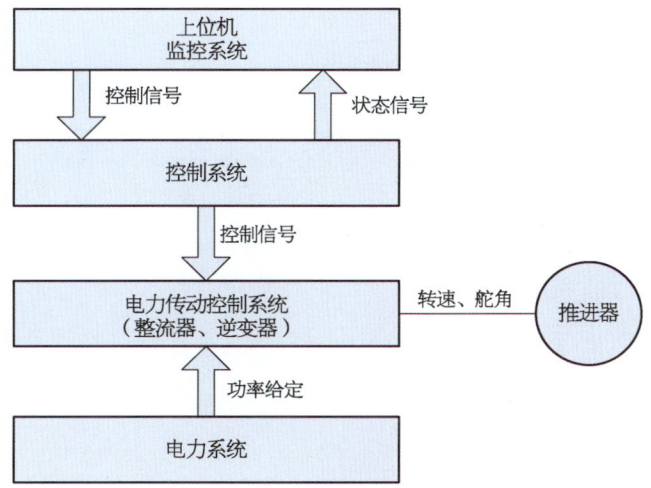

图 6.41　电力推进系统基本结构

② 电气系统：交流失电报警；直流失电报警。

③ 电力回转系统报警：变频电源失电报警；变频器综合故障报警；缺相报警。

3) 遥控系统

(1) 遥控系统概述。遥控系统主要由控制面板、驾驶台、人机界面等组成，是整套控制系统的中央单元。驾驶台的安装位置应避免极度的高温、湿度及震动，优先安装在驾驶室。

(2) 遥控系统的组成。控制面板原件包括：遥控控制手柄，用于转舵，调速控制；指示灯——电源供电、舵桨转向、报警系统指示等；按钮——报警试灯、报警应答按钮；应急转舵开关、电源开关等；仪表调光器；带灯的舵角指示器；带灯的螺旋桨转速表；本地操舵控制工作指示灯；步进电机及驱动器——用于多个驾控台的手柄联动。

4) 变频系统

(1) 变频系统概述。电力传动控制系统根据转速和舵角指令，通过推进变频器和回转变频器对实际转速和舵角进行控制。推进变频器采用模块化设计，分为辅助控制柜、基本整流进线柜、基本整流柜、逆变柜。逆变单元并联使用，当其中某一个逆变单元发生故障，没有备件可供更换时，可将逆变单元拆出，降容使用，具体柜体结构如图 6.42 所示。

(2) 变频系统的组成。

① 辅助单元柜：整流控制模块；逆变控制模块；功率拓展模块；通信模块；编码器检测模块；绝缘检测仪。

② 整流柜：直流母排；整流模块。

③ 逆变柜：du/dt 滤波器；逆变模块。

④ 制动柜：制动模块。

变频系统效果图如图 6.43 所示。

进线柜用 4 个断路器实现自动/手动合闸功能。柜体需要配置 IE 排和 PE 排。

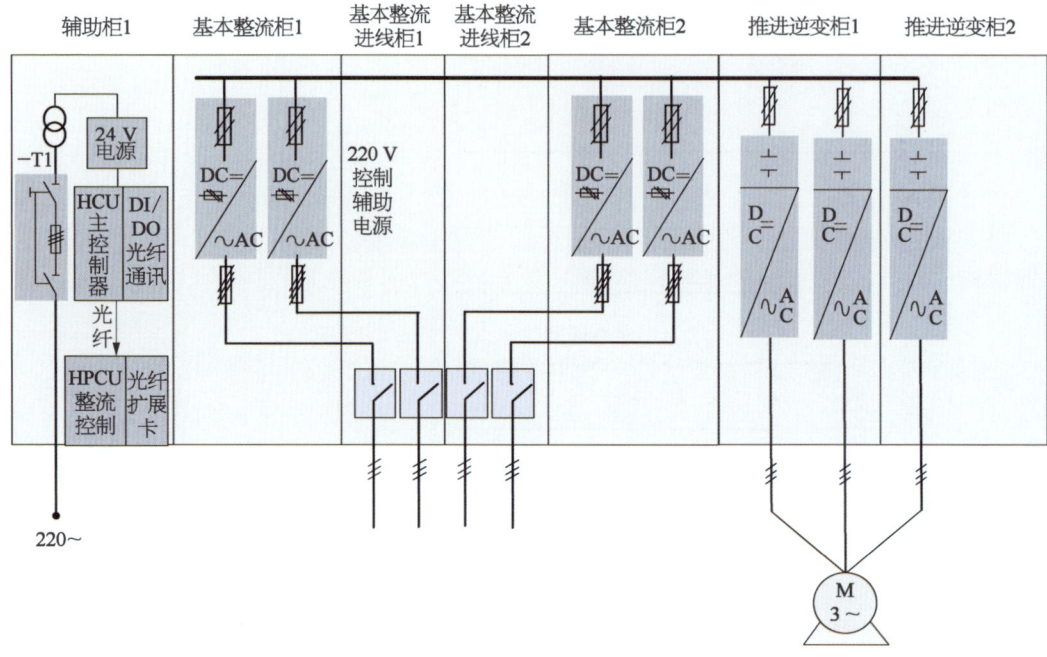

图 6.42 电力推进系统基本结构

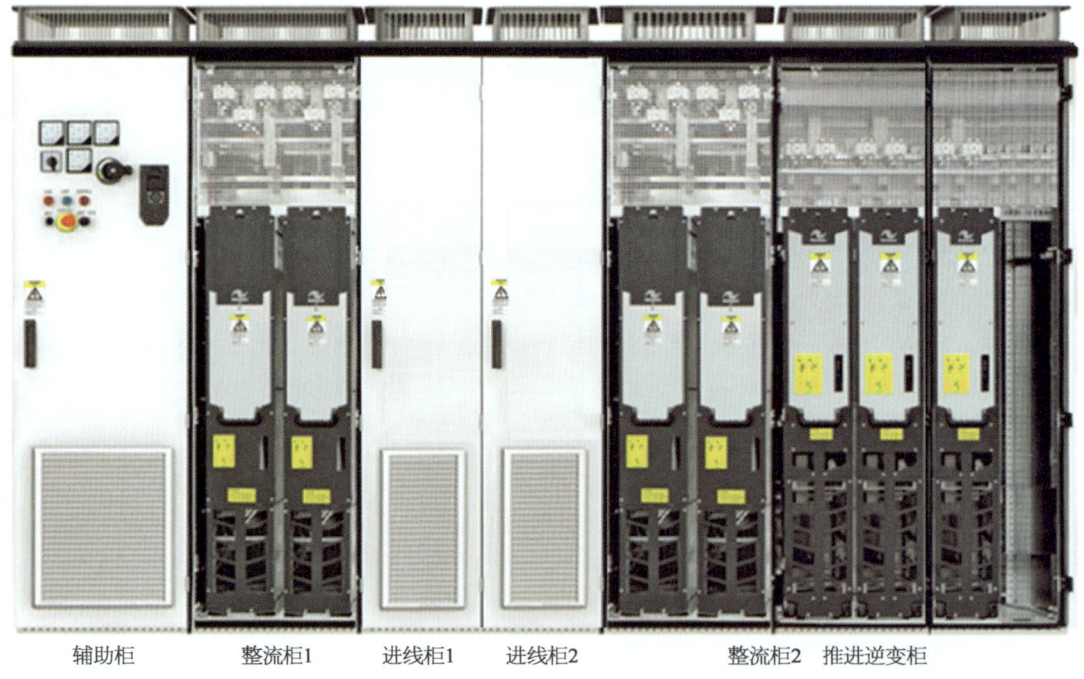

图 6.43 变频系统效果图

5) 舵桨的组成

(1) 舵桨装置概述。舵桨装置结构包括上齿轮箱部件、转舵部件、舵角反馈装置、阱箱组件、动力传动轴、下齿轮箱部件、螺旋桨及导管等。

舵桨装置的主体由上、下齿轮箱部件形成 Z 形传动。其过程是主机动力经第一级弧齿圆锥齿轮(上箱体两个齿轮)、花键联轴器、第二级弧齿圆锥齿轮(下箱体两个齿轮)相互啮合,一端出轴带动螺旋桨形成推进。润滑系统采用"内、外双循环"形式,垂直传动轴一端为螺杆,当其转动时,将油压入下箱体,经外部海水冷却后返回上部。滑油泵将舵桨部分润滑油循环出通过滑油冷却器进行强制冷却。电力驱动回转系统集成在舵桨本体上,紧凑、可靠、安装方便。

舵桨本体采用阱式安装形式,由上部吊装到阱座上,安装板架与船体阱座间采用螺栓连接,用密封圈密封,阱式安装易于舵桨装置的维修与更换。

(2) 舵桨箱体。上齿轮箱部件由箱体、输入轴、锥齿轮等零部件组成,上箱体齿轮通过外加泵强制润滑。下齿轮箱部件由锥齿轮、桨轴、螺旋桨、导管等零部件组成。舵桨下箱体经过流线型计算,最大限度地减少水流阻力,以保证螺旋桨的性能最佳发挥。

(3) 动力传动轴。舵桨主体内的传动轴系和桨轴均采用 42CrMo 高强度合金钢锻造,经调质热处理、探伤,试件的力学试验达到船级社规范要求。

(4) 齿轮。所有齿轮按最大持续扭矩和各类船舶中最高安全系数(最高可靠性)设计。锥齿轮副主要用于传递动力,齿轮材料为高强度合金钢,采用克林根贝格齿型制,具有结构紧凑、传动性能优良、噪声小、承载能力高等优点。经渗碳淬火处理后,齿表面硬度为 HRC58-62,再经硬齿面刮削,精度可达 6 级。

(5) 桨轴密封。轴套与桨轴之间的 O 形圈用于静态密封。轴套与密封座之间采用 4 道骨架油封,其中两道防油、两道防水。与油封配合的轴套表面镀陶瓷(Cr_2O_3),确保舵桨长时间稳定地运行。

(6) 回转齿轮盘。回转轴承内圈与连接板相连,外齿圈与转舵套相连,由两个电机带动行星减速器驱动,实现舵桨回转。

(7) 螺旋桨和导管。螺旋桨为四叶定距桨,其材料为镍铝青铜。螺旋桨与桨轴采用无键连接。

(8) 润滑系统。舵桨润滑系统包含舵桨自润滑系统和润滑泵润滑循环系统。

舵桨装置自润滑系统中内部零件通过油浴方式润滑。舵桨下部润滑油通过垂直传动轴上压油螺杆将油压入下箱体进行热交换,冷却后经过垂直传动轴轴内的中心孔返回锥形箱体,构成滑油自润滑循环。

轴带滑油泵将中箱体部分润滑油经海水冷却器的强迫循环实施冷却。舵桨运行时,通过油泵将润滑油输送到主油箱内,转舵回转齿轮传动部分溅油润滑,上齿轮箱传动机构通过一些精确的喷孔来完成喷油润滑。舵桨装置浸入水中部分的润滑油通过四周海水冷却,又经过循环回路,留回上半部分,起到冷却整个舵桨装置的作用。

6.5.4 推进系统的功能

1) 总体概述

控制系统融合舵桨控制系统和电机变频驱动系统,具有推进控制功能和检测保护功能。

控制系统具备对每套推进驱动设备(包括推进变压器、推进变频器、推进电机)的控制功能。能够检测推进系统内所有设备的运行状态,并进行相应的保护动作。系统也将与供电系统协调工作,确保推进系统与全船供电系统的安全运行,并且将推进系统运行信号反馈至操作人员与全船检测报警系统。

控制系统采用现场总线网络通信,舵桨控制系统在结构上独立。舵桨控制系统用 PLC 作为主控原件,采用触摸屏为人机界面。系统具有备份设计,具有冗余功能。

电力推进系统由移相变压器、变频器、变频电机等主要电气部分组成。

控制系统的主要功能包括:控制位置切换功能以及指示;转舵定位控制;推进控制(转速模式、功率模式);系统监测、参数显示与保护;故障显示(报警、功率限制、合闸连锁、启动连锁)。

2) 控制位置切换

舵桨控制系统设置本地控制和随动控制、远程备用控制以及 DP/JOY 控制的切换。本地控制箱上集成了"本地/遥控"的旋钮,具有本地和遥控之间的转换,本地的控制权转换等级优先于遥控。只有在遥控状态时,才能进行"随动控制""备用控制"以及"DP/JOY 控制"之间的转换。

3) 控制模式

转舵有以下几种方式:

① 在驾控随动模式下,控制手柄准确的调节角度,两个手柄可以单独控制,也可以通过驾控台的"联控开关"按钮,切换为其中任意一套舵桨系统的手柄同时同步控制艉部两台舵桨的回转和转速。实现一个手柄同步操作两个舵桨的功能。

② 在驾控备用模式下,可以通过按钮来调节舵桨的转舵。

③ 在机舱,转舵变频柜上集成了转舵电机的速度调节,实现舵桨的转舵功能。

转速控制有以下几种方式:

① 在驾控随动模式下,控制手柄给出信号输出至控制柜 PLC 内,通过控制柜输出至主电机变频柜,可以方便地调节主电机的转速。

② 在驾控备用模式下,可以通过按钮来调节电机的转速。

③ 在机舱,主电机变频柜上集成了主电机的速度调节。

4) 电力推进系统的保护

系统将根据配电系统反馈电网容量来实现以下的保护功能:系统会根据需要自动分配电网容量至左、右舵桨。系统会根据 PMS 反馈的电网容量,分别限制舵桨的负荷。根据此规则,系统关于电力推进变频器采用两种控制模式:

(1) 速度控制模式:当遥控系统根据配电板反馈信号判断电网功率裕量为多台柴油

发电机都正常运行联网时,舵桨遥控系统采用正常速度控制模式,即遥控手柄推杆给定速度信号,此时推进系统在设定速度运行,主电机转矩随外界负载变化。

(2) 功率控制模式:当 PMS 反馈信号判断当前可用功率不足时,遥控系统切换为功率模式,舵桨平均分配电网功率,在功率控制模式下,遥控系统发送功率控制模式信号给主推进变频器。此时,主推进变频器转换为功率控制模式,遥控系统将手柄设定信号转换为功率信号给主推进变频器。在此模式下,为了保证全船电网的正常运行,遥控系统将限制两台舵桨系统的加速度,即限制主推进变频器的加速时间。

① 主推进启动允许外部条件:外部冷却系统运行;重载允许;急停信号;手柄速度设置在 0 位;刹车松开。

② 主推进降负荷运行条件:舵桨滑油温度高;主电机绕组温度高;主电机轴承温度高;变频柜高温;电网裕量在限制区域;变压器温度高。

③ 主推进停车条件:主电机绕组停车温度;主电机轴承停车温度;电网裕量降至最小。

5) 遥控系统的功能接口

(1) 遥控系统与 PMS 的接口。遥控系统发送重载问询信号至 PMS(脉冲信号),PMS 根据当前电网情况判断是否允许舵桨重载问询请求,如 PMS 允许重载则保持输出功率允许信号至遥控系统,遥控系统须在一定时间内反馈变频器运行信号,否则 PMS 自动取消当前允许信号。如果遥控系统在规定时间内反馈变频器运行信号,PMS 锁定功率允许信号,直至主电机运行信号丢失。

PMS 发送电网裕量信号至遥控系统 PLC,同时根据当前在网柴发数量输出电网功率总量,遥控系统根据 PMS 反馈的电网运行状况转换速度控制模式或功率控制模式。

(2) 遥控系统与移相变压器接口。为了保证电力推进系统正常运行,遥控系统必须检测移相变压器运行状况,以及预充磁变压器运行状况。主移相变压器上电前,必须先接通预充磁变压器进行充磁。当充磁完成后,主变压器与充磁变压器断开,同时充磁控制箱发送合闸允许信号至主断路器,此时主断路器可合闸上电。

① 遥控系统与移相变压器接口:主变压器温度报警;变压器冷却风机异常。

② 主推进变频器与主电机接口:频率可调的三相主推进电源;固定频率的主电机风机电源。

6.6 中央控制系统设计

6.6.1 系统概述

自升式风电安装船具有结构复杂、受控节点多、系统可靠性要求高等特点,监控系统的性能直接影响着平台作业的稳定性、安全性与可靠性。风电安装船中央控制系统是实现其在复杂气候环境下长时间正常作业的关键，以及对工业自动化过程控制系统的可靠性、功能的完善性、系统的可维护性、人机界面的友好性、数据的可分析可管理性等各个方面都提出了较高的要求。

中央控制系统集数据采集、过程控制、管理于一体，是一个全集成的、结构完整、功能完善、面向整个平台作业过程的先进过程控制系统。以风电桩安装控制流程与集成控制、安全管理与报警监测为核心技术要求，提高系统效率和安全性能，实现对风电安装船的整船监测和管理、风电桩安装施工过程的有效管理。

6.6.2 系统方案设计

1) 流程研究与集成控制方案

中央控制系统下主要接入三大类子系统：船舶监测类子系统、施工操作类子系统和视频监控类子系统。中央控制系统负责平台整体监控、作业流程计划、维护，整体系统结构如图 6.44 所示。

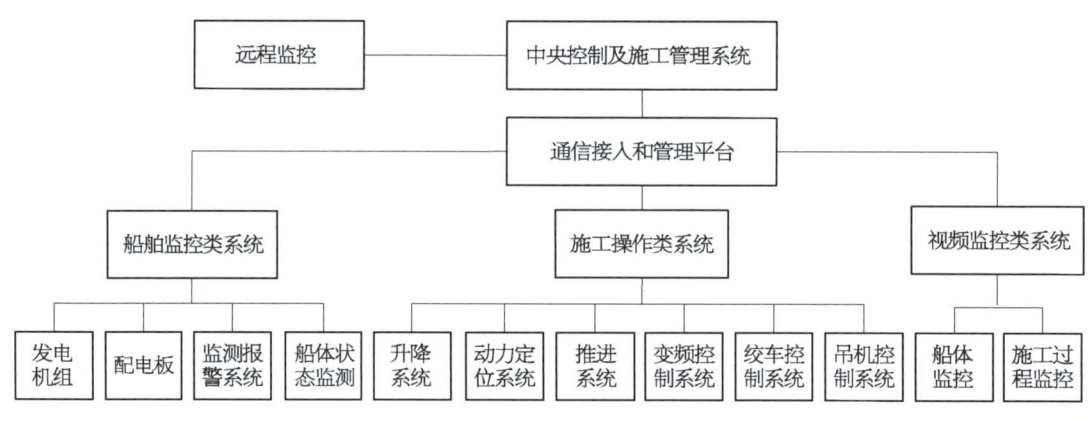

图 6.44 中央控制系统

中央控制系统不但是一个以控制功能为主的控制系统，而且也是一个具有信息管理功能的综合平台。通过网络提供了从现场层、设备层、系统层、控制层、指挥层的整个信息通道。将整个生产施工过程纳入统一的分布式集成信息系统，形成一个具有信息管理的控制与管理一体化系统。

2) 安全管理与报警检测

风电安装船在平台站桩状态下进行风电桩的起吊和安装，安装过程中都会伴有风电安装船姿态、吊机起重等不可预计的危险因素，如果没有一套先进可靠的安全控制系统，一旦由于施工操作系统的故障和施工过程中不可预计的人员操作因素，都将造成极大的人员和财产损失，所以可靠的安全控制系统在风电安装船上的应用就显得尤为重要。

安全控制系统包括：设备故障巡检探测系统、施工操作逻辑关联系统以及应急预警和警告提醒系统。设备故障巡检探测系统主动探测可能发生的设备故障,或者设备不正常状态,通过施工操作逻辑关联系统分析并触发报警,应急切断系统根据不同设备的报警或施工过程报警,按照预先设定好的判断逻辑,进行逐级、分区域的报警预警,从而确平台工作人员和设备的安全。因此这三个系统紧密联系,设备故障巡检探测系统是应急预警和警告提醒系统的输入信号,应急预警和警告提醒系统是最终的安全切断的执行系统。

3) 控制器模块和信号输入/输出模块等控制硬件

风电安装船中央控制系统原型产品主要包括:控制器模块、输入/输出模块、现场总线通信接口模块、工业实时网络接口、电源与机架母板等硬件产品及模块。

控制系统应用于海上平台工业现场,运行环境异常复杂,需要解决防腐、防护、散热、电磁兼容等系列难题。系统在研制过程中需全面遵循 EMC(电磁兼容)和 LVD(低电压安全)系列标准要求。同时需要通过低功耗设计和热设计技术的运用,使系统中各种关键电路的散热得到控制。系统元器件应采用电子可靠性工程的系统方法来保证高可靠、高稳定性的基本要求。通过保证选用可靠的器件和可靠地使用器件,避免器件失效,来保证产品可靠性。同时,系统的网络组件需支持复杂控制系统开发的高速网络通信系统,满足复杂控制系统规模化组网过程中的实时性通信、网络冗余、可靠性数据传输、网络性能诊断等关键技术指标,符合国际标准的协议栈软件及嵌入式网络通信的接口单元。

4) 软件设计说明

风电安装船中央控制系统软件平台产品主要包括:控制软件、人机界面软件、工业数据库软件、工业数据处理软件及工程组态软件等。

(1) 系统组态软件。系统组态软件从最基本的功能来说,首先是操作人员监视、控制生产过程、维护设备和处理事故的人机接口,对生产过程进行集中操作与监视。系统运行监控软件直接从控制站获得实时数据,以流程图、趋势图等形式动态显示实时/历史数据,操作人员通过连接到操作站的鼠标、键盘等操作终端向控制站发送操作命令。

同时,本监控软件支持多种开放接口,为满足自升式中央控制系统的具体应用,第三方程序可以在 COM 技术、进程通信技术、脚本技术、OPC 技术等方法中选择一种自己熟悉的手段来无缝接入平台,以达到功能扩展、性能挖掘的目的。为了使各种现场设备、仪表方便地接入,系统提供公开的 API 驱动接口以及符合 OPC 标准协议(包括 AE、DA)的 OPC 服务器。

根据自升式中央控制系统平台的组态软件需求,重点研究和解决的关键技术包括:

① 基于 IEC61131-3 的功能块技术,完成通用型算法功能块和工艺设备相关的物性、热力学等算法功能块的开发,可根据实际应用情况完成相关装置的推理故障模型的搭建。

② 研究功能块自定义开发的结构和 FBD/LD/ST 语言,实现可以对功能块进行二次开发和自定义功能,满足工业装置的扩展需求。

③ 面向虚拟设备接口技术,将实际装置和功能块实现的功能抽象成为统一的诊断和推理模型,便于后期数据分析和专家诊断接口的引入。

(2) 系统监控软件。系统监控软件首先应充分考虑自升式中央控制系统的核心监控操作需求,支持高分辨率、宽屏显示,并支持一机多屏,提供流程图、趋势图、数据一览、报警窗口、控制分组、操作面板以及系统状态信息等的监控界面。通过操作员站,可以获取工艺过程信息和事件报警,对现场设备进行实时控制。操作员站提供多媒体铃声报警和报警打印机输出,通过调用历史数据库可进行趋势查看和报表打印输出。

另一方面,大规模实时监控软件/SCADA 系统的核心是大规模实时数据库系统,监控软件/SCADA 系统采用组件式的多层体系结构设计实现。整个系统分为三个层,分别为硬件驱动层、数据层和 HMI 应用层。其中硬件驱动层负责从各种控制系统、智能仪表或软件系统中获取数据,并向数据层提供整理后的数据;数据层是整个实时数据库的核心,它负责对接收到的实时数据做历史采集、产生报警、执行计算等处理后向上面的 HMI 应用层提供数据;HMI 应用层负责和用户交互,并根据需要向数据层提取数据。

大型高性能工业级实时/历史数据库作为 SCADA 系统的数据中心平台,是 SCADA 系统的核心组件之一。由于大型高性能工业级实时/历史数据库具有容量大、处理速率快等特性,同时支持分布式采集、支持常见的通信规约、具备标准的统计、二次运算等功能,因此非常好地适应了 SCADA 系统地域分布广、现场设备类型多、对数据处理、操作响应实时性要求高的特点,为趋势显示、报表生成、报警分析和事故追忆、运行参数分析和调整、设备诊断和维护、调度决策等提供充分的完整的数据信息。可满足企业生产管理和调度、数据分析、数据管理、决策支持及远程在线浏览等需求。

5) 采用热冗余技术的安全控制器模块

中央控制系统的控制器模块主要完成控制区域内输入输出设备的工作调度,它采集来自输入设备或变送器设备的测量数据,执行 PID、逻辑联锁等自动控制程序,向输出设备或执行器输出控制信号。同时,控制站作为控制区域内的核心部件,同时还具备着管理区域内所有本地设备和远程设备的职能,包含设备信息、故障状态等。

系统的控制器的冗余应采用 1∶1 热备份冗余的方式。实现热冗余的安全控制器模块主要从以下几个方面的冗余技术去实现:上电冗余——备用控制器上电后首先与工作控制器进行组态同步的过程;实时冗余——实时运行阶段,工作控制器实时同步备用控制器关键数据的过程;冗余切换——在发生故障的情况下,保证工作控制器的故障总是最轻的。

(1) 冗余设计的基本原则。

① 实时冗余过程中过程数据需要支持冗余交换,包括控制器内部需要同步的数据。

② 设计中,备用控制器同样需要热备份,即需要实时运行,并且以工作控制器的冗余过来的数据覆盖自身运行结果。

③ 为方便开发,工作控制器实时冗余过程设计一种"最小冗余数据单元",实际数据量小于这个最小单元时按照实际使用内存大小传输,保证冗余数据中功能块和用户数据结构逻辑完整。

④ 为确保冗余数据逻辑完整性,组态软件的设计上需要确保任何功能块、任何数据结构、任何基本数据不会横跨在多个"最小冗余数据单元"之间。该项设计机制限制了任何功能块、任何数据结构占据数据空间必须小于等于"最小冗余数据单元"。

⑤ 工作控制器和备用控制器在主任务中以固定的毫秒级时间为周期(当主任务用户程序间隔较长时以主任务运行周期为冗余发送周期)交互诊断信息,包括故障等级和组态信息等。

冗余模式下控制器的工作方式见表 6.8。

表 6.8　控制器工作方式

	工作控制器	备用控制器
接收 I/O 发布过来的数据	√	√
I/O 输入缓冲刷新到 I 区（包括实时数据接收超时诊断）	√	√
执行用户任务和用户程序	√	√
Q 区刷新到 I/O 输出缓冲	√	√
发布 I/O 输出数据	√	×
系统管理任务（组态维护）	√	×
基本设备诊断	√	×（通过实时冗余同步）
路由功能	√	√
冗余任务	√	√
自身诊断	√	√

(2) 上电冗余。上电冗余是指备用控制器启动完毕后,请求拷贝工作控制器的组态数据,它的目的是保持备用控制器组态与工作控制器完全同步。

上电冗余实现备用控制器与工作控制器的组态同步,同步数据量根据组态量而定。

控制器在复位初始化之后,如果检测到自身为备用控制器,判断是否需要上电冗余,如果判断出需要进行上电冗余,则进入上电冗余状态,请求组态拷贝,否则进入实时冗余状态。

(3) 实时冗余设计。当控制器冗余配置时,处于工作状态的控制器在每个主任务周期向备用控制器发送实时数据,以达到数据同步的目的;同时,备用控制器也会向工作控制器发送其诊断等信息,以供工作控制器进行冗余诊断。

数据同步指的是备用控制器将接收到的来自工作控制器的实时冗余数据拷贝到其相应内存区域,以达到备用控制器的实时数据与工作控制器保持一致。

由于控制器无法实现运行周期同步,因此冗余数据准备阶段放在主任务的哪个阶段并不重要,但必须放在主任务中准备和解析冗余数据。在准备实时冗余数据和解析实时冗余数据时为了保证数据完整性,需要关任务调度,防止高优先级的用户任务打断主任务冗余数据准备和冗余数据解析。

(4) 冗余切换设计。预期设计上,只有工作控制器响应软件切换请求,备用控制器无权利发起切换。

基于故障等级的冗余切换方式，备用控制器在实时冗余请求数据包中带有故障等级，工作控制器通过与自身故障等级比较如果故障等级高于备用控制器（且持续超过 1s）则切换为备用控制器。

工作控制器切换为备用控制器之前，需要做一些之前作为工作控制器的清理动作。

6.6.3 系统主要技术指标

（1）中央控制系统总体指标。满足自升式风电安装船的应用要求，实现风电安装船管理和施工过程监控等主要功能；实现船舶监控类、施工操作类、视频监控类系统的以及其他监控子系统数据信息集成，通过工业化标准协议实现各子系统的跨平台高速数据传输和集成管理。

中央控制系统各子系统之间同步时间误差小于 100 ms；系统信息采样、存储、记录管理的周期最小达到 500 ms，最小采样、控制周期达到 50 ms。

（2）软件技术指标。组态软件具备多人协同组态和快速在线修改功能，并支持配置管理功能、用户自定义功能块功能，可进行离线仿真、故障诊断等。软件接口符合 OPC、DDE、COM/DCOM、ActiveX、Visual Basic Script、XML 等多项软件标准。

监控软件平台符合 IEEE C37.1 标准，具有全中文界面，支持 C/S 与 B/S 两种混合浏览操作应用模式。支持对象化多人协同组态，支持无扰增量发布，画面采用多图层技术，支持多屏、分屏自适应显示。

SCADA 内置大型高性能工业级实时/历史数据库，冗余服务器切换时间小于 2 s。支持 OPC DA、MODBUS RTU/TCP、IEC104 等规约和其他工业标准接口。

（3）硬件技术指标。控制器、通信模块和电源模块、控制网络、交换机、网线、数据通信、数据归档等其他需要冗余的硬件支持 1∶1 物理冗余。系统可用性达到 99.999%。

系统具有 HART、Profibus-DP 等国际标准的现场总线通信功能，并支持 HART 管理软件。

控制系统包括控制器、I/O 模块、通信模块以及 I/O 背板应为标准产品且符合 ISA-S71.04-1985 Airborne Contaminants Class G3 防腐蚀要求。

自升式风电安装船技术与应用

第 7 章　液压传动与控制系统

7.1 抬升液压系统

风电安装船在完成管桩吊装及打桩、风机主机及叶轮吊装的工作过程中,需要一个稳定的承载主体。在海洋环境中,现阶段可通过两种方式获得稳定的承载主体,一种是船底直接作用于海底滩涂;另一种是通过桩腿将船舶顶升至海面以上。本节主要阐述采用桩腿顶升方式的自升式船舶抬升液压系统。

7.1.1 抬升液压系统特征

抬升液压系统的主要功能是在安装工作时将船舶本体抬升至工作高度(海平面以上),并能够长时间稳定的保持在此工作高度,以保证甲板上吊机的吊装作业。同时,在恶劣天气与海况条件下还要具备抵御暴风的能力。随着风机单机功率的不断增大,风场已从浅海、滩涂逐渐向离岸线较远的海域发展,随之带来的是风机设备运输距离的不断增加,为了追求最经济实惠的安装施工,降低安装周期与成本,风电安装船的设计呈现大型化趋势,单根桩腿的额定承载能力已达 5 000 t。

因此,风电安装船自升式船舶抬升液压系统具有如下特性:
① 工作载荷大;
② 系统装机功率高;
③ 必须配备大功率的冷却系统;
④ 整个抬升或下降过程工作稳定;
⑤ 具有较高的安全系数以满足恶劣工况;
⑥ 桩腿液压系统保压能力好;
⑦ 可以通过船舶的浮力来实现拔桩的功能;
⑧ 可以通过船舶的重力来实现压桩的功能;
⑨ 实时检测工作载荷,配合船舶压载稳定姿态。

7.1.2 抬升液压系统原理

风电安装船桩腿抬升功能可以通过多种方式实现,其中应用较广且工作稳定的方式主要有油缸驱动插销式和马达驱动齿轮齿条式。下面分别介绍上述两种抬升方式的液压系统工作原理。

1) 油缸驱动插销式抬升系统

油缸驱动插销式抬升系统按照工作方式又可分为非连续式和连续式两种控制方式。非连续式抬升系统,单根桩腿仅需要配置一组抬升油缸,以步进方式抬升船舶;连续式抬升系统,单根桩腿需要配置两组抬升油缸,以交替承载的方式抬升船舶。

(1) 非连续式抬升系统。非连续式抬升液压系统主要由液压泵组、冷却过滤单元、油箱单元、控制阀组、抬升油缸组、插拔销油缸组等组成。

① 抬升液压系统泵站内液压原理。抬升液压系统泵站内液压系统原理图如图7.1所示。

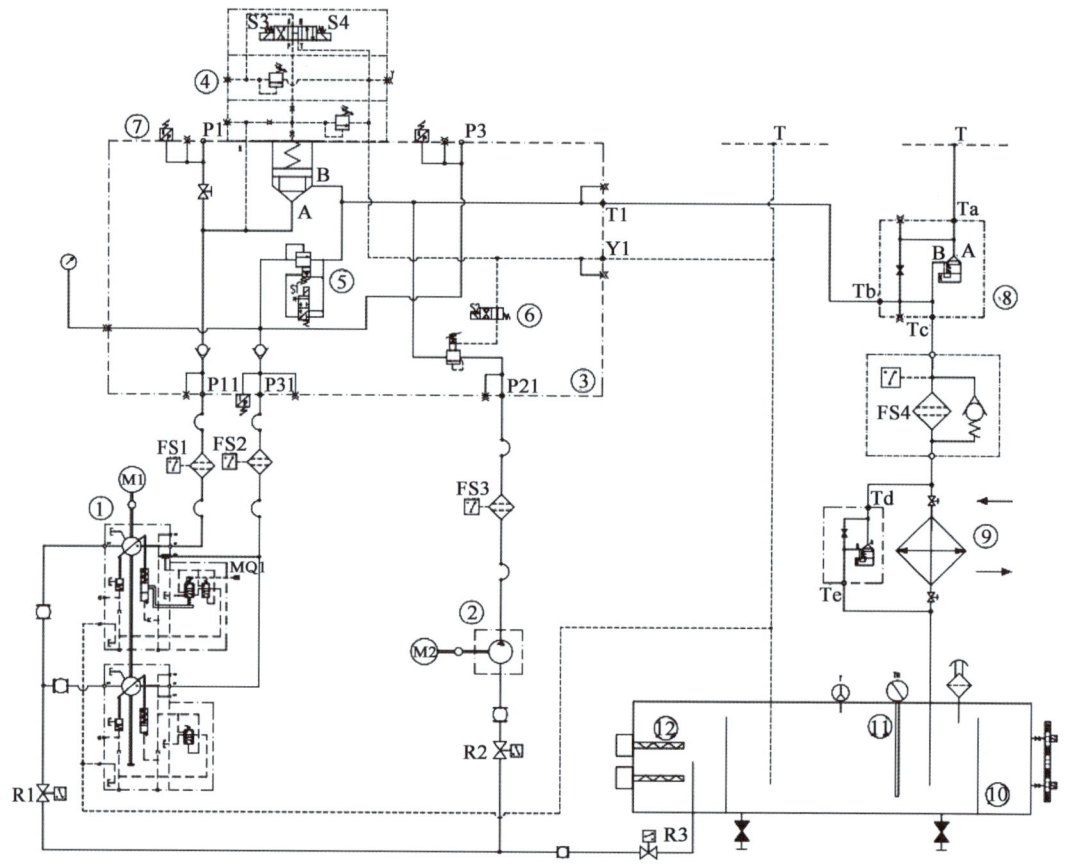

图 7.1 抬升液压系统泵站内液压系统原理

比例控制带压力切断功能的变量柱塞泵组①为抬升油缸提供动力油源。该泵组为串联泵组,首泵为主泵,为抬升油缸供油,主泵的最高输出压力通过安全溢流阀组④控制,该阀组通过电磁阀 S3、S4 的两个工作状态实现抬升压力及拔桩压力的切换,且当 S3、S4 均不得电的情况下,实现泵组的泄荷功能;尾泵为辅泵,为插销油缸和抬升油缸液压锁供油,安全溢流阀组⑤由电磁阀 S1 控制,实现辅泵加载与泄荷。

定量泵组②为循环冷却泵组,实现油箱内的液压油循环过滤,通过控制安全溢流阀组⑥电磁阀 S2,实现循环泵的无负载循环与系统预加热工况的切换。

各安全溢流阀组被集成在站内控制阀组导流板③上,可以使泵站布置更紧凑。

单向阀组⑧为回油管路建立背压,确保回油管路能够在系统长期不工作的情况下充满液压油,避免系统再次恢复运行时出现紊流或气喘引起管路振动。同时,背压的存在也能够使顶升油缸的空载复位运动更稳定。

冷却单元⑨为系统工作提供热交换功能,保证系统工作油温稳定在最佳工作状态。冷却水(淡水或者海水)的供给通过油箱⑩上安装的温度传感器采集的液压油温度信号控制通断,油箱内配备有加热器,实现油箱内液压油的预热。

系统中安装有多个压力传感器⑦,通过压力传感器的数值反馈,监测系统的工作状态是否正常。

② 站外抬升阀组液压原理。站外抬升阀组液压系统原理图如图 7.2 所示。站外抬升控制阀组的各个功能阀组集成在导流板①上,主要功能是实现插销油缸以及抬升油缸的伸缩控制。

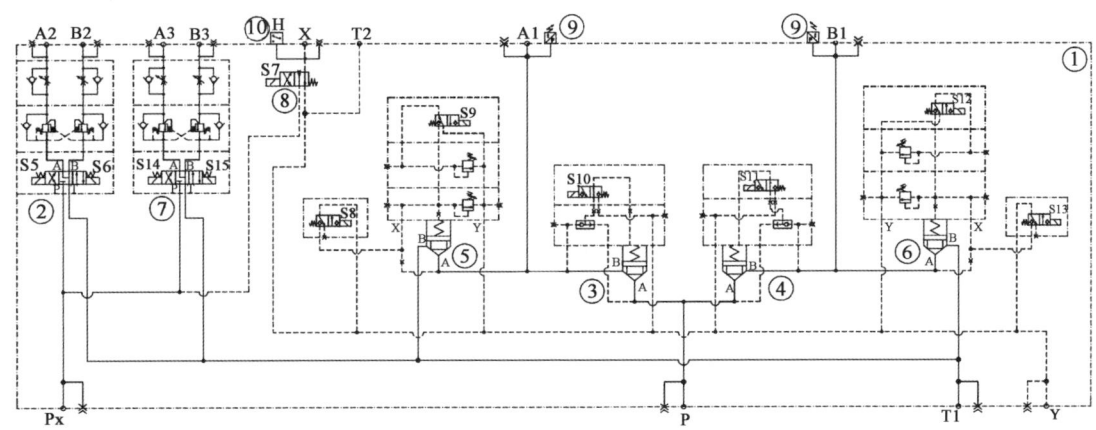

图 7.2 站外抬升阀组液压系统原理

动环梁插销油缸的运动控制由功能阀组②中的电磁阀 S5(缩)、S6(伸)实现,定环梁插销油缸的运动控制由功能阀组⑦中的电磁阀 S14(缩)、S15(伸)实现,油缸的运动控制功能通过配置的三位四通电磁换向阀、平衡阀和单向截流阀实现,其中平衡阀用于锁定插销,单向截流阀用于调节插销的伸缩速度。

功能阀组⑧为二位四通电磁阀 S7,用于控制抬升油缸液压锁的开闭,当 S7 得电时,液压锁在外控液压油的作用下开启,并通过压力继电器⑩的信号反馈为主控程序指示液压锁开启正常,此时升降系统可以正常运行。

功能阀组③~⑥用于控制抬升油缸的伸缩运动以及伸缩过程中的背压。③、④两个阀组为单向型二通插装逻辑阀,分别由电磁阀 S10、S11 控制。当抬升油缸正常伸缩时,电磁阀 S10 得电,泵站的动力油源经功能阀组③接通站外抬升控制阀组的 A1 口,抬升油缸的无杆腔进油;电磁阀 S11 得电,泵站的动力油源经功能阀组④接通站外抬升控制阀组的 B1 口,抬升油缸的有杆腔进油。在此过程中,电磁阀 S10、S11 不能同时得电。当步进运行工作时,油缸空载伸出复位,电磁阀 S10、S11 同时得电,抬升油缸实现差动快速伸出功能,提高工作效率。

⑤、⑥两个阀组为溢流型二通插装逻辑阀,分别由两位三通型电磁阀 S8、S9 和 S12、S13 控制。电磁阀 S8、S9 协同电磁阀 S11 控制动力油源的分配,控制抬升油缸的缩回,实现降船(S9 得电)或者拔桩、提桩(S8 得电);电磁阀 S12、S13 协同电磁阀 S10 控制动力油源的分配,控制抬升油缸的伸出,实现放桩(S12 得电)或者压桩、升船(S13 得电)。

⑨压力传感器安装在站外控制阀组中抬升油缸进出油 A1、B1 口上,用于检测升降管路内的压力值,并与功能阀组⑧的 S7 电磁阀连锁控制,实现系统工作过程中的低压切断或爆管失压保护,保证抬升油缸不会因为管系中的低压波动而影响升降的稳定及安全。

③ 抬升油缸及锁定阀组液压系统原理。抬升油缸及锁定阀组液压系统原理图如图 7.3 所示。

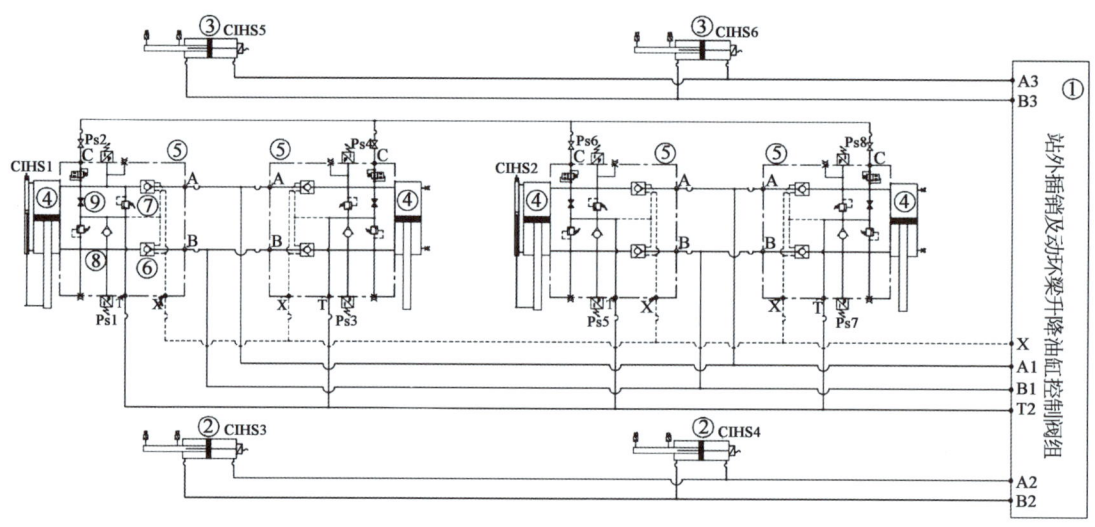

图 7.3 抬升油缸及锁定阀组液压系统原理

动、定环梁各两个销轴,由销轴油缸②执行动环梁的插销伸缩,销轴油缸③执行定环梁的插销伸缩,各销轴油缸均有位置传感器来监测油缸的实时位置,且每个销轴的插销、拔销位置有限位检测,与油缸内安装的位置传感器配合,以双重保证销轴的确切位置,明确销轴的插、拔销状态。各油缸的供油均来自站外抬升控制阀组集成导流板①。

单腿升降由四根升降油缸④完成,共分两组,每组两根,每组升降油缸中的一根升降油缸安装位置传感器,以检测计算升降高度、计算瞬时升降速度。每个升降油缸上各装配有一个功能阀组⑤,该阀组集锁紧、检修及安全防护功能于一体。其中液压锁⑥保证升降系统在控制断后能够锁定油缸停止在任何位置;溢流阀⑦分别安装于升降油缸的有杆腔和无杆腔,通过对溢流阀的压力设定,可以保证油缸在安全压力范围内正常工作;单向阀⑧的设置则为了避免突发事故(例如爆管)导致油缸被快速缩回,而产生有杆腔不能及时补油出现吸空情况,避免了油缸内的密封圈被推出沟槽而损坏;截流阀⑨为单根油缸检修而设置,正常工作时常闭,开启后油缸卸压,可以进行相应维护或更换油缸等工作。

每个升降油缸的有、无杆腔均安装有压力传感器,通过压力传感器可以计算该桩腿的升降载荷,并为升降系统的不同功能的压力控制提供依据。

桩腿载荷计算如下:

$$F = A_h(P_{s2} + P_{s4} + P_{s6} + P_{s8}) - A_r(P_{s1} + P_{s3} + P_{s5} + P_{s7}) \tag{7.1}$$

式中 A_r——升降油缸有杆腔面积,$A_r = \pi(D^2 - d^2)/4$;

A_h——升降油缸无杆腔面积,$A_h = \pi D^2/4$;

$P_{r1} \sim P_{r8}$——升降油缸上的压力传感器反馈数值。

当 F 为正值时,反馈为压桩或升船载荷;当 F 为负值时,反馈为拔桩或桩腿载荷。

(2) 连续式抬升系统。相较之于非连续式抬升系统,连续式抬升系统需要通过两组升降油缸的交替带载伸缩实现步进式工作,节省了非连续式升降过程中升降油缸空载复位的时间,大大提高了升降速度。该系统在非连续式抬升系统配置的基础上,增加了动力油分配阀组、第二组升降油缸系统和控制阀组。

① 抬升系统泵站内液压原理。抬升系统泵站内液压系统原理图如图 7.4 所示。

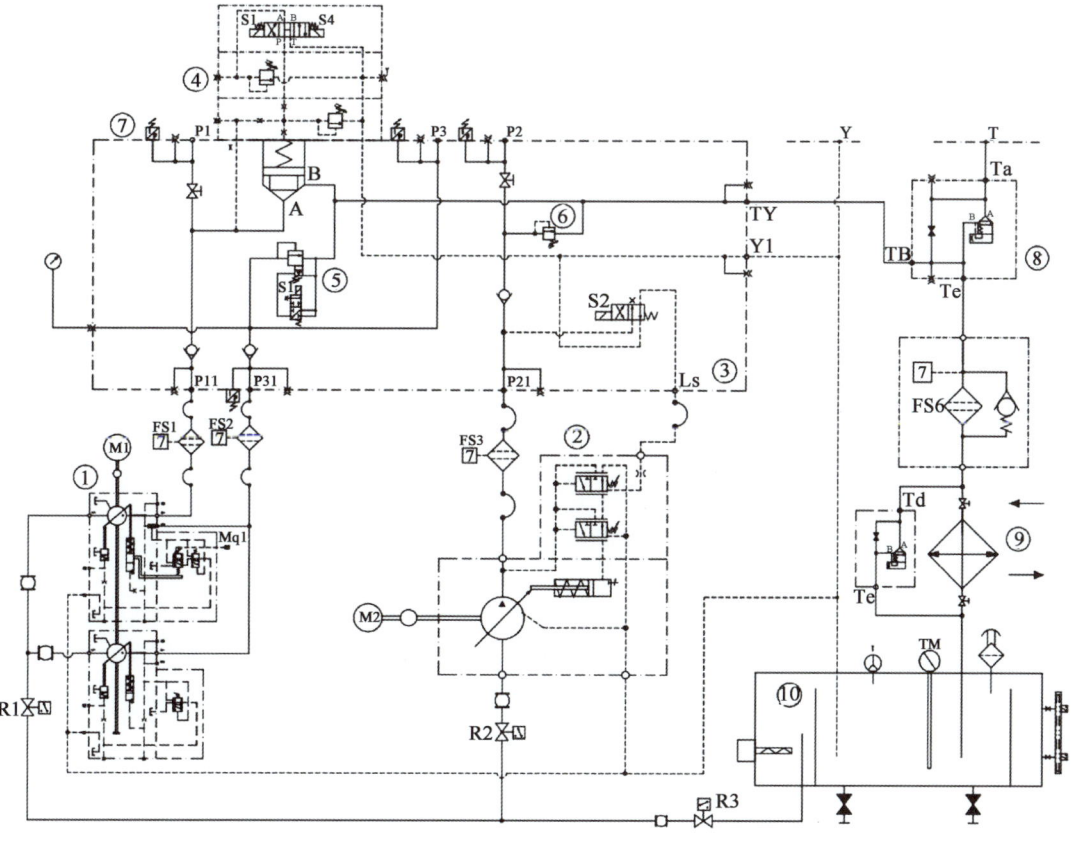

图 7.4 抬升系统泵站内液压系统原理

与非连续式抬升系统相同,主泵组由比例控制带压力切断功能的变量柱塞泵组①作为高压动力油源,为带载抬升油缸提供动力油源,且仅供油给抬升油缸的有杆腔。

辅助泵组②作为低压动力油源,为空载抬升油缸提供动力油源,且仅供油给抬升油缸的无杆腔。通过加载电磁阀 S2 的控制为系统加载,安全溢流阀组⑥实现高压保护。由于系统在工作时,主、辅泵组提供的流量能够同时全流量的经由冷却单元⑨回流油箱,且在待机 S2 失电状态下,辅助泵组②也是无负载全流量输出,故该系统没有另行设置循环泵组为油箱内液压油做无负载循环。

辅助泵组②的能力设计需要满足桩腿提升的载荷需求,如此可以简化连续抬升过程中高低压油分配控制逻辑。

② 站外动力油分配阀组液压原理。站外动力油分配阀组液压系统原理图如图 7.5 所示。

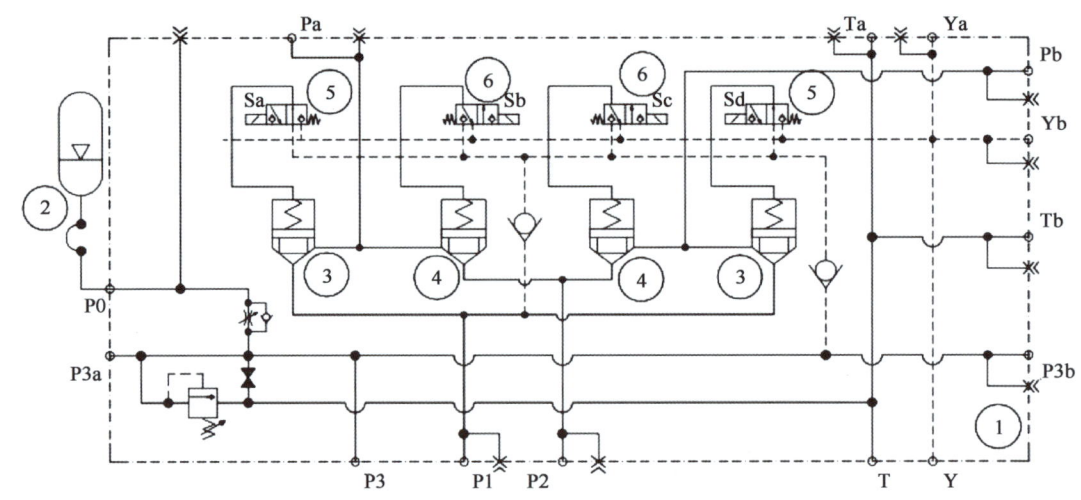

图 7.5 站外动力油分配阀组液压系统原理

站外动力油分配阀组的各个功能阀集成在导流板①上,主要功能是实现主、辅泵组输出的动力油在同一桩腿的两套抬升油缸组中的切换,使主泵组的动力油供给一组抬升油缸的有杆腔,用于降船时环梁空载回位或升船,辅泵组的动力油供给另外一组抬升油缸的无杆腔,用于升船时空载环梁回位或升桩。在各个环梁完成一个节距行程而实现载荷转移后,两组抬升油缸的功能切换。

在连续抬升过程中,此油源与抬升油缸锁定阀组上液压锁的外控油为同一油源,且同一桩腿上的两组环梁插销可能同时工作,因此为了避免插销油缸伸缩时瞬时失压导致控制压力下降,液压锁关闭,在控制系统中增加一个蓄能器②用以稳定控制系统压力。

二通插装阀③、④分别作为逻辑控制的主阀,由二位三通电磁阀⑤、⑥分别控制开启和关闭。其中③号阀的控制电磁阀⑤为常开式电磁阀,系统工作时外控液压油经由该阀将③号阀保持关闭状态;④号阀的控制电磁阀⑥为常闭式电磁阀,系统工作时③号阀弹簧腔液压油经由该阀泄荷,使④号阀保持开启状态。如此可以保证在系统开启后,辅助泵组提供的液压油直接补充至抬升系统的总管路中,避免管路中的液压油因为长时间停机而回流至油箱,出现船体升降动作启动瞬间失压状况,保证启动平稳。

分流阀组工作逻辑表见表7.1。

表 7.1　分配阀组工作逻辑

工况模式 \ 电磁阀	液流方向	Sa	Sb	Sc	Sd
升船、降船、额载压桩、额载拔桩	P1→Pa P2→Pb	O	O	×	×
升船、降船、额载压桩、额载拔桩	P1→Pb P2→Pa	×	×	O	O
重载压桩	P1→Pa P1→Pb P2 截止	O	O	O	O
重载拔桩	P2→Pa P2→Pb P1 截止	×	×	×	×

注:"O"代表电磁阀得电,"×"代表电磁阀失电。

③ 抬升油缸及锁定阀组系统液压原理。抬升油缸及锁定阀组液压系统原理图如图7.6所示。连续式抬升系统的抬升油缸及锁定阀组系统较非连续式抬升系统增加一组抬

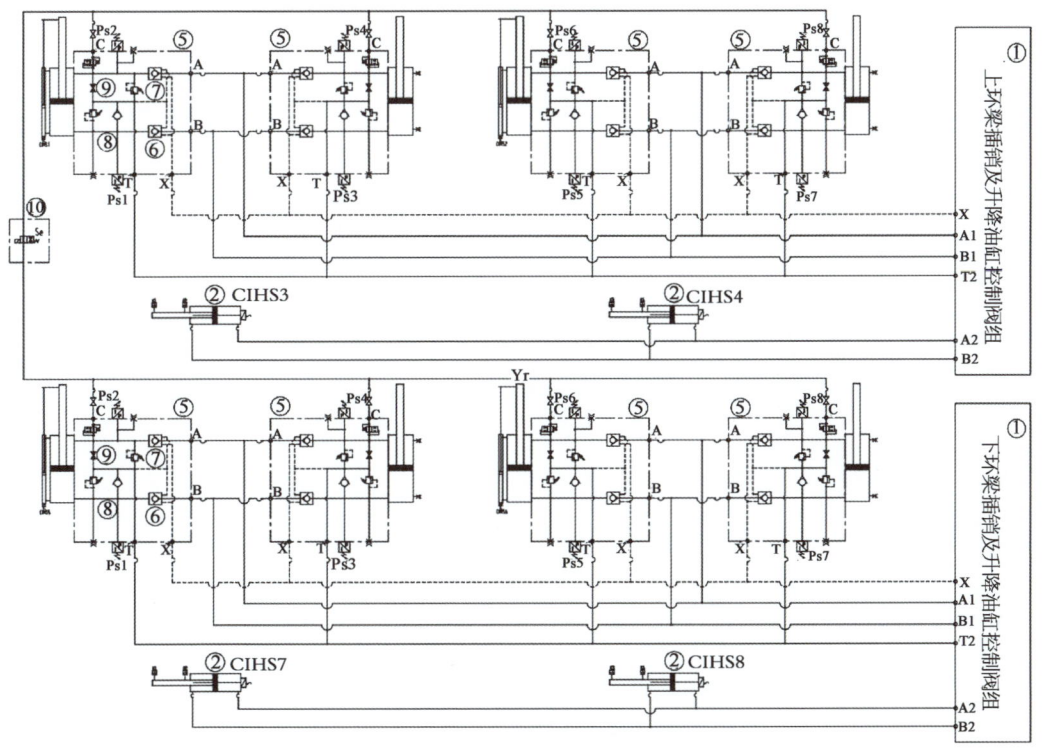

图 7.6　抬升油缸及锁定阀组液压系统原理

升阀组、抬升油缸和插销油缸组。在升船结束后,需要将两组抬升油缸的承载腔联通,以均载油缸载荷,增加整个系统的静载支持能力,满足风暴载荷要求。因此,增加联通阀组⑩,由常闭式两位三通电磁阀 Se 控制。Se 失电,两组抬升油缸分别独立工作,Se 得电,两组抬升油缸联通,同时工作,可以进行重载压桩或静载支持。

2) 液压马达驱动齿轮齿条式抬升系统

液压马达与减速机组合驱动抬升系统,齿轮齿条式抬升系统也是在风电安装船或维修支持平台上应用比较广泛的抬升驱动方式。从液压系统控制方式来分,有液压开式控制系统和闭式控制系统两种。

(1) 液压马达抬升开式控制系统。液压马达驱动抬升开式系统主要由液压泵组、冷却过滤单元、油箱单元、控制阀组、抬升液压马达组、制动及应急功能组等组成。

① 液压马达抬升开式系统泵站内液压原理。液压马达抬升开式系统泵站内液压原理图如图 7.7 所示。

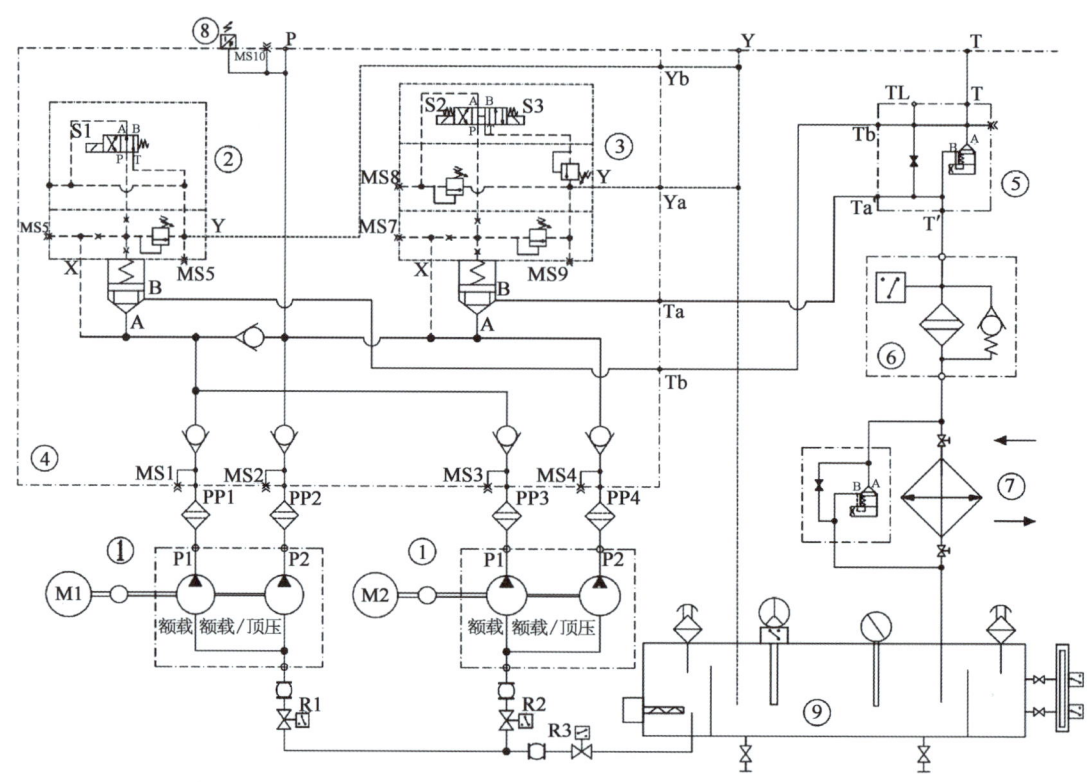

图 7.7 液压马达抬升开式系统泵站内液压原理

泵站由两组相同规格的定排量柱塞泵组①为抬升液压马达提供动力油源。该泵组为串联泵,首泵为大排量泵,与尾泵共同在额载工况下向抬升液压马达供油,首泵的最高输出压力通过安全溢流阀组②限制,该阀组由电磁阀 S1 控制两个工作状态,实现额载抬升压力及卸荷压力的切换;尾泵为小排量泵,除与首泵共同额载工况下向抬升液压马达供油外,当首泵处于卸荷工作状态下,尾泵能够在高压工作状态下向抬升液压马达供油,实现预压桩功能,尾泵的最高输出压力通过安全溢流阀组③控制,该阀组由电磁阀控制额载抬升(S3 得电)、预压桩(S2 得电)两个工作状态,当 S2、S3 均失电的情况下,系统工作于卸荷状态,由安全溢流阀组③中电磁阀 T 口上安装的背压溢流阀提供一定工作压力,保持整个抬升系统的管路中始终充满液压油。

两个泵组在待机工作状态下可作为循环冷却泵组,为油箱内的液压油进行循环过滤,或通过控制安全溢流阀组②中电磁阀 S1,实现系统的预加热工况。各安全溢流阀组被集成在站内控制阀组导流板④上,可以使泵站布置更紧凑。

单向阀组⑤为系统回油提供一定的背压,以保证液压马达的工作稳定,背压压力也可作为液压马达工作时的补油压力为液压马达系统补充液压油,避免液压马达吸空或者失速。回油过滤器⑥与板式水冷却⑦组成过滤/冷却单元,保证油液清洁及维持系统工作时的热平衡。

压力传感器⑧用于检测系统工作时的系统压力,并为系统是否处于正常工作状态提供判断依据。

② 抬升控制阀组液压原理。抬升控制阀组液压原理图如图 7.8 所示。

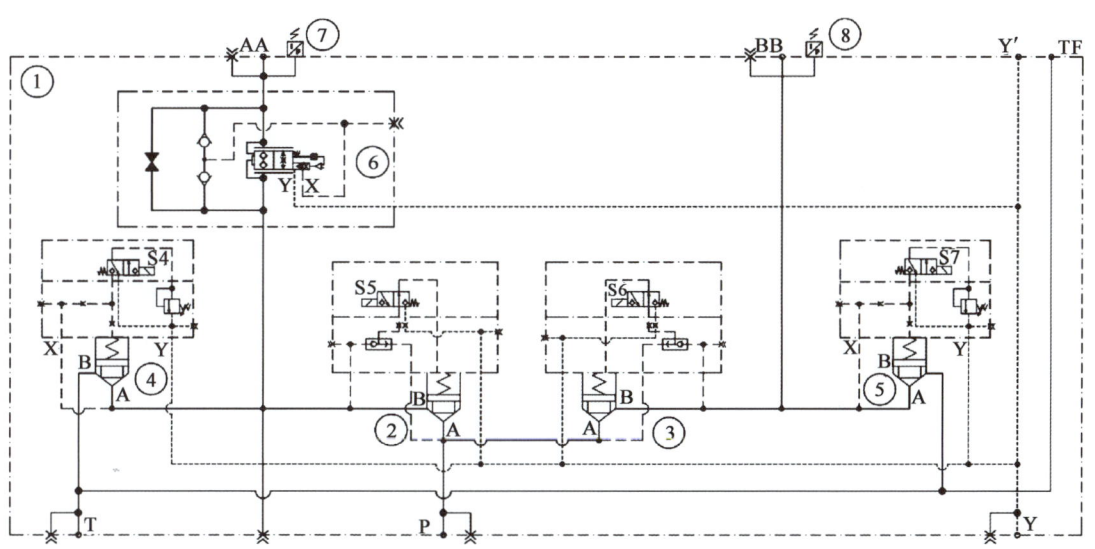

图 7.8 抬升控制阀组液压原理

液压马达抬升控制阀组的各个功能阀集成在导流板①上,主要功能是实现液压马达的正反转与速度控制。

功能阀组②~⑤实现抬升液压马达的正反转与转动过程中的背压控制。②、③两个阀组为单向型二通插装逻辑阀,分别由电磁阀 S5、S6 控制。当抬升液压马达主动带载工作时,电磁阀 S5 得电,动力油源经由功能阀组②连通功能阀组⑥,通过阀组⑥中比例流量阀的调节,以匹配的流量接入液压马达驱动模块。当抬升液压马达被动带载工作时,电磁阀 S6 得电,动力油源经由功能阀组③接通液压马达驱动模块,回油通过阀组⑥中比例流量阀的调节,以匹配的流量回流油箱。

④、⑤两个阀组为溢流型二通插装逻辑阀,分别由电磁阀 S4 和 S7 控制。电磁阀 S4 协同电磁阀 S6 控制动力油源的分配,抬升液压马达被动带载工作,实现降船或者拔桩、提桩;电磁阀 S7 协同电磁阀 S5 控制动力油源的分配,抬升液压马达主动带载工作,实现放桩或者压桩、升船。

⑦、⑧为压力传感器,安装在控制阀组中的 AA、BB 口上,用于检测升降总管路内的压力值并与液压马达驱动模块的制动器开启电磁阀连锁控制,在系统工作过程中做低压切断或爆管失压保护,以保证抬升动作不会因为管系中的低压波动而影响升降的稳定及安全。

③ 液压马达驱动模块液压原理图。液压马达驱动模块液压原理图如图 7.9 所示。液压马达驱动模块由液压马达及安全阀组⑨、液压马达串并联模式转换阀组⑥以及平衡阀锁紧及制动器释放控制阀组①三部分组成。其中前两部分可以组成标准模块组进行拓展,以满足不同的抬升载荷需求。

阀组①中有平衡阀②两个,分别安装于液压马达的 A、B 口,在平台升降动态过程中起到托载以及升降停止瞬间的保压锁定功能。电磁阀③为两位四通型滑阀,用于对液压马达减速机组中安装的静态制动器释放控制,得电后,控制压力油经由手动应急制动安全换向阀④进入制动器,压缩碟片,制动释放,当出现紧急情况时,可以手动操

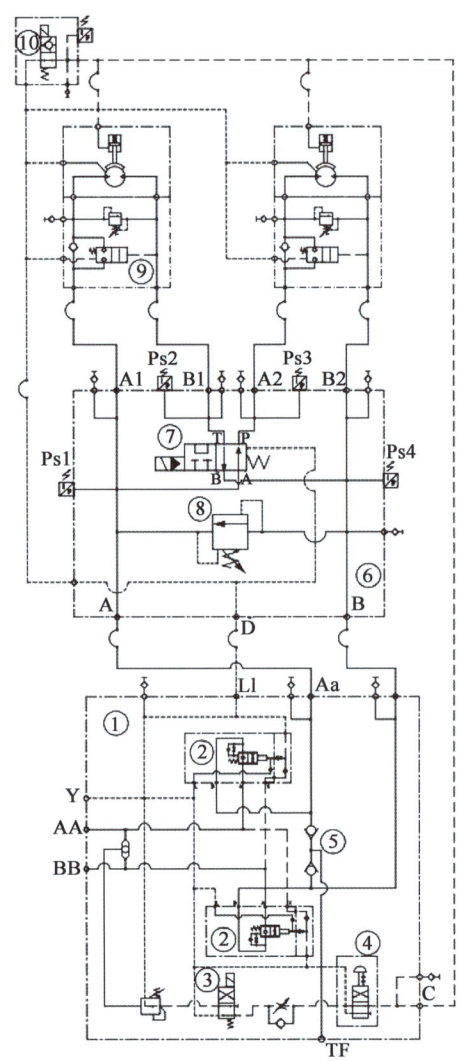

图 7.9 液压马达驱动模块液压原理

作安全阀④来切断制动器供油,紧急制动。阀组⑤由两个低开启压力的单向阀组成,进油口连接与系统回油管路,保证液压马达在工作过程中能够有液压油补充至 A、B 口中,避免液压马达吸空出现失速。

阀组⑥由安全溢流阀⑧和液压马达串并联切换电磁阀⑦以及液压马达 A、B 口安装的用于检测计算液压马达载荷的压力传感器组成。电磁阀⑦得电后,两个液压马达处于串联状态,在泵组流量供给不变的情况下可以提高液压马达转速,适用于轻载情况下的快速升降桩腿功能。

安全阀组⑨安装于液压马达本体上,由液控逻辑阀、单向阀和安全溢流阀组成,当液压马达出现瞬间吸空情况时,液控逻辑阀因为失压而关闭液压马达负载侧的回油,从而降

低坠落风险。

安全阀组⑩为一个常开型的两位两通电磁换向阀,与阀组①中的电磁阀③配合工作,同时得失电,以避免单个电磁阀因为自身故障而导致制动器无法卸压,出现滑溜失控事故。

在抬升过程中,依据压力传感器 $P_{s1} \sim P_{s4}$ 的数值,计算其抬升力 F 为:

$$F = n \times \frac{(P_{s1} + P_{s2} - P_{s3} - P_{s4}) \times i \times Y \times \eta}{r} (\text{N}) \tag{7.2}$$

式中 i——减速机的速比;
Y——选择马达的单位扭矩(N·m/bar);
η——整个抬升系统的机械效率;
r——抬升驱动小齿轮的分度圆半径;
n——相同马达驱动模块的数量。

(2) 液压马达抬升闭式控制系统。液压马达驱动抬升闭式系统主要由液压泵组、冷却过滤单元、油箱单元、冲洗及制动控制阀组、抬升马达组、应急功能组等组成。

① 抬升闭式系统泵站内液压原理图。抬升闭式系统泵站内液压原理图如图 7.10 所示。

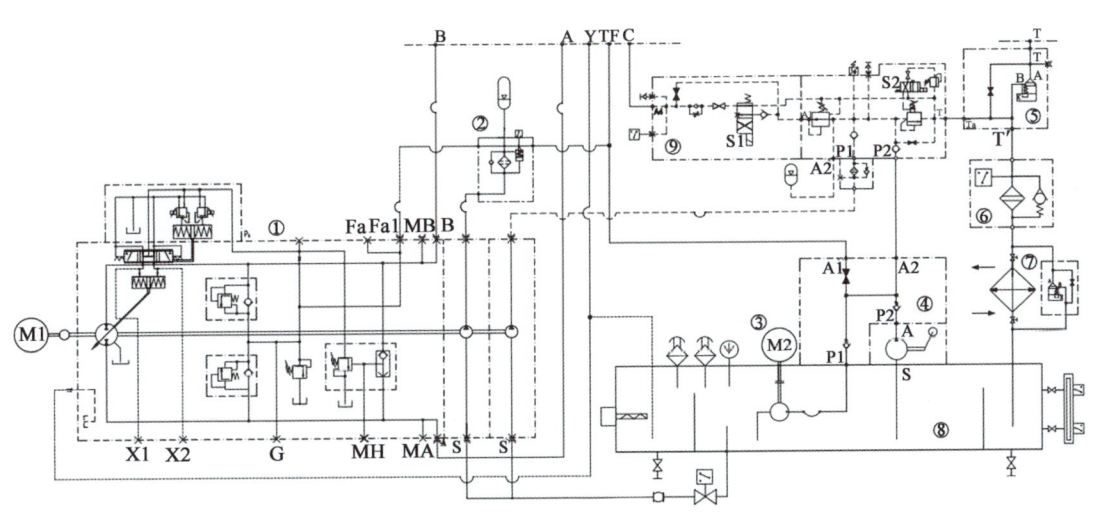

图 7.10 抬升闭式系统泵站内液压原理

泵站主泵组①由一台闭式比例控制带压力切断保护功能的柱塞泵串联补油冲洗泵和控制泵组成。补油冲洗泵提供的压力油经过滤器及蓄能器组②之后分别给主泵以及抬升液压马达提供补油功能,该阀组上安装有压力继电器,用于监测系统补油压力,当压力继电器断开发讯后系统即认为补油压力偏低,需要停机检测系统故障。补油压力由主泵上的补油溢流阀设定，蓄能器为补油系统起到稳压功能。控制泵提供压力油到控制阀组⑨，通过其上的各个功能阀，实现液压马达减速机组制动器的开启释放功能（电磁阀S1），也可以通过电磁卸荷溢流阀（电磁阀S2）为油箱内的液压油完成加热功能。当电磁阀S1得电后，安装于阀组⑨上的压力继电器可以用来监测制动器的释放压力是否已经满足开启需求，为正常抬升提供允许指令。

③为应急电动泵组，④为应急手动泵组，两组应急措施为整个系统提供了完备的应急预防机制，在应急发电机供电或完全无动力情况下，可以实现平台的下放、拔桩功能。

⑤～⑧分别为液压系统的回油背压单向阀组、回油过滤器、水冷热交换器及油箱。

② 液压马达驱动模块。作为执行机构的抬升液压马达驱动模块为系列标准化单元，开闭式系统均可采用，请详见图7.9，在此不再详述。

需要特别说明的是，正常情况下，闭式系统内不需要平衡阀对机构进行承载，如此可以有效降低系统内部的能量损耗。但在平台抬升系统中需要检测压桩的确切载荷，以满足平台上吊机设备的起重需求，或在系统装机功率较低的情况下，通过对角桩腿提升给另外两条桩腿被动加载，实现大载荷的压桩力，在上述两种情况下，液压马达驱动闭式抬升系统中需增加平衡阀，可以在补油充分的情况下，打开制动器，使马达在平衡阀的作用下将平台稳定的托举，并通过液压马达A、B口安装的压力传感器的反馈压力值，计算出桩腿的承载载荷，对比是否满足压桩载荷需求。

（3）液压马达抬升锁紧控制系统。锁紧系统应用在齿轮齿条式抬升系统中，主要功能是当平台较长时间的停止在作业面情况下，将平台载荷由液压马达减速机及制动系统转移到锁紧齿块上，可以保证平台在桩腿上有更大的支持载荷。

锁紧系统由泵组、压力控制阀组、锁紧控制阀组、油箱、锁紧器、插销油缸和齿块复位油缸组成，其控制原理图如图7.11所示。

主泵组①为一台远程压力控制带压力切断的柱塞变量泵。通过压力控制阀组②中两个两位两通的电磁阀S1、S2控制整个锁紧系统的最高工作压力；S1用于正常锁紧工况中的压力控制，此时仅需将锁紧齿块推进到锁紧位置即可；S2与S1配合工作，使系统执行高压工况，以完成载荷由锁紧齿块转移到抬升系统，能够将锁紧齿块卸载。

锁紧控制阀组③中有四个三位四通电磁阀，分别控制锁紧器④⑤、插销油缸⑥和齿块复位油缸⑦。锁紧器为液压马达驱动的蜗轮蜗杆装置，通过蜗杆顶住齿块以保证齿块不会在承载后从桩腿齿条中滑出。插销油缸保证平台在上升降过程中齿块能够被固定，齿块由复位油缸提拉到位后插销锁定。整个锁紧系统即可做停机处理。

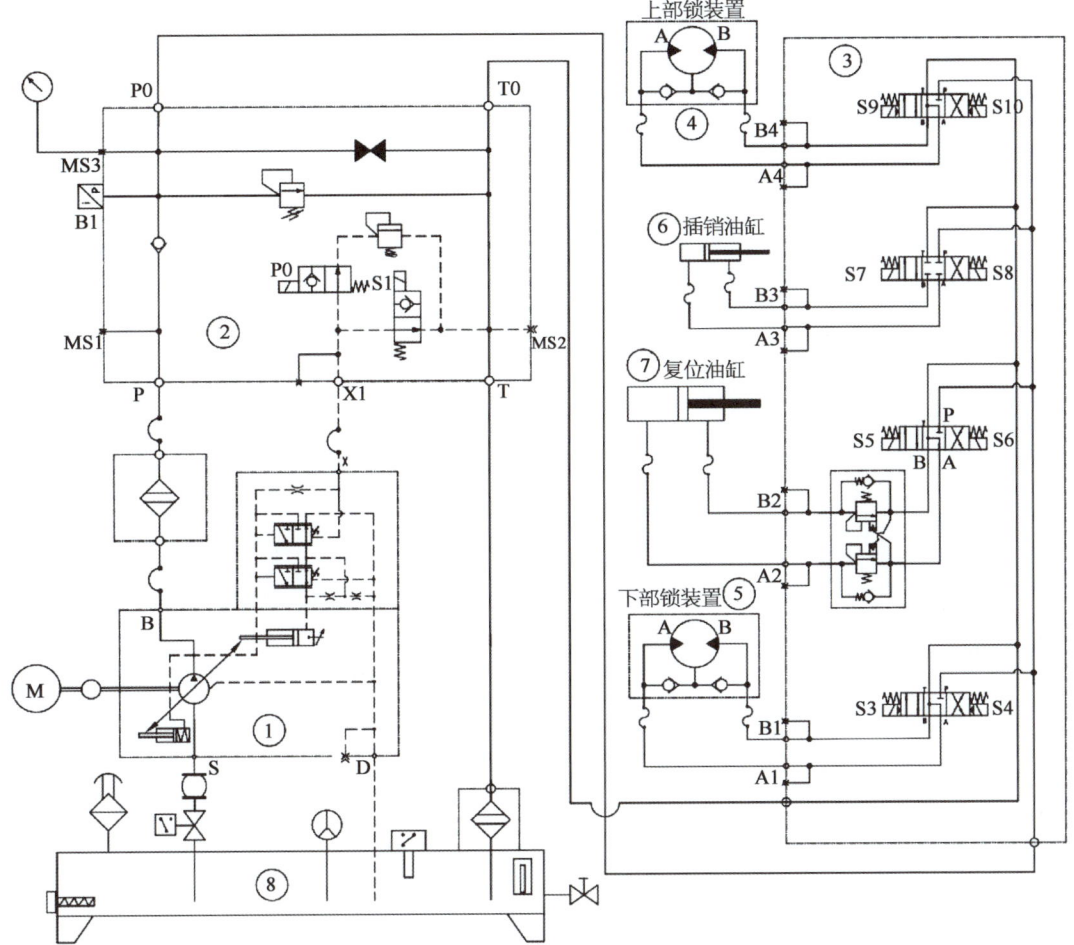

图 7.11 液压马达抬升锁紧控制系统原理

7.2 起重机液压传动与控制系统

起重机在风电安装作业中扮演着重要的角色,也是安装工作顺利进行的保障。液压系统是风电安装船用起重机的关键组成部分。本节主要介绍风电安装船用起重机各部分相关的各型液压系统的功能及工作原理。

7.2.1 起重机液压系统特征

风电安装船用起重机的工作环境决定了其必须具备比普通起重机更全面的性能。首先,必须能够保证长时间稳定的甲板吊装作业;其次,要兼具在恶劣天气环境下,抵御暴风的能力；再次，能够抵抗船舶摇摆所产生的加速度对设备结构的影响；最后，运转灵活，且应急控制健全等特点。为了满足上述工作要求，在液压系统设计方面需要考虑以下问题：

① 上升或下降过程工作稳定。
② 具有较高的安全系数，可抗冲击以及其他恶劣工况。
③ 大型滚轮支撑型起重机必须配备回转顶升系统。
④ 具备较高的加速能力以避免起吊瞬间波浪的影响。
⑤ 实时监测、判断故障的智能系统。

7.2.2 起重机液压系统的分类及工作原理

根据风电安装船用起重机的动力驱动形式，可分为电控电机驱式起重机和电控液压驱动式起重机。在电机驱动式起重机设备中，液压系统主要应用在绞车的制动系统、棘爪安全保护装置、回转防倾覆装置、锚定机构的插拔销装置等辅助机构中；在液压驱动式起重机设备中，由液压系统完成各个执行机构的工作，其液压控制系统采用开式或闭式液压系统。另外，根据起重机的起重载荷，配置大吨位的千斤顶顶升液压系统。

1) **电控电机驱动式起重机液压系统**

电控电机驱动式起重机配套的液压系统辅助完成起重机的吊装作业，主要有制动器液压释放系统、棘轮棘爪防护系统、锚定系统以及千斤顶顶升系统等。下面分别对上述几个系统的功能及工作原理进行阐述。

（1）制动器液压释放控制系统液压原理。制动器液压释放控制系统用于风电安装船用起重机机器房内的各类绞车的制动器的控制。在实际控制中，对制动器的打开及关闭时间有设定的要求。起重机的制动器均采用静态制动，其目的是在机构停止动作之后，为确保机构安全，防止机构动作而采取的额外制动保护。起重机上装备有多种绞车，通常控制系统对各个绞车制动器的打开没有严格的同步控制要求，因此可简化控制方式，即将程序设置为在起重机开机时打开制动器，在起重机停止作业并关机时关闭制动器，这样液压系统需要的流量小、功率低。

制动器液压释放控制系统液压原理图如图 7.12 所示。

制动器液压释放控制系统所有功能阀全部集成在导流板②上，制动器释放的控制过程为：启动油泵①，向蓄能器⑤补油，使得蓄能器保压。蓄能器⑤的充油过程由压力继电器⑥控制，压力继电器⑥检测到蓄能器⑤的油压低时，启动油泵①进行充油。在制动器系统释放工作时，蓄能器⑤通过减压阀④将蓄能器的高压力降至制动器油缸⑩的额定工作压力。依靠油泵①与蓄能器⑤提供的高压油，通过减压阀④使制动器油缸⑩保持打开状态。同时油泵①给蓄能器⑤提供补油，以维持蓄能器的压力为压力继电器控制的压力以上。蓄能器与制动器油缸之间通过减压阀隔开，从而确保油泵和蓄能器达到充分的应用而不至于损坏制动器油缸。对于蓄能器而言，提高蓄能器的充气压力，可以增加储蓄高压油的能力，从而延长系统的保压时间，避免油泵①的驱动电机频繁启动。

系统中设置了三个电磁阀⑧其电磁铁编号为 S1、S2、S3，为了应对大容积制动器油缸工作的情况，系统在减压阀④处并连一个 S3 的电磁阀⑧。在工作时，S3 得电，液压油经过电磁阀⑧和减压阀④两个渠道同时作用到制动器油缸⑩；当制动器的开启限位发讯后，S3电磁阀⑧失电。此时减压阀④通过蓄能器⑤继续维持补充液压油到制动器油缸⑩，此项功能可以确保制动器能迅速地打开，应急工况时保证系统的安全。制动器的开启和制动控制是由编号为S1、S2的两个电磁阀⑧来实现的。在系统工作压力正常情况下，S1、S2同时得电，制动器开启，S1、S2同时失电，制动器制动。节流阀⑦（调节适当开度）用于调节制动器的开启和制动的速度，防止制动器开启或制动过快损坏机构。

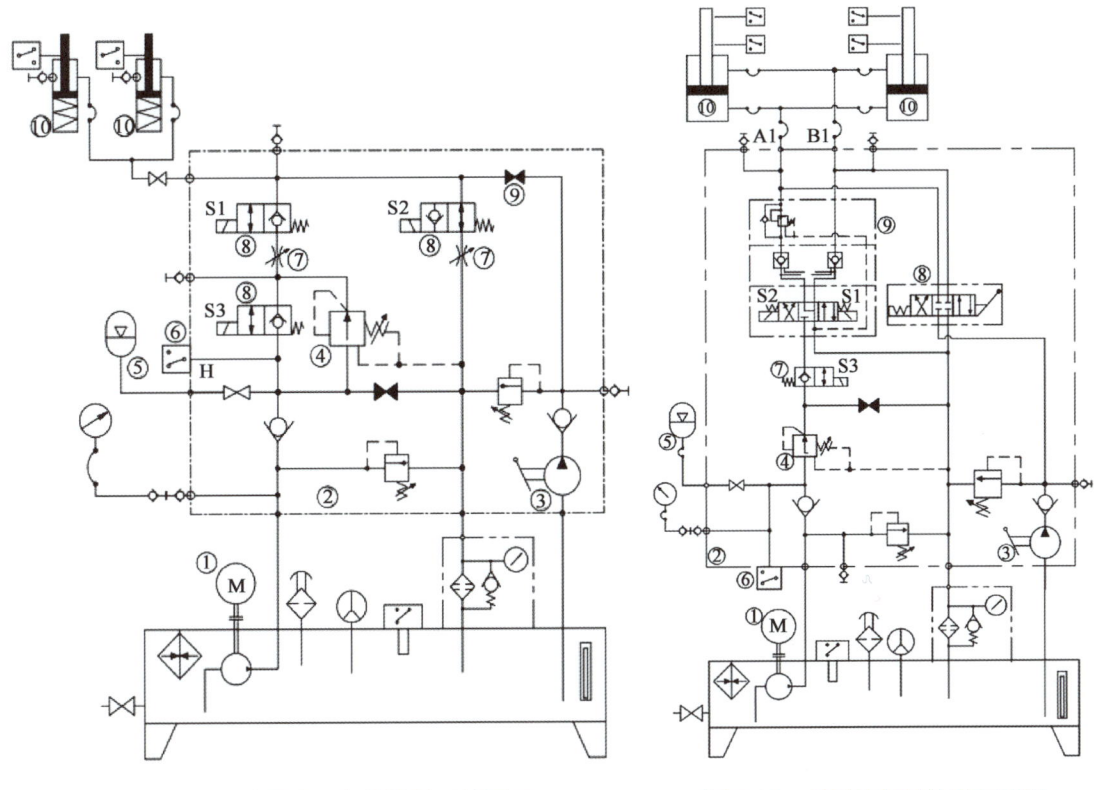

图7.12 制动器液压释放控制系统原理　　图7.13 棘爪控制系统液压原理

手动泵③在应急状态下，可以通过节流阀⑦与截止阀⑨（正常工作时关闭）的配合手动开启制动器，此时节流阀⑦完全关闭，截止阀⑨完全开启。应急情况完成后需要恢复到正常工作状态。

（2）棘爪控制系统液压原理。为防止起重机的起升绞车在长时间负载情况下或带载应急检修情况下意外转动，设置棘轮棘爪锁定装置。棘爪的动作由油缸进行驱动。当风电安装船用起重机停机并停止运转后，驱动油缸控制棘爪伸出，使棘爪与卷筒上的棘轮结合，防止卷筒转动，实现安全保护。

棘爪控制系统液压原理图如图7.13所示。

通过油泵①提供的压力油源经减压阀④、两位两通电磁阀⑦、换向及锁定功能阀组⑨进入棘爪油缸⑩。功能阀组⑨由三位四通电磁换向阀、液压锁、减压阀叠加而成，其中三位四通换向电磁阀上的电磁铁 S1、S2 分别控制棘爪油缸的伸(S1 得电)和缩(S2 得电),对应控制棘轮的锁定和释放。液压锁保证了棘爪油缸能够在泵站停止时依然可以将油缸的位置锁定,避免油缸因为内泄漏而缩回;功能阀组⑨中减压阀调节高压油压力,防止棘爪油缸⑩伸出时因棘爪载荷过大而损坏。两位两通常闭型电磁阀⑦用于棘爪控制油缸伸缩的工作允许,通过此电磁阀也可以避免对功能阀组⑨中三位四通电磁阀的非正常手动越权操作导致的棘爪滑脱。

当系统断电并且蓄能器压力油已完全释放时,可以利用手动泵③进行应急操作,通过手动三位四通换向阀⑧使棘爪上锁和解锁。

蓄能器⑤及压力继电器⑥的功能与制动器控制系统相同。

(3)锚定装置控制系统液压原理。全回转式风电安装船用起重机在完成作业后,为防止其意外转动,需要通过锚定销,将上部回转结构固定在下部筒体结构上。锚定液压系统中的两个油缸分别为锚定销油缸和安全销油缸。锚定销油缸用于插拔销,安全销用于固定锚定销,安全销用于防止锚定销拔出后的意外掉落。

锚定装置控制系统液压原理图如图 7.14 所示。

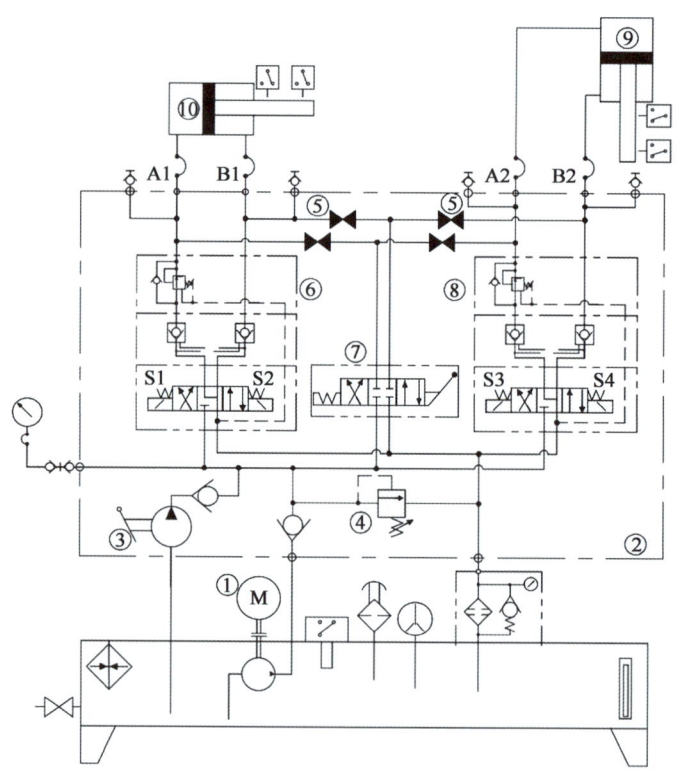

图 7.14 锚定装置控制系统液压原理

当回转机构运行结束需要锚定时,首先将功能阀组⑥中的电磁换向阀切换到左位(电磁阀 S1 得电),使安全销油缸⑩缩回,然后将功能阀组⑧中的电磁换向阀切换到右位(电磁阀 S4 得电),锚定销油缸⑨伸出插入锁定孔中。

当锚定销拔出时,首先将功能阀组⑧中的电磁换向阀切换到左位(电磁阀 S3 得电),使锚定销油缸⑨缩回,然后将功能阀组⑥中的电磁换向阀切换到右位(电磁阀 S2 得电),安全销油缸⑩伸出固定锚定销。

功能阀组⑥和⑧的配置完全相同,均由三位四通电磁换向阀、液压锁、减压阀叠加组成,实现油缸换向及锁定的控制功能。

当系统无法提供动力油源时,通过手动泵③将压力油供给手动换向阀⑦,并通过 4 个常闭的节流阀的配合工作,使锚定油缸插销或者拔销。

(4)千斤顶顶升控制系统液压原理。对于超大型起重机,在吊装超大型货物作业前,为了安全起见,需要通过垫块将起重机回转上部机构整体刚性锚定,为此,根据需要配备一套或数套千斤顶顶升液压系统。当系统准备作业时,顶升系统顶起起重机回转上部机构,垫块滑入锚定位,下放起重机回转上部机构,实现刚性锚定,反之则撤回垫块恢复起重机常备状态。电控液压驱动式起重机中也配备有该系统。

千斤顶顶升控制系统液压原理图如图 7.15 所示。

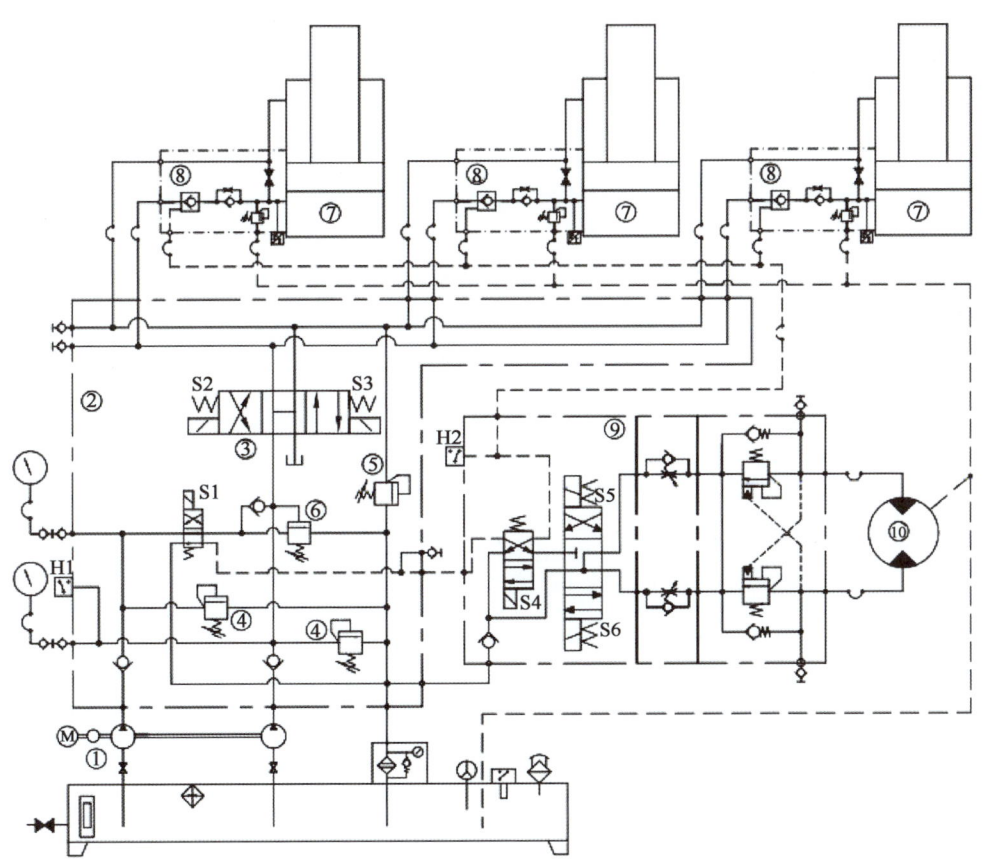

图 7.15 千斤顶顶升控制系统液压原理

千斤顶顶升系统由顶升油缸⑦部分和垫块滑移驱动马达⑩部分组成,泵组①由常压齿轮泵与超高压柱塞泵串联而成,常压泵为系统的顶升油缸⑦快速伸出、垫块滑入滑出提供动力油源,超高压泵则主要执行带载顶升工作。泵组由集成于导流板②中的溢流阀④控制最高工作压力,其中超高压泵配置的安全阀为超高压溢流阀。当顶升油缸⑦接触到机构带载伸出后,系统的工作压力增大溢流阀⑥开启,使齿轮泵无负载泄荷运行。此时,整个系统只有超高压柱塞泵为顶升油缸⑦提供动力推动机构上升。

为了实现大的顶升力,顶升油缸的无杆腔与有杆腔面积比一般会设计得很大(即有杆腔面积非常小,仅满足顶升油缸主动缩回即可),为此,在顶升油缸⑦的有杆腔接有一个常压溢流阀⑤,以避免在顶升作业过程中因为顶升油缸的大面积比产生增压,从而导致油缸胀裂损坏。

当执行上升动作时,集成在导流板②中的超高压电磁阀③线圈 S3 得电,顶升油缸上升。当达到需要的顶升高度(即顶升油缸⑦"上升到位"限位动作)后,电磁阀 S3 失电,机构位置将被顶升油缸⑦保持,泵组①将继续运转。此时,操作系统将垫块滑入锚定位置,集成在导流板②中的电磁阀 S1 和集成在导流板⑨中的电磁阀 S5 得电,马达⑩持续运转并经减速器带动垫块滑移到其工作位置(即垫块滑入"合并"限位动作)后,电磁阀 S1、S5 失电。

系统工作过程中油泵的运行工作由集成在导流板②中的压力继电器 H1 监测,当电磁阀 S3 得电后,压力继电器 H1 持续断开超过 5 s,则系统报警主油路压力故障,电磁阀 S3 失电,泵组①停止工作,油缸停止上升,需检查整个系统以及顶升油缸⑦是否已经伸出并接触起重机上部机构。

当执行下降动作时,集成在导流板②中的电磁阀③线圈 S2 得电 5 s 后,电磁阀 S1 和集成在导流板⑨中的电磁阀 S4 得电,解除顶升油缸锁定阀组的缩回锁定功能,顶升油缸缩回。顶升油缸锁定阀组集成于导流板⑧上,并安装于顶升油缸⑦上,主要有液控单向阀(锁定)、单向节流阀(调速)、溢流阀(安全保护)、常闭截止阀(检修卸压)以及压力传感器(检测计算工作载荷)组成。当顶升油缸完全缩回(即顶升油缸"下降到位"限位动作)后,电磁阀 S1、S2、S4 失电,系统停机。起重机吊装作业允许。

在下降过程中,油泵工作状况监测同上升工况。而液压锁的开启状况由集成在导流板⑨中的压力继电器 H2 监测,如果在电磁阀 S4 得电后,压力继电器 H2 持续断开超过 5 s,则系统报警液压锁开启控制油路压力故障,电磁阀 S1、S4 失电,泵组①停止工作,油缸停止下降,需检查系统。

操作系统退回垫块,电磁阀 S1 和集成在导流板⑨中的电磁阀 S6 得电,马达⑩持续运转并经减速器带动垫块滑移到其非工作位置(即垫块滑出"分离"限位动作)后,电磁阀 S1、S6 失电。

当垫块滑出且顶升油缸完全缩回后,起重机恢复常态吊装作业模式。

2) 电控液压驱动式起重机液压系统

电控液压驱动式起重机的液压系统采用开式或闭式液压系统。其中承担回转、俯仰、起升等主要动作的系统可以采用开式或闭式液压系统方案,其他辅助机构采用开式系统。

俯仰机构部分的执行有油缸形式,也有马达加减速机配绞车形式。以下针对各系统的功能及工作原理进行阐述。

(1) 开式液压系统在电控液压驱动式起重机中的应用。回转、俯仰、起升等开式液压系统主要由液压泵组、冷却过滤单元、油箱单元、控制阀组、俯仰油缸组、回转马达组、起升马达组等组成。

① 开式系统泵站内液压原理。开式系统泵站内液压原理图如图 7.16 所示。

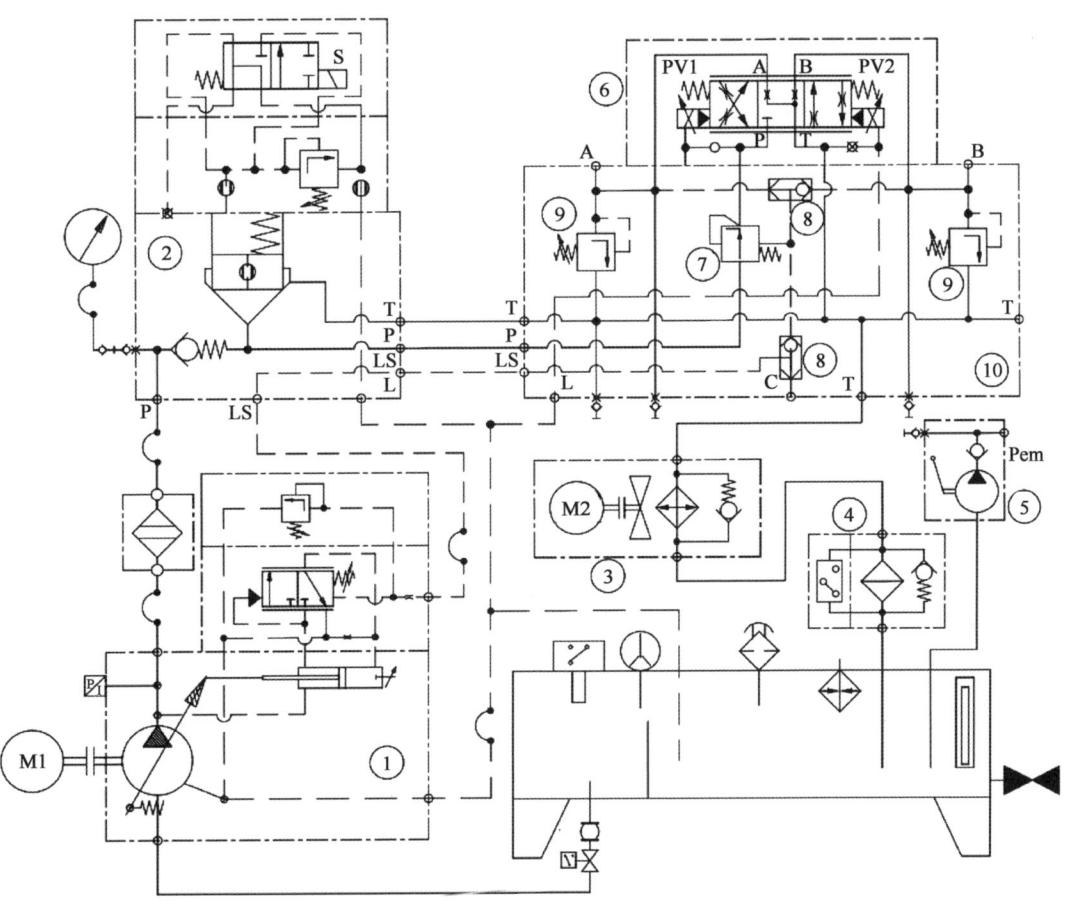

图 7.16 开式系统站内液压原理

开式系统泵站由负载敏感带压力切断功能的变量柱塞泵组①为起重机各个执行机构提供动力油源。该泵的最高输出压力通过安全溢流阀组②控制,该阀组通过电磁阀 S 的得失电状态实现系统带载工作和卸荷待机的切换。

当电磁阀 S 得电时,油泵带载工作,由先导溢流阀控制整个系统的最高保护压力。油泵上的溢流阀实现压力切断排量功能,从而保护整个系统,油泵的压力切断保护溢流阀的设定压力低于安全溢流阀组②中溢流阀的设定值,否则油泵的压力切断功能将无法工作;当电磁阀 S 失电时,油泵处于泄荷待机状态,此时油泵依然全排量工作,输出的低压油通过冷却单元③、过滤单元④实现系统自身的循环冷却功能。

手动泵组⑤为手动应急系统提供控制压力油,可以在没有动力输入的情况下通过操作各个执行机构中的手动应急阀实现应急功能。

阀组⑩为执行机构的功能控制阀组,其中主要由实现执行机构动作的比例换向阀⑥、为油泵负载敏感控制口提供压力控制信号的梭阀⑧、稳定比例阀进出口压差的定差减压阀⑦、单个执行机构安全保护的溢流阀⑨等组成。

② 开式系统回转马达组液压原理。回转机构为了实现回转扭矩的均衡输出,一般由多套成对马达组执行,马达可为变量马达,也可以是定量马达。此系统采用定量马达阐述回转系统的工作原理。

开式系统回转马达组液压原理图如图7.17所示。

开式回转系统马达组由安全保护及锁定功能阀组①、制动器开启控制功能阀组②、回转速度切换功能阀组⑤、回转马达⑨和制动器⑩等组成。此处仅采用一套成对马达组,该单元可以作为模块组进行多组拓展。

安全保护及锁定功能阀组①中安全溢流阀④实现马达回转双向油路压力保护。压力型平衡阀③具有平衡负载作用,同时在减速过程中耗散负载势能,实现柔性制动。因为回转系统的双向载荷相同,所以此处溢流阀及平衡阀的安全设定压力相同。

制动器开启控制功能阀组②中集成有减压阀、截止阀、压力控制逻辑阀以及单向截流阀。通过安全保护及锁定阀组①中配置的梭阀,将回转系统高压油通入制动器,为其提供开启控制油,回转系统高压油常高于制动器开启所需的最高工作压力,因此在进入制动器之前需要减压阀减压;压力控制逻辑阀为压力可调的液控两位三通换向阀,当压力设定后(设定压力值必须要低于减压阀的设定压力),在控制压力高于该阀设定压力的情况下,阀芯换向,将控制油与制动器接通,开启制动器,回转功能允许,在控制压力低于此阀的设定压力时,阀芯复位,切断控制油与制动器连通,且残存在制动器中的控制油可以通过此阀卸压,使回转机构制动;单向节流阀采用回油节流控制,可以通过调节回油节流的方式控制制动器的制动时间,从而避免快速制动产生过大的制动力矩,损坏制动器或回转机构。当系统没有动力且需要回转运动时,将制动器开启控制功能阀组②中减压阀与压力控制逻辑阀

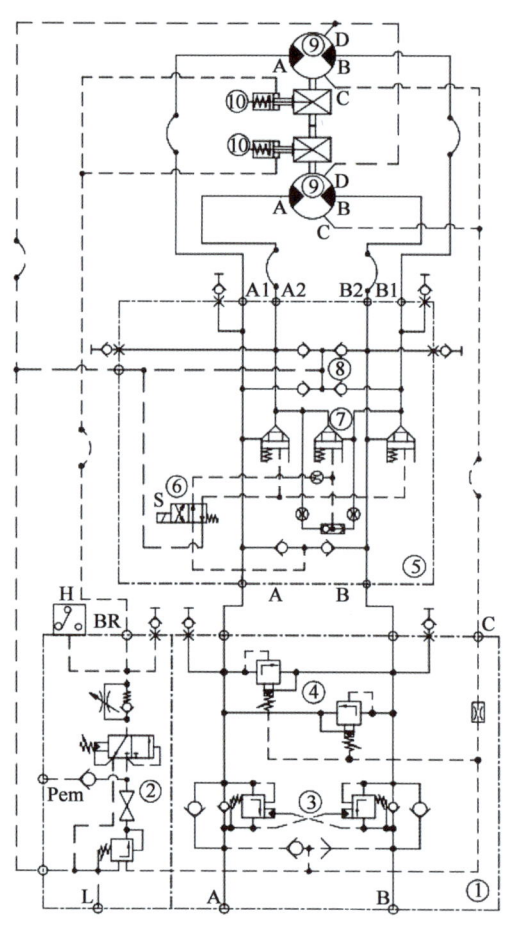

图 7.17 开式系统回转马达组液压原理

之间的截止阀关闭,然后操作手动泵提供压力油即可释放制动器,使回转功能允许。

回转速度切换功能阀组⑤可以实现回转机构的速度切换。通过电磁阀⑥的得失电控制,在三个二通插装逻辑阀⑦的配合下,使一套成对回转马达组中的两个马达实现并联或一个马达被旁路的切换。并联时,两个马达均提供扭矩参与驱动回转工作,回转机构可以实现额载慢速回转;一个马达被旁路时,仅有一个马达提供扭矩参与驱动回转工作,回转机构可以实现空载快速回转,此时被旁路的马达 A、B 口连通形成无压差内循环,无需外部油进入其中驱动马达回转,但因为马达的内泄,需要通过单向阀组⑧为马达补充油液,防止马达长时间高速运转后因为液压油的泄漏而出现干摩擦运转。

回转速度的快慢速切换也可以参考抬升系统马达驱动模块串并联模式转换阀组⑥中的设计,通过马达的串并联模式实现回转速度的快慢速切换。但抬升系统马达驱动模块的速度切换不能使用旁路马达的方式,因为回转系统中机构的载荷是承载在回转轴承上的,而抬升系统中载荷则是作用在马达上。

③ 开式系统起升、俯仰马达组液压原理。起升或俯仰机构一般由一个或多个变量马达驱动,实现大扭矩的输出或者空载高速的收放功能。

开式系统起升、俯仰马达组液压原理图如图 7.18 所示。

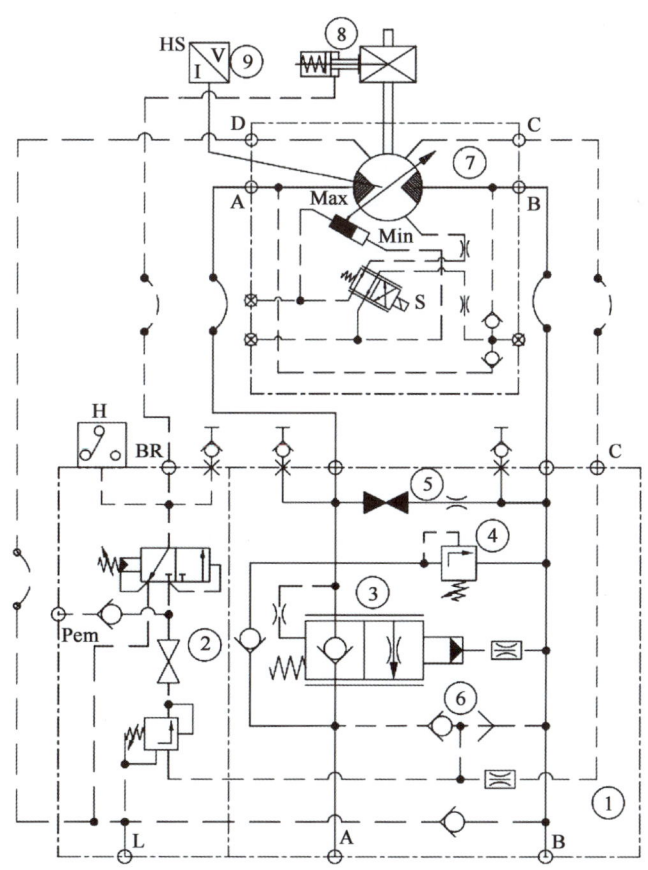

图 7.18　开式系统起升、俯仰马达组液压原理

开式系统起升、俯仰驱动马达组由安全及锁定控制功能阀组①、制动器释放功能阀组②、变量柱塞式高速马达⑦和减速机、制动器⑧等组成。此处仅采用一个马达组驱动形式，该单元可以作为模块组进行多组拓展。

由于起升及俯仰机构均为单向载荷承载功能，因此安全保护及锁定功能阀组①中仅在马达的负载侧设置安全溢流阀④实施压力保护。流量型平衡阀③（不需要设定压力来起到刹车作用）也仅设置在马达的负载侧用于对马达驱动载荷的锁定以及下放时载荷的保持，并消耗负载在下降过程中的势能。常闭截止阀⑤配合阻尼用于旁通马达的A、B口，实现应急释放功能，此时马达的A、B口连通，但因为阻尼的存在，使得A、B口之间的流量趋于可控（当马达或泵站内控制阀组的内泄大于此处的流量可控功能时，此处应急控制功能将无法实现，并且会有失速的危险。因此，在做应急操作时务必重视制动器快速制动功能），从而在重力作用下实现应急下放功能。与回转系统中的制动器开启控制功能阀组相似，起升、俯仰驱动马达组的制动器开启控制功能阀组②中也集成有减压阀、截止阀、压力控制逻辑阀，但不需要单向截流阀，主要为了防止起升或俯仰机构停止运行后出现下滑或溜钩的情况，制动器需要能够实现快速制动功能。控制压力同样采用安全保护及锁定阀组①中配置的梭阀⑥引出的控制油，工作原理在此不再重复阐述。

变量柱塞式高速马达⑦可以通过集成于马达上的电磁阀S的得失电控制马达的最大（电磁阀S失电）和最小（电磁阀S得电）排量。为了计算起升高度、俯仰角度、驱动绞车收放钢丝绳的工作速度，在马达上安装有脉冲式的转速编码器⑨，通过此编码器，可以反馈马达转速，根据减速机的速比及缠绕钢丝绳卷筒的层数，在PLC中计算出起升或俯仰速度供操作人员参考。

④ 开式系统拖拽稳货恒张力系统液压原理。在起重机工作过程中，因为臂架操作空间的局限性，重物有可能无法被放置在预先设定好的存放或安装位置，为此需要一个稳货拖拽系统牵引起升钢丝绳使重物能够到达预定位置的正上方，从而实现卸货或安装。在起吊过程中，臂架的俯仰角度不断变化，重物通过起升钢丝绳作用在拖拽系统上的力也随之变化，若不能随动控制拖拽力，重物还是会因为受力状态偏离预定位置。因此拖拽系统需要采取恒张力控制，使拖拽力不会因为机构的变化而变化，从而稳定重物保持在适当的位置。

开式系统拖拽稳货恒张力系统液压原理图如图7.19所示。

拖拽绞车由变量柱塞式高速马达①驱动，伺服阀组②通过电磁阀S3的得、失电来控制马达以最大（S3失电）或最小（S3得电）排量工作。功能阀组③实现恒张力控制，安装于马达本体上。

恒张力功能阀组③由定差减压阀④、平衡阀⑤、两位四通电磁阀⑥（S2）、先导式安全溢流阀⑦、两位四通电磁阀⑧（S1）、背压溢流阀⑨及比例溢流阀⑩（PV）组成。通过这些阀的配合工作，实现主动收拽及被动拖放时马达的恒定扭矩控制，从而在卷筒出绳处保持恒定的张紧力稳定货物。

主动收拽时，功能阀组③的A口持续由系统提供的主动油源供给。

A. 当电磁阀S2得电、比例溢流阀⑩PV不给信号的情况下，定差减压阀④弹簧侧的

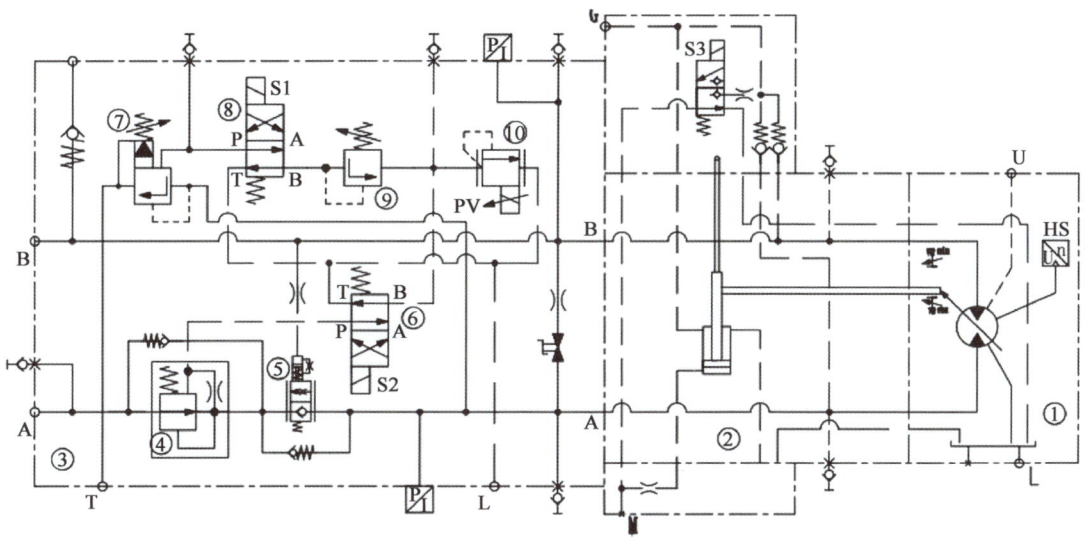

图 7.19 拖拽稳货恒张力系统液压原理

控制压力为零,马达 A 口的进油压力只能维持在定差减压阀④的弹簧调节的设定压力,当比例溢流阀⑩PV 给出信号后,马达主动驱动的输入压力则会随比例溢流阀的设定压力升高而升高,因此,恒张力控制的张力值可以通过比例溢流阀⑩的信号实现远程控制。

B. 当电磁阀 S1、S2 均得电,且比例溢流阀⑩的 PV 给定信号情况下,先导式安全溢流阀⑦的工作压力受比例溢流阀⑩给定值以及背压溢流阀⑨的叠加作用控制,此时马达主动驱动的压力由于先导式安全溢流阀⑦的通流作用,实现恒张力控制。

被动放时,功能阀组③没有泵站系统提供的持续油源供给,而是通过功能阀组③的单向阀提供的主动补充油源为马达 B 口供油。此时,需要电磁阀 S1、S2 均得电,且比例溢流阀⑩PV 给定信号,马达 A 口的反作用压力受到先导式安全溢流阀⑦的控制,而该阀的开启压力则由比例溢流阀⑩给定值以及背压溢流阀⑨的叠加作用控制。主动补充进入马达 B 口的油经由马达 A 口后,通过先导式安全溢流阀⑦回流至泵站系统,从而使马达实现被动反驱卷筒放缆。

⑤ 开式系统油缸俯仰系统液压原理。根据起重机功能设计的要求,可以使用油缸执行俯仰机构的工作。尤其是在有折臂功能的起重机中,油缸对于实现折臂功能起到了无可替代的作用。此处采用单油缸形式阐述俯仰机构的工作原理。开式系统油缸俯仰系统液压原理图如图 7.20 所示。

系统由俯仰油缸①、安全保护及锁定功能阀组②组成。由于在俯仰机构中油缸只承受压载荷,仅在功能阀组②中油缸无杆腔油口处设置平衡阀③,用以俯仰停止时油缸的锁定以及下放过程中对于载荷的承载功能。溢流阀安装于油缸的有杆腔,避免油缸有杆腔因为油缸大面积比,而在工作中出现瞬间增压,导致缸筒破裂损坏事故。

常开截止阀④和常闭截止阀⑤用于俯仰应急下放功能。实际操作时关闭截止阀④,打开截止阀⑤,此时油缸的有杆腔与无杆腔通过截止阀⑤连通,由于平衡阀③的存在,油

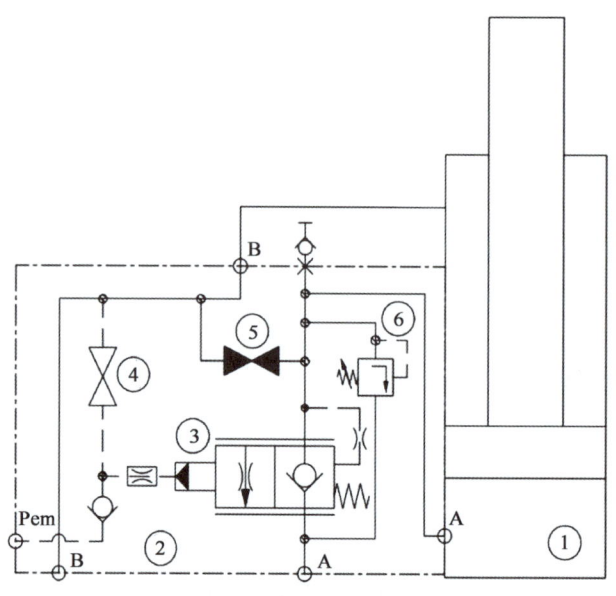

图 7.20 油缸俯仰系统液压原理

缸无法实现回缩,当外部手动泵提供控制油到 Pem 口时可以外控开启平衡阀③,油缸无杆腔内的液压油一部分通过截止阀⑤进入有杆腔,而大部分通过平衡阀③回流泵站,从而实现油缸的缩回功能,操作俯仰机构下降。

(2) 闭式液压系统在电控液压驱动式起重机中的应用。闭式系统在开式系统的基础上,增加了补油液压泵组、冲洗阀组。采用容积控制原理的泵控系统,取消了部分控制阀组,因此在相同装机功率的情况下整个系统的自重大幅降低。

① 闭式液压系统的辅助系统泵站内液压原理。闭式系统为闭式泵直接驱动执行机构运动,其执行机构部分原理与开式系统类似,此处不再赘述,此部分主要针对闭式系统外的辅助系统进行阐述。闭式系统的辅助系统泵站内液压原理图如图 7.21 所示。

补油、控制、循环泵组由柴油机(或者电机)通过分动齿轮箱①驱动(分动箱的其他输出轴用于驱动闭式主泵),泵组中的首泵为补油泵,由功能阀组⑤来控制该泵的工作压力;中间泵为控制泵,由功能阀组④来控制该泵的工作压力;两台泵均为恒压变量泵。

尾泵②为循环系泵。循环泵具有两个主要功能,一个功能是系统液压油的循环过滤、冷却、加热,当闭式泵待机时,排量基本为零(电比例控制或机械手柄位置控制),无法使油箱内的液压油形成有效循环,增加一套内循环系统用于冷却过滤,并在油温低的情况下通过加载阀组⑥中的电磁阀 S 得电实现系统液压油加热;另一个功能是消耗回收的重力势能,当货物被下放时,重力势能转化为液压能,该能量无法存储,必须消耗掉,此时需要尾泵通过加载阀组⑥消耗反馈回来的功率,尤其当动力源为柴油机时,若不消耗回收的能量,大载荷货物下放过程中回收的较大的功率,将通过自身的飞轮高速旋转进行消耗,极易造成柴油机损坏。

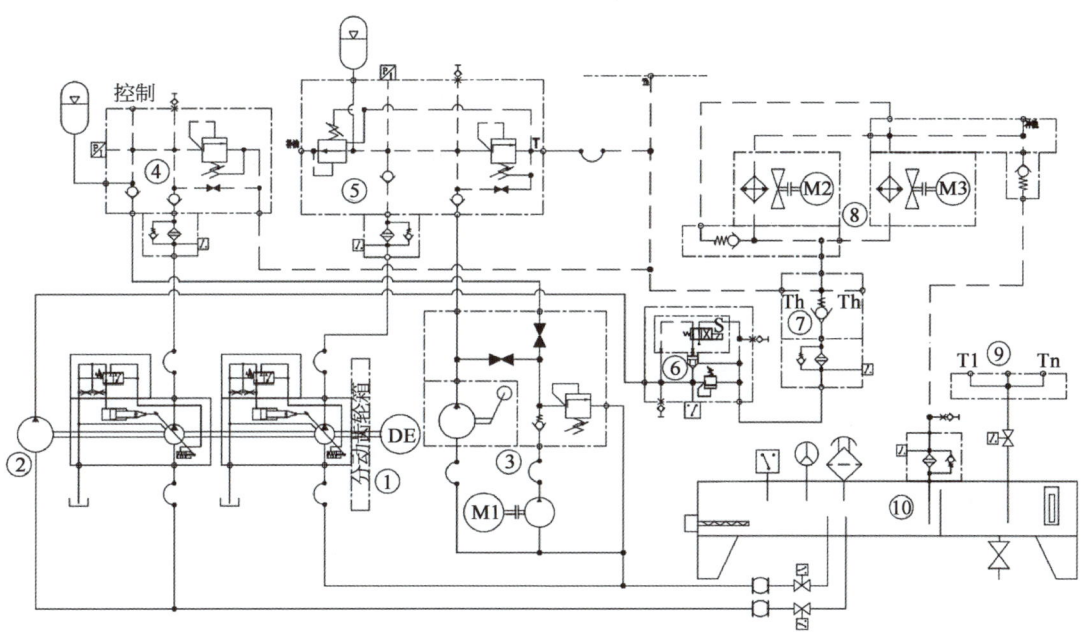

图 7.21 辅助系统泵站内液压原理

阀组⑦为各执行机构及控制阀组的热油回收阀组,经过该阀组汇集后接入热交换器⑧冷却后回流油箱⑩。热交换器⑧配置有旁通单向阀以及背压单向阀,旁通单向阀的开启压力一般选择为 500 kPa,用于保护热交换器,背压单向阀的开启压力一般选择为 200 kPa,提高冷却后油液的压力,用于闭式泵组或执行机构的驱动马达的轴承冲洗使用。阀组⑨为各执行机构、泵组或控制阀组的泄漏油回收阀组,经过该阀组汇集后无背压直接回流油箱⑩,可以避免通流热交换器或过滤器时出现背压对泵组、马达产生影响。

② 闭式系统起升、俯仰马达组液压原理。闭式系统起升、俯仰马达组液压原理图如图 7.22 所示。

闭式系统起升、俯仰驱动马达组由安全及锁定控制功能阀组⑤、工作允许功能阀组④、单向阀组⑥、冲洗阀组⑦、变量柱塞式高速马达①和减速机、制动器②等组成。此处仅采用一个马达组驱动形式,该单元可以作为模块组进行多组拓展。

马达①为变量马达,可以通过电磁阀 S1 的得失电控制马达的最大(S1 失电)或最小(S1 得电)排量。

安全及锁定控制功能阀组⑤、工作允许功能阀组④集成于一体安装于马达的负载侧。起升工作时功能阀组④上的电磁阀 S2 得电,控制油经单向阀、二位四通电磁换向阀截止阀进入功能阀组⑤,控制液控二位四通换向阀换向,使二通插桩阀的弹簧腔泄荷,二通插装阀阀芯被经 A 口进入的闭式泵系统高压油打开,并经该二通插装阀进入马达的 A 口,推动马达旋转以驱动卷筒收紧钢丝绳将货物提升,该阀组集成有安全溢流阀用以保护整个马达组避免超载损坏。单向功能阀组⑥安装于马达的无负载侧。下降时,同样需要功

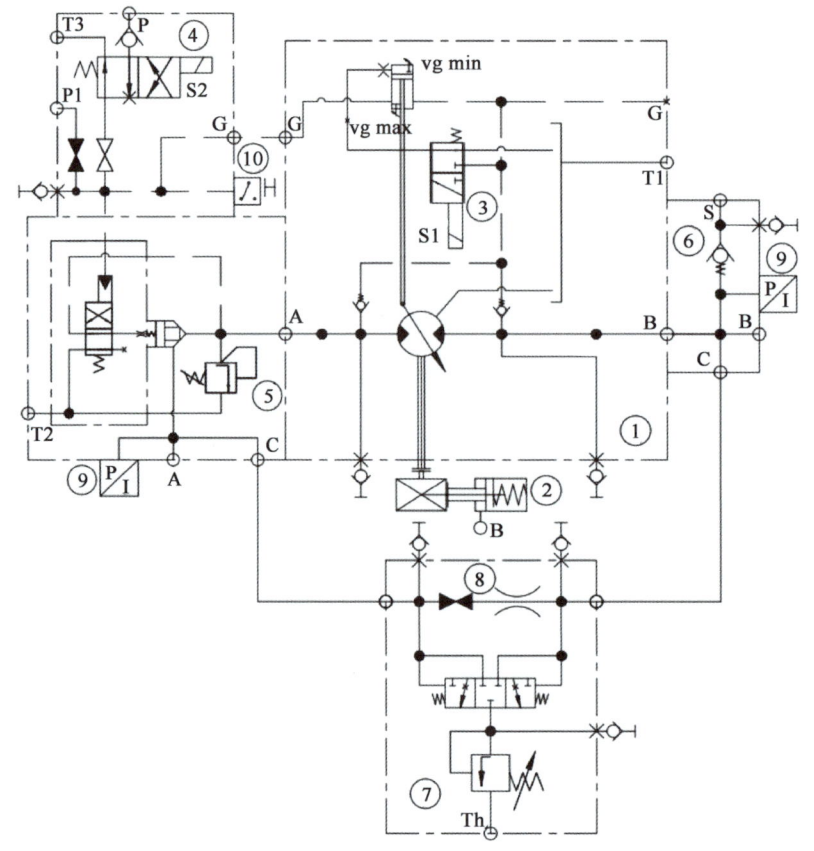

图 7.22 起升、俯仰马达组液压原理

能阀组④上的电磁阀 S2 得电,开启二通插装阀,经由马达 B 口进入的液压油推动马达反向旋转,驱动卷筒放出钢丝绳将货物下放,因为下降时无负载,马达的旋转速度完全由 A 口的回流速度决定,为防止 B 口供油不足出现马达吸空失速,补油泵始终通过 B 口单向阀组主动给 B 口补油。

冲洗阀组⑦连通马达的 A、B 口,经阻尼及常闭截止阀组⑧隔断。该阀组由冲洗阀和溢流阀实现闭式系统内热油的置换,并由单向阀组⑥补充新油进入系统工作。阻尼及截止阀组⑧在应急操作时可以连通马达的 A、B 口,使马达形成旁通形式,货物在自身重力作用下被动下放。

③ 主、副起升或起升、俯仰动力油分配阀组液压原理。对于小型或没有联动功能的起重机,为了追求经济的配置,主、副起升或起升、俯仰动作由一个闭式泵组供油,通过动力油分配阀组实现功能切换。主、副起升或起升、俯仰动力油分配阀组各个功能阀集成在导流板①上,通过电磁阀 S 的得失电控制液流的走向,实现主、副起升或起升、俯仰驱动系统的切换。

闭式系统主、副起升或起升、俯仰动力油分配阀组液压原理图如图 7.23 所示。

动力油分配阀组通过四个二通插装阀④的逻辑控制实现 A、B 口与 A1、B1 或 A2、

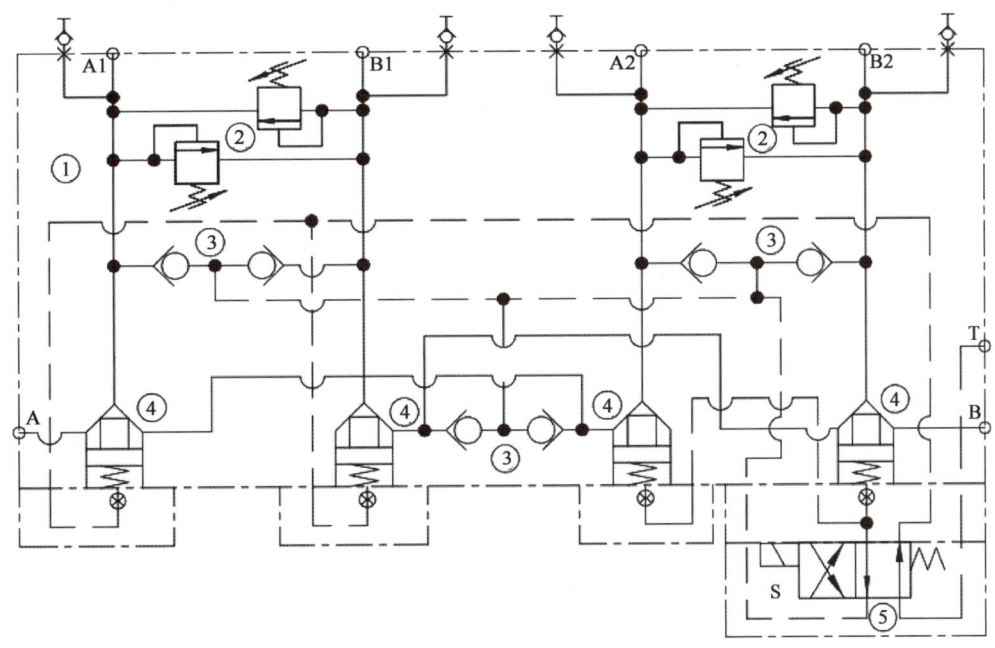

图 7.23 动力油分配阀组液压原理

B2 的连通。两组双向安全溢流阀②分别对 A1、B1 通道和 A2、B2 通道的工作压力做相应限定。三组单向阀组③分别从三个通道(A、B 主通道、A1、B1 通道或者 A2、B2 通道)选取压力控制信号油并通过二位四通换向阀⑤实现四个二通插装阀④的逻辑控制,当 S 得电,A、B 分别连通 A2、B2;S 失电,A、B 分别连通 A1、B1。A1、B1 通道或者 A2、B2 通道可分别接入主、副起升机构或者起升、俯仰机构。

④ 主、副起升或起升、俯仰动力油合流阀组液压原理。对于大型或有联动功能的起重机,同样为了追求经济的配置,在满足各个执行机构单独额载工作能力的同时,通过合流阀组的控制可以使多组闭式泵组集中供油给一个执行机构实现快速运动,也可以把多个泵组相互作为备用泵组为各个执行机构提供更可靠的工作保障。此处采用两组泵组为动力供给单元驱动俯仰和起升执行机构,阐述合流阀组的工作原理。

闭式系统主、副起升或起升、俯仰动力油合流阀组液压原理图如图 7.24 所示。

动力油合流控制阀组由集成于导流板①上的⑤~⑧四组共八个二通插装阀的逻辑控制实现两组泵组油源的合流以及互相备用功能。三组单向阀组②分别从通道 A11、B11 和通道 A21、B21 选择控制信号油,再通过二位四通换向阀③(S1)、④(S2)实现四组二通插装阀的逻辑控制。合流阀组工作逻辑表见表 7.2。

⑤ 闭式系统拖拽稳货恒张力系统液压原理。开式系统实现拖拽稳货恒张力控制需要数个阀组配合动作,而采用闭式系统后,控制结构及方式得到大幅简化,只需控制闭式泵的排量即可满足恒张力控制效果。

闭式系统拖拽稳货恒张力系统液压原理图如图 7.25 所示。

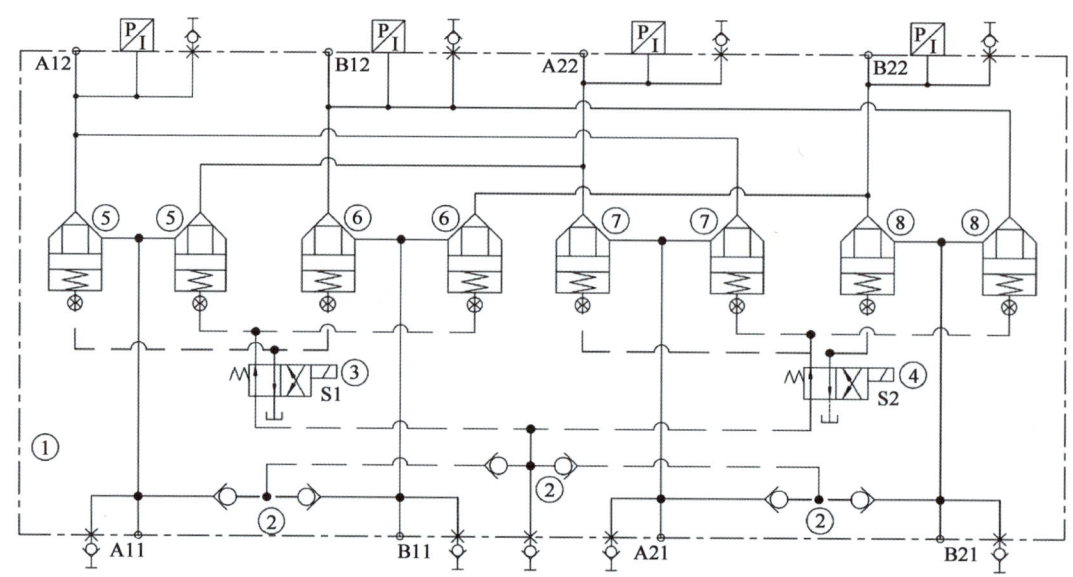

图 7.24 动力油合流阀组液压原理

表 7.2 合流阀组工作逻辑

工况模式	电磁阀 液流方向	S1	S2
正常工作，两个执行机构单独工作	A11→A12 B11→B12 A21→A22 B21→B22	×	×
合流工作，单机构快速工作 1	A11→A12 B11→B12 A21→A12 B21→B12	×	O
合流工作，单机构快速工作 2	A11→A22 B11→B22 A21→A22 B21→B22	O	×

注："O"代表电磁阀得电，"×"代表电磁阀失电。

闭式泵①的排量通过控制比例控制阀组②的给定信号实现。给定 PV1 信号，泵由 A 口出油接入负载端，B 口回油；给定 PV2 信号，泵由 B 口出油接入无负载侧，A 口回油。在油泵负载侧 A 口与油泵斜盘控制油路的外控口之间增加一个恒张力功能阀组③，实现拖拽绞车的恒张力控制。

恒张力功能阀组③由两位两通的电磁换向阀④、比例溢流阀⑤以及安全溢流阀⑥组成。泵负载侧的高压油经恒张力功能阀组③的 P 口接入阀组，当电磁阀④处于失电状态时，电磁阀将负载侧的高压油与恒张力控制部分完全隔断，系统根据负载的大小以合适的

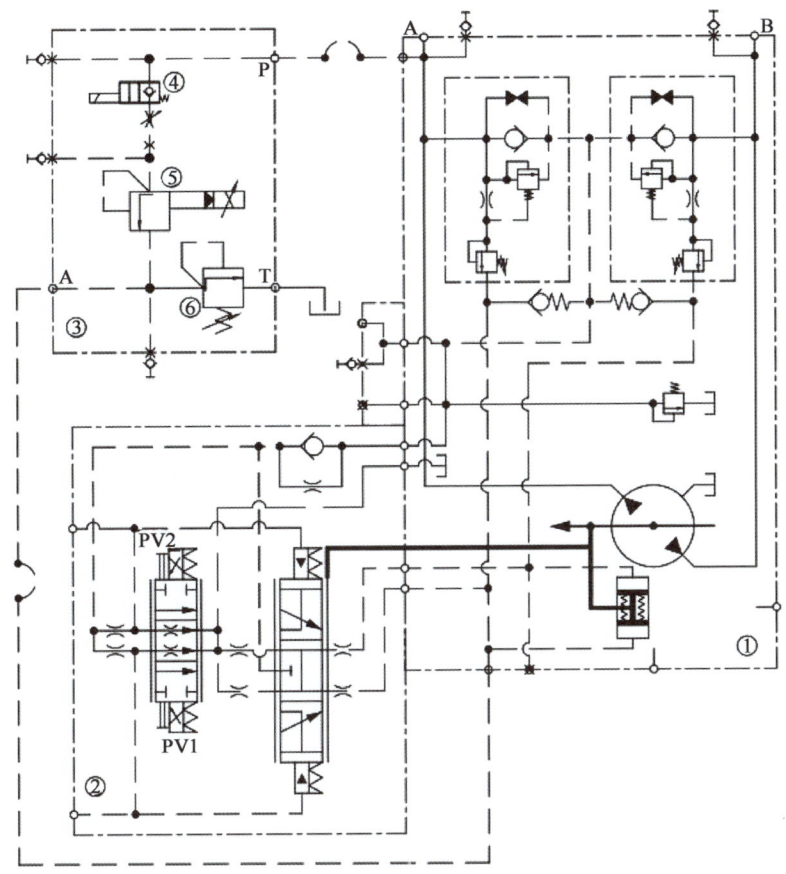

图 7.25 闭式系统拖拽稳货恒张力系统液压原理

压力工作。

当电磁阀④得电后,高压油连通比例溢流阀,当比例溢流阀⑤未给定信号时,A 口的高压油直接连通油泵的变排量外控油口,此时油泵是否能够越权 PV1(此时油泵负载端 A 口出油,主动收拽工况)的控制使斜盘角度回零,取决于安全溢流阀⑥的设定压力。安全溢流阀⑥的设定压力高于 PV1 提供的主动控制压力时,泵排量归零,此时马达停止运转,张力在此时被限定。最大的张力则由安全溢流阀⑥的设定压力决定。当比例溢流阀给定信号时,比例溢流阀的开启压力将为安全溢流阀的设定压力和比例溢流阀给定的开启压力的叠加,此时系统的张力由这个叠加的压力决定,而接入越权控制口的控制压力依然为安全溢流阀的设定压力。因此,系统的主动收拽张力可以通过比例溢流阀的信号远程控制。

当反拖放缆时,泵可以不提供控制信号,在零排量的工作状态托载货物,此时如果设定放缆张力值,根据前述控制油路的作用,油泵的工作状态变为 B 口出油,负载侧 A 口回油的模式,在外部补油泵的主动补油情况下,实现马达驱动卷筒恒张力反转放绳控制。

安全溢流阀⑥的设定压力要高于油泵最大变排的控制压力。

⑥ 闭式回转马达组液压系统。闭式回转马达组系统由比例电信号控制的闭式泵驱动马达旋转实现回转机构的双向回转功能。相较于开式回转系统，无需配置安全保护及锁定功能阀组，负载运动的能量直接由泵控马达系统直接控制，同时为了冷却闭式系统内的液压油，回转系统增加一组冲洗阀组（参见闭式系统起升、俯仰马达组液压原理图 7.22 中的阀组⑦），置换闭式系统中的液压油，并由补油泵补充新油，实现回转的连续高效工作。

整个回转工况与开式系统相仿，在此不再赘述。

7.3 锚机液压传动与控制系统

液压系统在锚泊设备中的应用因机型的不同而有很大差别。在电机驱动锚机的应用中，液压系统主要控制锚机卷筒制动器的制动力矩与离合器的开合；在液压驱动锚机的应用中，液压系统为动力的直接输入装置，同时辅助制动器控制；在线性锚机的应用中，液压系统同样作为动力的直接输入装置，兼具锁紧控制以及钢丝绳收绳及张紧功能。本节详细介绍以上各个应用系统的工作原理。

7.3.1 锚机液压系统特征

锚机主要有等候泊位或者锚泊定位、引水、避风、候潮、过驳、减速等功能。因此要求必须稳定可靠，易于实现遥控和自动化，且操作简便，便于维修保养。锚机的一般设计要求及工作特征为：

① 独立的原动力驱动系统。
② 在使用额定拉力时的绞锚平均速度不小于 9 m/min。
③ 额定工作状态下，能够持续工作 30 min 以上，并能够承载 1.5 倍的过载。
④ 收放锚过程工作稳定，且能够实现快速收放转换。
⑤ 较高的加速能力以避免起吊瞬间波浪的影响。
⑥ 实时监测、判断故障的智能系统。

7.3.2 锚机液压系统工作原理

根据锚机的动力驱动形式，有电控电机驱式和电控液压驱动式之分。电机驱动式锚机的液压系统主要应用在绞车的制动力矩控制系统和离合器控制等；液压驱动式锚机由液压系统实现驱动、制动等各个执行机构的工作，此处分为线性锚机和开式马达驱动锚机详述其工作原理。

1）制动器力矩控制及离合系统

电机驱动式锚机制动器力矩控制及离合系统液压系统原理图如图 7.26 所示。

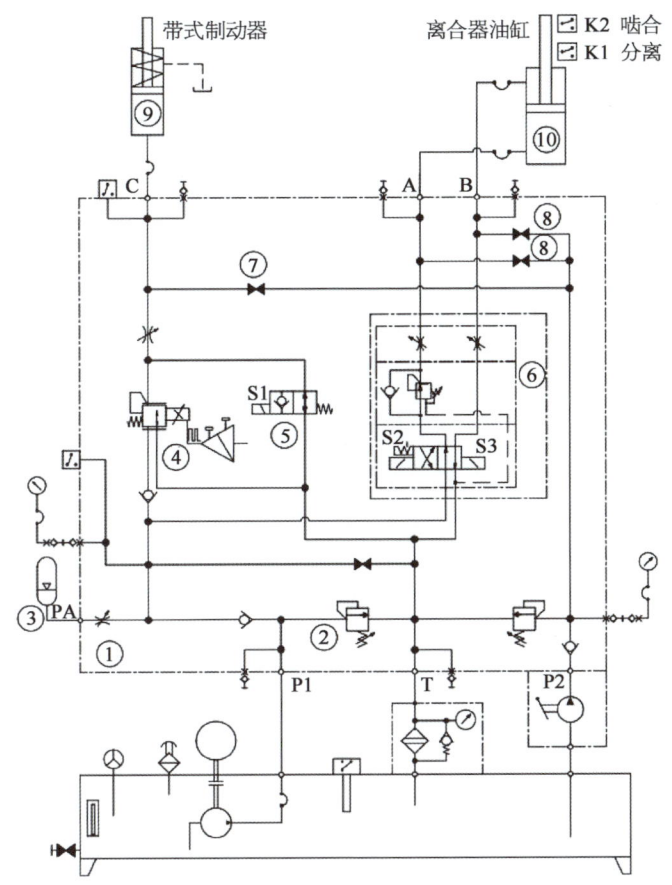

图 7.26 电机驱动式锚机制动器力矩控制及离合系统液压系统原理

该系统用于锚机绞车的制动器控制以及动力输入控制。在实际操作中,对制动器的打开及关闭时间有设定的要求,锚机的抛锚制动力矩可以根据实际需要直接设定。因此锚机的制动器采用动态制动,其目的是停机时应用静态制动保护,或者动态控制收放锚的力矩。

所有功能阀全部集成在导流板①上,整个系统的最高工作压力由溢流阀②控制。制动器开启的控制过程为:启动泵站内的齿轮油泵,给蓄能器③补油,使得蓄能器保压。蓄能器③的充油过程由其旁边的压力继电器 H1 控制,压力继电器 H1 检测到蓄能器③的压力油压力低时,启动泵站内的油泵进行充油。在系统工作时,蓄能器③通过比例减压阀④使得蓄能器的高压力被降至带式制动器油缸⑨的额定工作压力范围内,同时制动器电磁阀⑤的 S1 得电。依靠油泵与蓄能器提供的高压液压油,在比例减压阀④以及制动电磁阀⑤的控制下使带式制动器油缸⑨以适当的制动力矩保持打开状态。同时油泵给蓄能器提供补油,以维持蓄能器的压力为压力继电器控制的压力以上。蓄能器与带式制动器油缸之间通过减压阀隔开,确保油泵和蓄能器达到充分的应用而不至于损坏制动器油缸。对于蓄能器而言,提高蓄能器的充气压力,可以增加储蓄高压油的能力,从而延长系统的保压时间,避免油泵驱动电机频繁启动。

在锚机工作时有主动收锚和被动放锚的工况。为了能够顺利实现被动放锚,驱动装置要和锚机钢丝缠绕卷筒分开,以使卷筒能够自由被拖动(此时带式制动器可以提供合适的制动力矩以满足放锚的速度需求);当需要收锚或移船定位时,需要将驱动装置与锚机钢丝缠绕卷筒结合实现动力输入以驱动卷筒收紧钢丝绳。离合器的设置便是为了实现此项功能。

在图 7.26 系统中集成了对离合器的控制功能。离合器由离合器油缸⑩的伸缩实现离合器的开、合功能。

离合器油缸⑩由功能阀组⑥控制实现伸缩动作。功能阀组⑥为两位四通带定位功能的电磁阀(电磁铁编号 S2、S3)、减压阀、双向节流阀组成,并叠加安装于导流板①上。两位四通电磁阀 S2 得电,离合器油缸⑩缩回,离合开,S3 得电,离合器油缸⑩伸出,离合合;减压阀对于进入离合器油缸⑩无杆腔的高压油进行减压处理后可以保证离合器油缸⑩的推拉力基本相等,避免退出时出力过大而导致离合机构损坏;双向节流阀用于调节进出离合器油缸⑩高压油的流速,以使离合器能够以适当的速度稳定开合。

手动泵在应急状态下,可以通过截止阀⑦(正常工作时关闭)与控制制动器开启速度的节流阀配合,实现手动应急将制动器开启,此时截止阀⑦完全开启;也可以通过两个截止阀⑧与控制离合器油缸伸缩速度的双向节流阀配合,实现手动应急控制离合器开、合:当离合器需要开时,开启与离合器油缸⑩有杆腔连接的截止阀⑧,关闭双向节流阀中与离合器油缸⑩有杆腔连接的节流阀;当离合器需要合时,关闭双向节流阀中的两个节流阀,开启两个截止阀⑧,此时离合器分离油缸⑩可以差动伸出。应急情况完成后需要恢复到正常工作状态。

2) 液压马达驱动式锚机控制系统

液压马达驱动式锚机由一个或多个马达作为动力输入端同时驱动锚机卷筒,实现锚机的收缆稳船或收锚功能;当抛锚时,可以将液压马达进出油口对接形成旁路系统,以使锚缆可以无负载被拖拽出去,也可以在马达的进出油口联通管路上设置阻尼,实现阻尼抛锚功能(更多的应用则是另外增加一套阻尼系统实现阻尼抛锚,而马达驱动部分则通过离合器的分离功能将马达与锚机卷筒分离,使液压马达系统不参与抛锚工作)。

液压马达驱动式锚机液压系统原理图如图 7.27 所示。

此系统为开式液压系统,主要由油箱部分、泵组部分、系统压力控制阀组部分、液压马达驱动控制和制动器控制阀组部分以及液压马达、制动器执行机构部分组成。

电机泵组①由三相异步交流电机、联轴器、钟形罩和恒压变量泵组成,将电能转换为液压能输入液压系统。

系统压力控制阀组②为整个液压系统的安全保护压力设定部分,由止回单向阀、泄荷电磁阀 S1 及溢流阀集成安装于导流板上。工作中,当电磁阀 S1 失电,系统为泄荷工作,油泵以低压待机,最大排量为系统供油,此时整个系统为自循环待机状态,可以随时满足锚机的工作需要;当电磁阀 S1 得电,系统为带载工作,油泵以负载压力或系统设定最高工

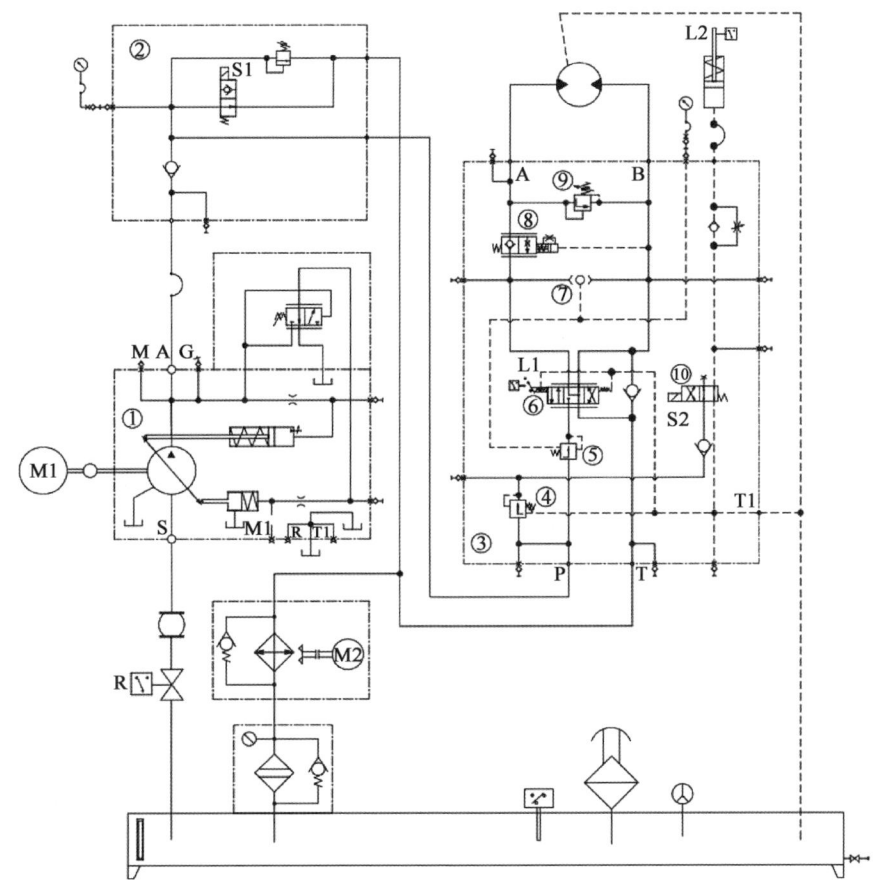

图 7.27 液压马达驱动式锚机液压系统原理

作压力(此时油泵为最小排量)为系统供油,此时整个系统为正常工作状态。

液压马达驱动和制动器阀组部分为整个液压马达驱动式锚机系统的主要控制部分,该部分中所用的各个功能阀组集成于导流板③上并整体安装于锚机的操控台。各个功能阀组的作用描述如下:

减压阀④可以将泵组系统输出的工作油压减压后供给制动器。

定差减压阀⑤,对泵组系统输出的工作油减压后输入主控比例换向阀⑥的P口,并取P口油压与梭阀⑦(选取液压马达进出油口中的高压信号)获取的载荷信号油压相比较,通过这两个信号油压的共同作用,以及定差减压阀⑤内作用在阀芯上的弹簧的配合,可以稳定主控比例换向阀⑥的P口与A口或B口之间的压差,从而在恒定压差情况下稳定流量,使液压马达获得稳定的旋转速度,保证锚机稳定工作。

平衡阀⑧可以在锚机收缆张力达到需要且制动器制动之前锁定锚机,保持锚机的张力。

溢流阀⑨为锚机运转时液压马达带载侧的安全保护阀,避免锚机工作时因为浪涌或冲击等原因使马达出现极端高压而损坏,此时,定差减压阀⑤则因为从梭阀⑦处接收的压力信号偏大而推动定差减压阀⑤的阀芯将其关闭,使泵组系统供油暂时与锚机液压马达执行部分隔离,待载荷下降后锚机可以继续正常工作。

电磁阀⑩为锚机制动器释放控制阀,当 S2 失电时,制动器处于制动状态,锚机不允许工作,当 S2 得电时,泵组系统输出的工作油压经由减压阀④减压后进入制动器油缸,制动器释放,锚机工作允许。

在主控比例换向阀⑥的操作手柄位置安装有一个限位传感器,当手柄离开正常位置后,该限位传感器便发出"锚机工作"信号,此时电磁阀 S1、S2 将会得电,泵组系统带载供油,制动器释放,锚机进入正常工作状态;当主控比例换向阀⑥的操作手柄恢复到正常位置后,该限位传感器便发出"锚机停止"信号,此时电磁阀 S1、S2 将会失电,泵组系统泄荷,制动器制动,锚机进入停止工作状态。

3) 液压油缸驱动式锚机控制系统

在锚机系统中有一种比较特殊的机型,不同于电机驱动或液压马达驱动的卷筒缠绕式锚机设备,该机型采用线性工作方式由两组液压油缸交替受力将缆绳收紧或放出,称之为线性锚机。

线性锚机液压系统主要由液压泵组、冷却过滤单元、油箱单元、控制阀组、主推油缸组、绕绳卷筒驱动马达组、锁紧油缸组以及绕绳卷筒宽度调整油缸组等组成。以下将通过 4 个部分详细介绍线性锚机液压系统。

(1) 线性锚机液压泵站系统。线性锚机泵站液压系统原理图如图 7.28 所示。

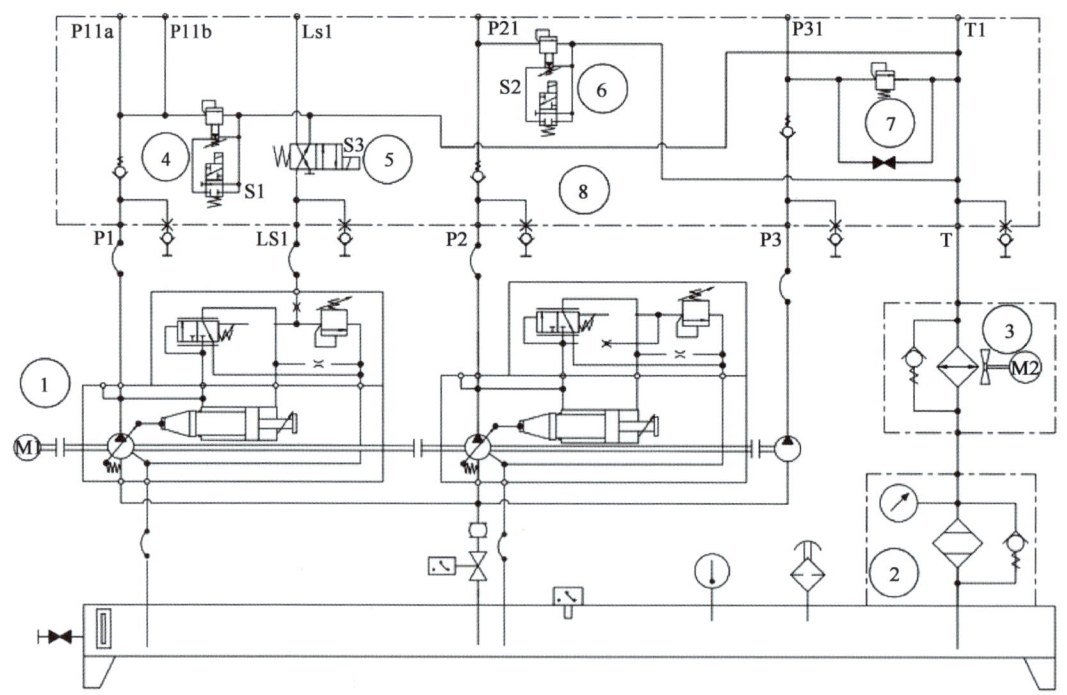

图 7.28 线性锚机泵站液压系统原理

泵站内泵组①为三联组合式串泵,首泵为负载敏感带压力切断功能的变量柱塞泵,由电磁溢流阀④(电磁铁为 S1)以及电磁阀⑤(电磁铁 S3)控制该泵的工作压力,为绕绳卷筒驱动马达组以及主推油缸组供油;中泵为带压力切断功能的恒压变量柱塞泵,由电磁溢流阀⑥(电磁铁 S2)控制该泵的工作压力,为锁紧油缸组以及绕绳卷筒宽度调整油缸组供油;尾泵为齿轮泵,由直动式溢流阀⑦控制该泵的工作压力,为主推油缸有杆腔锁紧液控单向阀提供控制油,同时为防止主推油缸失速回缩后油缸有杆腔吸空而提供主动补油功能以及在自动连续收缆工况下给主推油缸缩回提供动力油源。

电磁溢流阀④、电磁阀⑤、电磁溢流阀⑥以及直动式溢流阀⑦集成于导流板⑧上。电磁溢流阀④为首泵系统的最高安全保护压力,电磁阀⑤为该泵负载敏感油路的通断控制阀,即 S3 得电,该泵受外界负载信号控制,泵以负载载荷需求输出压力油源;S3 失电,负载敏感控制泄荷,泵将以最低伺服工作压力工作。电磁溢流阀⑥为中泵系统的最高安全保护压力,中泵的系统工作压力根据负载自动调节。首泵与中泵均由压力切断阀控制最高工作压力,且当压力切断阀动作时,油泵均处于高压零排量工作状态。

当电磁阀 S1、S2 失电且 S3 得电的情况下,首、中油泵处于泄荷待机工作,此时油泵依然全排量工作,所输出的低压液压油通过冷却单元③、过滤单元②实现系统自身的循环冷却功能。

(2) 线性锚机绕绳卷筒马达驱动液压系统。绕绳卷筒主要为储存缆绳的功能,在实际工作中并不承载缆绳稳定船体的张力。绕绳卷筒马达驱动机构根据锚缆的规格及长度,一般由一个或多个定量马达执行,实现收缆扭矩的输出或者空载阻尼放缆功能。

线性锚机绕绳卷筒马达驱动液压系统原理图如图 7.29 所示。

绕绳卷筒马达⑩的各个驱动控制功能阀组均集成于导流板①上,由二通插装阀②(电磁阀 S5 控制通断)、回油背压溢流阀③、二位二通电磁阀④(电磁铁 S4)、减压阀⑤、三位四通电磁换向阀⑥(S6 卷筒放缆、S7 卷筒收缆)、梭阀⑦、平衡阀⑧、电磁溢流阀⑨(电磁铁 S8)以及辅助压力检测装置组成。

二通插装阀②在电磁阀 S5 失电的情况下处于关闭状态,泵组首泵供给的油在此处将被切断而不能进入马达驱动部分,得电时则二通插装阀②开启,泵组首泵供给的大流量油源经二通插装阀②进入马达驱动机构。

回油背压溢流阀③为马达⑩工作的回油口提供适当的背压,以保证马达能够在正常工作时平稳旋转运行,不失速。

二位二通电磁阀④、减压阀⑤两个阀串联工作,当旁路二通插装阀②的电磁阀 S5 失电时,通过电磁阀 S4 得电,控制油源为卷筒驱动马达提供动力油源,使马达⑩可以在低载荷、小流量的情况下低速收放锚缆。

三位四通电磁换向阀⑥为绕绳卷筒驱动马达旋转方向的控制电磁阀,S6 得电时,绕绳卷筒带载收缆,S7 得电时,绕绳卷筒无负载放缆。收缆过程中,马达可以通过平衡阀⑧来保持绕绳卷筒对锚缆的张紧力,而放缆过程中,通过电磁溢流阀⑨中电磁阀 S8 的得失电调整绕绳卷筒的阻尼力矩,实现阻尼放缆,S8 得电,先导溢流阀以设定压力泄荷,为马达的负载侧提供与设定压力相匹配的阻尼力矩。

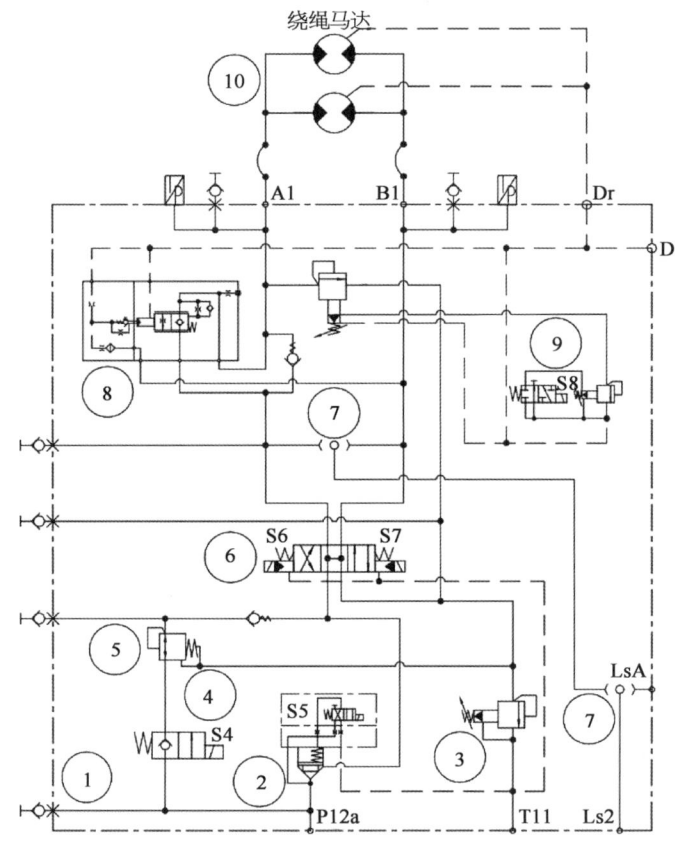

图 7.29 线性锚机绕绳卷筒马达驱动液压系统原理

梭阀⑦为负载压力信号选择阀,通过选择比较后,提供负载信号到泵组首泵的负载敏感口,以调节该泵的输出压力。

(3) 线性锚机主推油缸液压系统。主推油缸为线性锚机收缆的主要执行机构,由两组每组两根油缸组成,两组油缸交替伸缩,将锚缆连续收回并提供合适张力于锚缆上以稳定船体。

线性锚机主推油缸液压系统原理图如图 7.30 所示。

如图 7.30 所示,主推油缸⑩的各个驱动控制功能阀组均集成于导流板①上,每组油缸分别由一个三位四通电磁换向阀②控制油缸的伸缩;另有第三个三位四通电磁换向阀②,在线性锚机自动收缆工况下,用于油缸的缩回控制,这个三位四通电磁换向阀②的油源与前边两个相同,只是在该四通电磁换向阀的 P 口之前增加了一个减压阀③,此减压阀可将正常工作压力与油缸无负载回缩的低压力隔开,避免系统正常工作压力在油缸无负载缩回时影响另外一组主推油缸的正常收缆;每组油缸的有杆腔有一个液控单向阀⑧锁定油缸以保持张力。

每组主推油缸有三个位置限位,第一组主推油缸的三个位置限位为 K1、K2、K3,控制该组油缸伸缩的三位四通电磁换向阀②的电磁铁 S9(油缸缩回控制)、S10(油缸伸出控

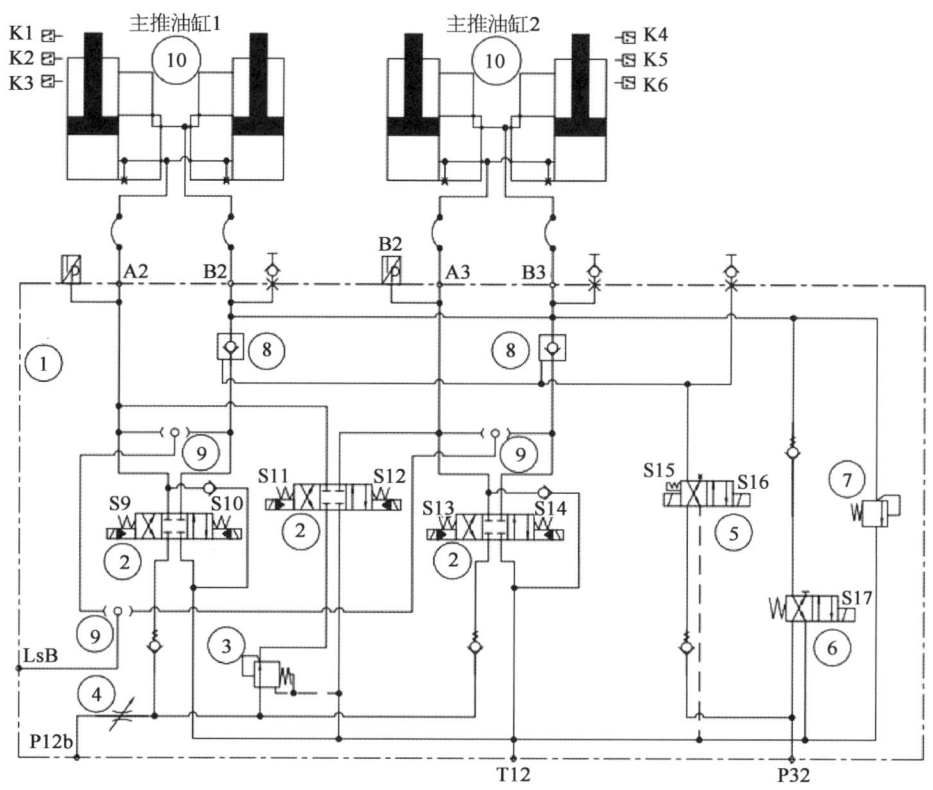

图 7.30 线性锚机主推油缸液压系统原理

制);第二组主推油缸的三个位置限位为 K4、K5、K6,控制该组油缸伸缩的三位四通电磁换向阀②的电磁铁 S13(油缸缩回控制)、S14(油缸伸出控制);第三个三位四通电磁换向阀②的电磁铁 S11(第一组油缸缩回控制)、S12(第二组油缸缩回控制)。

由于主推油缸与绕绳卷筒驱动马达的运行使用同一台泵提供的压力油源,因此,每组油缸的有、无杆腔之间均安装有梭阀⑨为负载压力信号选择阀,且两组主推油缸的负载信号经过第三个梭阀再选择比较后与绕绳卷筒驱动马达系统的负载压力信号比较,提供最终的负载信号到泵组首泵的负载敏感口,以调节该泵的输出压力。

两位四通电磁阀⑤有阀芯位置锁定功能,用于控制主推油缸伸出时有杆腔液控单向阀的开启控制。该阀需要在油缸的伸出过程中保证液控单向阀始终开启的功能,且需要避免非正常失电而出现油缸推出过程中有杆腔因增压导致油缸损坏的事故,所以选择非弹簧复位的阀芯锁定功能的电磁阀,该阀有两个电磁铁,必须任意一个电磁铁得电时,阀芯才能够被变换位置,电磁铁 S16(液控单向阀解锁控制)、S15(液控单向阀锁定控制)。该阀的工作油源由泵组中的尾泵提供。

两位四通电磁阀⑥为普通的弹簧复位电磁换向阀,电磁铁为 S17,用于联通或切断尾泵供油给主推油缸的有杆腔,防止油缸出现吸空现象,并在自动控制连续收缆工况下给主推油缸缩回复位提供动力油源。

溢流阀⑦为直动式溢流阀，用于保护主推油缸的有杆腔避免非正常情况下出现增压而损坏油缸。

整个主推油缸的伸出速度控制由安装在导流板的主进油口上的节流阀④来控制。

(4) 线性锚机锁紧油缸以及绕绳卷筒宽度调整油缸液压系统。锁紧油缸为两组主推油缸在工作过程中交替换力时锁紧锚缆之用，故锁紧油缸也有两组，分别对应于一组主推油缸。绕绳卷筒宽度调整油缸由水平油缸及斜撑油缸两个油缸协作完成。

线性锚机锁紧油缸以及绕绳卷筒宽度调整油缸液压系统原理图如图 7.31 所示。

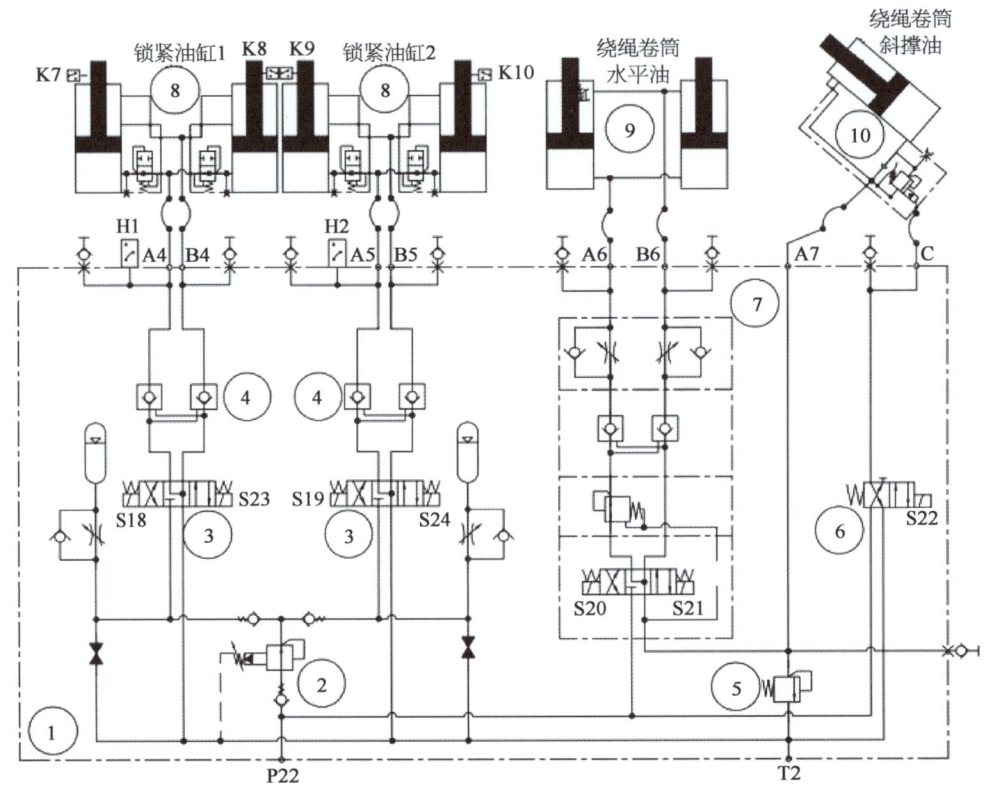

图 7.31　线性锚机锁紧油缸以及绕绳卷筒宽度调整油缸液压系统原理

锁紧油缸⑧、绕绳卷筒水平油缸⑨以及斜撑油缸⑩的驱动控制各个功能阀组均集成于导流板①上。

泵组中的中泵为恒压变量柱塞泵，提供锁紧油缸以及绕绳卷筒宽度调整油缸工作的动力油源，该油源进入导流板①上的主进油口后分成两路，一路经减压阀②减压后分别供给两组锁紧油缸⑧，一路直接供给绕绳卷筒水平油缸⑨以及斜撑油缸⑩。

每组锁紧油缸均由三位四通电磁换向阀③、双向液压锁④控制伸缩以及锁定功能。每组锁紧油缸⑧有两个位置限位，第一组锁紧油缸的两个位置限位为 K7、K8，控制该组油缸伸缩的三位四通电磁换向阀③的电磁铁 S18（油缸缩回控制）、S23（油缸伸出控制）；

第二组锁紧油缸的两个位置限位为 K9、K10，控制该组油缸伸缩的三位四通电磁换向阀②的电磁铁 S19（油缸缩回控制）、S24（油缸伸出控制）。

每组锁定油缸上的两个位置限位为串联连接，当这两个限位均发讯后，锁紧油缸解锁认可，此时相应的电磁铁 S18 或 S19 可以失电。每组锁定油缸的无杆腔均安装有一个压力继电器，分别为压力继电器 H1（第一组锁紧油缸）和 H2（第二组锁紧油缸），当压力继电器发讯后，锁紧油缸锁紧被认可，相应的控制锁紧油缸伸出功能的电磁铁可以失电，即在收到 H1 发讯后，S23 可以失电，在收到 H2 发讯后，S24 可以失电。

绕绳卷筒水平油缸⑨由功能阀组⑦控制实现伸缩控制。功能阀组⑦由三位四通电磁换向阀、A 口减压阀、双向液压锁、双头单项节流阀叠加而成。三位四通电磁换向阀中的电磁铁为 S20（油缸缩回控制）、S21（油缸伸出控制）；A 口减压阀用于调整油缸的伸出推力使油缸的推力与拉力趋于平衡；双向液压锁用于锁定绕绳卷筒水平油缸⑨；双头单向节流阀为回油节流式，在绕绳卷筒水平油缸⑨伸缩过程中以调节油缸的伸缩速度。

绕绳卷筒斜撑油缸⑩为浮动油缸，由绕绳卷筒水平油缸⑨驱动而被动工作，在工作过程中，绕绳卷筒斜撑油缸⑩的无杆腔的平衡阀用于锁定油缸，需要通过两位四通电磁阀⑥（电磁铁 S22）控制开启，从而允许绕绳卷筒斜撑油缸⑩根据绕绳卷筒水平油缸⑨的伸缩而自动伸出或缩回，其动力油源来自绕绳卷筒水平油缸⑨伸缩控制中的回油经背压溢流阀⑤加载后供给。

(5) 线性锚机的工作流程。

① 线性锚机的绕绳卷筒工况有：阻尼放缆模式，绞车收放缆模式以及卷筒宽度的控制。

A. 阻尼放缆模式：当选择"阻尼放缆"模式控制时，电磁阀 S1、S3 得电，然后电磁阀 S5，S6，S8 得电。此时可通过图 7.29 所示的电磁溢流阀⑨中溢流阀旋钮手动调节阻尼力大小。操作完毕后电磁阀 S5，S6，S8 失电，然后 S3，S1 失电。

B. 绞车收放缆模式分为绞车收缆和绞车放缆两种模式：

当选择"绞车收缆"模式控制时，电磁阀 S1，S3 得电，然后电磁阀 S5，S7 得电。操作完毕后电磁阀 S5，S7 失电；然后 S3，S1 失电。

当选择"绞车放缆"模式控制时，电磁阀 S1，S3 得电，然后电磁阀 S5，S6 得电。操作完毕后电磁阀 S5，S6 失电；然后 S3，S1 失电。

C. 钢丝绳卷筒宽度的调整：

当卷筒宽度需要增大时，按下"卷筒宽度增大"按钮，电磁阀 S2 得电，电磁阀 S21，S22 得电；水平油缸伸出，斜撑油缸伸出，当增加到所需宽度时，松开"卷筒宽度增大"按钮，电磁阀 S21，S22 失电；然后电磁阀 S2 失电。

当卷筒宽度需要减小时，按下"卷筒宽度减小"按钮，电磁阀 S2 得电，电磁阀 S20，S22 得电；水平油缸缩回，斜撑油缸缩回，当减小到所需宽度时，松开"卷筒宽度减小"按钮，电磁阀 S20，S22 失电，然后电磁阀 S2 得电。

② 主推油缸以及锁紧油缸工作时分为手动操作模式和自动操作模式。

A. 手动操作模式：

a. 锁紧油缸 1 的调整：

锁紧油缸 1 锁紧——按下"锁紧油缸 1 锁紧"按钮，电磁阀 S2 得电，然后电磁阀 S23 得电，锁紧油缸 1 锁紧，直到压力继电器 H1 发讯，电磁阀 S2、S23 失电。

锁紧油缸 1 松开——按下"锁紧油缸 1 松开"按钮，电磁阀 S2 得电，然后电磁阀 S18 得电，锁紧油缸 1 松开，直到油缸位置限位 K7、K8 同时发讯，电磁阀 S2、S18 失电。

b. 锁紧油缸 2 的调整：

锁紧油缸 2 锁紧——按下"锁紧油缸 2 锁紧"按钮，电磁阀 S2 得电，然后电磁阀 S24 得电，锁紧油缸 2 锁紧，直到压力继电器 H2 发讯，电磁阀 S2、S24 失电。

锁紧油缸 2 松开——按下"锁紧油缸 2 松开"按钮，电磁阀 S2 得电，然后电磁阀 S19 得电，锁紧油缸 2 松开，直到油缸位置限位 K9、K10 同时发讯，电磁阀 S2、S19 失电。

c. 主推油缸 1 的调整：

主推油缸 1 伸出——按下"主推油缸 1 伸出"按钮时，电磁阀 S1、S2、S3 得电，然后电磁阀 S10、S16 得电，主推油缸 1 伸出，直到 K1 发讯，停止，电磁阀 S10、S16 失电，然后电磁阀 S1、S2、S3 失电。

主推油缸 1 缩回——按下"主推油缸 1 缩回"按钮时，电磁阀 S1、S2、S3 得电，然后电磁阀 S9 得电，主推油缸 1 缩回，直到 K3 发讯，停止，电磁阀 S9 失电，然后电磁阀 S1、S2、S3 失电。

d. 主推油缸 2 的调整：

主推油缸 2 伸出——按下"主推油缸 2 伸出"按钮时，电磁阀 S1、S2、S3 得电，然后电磁阀 S14、S16 得电，主推油缸 2 伸出，直到 K4 发讯，停止，电磁阀 S14、S16 失电，然后电磁阀 S1、S2、S3 失电。

主推油缸 2 缩回——按下"主推油缸 2 缩回"按钮时，电磁阀 S1、S2、S3 得电，然后电磁阀 S13 得电，主推油缸 2 缩回，直到 K6 发讯，停止，电磁阀 S13 失电，然后电磁阀 S1、S2、S3 失电。

B. 自动操作模式：

自动操作前先手动调整两个主推油缸完全缩回，即油缸位置限位 K3、K6 发讯，绕绳卷筒调整到合适宽度，然后按下"线性绞车自动操作就绪"按钮，自动操作模式允许命令输入，流程。

当选择自动模式后，电磁阀 S1、S2、S3、S17 得电。

a. 绕绳器卷筒收缆——电磁阀 S4、S7 得电。

b. 锁紧油缸 1 夹紧——电磁阀 S23 得电，锁紧油缸运动直到压力继电器 H1 发讯，转入步骤 c。

注：10 秒后 H1 仍未发讯，报"锁紧油缸 1 夹紧"故障。

c. 主推油缸 1 伸出——当 H1 发讯后，S10 得电。主推油缸 1 开始带载伸出，缆绳回收。当限位 K2 发讯后并且 K6 维持发讯，步骤 f 可以同步开始动作。当限位 K1 发讯后，电磁阀 S10 失电，主推油缸 1 停止动作，转入步骤 d。

注：若主推油缸 1 伸出超过 5 min，K1 仍未发讯，报"主推油缸 1 伸出"故障。

d. 锁紧油缸 1 松开——当 H2 已发讯且电磁阀 S14 已得电后,电磁阀 S23 允许失电,S18 得电,当锁紧油缸 1 回缩到压力继电器 H1 失讯后,转入步骤 e,锁紧油缸 1 继续回缩直到 K7、K8 同时发讯,电磁阀 S18 失电。

注:当 S18 得电 10S 后 K7、K8 仍未发讯,此时电磁阀 S1~S22 立即失电,电机 M1、M2 停机,报"锁紧油缸 1 松开"故障。

e. 主推油缸 1 缩回——电磁阀 S11 得电,主推油缸 1 缩回,当 K3 发讯后,电磁阀 S11 失电。

注:若主推油缸 1 后退超过 5 min,K3 仍未发讯,报"主推油缸 1 后退"故障。

f. 锁紧油缸 2 夹紧——电磁阀 S24 得电,锁紧油缸运动直到压力继电器 H2 发讯,转入步骤 g。

注:10 秒后 H2 仍未发讯,报"锁紧油缸 2 夹紧"故障。

g. 主推油缸 2 伸出——当 H2 发讯后,S14 得电。主推油缸 2 开始带载伸出,缆绳回收。当限位 K5 发讯后并且 K3 维持发讯,步骤 b 可以同步开始动作。当限位 K4 发讯后,电磁阀 S14 失电,主推油缸 2 停止动作,转入步骤 h。

注:若主推油缸 2 伸出超过 5 min,K4 仍未发讯,报"主推油缸 2 伸出"故障。

h. 锁紧油缸 2 松开——当 H1 已发讯且电磁阀 S10 已得电后,电磁阀 S24 允许失电,S19 得电,当锁紧油缸 2 回缩到压力继电器 H2 失讯后,转入步骤 i,锁紧油缸 2 继续回缩直到 K9、K10 同时发讯,电磁阀 S19 失电。

注:当 S19 得电 10S 后 K9、K10 仍未发讯,此时电磁阀 S1~S22 立即失电,电机 M1、M2 停机,报"锁紧油缸 2 松开"故障。

i. 主推油缸 2 缩回——电磁阀 S12 得电,主推油缸 2 缩回,当 K6 发讯后,电磁阀 S12 失电。

注:若主推油缸 2 后退超过 5 分钟,K6 仍未发讯,报"主推油缸 2 后退"故障。

j. 以上步骤 b~i 循环动作。

7.4 动力定位液压传动与控制系统

液压系统在动力定位执行机构中主要用于控制推进器的升降、升降机构的锚定、制动器释放、推进器驱动动力输入离合器控制和推进器推力矢量控制等。另外,在推进器系统中,配套气动控制系统用于气动隔膜泵抽排动力定位舱底部收集舱的液体、推进器轴制动器释放、胀紧骨架并通过油水柜密封气体紧急排液、静环发生漏水事故时的气胎紧急充气隔离和推动重力油箱油液注入骨架润滑等功能。

7.4.1 动力定位液压系统特征

动力定位系统的作用是控制风电安装船稳定的工作在特定位置。动力定位系统通过采集船舶周围环境数据(如水流、风速、风向、海浪等),并参照系统数据(GPS、罗经等),经控制系统计算,实时控制调整船体上各个推进器的推力大小和方向,确保船舶精准定位于目标坐标位置,并且能够长时间稳定工作。为了满足以上的工作要求,液压系统的设计需要考虑以下问题:

① 上升或下降过程工作稳定;
② 具有较高的安全系数,抗冲击以及其他恶劣工况;
③ 闭环控制系统;
④ 灵敏度高的检测传感系统;
⑤ 实时监测、判断故障的智能监控系统。

7.4.2 动力定位液压系统工作原理

风电安装船动力定位液压系统负责控制推进器的升降、升降机构的锚定、推进器驱动制动器释放、推进器驱动离合器控制和推进器推力矢量控制。由于推进器的推力矢量控制需要根据实时海况信息,通过船舶中控系统进行实时控制,故通常将此系统作为单独的执行系统进行设计与控制,而将其余功能集成于另外一套辅助系统。下面分别介绍上述两套液压系统工作原理。

1) 动力定位辅助机构液压系统

动力定位推进器辅助机构液压系统主要由液压泵组、冷却过滤单元、油箱单元、控制阀组、推进器升降油缸组、推进器升降上锚定油缸组、推进器升降下锚定油缸组、螺旋桨动力输入离合器油缸及制动器等组成。

动力定位辅助机构液压系统原理图如图 7.32 所示。站内系统⑩由带压力切断功能的负载敏感型变量柱塞泵为动力定位辅助机构提供动力油源,由主电机 M1 驱动。带压力切断功能的恒压变量柱塞泵由应急电机 M2 驱动。当主电机停机时,可以通过应急发电机为此泵组提供电力供应,在应急模式下完成各个执行机构的工作。

各执行机构的控制功能阀组集成在导流板①上,通过各电磁阀的得失电控制实现所控油缸的伸缩或制动器的释放、制动功能。其中电磁阀 S1 为系统加载电磁阀,当控制各个执行机构电磁阀工作时,电磁阀 S1 必须得电,此时主泵才能为系统提供合适的动力源。

功能阀组②由三位四通电磁换向阀与桥式单向回路及比例调速阀组成,S2、S3 两个电磁铁控制升降油缸的伸缩,实现推进器的升降功能。推进器升降油缸⑥为单作用柱塞式油缸(油缸的两个腔在油缸内部连通)。

推进器上升时升降油缸伸出(S2 得电),主泵组提供的动力油源通过换向阀后,经过桥式单向回路的油路选择,最终由比例调速阀实现流量控制,进而控制推进器以适当的速度被抬起,当限位 L1 及 L3 发讯后,推进器被抬升到位(S2 失电),上锚定油缸推动锚定块锁定推进器。此时动力定位系统退出工作位置,船舶可以拖航工作。

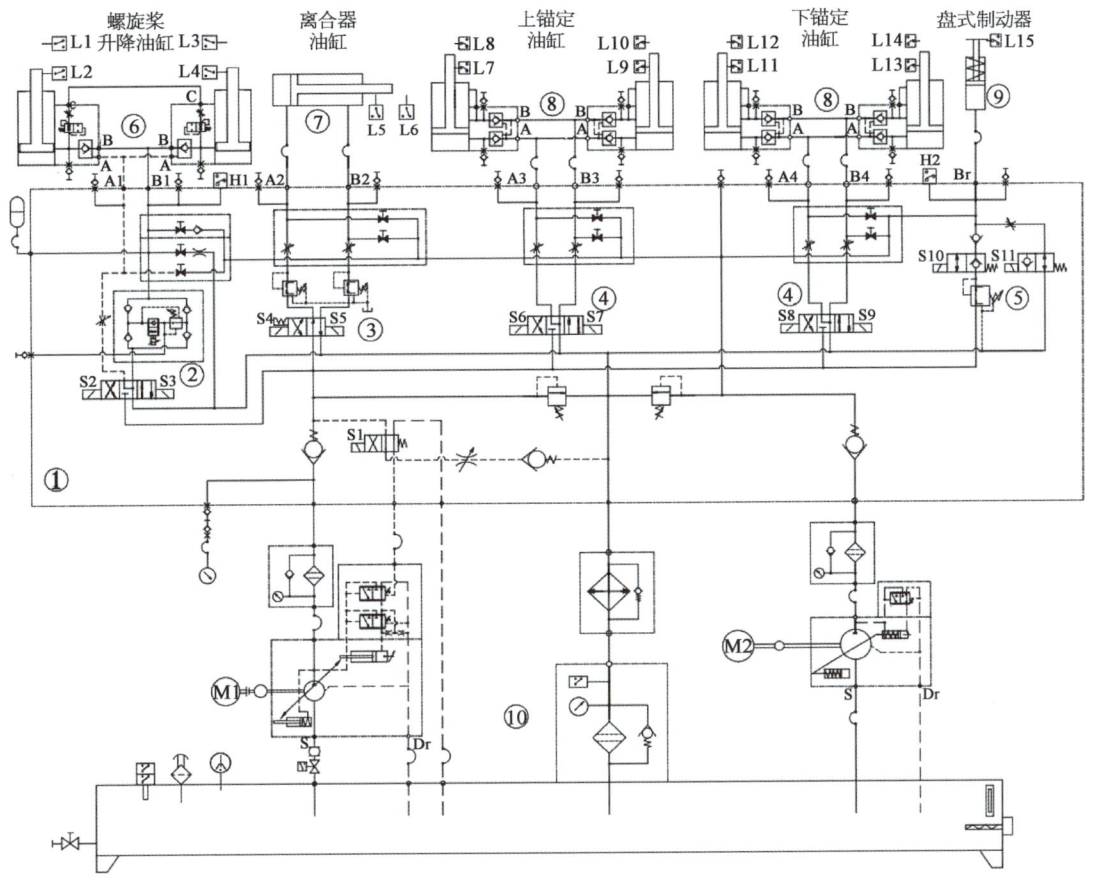

图 7.32　动力定位辅助机构液压系统原理

推进器下降时升降油缸缩回(S3 得电)，主泵组提供的动力油源通过换向阀后作为控制油打开安装于推进器升降油缸上的液控单向阀组，解除油缸的锁定，升降油缸在推进器的重力作用下缩回，回油流经桥式单向回路，由比例调速阀控制推进器以适当的速度下放，当限位 L2 及 L4 发讯后，推进器被下放到位(S3 失电)，下锚定油缸推动锚定块锁定推进器。此时动力定位系统处于工作位置，船舶可以在动力定位系统的控制下精准定位。

上、下锚定油缸⑧完全相同，由功能阀组④控制。该功能阀组由三位四通电磁换向阀组成，S6、S7 两个电磁铁控制上锚定油缸的伸缩，S8、S9 两个电磁铁控制下锚定油缸的伸缩。其中 S6 得电，上锚定油缸缩回，上锚定块退出解锚，升降油缸允许下降，S8 得电，下锚定油缸缩回，下锚定块退出解锚，升降油缸允许上升。相反动作时，则需要 S7 得电，上锚定油缸伸出，上锚定块被推出进锚；S9 得电，下锚定油缸伸出，下锚定块被推出进锚；在完成这两个操作的任意一个之后，升降油缸被锚定不允许动作。

离合器油缸⑦由带锁定位置的两位四通电磁换向阀③控制，两个电磁铁 S4、S5 分别控制伸缩。电磁铁 S4 得电，离合器油缸缩回，推进器动力输入部分与推进器本体传动部分分离，推进器可以在升降油缸的作用下退出工作位；电磁铁 S5 得电，离合器油缸伸出，推进器动力输入部分与推进器本体传动部分连接,推进器可以实现动力输入实现动力定位。

在推进器动力输入处配置有一个需要液压释放的高速制动器⑨,实现推进器的安全制动功能。该高速制动器系统由两个两位两通电磁阀和减压阀的功能阀组⑤组成,两个两位两通电磁阀分别为一个常开式电磁阀 S10 和一个常闭式电磁阀 S11。制动器释放时,电磁阀 S10、S11 同时得电,控制油经电磁阀 S10 进入制动器,S11 电磁阀将制动器与油箱之间切断;制动器制动时,电磁阀 S10、S11 同时失电,控制油被电磁阀 S10 切断进入制动器,S11 电磁阀将制动器与油箱之间连通,使制动器卸压。

2) 动力定位推力矢量控制液压系统

推进器的推力矢量控制主要功能是控制推进器的推力大小及方向。推进器的推力方向是矢量控制的重要组成部分,通过推进器的整体回转实现控制,并且多个推进器在各自的回转控制下回转至预定方向,并通过矢量合成,使船体能够朝预定航向推进。为满足回转控制液压系统响应速度快、控制精度高、推力朝向流畅变换的要求,采用闭式泵控马达系统进行控制。

在一套动力定位设备上,为实现回转扭矩均衡作用于回转机构,一般采用多台马达均布配置,闭式系统可选用变量马达配置定量泵、定量马达配置变量泵或者变量马达配置变量泵控制回转机构的回转速度。此处以定量马达配置变量泵为例阐述矢量控制的工作原理。

图 7.33 为闭式系统在矢量控制中的典型应用。

比例控制带压力切断功能且自带补油泵的闭式变量柱塞泵②为两个回转马达⑦提供动力油源,马达⑦经过减速机⑨的加速后驱动动力定位的主要执行机构推进器⑩。自带的补油泵为内啮合式齿轮泵,压力油经由 Fe1 口进入过滤器⑤过滤后再返回 Fa1 口,补充给闭式系统管路中,补油系统的安全溢流阀组集成于泵上,正常设定压力约 2.5 MPa。补油系统提供的压力油也被用作闭式泵变排量控制的控制压力信号,作用到先导式压力控制的比例换向阀④上,通过比例换向阀④准确控制主泵②的排量,先导控制的压力信号则由阀组③比例减压阀根据 PLC 系统给定的电控信号实现线性控制。

在闭式系统中需要将参与动力传输的部分液压油置换出来过滤冷却,以保证系统液压油的清洁度以及能够在合适的温度下稳定工作,为此,在变量泵与马达之间增加冲洗及制动控制阀组⑥实现油液置换的功能。当系统工作时,高压管路内的高压油推动冲洗阀动作,此时低压管路内的热油通过冲洗阀进入冷却器,为了保证低压管路内的压力稳定(低压管路内的压力为马达的正常运行提供了一个稳定的背压环境,可以有效地防止马达在运转过程中出现转速跳跃式变化,从而导致执行机构运转不连续、不流畅的现象),在冲洗阀后增加一个设定压力不小于 2 MPa 的溢流阀确保背压的稳定,此溢流阀可以有效保证低压管路不会失压。

阀组⑥的另外一个功能是通过另外一个冲洗阀引出控制压力,通过控制手动换向阀(或电磁换向阀),可以释放推进器回转制动器⑧,使推进器可以根据需要旋转到适当的推力矢量方向。

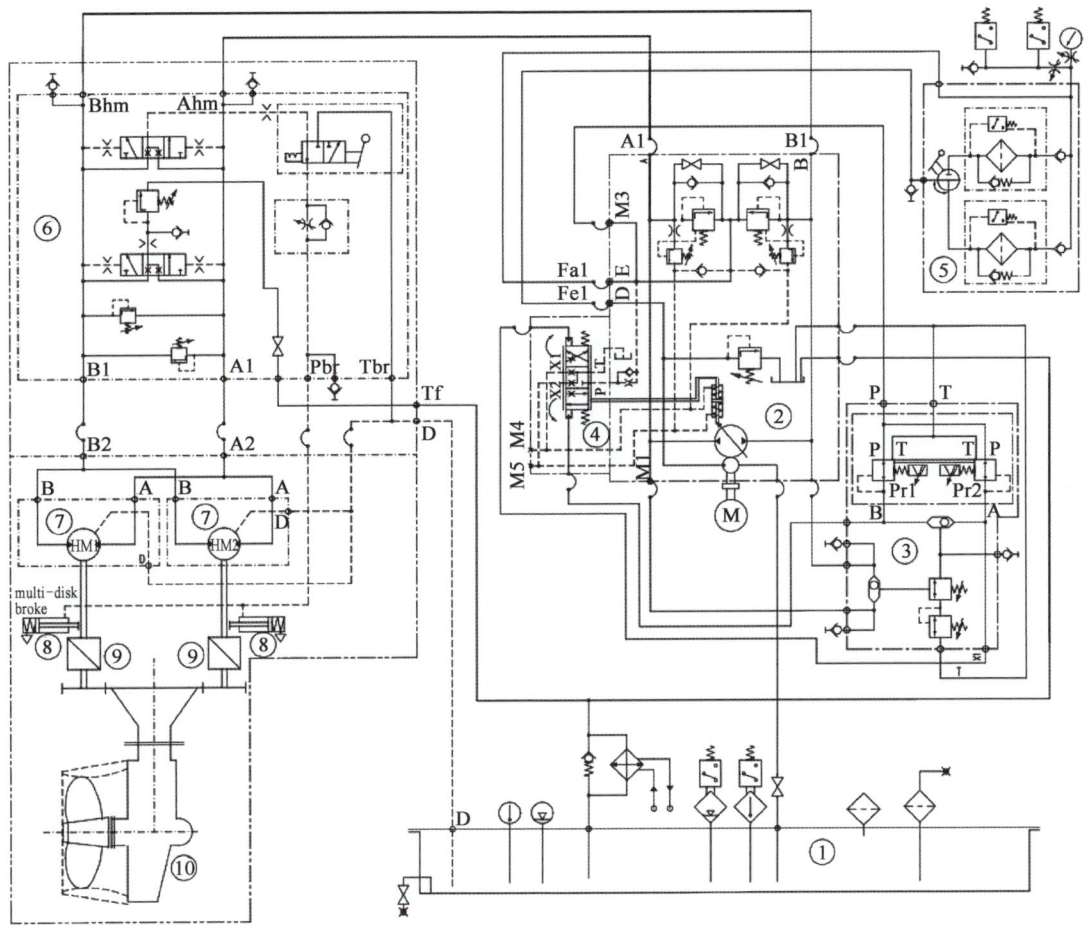

图 7.33 动力定位推力矢量控制液压系统原理

推进器的矢量方向与推力大小以及推进器的数量是平台运行方向矢量合成的三要素,因此在动力定位推力矢量控制液压系统中,需要应用到高精度的闭环控制元件,如通过变量泵的斜盘摆角的闭环控制实现排量的精确控制等。需要合理的匹配液压元件、控制元件及控制参数,实现最优控制,控制原理此处就不再深入描述。

3) 推进器辅助气动系统

推进器辅助气动系统集成于阀箱①内,由船上的空压机集中供气,工作气压在综合考虑船的吃水深度以及动力定位推进器的升降高度后,一般为 $1 \times 10^3 \sim 1.52 \times 10^3$ kPa,较常规的空压机工作压力稍高,选型空压机时需要注意。该辅助气动系统主要用于驱动气动隔膜泵抽排动力定位舱底部收集舱的液体,推进器传动轴制动器释放,胀紧骨架并通过油水柜密封气体紧急排液,静环发生漏水事故时的气胎紧急充气隔离和推动重力油箱油液注入骨架润滑等功能。

动力定位辅助气动系统原理图如图 7.34 所示。

气动控制阀箱①由干燥器②、气动三联件③、含压力表和安全阀的储气罐④、比例减

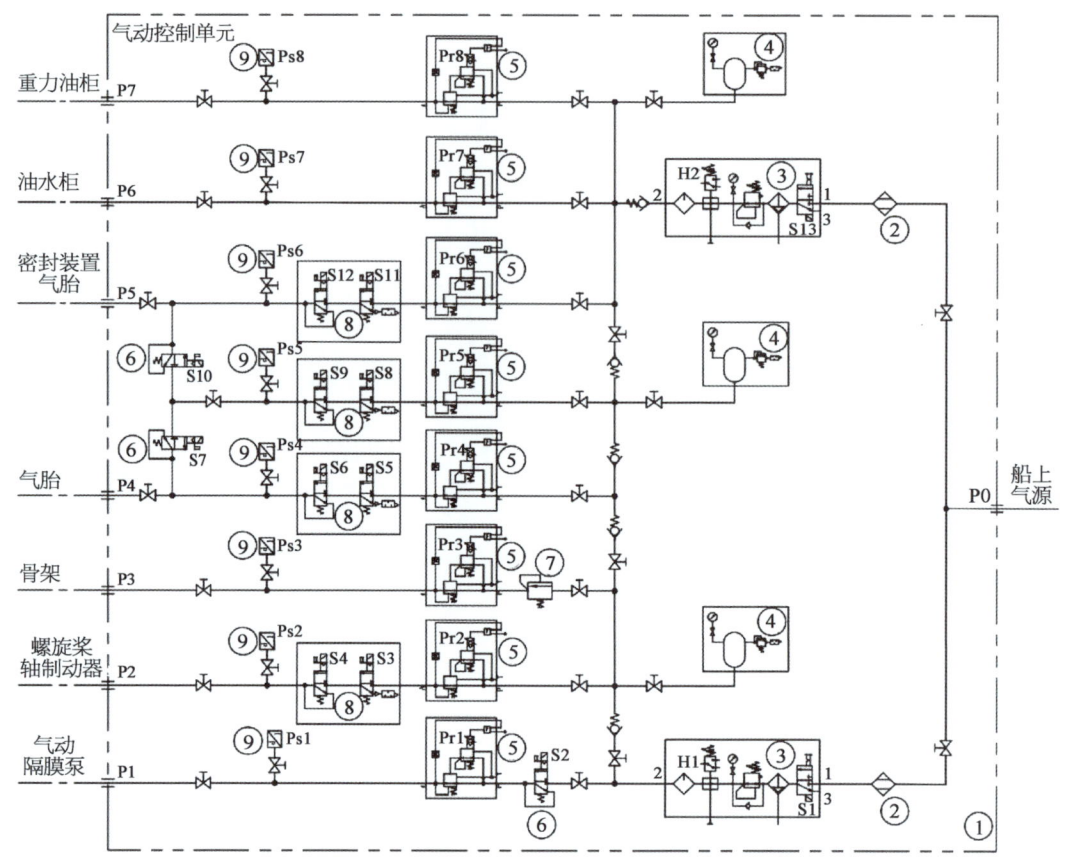

图 7.34 动力定位辅助气动系统原理

压阀⑤、电磁阀⑥、顺序阀⑦、电磁阀组⑧、压力传感器⑨以及各路执行机构应急检修用球阀等组成。

船上空压机站提供的压缩空气在阀箱内被分配成两组气源,其中用于气动隔膜泵、螺旋桨驱动轴制动器、骨架、气胎等的控制部分为一组,重力油柜、油水柜,以及密封装置气胎等的控制部分为另一组。特别的,密封装置气胎与隔离气胎由于在密封失效的情况下需要起到应急密封的作用,这两个执行部位可以由两组气源分别供气,并在气源交汇处单独设置一套储气罐以备应急工况。

两组气动三联件③上均安装一个电磁阀,并由与之相配套的压力继电器 H 控制(一路中电磁阀为 S1,受压力继电器 H1 控制,另外一路中的电磁阀为 S13,受压力继电器 H2 控制),用于监测每一路上配置的储气罐的压力是否满足设计要求,任何一个压力继电器断开发讯,空压机站便需要启动为控制阀箱提供压缩空气。

气动隔膜泵支路由电磁阀⑥(电磁铁 S2),比例减压阀⑤(比例电磁铁 Pr1)控制,压力传感器⑨(信号 Ps1)监测。当动力定位舱底部收集舱的液体偏多触发液位开关信号后,电磁阀 S2 得电,比例减压阀 Pr1 给定信号,在 PS1 的实时监测下(在 S2、Pr1 给定信号 10S 后 Ps1 没有信号输出,系统报警),驱动气动隔膜泵抽排动力定位舱底部收集舱集液。

螺旋桨驱动轴制动器控制支路由比例减压阀⑤(比例电磁铁 Pr2),电磁阀组⑧(电磁铁 S3、S4)控制,压力传感器⑨(信号 Ps2)监测。在推进器工作时,制动器需要保持释放状态,并有保压功能(保压状态为 S3、S4 失电,比例减压阀 Pr2 不给信号,Ps2 输出值在设定上、下限范围内)。保压控制工况为当 Ps2 输出小于下限设定值时,S3、S4 得电且比例减压阀 Pr2 给定信号至 Ps2 输出大于上限设定值,并适当延时后,S3、S4、Pr2 失电,Ps2 有输出值在设定上、下限范围内。

当需要使用压缩空气胀紧骨架,并通过油水柜密封气体和紧急排液时,需要骨架支路和油水柜支路同时工作,每个支路均由比例减压阀⑤(比例电磁铁 Pr3、Pr7)控制供气压力,压力传感器⑨(信号 Ps3、Ps7)监测。在骨架支路增加一个精密减压阀⑦保证骨架能够以合适的气压被胀紧。

在静支撑环发生漏水事故时,气胎必须紧急充气加以隔离。该控制支路由比例减压阀⑤(比例电磁铁 Pr4),电磁阀组⑧(电磁铁 S5、S6)控制,压力传感器⑨(信号 Ps4)监测。气胎需要保压工况以维持隔离漏水,保压状态时 S5、S6 失电,比例减压阀 Pr4 不给信号,Ps4 输出值在设定上、下限范围内。保压控制工况为当 Ps4 输出小于下限设定值时,S5、S6 得电且比例减压阀 Pr4 给定信号至 Ps4 输出大于上限设定值,并适当延时后,S5、S6、Pr4 失电,Ps4 有输出值在设定上、下限范围内。在整个控制过程中,S5、S6、Pr4 以及 Ps4 任何一个元器件工作有异常,必须启动备用支路 S8、S9、Pr5、Ps5 以及 S7 应急响应,且在应急响应运作后,原来的控制支路 S5、S6、Pr4 以及 Ps4 全部失电,停止响应。

密封装置气胎与常备气胎工作模式相同,可根据原理图参阅气胎工况。

重力油柜的功能是通过压缩空气的压力将润滑油加入到骨架中,保证正常工作时免于咬死或干摩擦。此时,重力油柜控制支路信号输入,比例减压阀⑤(比例电磁铁 Pr8)控制供气压力,压力传感器⑨(信号 Ps8)监测。

7.5 抱桩器液压传动与控制系统

海上风电的安装随着装机功率的不断增加导致施工难度不断增加,其中桩柱的安装是难点之一。目前,桩柱直径达 3~8 m,重量达 500~2 500 t,采用桩锤打击插入海床中,抱桩器设备为保证打桩过程中桩柱的垂直度,实现高效施工提供了保障。本节主要介绍风电安装船用抱桩器相关液压系统的功能及工作原理。

7.5.1 抱桩器液压系统特征

风电安装船用抱桩器的主要功能是在打桩过程中扶桩,并在打桩过程中承受桩柱倾

斜运动趋势产生的侧向推力,保证桩柱打桩完成后的垂直度要求。为了满足上述工作要求,在液压系统设计方面需要考虑以下问题:

① 平台平移过程工作稳定;
② 双层桩爪设置;
③ 桩爪触头具备抗冲击能力;
④ 桩爪能够实现大幅度开合,配合起重机吊入桩柱;
⑤ 抱桩后实现桩爪位置的锁定,确保抱桩器刚度;
⑥ 具备较强的抗偏能力,保证打桩垂直度;
⑦ 打桩过程中上、下层桩爪交替开合实现障碍物避让。

7.5.2 抱桩器液压系统原理

1)抱桩器液压系统泵站内液压原理

抱桩器液压系统泵站内液压系统原理图如图 7.35 所示。

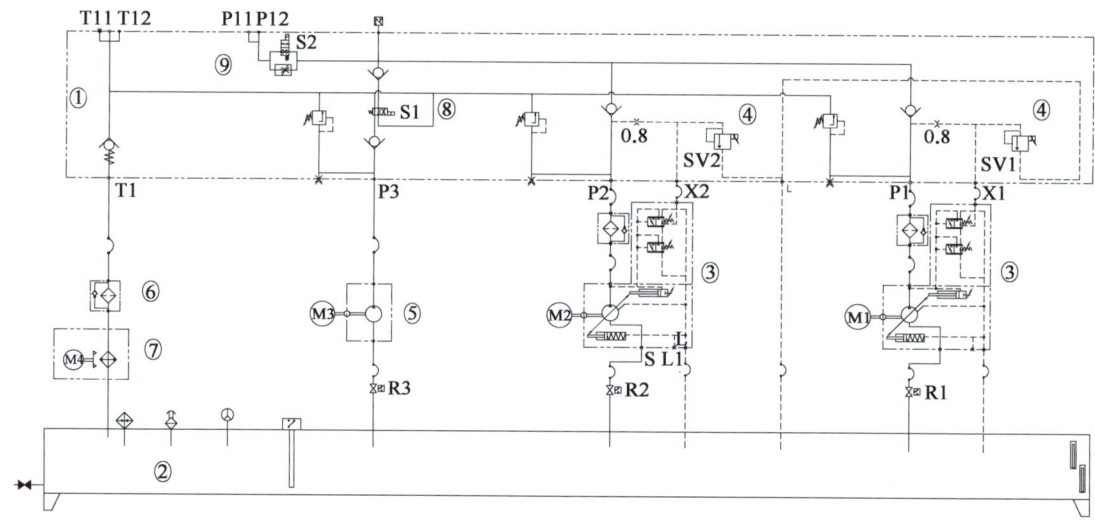

图 7.35 抱桩器液压系统泵站内液压系统原理

外控型带压力切断功能的恒压变量柱塞泵组③为抱桩器系统提供动力油源。主泵组③为系统提供高压油,主泵的恒压变量点压力通过比例溢流阀组④控制,满足不同执行机构的不同压力需求,实现较好的功率匹配。

定量泵⑤为系统的循环与应急泵。当系统正常工作时,将油箱内的液压油通过回油过滤器⑥和冷却器⑦进行循环,当主泵故障的应急状态时,通过控制电磁换向阀⑧的电磁铁 S1 得电,将高压油输入系统,为手动应急操作提供动力源,该泵的最高输出压力通过安全溢流阀控制。

各控制阀组被集成在站内控制阀组导流板①上,可以使泵站布置更紧凑。

调速阀组⑨为系统提供调速功能,当液压缸运行接近终点位置时,通过控制电磁换向阀的电磁铁 S2 失电,主泵的高压油经过调速阀进入系统,实现油缸的微动控制,当电磁铁 S2 得电时全速供给系统。

回油单向阀为回油管路建立背压,确保回油管路能够在系统长期不工作的情况下充满液压油,避免系统再次恢复运行时出现紊流或气喘引起管路振动。

回油过滤器⑥为系统回油进行过滤,保证系统中的污染物不进入油箱,同时,主泵组③的高压口的高压过滤器保证进入系统中的油液的清洁度。

冷却器、加热器及温度传感器配合工作,保证系统工作油温稳定在最佳工作状态。

2) 上、下层桩爪开合及锁定阀组液压系统原理

上、下层桩爪开合及锁定阀组液压系统原理图如图 7.36 所示。

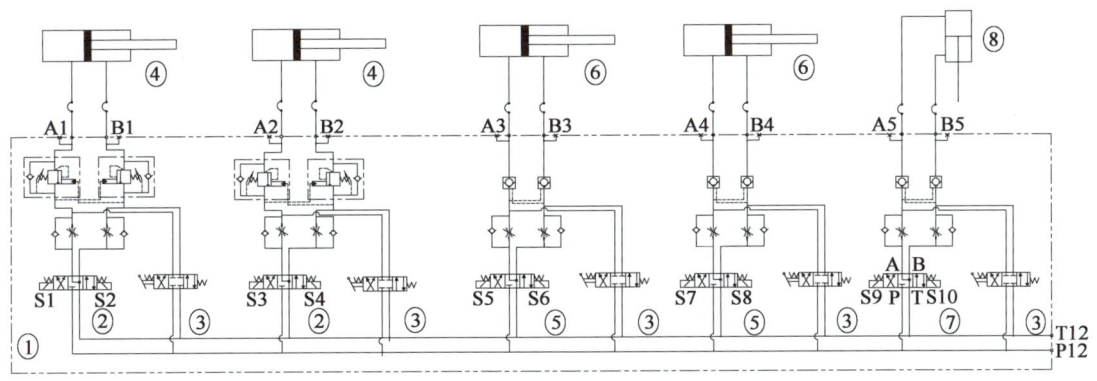

图 7.36　上、下层桩爪开合及锁定阀组液压系统原理

当桩柱已被调入到抱桩器中部的指定位置后,需要桩爪闭合并锁定,将上、下层桩爪闭合为环绕桩柱的环形,为触头油缸最终抱桩提供基础。上、下层桩爪开合及锁定液压系统的五个油缸分别为桩爪开合油缸、桩柱锁定油缸和桩爪插销油缸,分别用于桩爪的开合、桩爪旋转锁定及桩爪开合锁定。

当进行桩爪闭合操作时,将阀组①中的电磁阀②切换到右位,即电磁铁 S2 和 S4 得电,高压油经过节流阀组和平衡阀组使桩爪开合油缸伸出,分别闭合上、下层桩爪,其中节流阀组用于调节油缸的运动速度,平衡阀组用于防止保压时油缸的窜动,然后阀组①中的电磁阀⑤切换到右位,即电磁铁 S6 和 S8 得电,高压油经过节流阀组和液压锁阀组使桩柱锁定油缸伸出,分别将桩爪旋转锁定,其中节流阀组用于调节油缸的运动速度,液压锁阀组用于油缸保压锁定,最后将阀组①中的电磁阀⑧切换到右位,即电磁铁 S10 得电,高压油经过节流阀组和液压锁阀组使桩爪插销油缸伸出,将桩爪开合锁定,其中节流阀组用于调节油缸的运动速度,液压锁阀组用于油缸保压锁定。

在打桩过程中遇到桩柱吊耳等障碍物时需要进行避让操作,首先将阀组⑧切换到左位,即电磁铁 S9 得电,高压油经过节流阀组和液压锁阀组使桩爪插销油缸缩回,将桩爪开

合解锁,然后将阀组⑤切换到左位,即电磁铁 S5 和 S7 得电,高压油经过节流阀组和液压锁阀组使桩柱锁定油缸缩回,分别将桩爪旋转解锁,最后将阀组①中的电磁阀②切换到左位,即电磁铁 S1 和 S3 得电,高压油经过节流阀组和平衡阀组使桩爪开合油缸缩回,分别打开上、下层桩爪,实现障碍物的避让,当障碍物穿过桩爪后再进行闭合操作。打桩完成后退出抱桩器时,上、下层桩爪的操作与此过程类似。

当系统故障时,通过循环与应急泵将压力油供给手动换向阀③,通过操作手动换向阀③控制桩爪开合油缸、桩柱锁定油缸和桩爪插销油缸的运动,实现应急状态时桩爪的打开,使抱桩器可以脱离桩柱,避免造成重大事故。

3) 上、下层桩爪触头油缸阀组液压系统原理

上、下层桩爪触头油缸阀组液压系统原理图如图 7.37 所示。

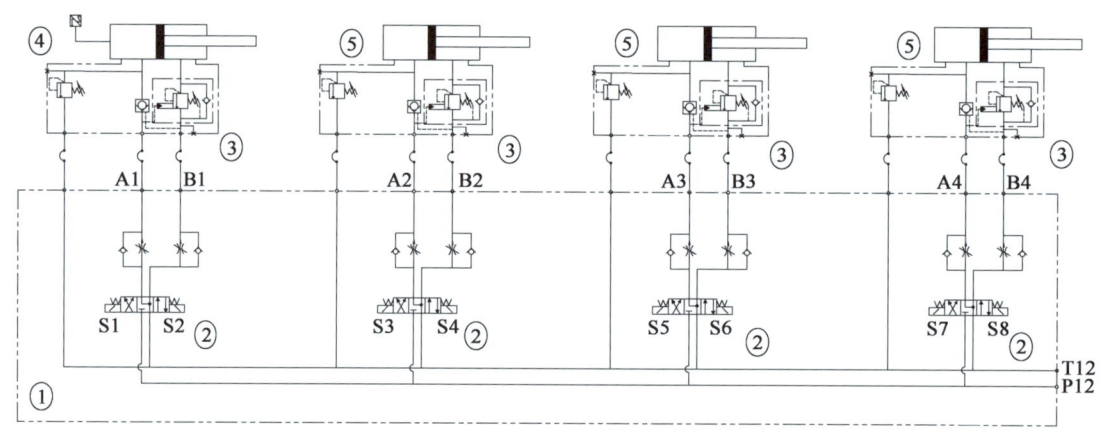

图 7.37 上、下层桩爪触头油缸阀组液压系统原理

在桩柱被调入到抱桩器中部前,将阀组①中的电磁阀②切换到右位,即电磁铁 S2 得电,高压油经过节流阀组和油缸阀组使中心触头油缸伸出,将中心触头油缸运动到指定位置,并且根据位移传感器信号监控,当运动到指定位置后电磁阀②中的 S1 和 S2 失电,触头油缸处于保压状态。在打桩过程中,油缸的无杆腔由于桩柱的倾斜,反向压缩活塞杆,在无杆腔产生被动高压,因此油缸阀组③中的液控单向阀和安全阀均为高压元件,并且最大的抱桩力通过调节安全阀溢流压力实现。中心触头油缸的位置为桩柱吊入提供参考定位点。

在桩爪闭合并锁定后,进行抱桩操作,将阀组①中的电磁阀②(除已调整好的中心触头油缸)切换到右位,即电磁铁 S4、S6 和 S8 得电,高压油经过节流阀组和油缸阀组使触头油缸伸出,分别使上、下层抱桩器抱桩,其中节流阀组用于调节油缸的运动速度,油缸阀组用于防止保压时油缸的窜动及高压保护。

当打桩完毕后电磁阀②切换到左位,即电磁铁 S1、S3、S5 和 S7 得电,触头油缸缩回。

· 284 ·

7.6 液压系统故障分析

1) **系统发热**

系统的主泵采用恒压力控制变量泵,可以通过变量调节阀进行压力的无级设定,当系统压力达到设定压力值时,泵输出的流量自动变为最小,仅提供泵本身泄漏的流量。因此,系统的主要发热源只能是具有节流功能的元件。系统中主泵安全阀的设定压力一旦低于主泵变量调节阀设定压力,那么主泵输出的流量大部分通过安全阀回油箱,系统就会快速发热,造成油箱附件、元件密封等的损害以及油液的变性。

2) **油液污染**

油液中的污染物主要来源于外部进入和内部磨损。外部进入污染物通过液压系统与外界连通部分的隔离进行控制,并在系统维护中注意拆卸时的保护,对于内部磨损产生的污染物,需要合理的配备过滤器并定期更换滤芯。大部分液压系统的故障均是由于油液污染造成的,油液的污染会导致液压阀的卡死、液压泵的磨损,直接导致系统的故障甚至事故。因此,需要做好油箱及系统的密封,防止外来污染物侵入,定期更换过滤器滤芯,并且定期检测油品质量。

3) **系统压力不足**

系统压力不足原因可能是溢流阀调定压力过低、液压泵故障、管路系统故障等。溢流阀调定压力过低时,多余的油液经溢流阀卸回油箱,此时需要提高溢流阀的设定压力。液压泵故障原因较多,各摩擦副磨损导致的泄漏、变量机构故障、调压阀设定偏低等。管路系统故障中,吸油管路故障会导致液压泵吸油不足,高压管路故障导致油液外泄或油路堵塞,均导致压力不足。

4) **执行机构低速爬行**

低速爬行是由于液压缸或液压马达的运动部分与固定部分的受力在动静摩擦力间频繁转换,导致运动部分的频繁启停,其原因主要是低压路被压不足、高压路压力偏低、管路中混有气泡。

5) **液压系统噪声**

液压系统噪声同时伴随着振动,会对系统的稳定性造成严重的后果。噪声产生的原因主要有吸油管路吸油不畅或混入空气、液压泵或马达轴装配不良、液压阀损坏导致的液流不稳定。

除以上的主要共性问题以外,还可能出现液压系统冲击、流量脉动、定位时执行机构微动、运行速度过慢等问题,出现问题时依照液压系统安装操作的规则逐一排查系统,并进行针对性的处理。

自升式风电安装船技术与应用

第 8 章　自升式风电安装起重机

8.1 概　　述

欧洲海上风电研究始于 20 世纪 80 年代，丹麦、瑞典、荷兰、英国是最早研究海上风电安装的国家。目前欧洲已建成的海上风电场的容量约为 1 000 万 kW，规划到 2020 年海上风电场容量将达到 7 000 万 kW。据统计，全国专用的海上风电安装船已从 2005 年的 2 艘增至 2014 年的超过 40 艘，但是与目前欧洲大规模规划中或在建的海上风电项目相比，风电安装起重机数量依然十分有限。国家发改委 2008 年提出了新的风电发展目标，到 2020 年全国将达到 100 GW 的风电装机容量，国产化率为 85%。随着经济效益、环境效益和社会效益要求的提高，风电产业也从陆地逐渐走向了海洋，风电安装起重机应运而生。

8.1.1 现状和特点

8.1.1.1 风电安装起重机的发展现状

截至目前，国内主要用于风电安装的海上起重机有八台（行内把其叫做八大主要风电安装起重机）：三航"风范号"，2 400 t（2×1 200 t）双固定臂架式；龙源振华贰号 800 t 电动变频全回转起重机；龙源振华壹号 800 t 电动变频全回转起重机；普莱托本号 1 000 t 全回转起重机；海洋风电 38 250 t 全回转起重机；华电 1001 号，700 t 桅杆式全回转起重机；华尔辰号 400 t 全回转起重机；三航"风华号"1 000 t 绕桩式全回转起重机。

自升式风电安装起重机，是以自升式平台作为起重机的载体，专门在沿海或者近海作业的用于风电安装、打桩的起重机。自升式平台适用于起重机的作业、拖航/航行、恶劣工况下的生存。

自升式风电安装起重机除了用于风电安装，也可用来起吊物件，参与救援、桥梁施工、港口装卸以及其他水上及岸边的工作。按照自升式风电安装起重机结构形式，可分为全回转臂架式风电安装起重机（简称全回转起重机，见图 8.1）、绕桩式全回转风电安装起重机（见图 8.2）、桅杆式（kingpost）回转起重机（见图 8.3）、固定臂架式风电安装起重机（又称作固定扒杆式或固定自升式风电安装起重机，见图 8.4）。

各类型起重机各有特色，固定臂架式起重机的结构简单，成本相对较低，但抗风浪能力较弱，风电安装效率较低；全回转臂架式及桅杆式回转起重机的结构相对复杂，可在恶劣工况下生存，作业灵活性高，风电安装效率也高，但成本相对较高，主要适用于无桩腿或对平台装载能力要求不高的船上；绕桩式全回转起重机相比于其他起重机，其特点是把起重机外包在平台的一个桩腿上，绕桩工作，把一大部分甲板面积腾让出来，提高了平台装载能力，对于自升式平台，该产品目前处于主流产品。

［注：为便于论述，本书所述的全回转起重机均指 360°无限回转，它与有限回转（如

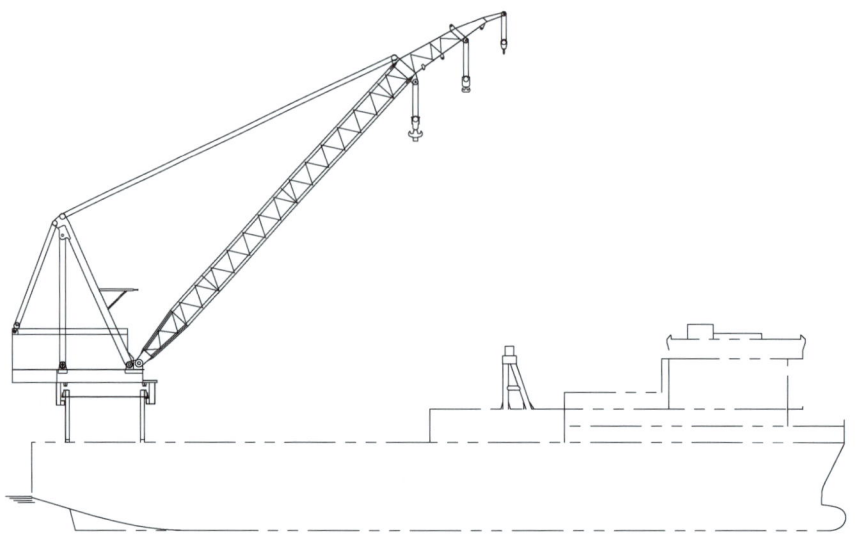

图 8.1 全回转起重机

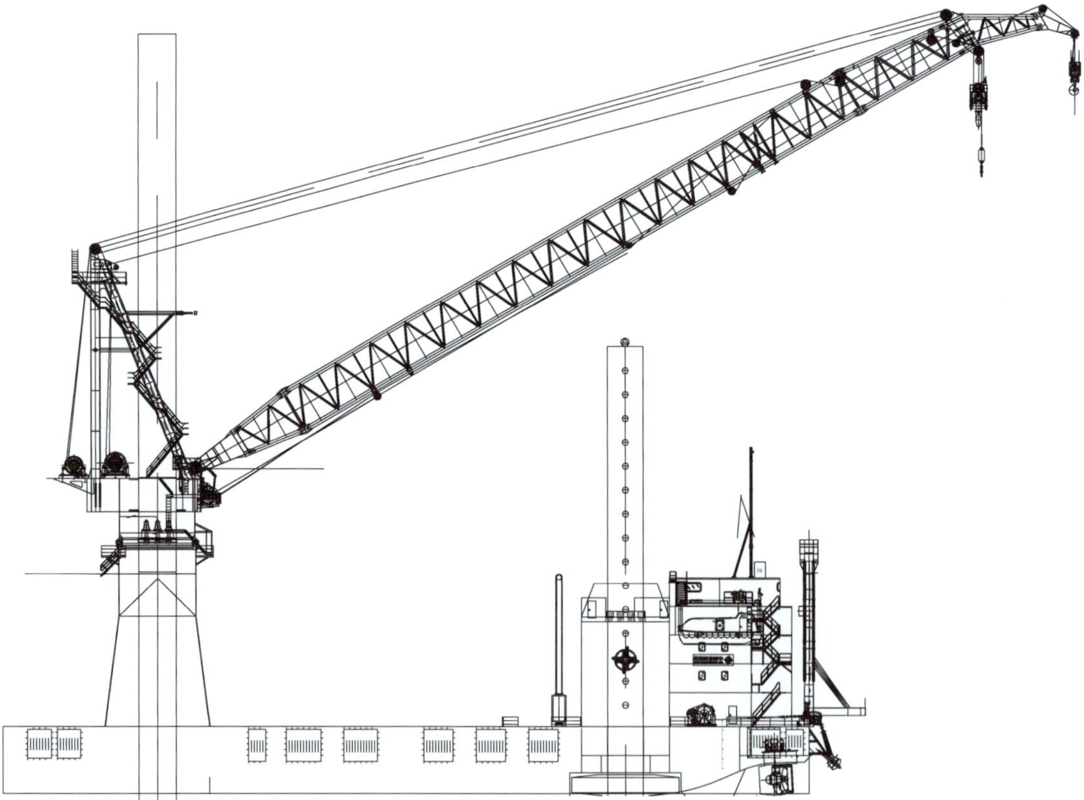

图 8.2 绕桩式全回转起重机

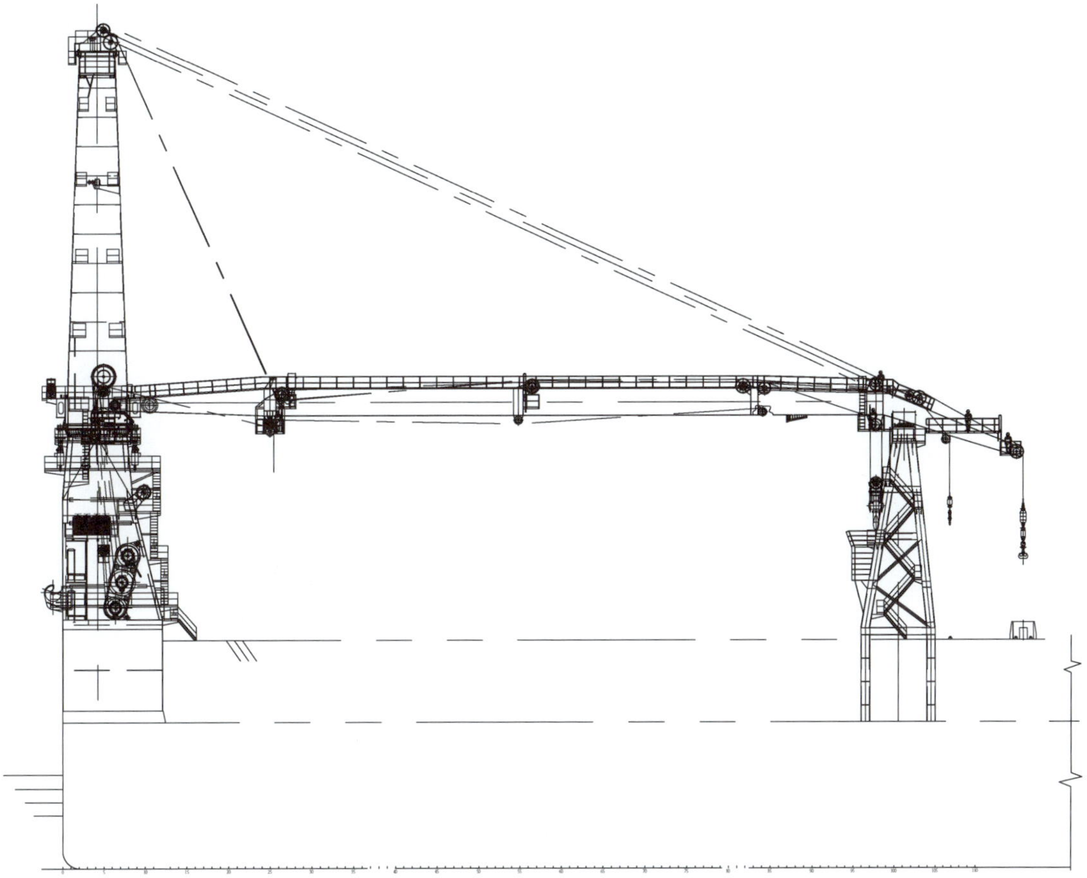

图 8.3 桅杆式回转起重机

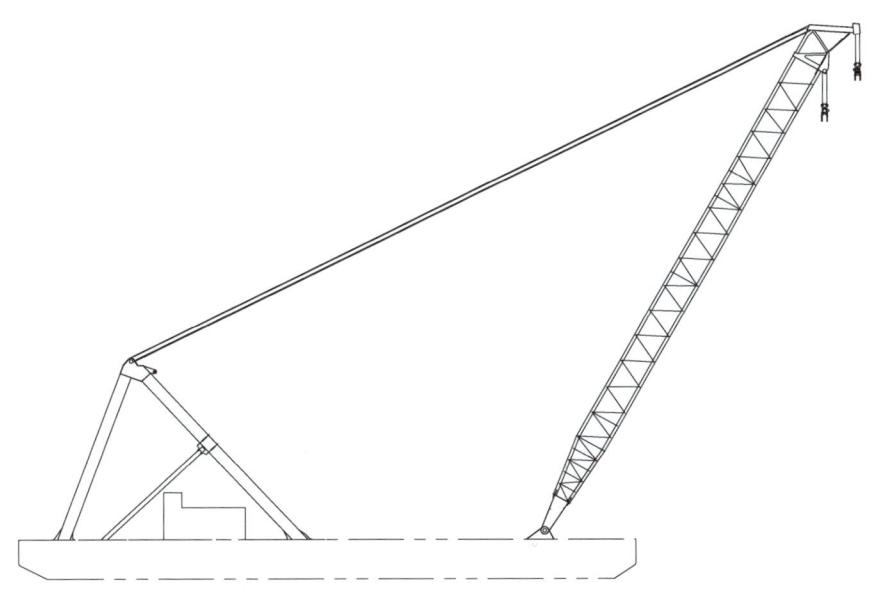

图 8.4 固定臂架式起重机

±210°,±270°等)的差别只是无限回转用中心集电器或滑环(也叫滑触线),有限回转用拖链等。]

8.1.1.2 风电安装起重机的主要特点

风电安装起重机从渊源上来讲,是源于浮式起重机,其外形与浮式起重机极其相似,主要特点是自重轻、起重高度高、综合性能强、使用频率高。

自重轻,是指安装在自升式平台时,起重机自重轻会使整体平台重量下降,提高平台活动载荷能力,降低单个桩腿的承重能力,从而提高平台整体性能的同时也降低制造成本。

起重高度高,是风电安装单桩所必需的一个参数指标。随着风电安装能力的提高,整体安装已经越来越趋于主流,特别是风电安装由沿海向近海、深海进发,吊高要求越来越高,一般均要达到甲板面 100 m 以上。

综合性能强,是指风电安装起重机除了进行风电安装、打桩外,也可以完成浮式起重机工作,如起吊物件、参与救援、桥梁施工、港口装卸以及其他水上及岸边的工作等。

使用频率高,是指相对于浮式起重机,其使用频率相对较高,因此对风电安装起重机各大部件的工作程度需要划分合理的工作级别。

8.1.2 主要参数

8.1.2.1 安全工作负荷

起重机的安全工作负荷(safe working load,SWL)是指经正确安装的起重机设备在设计作业工况下证明能吊运的最大静载荷。根据对工程作业的物件重量分析和吊装方案分析,确定所吊物件的最大重量(含索具和辅助吊架),再根据此重量值确定起重机的安全起重量。安全起重量是起重船最主要的参数之一,起重船的命名经常基于最大起重量,有时候在此基础上换算为短吨[国际上通用的重量单位有公吨(metric ton)、长吨(long ton)、短吨(short ton),1 长吨=1.102 短吨=0.984 长吨]。振华重工于 2012 年为华西海工(HXOEC)建造的全回转浮式起重机,主吊钩下起重量为 4 500 t,船名为"HUAXI5000"。有时候,起重机的起重量并非指单钩的起重量,例如振华重工为龙源振华制造的 800 t 全回转风电安装起重机,配置了两个 400 t 额定载荷的主吊钩。

按照船级社规定,一般主钩的安全工作负荷大于 1 600 kN,属于重型起重机;目前的风电安装起重机,起重量均大于此重量,故都属于重型起重机设计范畴。

8.1.2.2 起升速度

决定各起升机构的额定速度,必须充分考虑作业内容、吊运物件的种类和经济性,此外还应该考虑作业海况。一般的速度选定原则是重载低速,轻载高速。

对于风电安装起重机,对起升速度比较敏感。出于安全考虑,起升系统中钢丝绳的缠绕,会考虑大吨位采用大倍率的方案,起升速度不高;小吨位采用少倍率方案,提高起升速度。由于卷入卷筒的钢丝绳长度很长,起升机构多采用多层缠绕的卷筒,钢丝绳的线速度会随着钢丝绳位于不同的层而变化。如果调节电机转速,使之随着钢丝绳的位置相应变化,则可保持钢丝绳线速度不变。在确定吊钩的额定速度时,应当明确说明是指平均值,还是钢丝绳处于卷筒最外层时,抑或是钢丝绳处于最内层时的速度值。

8.1.2.3 作业高度和幅度

风电安装起重机的作业高度,指臂架位于最大仰角并且吊钩在最高位置时,吊钩与甲板面或者水面之间的垂直距离。当吊钩要求入水作业时,作业高度还应当包括吊钩下探至水下最低位置时距离甲板面或水面的垂直距离。目前风电安装起重机多安装于自升式平台,故以水面很难考量,故一般以甲板面来界定。

作业幅度是指当起重船处于静态的水中并且船体处于水平状态时,吊钩距离船体轮廓边缘或者回转轴线的水平距离。对于风电安装起重机,作业幅度可以从旋转中心开始计算,也可以从船舷旁算起,还可以从起重机底部超过船舷的突出物边缘算起。图 8.5 所示的作业幅度是吊钩与回转轴线之间的水平距离,而作业高度是吊钩距离甲板面的垂直高度,这个是目前风电安装起重机的常用表示方法。对固定臂架式风电安装起重机,作业幅度通常指吊钩到船舷边缘的水平距离(简称舷外幅度)。

幅度包含有效工作幅度和工作范围之外的幅度。有效幅度是指起重机起吊重物时的幅度范围;对于工作范围之外的幅度(如拖航工况、维修工况下的幅度),也应予以说明。

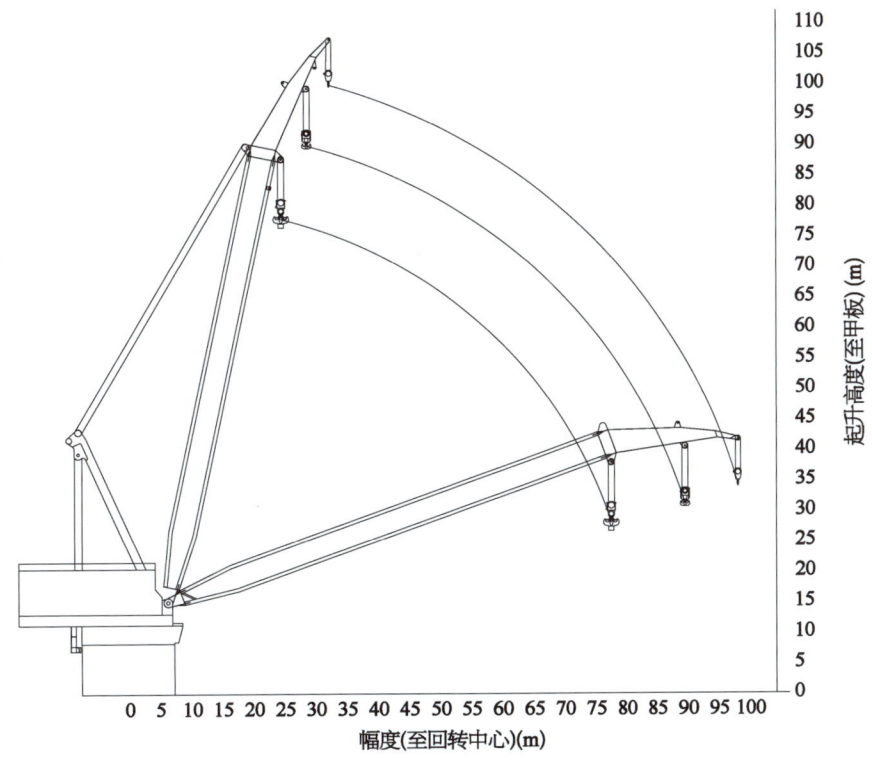

图 8.5 作业幅度和高度

8.1.2.4 尾部半径

尾部半径这个参数适用于回转式起重机。在作业空间狭小的区域,起重机上层结构旋转时,须注意防止与相邻船只或者其他物体干涉;特别在风电安装船上,往往有大小两台起重机配合抬吊,如果不注意很容易引起干涉。因此,设计时需要控制尾部半径以增加起重机的灵活性。可通过采用紧凑型的绞车来减小机器房尺寸,或通过两台大小起重机的高度落差等,来达到控制尺寸的目的。

8.1.2.5 设计温度

风电安装起重机的设计温度与起重机的工作环境温度是两个不同的概念。按中国船级社(CCS)船舶与海上设施起重设备规范的定义,设计温度为最低平均日温,该值根据年度气象资料确定。故设计温度一般由船东根据自身的作业范围来合理指定,它是制造商用来选取材料、配套件的主要基准之一。

表 8.1 是 CCS 对起重机设计温度的规定值。

表 8.1 起重机设计温度

起重设备类型	设计温度	相应极端低温
普通起重机	−10℃	(−30℃)
近海起重机	−20℃	(−40℃)

风电安装起重机的常用设计温度为−10℃,也有−20℃的情况。设计温度越低,对材料的要求越高,制造成本也越高。因此,船东应当慎重地考虑设计温度,全面考虑起重机的使用状况以及综合采购成本。

8.1.2.6 典型产品性能参数表

表 8.2 为典型产品主要性能参数,表中数据主要根据厂家样本或官方网站等公开信息整理而成,仅供参考。

表 8.2 风电安装起重机典型产品的主要性能参数

产品名称	额定起重量(t)	起升高度(m)	幅度(m)	起升速度(m/min)	用户	制造单位	建造时间	备注
龙源振华1#	800	甲板上108/甲板下8	22~85(距离回转中心)	0~3.0 带载 0~6.0 轻载	江苏龙源振华海洋工程有限公司	上海振华重工	2011年	全回转
三航风华号	1 000	甲板上110/甲板下20	22.5~85(距离回转中心)	0~2.5 带载 0~10.0 轻载	中交第三航务工程有限公司	上海振华重工	2016年	绕桩式
正力1600	1 600	船体基线上160 m	20~80(距离回转中心)	0~1.9 带载 0~3.8 轻载	正力海洋工程有限公司	上海振华重工	在建	桅杆式
三航风范号	2 400	水面上80	32~75(弦外幅度)	0~1.2 带载 0~3.0 轻载	中交第三航务工程有限公司	山东乳山船厂	2009年	固定臂架式

8.1.2.7 工作级别

按照《起重机设计规范》(GB/T 3811—2008),一般风电安装起重机结构和机构划分级别按如下标准选取,包括:起重机整机的分级;机构的分级;结构件或机械零件的分级。

8.1.2.7.1 起重机整机的分级

8.1.2.7.1.1 起重机的使用等级

起重机的设计预期寿命,是指设计预设的该起重机从交付使用起到最终报废时止能完成的总工作循环数。起重机的一个工作循环是指从起吊一个荷重起,到能开始起吊下一个荷重时止,包括起重机运行及正常的停歇在内的一个完整的过程。

起重机的使用等级是将起重机可能完成的总工作循环数划分成的 10 个级别,用 U_0、U_1、U_2、……、U_9 表示,见表 8.3。

表 8.3 起重机的使用等级

使 用 等 级	总工作循环数	起重机使用频繁程度
U_0	$C_T \leqslant 1.60 \times 10^4$	不经常使用
U_1	$1.60 \times 10^4 < C_T \leqslant 3.20 \times 10^4$	
U_2	$3.20 \times 10^4 < C_T \leqslant 6.30 \times 10^4$	
U_3	$6.30 \times 10^4 < C_T \leqslant 1.25 \times 10^5$	
U_4	$1.25 \times 10^5 < C_T \leqslant 2.50 \times 10^5$	经常较轻闲地使用
U_5	$2.50 \times 10^5 < C_T \leqslant 5.00 \times 10^5$	经常中等繁忙地使用
U_6	$5.00 \times 10^5 < C_T \leqslant 1.00 \times 10^6$	较繁忙地使用
U_7	$1.00 \times 10^6 < C_T \leqslant 2.00 \times 10^6$	繁忙地使用
U_8	$2.00 \times 10^6 < C_T \leqslant 4.00 \times 10^6$	很繁忙地使用
U_9	$4.00 \times 10^6 < C_T$	

8.1.2.7.1.2 起重机的荷重状态级别

起重机的工作荷重,指起重机各次实际的起吊作业中吊运的物品质量(有效荷重)和吊具及属具质量的总和;起重机的额定工作荷重,是指起重机起吊额定起重量时能安全吊运的物品最大质量(最大的有效荷重)和吊具及属具质量的总和。工作荷重与额定工作荷重的单位为 t 或 kg。

起重机的荷重状态级别表明了该起重机工作荷重的情况,即在该起重机的设计预期寿命期限内,它的各个有代表性的工作荷重值的大小及各相对应的起吊次数,与起重机的额定工作荷重值的大小及总的起吊次数的比值情况。

表 8.4 中列出了起重机荷重谱系数 K_P 的四个范围值,它们各代表了起重机一个相对应的荷重状态级别。

表 8.4 起重机的荷重状态级别及荷重谱系数

荷重状态级别	荷重谱系数 K_P	说　明
Q_1	$K_P \leqslant 0.125$	很少吊运额定工作荷重,经常吊运较轻荷重
Q_2	$0.125 < K_P \leqslant 0.250$	较少吊运额定工作荷重,经常吊运中等荷重
Q_3	$0.250 < K_P \leqslant 0.500$	有时吊运额定工作荷重,较多吊运较重荷重
Q_4	$0.500 < K_P \leqslant 1.000$	经常吊运额定工作荷重

如果已知起重机各个工作荷重值的大小及相应的起吊次数的资料,则可用式(8.1)算出该起重机的荷重谱系数:

$$K_P = \sum \left[\frac{C_i}{C_T} \left(\frac{m_{Qi}}{m_{Qmax}} \right)^m \right] \tag{8.1}$$

式中　K_P——起重机的荷重谱系数;

C_i——与起重机各个有代表性的工作荷重相应的工作循环数,$C_i = C_1, C_2, C_3, \cdots\cdots, C_n$;

C_T——起重机总工作循环数,$C_T = \sum_{i=1}^{n} C_i = C_1 + C_2 + C_3 + \cdots\cdots + C_n$;

m_{Qi}——能表征起重机在预期寿命期内工作任务的各个有代表性的工作荷重,$m_{Qi} = m_{Q1}, m_{Q2}, m_{Q3}, \cdots\cdots, m_{Qn}$;

m_{Qmax}——起重机的额定工作荷重;

m——指数,为了便于级别的划分,约定取 $m=3$。

展开后,式(8.1)变为:

$$K_P = \frac{C_1}{C_T}\left(\frac{m_{Q1}}{m_{Qmax}}\right)^3 + \frac{C_2}{C_T}\left(\frac{m_{Q2}}{m_{Qmax}}\right)^3 + \frac{C_3}{C_T}\left(\frac{m_{Q3}}{m_{Qmax}}\right)^3 + \cdots\cdots + \frac{C_i}{C_T}\left(\frac{m_{Qn}}{m_{Qmax}}\right)^3 \tag{8.2}$$

按式(8.2)计算起重机荷重谱系数的值后,就可按表8.3确定该起重机相应的荷重状态级别。

如果不能获得起重机设计预期寿命期内起吊的各个有代表性的工作荷重值的大小及相应的起吊次数的资料,因而无法通过上述计算得到它的荷重谱系数及确定它的荷重状态级别,则可以由制造商和用户根据经验通过协商来选出适合于该起重机的荷重状态级别及确定相应的荷重谱系数。

8.1.2.7.1.3　起重机整机的工作级别

根据起重机的 10 个使用等级和 4 个荷重状态级别,起重机整机的工作级别划分为 A1～A8 共 8 个级别,见表 8.5。

表 8.5 起重机整机的工作级别

荷重状态级别	荷重谱系数 K_P	起重机的使用等级									
		U_0	U_1	U_2	U_3	U_4	U_5	U_6	U_7	U_8	U_9
Q_1	$K_P \leqslant 0.125$	A1	A1	A1	A2	A3	A4	A5	A6	A7	A8
Q_2	$0.125 < K_P \leqslant 0.250$	A1	A1	A2	A3	A4	A5	A6	A7	A8	A8
Q_3	$0.250 < K_P \leqslant 0.500$	A1	A2	A3	A4	A5	A6	A7	A8	A8	A8
Q_4	$0.500 < K_P \leqslant 1.000$	A2	A3	A4	A5	A6	A7	A8	A8	A8	A8

8.1.2.7.2 机构的分级

8.1.2.7.2.1 机构的使用等级

机构的设计预期寿命,是指设计预设的该机构从开始使用起到预期更换或最终报废而停止使用为止的总运转时间,它只是该机构实际运转小时数累计之和,而不包括工作中此机构的停歇时间。机构的使用等级是将该机构的总运转时间分成的 10 个等级,以 T_0、T_1、T_2、……、T_9 表示,见表 8.6。

表 8.6 机构的使用等级

使用等级	总使用时间 h	机构运转频繁情况
T_0	$t_T \leqslant 200$	不经常使用
T_1	$200 < t_T \leqslant 400$	
T_2	$400 < t_T \leqslant 800$	
T_3	$800 < t_T \leqslant 1\ 600$	
T_4	$1\ 600 < t_T \leqslant 3\ 200$	经常较轻闲地使用
T_5	$3\ 200 < t_T \leqslant 6\ 300$	经常中等繁忙地使用
T_6	$6\ 300 < t_T \leqslant 12\ 500$	较繁忙地使用
T_7	$12\ 500 < t_T \leqslant 25\ 000$	繁忙地使用
T_8	$25\ 000 < t_T \leqslant 50\ 000$	
T_9	$50\ 000 < t_T$	

8.1.2.7.2.2 机构的载荷状态级别

机构的载荷状态级别表明了机构所受载荷的轻重情况。表 8.7 列出了机构载荷谱系数 K_m 的四个范围值,它们各代表了机构一个相对应的载荷状态级别。

表 8.7 机构的载荷状态级别及载荷谱系数

载荷状态级别	载荷谱系数 K_m	说 明
L_1	$K_m \leqslant 0.125$	机构很少承受最大载荷,一般承受轻小载荷
L_2	$0.125 < K_m \leqslant 0.250$	机构较少承受最大载荷,一般承受中等载荷

(续表)

载荷状态级别	载荷谱系数 K_m	说　　明
L_3	$0.250 < K_m \leqslant 0.500$	机构有时承受最大载荷,一般承受较大载荷
L_4	$0.500 < K_m \leqslant 1.000$	机构经常承受最大载荷

机构的载荷谱系数 K_m 可用式(8.3)计算得到：

$$K_m = \sum \left[\frac{t_i}{t_T} \left(\frac{P_i}{P_{max}} \right)^m \right] \quad (8.3)$$

式中　K_m——机构载荷谱系数；

t_i——与机构承受各个不同大小等级的载荷的相应时间的分别累计值, $t_i = t_1, t_2, t_3, \cdots\cdots, t_n$；

t_T——机构承受所有不同大小等级的载荷时间的总和, $t_T = \sum_{i=1}^{n} t_i = t_1 + t_2 + t_3 + \cdots\cdots + t_n$；

P_i——能表征机构在服务期内工作特征的各个不同大小等级的载荷, $P_i = P_1, P_2, P_3, \cdots\cdots, P_n$；

P_{max}——机构承受的最大载荷；

m——指数,为了便于级别的划分,约定取 $m = 3$。

展开后,式(8.3)变为：

$$K_m = \frac{t_1}{t_T}\left(\frac{P_1}{P_{max}}\right)^3 + \frac{t_2}{t_T}\left(\frac{P_2}{P_{max}}\right)^3 + \frac{t_3}{t_T}\left(\frac{P_3}{P_{max}}\right)^3 + \cdots\cdots + \frac{t_n}{t_T}\left(\frac{P_n}{P_{max}}\right)^3 \quad (8.4)$$

由式(8.4)得到机构载荷谱系数的值后,即可按表 8.6 确定该机构相应的载荷状态级别。

8.1.2.7.2.3　机构的工作级别

机构工作级别的划分只是将各单个机构分别作为一个整体进行的关于其载荷轻重及运转繁忙情况总的评价,它并不表示该机构中所有的零部件都有与此相同的受载及运转情况。

根据机构的 10 个使用等级和 4 个载荷状态级别,机构单独作为一个整体进行分级的工作级别划分为 M1～M8 共 8 级,见表 8.8。

表 8.8　机构的工作级别

载荷状态级别	载荷谱系数 K_m	机构的使用等级									
		T_0	T_1	T_2	T_3	T_4	T_5	T_6	T_7	T_8	T_9
L_1	$K_m \leqslant 0.125$	M1	M1	M1	M2	M3	M4	M5	M6	M7	M8
L_2	$0.125 < K_m \leqslant 0.250$	M1	M1	M2	M3	M4	M5	M6	M7	M8	M8

(续表)

载荷状态级别	载荷谱系数 K_m	机构的使用等级										
		T_0	T_1	T_2	T_3	T_4	T_5	T_6	T_7	T_8	T_9
L_3	$0.250 < K_m \leqslant 0.500$	M1	M2	M3	M4	M5	M6	M7	M8	M8	M8
L_4	$0.500 < K_m \leqslant 1.000$	M2	M3	M4	M5	M6	M7	M8	M8	M8	M8

按照以上原则,结合实际使用情况,通常选取的风电安装起重机工作级别如下:

主吊机:A2 (U3 & Q1)。

主钩起升:M3 (L2 & T3)。

副钩起升:M4 (L2 & T4)。

索具钩起升:M5 (L2 & T5)。

回转机构:M4 (L2 & T4)。

变幅机构:M4 (L2 & T4)。

稳货绞车:M5 (L2 & T5)。

根据目前的实际使用情况,以上工作级别基本满足业主要求。

8.1.2.8 起重机工作倾角

风电安装起重机在工作时,船体难免倾斜,由此起重机会受到自身坐标系内的水平加速度为 $g\sin\beta$ 和 $g\sin\alpha$,其中,α、β 分别为纵倾、横倾的角度。在船东未给出船体倾斜的数值时,按表 8.9 中的角度进行设计。

表 8.9 最小横倾角和纵倾角

船 舶 类 型	横倾 β(°)	纵倾 α(°)
常规船舶(规范尺度比要求的船舶)	5	2
船长小于 4 倍船宽的驳船,及双体船	3	2
半潜船	3	3
半潜式平台	2	2
自升式平台	1	1

注:本表数据来源于 CCS 起重设备规范 2017。

目前许多风电安装船除了自升式作业,往往还要求浮态作业;由于风电安装船一般船长小于 4 倍的船宽,故我们通常给定的设计倾角为顶升状态横倾 1°、纵倾 1°,浮态下横倾 3°、纵倾 2°。

8.1.2.9 起重机工作工况

按照目前风电现场施工实际需要,对于起重机工作工况,一般采用如下几种:主钩单独工作;副钩单独工作;变幅单独工作;回转单独工作;主钩(满载、半速)和变幅同时工作;主钩(满载、半速)和回转(全速)同时工作;副钩(满载、半速)和变幅同时工作;副钩和回转同时工作;变幅和回转同时工作;主钩和副钩可降载降速同时工作。

由于索具钩和稳货钩速度与主副钩速度相比,非常快,不太适宜同步,具体要看实际使用需求。

8.1.3 主要部件和组成系统

8.1.3.1 金属结构

图 8.6 为典型的起重机金属结构示意图。制造商在获取主要参数后,即可规划起重机的方案,确定金属结构的主要尺寸。钢结构的主要尺寸包括:臂架长度、臂架铰点间距、人字架高度、人字架铰点间距、回转筒体的直径、臂架搁座的定位位置及高度、尾部半径等。

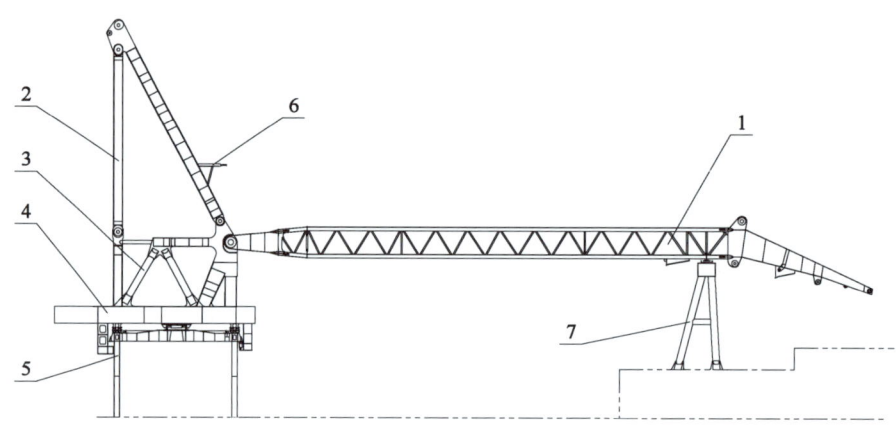

图 8.6　全回转风电安装起重机金属结构图
1—臂架;2—人字架拉杆;3—桁框架;4—回转底盘;5—回转筒体;6—人字架压杆;7—臂架搁座

8.1.3.2 机构

风电安装起重机一般配置大型绞车,用以实现垂直起吊和臂架变幅;另外配有各类小型绞车,用来在作业时拉拽货物或者钩头,防止货物和钩头因船体颠簸而导致的晃动。起重机根据船东需求,还会配有其他小型绞车,用来起吊索具及工作装置。

全回转起重机还配置回转驱动机构,通过齿轮/齿圈或者针轮/针销来驱动上部结构绕着回转中心转动。

机构的常用驱动方式有两种:电力驱动和液压驱动。在风电安装起重机上,电动变频驱动和电液驱动形式均被广泛采用。而电液驱动的机构因其尺寸更小,多用于尺寸及自重控制要求较高的起重机上。

图 8.7 所示为典型的绞车系统。其中 8.7(a)所示的绞车的减速箱为内置式,一般功率较小,而 8.7(b)所示的绞车的减速箱为外置式,减速箱结构形式以平行轴居多,功率通常较大。大功率驱动对电机及减速箱的要求较高,并且互换性和维护性也不甚理想,因此,越来越多的制造商,开始偏向选择多头小功率驱动的方式。

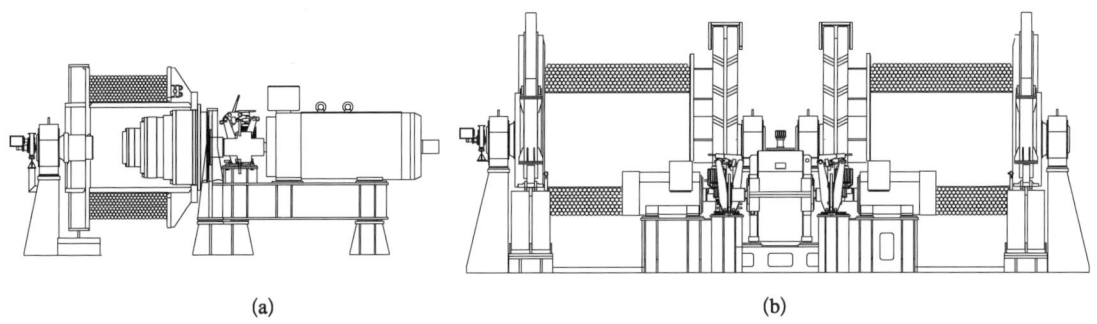

图 8.7 绞车
(a) 减速箱内置式;(b) 减速箱外置式

工作机构的一般原则包括:

(1) 各机构必须安全可靠、工作平稳,工作时产生的振动和噪声要符合有关标准和规范的要求。

(2) 所有部件应有足够的强度、刚度。对于容易磨损的零件还应保证在使用期内摩擦面的磨损量在规范允许的范围内。

(3) 电机、减速箱、制动器等发热部件要有良好的散热条件和抗过热、防潮性能。

(4) 齿轮、轴承和铰接处应具有良好的润滑条件。

(5) 轴承座由铸钢或钢板焊接加工具有足够的强度。

(6) 所有紧固件应有防松措施并考虑安装维修时的便利和安全。

(7) 外露转动部件应设便于拆装的安全防护装置。

(8) 12 mm 以下(包括 12 mm)的螺丝、螺母采用不锈钢材料。12 mm 以上螺丝、螺母采用有防锈涂层工艺的螺丝、螺母。

(9) 各机构应设置完善的安全保护装置和故障检测显示装置。

(10) 主钩、变幅、副钩绞车机构的主要零部件尽可能互换,其他零部件选用也尽可能充分考虑通用性、互换性并便于维修。

8.1.3.3 缠绕

由于大型风电安装起重机起吊物件的重量大,臂架带载变幅时载荷也大,因此必须采用多道钢丝绳才能满足强度要求。由于臂架变幅动作以及起吊大件物品的垂直运动,对速度和加速度的要求都不高,虽然多倍率缠绕系统的效率低,但综合考虑钢丝绳的成本以及起重机的维护,采用多倍率缠绕方式是经济合理的。

图 8.8 所示为典型的起重机起升机构的钢丝绳缠绕系统。钢丝绳从卷筒引出,通过位于人字架和臂架的导向滑轮,进入臂架头部的定滑轮组,然后再经过多倍率缠绕与吊钩上的动滑轮组相连,实现吊钩的大起吊能力。

8.1.3.4 起重机安全装置

为确保安全工作,风电安装起重机装备有各种安全装置以监测起重机的各种姿态,例如起升高度、工作半径、变幅高度、回转位置、回转锚定销位置等。另外,对于起重机的工

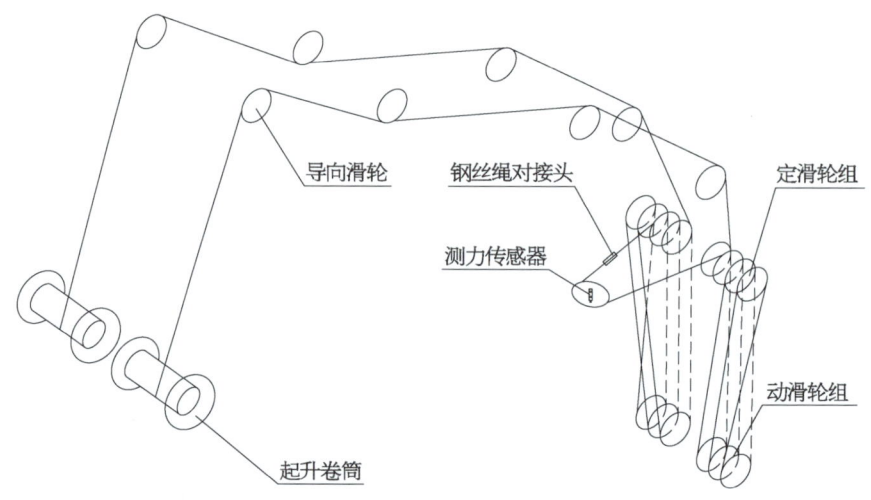

图 8.8　典型起重机起升机构的钢丝绳缠绕系统

作状态和工作环境,例如风速、船体倾斜角度、力矩、载荷,也可通过各种仪器进行实时监测。当监控对象接近设定值时,控制系统中会发出声光警告,并根据设定,自动终止起重机作业。

全回转式起重机在人字架上设置有防倾覆支架用来防止臂架仰起超过极限,该支架起警示作用或者轻微阻挡,而不足以阻止臂架后仰。固定式臂架的起重机,由于人字架远离臂架,因此无法配置防倾覆支架来阻止臂架后仰。固定式臂架起重机的最大仰角一般会小于全回转起重机;当固定式臂架的风电安装起重机的仰角过大导致存在后仰的隐患时,可考虑在臂架前方设置拉拽装置。

在拖航状态下,除了固定臂架起重机,其他起重机一般均配备臂架搁架,以解决起重机在复杂海况下,保证结构的安全;同时,为了臂架在拖航下的安全,通常我们把主要钩头(也叫钩头动滑轮组)放入钩箱以固定钩头,钩头的固定对钢丝绳的寿命也起到一定的保护作用(钢丝绳在拖航过程中,如果不固定,则会全程晃动,严重的会引起打转,如果不及时释放内力,钢丝绳的寿命会大受影响)。

为了检查与保养起重机应设置平台、斜梯和走道,梯子、平台和走道满足相应船级社规范和国标起重机设计规范要求。

全部的平台、斜梯和走道应使用型材制造,表面嵌以镀锌的格栅板或网纹板,并且应便于维修人员带着工具执行保养和检查。梯子、走道、平台上方净空高度不应低于1.8 m,如果有实际困难,须征得用户同意。

平台和走道上应设置栏杆,上层栏杆应使用钢管,高度为1 050 mm,并设有中间栏杆。立柱采用角钢,间距应不大于2 m。走道和平台宽度不小于600 mm。为减轻重量,有些部位的栏杆采用钢丝绳代替钢管。

斜梯应尽量采用50°的倾斜角,特殊情况下也不应超过75°。斜梯两侧应设置栏杆,宽度为600 mm,斜梯踏步采用镀锌格栅踏步。斜梯高度不大于10 m,大于10 m时应在

7.5 m 处设置休息平台。

直梯踏步采用方钢,宽度不小于 400 mm,高度 2 m 以上应设有护圈,护圈从 2 m 高度开始安装。直梯每 10 m 至少应设一个休息平台。

8.1.3.5 电控系统

风电安装起重机配置有完善的电控系统,用来检测、执行、控制以及故障诊断。起重机的电控系统主要包括 PLC 逻辑控制系统、电机驱动系统、起重机状态监控系统、配电系统、外围检测元件、称重系统、照明系统、闭路电视系统等。

采用电机驱动的起重机,以交流变频电机作为驱动机构的核心部件,所有机构都能在零速到额定速度范围内无级调速。

风电安装起重机上,交流变频电机一般采用交流变频系统驱动。各种驱动机构配有较多的电机,多采用共直流母线的多传动系统。为减少整机的电压畸变率,不影响整船的电源质量,整流单元采用 12 脉冲的二极管整流系统,或虚拟 24 脉冲系统,或 AFE 主动前端。

风电安装起重机配有起重机管理系统(crane management system,CMS)。利用该系统,可以对起重机状态进行监控,并进行即时故障诊断。CMS 还可与起重船建立通信,按需提供给船体控制中心相关的数据,使船体与起重机实现联动控制。

起重机从操纵、控制、电气、动力、机构等各方面综合设计考虑,确保设备能安全运行并符合安全保护、报警、联锁与控制的有关要求。

1) 操纵系统

(1) 驾驶员室内设负荷限制系统彩色液晶显示器,能实时监测起升重量、变幅角度、回转角度、起重机水平度以及风速等作业参数。

(2) 驾驶员室内设 HMI 人机交互液晶显示屏,可使驾驶员能实时监测电气、机构运行状态。HMI 画面(吊机运行状态)可通过通信传输给平台中控室(HMI 信息通过 TCP/IP 协议并转换成光信号传输,用户需要在平台侧配置光电装换模块、接收模块及显示设备)。

(3) 在电气房内设一套安全监控管理系统和彩色液晶显示屏,可使维修人员实时监测电气、机构运行状态,设定和读取维修运行参数等。

(4) 设操作警报装置:基于安全考虑,操作主起升,回转和变幅机构前驾驶员需要按操作按钮,鸣响警报器。

(5) 配置超负荷(转矩)保护装置:

① 当负荷(或转矩)达到 90% 额定值时,发出预警信号(闪烁黄色报警)。

② 当负荷(或转矩)达到 105% 额定值时,发出警告信号(闪烁红色报警和鸣响报警器);在这种情况下,起升机构只能作下降运动,变幅机构只能作收幅运动。

③ 当载荷信号降至 100% 额定起重量以下,才恢复各机构正常运行。

(6) 在各起升机构卷筒侧安装绝对位置编码器,来实时监控起升位置,并在起升接近极限位置时能自动限速和停止,防止冲顶。

(7) 起升机构卷筒侧安装超速开关装置,设置在卷筒的速度达到允许的最高速度的

115%时跳闸保护。

（8）设置吊臂上升极限机械限位装置。

（9）在电气房、驾驶员室联动台上分别安装急停装置，能使机构同时停止工作，紧急切断按钮为红色标记。

（10）所有的主驱动回路均设有过电流保护、低电压保护、短路保护和缺相保护。

（11）在吊臂头部位置，安装各吊钩起升高度极限位置控制装置。

（12）吊臂铰点处设有角度传感器，输出吊臂角度值，输送到负荷限制器，用于控制不同跨距的不同负荷（形成负荷力矩曲线，分为固定状态和浮态），达到力矩保护和报警的功能。

（13）回转锚定装置安装限位装置，当限位工作时，不允许回转工作。

（14）风速计设置在 A 字架顶部，风速达到 15 m/s 时驾驶员室力矩限制显示器黄色色块报警并声音报警；风速达到 20 m/s 时红色色块报警并声音报警，并延时 2～3 min 切断控制使各机构停止工作（详细可按实际工作要求）。

（15）配置起重机水平仪，操作时以该水平仪为主，船上水平仪仅作参考。

（16）提供起重机吊臂与桩腿防撞保护，综合起重机的臂架角度、回转角度、桩腿高度等信息进行实时动态防撞保护。

（17）提供回转角度极限保护措施，防止回转角度超出拖链回转极限位置。

2）电气控制与驱动

吊机回转底盘平台上设有电气房，主要电气设备均位于房间内，其中变频器及其他带有 PLC 模块的控制柜设在空调隔间内。

（1）起重机所有的绞车和回转机构采用交流电动变频驱动和控制。驱动器具有力矩校验、制动检测、主从控制、滑差控制等吊机驱动控制功能。

（2）吊机的控制系统将采用由微处理器为核心的 PLC 系统，通过主 PLC，吊机能实现安全、可靠、有效的控制功能。

（3）起重机管理系统通过通信总线连接至 PLC 模块，可以实时监控起重机运行状态和故障诊断；采用总线通信方式，减少现场接线工作量和故障率，提高抗干扰能力。

起重机配置 2 路 12 脉冲整流单元和 2 路 12 脉冲移相整流变压器组成纯 24 脉冲整流共母排多传动驱动系统；24 脉冲整流多传系统将减少驱动器产生的影响船电电网的谐波畸变率至 5% 以内，满足船级社的规范要求。

驱动器多传动直流母排上配置有动态制动单元和制动电阻，能全部吸收起升机构下放所回到直流母排上的能量。制动电阻采用不锈钢或合金材质，户外安装，强制风冷。

主驱动器进线整流回路冗余功能，船体 2 路电源分别按照 50% 吊机最大要求容量供电，配合驱动器的组态形式，可以实现在任一回路上的船体进线电源或驱动整流单元单一故障时，能通过另一路正常回路，实现所有机构以 12 脉整流方式半速运行。

所有机构变频电机和驱动逆变器都是一对一配置，确保单一逆变器故障不会影响其他机构电机。

回转机构的配置能实现任一回转驱动逆变器或电机单一故障时，通过旁路操作，实现回转机构继续降速运行(在机械工况允许条件下)。

起升机构控制系统从零到额定速度范围内为无级变速,但主令手柄从零位到最大控制角度范围内可以具有 4 档或 5 档手感(按用户要求)。

索具钩中,一般其中 1 套具有载人功能,吊机将在联动台配置相应操作手柄和按钮开关,进行正常载人操作。

3) 闭路电视监视系统

闭路电视监控系统对绞车运行状态进行监测:

(1) 在主钩、副钩、变幅、索具钩机构卷筒旁安装固定摄像头进行实时监控。

(2) 回转锚定孔配固定摄像头进行监控。

(3) 驾驶员室安装彩色监控器,驾驶员能在操作位置清晰地观察所有监控画面,并能进行多画面、单画面切换监控等操作。

(4) 提供吊机 CCTV 监控画面给船体连接的接口(传输协议为 TCP/IP,经过光电转换提供光缆对接接口)。

4) 照明和插座(按 1 000 t 起重机为例,具体可一机一议)

(1) 不同室内照明区域的最低照度应不低于如下标准:

① 司机室: $\geqslant$ 200 lux;

② 电气室: $\geqslant$ 100 lux;

③ 机房: $\geqslant$ 100 lux(维修投光灯照明时)。

(2) 吊机臂架上配置多套 1 000 W 高压钠灯或照度和 1 000 W 钠灯相当的 LED 投光灯。

(3) 稳货平台前部配置适量向下照射的 400 W 高压钠灯或照度和 400 W 钠灯相当的 LED 照度投光灯。

(4) 机房内配置适当数量的 400 W 高压钠灯或照度相当的 LED 投光灯作为维修投光灯。

(5) A 字架顶部和吊臂头部安装有中光强航空障碍灯,满足民航相关规定,其控制方式为天黑自动运行,即使正常供电中断时,障碍灯也能通过太阳能或蓄电池设备持续工作 96 h。

(6) 电源插座分设于若干个独立电路中,所有插座均可与标准插头配用。

5) 通信和火警系统

(1) 驾驶员室内设一台扩音机(含 1 个麦克风)和喊话大喇叭。

(2) 驾驶员室设一台固定式海事频率 VHF 无线电台,配鹅颈麦克风和脚踏开关。

(3) 在驾驶员室、电气房设置自动电话,能实现相互间通信,并能和船体通信。

(4) 在驾驶员室、电气房、机房内设置公共广播,能接收船体发布的信息,驾驶员室的广播音量可调。

(5) 在驾驶员室、电气房、机房等室内场所按规范安装火警探头和手动报警盒,作为船体火灾报警系统的一个部分,火警按钮为红色标记。另外,吊机需要一路船体火警信号。

（注：自动电话、公共广播、火警探头和手动报警盒由吊机供应方和用户商定数量，用户提供和船体同品牌型号的设备并调试，吊机供应方提供安装服务。）

6) 空调和通风系统

(1) 放置驱动器柜和电气控制柜的电气房要配置一套冷暖空调，保证房间温度维持在 18～26℃ 范围之内。

(2) 驾驶员室设一套冷暖空调，保证房间温度维持在 18～26℃ 范围之内。

(3) 电气房设温控开关，当房间温度上升到设定警戒值时，温控开关发报警信号。

7) 电缆及敷设

(1) 吊机上低压电缆都为船用电缆，铜丝铠装，动力电缆的芯线铜丝截面积需 1.5 mm^2 或以上。控制电缆芯线铜丝截面积需 1 mm^2 或以上。

(2) 信号或通信电缆需要采用屏蔽对绞线，芯线铜丝截面积需 0.5 mm^2 或以上，特殊通讯电缆按厂家标准。

(3) 交流变频电机的电缆采用 VFD 船用变频电缆。

(4) 总线通信电缆需隔离布置。

(5) 臂架铰点处的悬挂电缆配有拖链保护。

(6) 户外电缆的敷设将使用不锈钢 304 电缆托架和热浸锌样板条或电气管。曲率半径符合 IEC 标准和电缆样本要求；主干电缆敷设采用电缆托架进行敷设，主电力电缆敷设层数原则上不大于 2 层。

(7) 电缆两端均应有与图纸一致的永久编号和接线标志；所有分电箱、控制箱应附有接线图供检修用。

8) 电气设备防护要求和加热器

(1) 对于没有机器房的外放设备，所有的户内型接线箱防护等级为 IP44 或以上；安装在吊机外部的接线箱、分线盒、电气设备等要求防护等级 IP56 或更高；外部接线箱的材质为不锈钢。对于有机器房的设备，IP 等级可降低。

(2) 安装在吊机电气房内部的电气设备的防护要求 IP22 或更高。

(3) 安装在户外的照明设备，按船检社要求选择防护等级。

(4) 所有户外设备的进线都需要有填料函保护。

(5) 所有电气柜内配置空间除湿加热器；功率超过 7.5 kW 的电机配置空间加热器。

9) 接线系统和防雷保护

起重机安装有保护接地系统和避雷保护装置。机上所有电气设备，正常不带电的金属外壳/金属管线/电缆金属铠装层/照明外壳均可靠接地。金属结构之间活动的部分用接地线连接。起重机的保护地线通过拖链系统可靠连接到船体结构上。

机上最高点装有避雷针，通过起重机的金属构架可将雷电安全引到地面。

8.1.3.6 液压系统

根据整机的功能和机构空间尺寸布置需要，起重机上还配置相应的液压系统，液压系统可酌情选择闭式或者开式系统。

风电安装起重机的工作温差较大，因此在液压系统中配置有加热装置和冷却装置，使系统温度保持在合理范围内。为了确保液压系统运行可靠以及延长其使用寿命,液压系统需要设置完善的过滤设备,确保液压介质的清洁度要求;配置安全溢流阀,确保驱动设备及系统本身的安全;根据需要选择柔性换向或比例控制技术,使设备运行平稳性。

液压系统的动力单元可以选择电动机驱动油泵或柴油机驱动油泵两种。液压执行机构通常有液压油缸和液压马达两种。油缸的防腐镀层和液压管路根据其布置的位置环境有多种选择以确保其经济性和对环境的适应性。

液压系统配置有液位、液压油温、液压压力的检测装置,这些检测装置通过接口与起重机管理系统连接,确保液压系统处于监控之中。

风电安装起重机采用液压驱动的优点是:体积小、重量轻,易于实现低速大负荷和大扭矩输出;在较大范围内实现无级调速,易于实现过载保护。而液压系统与电子技术相结合,充分综合了液压和电气的优势。

8.1.4 稳定性

风电安装起重机是否能够稳定的工作,取决于其载体(船体或者浮体)是否处于稳定的状态。当起重机的倾覆力矩过大时,会导致浮体倾斜。另外,当载荷变化时,起重机随船一起摇摆,更增加了倾斜的趋势。因此,风电安装起重机的设计工作,必须包含校核船体/浮体的稳定性,并核算起重船的倾角,确保在船体允许的范围之内。

8.1.5 安全评估

风电安装起重机系统性的安全评估,对于起重机安全运行是不可或缺的。目前大型海工产品上通用的"失效模式与影响分析"(failure mode and effects analysis,FMEA),正在逐步引入风电安装起重机设计、制造和维护工作中。通过这些分析,可以对起重机的全寿命周期的安全性和可靠性作评估。制造商可将评估结果直接应用在下一阶段的设计和制造中。FMEA 在风电安装起重机行业及海工行内并非强制要求使用。由于评估的过程经常需要业主、制造商、船级社或者其他独立第三方的介入和互动,评估过程复杂且耗时。如果是在时间条件允许的情况下,特别是全新的机型,对风电安装起重机的综合性能的评判具有前瞻性的效果,是非常有价值的。但对于工期非常紧张的,制作单位经过实际检验过的项目,没有时间做有效 FMEA 的情况下,一般不推荐做评估(没有时间而非要求做,过程凌乱不说,还因为一个可能的假释话题耽误时间,而适得其反),不如把时间花费在图纸的正确率、制作的高质量上,同时加强多方审图及有效检验。

8.1.6 规范和准则

风电安装起重机是一种常用的海工产品,投入商业运营之前,必须通过船级社的认证。各个船级社对认证过程有详细而严格的要求,以确保起重机的设计、制造、检验、验收均满足船级社的入级要求。船级社一般由业主根据其未来使用区域指定,例如在中国的领海和内河区域投入商业营运的起重机,必须入级中国船级社。国际上主流的船级社有以下几家:

DNV GL 集团(DET NORSKE VERITAS and Germanischer Lloyd Group, DNV GL Group);

美国船级社(American Bureau of Shipping, ABS);

日本海事协会 Class NK(NIPPON KAIJI KYOKAI, NK);

英国劳氏船级社(Lloyd's Register, LR);

意大利船级社(Registo Italiano Navade, Rina);

法国船级社(Bureau Veritas, BV);

中国船级社(China Classification Society, CCS);

俄罗斯船级社(Russian Maritime Register of shipping, RS);

韩国船级社(Korean Register of Shipping, KR);

印度船级社(Indian Register of Shipping, IRS)。

除此之外,国际上还有不少与起重机相关的规范,可适用于风电安装起重机设计制造,例如:

欧洲海上起重机规范(EN 13852-2 Cranes — Offshore cranes);

欧洲起升设备设计规范(FEM1.001, Rules for the design of Hoisting Appliances);

美国焊接协会焊接规则(AWS D1.1/D1.1M, Guidelines for Welding)。

另外,船东还会根据其特殊的作业海域,增加一些特别的要求。制造厂家也会按照常规推荐一些规范,如起重机设计规范(GB/T 3811—2008)、国际电工委员会(IEC)、美国钢结构焊接规范(AWS D1.1/D1.1M-2006)、起重吊钩(GB/T 10051)等。

8.2 全回转风电安装起重机

全回转式风电安装起重机,主要由结构、机构、控制系统以及专门用途的附件组成。结构如同人体的骨骼,机构如同器官,电气系统如同神经系统。

8.2.1 全回转起重机的金属结构

全回转式风电安装起重机的结构,较多采用高强度钢,其目的是控制重量,进而提升工作性能,降低配套船体的综合成本。

8.2.1.1 全回转式风电安装起重机的典型结构形式

如图 8.9 所示,全回转式风电安装起重机的金属结构主要由臂架系统、人字架系统、桁框架、底盘、筒体、回转体及附属结构等部件组成。

1) 臂架系统

臂架是风电安装起重机的最重要的受力构件,对起重载荷、风压、惯性外力和强特台

第 8 章 自升式风电安装起重机

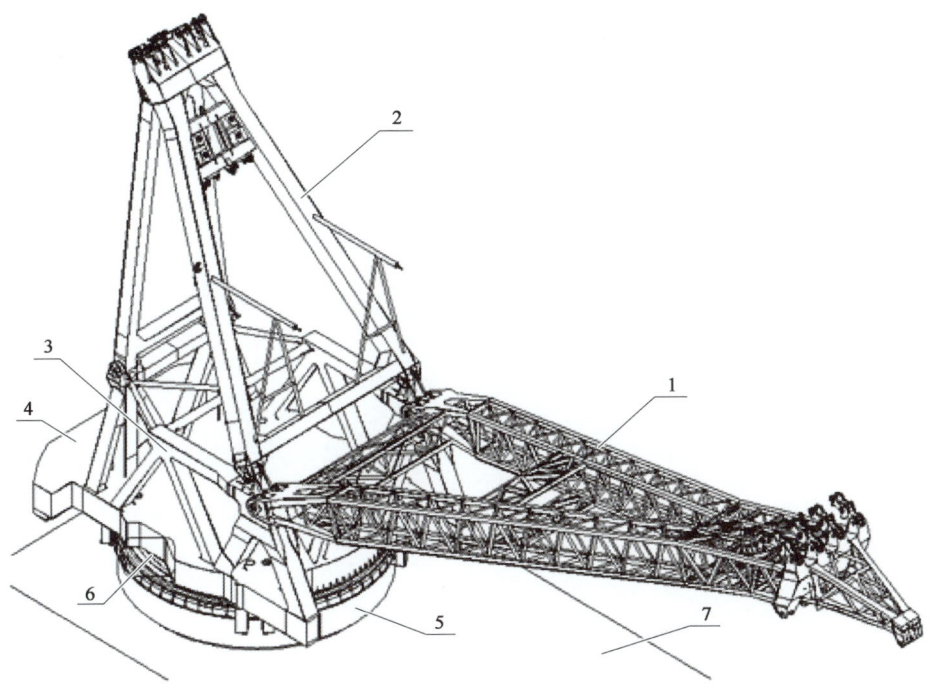

图 8.9 全回转风电安装起重机金属结构的组成
1—臂架；2—人字架；3—桁框架；4—底盘；5—筒体；6—回转体；7—船体上其他相关附属结构

风等应有足够的强度、刚度。对于重量控制要求严格的情况下，如何选取臂架形式显得尤为重要。图 8.10 给出了四种风电安装起重机的常用结构型式。

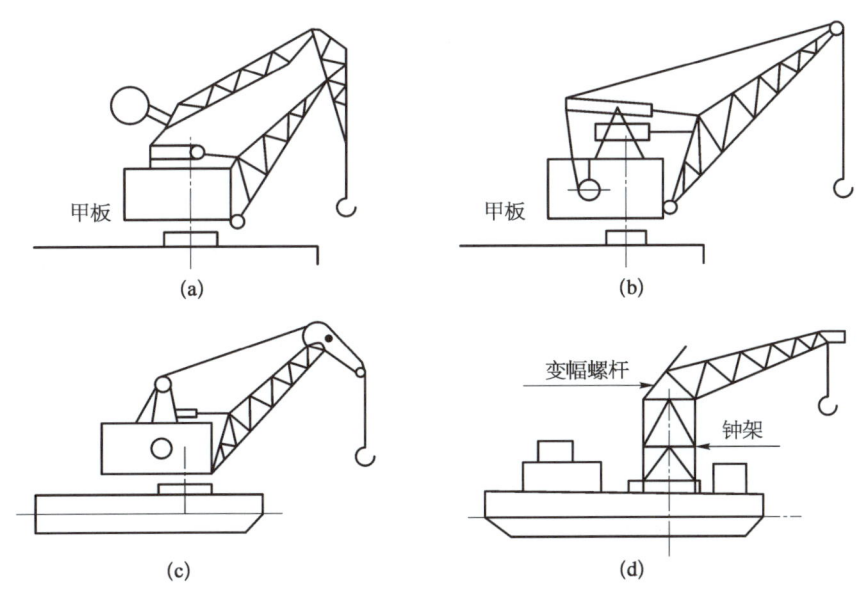

图 8.10 风电安装起重机的常用结构型式
(a) 四联杆式；(b) 单臂架式；(c) 曲线象鼻式；(d) 螺杆钟架式

• 309 •

其中，单臂架式由于具有稳定性佳、造价适中、机构复杂性中等的特点，是最普遍使用的型式之一。

作用在臂架上的外载荷主要有起升载荷 P_Q、臂架自重 G_b、起升钢丝绳张力 S_Q、变幅钢丝绳张力 F，有时还应考虑臂架及吊重的风载等其他载荷的作用。在工作状态下，由于吊钩及动滑轮组跟随吊重一起运动，起升载荷 P_Q 中应包括这两者。其中，起升钢丝绳张力 S_Q 与起升载荷 P_Q 之间的关系为

$$S_Q = P_Q / i\eta$$

式中　i——起升滑轮组的倍率；
　　　η——起升滑轮组的效率。

臂架在其变幅平面内，是静定结构。根据受力分析简图（图 8.11），可得到变幅钢丝绳的张力 F 为

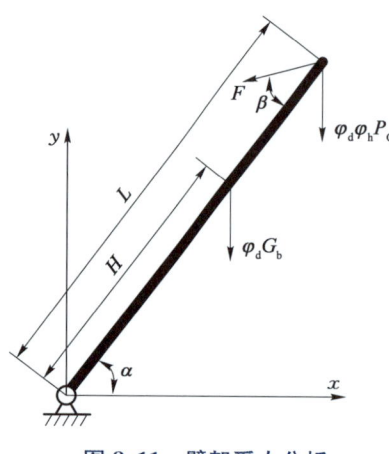

图 8.11　臂架受力分析

$$F = \frac{(\varphi_d G_b H + \varphi_d \varphi_h P_Q L)\cos\alpha}{L\sin\beta} \tag{8.5}$$

式中　φ_d——作业系数，对重型起重机 $\varphi_d = 1.05$；
　　　φ_h——起升动载系数，$\varphi_h = (1 + CV) \geqslant 1.1$；
　　　V——起升速度；
　　　C——决定于起重机刚度的系数，对臂架起重机 $C = 0.3$；
　　　L——臂架从铰点到主钩吊点长度；
　　　H——臂架重心到铰点的长度；
　　　α——臂架变幅角度；
　　　β——变幅钢丝绳与臂架轴线之间的夹角。

因此，作用在臂架上的轴向压力 N 由两部分组成：变幅钢丝绳张力 F 在臂架轴线上的分力，以及臂架自重和起升载荷在臂架轴线上的分力。其值为

$$N = F\cos\beta + (\varphi_d G_b + \varphi_d \varphi_h P_Q)\sin\alpha \tag{8.6}$$

同时，臂架还受到由上述载荷产生的一阶及二阶弯矩。由上述分析可知：

① 自重是臂架工作载荷的一部分，尤其是重型起重机，起重量大，臂架长。因此，在满足结构强度的情况下尽量控制重量是需要注意的问题之一。

② 变幅钢丝绳张力 F 及臂架轴向力 N 与变幅角度 α 及变幅钢丝绳与臂架轴线之间的夹角 β 有关，并随着的 α、β 的减小而增大。为保证整机结构的安全性及经济性，应以臂架处于最大起升高度、起升最大载荷的情况来确定受力载荷。

臂架的设计合理与否，直接影响起重机的承载能力、整机稳定性和自重。为提高产品的竞争力，臂架的结构形式要求美观可靠，同时最大限度地减少其自重。与实腹式结构相比，桁架式臂架的优势更加明显，因此风电安装起重机的臂架一般采用后者。

图 8.12、图 8.13、图 8.14、图 8.15 所示的结构形式，分别为四弦杆桁架式、六弦杆桁架式、八弦杆桁架式以及实腹式。其中，六弦杆桁架式应用最少。

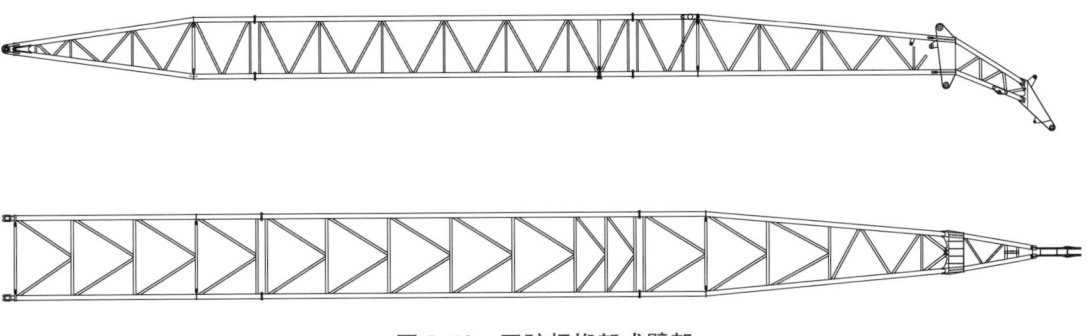

图 8.12　四弦杆桁架式臂架

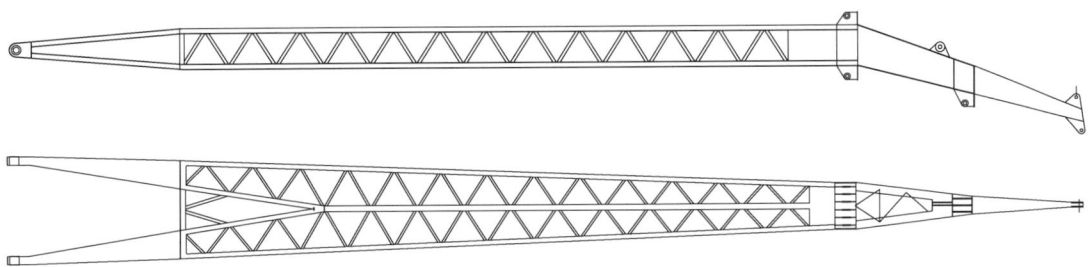

图 8.13　六弦杆桁架式臂架

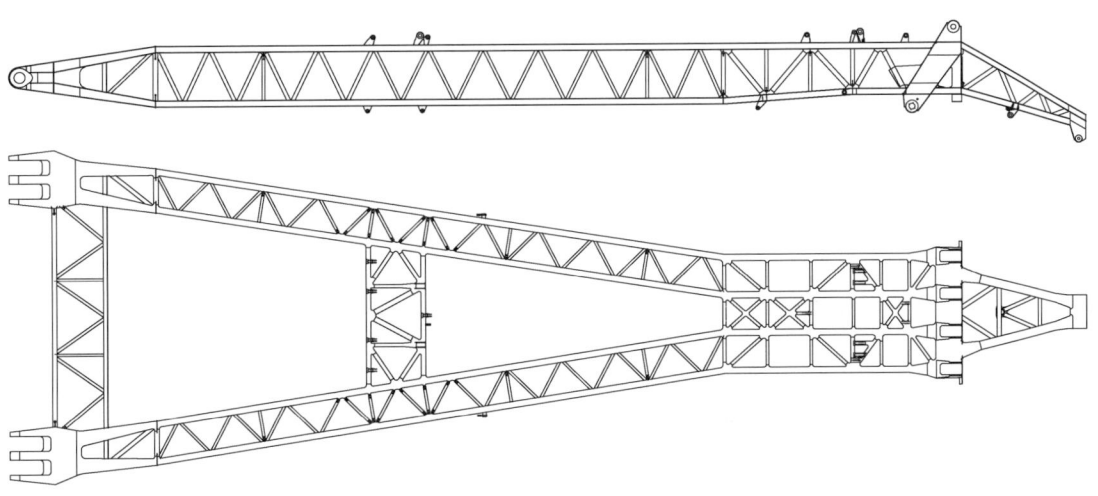

图 8.14　八弦杆桁架式臂架

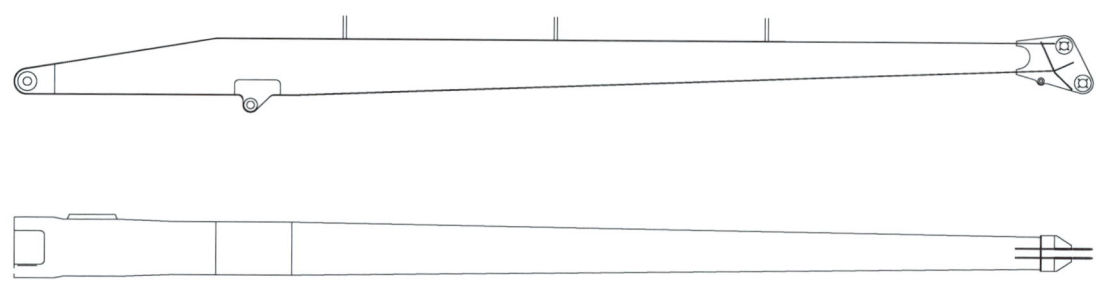

图 8.15 实腹式臂架

（1）臂架根部铰点。臂架通过绕根部铰轴转动实现作业幅度的变化，同时臂架上所有力最终通过铰轴传递，因此要求铰轴有足够的强度和刚度以及灵活转动能力。图 8.16 和图 8.17 所示为常见的臂架铰点形式。

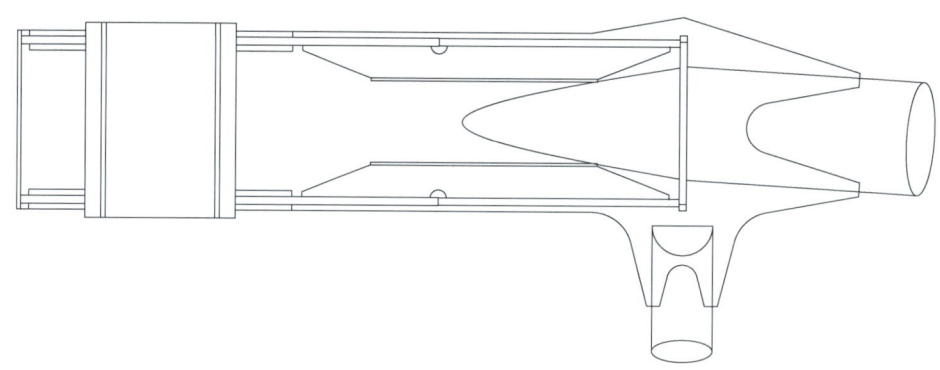

图 8.16 轴套式铰点

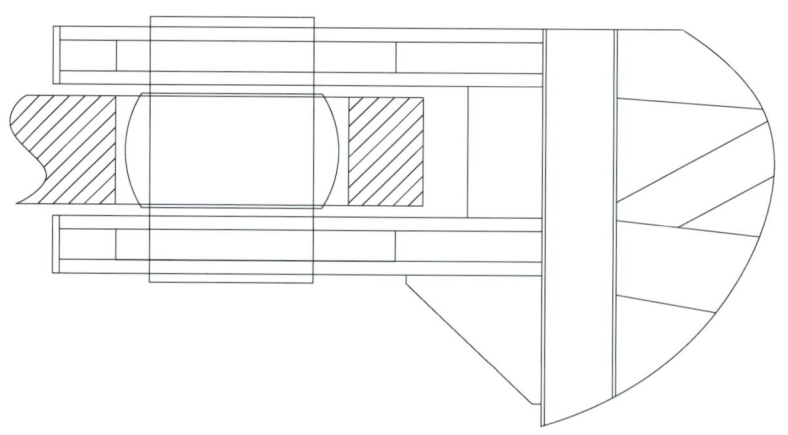

图 8.17 关节轴承铰点

（2）臂架中段。臂架中段的基本构件为主弦杆和腹杆。作为一受压构件，臂架的压力全部由主弦杆承受。主弦杆的常见形式是箱形结构和圆管结构。臂架的腹杆分为立面腹杆和平面腹杆。立面腹杆用来承受和传递垂直于臂架长度方向的横向力即竖直剪力，如重力分力；平面腹杆用来承受和传递侧向力。腹杆在承受横向力时拉力、压力交替出现，如图8.18、图8.19、图8.20及图8.21所示。

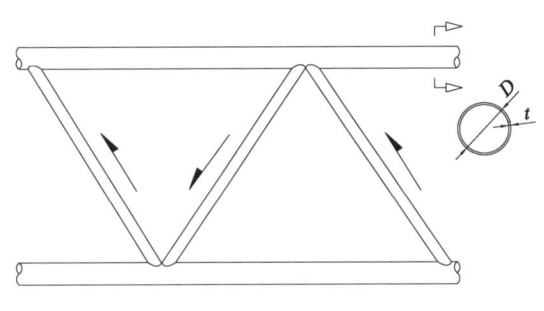

图8.18　八弦杆（圆管结构）立面腹杆布置

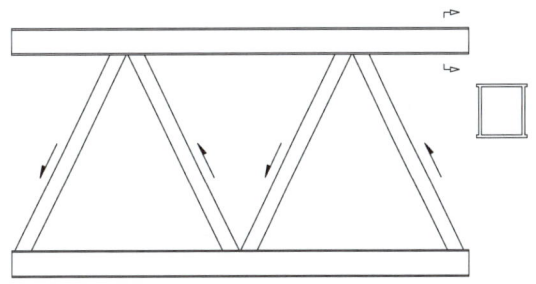

图8.19　四弦杆（箱体结构）立面腹杆布置

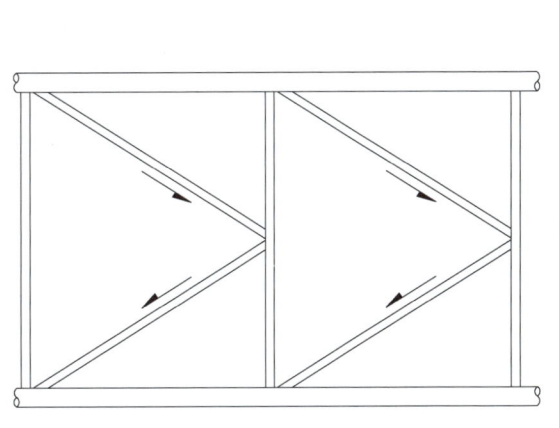

图8.20　四弦杆平面腹杆布置

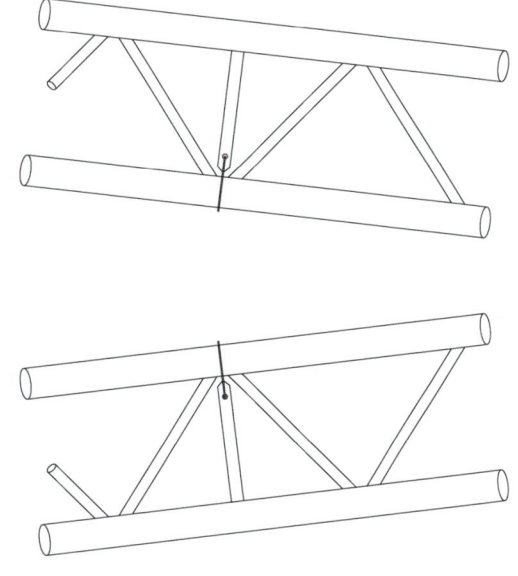

图8.21　八弦杆平面腹杆布置

臂架的主弦杆和腹杆的规格选取，除了要满足强度要求外，还要考虑单肢稳定性以及局部稳定性的要求。

（3）臂架头部。臂架头部是臂架结构最为复杂的一部分。臂架头部结构要求受力形式明确，外形流畅，重量轻。图8.22、图8.23，图8.24分别为桁架式、箱梁式和实腹式臂架头部结构的典型示意图。

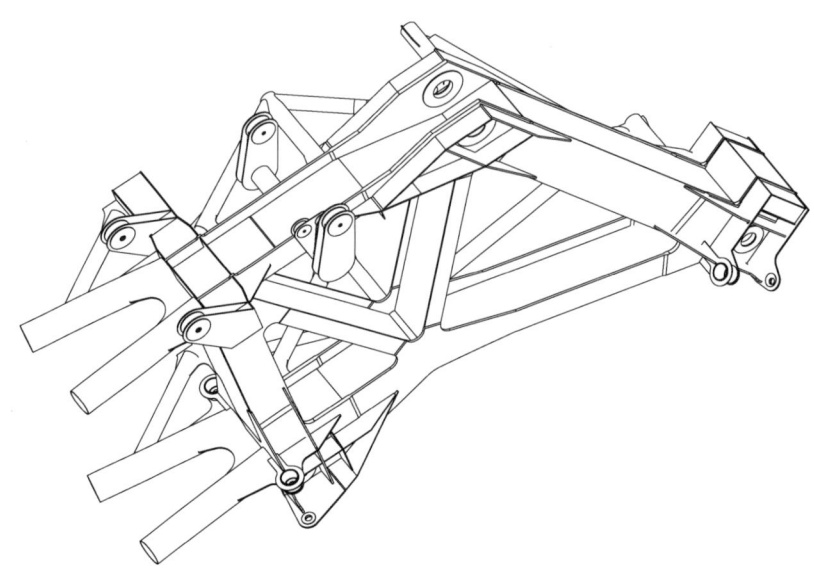

图 8.22　桁架式臂架头部结构

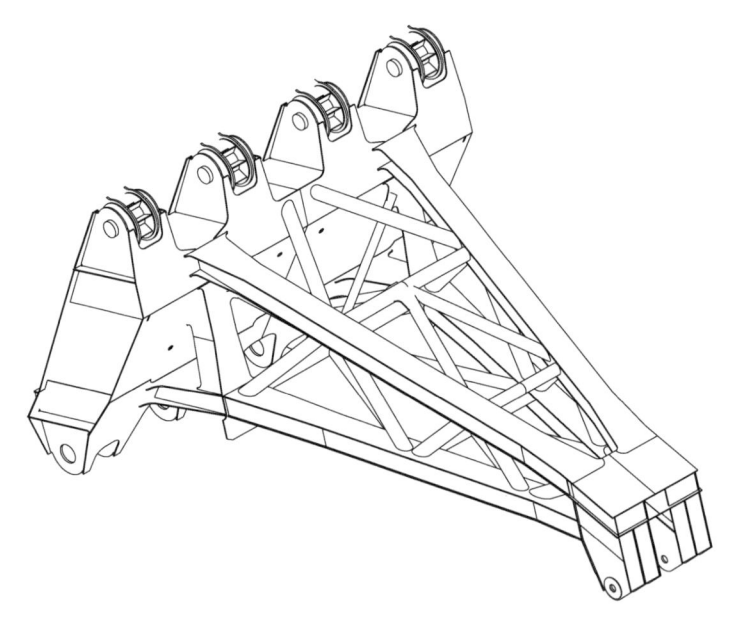

图 8.23　箱梁式臂架头部结构

（4）改向滑轮支座。臂架上布置有各种改向滑轮，改向滑轮固定在臂架上改变钢丝绳的进行方向。由于钢丝绳在经过改向滑轮时，角度发生改变，其产生的分力会对臂架结构产生一定的影响。图 8.25 为改向滑轮支架的示意图。

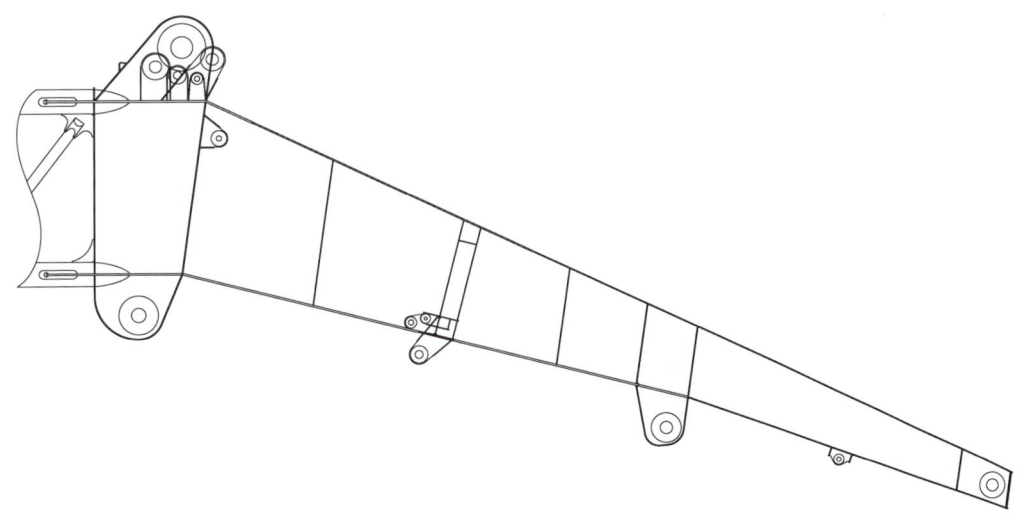

图 8.24 实腹式臂架头部结构

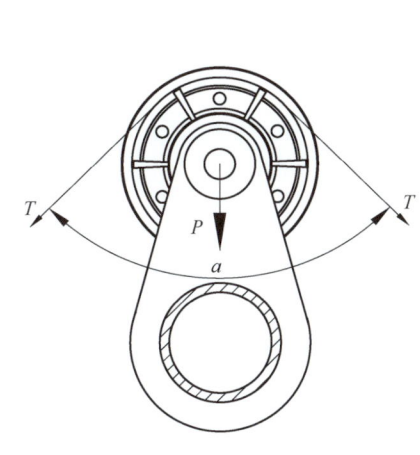

图 8.25 滑轮支座受力示意

T—钢丝绳张力;P—作用于臂架结构上载荷;
a—钢丝绳包角

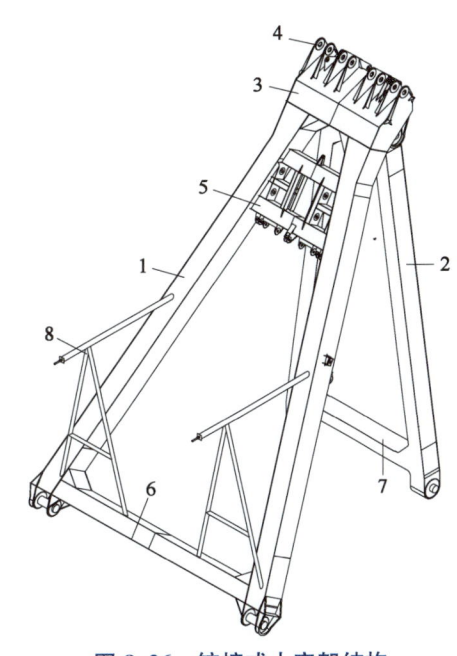

图 8.26 铰接式人字架结构

1—压杆;2—拉杆;3—压杆上部横梁;4—改向滑轮支座;
5—压杆中部横梁;6—压杆下部横梁;
7—拉杆下横梁;8—防倾覆支架

2) 人字架系统

人字架也称"A"字架,一般有实腹式和框架式两种。作用于人字架的载荷主要是变幅绳的拉力和各种起升机构钢丝绳的张力。图 8.26 和图 8.27 为固定铰点式人字架,图 8.28 为实腹式人字架,图 8.29 为组合式结构人字架。实腹式人字架的力学模型为一竖直悬臂梁,这种形式一般用于吨位较小的起重机。在大型起重机上一般采用框架式结构,

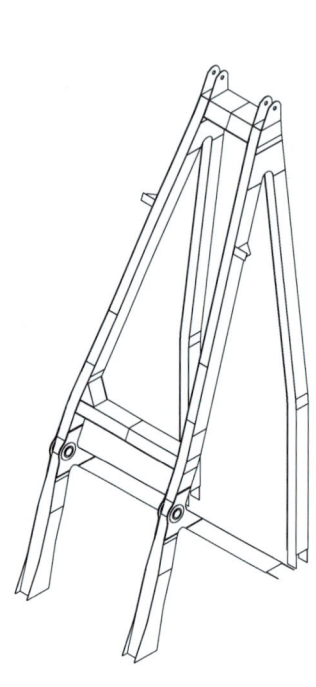

图 8.27 固定铰点人字架结构

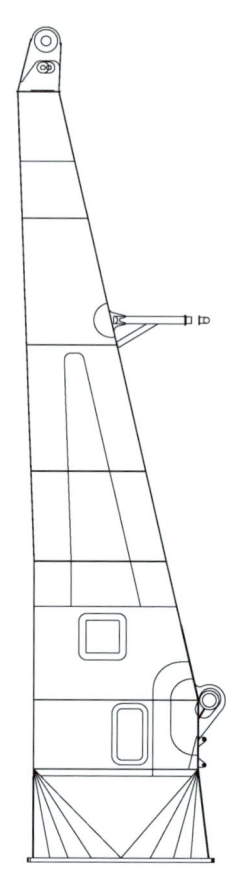

图 8.28 实腹式人字架结构

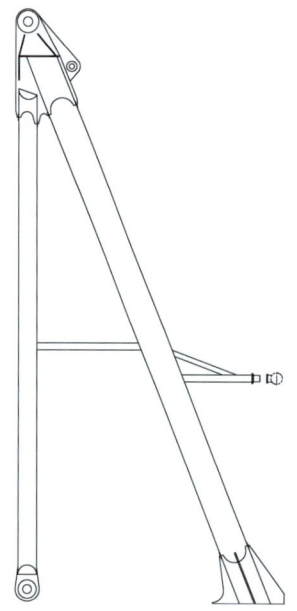

图 8.29 组合式人字架结构

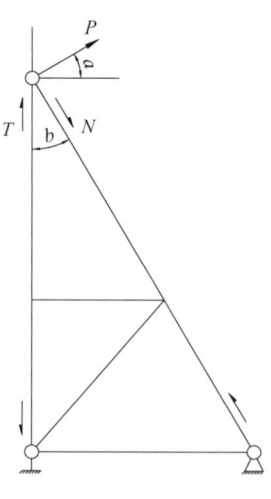

图 8.30 人字架力学模型

其形式简单,重量轻,承载能力大,本书将着重介绍框架式结构。框架式人字架主要由压杆、拉杆、横梁以及改向滑轮支座(见图8.30)等组成。

(1) 压杆。顾名思义,压杆主要承受压力,同时也承受由于自重以及钢丝绳拉拽产生的横向力。由于压杆存在稳定性的问题,因此压杆的许用应力偏小,因而压杆截面比拉杆要大一些。压杆通常选择封闭、惯性半径比较大的截面形式,如箱形截面和圆管形截面。

(2) 拉杆。人字架的拉杆主要承受拉力,不存在稳定性问题,只要满足强度和侧向框架刚度即可,但也应适当考虑安装时的稳定性问题。

(3) 横梁。人字架拉杆和压杆,均可以设有横梁。上部横梁用来支撑变幅滑轮支座,从而将变幅力传递到拉杆和压杆上;中间联系横梁起到稳定框架以及减小平面内压杆长细比的作用。

(4) 人字架的力学简化模型如图8.30所示。

3) 桁框架

桁框架起到增加底盘刚度,抬高人字架及臂架,从而增加起升高度的作用,一般只用于大型风电安装起重机中。上部与臂架铰点以及人字架下铰点连接,下部与底盘连接。桁框架结构如图8.31所示。

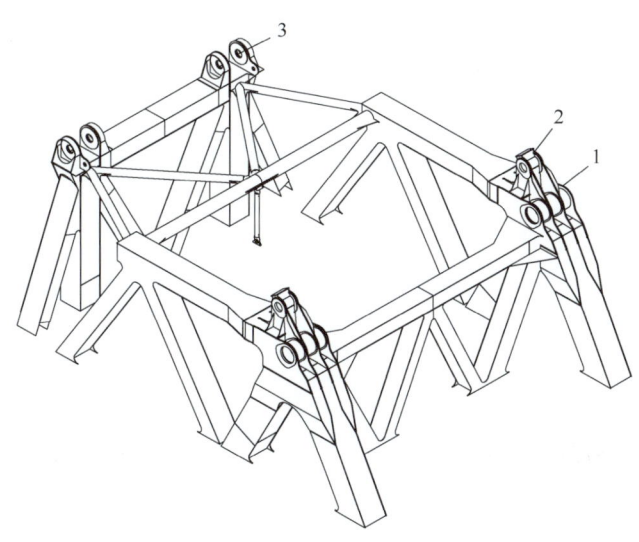

图 8.31 桁框架结构

1—臂架铰点;2—人字架压杆下铰点;3—人字架拉杆下铰点

4) 回转底盘

大型全回转式起重机的回转底盘一般采用轴承与下部筒体连接(见图8.33),也有另外一种连接形式,滚轮-反滚轮连接方式,与底座或者圆筒体连接(见图8.32)。回转底盘一般也以框架式结构为主,平面框架式转台由两根对称于纵向轴布置的纵梁和若干联系横梁组成。两根纵梁是转台的主要受力构件,人字架和臂架或桁框架都直接支撑在纵梁上(也有同时支撑在前部横梁上的情况);其他部分的重量最终也通过联系横梁将力传递到纵梁上。如果需要在回转底盘增加配重,一般连接在底盘尾部。其结构形式和构成如图 8.34 所示。

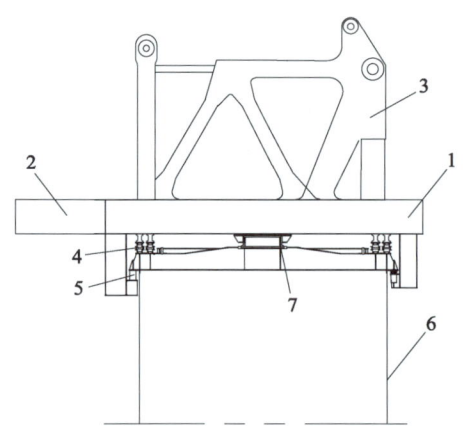

图 8.32　滚轮-反滚轮连接型式的回转底盘示意图
1—回转底盘;2—配重箱;3—桁框架;4—正滚轮;
5—反滚轮;6—圆筒体;7—回转中心结构

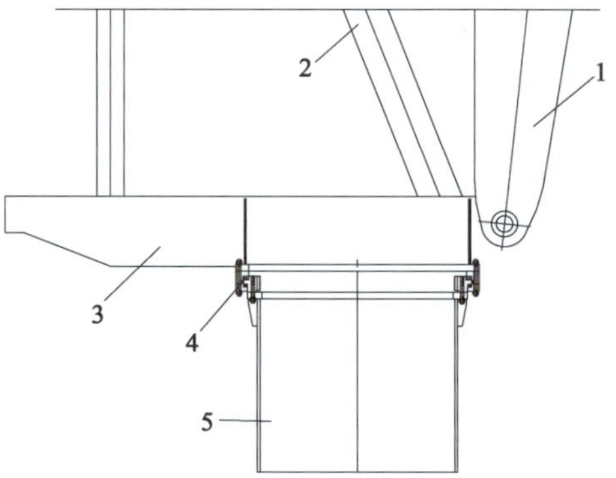

图 8.33　回转轴承连接的底盘及其位置示意图
1—臂架;2—人字架;3—回转底盘;
4—回转轴承;5—圆筒体

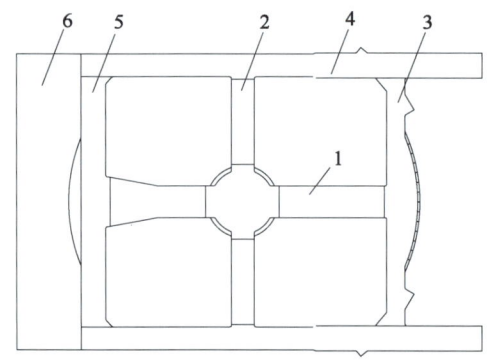

图 8.34　回转底盘的构成
1—中心位置纵梁;2—中心位置横梁;3—前端位置横梁;4—侧面位置纵梁;5—后端位置横梁;6—配重箱(仅对于回转支承能力超出范围而采用)

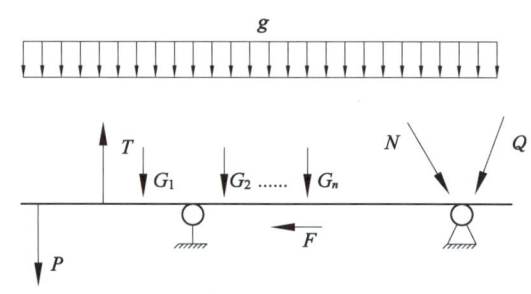

图 8.35　底盘的力学模型
Q—臂架铰点压力;N—压杆压力;T—拉杆拉力;P—配重拉力;F—侧向或横向力;
$G_1,G_2,\cdots,G_n$—机构压(拉)力;g—自重线重量

底盘的力学简化模型如图 8.35 所示。

5) 筒体

筒体也叫基座,它的作用是将起重机与船体或平台连接起来,将起重机以及吊载的重量及力矩通过筒体传递到船体或者平台上。为便于船体施工,有时圆筒体下部结构做成方形,上部结构为圆形,简称圆方过渡型式卷筒体。

(1) 筒体分类。与回转底盘一样,按照采用的回转方式的不同,可分为与传统回转轴承连接式筒体和采用滚轮-反滚轮连接式筒体。筒体的示意图如图 8.36、图 8.37 和图

8.38 所示。

（2）筒体的理论计算。筒体的受力比较明确，理论模型简单，筒体的设计主要在于其局部稳定性的计算。国内外的规范中均有讲述（如 DNV 规范等），在此不作展开。

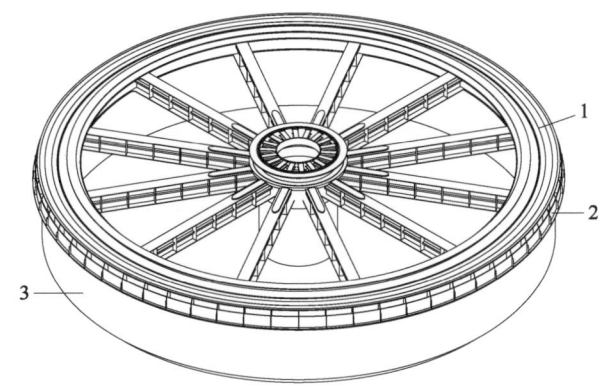

图 8.36　滚轮-反滚轮连接的圆筒体
1—正滚轮承轨结构及轨道面；2—反滚轮承轨结构及轨道面；3—圆筒体

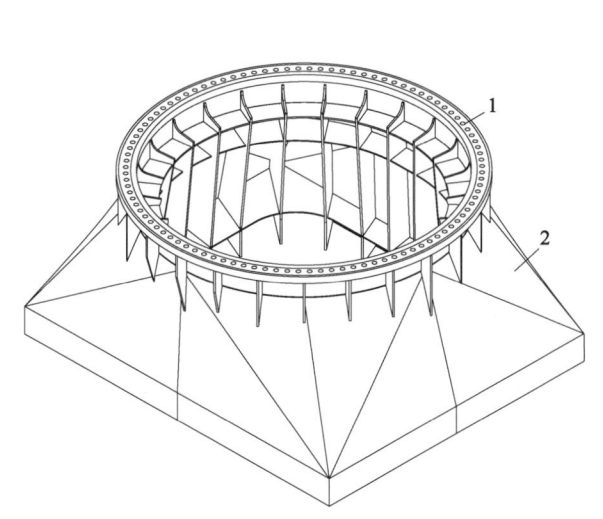

图 8.37　回转轴承连接的圆方过渡圆筒体
1—回转轴承连接支座；2—圆方过渡圆筒体

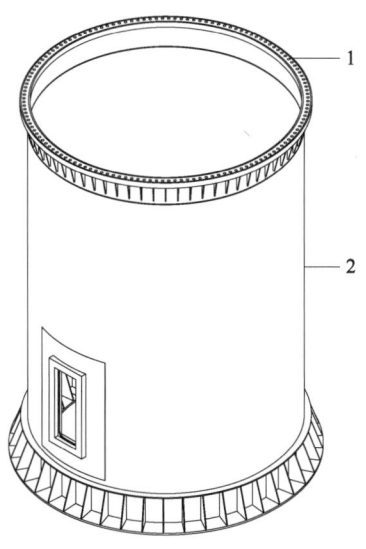

图 8.38　回转轴承连接圆筒体
1—回转轴承连接支座；2—圆筒体

6）滚轮与回转中心结构

滚轮与回转中心结构的作用等同于传统意义上的回转轴承，如果在大型风电安装起重机中回转轴承尺寸过大，没有产品可以满足需求的情况下，可用滚轮和回转中心结构的组合加以替代。在实现回转的同时，滚轮和反滚轮用来承受垂直载荷和倾覆力矩，回转中心结构用来承受横向载荷。滚轮和回转中心结构的位置如图 8.32 所示。

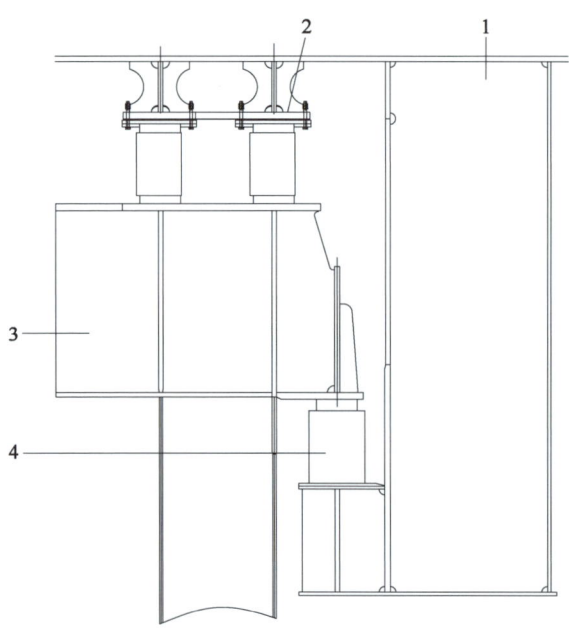

图 8.39　正滚轮、反滚轮位置布置示意图
1—回转底盘及反滚轮支撑结构；2—正滚轮；
3—圆筒体；4—反滚轮

（1）正滚轮。正滚轮主要承受垂向的压力以及由倾覆力矩产生的在前半圈（臂架所在方向）的向下压力，同时沿圆形轨道转动实现起重机的回转。正滚轮为整圈设置，通常工作时，只有前半圈支撑点附近部分滚轮承受负载。正滚轮和回转底盘不相对固定，这样承受负载的滚轮得到轮换，延长滚轮的工作寿命。正滚轮位置布置如图 8.39 所示。

（2）反滚轮。反滚轮主要承受由倾覆力矩产生的在后半圈（臂架所在反方向）的向上的压力，并将力传到筒体上。反滚轮为非整圈设置，反滚轮和回转底盘相对固定。反滚轮位置布置如图 8.39 所示。

（3）回转中心结构。回转中心结构主要承受水平力，同时保证起重机绕回转中心旋转。大型结构中，回转中心结构由靴套（回转轴承外圈）、靴托（回转轴承内圈）组成。靴套和回转底盘连接，靴托和圆筒体连接，靴托上镶嵌有铜套。此处为回转底盘和圆筒体之间的夹缝空间，比较狭小，因此回转中心结构还要考虑维修方便。维修时，靴套和回转底盘之间的固定螺栓拆除后，靴套自动脱落如图 8.40 所示，俗称"脱裤子"结构。

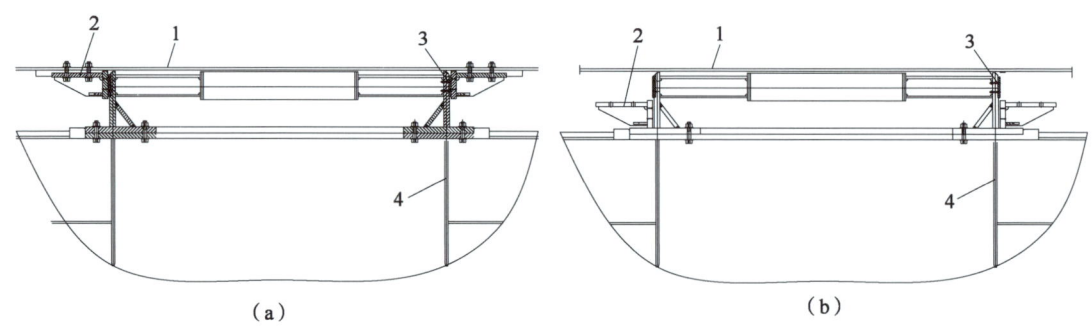

图 8.40　回转中心结构
(a) 工作状态；(b) 非工作状态
1—回转底盘；2—靴套；3—靴托；4—圆筒体

7）其他附属结构

为满足起重机的正常使用，一般还配置有其他附属结构件，如钩箱、防倾覆支架、臂架搁架、梯子平台、机构平台等。图 8.41 为钩箱示意图，当起重船处于航行状态时，用来搁放起重机的吊钩。图 8.42 所示为臂架搁架，用来搁放起重机的臂架。

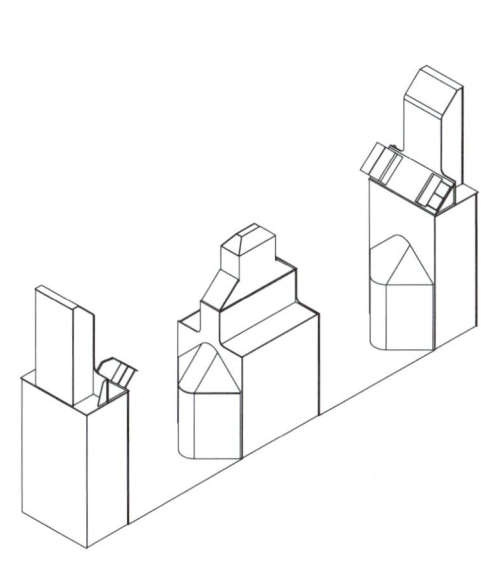

图 8.41 钩箱　　　　　　　图 8.42 臂架搁架

防倾覆支架一般设置在人字架压杆上(见图 8.26),在臂架大角度工作时,防止在风载荷或者吊钩突然卸载时惯性力作用下或者误操作情况下发生臂架向后倾覆。一般在防倾覆装置在前端设置有缓冲器和极限停止限位,在臂架发生意外向后倾覆的情况下,先通过安全装置进行预防,最后的一道安全闸门才是防倾覆支架。

8.2.1.2　载荷与载荷组合

对于全回转式风电安装起重机,在设计之前,需要明确其工作工况、非工作工况(包括维修工况、拖航工况、锚定工况等),并且确定各种工况下的载荷。不同的船级社有不同的载荷和系数的定义,但原则都类似。在此,选取几个最常见的载荷作简单说明。

1) 载荷定义

风电安装起重机设计中要考虑的载荷主要包括以下几类:

D_L——起重机自重载荷。不包括悬挂于起重臂头部的起升绳、动滑轮组和钩头重量。

L_S——吊钩系统载荷。包括悬挂于起重臂头部的起升绳,动滑轮组和钩头重量。

L_L——起升载荷。吊钩下吊载重物的重量。

List,Trim——因船体横倾(list)或纵倾(trim)引起的自重惯性力。

F_o,F_s——吊重相对起重机倾斜(前后,横向)引起的水平分力。船体本身的倾斜及特殊的起吊要求都可能引起这样的水平分力。

F_r——因起重机运动引起的惯性力,通常由于回转运动产生。

W_{LO},W_{LS}——风载荷(区分为工作风载荷 W_{LO} 和非工作风载荷 W_{LS})。

SHIP——船体的运动载荷。

2) 作业系数 Φ_d

风电安装起重机的作业系数 Φ_d 根据其使用频次与吊运工作的繁重程度来决定,并假定在正常船用条件下的工作寿命(工作循环次数)不超过 6×10^5 次。一般规定为 $\Phi_d=1.05$。对于工作特别繁重的起重机,可以适当提高。

3) 起升动载系数 Φ_2

吊运起升载荷时,由于状态的突然改变,吊重产生的加速度会导致作用在结构上的实际载荷增大,可利用起升动载系数乘以吊重来考虑这些载荷。

起升系数按下式计算:

$$\Phi_2 = \max(1.1, 1+CV_g) \tag{8.7}$$

式中　V_g——起升速度(m/s),当起升速度超过 1 m/s 时,仍按 1 m/s 计算;
　　　C——决定于起重机刚度的系数,对臂架式起重机取 0.3。

4) 起重机运动引起的惯性力 F_r

由于回转、变幅而作用于起升载荷与起重机结构上的惯性力应予以考虑。

在回转与变幅运动时,作用在起升载荷上的水平惯性力按起升钢丝绳(垂直部分)的摆幅所产生的水平力计算。回转与变幅机构加速与减速时,作用在运动部件与起升载荷上的水平惯性力,应当是该质量与加速度乘积的 1.5 倍。

作用在起重机结构上的离心力可以忽略不计。

5) 船舶倾斜载荷

风电安装起重机在工作时,船体难免倾斜,由此起重机会受到自身坐标系内的水平加速度为 $g\sin\beta$ 和 $g\sin\alpha$,其中,α、β 分别为纵倾、横倾的角度。在船东未给出船体倾斜的数值时,按表 8.10 中的角度予以考虑。

表 8.10　最小横倾角和纵倾角

船舶类型	横倾 β(°)	纵倾 α(°)
常规船舶(规范尺度比要求的船舶)	5	2
船长小于 4 倍船宽的驳船和双体船	3	2
半潜船	3	3
半潜式平台	2	2
自升式平台	1	1

6) 起升钢丝绳的偏斜角

船体本身的倾斜以及吊重的相对位置都会导致起升钢丝绳的倾斜,如横向倾角 β、纵向倾角 α。由此导致吊重物 F 产生水平分力 $F\sin\beta$ 和 $F\sin\alpha$。

7) 风载荷

(1) 作用在起升载荷上的风力。作用在起升载荷 LL 上的工作风力 WLO_LL,在未知起升载荷的形状和尺度时,可按下式估算:

$$WLO\_LL = \begin{cases} 0.037\times LL & (LL \leqslant 50 \text{ t}) \\ 0.261\times\sqrt{LL} & (LL > 50 \text{ t}) \end{cases} \tag{8.8}$$

式中 WLO_LL——作用在起升物上的工作风载荷(t)。

(2) 作用在起重机结构上的风力。作用在起重机结构上或单个构件上的工作风力 WLO_W，按下式计算：

$$WLO\_W = CqA \tag{8.9}$$

式中 WLO_W——作用在起重机结构上或单个构件上的工作风载荷(t)；
　　　C——风力系数，方向与风向相同，见表8.11；
　　　A——构件的投影面积，方向与风向垂直(m^2)，组合结构的投影面积为结构上每个构件的投影面积之和；
　　　q——作用风压(Pa)，见式(8.10)。

$$q = 0.613V^2 \tag{8.10}$$

式中 V——风速(m/s)，起重机工作时的风速应取20 m/s，起重机在放置状态下的风速应取55 m/s，如预计有更大风速时，则应取更大的风速。

表8.11 风力系数 C

类　别	说　明		空气动力长细比 l/b 或 l/D					
			5	10	20	30	40	50
单根构件	型钢、矩形型材、空心型材、板材		1.3	1.35	1.6	1.65	1.7	1.8
	圆形型材	$D_V < 6\ m^2/s$	0.75	0.80	0.90	0.95	1.0	1.1
		$D_V \geqslant 6\ m^2/s$	0.60	0.65	0.70	0.70	0.75	0.80
	箱形构件：正方形：350×350 mm^2 以上 矩形：250×450 mm^2 以上	$b/d \geqslant 2$	1.55	1.75	1.95	2.1	2.2	—
		1	1.40	1.55	1.75	1.85	1.9	—
		0.5	1.0	1.2	1.3	1.35	1.4	—
		0.25	0.8	0.9	0.9	1.0	1.0	—
单个构件	平侧面型材		1.7					
	圆形型材 $D_V < 6\ m^2/s$		1.2					
	$D_V \geqslant 6\ m^2/s$		0.8					
机房等	安装在地面或满实底层上的长方建筑，底部空气不能流通		1.1					

表8.11中 l/b、l/D(空气动力长细比)和 b/d(截面比)如图8.43所示。

8) 拖航载荷

起重机在拖航状态下，船舶的运动载荷应予以考虑。

(1) 如船舶的运动状态未知，可按两种情况的组合力进行考虑：

① 垂直于甲板的加速度为±1.0 g；前后方向平行于甲板的加速度为±0.5 g；静横倾30°；风速55 m/s，作用于前后方向。

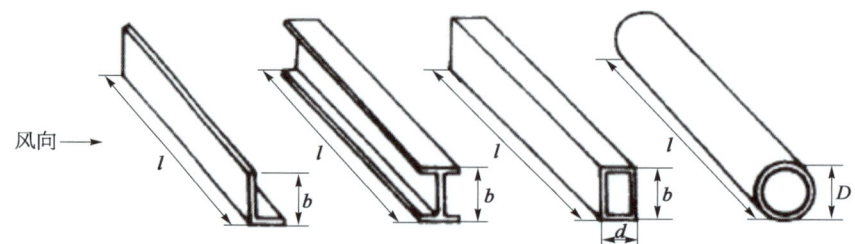

图 8.43　空气动力长细比和截面比

② 垂直于甲板的加速度为±1.0 g；横向平行于甲板的加速度为±0.5 g；静横倾 30°；风速 55 m/s，作用于横向。

（2）如船舶的运动状态已知，可按由船舶运动引起的加速度载荷来考虑起重机结构受力。

利用已经公认的软件，按可能遭遇的最严重海况进行船舶耐波性分析和准静力分析方法求得的船舶运动载荷，也可以用来计算起重机拖航工况下的受力。

9) 工况组合

（1）起重机于无风时工作。

$$\phi_d \times (D_L + \phi_h \times (L_S + L_L + F_o + F_s)) + TRIM + LIST + F_r \quad (8.11)$$

（2）起重机于有风时工作。

$$\phi_d \times (D_L + \phi_h \times (L_S + L_L + F_o + F_s)) + TRIM + LIST + F_r + WLO \quad (8.12)$$

（3）起重机处于维修，系泊，拖航等非工作状态。

$$D_L + L_S + SHIP + WLS \quad (8.13)$$

其中，$SHIP$ 表达为拖航引起的载荷。其他存在的载荷，如可能的锚定、绑扎等也应包括在内。

8.2.2　全回转起重机的机构

风电安装起重机上常见的机构有：起升绞车机构、变幅绞车机构、辅助类绞车机构及回转机构等。本节重点描述起升绞车、变幅绞车及回转机构。大型风电安装起重机一般通过绞车机构（简称"绞车"）收放钢丝绳，实现吊钩的垂直运动和臂架的变幅动作。通过回转机构驱动起重机上部回转结构，绕回转中心旋转。绞车机构与吊钩之间通过钢丝绳缠绕系统，实现驱动链的关联。

8.2.2.1　起升绞车

1) 概述

风电安装起重机的起升绞车用来实现吊载物件的垂直运动，是起重机上最主要的部件之一。

风电安装起重机的起升绞车按功能可分为：主起升绞车、副起升绞车、小钩绞车、索具钩绞车等。风电安装起重机的起升驱动机构可以是一组或两组对称布置的起升绞车，每组绞车由一台到多台电机或者液压马达驱动，并由相应的联轴器、制动器、减速器、卷筒等部件组成。通过驱动卷筒收绳或者放绳，实现物件的垂直运动。当绞车采用两组对称布置的方式时，为了保持两组绞车的同步运行，可以在高速轴（电机轴端）或低速轴（卷筒轴）之间设置机械同步装置，也可通过电气控制方式实现同步运行。由于风电安装起重机载荷大，垂直运动的行程长，需要卷入或者放出的钢丝绳长，因此一般采用容绳量大的多层卷绕式卷筒。

起升绞车一般应满足下列要求：

(1) 起升绞车设计和选型应符合所选规范规定的工作级别或规范标准的规定。

(2) 起升绞车的驱动装置一般设置在机器房内，各部件安装在具有足够强度和刚性的共用底架上。电机和减速器底座应当有足够的刚度，防止因振动而影响机构正常工作。

(3) 驱动装置在完成调整后，应当用定位销或楔形止动块将各部件定位在底架上。

(4) 卷筒支座应有足够的侧向刚度，以承受因钢丝绳偏斜产生的侧向力，保证卷筒制动器正常工作。

(5) 当采用 Lebus 卷筒时，钢丝绳工作时对卷筒绳槽的偏斜角一般控制在 $0.25°\sim1.5°$。如果钢丝绳对卷筒偏斜角超出范围时，需要增加排绳机构，或在缠绕系统上增加改向滑移滑轮来调整。

(6) 在高速轴（减速器侧）和低速轴（卷筒轴侧）装设有可靠的制动器。

(7) 机构应当配置可靠的安全保护装置，包括但不限于限位保护、超载保护、超速保护等。对转动部件外侧应装设安全防护栏，在卷筒的下方应有接油盘，以防止从卷筒滴落的油脂污染环境。

(8) 满足标准或所选规范规定的噪声限制要求。

(9) 便于维护保养，留有足够的维修保养空间和通道。

(10) 当电气系统发生故障时，应有将吊具上的货物下放的应急措施。

2) 起升绞车的组成

起升绞车由以下几部分组成：电机（或液压马达）、联轴器、制动器、减速器、卷筒、钢丝绳、安全限位开关和负荷限制器。其中，电机（或液压马达）是动力源；制动器、联轴器、减速器、卷筒和钢丝绳是执行机构；安全限位开关和负荷限制器是安全保护装置。

3) 起升驱动绞车的典型布置形式

(1) 一台减速器居中，两侧布置电机和卷筒，如图 8.44 所示。该布置紧凑，占用空间小，也有利于减小钢丝绳对卷筒的偏角，但减速器体积和重量较大，维修相对不易。

(2) 两台减速器居中，两侧分别布置电机和卷筒，如图 8.45 所示。采用该形式，两卷筒间距可根据需要调整，减小绳相对于卷筒的偏角，有利于人字架上滑轮组的布置，减速器尺寸较小，易于制造和维护，但该布置形式占用空间较大。此种方案在超大型风电安装起重机中使用较多。

(3) 行星齿轮减速箱藏于卷筒内部，如图 8.46 所示。此种布置形式使得机构紧凑，占用空间更小，多用于目前的风电起重机绞车上。

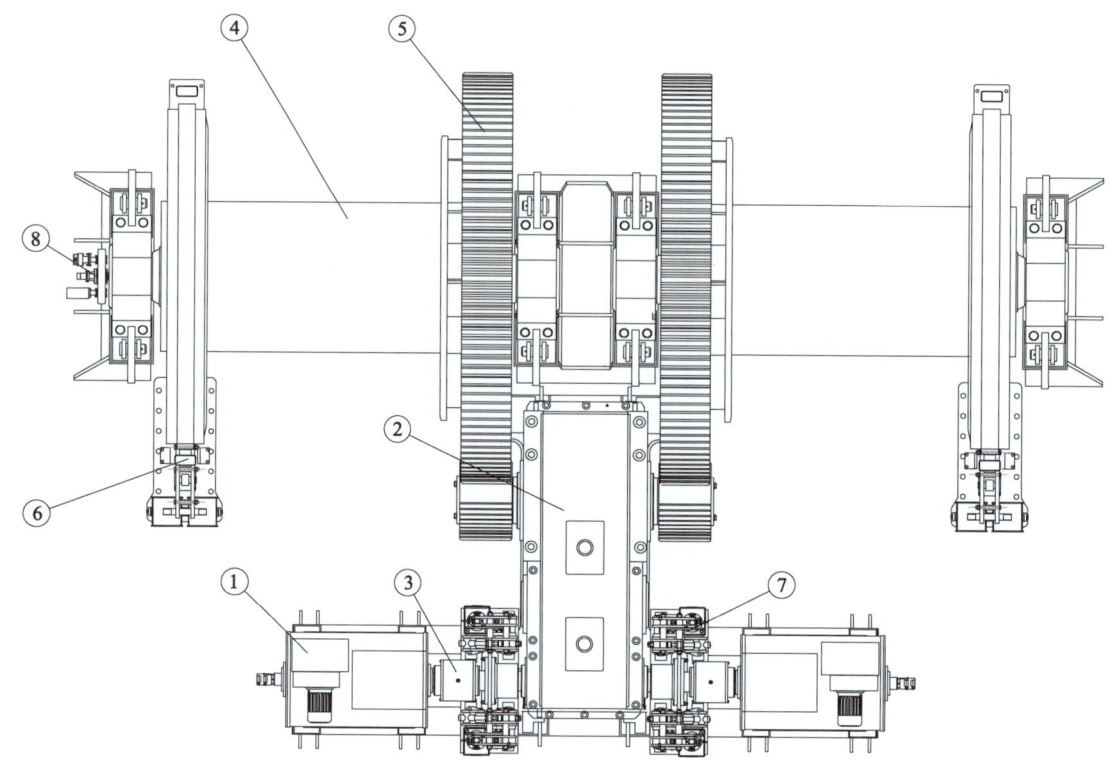

图 8.44 起升绞车布置(一)

1—电机;2—联轴器;3—减速箱;4—卷筒;5—开式齿轮;6—卷筒制动器;7—高速制动器;8—限位装置

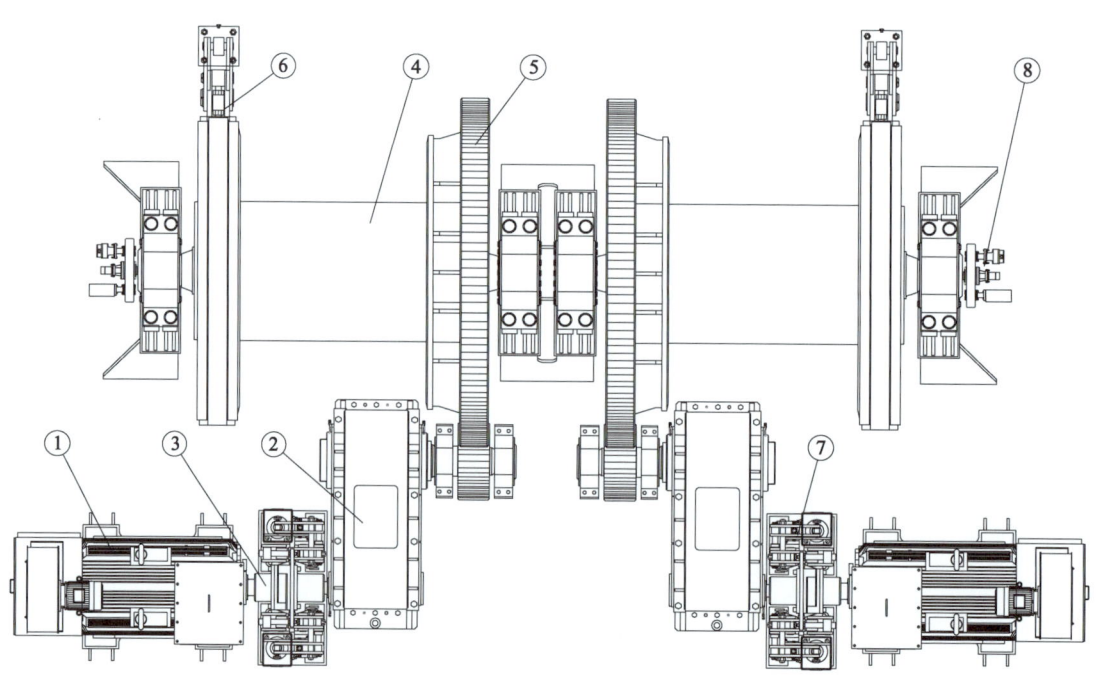

图 8.45 起升绞车布置(二)

1—电机;2—减速箱;3—联轴器;4—卷筒;5—开式齿轮;6—卷筒制动器;7—高速制动器;8—限位装置

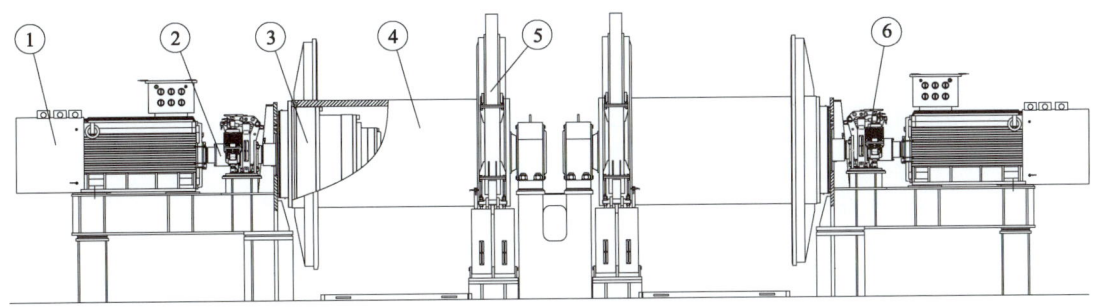

图 8.46 起升绞车布置(三)
1—电机；2—联轴器；3—行星齿轮减速箱；4—卷筒；5—卷筒制动器；6—高速制动器

8.2.2.2 变幅绞车

1) 变幅绞车的组成和典型零部件的选型

变幅绞车的组成零部件除了卷筒锁定装置之外，与起升机构的基本相同。卷筒锁定一般采用棘轮棘爪装置。

2) 变幅机构的驱动装置布置形式

变幅机构驱动装置的布置形式基本上大同小异，主要有以下几种：

(1) 一台减速器驱动两个卷筒，如图 8.47 所示。

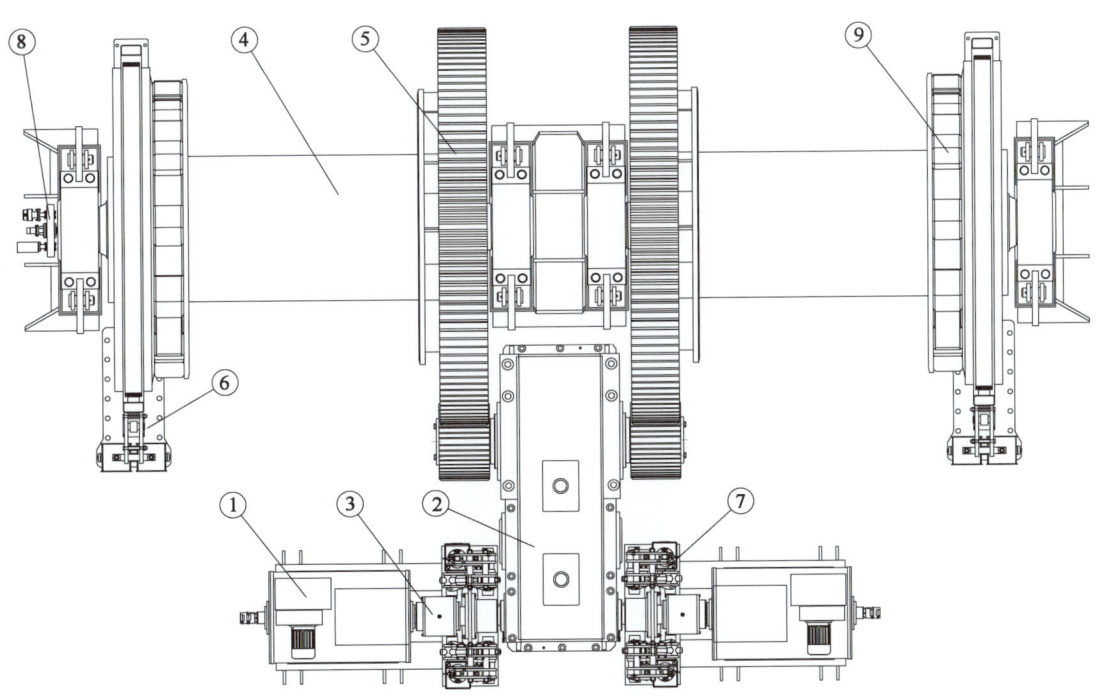

图 8.47 变幅绞车布置(一)
1—电机；2—减速箱；3—联轴器；4—卷筒；5—开式齿轮；6—卷筒制动器；
7—高速制动器；8—限位装置；9—棘轮棘爪

(2) 两台减速器分别驱动两个卷筒,如图 8.48 所示。在图 8.48 中,低速级制动器可采用带式制动器。编码器在高速端,可以直接安装在电机轴上。超速开关设在低速轴上,不能设在高速轴上。因为如果传动件出现了故障,引起失速,高速轴上的超速开关不能将超速信号发出,达不到超速保护作用。

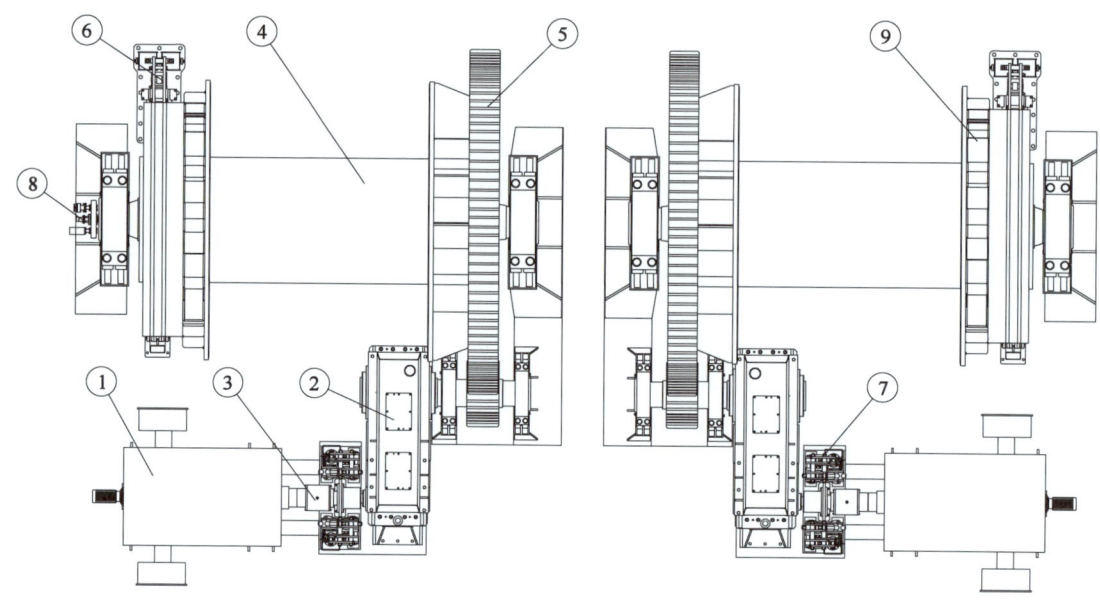

图 8.48　变幅绞车布置(二)
1—电机;2—减速箱;3—联轴器;4—卷筒;5—开式齿轮;6—卷筒制动器;
7—高速制动器;8—限位装置;9—棘轮棘爪

(3) 行星齿轮减速器藏于卷筒内部。有的风电安装起重机为了减小机器房的空间,变幅驱动机构采用行星齿轮减速器取代传统的平行轴式减速器,如图 8.49 所示。这种布置形式结构紧凑,占空间小,使得对部件的维修检测有足够的空间。

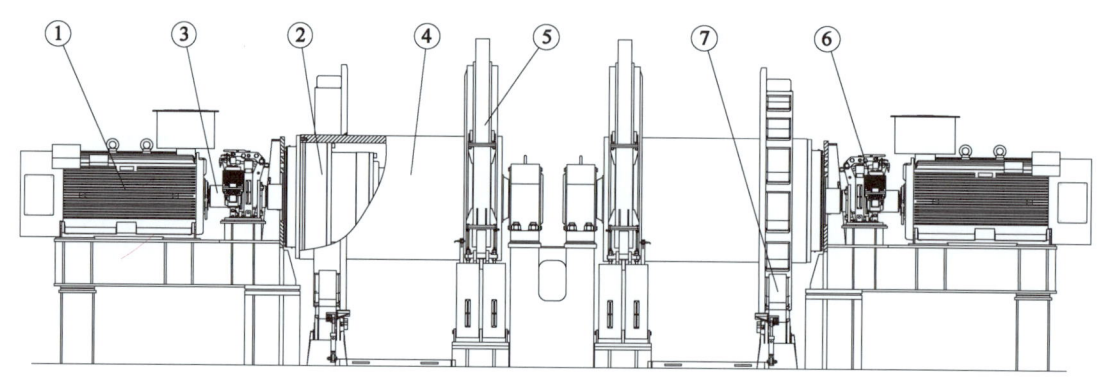

图 8.49　变幅绞车布置(三)
1—电机;2—行星齿轮减速箱;3—联轴器;4—卷筒;5—卷筒制动器;6—高速制动器;7—棘轮棘爪

8.2.2.3 回转机构

1) 概述

在风电安装起重机中,回转机构用来实现起重机上部回转部分相对于下部固定部分做回转运动的机构。

风电安装起重机的回转机构一般由多套回转驱动装置组成,其作用是驱动上部结构绕起重机的中心垂直轴线,在水平面内沿圆弧运移物品。当回转与变幅动作联动时,风电安装起重机的服务范围在水平面内的投影,将是一个以最大、最小幅度为内外半径的圆环面。

重型全回转式风电安装起重机的回转速度,满载时一般为 0.1～0.3 r/min,空载时速度会有所增加。对于超大型的全回转式风电安装起重机,有时候回转速度由船体压载平衡能力确定。

大型风电安装起重机的回转机构一般采用销齿与针销的传动方式。通常回转驱动装置安装在回转底盘上,驱动装置末端的摆线销齿轮与固定在圆筒体结构上的针销相啮合,摆线销齿轮的齿数通常为 7～12 齿,一般为内啮合。

小型的风电安装起重机常采用齿圈式回转传动机构,回转驱动装置也是安装在回转底盘上,驱动装置末端的普通小齿轮与圆筒体结构上大齿圈相啮合。大齿圈和滚动轴承做成一体,小齿轮的齿数一般为 9～15 齿,;啮合方式视结构的需要,可做成内啮合或者外啮合。

本章节重点介绍大型风电安装起重机上采用的销齿针销驱动装置。

2) 回转驱动装置的组成

回转驱动装置一般由电动机或液压马达,制动器,减速箱、联轴器、齿轮(销齿轮、普通直齿轮)等组成。其中,大型风电安装起重机中多通过销针和销齿轮啮合进行驱动(见图 8.50);小型风电安装起重机多通过回转轴承及齿轮啮合进行驱动(见图 8.51)。

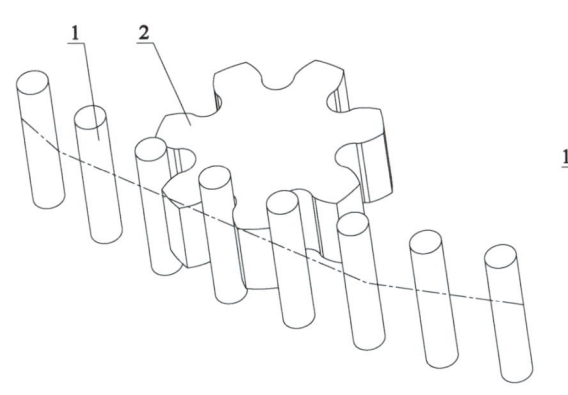

图 8.50 回转轴承和小齿轮内啮合传动
1—回转轴承;2—小齿轮

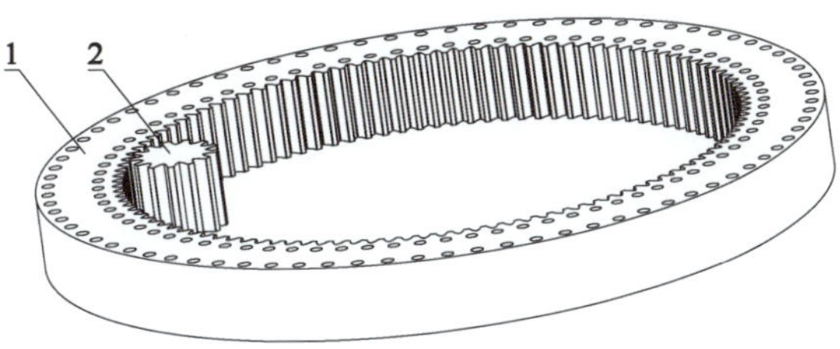

图 8.51 销齿针销内啮合传动
1—针销;2—销齿

3) 销齿轮的特点及应用

与普通齿轮传动比较,销齿轮传动具有维修方便、重量轻、成本低、对中心距误差的敏感性小等优点,可适用于低速重载、润滑条件差的等工作环境。

销齿轮传动分为外啮合、内啮合和齿条啮合三种形式。在大型全回转式风电安装起重机中,一般采用内啮合传动形式。

销齿轮一般为摆线齿轮,为主动齿;针销为圆柱形,为从动齿。针销的结构简单,加工容易,拆修方便,具有很好的经济性。特别是当单个针销破坏时,只需个别更换,不致使整个销轮报废。

4) 回转轴承的传动特点及应用

回转轴承在风电安装起重机上应用广泛(分为外啮合与内啮合,图 8.51 属于内啮合)。大轴承的固定座圈与起重机的固定部分连接,起重机上部转动部分与下部固定座之间通过轴承传递载荷,并由回转驱动装置的小齿轮驱动滚动轴承的内齿圈,实现起重机回转部分相对固定部分的回转。

回转轴承可以同时承受垂直力、水平力和倾覆力矩,已被制成标准件。作为成熟产品,具有质量稳定、选型方便、尺寸小、安装维护方便的优点,因此在全回转式起重机上被广泛采用。当然,回转轴承的最大承载能力远小于采用销齿轮针销满滚子的回转承载方式。

5) 回转机构的典型方案

回转机构可采用立式电动机和立式行星减速箱传动,也可以采用液压马达和立式行星减速箱传动。风电安装起重机一般采用多套回转驱动装置。

(1) 电机和行星减速箱传动方案。当回转机构采用立式电动机和立式行星减速箱传动时(见图 8.52),电动机 1 的输出轴与减速箱 4 输入轴通过联轴节 2 相连,并通过电机罩壳连接两者使其相对固定,高速制动器 3 安装在电机罩壳上,制动时刹住联轴节 2 上的制动盘实现制动效果。减速箱安装在底盘结构上,输出轴连接销齿轮 5,由销齿轮啮合针销实现驱动。

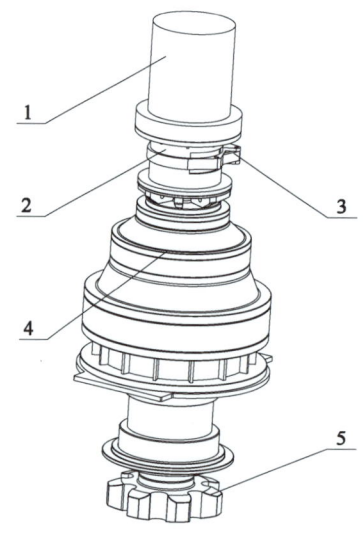

图 8.52 回转机构传动方案(一)

1—电机;2—联轴器;3—制动器;4—行星减速箱;5—齿轮

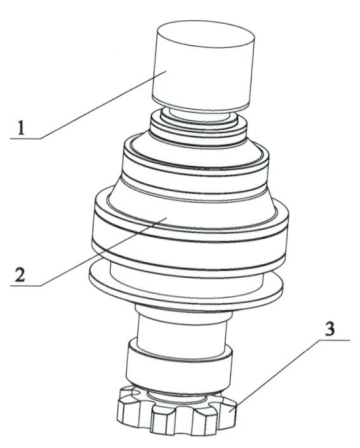

图 8.53 回转机构传动方案(二)

1—液压马达;2—行星减速箱;3—齿轮

(2) 液压马达和行星减速箱传动方案。当回转机构采用液压马达和立式行星减速箱传动(见图 8.53)时,液压马达 1 的输出轴与减速箱 2 的输入端直接相连。减速箱 2 安装在底盘结构上,输入轴连接齿轮 3,由此齿轮与回转轴承的大齿圈啮合实现驱动。此种传动形式省去了高速制动器和联轴器的安装,结构简单紧凑,适合小型风电安装起重机上使用。

8.2.2.4 机构的通用零部件

机构的通用零部件包括电机(或液压马达)、联轴器、制动器、减速器、卷筒、钢丝绳、安全限位开关及符合限制器等部件。

1) 电机及选型

(1) 电机的特点以及使用和维护要求。风电安装起重机的起升绞车的驱动电机有交流或直流形式。过去多采用直流电机,随着交流变频调速技术的进步,交流电机已经被广泛被采用。考虑到风电安装起重机起升工况的特点,电机的启动过载能力一般要求达到 150% 额定扭矩以上,并配有风机以保证起升电机满足连续工作的要求。由于风电安装起重机处于潮湿的海洋工作环境,因此电机内部需要配置防潮加热器,并配有过热报警和断电保护装置。

此外,电机的选取和使用还应该注意以下几点:

① 良好的散热性能。绞车连续工作,应当考虑强制通风。

② 如采用直流电机,电机罩壳对应碳刷和整流子的位置,应当设置透明窗口以方便检查。

③ 在高温环境下作业,应当选用 F 级绝缘。

④ 电机在室内工作时,其保护等级不低于 IP23,在室外则应达到 IP55~IP56。

(2) 电机的选型计算。起升绞车的电机选型时,应至少作下述核算。

① 机构在正常工作时所需的静功率:

$$N_1 = \frac{P_1 \times v_q}{1\,000 \times \eta} \tag{8.14}$$

静力矩:

$$M_1 = \frac{N_1 \times 9\,550}{n} \tag{8.15}$$

式中 P_1——额定外载载荷(N);

v_q——额定起升速度(m/s);

η——机构的传动总效率。

② 起动加速时,旋转体质量(电机、联轴器、减速器、各齿轮轴、卷筒以及滑轮等)在规定的时间内加速回转的惯性阻力矩:

$$M_2 = \frac{J_r \times \omega}{t_n} \tag{8.16}$$

相应的功率：

$$N_2 = \frac{M_2 \times n}{9\,550} \tag{8.17}$$

式中　J_r——各旋转体转化到电机轴上的总转动惯量$(kg \cdot m^2)$；
　　　ω——电机轴的角速度(rad/s)。

$$\omega = \frac{n \times 2\pi}{60} \tag{8.18}$$

式中　n——电机转速(r/min)；
　　　t_n——起动时间(s)。

③ 起动加速时,线性运动件(起升载荷 L_L 和起升吊载系统 L_S)在规定的时间内加速的惯性阻力矩：

$$P_3 = \frac{P_1 \times v_q}{g \times t_n} \tag{8.19}$$

相应功率：

$$N_3 = \frac{P_3 \times v_q}{1\,000 \times \eta} \tag{8.20}$$

惯性阻力矩：

$$M_3 = \frac{N_3 \times 9\,550}{n} \tag{8.21}$$

④ 起动时电机过载校验。起动时需要总力矩：

$$\sum M = M_1 + M_2 + M_3 \tag{8.22}$$

电机额定力矩：

$$M_n = \frac{N_e \times 9\,550}{n} \tag{8.23}$$

如果 $\dfrac{\sum M}{M_n} < f$（f 为电动机的过载系数），则可认为电机满足过载要求。如果计算时各载荷考虑不周全,应适当考虑余量。

2）制动器

制动器是保证风电安装起重机各机构安全正常工作的重要部件,每一套工作机构的传动装置中均设置制动器。对于重要机构(如起升绞车、变幅绞车),除了在高速轴上装设制动器外,还应设置卷筒制动器。

风电安装起重机的大型绞车上的高速制动器一般采用盘式制动器(见图8.54)。卷

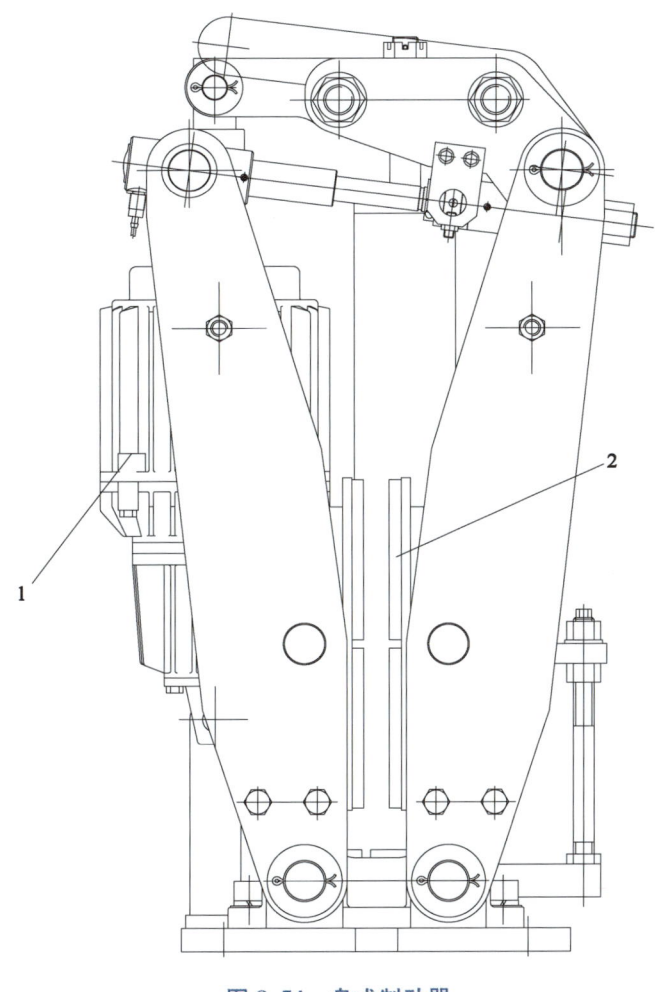

图 8.54 盘式制动器
1—推动器；2—制动块

筒应急制动器采用带式制动器(见图 8.55)和盘式制动器。

（1）盘式制动器。盘式制动器的工作面为圆盘两侧平面，制动块垂直于制动盘施加压力，制动性能可靠、稳定。盘式制动器有以下优点：

① 制动力矩大，在相同制动力矩情况下飞轮矩小，频繁制动时冲击小。
② 散热性好，在紧急制动时制动盘的高温得到良好的散热。
③ 可实现自动补偿，自动调整补偿制动块与制动盘之间的间隙。
④ 轴向尺寸小，结构紧凑，方便布置和方便装拆。
⑤ 夹钳可对称布置，可用增加夹钳数目来增大制动力矩。

绞车上的盘式制动器一般在电机制动转速降至 5% 时进行制动，而卷筒制动器则是在机构完全停止工作后进行制动。但在发生意外情况时自动进入制动，选择制动器时，所需的夹紧力由各机构的额定力矩决定，其安全系数按相应规范和买方文件要求选用。选用盘式制动器时，要注意验算盘的最大线速度，线速度不要超过相应制动器、联轴器的

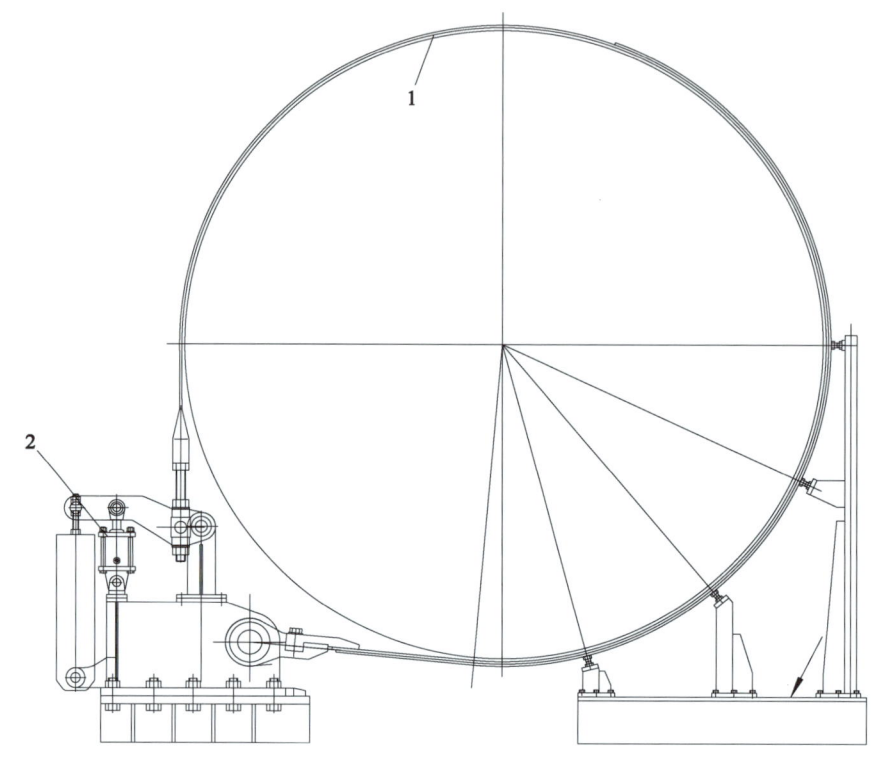

图 8.55 带式制动器
1—制动钢带；2—操纵系统

规定。

为了保证风电安装起重机高效和安全可靠地工作，制动器选择应遵循下列原则：

第一，起升驱动机构应采用常闭式制动器，高速轴制动器响应迅速，滞后时间不能大于 0.2~0.3 s。制动器的安全系数应不小于 1.75；如果安装两个以上制动器，则每个制动器的安全系数应大于 1.25。

第二，应考虑高速轴制动器的惯性矩尽可能小，以利起升驱动机构迅速启动，并且减小惯性力矩，利于制动。

第三，高速轴上的制动盘应安装在减速器输入轴上，而不是电机轴上，以使制动时的力流与电动机隔离，保证制动过程更直接，安全可靠。

第四，制动器应有磨损自动补偿装置和手动释放装置。

第五，制动器在振动、噪声、防松、防锈、防潮、防盐雾等方面均应满足规范的要求。

（2）带式制动器。带式制动器由制动轮（卷筒）、制动钢带（一般在钢带内表面有制动衬片）、操纵系统组成。

带式制动器的优点是构造简单、尺寸紧凑、包角大、制动力矩大；缺点是对制动轮轴有较大的径向力，制动钢带上的比压力不均匀，衬片磨损不均匀，散热性能不好。

带式制动器一般作为驻车制动器使用，即在停车后或维修状态才启动使用。在机构正常工作情况下带式制动器处于打开状态,当机构不工作达到某一设定时间(一般设定为15 min),带式制动器自动制动。

目前风电安装起重机绞车高速轴广泛采用的电动推杆盘式制动器,低速轴采用的带式制动器,低速轴也可以采用液力泵站控制的盘式制动器。

3) 减速器及其选型要求

起重机各机构中的减速器,箱体为钢板焊接结构,一般不采用铸造结构;齿轮为渗碳淬火硬齿面并磨齿。

减速箱箱体应有足够的刚度,保证受载后产生的变形不影响齿轮啮合。

减速箱具备良好的润滑和散热条件,保证在持续工作下的温升不超过规定的温度,一般不超过 70℃。

减速箱构造应便于检查和维修保养。减速箱底部设置放油阀,用以排放减速箱油中的水,其位置也应当保证更换油时可以将旧油排尽。减速箱上方应当设置探视孔,以检查各齿面的状况。减速箱顶部还应该有透气帽,使箱体内外的气压相等,防止工作时温度上升时内部气压升高导致的漏油和渗油。

齿轮须进行强度和疲劳的校核;在无特殊要求的情况下,可按照国际上通用的 AGMA 标准来进行计算。

4) 联轴器

联轴器主要用于两轴之间的扭矩传递,补偿小量的角度与径向偏移,同时还能改善传动装置的动态特性。

风电安装起重机上的绞车常用的联轴器有鼓形齿式联轴器(见图 8.56)、梅花弹性联轴器(见图 8.57)、万向联轴器等。一般用于连接电机与减速箱,为高速型。高速轴上使

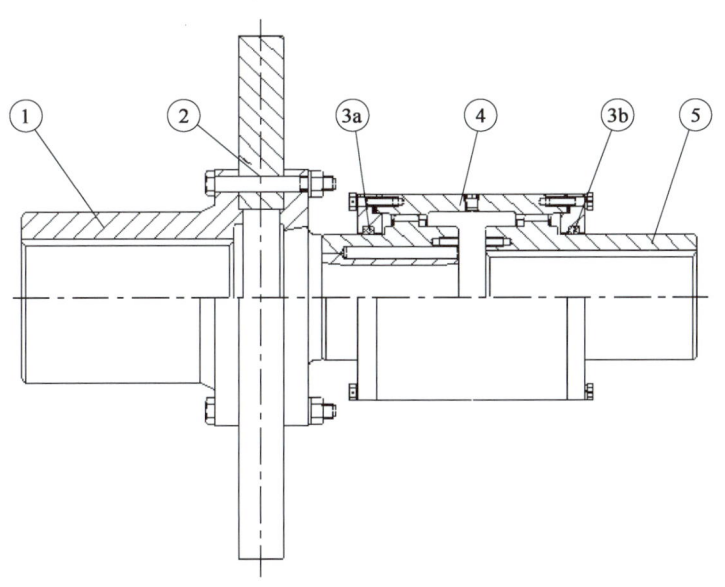

图 8.56　鼓齿型联轴器

1— 减速箱端半联轴节;2—制动盘;3a,3b—密封圈;4—外壳;5—电机端半联轴节

用的联轴器,必须采用锻钢制造,能润滑,并经过与其最高转速相匹配的动平衡。在人员通过的地方,联轴器需装有可拆式防护罩。用于起升、变幅驱动的联轴器应在不拆下各自的电机和减速箱的情况下就可以分离。要防止润滑油因联轴器的旋转而飞溅到高速轴的制动盘上,加油必须适量。近年来,大量采用不需要润滑的梅花弹性联轴器。

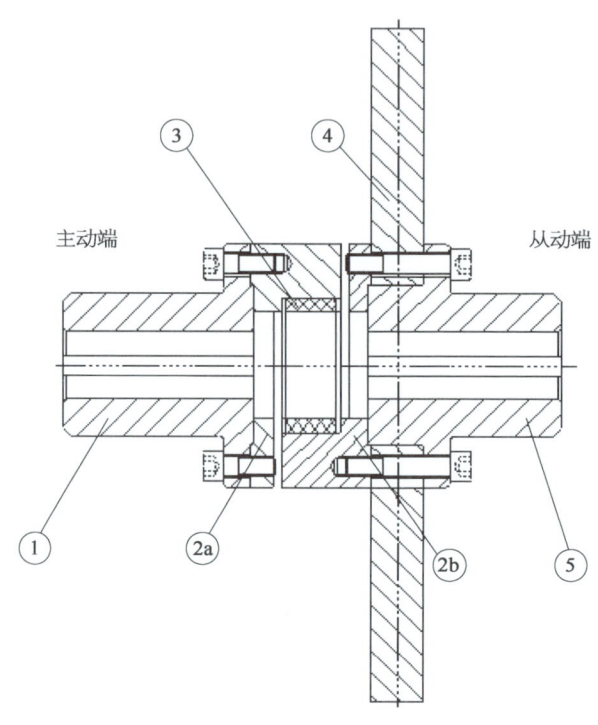

图 8.57　梅花弹性联轴器
1—电机端半联轴节;2a,2b—爪盘;3—梅花弹性元件;4—制动盘;5—减速箱端半联轴节

联轴器选型的基本要求为:第一,具有高可靠性;第二,其同心度易于调整;第三,维护少,寿命长;第四,必须防止油脂外泄,以免油脂污染制动盘及其周围环境,制动盘有油脂会减小制动力矩,引起事故;第五,额定转速不得低于电机最大转速,并满足动平衡要求。

5) 钢丝绳及其选型

在风电安装起重机中,通常选用线接触或者面接触的带独立钢芯的钢丝绳。钢丝绳的钢丝的公称抗拉强度一般不超过 1 960 MPa。根据起重机缠绕形式的不同,可选结构形式为旋转式或非旋转式的钢丝绳。一般按照规范规定的安全系数选取钢丝绳。

选用钢丝绳破断拉力 S_p 应满足下式:

$$S_p \geqslant n S_{max} \tag{8.24}$$

式中　n——钢丝绳最小安全系数,根据规范规定确定;
　　　S_{max}——钢丝绳工作时最大的静拉力;

S_p——钢丝绳破断拉力,很多的钢丝绳样本直接标出绳的破断拉力,可直接使用,也可按下式计算:

$$S_p = \varphi \sum S \tag{8.25}$$

式中 $\sum S$ ——钢丝破断拉力总和;

φ ——钢丝绳破断拉力换算系数。

6) 卷筒

卷筒的作用是卷绕储存和卷放钢丝绳并施于钢丝绳一定的拉力和速度。卷筒分为有槽卷筒和光卷筒。由于风电安装起重机的滑轮组倍率较大,卷筒上需要缠绕的钢丝绳较多,因此风电安装起重机上的绞车一般采用多层卷绕的"利巴"(Lebus)卷筒。这种卷筒可以减小卷筒尺寸,加大容绳量。如果与行星齿轮减速机配合使用,使减速箱内藏于卷筒内,可使机构更为紧凑。

大型绞车上的卷筒一般采用光卷筒加"利巴"卷筒壳的组合形式。设计时应满足如下要求:

(1) 卷筒的最小节圆直径应不小于 20 倍钢丝绳直径。

(2) 卷筒壳是螺旋绳槽,绳槽由机加工成形,旋向分为左旋与右旋,根据机构布置需要选择。绳槽的边缘以小圆弧过渡,卷筒绳槽直径应标注合理公差。

(3) 通常情况下,卷筒应保留不少于 5 圈的安全圈,绳头在卷筒的两端用螺栓夹紧装置固定,且能承受绳上的安全工作载荷,即摩擦力和固定力之和大于等于钢丝绳强度。计算时所用的绳索和卷筒之间摩擦系数 $\mu=0.1$。

(4) 卷筒应在机加工后进行静平衡检测,检测时钢丝绳压板应就位。

7) 安全限位开关和负荷限制器

起升绞车中,设置有安装保护装置,以监测和控制绞车安全运转。卷筒轴上应当设置编码器和超速开关,持续不间断地将绞车速度的速度信息以及位置信息提供给起重机控制系统。在钢丝绳缠绕系统中,还应当设置负荷限制器,负荷限制器通常为销轴式传感器,放置在转向滑轮上。为防止钩头上升过程中失控撞击上部结构,还应该设置防冲顶限位装置,该限位开关一般设置在起重机臂架的端部。

8.2.3 全回转起重机的缠绕系统

1) 概述

缠绕系统是通过有一定柔性的绳索和滑轮改变或保持工作部件位置的工作系统,如果没有特殊要求,风电安装起重机上采用的绳索一般为钢质钢丝绳。

2) 缠绕系统倍率和效率

风电安装起重机上的缠绕系统多采用滑轮组的方式,通过增加缠绕系统的倍率来减小钢丝绳的直径和绞车系统的功率。在工作载荷比较小的情况下,可采用单倍率的缠绕。下面给出缠绕系统倍率的一般计算公式:

$$m = n_{动}/k \tag{8.26}$$

式中 m——缠绕系统倍率；

$n_{动}$——动滑轮组钢丝绳分支数量；

k——卷筒上的钢丝绳固定端（又称作出卷筒出绳端子）的数量。

缠绕系统的效率损失是由钢丝绳的僵性阻力和滑轮轴承转动的摩擦阻力造成的。假设每个滑轮的阻力相同，可以得出缠绕系统总效率的一般计算公式：

$$b = n_{改}(1-h^m)/[m(1-h)] \tag{8.27}$$

式中 b——缠绕系统总效率；

h——单个滑轮的效率，一般滚动轴承滑轮取 0.98，滑动轴承取 0.95；

$n_{改}$——除定滑轮组和动滑轮组之外的改向滑轮数量。

通常，平衡滑轮因为工作中基本处于静止状态，计算效率的时候不考虑在内。

系统中工作的滑轮越多，缠绕系统的总效率就越低。在相同载荷情况下，选用大直径的钢丝绳可以降低缠绕系统倍率，减少滑轮的数量，对提高缠绕系统的总效率有一定帮助，但是滑轮、卷筒机构等也需要相应增大，占用更多空间。因此，需要综合考虑缠绕系统总效率和成本之间的平衡。

3）钩头下降运动

钩头下降运动时，需要考虑钩头及动滑轮组的重力克服缠绕系统摩擦阻力和反方向的钢丝绳重力。因此在起升缠绕系统中，为了使空钩在最高位置时能够下降，同时钢丝绳在卷筒端能保持所需的最小拉力，需要核算钩头的重量。

4）风电安装起重机常见的缠绕系统

固定臂架式浮吊上常见的缠绕系统包括起升缠绕系统、变幅缠绕系统、钩头货物稳定系统和登船扶梯缠绕系统等。

（1）起升缠绕系统。起升缠绕系统是使货物的空间高度在限定范围内变化的缠绕系统。起升卷筒收绳，钩头到结构的距离缩短，货物的高度就提升；反之，起升卷筒放绳，货物的高度就因重力作用而降低。

（2）变幅缠绕系统。变幅缠绕系统是使货物水平面投影位置改变的缠绕系统。在固定臂架式浮吊上，臂架可以绕固定在船上的铰点或者臂架支架上的铰点转动。通过收放人字架顶部和臂架头部之间的钢丝绳组，改变臂架的角度，使起升动滑轮组在水平面的投影点位置改变。

（3）钩头和货物稳定缠绕系统。简称稳钩和稳货缠绕系统，用于稳定起升动滑轮组和货物在悬挂长度较大并受风荷载作用时的前后摆动。一般是在起升动滑轮组和货物上通过恒定张力绞车收紧钢丝绳来施加水平拉力。另外，稳钩系统有时还有拖曳起升动滑轮组到钩头锁紧点的作用。

5）风电安装起重机常见缠绕形式

复杂缠绕形式由基本的缠绕形式组合而成。缠绕形式的形式分类方法有以下几种：

（1）按倍率可以分成单倍率缠绕和多倍率缠绕。单倍率没有动滑轮，速度快，常用于载荷小,要求反应灵活的地方,如索具钩缠绕和稳钩稳货缠绕。图 8.58 所示为单倍率起升缠绕。多倍率常用于载荷大的地方,如主、副钩起升缠绕和变幅缠绕。

(2) 按进绳到出绳的绕法可以分成顺序绕和交叉绕。顺序绕即钢丝绳缠绕顺序和定滑轮组排列顺序一致的缠绕方式。图 8.59 所示为顺序缠绕示意图,优点是定滑轮组和动滑轮组允许的最小距离比较小,起升高度大。但是因为滑轮效率,进绳端到出绳端分配的钢丝绳受力不均衡,在单钢丝绳末端死根的配置下,动滑轮组容易产生倾角。交叉绕是从进绳端开始每上下一次都隔一个滑轮,到最外侧一个滑轮反绕,同样间隔一个滑轮绕直到出绳或者死根的缠绕方式。

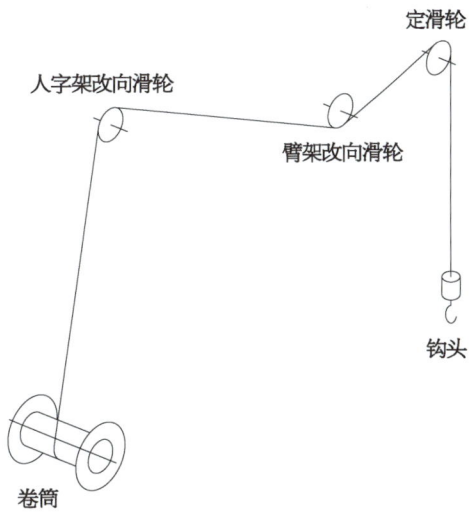

图 8.58 单倍率起升系统

图 8.60 所示为交叉缠绕示意图,优点是与顺序绕相比,滑轮组左右侧的受力较为均衡,但是定滑轮组和动滑轮组允许的最小距离比较大,降低了起升高度。一般在双卷筒或者单卷筒较小倍率的缠绕中均优先采用顺序绕,单卷筒大倍率钢丝绳一端是死根的缠绕采用交叉绕形式。

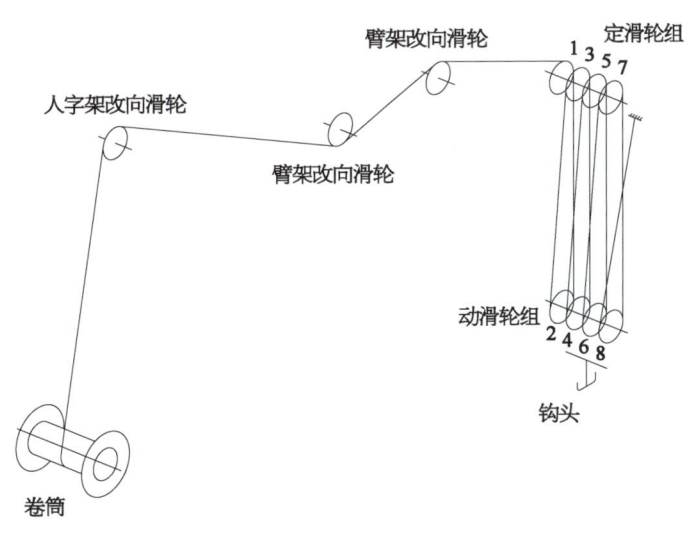

图 8.59 顺序绕起升缠绕

(3) 按卷筒数量可以分成单卷筒缠绕和双卷筒缠绕。单卷筒缠绕的钢丝绳一头固定在卷筒上,另一头做成固定在结构上的死根。双卷筒缠绕的钢丝绳的两端都固定在卷筒上,卷筒同步时,滑轮组中间必然有一个甚至若干个理论上不转动的滑轮,称为平衡滑轮。平衡滑轮一般位于定滑轮组,有时候会单独排列,便于放置测力传感器和钢丝绳对接装

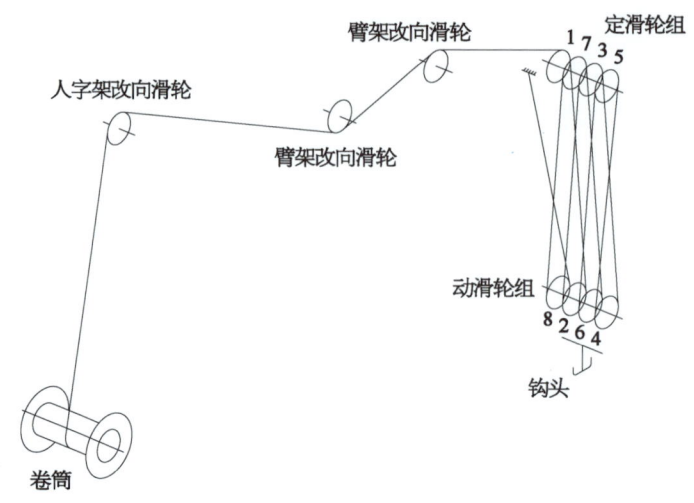

图 8.60 交叉绕起升缠绕

置,特殊情况下也可以位于动滑轮组。单个卷筒上同时固定两根钢丝绳的缠绕可以看作双卷筒。图 8.61 为双卷筒的缠绕示意图。

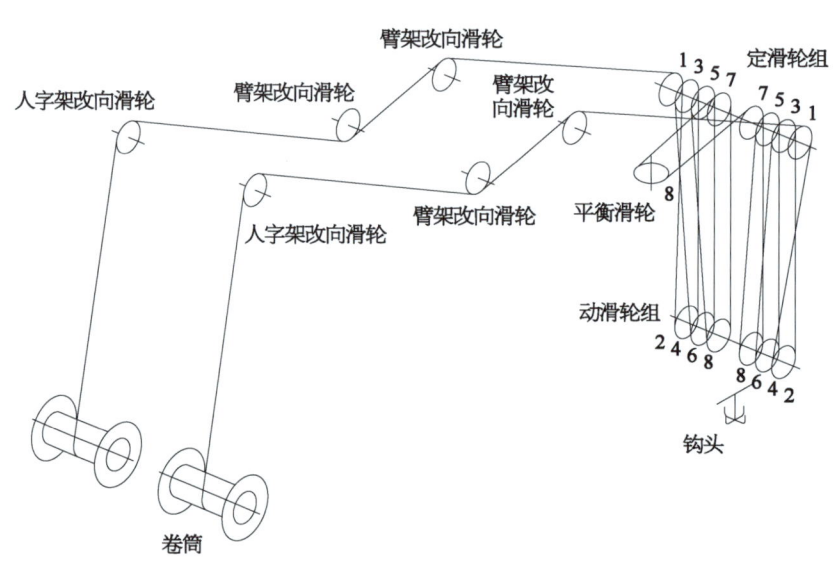

图 8.61 双卷筒起升缠绕系统

(4) 按滑轮排列的形式可以分成单排缠绕和双排缠绕。单排缠绕即在滑轮组中所有滑轮绕同一根轴或者同一根轴线旋转,或者轴线稍有错位但互相不影响、基本可以算是同一排的缠绕形式。双排缠绕是每个滑轮组有两根滑轮轴固定在一个支架上平行放置,不同轴上的滑轮底径有大小的缠绕形式。双排滑轮可以在有限的空间里增加缠绕倍率,常用于载荷非常大的场合,如大吨位浮吊的变幅缠绕系统。图 8.62 所示为双排滑轮缠绕示意图。

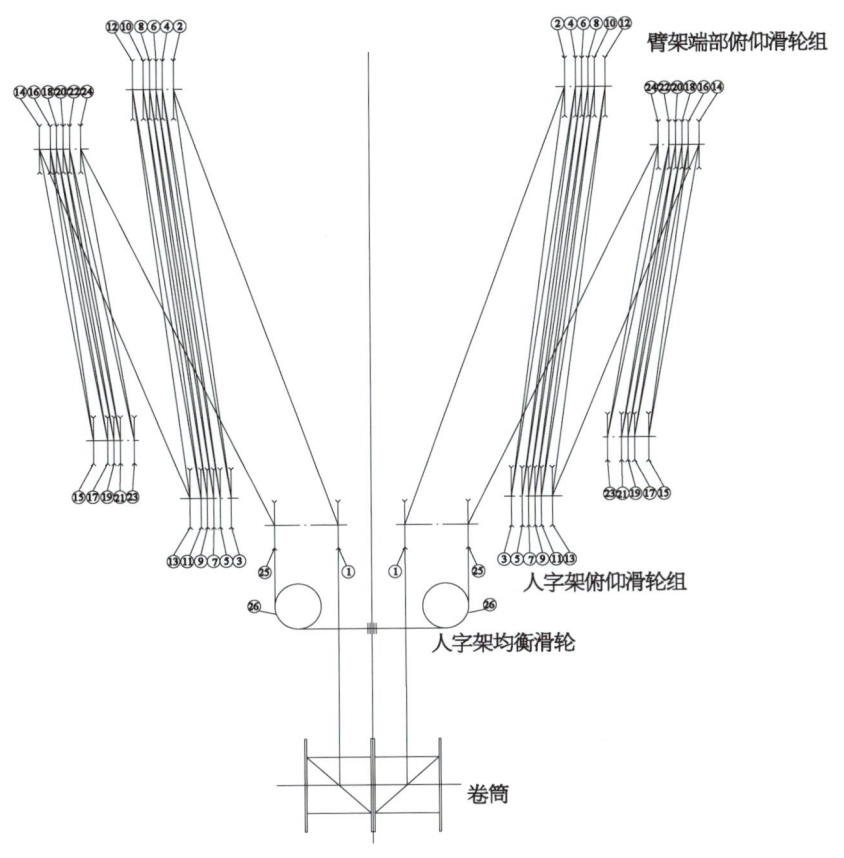

图 8.62 双排滑轮变幅缠绕系统

6) 风电安装起重机缠绕系统的主要零部件介绍

(1) 钢丝绳。钢丝绳的作用是传递动力和保持部件位置。选用原则与一般工程机械选用钢丝绳类似,需要考虑直径、最小破断力、安全系数、钢丝绳结构、旋向等问题。与其他工程机械相比,风电安装起重机的缠绕系统载荷大、倍率高、工作部件运动幅度广、工况恶劣,一旦钢丝绳损坏会造成严重的后果,因此对钢丝绳的质量和定期检查的要求非常严格。

钢丝绳接头有以下几种形式:编结法;楔形套筒法;浇注索节;套环加绳卡固定;套环加合金压头,可参见图 8.63。

对于非旋转结构形式的钢丝绳,在缠绕系统的固定端,有时候要求使用防转套,以释放工作过程中产生的扭转,是否需要防转套需遵循钢丝绳厂商的建议。

(2) 滑轮。滑轮是风电安装起重机缠绕系统中起到改变钢丝绳方向作用的零件。

滑轮可以分为使用滑动轴承的滑轮和使用滚动轴承的滑轮。前者一般用于在轴向必须有自由度的地方,如较矮人字架上的改向滑轮;后者具有更小的摩擦系数和承载能力,在风电安装起重机上应用最多。按制造方式分,有锻造焊接滑轮和整体铸造滑轮。图 8.64 所示为整体铸造滑轮;锻造焊接滑轮和整体铸造滑轮类似,只不过通过焊缝将轮缘、

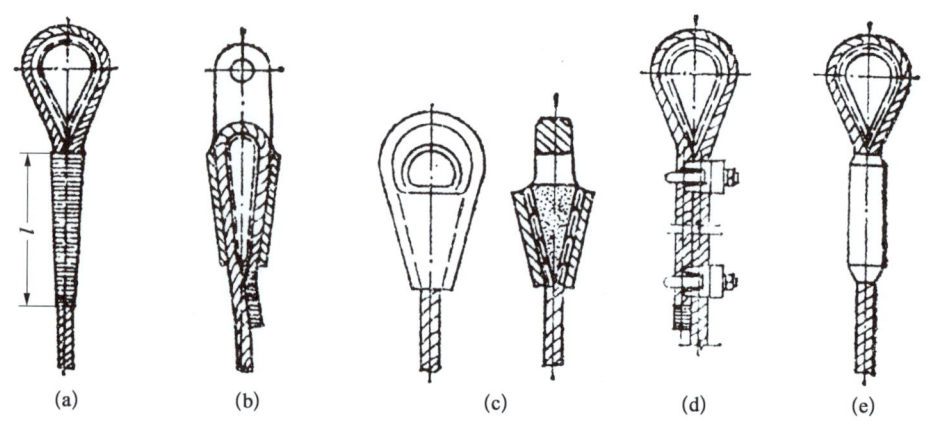

图 8.63 钢丝绳接头形式
（a）编结法；（b）楔形套筒法；（c）浇注索节；（d）套环加绳卡固定；（e）套环加合金压头

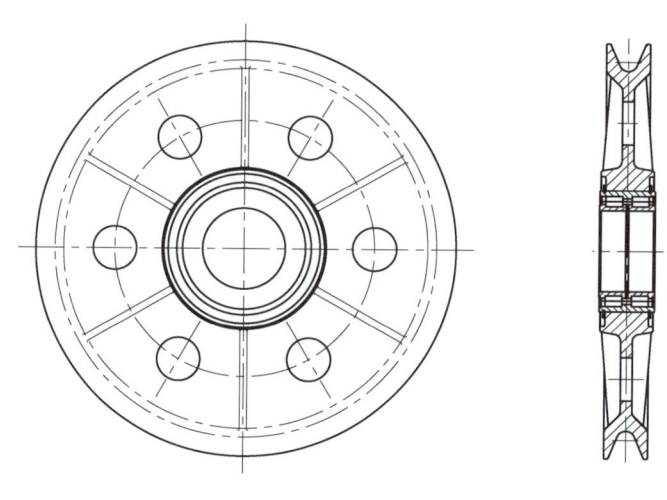

图 8.64 铸造滑轮

轮毂和腹板连接起来。另外，对于尺寸较大的滑轮，也有采用双腹板锻造焊接构造形式，如图 8.65 所示。滑轮的结构一般由绳槽、腹板、加强筋、轴承座和轴承组成。绳槽是滑轮与钢丝绳接触的部位，要求既耐磨又不能对钢丝绳造成损伤，还要保证不会发生脱绳事故。腹板起连接绳槽和轴承座、把钢丝绳施加给绳槽的压力传递到轴承座的作用。比较大的滑轮一般会在腹板上开孔和设置加强筋，前者减轻滑轮重量，后者增加腹板的稳定性。

滑轮的设计和使用需要符合船级社的规范，常见的要求有滑轮的最小直径和钢丝绳直径比、钢丝绳绕进或绕出滑轮槽时的最大偏斜角以及滑轮材料的机械性能。

钢丝绳在受力状态下弯曲，内外侧的绳股的变形量相差较大，导致钢丝绳拉应力力分布不均衡，因此需要增大滑轮直径，减小钢丝绳的最小弯曲半径。一般按钢丝绳中心所处的节圆来计算滑轮的最小直径，计算公式为：

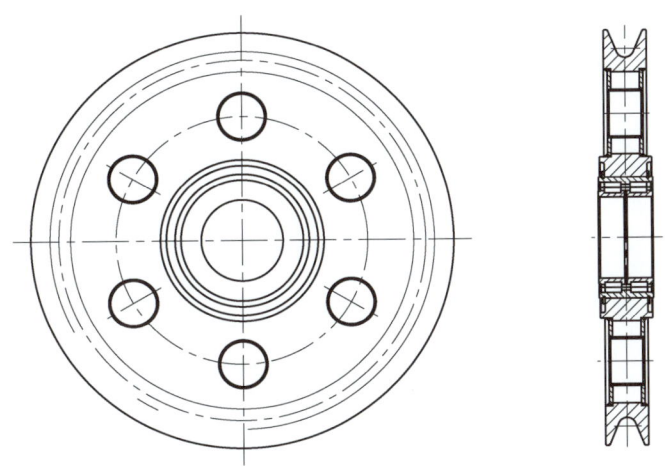

图 8.65 双腹板锻造焊接滑轮

$$D_{\min} = hd \tag{8.28}$$

式中 $D_{\min}$——滑轮最小直径(按钢丝绳中心算,mm);

　　　h——与机构工作级别和钢丝绳结构有关的比例系数,风电安装起重机上一般不小于 18;

　　　d——钢丝绳绳径(mm)。

钢丝绳与滑轮转动平面之间的夹角,与钢丝绳的缠绕和滑轮的结构有关,一般不大于 4°,也有按照业主的要求确定。当夹角过大时,滑轮绳槽和钢丝绳的挤压应力会增大,加剧滑轮和钢丝绳的磨损。

在多倍率缠绕滑轮组中的滑轮会有转动圈数的差别,滑轮经长时间使用后可拆卸换位,以延长总寿命。

(3) 吊钩组。风电安装起重机的起升缠绕系统最终需要通过吊钩将货物提起。吊钩组一般由吊钩体、吊钩支架、动滑轮组等部分构成。吊钩在吊钩轴上,应当具备绕竖直轴转动、沿水平轴前后摆动以及左右摆动的自由度。

吊钩体的选择取决于起升载荷的大小。起重量介于几吨到几十吨时,常使用单钩;而起重量更大时,会使用山字形吊钩或者四爪吊钩;几千吨的起升重量则常常采用双吊钩甚至多吊钩同时作业。吊钩通常采用锻钢一体锻造而成,大型四爪吊钩的钩爪爪尖部分允许单独制作再焊接到钩体上。钩爪的横截面,一般上半部分做成半径很大的圆弧以减小吊索弯曲程度,下半部分做成狭长的类似于倒梯形的截面,使钩爪兼具强度和刚度。图 8.66、图 8.67 所示分别为单钩和山字钩。

吊钩体与吊钩支架连接有几种典型方式,分别是一体式、吊钩横梁式和吊杆式。

① 一体式常用于单钩弯钩和山字形吊钩,特征是钩子一体锻或者铸造,钩柄上部呈杵状开圆孔,钩体可以绕穿过圆孔的轴摆动。

② 吊钩横梁式三种钩都可以使用,横梁两端与吊钩支架轴孔配合自由转动,吊钩的

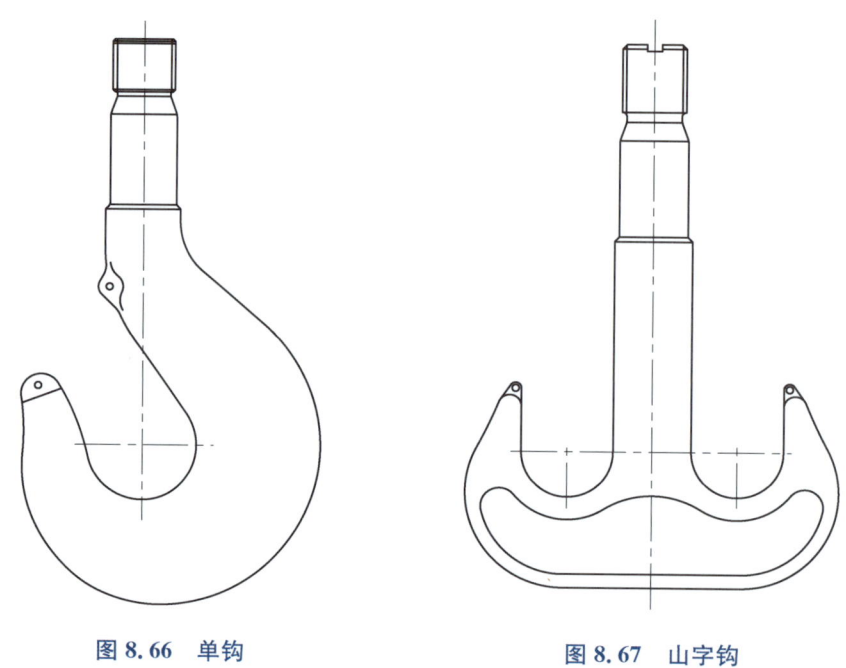

图 8.66　单钩　　　　　　图 8.67　山字钩

直柄穿过横梁中段的孔，上端与吊钩螺母旋合，吊钩直柄、螺母与横梁之间安装有能承受径向力和轴向力的轴承，一般为推力调心轴承。

③ 吊杆式只适用于山字钩和四爪钩，钩体轴心有圆孔，吊杆下端穿过圆孔与吊钩螺母旋合，吊杆、吊钩螺母与钩体之间安装有能承受径向力和轴向力的轴承，一般为推力调心轴承，吊钩孔上边缘与吊杆之间一般还安装有能承受径向力的调心轴承，吊杆上部呈杵状开圆孔，整个吊钩和吊杆部分可以绕穿过圆孔的轴摆动。

吊钩使用的轴承需要保证润滑，通常安装密封罩壳防止漏油。钩爪开口处需要用弹簧式快装卡板或者链条来防止吊索脱钩。

（4）其他辅助部件。滑轮组一般还安装有防脱绳挡绳杆、圆弧挡绳板或者托辊，位于钢丝绳接触滑轮范围的外侧，一般距离滑轮边缘 5～10 mm，用来防止钢丝绳在跳动或者松弛垂荡的时候滑出滑轮绳槽边缘。

另外，还有托辊或者抗磨块放置于结构表面的边缘，用来防止钢丝绳在跳动或者松弛垂荡时造成的钢丝绳损坏和结构损伤。而当钢丝绳穿过结构箱体时，在箱体表面开孔处，也需要安装托辊，保护钢丝绳和结构。

8.2.4　全回转起重机的辅助系统

风电安装起重机实现正常的作业和维护，必须辅以各种附属装置。例如润滑系统，使起重机各个运动副保持灵活状态；锚定装置，用来固定全回转式起重机的上部转动结构，防止在船体航行时的意外转动；前防倾覆装置用于回转支承无法满足，用正反滚轮回转的起重机，用来防止因该类型起重机重心偏移而导致的上部结构前倾，影响船体航行时起重机的安全。

8.2.4.1 润滑系统

1）概述

润滑是一项非常重要的维护任务，它是影响起重机工作状态和使用寿命的重要因素之一。正确的润滑有助于避免零件过早磨损，延长零件的使用寿命。

为了达到润滑的正常功能，必须正确的选取润滑剂的种类。适当的润滑剂严格按照机器使用说明书指定选用。润滑剂应保持一致性，不要将不同种类的润滑剂混合一起用。如果需要改变润滑剂的供应商、种类或等级，必须全面清洗轴承、减速器、销或其他设备以除去以前的润滑剂。

润滑剂的质量受工作频率和周围环境影响，因此，以如下方式来决定是否更换润滑剂：周期性地从机器中取出大约 20 mL 润滑剂并咨询供应商，或交给实验室以检验润滑剂是否变质，然后根据变质检验的结果更换润滑剂或添加所需的添加剂。

在润滑检查之后，当发现以下任何情况达到相当程度时，就应更换润滑剂：发生橡胶状变质；存在异物（通过油品分析决定），特别是包括许多金属粉末和存在严重的变色；发生乳化作用；发生矿物油的分离和皂化基（氧化导致的变质）。

润滑油更换的最长间隔是 4 年。过了这段时间之后，即使没变质也应更换润滑油，同时参考润滑油供应商的推荐。

2）润滑步骤

（1）更换减速箱的润滑油时，趁油温还是热的时候排干润滑油。箱壳底必须用油来清除淤泥、金属微粒和润滑油残渣。为保持正常运转，使用相同种类的润滑油。

（2）重新润滑轴承时，从油嘴将新润滑油压入油腔内。轴承一年应冲油一次，在重新润滑后清除旧润滑脂是良好习惯。在重新润滑后的第一轮工班作业中，润滑点要得到清理。

（3）对于电机、紧急制动器和减速器的润滑，请参考它们各自手册。

（4）钢丝绳在任何时候都应该处于良好的润滑状况下。润滑能预防钢丝绳腐蚀、减少绳股间以及钢丝绳和滑轮或和卷筒间的摩擦。润滑剂的种类和加油周期随着钢丝绳的构造、工作状况和功能应用的不同而不同。

3）润滑注意事项

（1）齿轮减速器和液压系统润滑油的品牌和黏度参见润滑油的监控和润滑油类型表选用。

（2）润滑油/润滑脂的量应适当。对齿轮减速器（飞溅润滑），油面应保持在比最高面和最低面的中间面稍高的位置，因为油面在减速器工作时会变低。

（3）对于轴承和其他有相对滑动的零件，当新润滑脂从一侧泵入时，旧的润滑油从另一侧通过密封圈流出是正常现象。

（4）润滑油/脂的补充周期。它和每个零件的工作等级和工作频率有关。

（5）对于不常使用的减速器，油底部的阀应定期打开以检查油中的含水量。

（6）在起重机投入使用的早期阶段，应从更换掉的润滑油中取出三份油样以分析油中金属粉末的百分率。对润滑油比较和分析后,就能了解掌握机器的工作状态。润滑油样分析是一种主动的维护工具,用来监控润滑油和机器运转的状况。

4) 润滑油监控

润滑对正常的机械维护至关重要。一个有效的油样调节和监控程序有助于延长设备寿命,减少预期和非预期的停机时间,减少维护成本并延长润滑剂更换周期。润滑油的状况对设备的正常工作非常重要。每个部件每年至少应取样一次,至少应作下列油样分析:动黏度,微粒数,以 Karl Fisher 计的水含量,分光镜下的金属微粒。

5) 全回转起重机润滑的特点

风电安装起重机上润滑方法很多,如何根据各种设备的实际工况,合理地选择和设计润滑的方法、润滑系统和装置,对保证设备具有良好的润滑状况和工作性能,具有十分重要的意义。

根据润滑介质的形态可将润滑分为稀油润滑、干油润滑、固体润滑、气体润滑。风电安装起重机上的润滑方法主要为前三种。稀油润滑主要用于减速箱和部分开式齿轮机构;干油润滑主要用于钢丝绳、各运转轴承、滑轮等;固体润滑主要用于使用固体轴承的地方,固体润滑剂为石墨、二硫化钼等。

根据风电安装起重机特点[臂架比较长、人字架较高、危险点比较多(维修人员无法达到)],风电安装起重机臂架、人字架、回转滚轮的润滑系统一般采用自动干油集中润滑系统。定期、定时打开润滑开关即可,无需维修人员到场。

风电安装起重机考虑到船体的倾斜、海浪和风运动的影响,安装在船上的减速箱会出现某些轴承无法润滑的情况。针对这种情况,专门设计了减速箱强制润滑系统,通过附加的辅助泵站强制对轴承进行喷油润滑。

自动干油集中润滑系统多采用单线润滑系统、双线润滑系统、单线递进润滑系统和单双线混合润滑系统。

8.2.4.2 锚定

1) 概述

从图 8.68 可以看出,全回转起重机航行时,臂架搁置在搁架上。此时,回转部分重心发生显著变化,偏离回转中心。由于船倾和加速度的原因,起重机上部回转部分有周向运动趋势,为避免由此产生的不安全因素,通常设置锚定装置将上部回转结构和下部结构固定在一起。

2) 锚定装置的组成

锚定装置一般由锚定销装置和安全销装置组成如图 8.69 所示。锚定销装置由锚定销油缸 1 和锚定销 2 铰接连接组成。锚定销油缸固定在上部回转结构上。起重机航行前,锚定销油缸推动锚定销插入起重机下部固定结构,将起重机上部结构和下部结构固定起来,完成锚定工作。航行结束,回转工作前,锚定销油缸回缩,带动锚定销脱离下面固定结构,完成锚定装置的脱离工作。

起重机正常工作时,锚定销须从起重机下部固定结构拔出。如果发生某些液压故障,由于自重原因锚定销可能会从起重机上部结构中落下,卡在起重机下部固定结构中,将会

第 8 章 自升式风电安装起重机

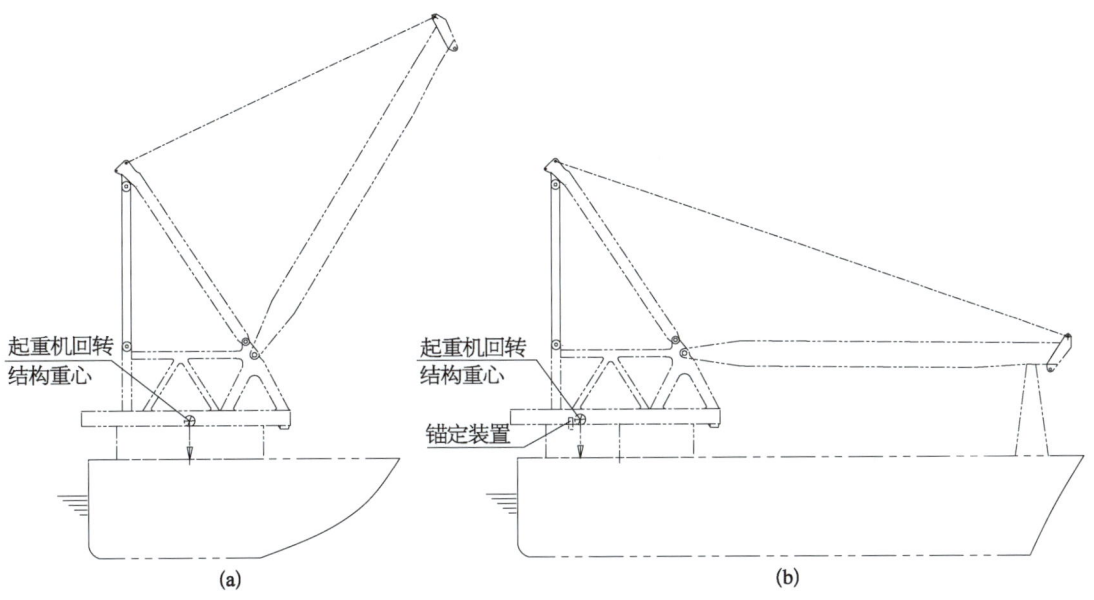

图 8.68 正常工作时 回转结构重心位置
(a) 正常工作状态回转结构重心位置;(b) 航行状态回转结构重心位置

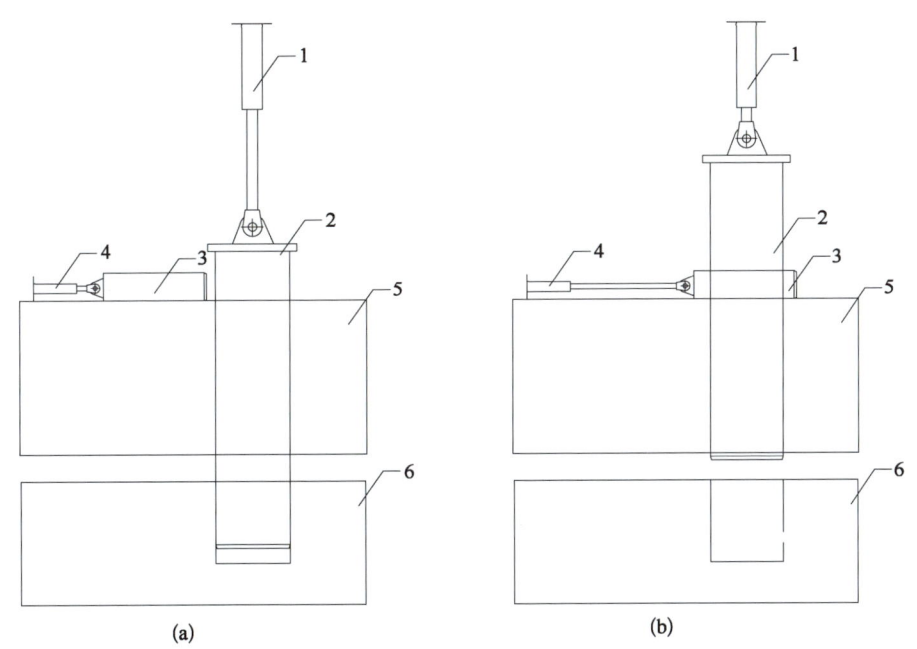

图 8.69 锚定装置
(a) 起重机工作状态的锚定装置;(b) 起重机非工作状态的锚定装置
1—锚定销油缸;2—锚定销;3—安全销;4—安全销油缸;5—起重机上部回转结构;6—起重机下部固定结构

影响起重机的正常回转乃至发生重大事故。为避免这种情况,一般会设置安全销装置,当锚定销从起重机下部固定结构中拔出后,用安全销将其固定在上部结构上。

8.2.4.3 前防倾覆锲块装置

1）概述

前防倾覆锲块装置设计成类似反钩型式，布置在臂架侧。海况运输时，由于臂架根部的卸载（臂架放置在搁座上），起重机上部回转结构的重心会向尾部移动，导致回转结构前部有向上倾斜的趋势。运输时的风浪颠簸会加剧这种趋势，前防倾覆锲块装置从底部反向钩紧下部固定结构，避免因上述上倾而产生的不安全因素，如图 8.70 所示。

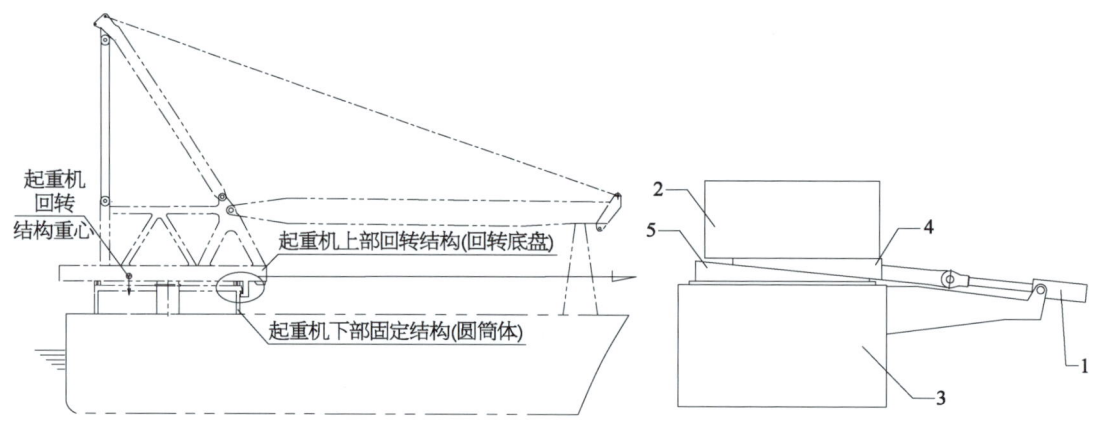

图 8.70 前防倾覆装置位置布置及组成示意图

1—油缸；2—起重机下部固定结构；3—起重机上部回转结构；4—上锲块；5—下锲块

2）前防倾覆锲块装置的组成

如图 8.70 所示，前防倾覆锲块装置由锲块组和油缸组成。油缸和下锲块固定在起重机上部回转结构上，上锲块和油缸铰接连接。海况运输前，先将臂架放置在搁座上，然后，油缸推动上锲块进入下锲块中，使上锲块顶紧起重机下部固定结构。海况运输结束，起吊工作前，油缸拖拽上锲块使其和下锲块脱离，然后再仰起臂架开始工作。

8.3 绕桩式全回转风电安装起重机

对于绕桩式全回转起重机国内的设计与制造属于刚刚起步阶段，特别是对于自重要求特别重要的自升式平台来讲，除了腾出大量甲板安装空间，轻量化要求也特别突出。特别是对于大多数的旧平台，由于其设计承载能力限制，常规设计的大型回转起重机放在平台桩腿中间的甲板上，占用了大量甲板空间，很难满足日益增加的风电安装要求。因此，把起重机外包在平台的一个桩腿上，绕桩工作，把一大部分甲板面积也腾让出来，在该类平台的设备选择上具有很大的市场竞争力。

绕桩式起重机的最大难点则是中间有桩腿穿越后,如何合理有效地布置从而通过试验样机。现在一般可采用整机包住插在主甲板上的桩靴,桩靴置于主甲板上(桩靴内含有桩腿,桩腿可以整体在起重机内上下运动),包住桩靴与平台焊接的为基座,基座上有回转支承装置,回转支承装置上方设有回转平台,回转平台的一侧设有驾驶员室和机房,回转底盘上依次设有臂架变幅绞车、主起升绞车、副起升绞车等,回转底盘上还设有人字架,人字架的顶端设有人字架顶部滑轮组,回转平台连接有臂架,臂架的顶端设有臂架头部滑轮组,臂架的顶端下方设有主吊钩、副吊钩。

臂架变幅绞车上绕有变幅钢丝绳,钢丝绳穿过人字架顶部滑轮组和臂架头部滑轮组绕在一起;主起升绞车上绕有主起升钢丝绳,钢丝绳穿过人字架顶部滑轮组和臂架头部滑轮组绕在主吊钩上;副起升绞车上绕有副起升钢丝绳,钢丝绳穿过人字架顶部滑轮组和臂架头部滑轮组绕在副吊钩上。人字架的根部与回转底盘焊接,臂架的根部通过铰点与回转底盘铰接;由于桩腿对整个起重机的贯穿,所以在回转平台的甲板面布置空间严重不足,可采取后装主钩与变幅绞车,前挂副钩及其他辅助绞车,以布置完整机构;同时,中间位置的缠绕滑轮也须让开,以保证主、副、变幅缠绕钢丝绳在任何幅度都不与桩腿干

图 8.71 绕桩式全回转液压起重机实体参考图

涉,再对整体进行布置优化(详细布置见图 8.71、图 8.72),使整体结构看起来新颖、紧凑,外形简洁,而且几乎不占用甲板空间。

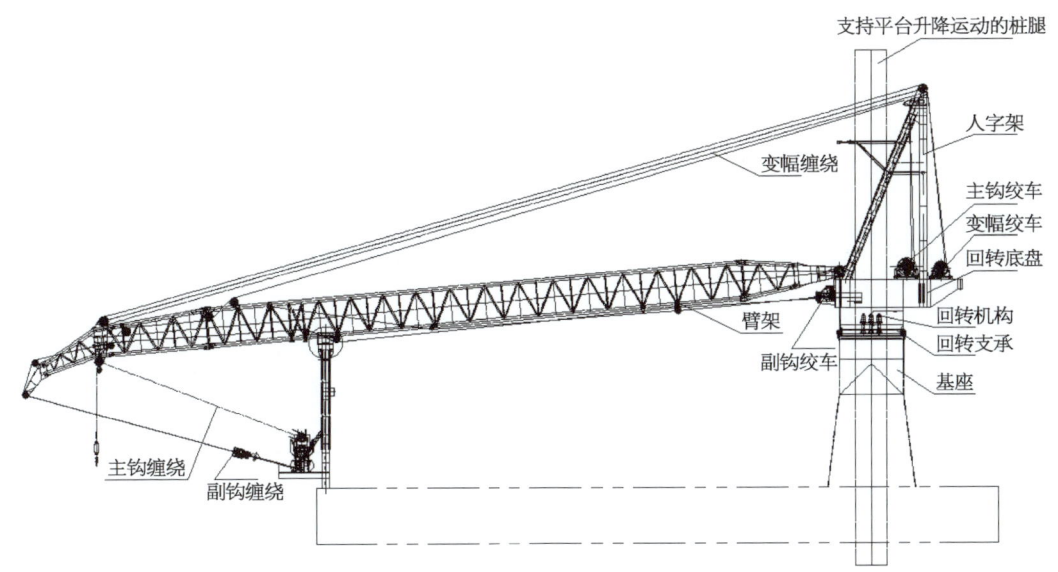

图 8.72 绕桩式全回转液压起重机整体布置

8.3.1 绕桩式全回转起重机的金属结构

8.3.1.1 绕桩式全回转风电安装起重机的典型结构形式

绕桩式起重机外形与前文描述的全回转起重机很像,但由于整机压在一根桩腿上,单桩吃力很大,比纯粹的全回转起重机更加需要质量的控制(非绕桩一般安装于两个桩腿中间,由两个桩腿同时受力),太重的话会影响整个船的制造成本,故任何地方均需要对质量进行优化,特别是对于质量占比很大的金属结构,本章节将着重论述质量优化。

1) 臂架

绕桩式起重机臂架结构形式可参考全回转起重机章节,对于质量的优化已经很有限,这里需注意臂架的尾部及头部滑轮的开档需根据桩腿直径来综合考虑,不然很容易引起缠绕钢丝绳与桩腿的干涉。

2) 人字架

绕桩式起重机人字架是起重机的主要受力构件之一,采用箱形结构焊接而成,其主要板采用 Q690 高强度焊接结构钢,人字架上面设有变幅滑轮组及主钩滑轮系统的改向滑轮。

人字架结构我们通常采用两种形式:

(1) 前压杆和后拉杆[见图 8.75(a)]。拉杆与压杆之间用铰轴连接,拉杆与压杆下部则通过铰轴连接在底盘铰座上,这种形式受力比较明确;压杆由于受压,考虑到受压稳定性,截面形式主要采用箱形结构,由于减重的需要,材料选用 Q690 级别;拉杆的截面形式则比较多样(圆管、箱形、工字钢等),对比不同的截面,对人字架划分 200 多个节点单元(图 8.73)进行 ansys 建模发现,拉杆用工字钢或圆管形式所用重量比箱型结构要少。

(2) 不分拉压杆,全部用高强钢箱形结构焊接形式[见图 8.75(b)],与底盘也是全焊接,不存在铰轴,从 ansys 建模及最后的质量统计(纯焊接人字架应力分布云图见图8.74)发现,全焊接形式对于质量的控制有一定的优势(考虑到焊接及吊装工艺的局限性,对于超大型起重机可能整体焊接不太方便组装,但对于目前的风电安装起重机来讲,整体吊装技术比较成熟,完全可以实施),质量对照详见表 8.12。

表 8.12 1 000 t 起重机人字架拉杆不同截面形式质量对照表

拉杆用工字钢,铰轴形式,需6根	拉杆铰轴 $\phi450\times1200$ 数量:2根	压杆铰轴 $\phi450\times1200$ 数量:2根	连接铰点铰轴 $\phi350\times1000$ 数量:2根	增加总质量	备注
	3 t	3 t	1.5 t	7.5 t	
拉杆用焊接箱形	增加 Q690 板-20×720×20 000 mm,数量:2块			4.5 t	使用工字钢和圆管重量相差很少
结论	人字架拉杆采用焊接箱结构比采用铰轴式更优化				

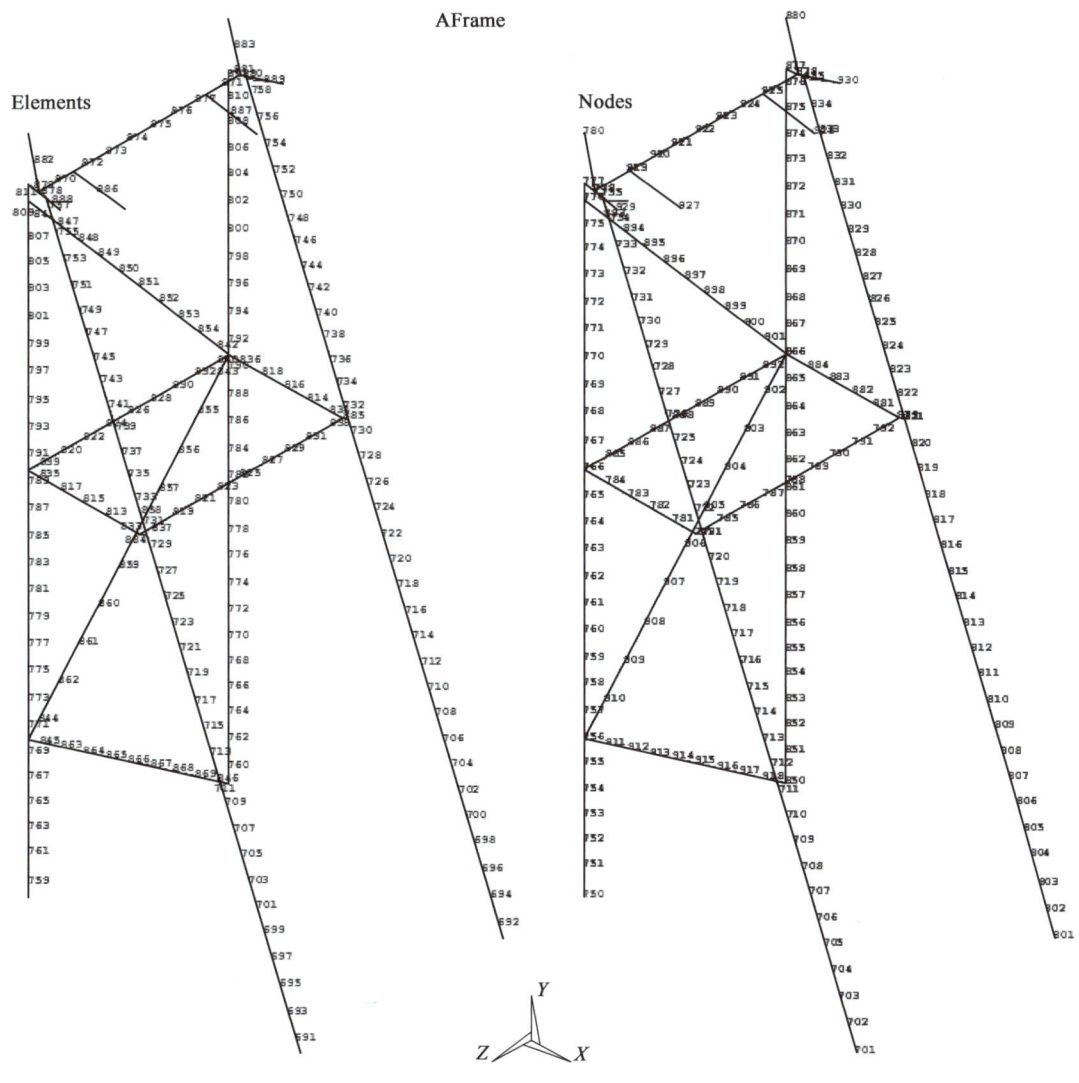

图 8.73 人字架节点单元

由上述可以看出,若拉杆采用绞轴连接,工字钢和圆管比较经济,但从模型中显现,焊接形式对拉杆产生的应力比较大,纯焊接时,拉杆采用箱型梁比较合适。

3) 底盘

底盘结构受力比较复杂,纯粹的改变结构形式很困难来减少质量,而这又是整个起重机的中间支柱,在以往的项目中,因受力复杂、焊接空间狭小等因素而不采用 Q345 以上的材料,对于底盘的减重最多局限于主梁用箱型梁还是工字钢梁;起重机考虑到结构质量控制,材料采用高强钢 Q690 级别(详细焊接可见本书高强度钢的焊接工艺技术),因稳定性需要,结合整体考虑,主梁采用箱型截面,以减少质量。

在非绕桩起重机底盘上表面,一般情况下会布置起升绞车,所以底盘通常采用密封箱体;在该项目中,因绕桩需要,中间需要挖去一整圈,考虑到起重机的特殊性,采用 ansys

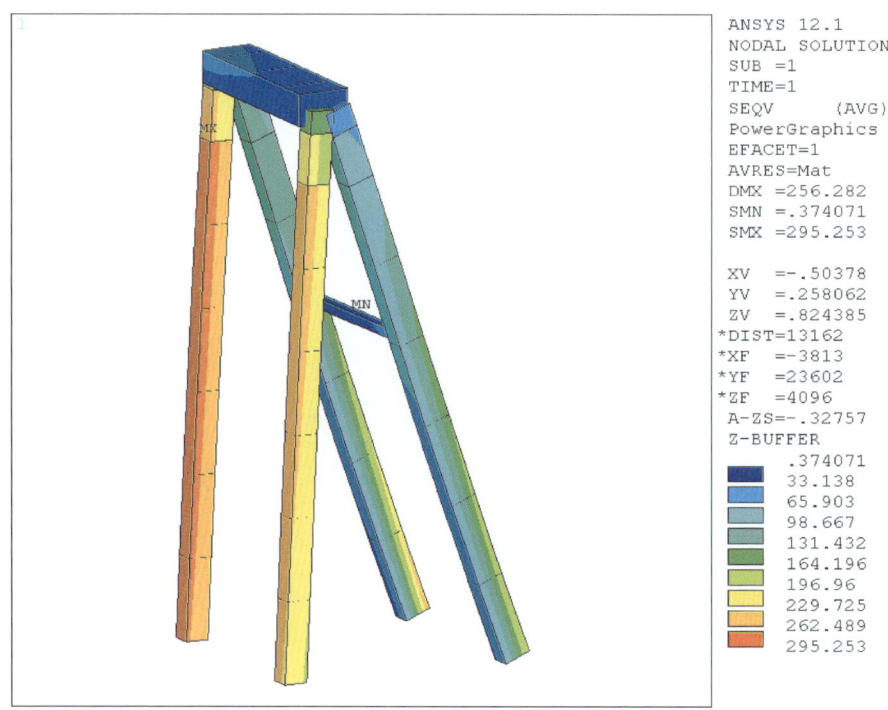

图 8.74 纯焊接人字架应力分布云图

图 8.75 人字架结构参考示意图
(a) 铰点形式；(b) 焊接形式

实体建模,来尽可能地减轻质量,得到一个较理想的结果:在与人字架腿焊接的中心部分应力非常小,而这部分质量占比不少。原来中心部分放置起升绞车,在得到这个结果后,正好作为绕桩地中心,把该应力小的部分挖掉(见图 8.76),再把一些原来布置在中间的辅助机构放在底盘前面的底盘侧壁上。这样布置不但底盘自身减轻了 5%～10%左右的质量,而且机构排列更加紧凑,在实际安装定位及使用中都非常方便。这是一个在绕桩起重机设计中的重要发现,可以供给其他项目参考。底盘中间挖空 ansys 应力云图如图 8.76 所示。

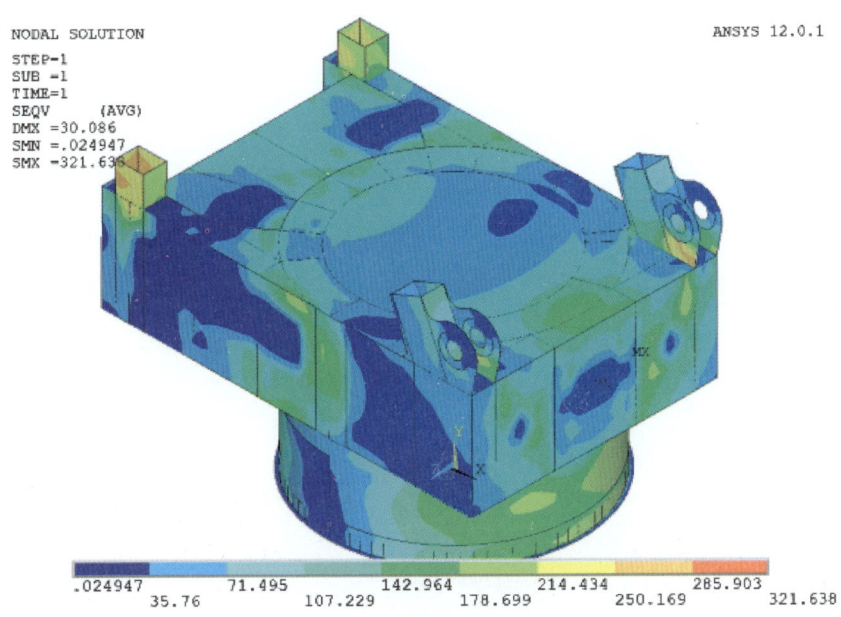

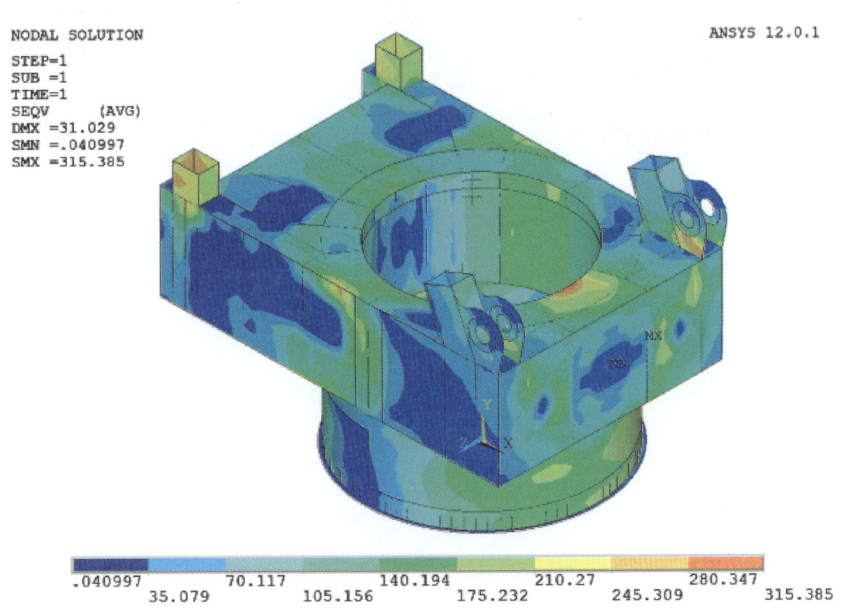

图 8.76　底盘中间挖空 ansys 应力云图对比

4) 回转支承

由于中间桩腿的贯穿,所以在绕桩式起重机上,优先考虑使用回转支承,而且重量也轻。在国内,目前回转支承已有产品有最大整体锻的直径 8 m,最大拼接的直径 12 m。按目前国内最大回转类型的风电安装船 2 000 t 为例,国内的产品完全可以满足目前风电安装机组的要求。如果有特殊情况,则还可以考虑正反滚轮装置来解决。

回转支承是起重机机运转的关键部件,安装于回转底盘与圆筒体中间,其不仅承受较大的轴向力,而且还承受很大的倾覆力矩。因此,除了对回转轴承保证设计强度、疲劳等,还要对于其相连接的安装部件也有着相应的强度、刚度要求。回转支承内外圈材料采用 42CrMo 整体锻,其经过调制处理,硬度达到 HB260~300,使其具有很好的心部硬度及韧性,其所含元素具有很好的热处理调制特性以及淬硬性、淬透性。成品回转支承套圈滚道表面通过中频淬火处理,其良好的力学性能能够满足回转支承使用要求。滚动体材质为 GCr15SiMn 淬火处理,使滚动体具有很高的抗压性、耐磨性,以满足回转支承载下稳定的使用要求。回转支承实物图如图 8.77 所示。

图 8.77　回转支承实物图

回转支承除了设计简洁外,安装步骤最为重要:

(1) 安装准备。为了保证整机的可靠性,我们制定如下步骤:

① 安装前,必须对与之相匹配的起重机安装支座平面进行检查,支座应在所有焊接工序完成后进行消应力处理并对安装表面进行机械加工,然后清除表面的毛刺和杂物。

② 对不能进行机械加工的连接表面应采取注塑法使其平整,防止因支座面不平而导致螺栓拧紧后使支承变形。

(2) 软带位置,回转支承套圈的淬火软带位置标记"s"。安装时使软带位置处于非负荷驱或非经常负荷区。

(3) 齿圈检查。在安装螺栓未完全拧紧前,需在回转支承刷漆处进行齿轮啮合检查,确保啮合间隙符合齿轮的精度要求。

(4) 安装螺栓。安装螺栓时选用调制平垫圈,禁止使用弹性垫圈。将回转支承径向定位后,按 180°方向对称交叉拧紧安装螺栓,同时检查回转支承的自由回转状况。拧紧螺栓时应有足够的预紧力,并保证圆周上的螺栓有相同的预紧力。现在的风电安装起重机一般吨位都要大于 500 t,所以安装螺栓直径也很大,在国标中属于大直径选项,甚至超过国标的也不在少数,传统的扭力扳手已经无法有效保证其预紧力矩。我们参考国内外先进安装经验,对整机采用螺栓拉伸器以保证螺栓的预紧力(见图 8.78)。同时,在设计时,要注意螺栓拉伸器的大小,确保螺栓间距的空间,避免出现干涉。

图 8.78　螺栓拉伸器现场安装

(5) 回转轴承调试。

① 向回转支承内加注合适的润滑脂,边加注边缓慢回转;

② 检查齿轮是否干涉;

③ 确认螺栓是否全部拧紧;

④ 确认回转是否正常;

⑤ 按图 8.79 所示顺序拧紧螺栓。

注意:回转支承支架平面偏差数值,安装支架最大挠曲度,在 180°的扇形区域内只允许有一处波峰达到该值,并在 0°~90°~180°的区域内平稳上升或下降。不允许忽升忽降,以避免峰值载荷,影响回转支承正常使用寿命。

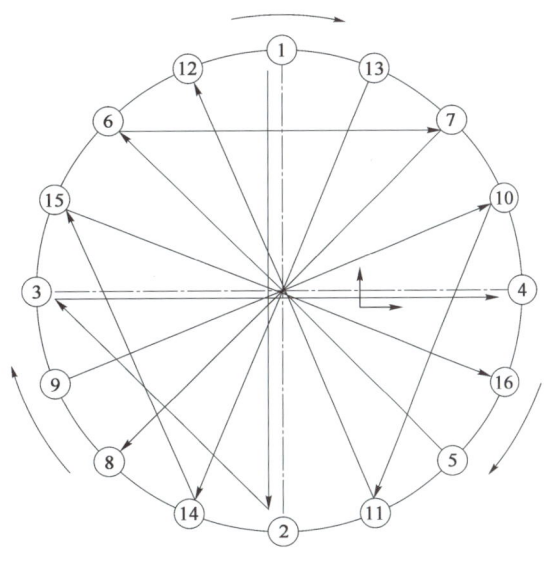

图 8.79　螺栓拧紧顺序示意图

(6) 回转轴承磨损量测试。回转轴承滚道磨损表现为轴承的轴向位置变动。初检在设备投运后进行,初检数据可作为之后的检测基准。以后测出的值与基准值之间的差即为轴承滚道的磨损量。在设备运作期间,必须保证回转支承滚道的磨损程度不超出厂家的推荐允许值。

起重机测量位置如图8.80所示。

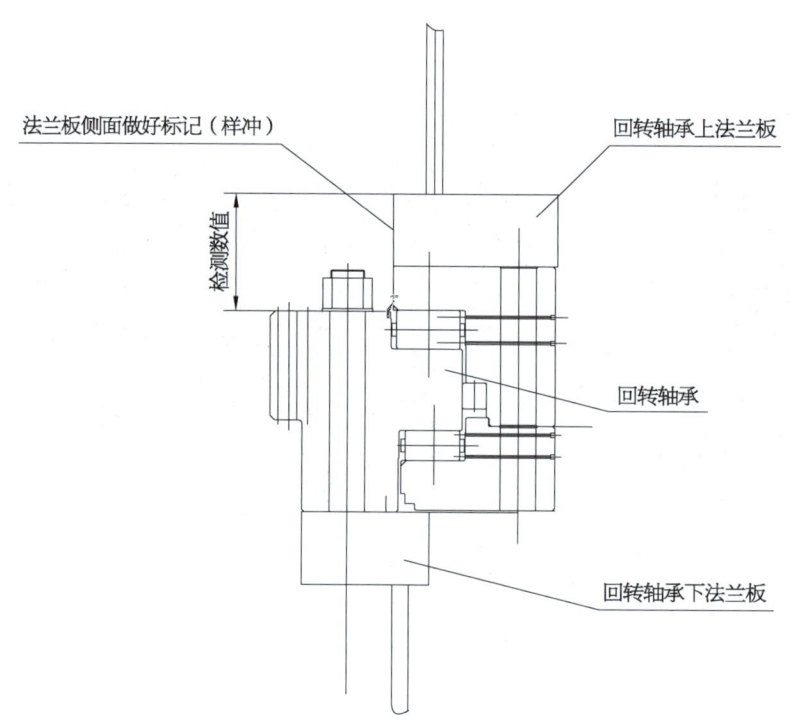

图8.80 起重机测量位置详细图

5) 筒体

考虑到与船体船板的焊接,筒体材料通常不考虑用高强钢(Q690),而是采用和船体一直的船板,大直径起重机基座(也叫圆筒体)是重型起重机的关键部件,它下面与船身相固定,上面通过中心回转轴承与回转底盘对起重机吊臂形成支撑。通过整圈法兰面相连,实现了起吊载荷的均匀分布与吊臂的平稳回转。

由于平台的升降房的特点存在,外包在其外面的起重机基座做成圆形时会把直径做得非常大,而且与平台甲板面的对筋也存在很大的技术难点。为了结合起重机、平台对筋及升降房的特点,设计上采用了下面方形与平台对接,上面圆形与起重机筒体对接,即所谓的天圆地方形式。虽然在设计上解决了该技术难题,但整个基座的圆度对接及平面度等制造精度直接决定了起重机起吊载荷的分布与回转性能。起重机基座理论图纸如图8.81所示,实际图片如图8.82所示。

由于圆筒体平台直径大,且平台基座为焊接而成,无论从加工设备、加工精度还是加

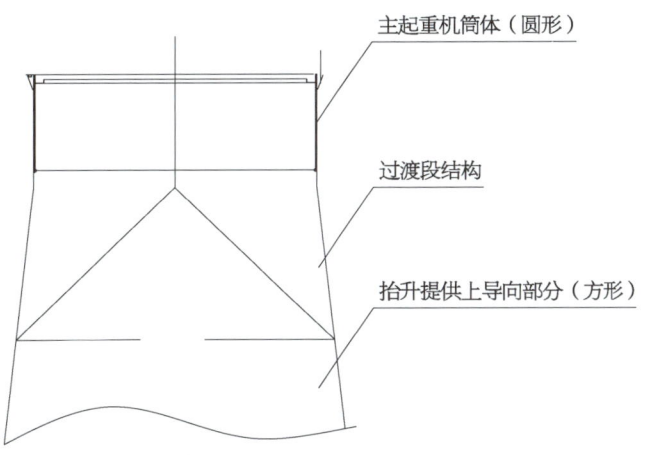

图 8.81 起重机基座理论图纸

图 8.82 实际基座图片

工成本方面考虑,起重机的筒体的整体圆度,对接船体的天圆地方,以及对大型回转法兰平面的平面度误差允许的范围内,都需要完全保证,才能确保起重机吊臂的回转平稳。

(1) 研究内容和方法。起重机大型回转基座由筒体及与回转轴承相连的法兰面焊接构成,为实现螺栓力的均匀受载,需要保证大尺寸圆筒体法兰面的平面度小于厂家理论安全值。目前国内采用离线式水槽和激光符合的方法进行测量反馈,存在效率低和一致性差的缺点,因此需要研发具有在线测量反馈功能的大型平面加工设备。

大尺寸圆筒体法兰面的平面度加工工艺研究涵盖以下几方面内容:大尺寸圆筒体法兰面的平面度测量与控制;大尺寸圆筒体法兰面的平面加工工艺研究。其中,大尺寸圆筒体法兰面的平面加工工艺研究包括加工过程中的这些工艺难点:圆柱筒结构的制造工艺;圆柱筒结构的分段拼装工艺;转台结构的部分主要圆板数控及预制工艺;转台结构的制造工艺;大尺寸圆筒体法兰面的表面加工工艺。

因此,在对大尺寸圆筒体法兰面的平台加工技术进行主要研究的同时,并对大尺寸圆筒体法兰面的平面度高效测量方法及其机构设计进行展开讨论。在对大尺寸圆筒体法兰面加工的主要工艺进行研究的同时,也对与天圆地方基座对接过程中,不同圆基准被加工面在切削加工及卷圆焊接中发生强烈的塑性变形和高温生成,以及加工表面生成的残余应力引起工件疲劳和失效,裂纹生成和扩展进行研究。

在下面章节中对大尺寸导轨的平面度测量仪器及其使用方法进行说明,并对加工大尺寸圆筒体法兰面的加工工艺难点进行描述,最后对主要研究的内容和创新点进行总结。

(2) 研究成果。

① 大尺寸圆筒体与天圆地方筒体对接技术。由于钢板本身的长度限制,故大直径圆筒体只能通过拼接并卷圆完成,由于中途还存在焊接变形等因素,导致筒体直径偏差,虽然图纸要求达到±5 mm,但实际制作存在很大困难;再加上天圆地方结构本身也是拼接而成,加上局部曲面很难保证,直径偏差也在所难免;所有的累积误差导致了在圆筒体与天圆地方结构对接的难度。因此,需要从工艺手段上加以保证:

A. 以圆筒体回转法兰面为水平基准,采用液压千斤顶顶升回转下法兰面,通过大尺寸回转平台平面度测量技术调整其整体水平,确保回转下支承中心法兰加工面水平误差控制在 2 mm 以内。

B. 我们结合筒体受力情况(见图 8.83),并考虑到现场焊接及材料特性,对局部无法对齐的筒壁进行局部开口(见图 8.84),并通过焊接拉板,使起重机圆筒体与天圆地方结构的中心划线对齐,使基准唯一,把起重机圆筒体与平台完美对接。

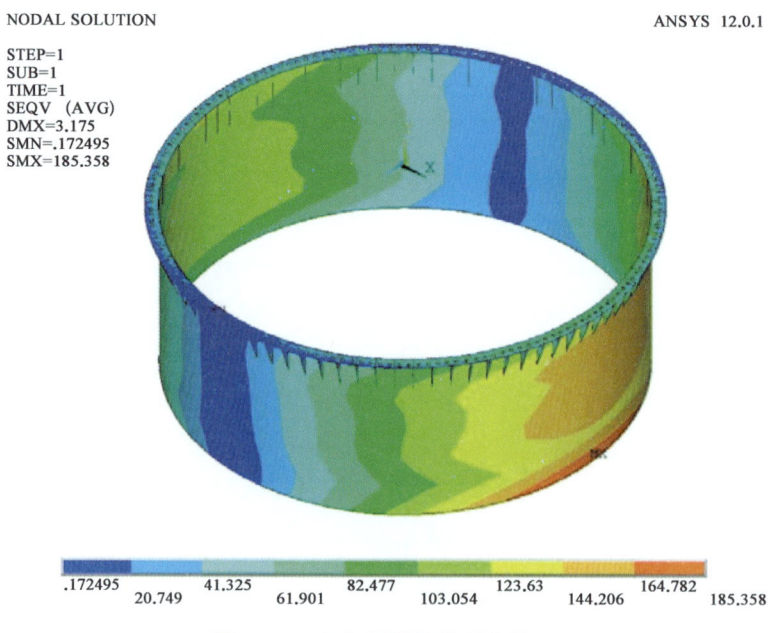

图 8.83 大直径圆筒体受力情况

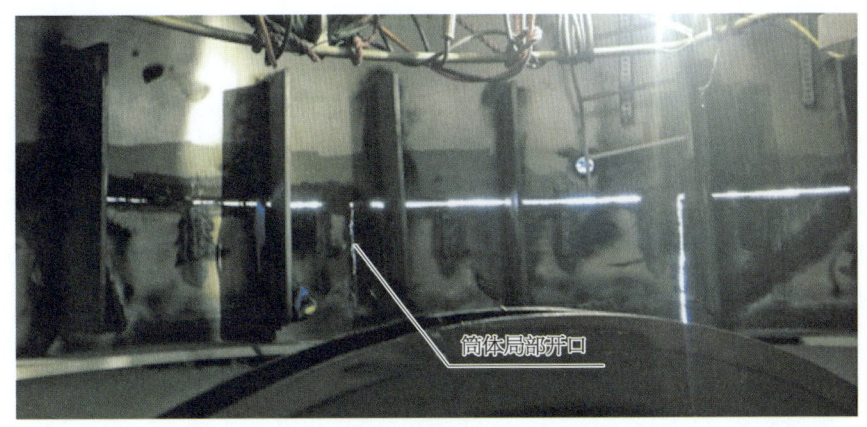

图 8.84　筒体局部开口实物图

② 大尺寸圆筒体法兰面的平面度测量技术。在现代化船舶等大型设备的制造过程中,许多大型设备需要安装在平面度要求很高的大尺寸回转平台上,所以圆筒体法兰面的平面度是整机、部件装配、找正或焊装的基准面。回转轴承直接安装在圆筒体法兰面上,其平面度直接影响回转机构与回转轴承啮合情况及整机的受载情况。为保证承载均匀,需要保证大尺寸圆筒体法兰面的平面度小于厂家规定值。虽然圆筒体已安装固定完,但是由于焊接误差,其上面的回转法兰面平面度超差非常严重,故需要对其进行测量并二次加工。

目前,对大尺寸圆筒体法兰面的平面度的测量一般采用水碗连通器测平法、液泡式水平仪和激光测量仪。水碗连通器测量时,由于水碗内空气等因素影响,直观误差可达 2～3 mm,同时由于使用者操作水平和检测精度不等,人为因素很难克服。液泡式水平仪主要是通过目测,测量精度也较低;激光测量仪虽然精度高,但其设备昂贵,操作复杂,对操作人员要求较高,测量大尺寸平面十分耗时。因此,需要研制针对大型平面的高精度平面度测量装置,实现对法兰面平面的简便快速测量,确保精度要求。

针对现有技术中的不足,本书提出一种大尺寸圆筒体法兰面的平面度测量装置及测量方法,根据连通器原理进行测量,低成本,测量精度高。

该方法通过以下技术方案实现:涉及一种大尺寸圆筒体法兰面的平面度测量装置,包括移动量杯、基准量杯、导管、浮标、卡尺、连接杆。移动量杯、基准量杯都是透明敞口,各个移动量杯和基准量杯之间通过导管相连;量杯中盛有一定量的液体,液体表面上浮有浮标;浮标通过连接杆来连接卡尺;卡尺上的刻度与移动量杯上的刻度之间组成游标卡尺进行测量。

其中,移动量杯远离基准量杯的杯壁开有一定深度的凹槽,便于固定卡尺和利于卡尺移动,另一端连接处的卡尺主要是起平衡作用;移动量杯只有凹槽处和固定其中的卡尺上有刻度;连接杆的下端与浮标固定,伸出来的两端通过螺栓螺母与卡尺连在一起。

所述移动量杯和基准量杯通过导管相连,相当于连通器的作用,保证了各处移动量杯上液面齐平。所述卡尺上的刻度与移动量杯上的刻度之间组成游标卡尺,之前直接通过量杯测量精度为 0.5 mm，而游标卡尺的测量精度提高到了 0.02 mm，测量精度提高了 20 倍以上。

该测量装置，适用于大尺寸圆筒体法兰面的平面度测量。大尺寸圆筒体法兰面水平放置，基准量杯放置在平台中心的基准面上，与法兰面圆周规定测量位置处的移动量杯通过导管相连。观测移动量杯刻度与卡尺刻度组成的游标卡尺，得到各点高度差值，从而确定放置在规定点上调整垫片的厚度，用以补偿大平台安装导轨时的不平度，最终保证安装在调整垫片上的导轨平面度。其测量装置结构简单，成本低，误差小，容易实现。

下面详细说明具体平面度测量实施步骤，如图 8.85 所示。各处的移动量杯和基准量杯之间通过导管相连，浮标浮在移动量杯上的液面上，游标通过连接杆与卡尺相连，卡尺上的刻度与移动量杯上的刻度之间组成游标卡尺进行测量。

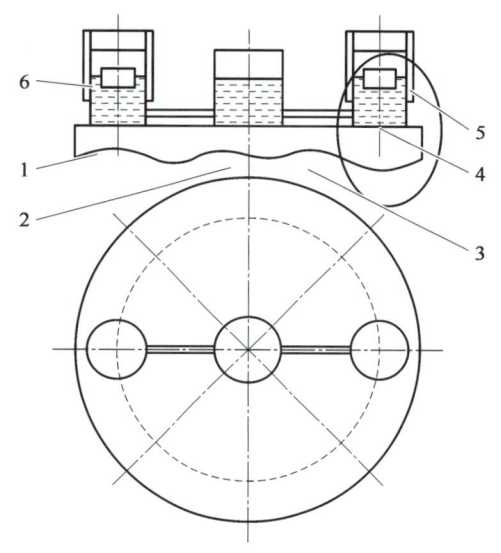

图 8.85 平面度测量示意图
1—移动量杯；2—基准量杯；3—导管；
4—浮标；5—卡尺；6—连接杆

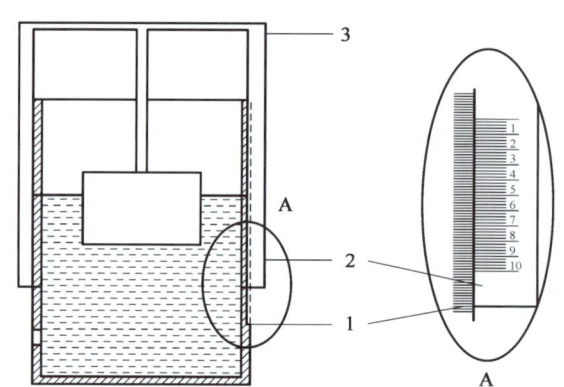

图 8.86 局部剖视图和局部放大图
1—移动量杯；2—卡尺；3—连接杆

如图 8.86 所示，移动量杯远离基准量杯的杯壁开有一定深度的凹槽，便于固定一端的卡尺和利于其移动，另一端的卡尺主要是起平衡作用；其中移动量杯只有凹槽处和固定其中的卡尺上有刻度；连接杆的下端与浮标固定，连接杆伸出来的两端通过螺栓螺母与卡尺连在一起。

测量时，在大尺寸圆筒体回转法兰平面的中心位置处上放置基准量杯，通过导管来连通放置在圆周规定位置各处的移动量杯，其中放置移动量杯的位置与调整垫片的放置位置相对应。根据连通器原理，各处移动量杯的液面保持在同一水平面上，读取卡尺上的刻度与移动量杯上的刻度组成的游标卡尺的测量值。测量得到放置移动量杯上的高度值，移动移动量杯位置，直至圆周上所有规定点上的高度值全部测量完毕。测量结束后，移走测量装置。对比各处点上测量值的差值，确定各规定测量点处调整垫片的厚度，可以保证

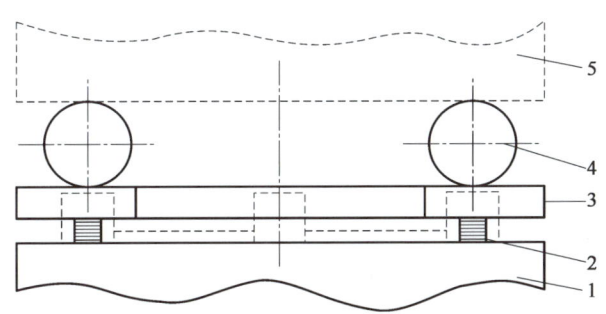

图 8.87 大尺寸回转系统各部件布置示意图
1—大尺寸圆筒体回转法兰面；2—调整垫片；3—导轨；4—滚轮；5—工作回转体

安置调整垫片上的导轨平面度位于规定的误差范围内。

为了保证卡尺固定在移动量杯的相对应的位置，移动量杯的外壁在对应位置处开有一凹槽，便于卡尺的刻度与移动量杯上的刻度相对应。基于游标卡尺原理可知，该装置的测量精度能够达到 0.02 mm，与其他通过直接观测的测量相比，其实际相对测量误差缩小了至少 20 倍。

在相同的测量条件下，该测量装置根据连通器原理和游标卡尺原理大大提高了测量精度，通过移动移动量杯位置得到圆周各处规定点的高度，通过调整规定点上的调整垫片高度，从而保证了安装在调整垫片上的导轨水平度要求。

如图 8.87 所示，在大尺寸圆筒体回转法兰面圆周上均匀分布调整垫片，调整垫片上放置导轨，为了保证导轨的平面度，需要对调整垫片的高度进行调整。调整完后再将导轨焊接固定起来。同时导轨上安装有滚轮，滚轮上支承工作回转体。由以上分析可知，通过改变各规定测量点上的调整垫片的高度，可以保证导轨的平面度精度达到 0.02 mm。

以上主要介绍了测量大尺寸圆筒体法兰面平面度的测量仪器及其使用方法。其中测量装置包括移动量杯、基准量杯、导管、浮标、卡尺和连接杆。液体填充在量杯内，各处的移动量杯和基准量杯之间通过导管相连，浮标浮在移动量杯的液面上，卡尺通过连接杆连接浮标，卡尺上的刻度和量杯的刻度组成游标卡尺。各个移动量杯放置在回转平台圆周的规定位置处，通过对比各处"游标卡尺"的测量值，调整规定位置处上调整垫片的高度来保证安装在调整垫片上的导轨平面度，平面度测量精度达到了 0.02 mm，精度提高了一个数量级。该测量装置适用大型平台的平面度测量，通用性强，价格低廉，测量精度高，容易实现。

③ 大尺寸圆筒体基座的加工主要工艺流程。

大尺寸圆筒体基座由圆筒和回转法兰面结构组成，该结构是浮吊的关键部件，它与船身相固定。由于回转支撑平台直径非常大，在圆柱筒制造过程中，需要对结构分块制造，再将分段组件拼装起来，这本身涉及制造精度和安装精度，其工艺都比较复杂。同时转台结构中很多的圆板是数控机床加工出来，这对工艺流程有更高的要求和限制，才能保证加工和安装精度，得到良好的回转使用性能。本章节中将对加工过程中的工艺难点：圆柱筒结构的制造工艺,圆柱筒结构的分段拼装工艺,转台结构的部分主要圆板数控及预制工艺和转台结构的制造工艺做详细的介绍。

A. 圆柱筒结构的制造工艺流程：

搭制胎架──▶圆腹板预制──▶拼装──▶安装吊耳

B. 圆柱筒结构的分段拼装工艺流程：

圆柱筒的拼装──▶圆柱筒内筒拼装

C. 转台结构中部分圆板数控及预制工艺流程：

转台结构部分圆板数控注意点──▶分段零件拼装──▶安装翻身吊耳

D. 转台结构制造工艺流程：

部分零件的预制──▶各部件的拼装──▶确定焊接顺序──▶转台拼装

E. 大尺寸回转支撑平台的表面加工工艺。

8.3.1.2 载荷与载荷组合

全回转起重机的载荷与载荷组合可参考全回转起重机章节。

8.3.2 绕桩式起重机的机构

8.3.2.1 起升绞车

小型绕桩式起重机的起升机构与全回转起重机机构类型大致相同。大型绕桩式起重机由于成本及力分布的考虑,需要两套甚至多套同步作业,而且由于中间桩腿的阻隔,机构左右分开间距也比较大。对于目前使用的海上起重机,克令吊以液压为主,因起升重量相对不大,一般单绞车就能满足起升需求；大型海上起重机则以电驱动居多,也出现比较多的多个绞车联动。对于电驱动的起升绞车,同步往往比较好做,以电动机力矩同步,钢丝绳在卷筒上的位置纠偏来完成；但对于大型液压起重机所用的液压绞车,则难度非常大。由于压力损耗等因素,液压马达无法有效地提供自身力矩(或者说不能比较准确地提供力矩值),如果无有效监控,则会导致力的严重不均衡,严重的会导致结构左右受力不均,存在安全隐患。本章就以大型液压绞车为例,对其同步进行阐述：

1) 大型液压绞车组成

液压绞车一般以轻便著称,目前比较流行的单个大型液压绞车安装组成如下：整个减速箱通过减速箱上的法兰面用螺栓固定,内藏于减速箱筒体内,成为卷筒组件；整个卷筒组件在通过减速箱上的另一组法兰面固定于卷筒墙架上；然后,在减速箱(此种形式的减速箱自带内藏制动器)输入端上安装液压马达,通过液压动力站,驱动马达从而带动整个绞车工作。

2) 液压绞车不同步的危害

以往的液压驱动马达均选择的是低速大扭矩马达,这种马达的好处是低速稳定性好,但由于配减速机构时速比比采用高速马达低很多,所以速度控制精度不如采用高速马达。在以往传统的液压起重机中,有过两台变幅起升绞车采用了机械轴连接起来实现机械同步,在需要单台绞车动作时采用离合器脱开。这种方式同步误差很大,并且会产生累计误差,两台绞车的同步误差会越来越大,进而对起重机结构上的力左右偏差增大,严重的甚

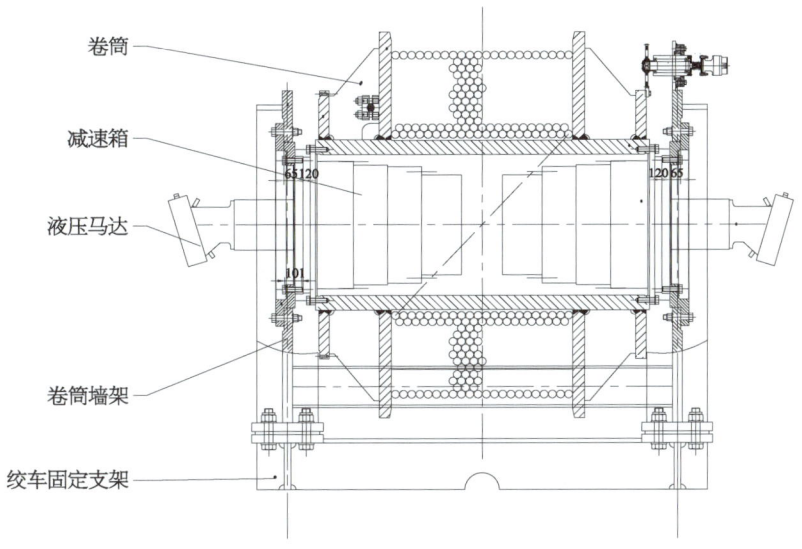

图 8.88　单个液压绞车示意图

至会导致结构局部损坏。

8.3.2.2　变幅绞车

为了进一步提高同步精度,本书以变幅绞车为例进行论述:

(1) 采用高速马达驱动各绞车,并在马达上配置转速计实时检测和控制马达转速形成闭环速度控制反馈给电控。由于高速马达相对于低速马达,其扭矩要小很多,但转速可以比低速大扭矩马达高很多,采用较大的速比来实现大扭矩输出。由于速比大了,这样反映到卷筒上的速度控制精度就可以更高。

(2) 在钢丝绳缠绕末端加重量传感器(见下缠绕示意图),以检测结构左右的受力是否一致,保护结构安全。由于钢丝绳的倍率比较多,再加上钢结构自身的焊接变形,对于大型起重机来讲,本身可能就存在了左右的力差,所以在装配时,要求滑轮必须转动灵活,这样传到根部的力监测才能误差比较小。同时,为了结构的安全,可通过 ansys 计算得出左右结构最大能允许偏载多少,这样才能消掉传感器通过缠绕自身产生的误差。

(3) 通过加在卷筒末端的编码器来控制圈数,以期达到钢丝绳在卷筒上的绳长左右相当.但由于卷筒左右制作误差、钢丝绳左右存在差异及左右安装等因素,导致实际通过编码器所数的圈数和实际反映不符(这个在很多项目中都有此现象),这时,就需要电控来纠偏,以免出现一边钢丝绳在卷筒的第一层,另一边钢丝绳则在卷筒第二层,导致速度不一致。

从 ansys 分析结果看,钢结构在平台顶升时,最大允许左右力差 8 t(左右差达到 12%);在浮态时,最大允许左右力差 10 t(左右差达到 20%)。为了减少误差,设定目标位左右力偏差 10%;经过现场调整(图 8.90~图 8.92),左右同步在平台顶升时左右误差为 5%,浮态时为 10%,满足设计要求。

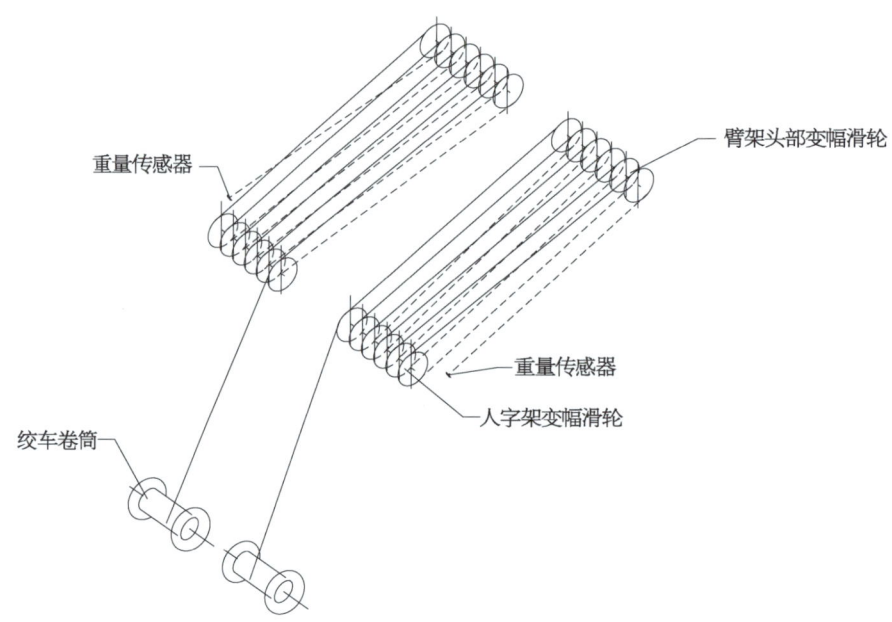

图 8.89　缠绕示意图

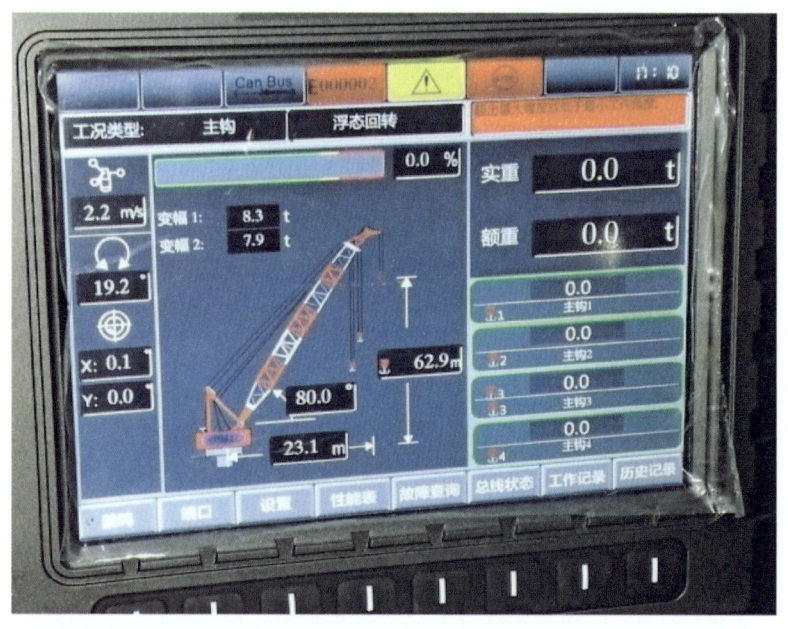

图 8.90　平台顶升时,变幅机构空钩左右绞车钢丝绳同步偏差 0.4 t

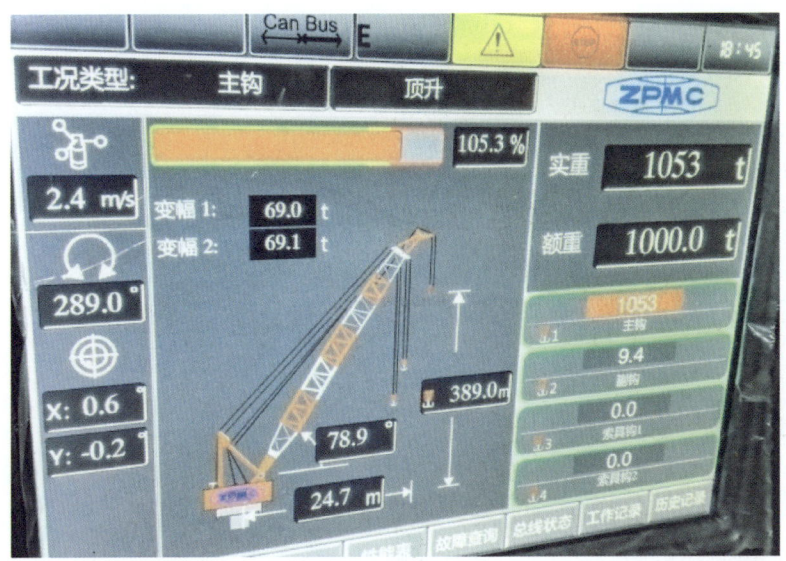

图 8.91 平台顶升时,主钩满载,变幅机构左右绞车钢丝绳同步偏差 0.1 t

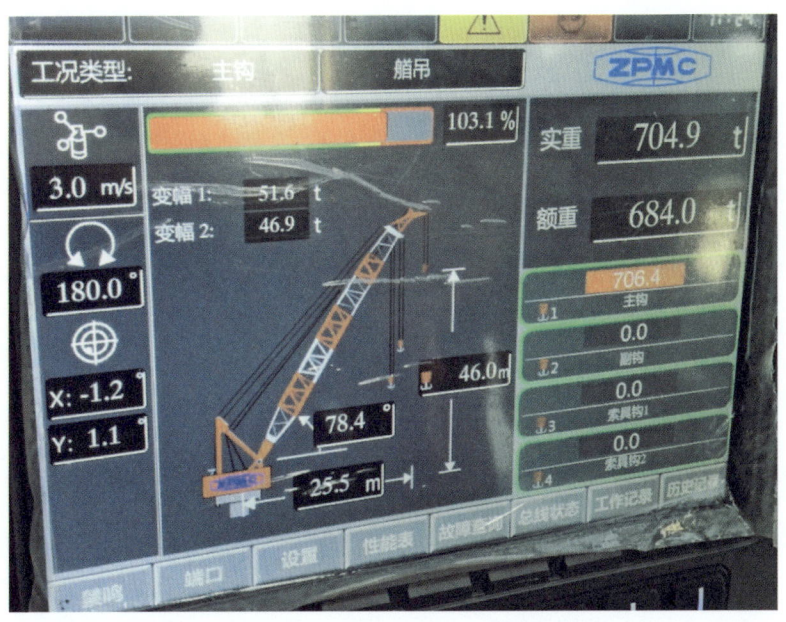

图 8.92 浮态下主钩满载,变幅机构左右绞车钢丝绳同步偏差 4.7 t

8.3.2.3 回转机构

由于回转中心被桩腿占据,内部空间需要布置托链或滑触线,所以回转机构一般均布置为外啮合传动(见图 8.93)。

回转机构形式可参考全回转起重机章节,如图 8.94 所示。

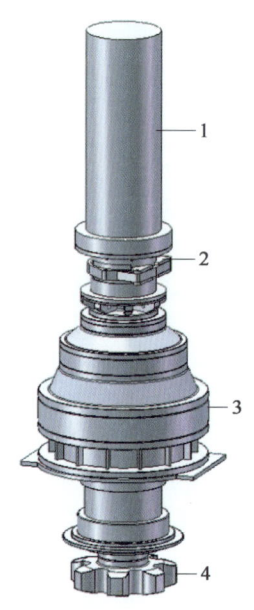

图 8.93　回转机构与回转支承外啮合　　　　图 8.94　回转机构

1—电机；2—制动器和联轴节；3—行星减速箱；4—齿轮

8.3.3　绕桩式全回转起重机的辅助系统

绕桩式起重机辅助系统除了前防倾覆锲块装置不需要外，其他均可参考全回转起重机章节；特别注意的是，如果绕桩式采用滑触线供电，则滑触线需要增加防雨装置及回转支撑接油装置；如果采用托链，则不需要。

8.4　桅杆式回转风电安装起重机

桅杆起重机在国外叫做"Kingpost"，即中柱旋转支撑结构，就是一个独立的固定中柱与可旋转的上部轴承与下部旋转配置。这种旋转支撑的设计可以持续数千小时的最小维护工作量，而且回转支承的更换比较容易。

8.4.1　桅杆式回转起重机的金属结构

图 8.95 为典型的桅杆式回转起重机金属结构示意图。制造商在获取主要参数后，即可规划起重机的方案，确定金属结构的主要尺寸。钢结构的主要尺寸包括：臂架长度、臂架铰点间距、桅杆柱高度、回转底盘大小、起重机基座大小、臂架搁座的定位位置及高度等。

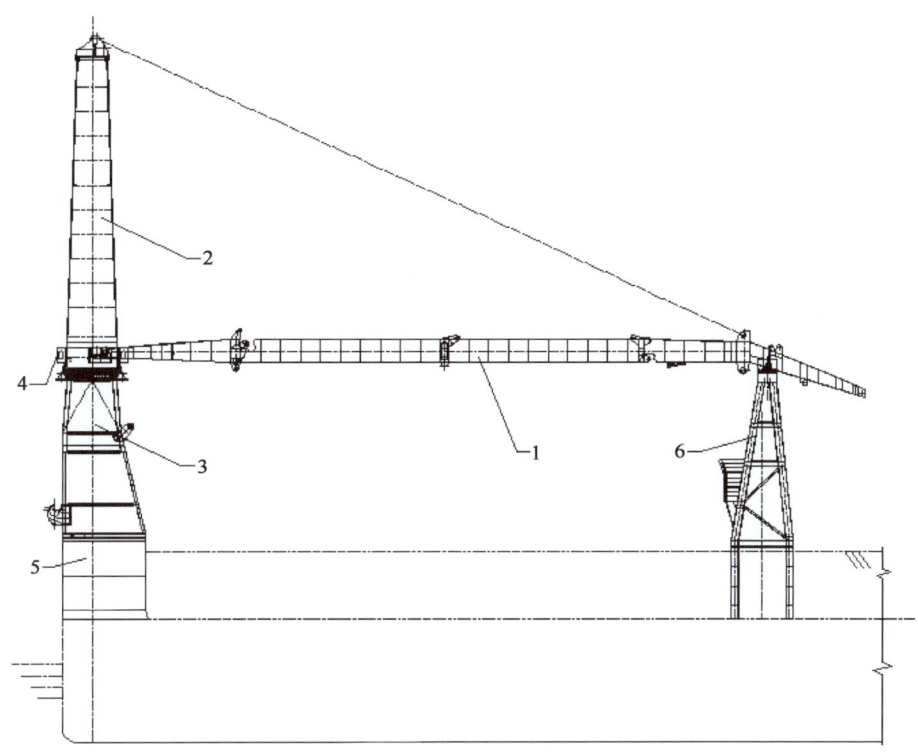

图 8.95　桅杆式风电安装起重机结构总图
1—臂架；2—桅杆柱(上部)；3—桅杆柱(下部)；4—回转底盘；5—起重机基座；6—臂架搁座

桅杆式起重机臂架多采用实腹式，但对于大型起重机，桁架式还是比较有优势；对于桅杆柱及回转底盘在设计上均采用比较传统的设计方法；它与上面两种起重机最大的区别就是上两种起重机坐在回转支承上，只有一个轴承，同时承担轴向力(向下)及倾覆力矩；为了平衡重心的前移，防止倾覆，在有时回转支撑力矩超过目前的制造能力情况下，尾部需要增加配重，或把一些大型绞车、机房放在尾部，无形中增加了尾部的旋转半径。而桅杆式起重机有上下两个轴承抱在柱子上，无滚道结构，在中柱顶部和下部各一个，这样可以使尾部半径设计得比较小。

桅杆式起重机的载荷与载荷组合可参考全回转起重机章节。

8.4.2　桅杆式回转起重机的机构

8.4.2.1　起升绞车和变幅绞车

由于桅杆式回转起重机空间小，为满足风电安装要求，绞车的数量不少，所以必须根据现有结构，设计出新的机构布置模式——联排绞车：

(1) 联排绞车的设计有效地减少了绞车机构的占地空间，使得主钩、副钩、变幅三个主要绞车机构可以安放在桅杆基座内部的有限空间内，同时减轻了机构的质量。

(2) 在联排绞车的电机和减速箱中间使用了全新设计的法兰式安装的电磁制动器，从而取消了原来老式的需要机构底座安装的电液推杆制动器，进一步缩小了绞车的体积，使得整个设计紧凑轻量化。

（3）由于起重机的三联排机构安装于非回转部件上，为了确保在起重机回转作业时卷筒上钢丝绳不发生乱绳和桅杆内部钢丝绳不发生麻花打结现象，在起重机桅杆内部安装了一个滑轮组和一个分绳装置。滑轮组与绞车卷筒对中，保证了在回转作业时折线卷筒皮得到所需要的入绳角度；分绳装置则保证了起重机在单侧回转超过180°的时候钢丝绳不发生交叉打结现象。

（4）起重机臂架回转底盘上的回转轴承安装形式采用了新式全新的套筒式法兰结构，使得定柱式桅杆结构得以实现。

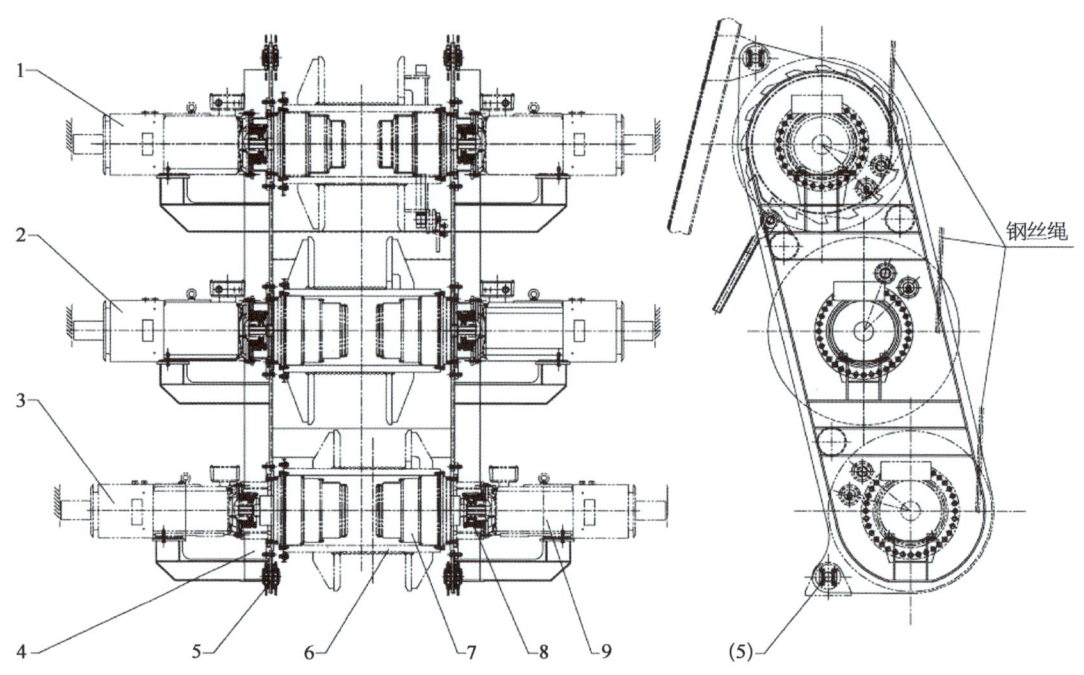

图 8.96　联排绞车机构（此布置形式已获国家专利）

1—变幅绞车；2—主钩绞车；3—副钩绞车；4—联合支架；
5—安装销轴；6—卷筒；7—减速箱；8—制动器；9—电动机

8.4.2.2　回转机构

固定式绞车的起重机有限回转模式：此机型吊机采用有限回转模式，如对于安装于桅杆内部的主、副、变幅起升绞车也采用回转模式，将不仅仅使有限的基座内部空间更紧张，而且还将增加内部回转轴承和回转机构等相关设备，从而降低了整机的经济效益。但如果采用固定安装的绞车形式，则在起重机旋转一定角度之后，桅杆内的钢丝绳将会相互缠绕摩擦，从而导致了钢丝绳损坏。为了有效克服这一难点，桅杆中增加钢丝绳分离设备，使得钢丝绳在吊机回转过程中不发生相互之间的摩擦与干涉。钢丝绳分离装置如图8.97所示。

桅杆顶部回转轴承安装问题：其承受变幅力的水平分力大于安装螺栓所能够提供的静

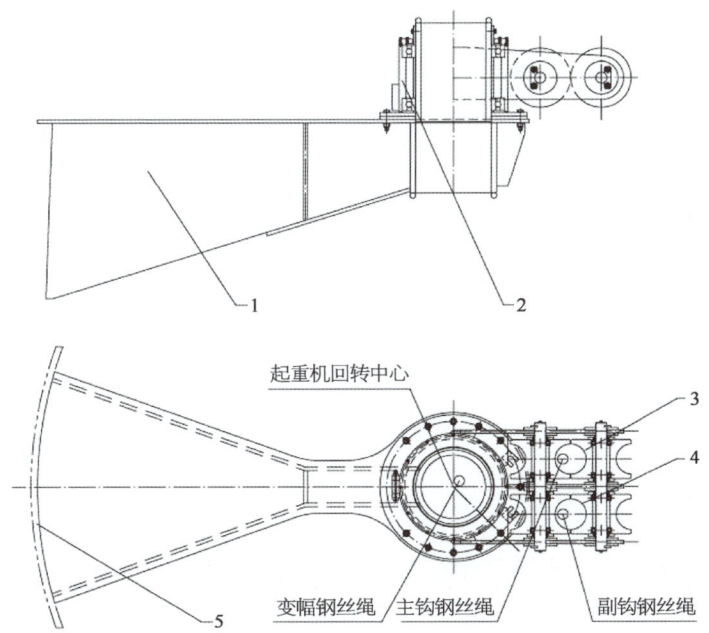

图 8.97　钢丝绳分离装置示意图(此装置已获国家专利)
1—结构支架；2—回转组件；3—主钩钢丝绳定位托辊；4—副钩钢丝绳定位托辊；5—桅杆结构

摩擦力。为了便于加工制造，在设计过程中，考虑增加安装凸台和增加销孔的两种形式。

底盘回转轴承安装示意图如图 8.98 所示。由于桅杆圆筒为非旋转受力构件，而回转

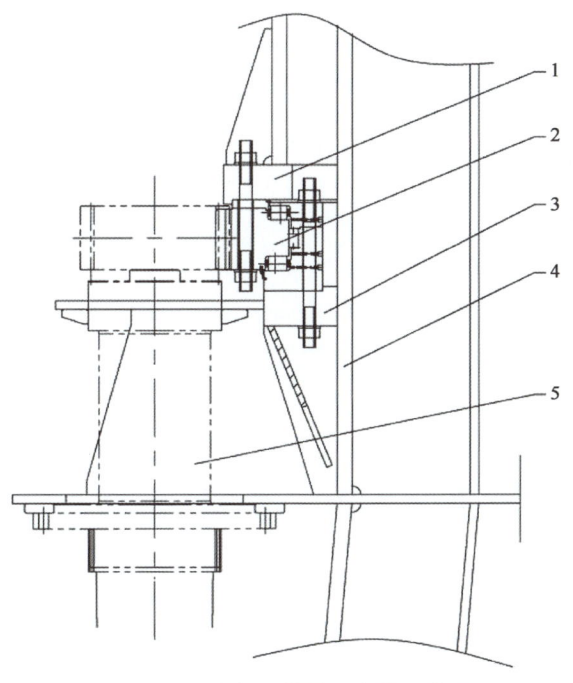

图 8.98　底盘回转轴承安装示意图
1—回转底盘结构与法兰面；2—回转轴承；3—桅杆外轴承下法兰；4—桅杆圆筒壁；5—回转机构

底盘需要围绕桅杆结构回转。故将回转轴承下法兰面采用环套式结构包覆在桅杆外侧。同时由于法兰厚度明显大于桅杆壁厚，如果采用全融透焊缝不仅增加焊接难度，而且对于桅杆母材将产生影响，所以在法兰与桅杆壁采用部分融透焊缝的基础上，在法兰下部增加了筋板，以确保地盘上的受力均匀传递到桅杆之上。

8.4.3 桅杆式回转起重机的辅助系统

桅杆式回转起重机的辅助系统仅有润滑系统，详细可参考全回转起重机辅助系统章节。

8.5 固定臂架式风电安装起重机

固定臂架式风电起重机，主要由结构、机构、控制系统以及专门用途的附件组成。顾名思义，与全回转式风电安装起重机相比，固定臂架式风电安装起重机，不具备回转功能，钢结构相对而言要简单很多。目前唯一用在风电安装上的固定臂架式起重机就只有三航局的"风范号"。

8.5.1 固定臂架式风电安装起重机的金属结构

为控制重量，船体尺度，降低配套船体的综合成本，减小同样也较多采用高强度钢，高强度钢多用于臂架部分。

8.5.1.1 固定臂架式风电安装起重机的典型结构形式

固定臂架式风电安装起重机的结构相对于全回转式风电安装起重机较为简单，其金属结构主要由以下几个部件组成：

（1）臂架系统。臂架是风电安装起重机的主要工作构件，一般有实体式、桁架式两种。

（2）人字架系统。人字架一般也分为两种，一种是实腹式，另一种是二力杆式。二力杆式包括前压杆和后拉杆。

（3）铰点支座。

1）臂架系统

在功能和构造上，固定臂架式风电安装起重机的臂架与全回转式风电安装起重机基本相同；本书前面章节已对臂架结构作了详细的介绍。但固定臂架式风电安装起重机的铰点位置低，同时为了满足起升高度和工作幅度的要求，臂架通常较长，重心位置较高。当船舶倾斜及摇摆时，会有较大的惯性力作用到臂架上，同时也会对整机的稳性产生影响。因此臂架在结构形式选取上，一般采用桁架式结构，以减小结构自重。常用的臂架结构形式有八弦杆形式（见图8.99）和六弦杆形式（见图8.100）等。

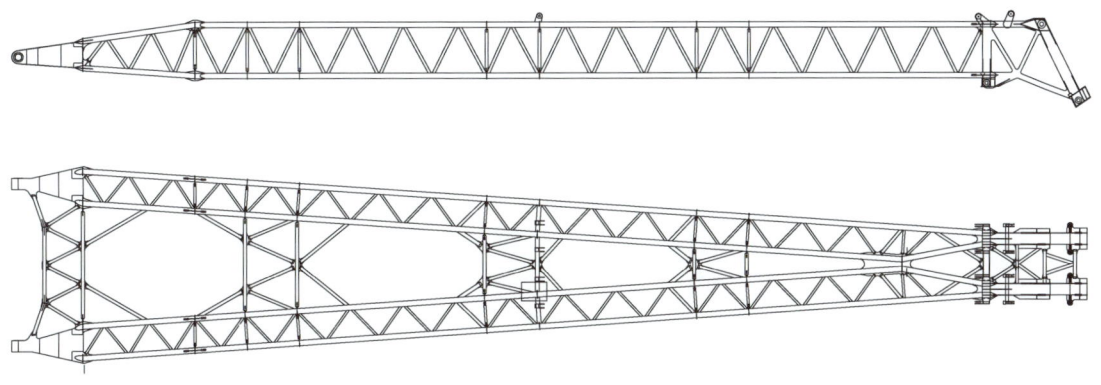

图 8.99 八弦杆桁架式臂架

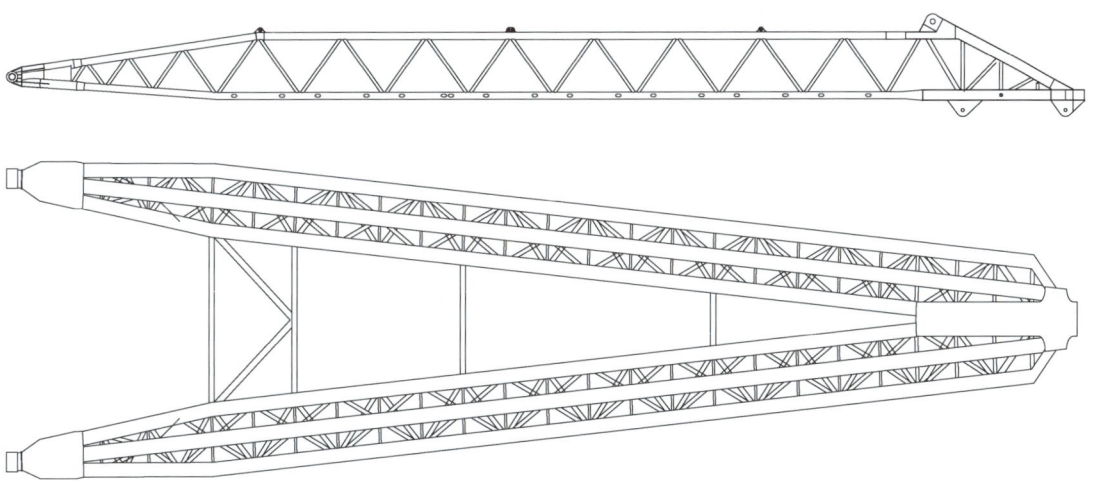

图 8.100 六弦杆桁架式臂架

2) 人字架系统

如前文所述,在功能和构造上,固定臂架式风电安装起重机的臂架与全回转式风电安装起重机基本相同。但是,固定臂架式风电安装起重机的臂架和人字架一般分别位于船体的两端,因此空间相对充裕。从经济的角度考虑,固定臂架式风电安装起重机的人字架多为二力杆式,并且压杆和拉杆的跨距较大。图 8.101 和图 8.102 所示是两种典型的人字架形式,适用于固定臂架式风电安装起重机;前者为固定式,后者为可缩放式。

3) 铰点支座

固定臂架式风电安装起重机的铰点支座(简称铰座),起到连接臂架和船体的作用。臂架通过销轴与铰座联接,并且在臂架变幅平面内沿着铰轴灵活转动。作用在臂架上的力通过铰座被安全地传递到船体结构上。因此,设计时须充分考虑铰座的强度、刚度。图 8.103 是典型的铰座的示意图。

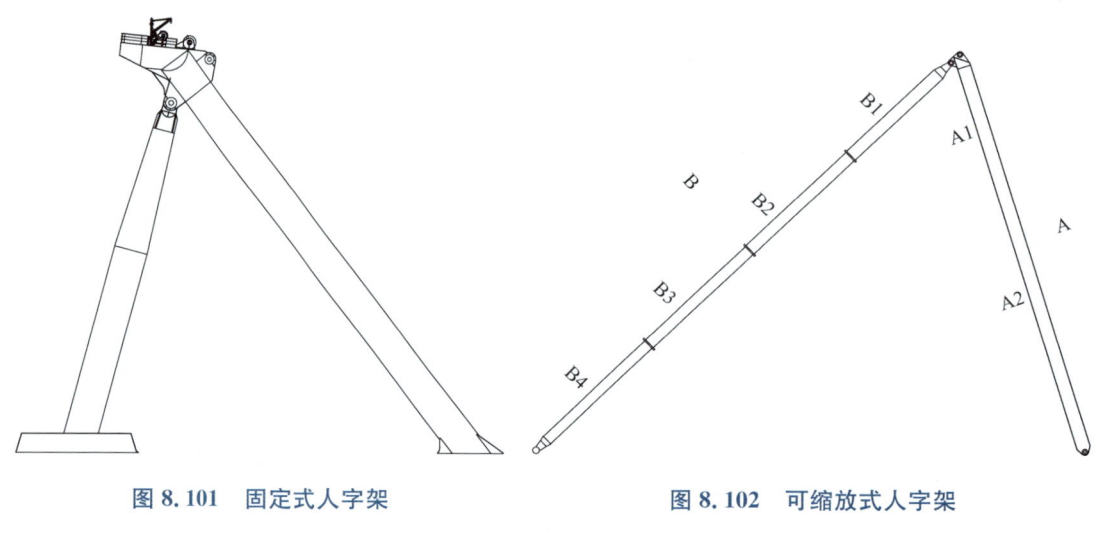

图 8.101　固定式人字架　　　　图 8.102　可缩放式人字架

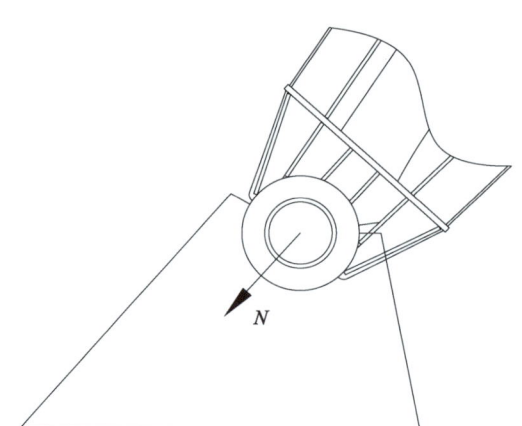

图 8.103　典型铰点支座

8.5.1.2　载荷与载荷组合

与全回转式风电安装起重机相同,固定臂架式风电安装起重机在设计之前,需要明确其工作工况、非工作工况(包括维修工况、拖航工况、锚定工况等),并且确定各种工况下的载荷。具体可参见全回转式风电安装起重机中相关章节。

8.5.2　固定臂架式风电安装起重机的机构

大型风电安装起重机,一般通过绞车机构收放钢丝绳实现吊钩的垂直运动和臂架的变幅动作。绞车机构与吊钩之间通过钢丝绳缠绕系统,实现驱动链的关联。

8.5.2.1　大型绞车机构

固定臂架风电安装起重机上常见的绞车机构有:起升绞车机构、变幅绞车机构、辅助类绞车机构等。此类绞车机构,形式基本与全回转式风电安装起重机上的相同;可参见全回转式风电安装起重机中相关章节。

8.5.2.2 缠绕系统

可参见全回转式风电安装起重机中相关章节。

8.5.3 固定臂架式风电安装起重机的附件

大型固定臂架式风电安装起重机实现正常的作业和维护必须辅以各种附属装置。由于固定臂架式风电安装起重机功能相对简单,不同于全回转式风电安装起重机,其附属功能装置相对较少。此处不作详细介绍。

8.6 电 气 系 统

风电安装起重机的电气系统有直流和交流两种。目前直流系统已很少采用,而本章所述的电气系统,均指交流系统。

8.6.1 起重机的供电

起重机一般由船舶电站进行供电。船上的供电系统三相不接地系统,简称 IT 系统。从供电的电源电压等级来分,一般有高压电源和低压电源两种。

高压电源电压等级有:6.6 kV,50 Hz 或 60 Hz,适用于大多数工程船舶;11 kV,50 Hz 或 60 Hz,适用于超大型工程船舶。

低压电源电压等级,根据船体配置的低压柴油发电机的类型的有三种:690 VAC,50 Hz 或 60 Hz;440 VAC,60 Hz;400 VAC,50 Hz。

从供电电源的用途来分,又可分为驱动主电源、辅助电源和应急电源。其中,驱动主电源给起重机交流变频驱动系统供电,包括交流驱动器和交流电机,是起重机中主要的用电设备。

1) 电源配置方案

根据起重机交流变频系统的配置,船体给起重机的驱动主电源一般有以下几种配置:

(1) 一路电源配置方式。一路电源配置的开关容量能提供起重机 100% 的最大需求功率,适用于 12 脉冲整流驱动系统。

(2) 一用一备的电源配置方式。此种电源配置方式,要求船体给起重机提供两路驱动电源,每一路的开关容量都能 100% 满足起重机最大的功率需求。正常情况下,起重机只取其中一路电源到机上,另一路备用。当其中一路电源出现故障或需要检修时,起重机可以切换到另一路电源,以保证起重机正常运行。此种配置一般用于 AFE 整流驱动系统或 24 脉冲整流驱动方案。

(3) 两路电源配置方式。船体给吊机提供两路驱动电源,每一路电源的开关容量都只能满足起重机最大功率需求的 50%。正常情况下，两路电源须全部工作，如果有一路电源故障，则起重机损失 50% 的电源容量，起重机只能半速运行。此种配置一般用于 24 脉冲整流驱动方案。从安全可靠性方面考虑，船体配置两路电源给起重机是优选方案。

风电安装起重机上除配置主电源外，还另外配置一路低压三相辅助电源，为起重机上的三相用电、照明、控制等辅助设备供电。为保证辅助电源长期处于供电状态，一般不直接从驱动主电源处取电，而是由船体供给。

对于起重机上配置的航空障碍灯、走道逃生照明等不允许断电的设备，应考虑从船体应急配电板设备取电。而另外一些需要进行数据记录和存储的设备，例如，PLC 设备、CMS 设备、力矩限制器系统、变频器控制系统等设备，可配置不间断电源设备（UPS）。

2）起重机的接地系统

船体电源一般为 IT 系统，即三相不接地系统。船体和起重机之间没有单独的接地线，所以起重机上没有系统接地系统，只有保护接地系统。保护接地系统中，要求所有设备的金属外壳就近和金属结构可靠接地。对于通过轴承、销轴等连接的起重机的金属结构部件，若两者有相对转动，则需要另加接地线进行可靠连接。全回转起重机还需要在中心继电器中设置单独的接地铜环，将起重机上部的回转结构和船体甲板金属结构连接起来可靠接地。

3）中心集电器系统

全回转起重机的动力电源、控制信号都需要通过装在起重机筒体中心的中心集电器由船体输送到起重机上。

依照传动方式分类，中心集电器分为上传动集电器和下传动集电器。上传动集电器的铜环跟着起重机上部回转结构转动；下传动集电器的碳刷部分随回转底盘转动。大型风电安装起重机一般使用上传动方式。

依照电压等级分类，中心集电器分为高压中心集电器和低压中心集电器。高压集电器是一种将高压、低压、信号整合在一起的中心集电器。根据规范要求，高、低压设备和电缆必须完全隔离，所以在设计此类集电器时，需要考虑如何把高压部分和低压部分完全隔离，也必须考虑高压电缆的走向和低压电缆的隔离。低压中心集电器的特点是动力滑环要求承载的电流比较高，往往需要几个动力滑环并联使用，电缆较多，需要考虑走线和接线方面的便捷性。

4）驱动系统配置方案

船体电站为有限容量电站，起重机作为船体的一个主要用电设备，其驱动系统配置方案的优劣将直接影响到船体电网质量。变频驱动系统对电网的影响主要表现在：产生谐波电流，导致电网电压畸变；启动无功冲击引起电网电压波动。

谐波的考核点都位于电网的 PCC 点上。PCC 点就是该设备负载和其他负载的交接点。船级社对设备向船体电网注入的谐波电流允许值都有明确的规范规定，具体可参见表 8.13，表中列出了各主要船级社规范对谐波畸变率（THD）值的限制值。

表 8.13　各主要船级社规范对 THD 值的限制值表

船级社	允许总谐波畸变率(THD)	单次谐波分量最大允许值
美国船级社	5%	3%
中国船级社	5%	—
德国船级社	8%	5%
英国船级社	8%	21 次谐波分量<1.5%

风电安装起重机上的交流变频驱动系统一般采用多传动变频传动方案,但无论多传动系统采用哪种整流方式,其电网侧的交流电流都会呈现非正弦波形。按傅里叶级数进行分解,可得到工频基波和各次谐波电流。谐波不可避免,但是采用不同的功率元件、不同的驱动配置方式、不同的功率范围,产生的谐波电压也各不相同。

(1) 6 脉冲整流配置方案。6 脉冲的变频配置方案一般适用于小型设备,如果船载设备的用电量和船体电站容量相比只占很小的比例,从节省成本考虑也可以采用这种配置方案。6 脉冲变频驱动配置运行产生的 THD 值在 30% 以上,因此在用电容量占船体电站较大比例的风电安装起重机上,一般不建议使用。

(2) 12 脉冲整流配置方案。在 12 脉冲整流配置方案中,使用三绕组变压器作为进线的整流变压器,二次侧两个线圈容量相同,一个 Y 型绕组,一个 △ 型绕组,相位相差 30°。这样,5 次、7 次、17 次、19 次等谐波电压因为两个绕组的相位差互相抵消,大大降低了电压 THD 值。采用 12 脉冲整流方案的系统,设备总的 THD 值可以控制在 8% 以内。

(3) 虚拟 24 或 24 脉冲配置方案。该方案配置两组、每组 12 脉冲整流变压器。两组配置的每个进线整流变压器除两次侧两个线圈相位相差 30°外,两个变压器的一次侧绕组也互为移相 15°,即一个变压器一次侧移相+7.5°,另一个变压器一次侧移相-7.5°。如果两组多传动系统的直流母排不相连,系统为虚拟 24 脉冲整流系统,在每组工作负载相同的情况下,除 12 脉冲配置能把进线侧的 THD 值降外,每组产生的 12 脉冲无法抵消的谐波会在两组 12 脉冲整流系统的进线交汇点(PCC)处相互抵消,因此设备反馈到船体电网上的谐波将减小到 5% 以内。如果每组系统的负载不平衡,那最坏的情况就是变成 2 组独立的 12 脉冲方案。如果两组多传系统的直流母排相连,系统变为 24 脉冲整流系统,这时因为负载都在同一条直流母线上,就不用考虑负载平衡的问题,在进线交汇点(PCC)上的谐波畸变率也将控制在 5% 之内。

(4) AFE(主动前端)整流配置方案。AFE 主动前端整流系统用 IGBT 作为整流元器件,是一种高频开关速率和高电压变化率器件,加上 LCL 高频滤波器,进线侧将很少有畸变电压产出,基本保持正弦波形。

综合上述几种驱动配置方案,6 脉冲整流因为产生谐波畸变电压过大,一般不用,除非起重机本身用电容量在船体电站只占了很小的比例;12 脉冲整流是风电安装起重机上主流的整流配置形式,不过在进线端需要加三绕组的整流移相变压器;与 12 脉冲整流相比,AFE 主动前端的配置方案中,IGBT 和 LCL 高频滤波器价格昂贵,且 IGBT 整流可把能耗制动的电能反馈到船电电网上的这项优势功能在起重机上也不能使用。因此,若无特殊要求,综合实用性和性价比,优选 12 脉冲或用 2 组 12 脉冲组成的虚拟 24 脉冲或 24 脉冲系统。

(5) 能耗制动时的电能吸收。吊机的驱动系统除整流形式有一些配置上的变化外,直流母排下所带的负载的逆变系统基本都是 IGBT 逆变单元。对起重机的起升机构来讲,货物上升,电机要从直流母排上吸收电能,而下放时,电机变为发电状态,要往直流母排上回馈电能。船体电站为柴油机组发电,为有限容量电网,因此工作工况下机构下放时能耗制动产生的电不能直接返回到船体电网,船体电网没有能力吸收吊机回馈到电网的大容量电能,电网的电压产生较大波动,对其他电网用户产生不良影响,甚至会损害柴油机组。解决的方法是在同一直流母排上另配置制动斩波器,外接能耗电阻器。当直流母排电压值由于机构能耗制动升高至设定数值时,制动斩波器打开,让能耗电阻器工作,消耗直流母排上的电能,让母排电压回到正常范围。

在吊机上的能耗电阻一般都是风冷型,制动片选用不锈钢材料或合金材料。电阻功率 P 电阻的选取可按照下式计算:

$$P_{电阻} = P_{下放} \times \eta \times S\% \tag{8.29}$$

式中　$P_{电阻}$——制动电阻功率(kW);
　　　$P_{下放}$——货物下放最大工况下需求功率(kW);
　　　η——机构机械效率;
　　　$S\%$——机构动作持续率。

8.6.2　机构用交流变频电动机

交流变频电机在机构上的应用,已经是行业内的共识。交流鼠笼式电机结构简单,维护保养比上一代驱动所用的直流电机简单、可靠。不过由于变频器控制传动的变频电机在运行过程中会产生谐波电流并出现电压峰值,使主绝缘遭受应力和电压 dU/dt 上升变化率,导致绕组绝缘受应力易损坏,因此应采取下述措施:

(1) 加强绝缘结构设计,如有必要,应采用模绕式线圈(成型绕组),主绝缘材料应采用高可靠材料。

(2) 定子绕组采用 VIP 真空压力浸渍无溶剂工艺处理,提高绝缘性、机械强度及热稳定性。

(3) 变频器产生的谐波电压主要对首尾几匝线圈冲击最大,引线与绕组焊接的首尾端几匝做特殊绝缘处理。

(4) 因变频电源输出电压非正弦波,谐波电流使电流有效值较工频时增加 2%～10%,电机温升约增加 10%～20%,因此设计时应考虑降低温升,增加裕度。谐波的存在会造成低频脉动转矩,使电机噪声、振动加剧,尤其是脉冲转矩的频率和电机某一部件固有频率接近时会激起较强的振动,因此在设计时,须根据变频器类型、起制动方案、负载类型、调速范围等选择合理的电磁参数,如槽配合、转子槽型及绕组跨距等,减少噪声、振动现象以满足变频调速的要求。

（5）考虑到运行方式、过载能力以及电源中高次谐波的存在，易使磁路饱和度增加，加剧电机振动和噪声，因此选用高导磁、低损耗的冷轧硅钢片，冲片作氧化处理。

（6）为减少振动、噪声，应提高结构设计的强度，严格控制结构件的加工精度和同轴度，采用中间公差，以保证电机气隙的均匀度。

（7）对限制电机的轴承电流做特殊设计，100kW 以上的电机应当对非承载端的轴承座作特殊绝缘处理或使用绝缘型轴承。

（8）电机需采用单独的风机进行强迫冷却，以满足在低频段、低速恒转矩长期运行期间的散热需要，保证电机温升不超过允许范围。

（9）电机要求按"防盐雾""防凝露""防霉菌"的三防标准制造。如安装在甲板面，电机的涂装还须符合海洋环境要求。

在防护等级方面，位于机房内的电机需防护等级 IP23 或以上，暴露在甲板面的电机防护等级需 IP56 或以上。另外电机内部需要设防冷凝加热器和过热保护温控元件，功率 7.5 kW 以下的电机可不予考虑。

8.6.3 起重机的控制系统

起重机控制部分采用可编程序控制器 PLC 来实现起重机系统的控制、联锁、安全保护以及故障诊断和状态监控等。PLC、主 CPU 和各从站之间采用总线通信方式，变频器和 PLC 和监控设备之间采用总线通信，风电安装起重机上使用的主流可编程控制器有：Siemens 的 S7 300、S7 400 系列产品，ABB 的 AC 800M 系列，FUJI 的 NP1BS 系列等。

风电安装起重机的安全保护设备和安全措施一般包含下述：

（1）主回路和辅助回路设有过电流保护、低电压保护、短路保护和缺相保护。

（2）声光警报装置。在驾驶员室下方配报警器，驾驶员在操作主起升、回转和臂架机构前可以按操作按钮，鸣响警报器。在上部登机口位置，配置有声光报警器，在回转动作时，声光报警器会自动工作，提醒相关人员。

（3）超负荷（力矩）保护装置。在所有起升机构中都配置有重量传感器，在驾驶员室安装有力矩控制器和力矩限制显示器。力矩限制系统在臂架工作半径、角度范围和起升负载范围内检测起升机构的所有工作负载。当系统过载和臂架过力矩时，系统自动报警并停止机构动作。当负荷（或力矩）达到 90% 额定值时，力矩限制显示器将发出黄色预警信号，提示操作司机将要满负荷。当负荷（或力矩）达到 110% 额定值时，显示器发出红色警告信号和警报声，同时联动台显示超载指示红色信号。此时起升机构只能作下降运动，变幅机构只能作收幅运动。当载荷降至 95% 额定起重量以下时，各机构才能恢复正常运行。

（4）典型起升机构的位置限制保护和联锁保护功能包括：

① 上升极限和停止限位装置，防止起升钩头冲顶。

② 起升卷筒上设置绝对位置编码器，实时测量起升高度，并设置起升上升和下降终点减速和停止位置。

③ 主令操作手柄"零"位联锁。

④ 高速制动器手动释放信号联锁。当制动器处于手动释放位置时，起升不能动作。

⑤ 起升机构卷筒侧的超速开关装置，卷筒速度达到115%额定速度时跳闸保护。

⑥ 起升机构卷筒安装有松绳限位，当钢丝绳在卷筒上的发生松弛时，紧急停止起升机构动作。

⑦ 绝对位置编码器运行状态检测保护。

（5）典型回转机构的联锁保护功能包括：

① 回转绝对位置编码器，实时检测回转位置。

② 回转臂架搁架位置限位。回转触发此限位时，臂架允许搁放到臂架搁架上。

③ 回转锚定位置限位和锚定限位。当回转处于锚定状态时，回转不能工作。

④ 手动制动器联锁限位。

⑤ 主令操作手柄"零"位联锁。

⑥ 绝对位置编码器位置检测保护。

（6）在机房、电气房、PLC房、机房外、驾驶员室联动台等位置设有紧停装置，能使机构紧急停止工作。

（7）在驾驶员室设置有水平倾斜仪，用来实时检测吊机的倾斜情况。

8.6.4　起重机辅助电气设备

除上述的电气设备之外，风电安装起重机还配有下述辅助设备以确保起重机操作功能完备。

1）闭路电视系统

起重机上的卷筒钢丝绳一般采用多层缠绕方式。机构动作时若发生意外，卷筒很容易产生乱绳，严重时会导致钢丝绳报废。因此起重机上配备有闭路电视系统（CCTV），在机构卷筒上方安装摄像头，并在驾驶员室安装监控显示器，以便驾驶员可以实时监控卷筒的运行状况。另外，起重机臂架的头部也要求装360°旋转的球机，用来监控起重机钩头和甲板面。

2）和船体连接的通信和报警设备

一般通过在起重机的操纵室内需要配备VHF/UHF无线电台、自动电话、声力电话、PA广播系统、火警探头等设备，并和船体的相应设备连接，来实现起重机与船体的通信联系。

（1）提供起重机吊臂与桩腿防撞保护。综合起重机的臂架角度、回转角度、桩腿高度等信息进行实时动态防撞保护。

（2）提供回转角度极限保护措施，防止回转角度超出拖链回转极限位置。

3）驾驶员室

驾驶员室是起重船进行工作的中央操纵室，设有起重机的各种重要功能的主要控制（操纵）装置和显示仪表。操作人员根据现场指挥人员的要求在此直接操作，以完成起重船的各项动作要求。

（1）操作室位于回转平台前部一侧，确保具有良好的视野，能清楚观察到吊臂和头部吊钩的运行情况。

（2）操纵室采用钢制框架的防水结构，墙壁和顶部采用夹层隔热，密封良好。室内的装饰材料均具有防火阻燃性。

（3）操纵室前半部的正面、侧面、顶部均设置固定玻璃窗，在驾驶员室侧面墙壁设置推拉式窗户，能调整到关闭、半开和全开三个位置。

（4）所有玻璃采用防眩光安全玻璃，并配置遮阳窗帘。

（5）联动台位置的正面和顶部玻璃窗设有雨刮器，所有雨刮器都配置喷淋器和喷淋水箱。并配置外部平台用来清洗玻璃，但不得影响操纵视野。

（6）驾驶员室内部的正面和侧面设有防护栏杆，保护驾驶员安全，同时不影响视野。

（7）室内配置与机内及船体通信的自动电话，并配置连接船体的广播喇叭；电话和广播喇叭由船体提供，以保证系统的一致性，吊机厂商提供安装。

（8）室内设置一把上下、前后距离、后靠背角度可调节的座椅，覆以透气防滑材料并配有安全带，座位的设计和固定都方便于驾驶员出入，座椅的扶手可以调节。

（9）座椅两边的地板上各安装一个联动操作台。联动台上的主令控制器使用灵活，位置准确，没有干扰，部件抗磨损并容易更换。控制台安装的操作设备和元器件为驾驶员经常性或必需的控制元件，力求在驾驶员需要的位置放需要的控制元件。

4）电气房

起重机设置电气房，配备有防水门。电气房用以安装电控柜体设备。电气房的内部四壁和天花板镶有隔声隔热材料，材料具有防火阻燃性能。室内装有冷热兼用型空调设备保持电气室温在 18～25℃ 左右，并且设有超温报警保护。

电气房内还设有照明、电源插座、电话机、广播喇叭等设备，如空间允许的话，还设有办公桌、椅子。电气房室内地板上会铺设防静电的橡胶地毯。

电话和广播喇叭一般由用户或船厂提供和调试，起重机供应商负责安装。

8.7 液压系统

全回转式风电安装起重机应根据整机的功能需要配置相应的液压系统。根据风电安装起重机工作的实际需要，可选择开式或者闭式液压系统。

全回转风电安装起重机的回转机构，如果采用液压马达驱动，一般为闭式系统。因为闭式液压系统相对于开式系统，运行更稳定。由于目前大型风电安装起重机较多的采用变频电机驱动，因此本节中将略去对液压驱动机构的介绍，详见第 7 章。

8.8　电液起重机与电驱起重机的选型

大型风电安装起重机在风电安装中发挥着非常重要的作用,是海上设备吊装的重要设备。起重机分为液压驱动和电气驱动,两者各有优缺点,但目前在海工领域,大吨位的吊机还是以电气驱动为主,大吨位的液压驱动的吊机较少,大吨位闭式液压系统驱动的吊机更少。

随着国家对新能源领域风电的大力投入,风电安装船的需求越来越大,风电安装船的船东们对设备的使用寿命以及可靠性、能耗提出了更高的要求,催生了一批大吨位闭式液压驱动吊机;采用液压驱动的吊机相对于电驱,自重轻,外形小,对于具体如何选用,这往往取决于业主的使用习惯及整船的综合性。

8.8.1　电液起重机的优势

风电安装起重机采用液压驱动的很少,目前国内海工领域用闭式液压驱动的吊机一般均在 1 000 t 以下,而采用开式液压系统驱动的吊机,技术含量低,吊重下降时能耗极高。大吨位闭式液压驱动的液压系统相对于开式系统更加复杂,由于没有开式系统中的平衡阀(如果加入平衡阀会导致平衡阀处热油产生的太多热量无法从闭式回路散除的问题),所以需要设置类型平衡阀的阀组进行锁止,防止制动器还未完全关闭时钩头下降。绞车马达阀组如图 8.104 所示,其中的逻辑阀和液控换向阀起锁止回路的作用。

采用闭式系统,利用分动箱带动多组不同机构的油泵,当有油泵在做负功时由于吊重下降产生的负功不会被白白损耗,而是会被做正功的油泵所吸收,从而减少了对电网的能量需求实现节能。当系统其他做正功的机构吸收不了那么大的负功时,会引起电机电压升高,然后电机向电网输电供给电网上的其他设备。对于闭式系统在吊重起升时,总效率可达 65% 左右,而在吊重下降时,重物在重力的作用下做功所产生的能量一般是大于柴油机的吸收能量 15% 的,只是由于被分动箱上其他泵消耗了,所以一般不会超过柴油机的吸收能力使柴油机超速。当主钩下降时对外界功率需求甚至低于待机时的功率(待机时辅助泵仍在工作消耗功率),这是由于下降时产生负功,这样待机时的功率就不完全取自电网,而是一部分来源于重物做功的能量,节能效果显著。

对于吨位较大的吊机,从节能的角度考虑优先采用闭式泵驱动的液压系统,因为对于吨位较大的吊机,如果采用开式系统,则吊重下降时做负功将在平衡阀上大量发热而浪费了极大的能量;而如果采用闭式系统则吊重下降时系统做负功将使油泵上转矩反向,这个反向扭矩将通过分动箱传递给分动箱上其他做正功的油泵;如果采用电机驱动分动箱,从而对外界电能的需求下降了;而如果采用柴油机驱动分动箱,实际上油门开度变小了,最

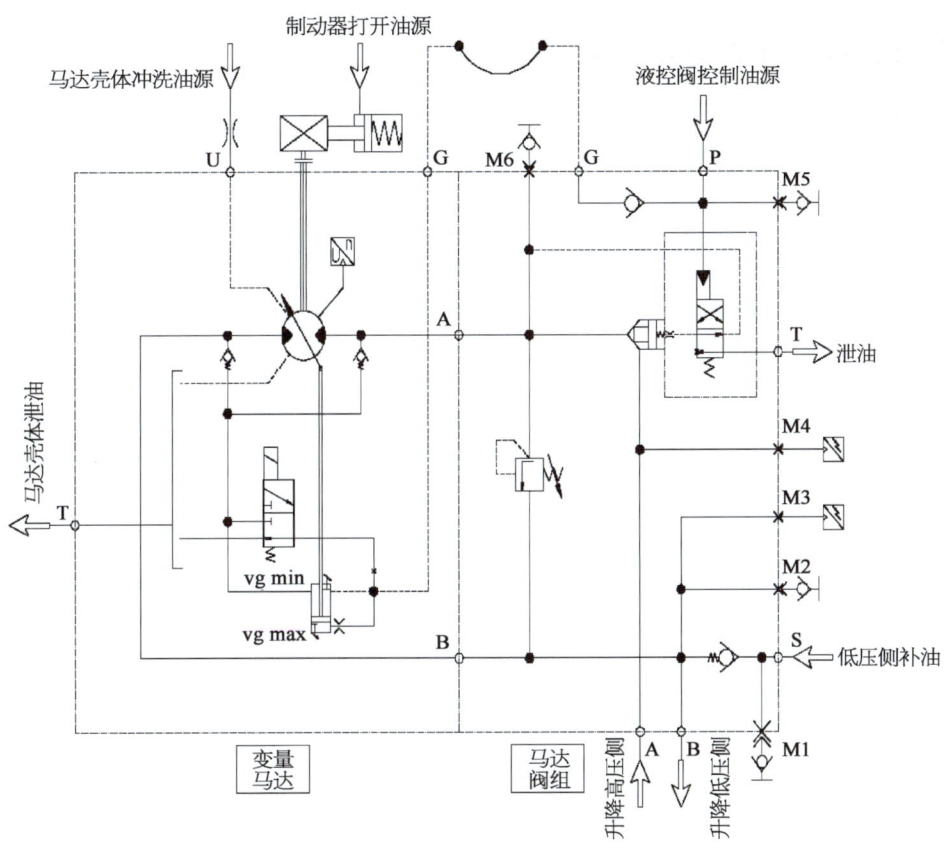

图 8.104 绞车马达阀组

终都是实现了极大的节能。并且采用闭式系统可使油箱体积大为缩小,闭式系统相对于开式系统运行的平稳性更好,空气气泡不易进入液压循环系统。闭式液压系统驱动能耗也比常规开式系统大大降低。

因此,现在一般推广液压闭式系统,在安全性方面,其相对于电驱动更便于设计应急工况下的应急回路,而且整机自重比电驱重量轻。全液压闭式驱动起重机值得在风电安装起重机领域推广。

8.8.2 电驱起重机的优势

目前市场上流行的风电安装起重机以电力驱动居多,因为电力驱动是起重机械中使用最普遍的一种驱动形式。这是因为电源已经成为最普遍、最经济的一种能量来源,有完善的电网系统和集中供电系统,供电方便;电动机可以对起重机的各个工作机构实行风别驱动,使传动系统大大简化,从而使操作简单、维修方便;电动机可带载启动、可换向、可调速、短时过载能力强,工作性能良好;便于安装制动装置和各种安全保护装置,并能使它们与电动机连锁动作,提高了机构工作的安全性和可靠性;电力驱动的噪声低,无环境污染。

8.8.3 两种起重机的选型比较

两种起重机各有特色,若从整机质量考虑,电液驱动起重机比较有优势(拿相同机型 1 000 t 为例,电液驱动的质量要比电驱的轻 10% 左右),这对于平台整体考虑有其不可取代的优势;如果从操控性方便及环保考虑,则电驱比较妥当。对于如何选型,这个要从整船设计及用户使用习惯来综合考虑。

自升式风电安装船技术与应用

第 9 章　升降系统设计

9.1 升降系统概述

9.1.1 背景

自升式风电船与各类自升式工程作业平台、钻井、采油平台及试油作业平台一样,最大的特点是自升式,都配置有升降系统,其主要功能是:当自升式平台作业时,通过升降系统把平台升离水面,使平台脱离潮、浪、涌的影响,为海上作业提供稳定的工作平台。而当作业结束后,再把平台降回水面,升起桩腿,使平台重新恢复成漂浮状态,准备拖航至下一个位置作业。

在最早以前,升降系统中的桩腿大多都设计成大直径的圆柱形桩腿,但是随着工作水深的增加,自升式平台的桩腿逐渐设计成桁架形式。升降完毕后,用这些桩腿支撑整个平台几千吨甚至超过万吨的质量。

在浩瀚的大海中,靠几条桩腿和升降装置升起几千吨的船体并牢牢地固定并不是一件容易的事。国内外统计表明,海洋石油工程自诞生以来发生的事故不少,但自升式平台的事故占很大的比重,约75%。大量实例说明,自升式平台的事故有一半以上发生在拖航和升降平台的时候。因此自升式平台要想做到"站得住、升得起、拔得出",升降系统的设计就显得至关重要。

1) 升降系统的发展

近海石油的勘探开发已有100多年的历史,早期的钻井平台都在陆地,且均为木架结构,一直到第二次世界大战后,木制结构平台开始改为钢管架平台。1966年英国和挪威在水深超过100 m、浪高达到30 m、最高风速160 km/h、气温至零下且有浮冰的恶劣条件下,成功地开发了北海油田。标志着人们开发海上油田的技术已臻成熟。

在自升式平台诞生之前,主要是以坐底式平台为主。之后,随着工作水深的增加,钻井承包商们认识到采用自升式的平台造价要比坐底式低得多,而且平台的工作稳定性更高。1954年,第一条自升式钻井船"迪龙一号"问世,拥有12个圆柱形桩腿。随后几条自升式钻井平台都为多腿式。1956年造的"斯考皮号"平台是第一条三腿式的自升式平台,用电动机驱动小齿轮沿桩腿上的齿条升降船体,桩腿为桁架式。1957年制造的"卡斯二号"是带有沉垫和4条圆柱形桩腿的平台。

我国石油工业起步比较晚,20世纪50年代末,当时的石油部领导提出了"上山下海,以陆推海"的海洋石油发展大略。1963年,在对海南岛和广西地质资料进行详尽分析的基础上,决定在南中国海建造海上石油平台。1966年12月31日,中国的第一座正式海上平台在渤海下钻,并于1967年6月14日喜获工业油流,从此揭开了我国海洋石油勘探开发的序幕。

进入 21 世纪后，尤其是近 15 年，我国各大船厂建造了大量的自升式钻井平台，依靠成本优势，年订单量甚至超过新加坡，而且建造的多为 400 ft（约 122 m）钻井平台。随着钻井技术的提高，自升式钻井平台的工作水深也在不断增加，从早期的 300 ft（约 91 m）平台，一直到目前主流的 400 ft 平台，甚至有 500 ft（152 m）平台。与此同时，升降系统也随着自升式钻井平台的发展而发展，升降能力不断增加，新工艺、新技术都有不同创新。

2）升降系统的特点

随着科学发展和技术进步，用户对于自升式平台升降系统的要求也越来越多，其主要发展方向是更快、更轻、更经济、更可靠。因此，新一代自升式平台升降系统的主要特点有：

（1）满足更深水深作业平台的需求：目前主流的平台工作水深为 400 ft，随着近海作业的增加，今后会往 150～180 m 水深区域作业。升降的能力也会随之而增加，从目前单腿的 3 000～5 000 t，增加至 8 000 t 乃至上万吨。

（2）增加平台可变载荷需求和自持能力：平台的设计基本是在寻求经济性和更大的可变载荷、甲板面积之间的平衡。自升式风电安装船为满足更多风电设备的放置，对于可变载荷和甲板面积更为看重。因此，整船质量占比高的升降系统需要有更高的升降和自持能力，而自身的质量也要求尽量的轻。所以，在升降系统设计上，各种高强钢甚至特种钢得到了更多的应用。

（3）升降功能优化设计：风电船的升降系统基本采用插销和爬齿两种各有特点的形式，但受到各种因素的限制和影响，两种形式的升降各有优缺点。需要考虑如何将两者的优点合二为一，并且在性能方面进行扩展，如精确监测载荷、提高疲劳寿命等。

（4）更加注重安全、可靠：由于升降系统的工况非常复杂，而且升降系统直接关系到整个平台的安全，所以在设计、制造以及检验过程中，对于升降机构传动系统的安全可靠性要求很高。特别是一旦制动器失灵，产生"飞车"现象，则整个传动系统将由减速转变为增速传动，对设备和人员造成巨大伤害，后果不堪设想。因此，需要研究设计出非常可靠的制动方式和设施才能满足需要。液压油缸式则需要考虑平台的锁紧，无论是通过机械还是油缸来实现。

9.1.2 主要设计参数

在各大船级社规范中，对于升降系统的设计输入条件基本相同，主要工况包括有：船体额定起升、船体额定支撑、船体额定下降、预压起升、预压支撑、桩腿起升、风暴支撑等。其中，对于自升式风电安装船，以下设计参数尤为重要：

1）额定升降载荷

额定升降载荷通常包括了船体、舾装、可变载荷等质量，对升降系统的设计，是最基本的设计要求。与升降速度要求相结合，是计算驱动功率的基本参数。通常，在做全程升降的过程中，其升降的实际质量以额定升降载荷作为参考值进行。

2）预压升降载荷

预压载荷主要是为了满足船体站立作业工况所需，在插桩后桩腿所需达到的支反力载荷，通常包括了船体、可变载荷、压载水等质量。这里，提出预压载荷和预压升降载荷对于升降系统是两种不同的概念。预压载荷可以是静态支撑载荷，不需要升降动作；而预压升降载荷则是动态的载荷，需要升降系统进行动作。出于设计、成本、效率等方面考虑，不同的项目有不同的要求。目前，越来越多的项目都要求升降系统可以拥有预压升降的能力。

3）静支撑载荷

静支撑载荷针对平台或船体的作业工况，载荷主要包括船体质量和可变载荷质量，如施工装备、人员、冷却水、起重机吊重等。静支撑载荷对于齿条式的升降装置更为重要，升降装置的原型试验载荷是以静支撑载荷作为设计并考核安全系数。

4）风暴支撑载荷

风暴支撑则是平台或船体的极限自存能力，通常按设计要求，满足一定风速、流速的前提下，计算桩腿的支反力，并直接转换到升降或者锁紧系统所需达到的支撑载荷。

5）设计寿命

自升式风电安装船的设计寿命一般为 20～25 年，所以升降系统的设计寿命需要跟随船体寿命。而液压油缸式的升降系统其特点决定了主要的部件基本不用考虑疲劳问题，更多的设计寿命是针对齿条式的升降系统。对于齿条式升降系统，对于动载荷，特别是额定升降载荷和预压升降载荷工况下，需要考虑其设计寿命即运行时间。

6）设计温度

对于设备，设计温度分环境温度和结构设计温度。根据工作水域的不同，设计温度要求也有所不同。常见的设计温度为 $-10\sim45$℃，也有考虑 $-10\sim50$℃，但根据船级社的规范，更大的区别在于低温，即 -10℃ 还是 -20℃ 的问题。低温对于材料的影响较大。也有个别用户要求结构温度为 -20℃，而设备设计温度为 -10℃，主要是考虑在北方寒冷地区工作的问题。

9.1.3　相关结构部件

1）桩腿

所有的自升式平台都有桩腿，同时很多桩腿下部带有桩靴。桩腿和桩靴是钢质结构，用来在站立模式下支撑平台主体以及提供稳性来抵抗横向载荷。桩靴用来增加土壤承载面积，降低土壤强度的需要。在自升式平台中，桩腿的主要作用就是使平台主体升起来，避开风暴引起的波浪的波峰。使平台能够承受风、浪、流的影响。同时也起到把平台所受的工作载荷、环境载荷以及自重传递给桩靴。桩腿主要有两种形式：圆柱式和桁架式，如图 9.1 所示。

圆柱形桩腿一般都是空心的钢质结构。根据载荷的需要有的圆柱形桩腿内部有加强筋，有的则没有。在圆柱形桩腿上面布置有齿条或销孔，以便于平台主体的升降。目前圆柱形桩腿主要用在水深小于 300 ft（91 m）的平台上。新造的水深大于 300 ft 的平台都是

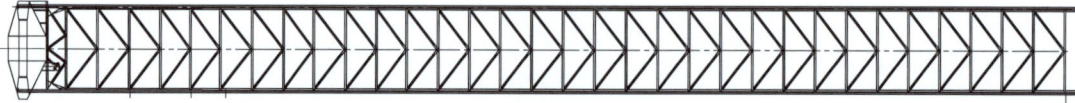

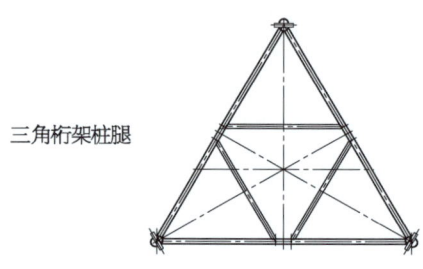

图 9.1 圆柱式桩腿和三角桁架

用桁架式桩腿。主要原因是相比桁架式桩腿而言,圆柱形桩腿如果要承受同样的环境载荷或者提供相同的升降能力,就要消耗更多的钢材。

圆柱形桩腿的主要优势在于可以用在那些在浅水域工作的较小的平台,这些平台通常甲板面积较小。圆柱形桩腿占用的甲板面积较小,而且相比桁架式桩腿而言,更加容易制作。

桁架式桩腿由弦杆和斜撑杆组成。一般说来,斜撑杆提供了桩腿的抗剪切能力;弦杆提供了桩腿的轴向刚度和抗弯刚度。桁架式桩腿的主要好处就是有最佳的钢材利用率和较轻的桩腿自重,同时减轻了拖航载荷。通常在桁架式桩腿的弦杆上面布置有齿条,以便于平台主体的升降。

2) 围阱结构

围阱结构是跟随升降系统的设计而进行的优化设计结构。围阱结构包括船体结构、固桩架结构和桩腿导向结构。

固桩架通常为封闭性环梁结构,是连接升降装置和平台主题的框架,起到承上启下的作用,如图 9.2 所示。由于升降框架在升降平台或作业、暴风支持等过程中要承受很大的垂直载荷和水平载荷,因此除了要保证本身结构强度之外,还要求能够很好地进行载荷的传递。为此,一般升降框架和平台都进行一体化的设计。升降框架的下半段实质上就是船体的一部分。这样一体化的设计有很高的结构强度,但对焊接工艺的控制要求很高。不同的是齿条式的升降系统,其升降装置安装在固桩架外部,方便吊装和维护。同时,为保证爬齿和齿条的啮合精度,对升降框架的加工和焊接就提出了极高的要求,往往需要整体加工来保证公差。而液压油缸式的固桩架则主要起到导向和安装升降结构的作用,相

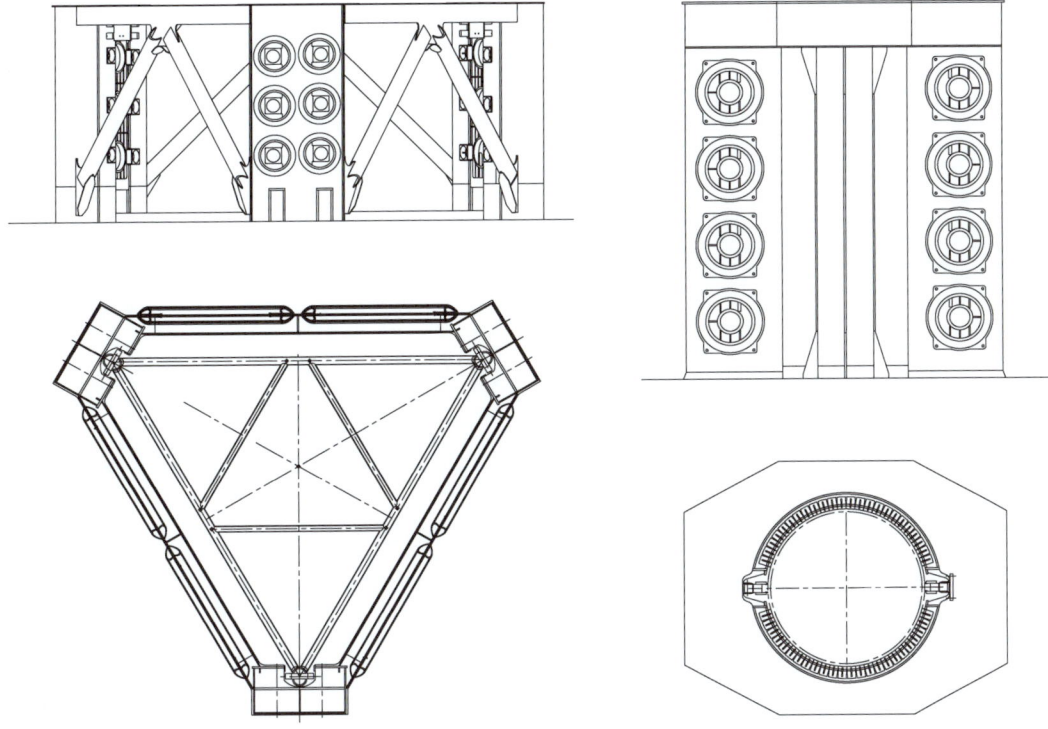

图 9.2 两种形式桩腿的升降框架

当于一个舱室,升降系统全部布置在其内部。

3) 导向结构

导向结构本身与围阱结构一体化设计,导向装置布置在导向结构之上。所有自升式平台都有引导桩腿的导向装置,对于装有齿轮齿条式升降系统的自升式平台,导向装置的一个关键作用就是保证齿轮和齿条的合理间隙要求。因此,所有的平台在升降框架的上部和下部都安装有导向装置。有些船体型深特别大的自升式平台,或者升降框架比较高的升降系统,也会在中部加一导向装置。中部导向装置的功能仅仅保持了齿条和齿轮之间适当的间隙,并不会将桩腿的弯矩传递给平台主体。导向装置通常都是一块垂直于齿牙的高强度耐磨板,但是这不是导向装置的唯一形式。也有其他形式的导向装置,如圆柱形桩腿的导向装置。考虑到将来更换方便,导向装置通常设计成可更换的形式。图 9.3 所示就是圆柱形桩腿的导向装置和桁架式桩腿的导向装置。

4) 固桩装置

在钻井作业、抗风暴自存和拖航等状态下,主体和桩腿必须可靠地固定在一起,因此需要配置专用的固定装置——固桩装置。固定桩腿的常用方法,对圆柱形桩腿来说是在圆柱形桩腿和主体结构之间的环隙内嵌入上、下两圈固桩楔块如图 9.4 所示。为了加大上、下两圈固桩楔块的垂直距离,上圈固桩块常布置在升降框架顶端,下圈布置在主体的底部。桁架式桩腿采用楔块系统,上楔块在升降框架顶端,齿条则两侧各有一对楔块,前楔靠螺杆楔入或退出,如图 9.5 所示。如果不使用楔块,桩腿将会承受过大的应力。

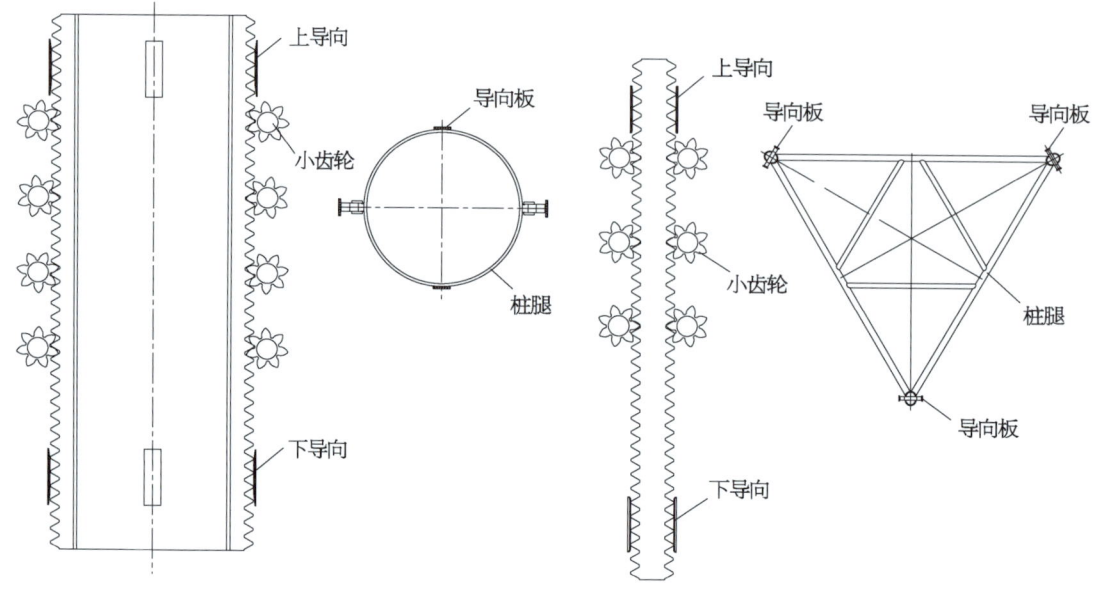

图 9.3　导向装置

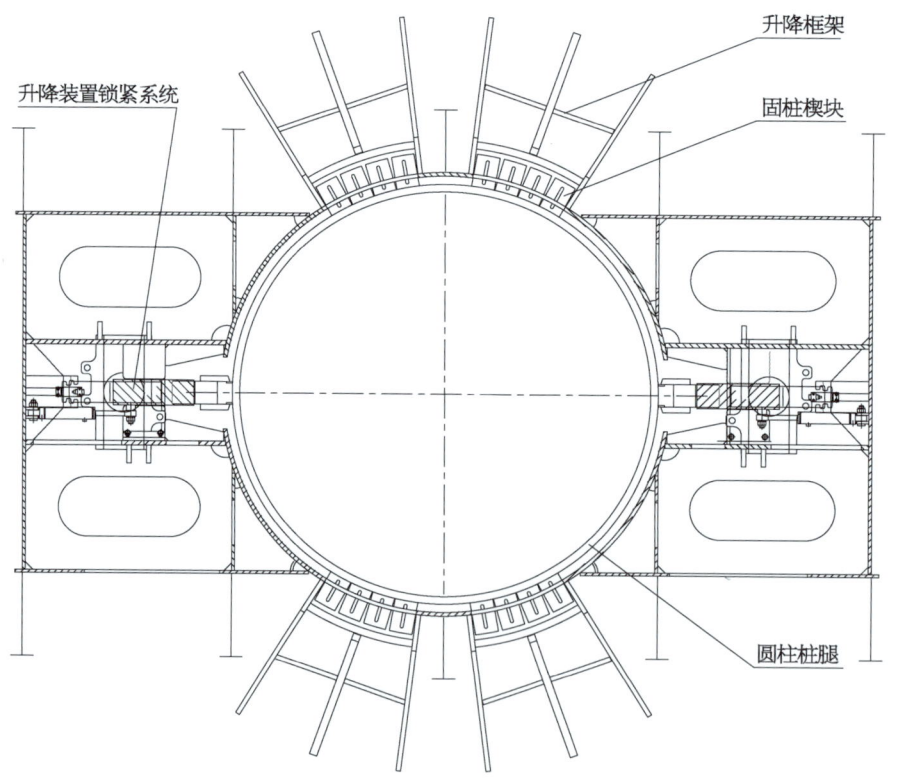

图 9.4　圆柱形桩腿的固桩装置

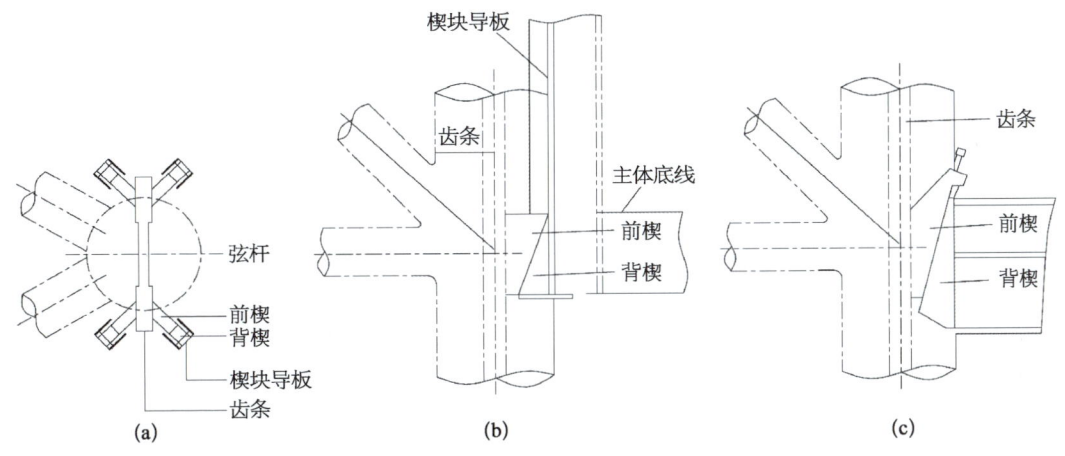

图 9.5 桁架式桩腿的固桩装置
(a) 下楔块平面图;(b) 下楔块正面图;(c) 上楔块正面图

5) 规范和准则

目前,主要船级社包括:美国船级社 ABS,法国船级社 BV,中国船级社 CCS,挪威船级社 DNVGL 等,不同船级社对升降系统的要求各不相同,主要涉及计算的参考标准,材料选择的标准,锻件、铸件等加工和检查标准,以及原型试验的不同要求。常见的标准包括:

(1) ABS《MOBILE OFFSHOR DRILLING UNITS》。
(2) DNV《SELF-ELEVATING UNITS》。
(3) DNV《MARINE AND MACHINERY SYSTEMS ADN EQUIPMENT》。
(4) CCS《海上移动平台入级规范》。
(5) CCS《材料与焊接规范》。
(6) CCS《钢质海船入级规范》。
(7) CCS《船舶与海上设备起重设备规范》。
(8) 国际海事组织(IMO)移动式海上钻井平台建造和装备规则。
(9) 电气和电子工程师学会(IEEE)标准。

9.1.4 升降系统的分类

根据升降系统的结构形式的不同,升降系统通常可分为齿轮齿条式和液压油缸顶升式。齿轮齿条式升降系统的优点是:升降运动连续,受载均匀,传动速度快,可调速,操作简单,易对井位。缺点是,齿轮齿条制作难度大,成本高,控制较复杂。液压油缸式升降系统的优点是:油缸结构简单,力传递直接,安全可靠;缺点是桩腿上下升降框架结构较庞大,用钢量大,操作工序较复杂。

9.1.5 升降系统选型

究竟平台要采用何种升降装置,可考虑如下因素:

(1) 常分界线在 40~50 m 水深,即水深低于 50 m 多采用液压油缸式升降系统,而水深大于 50 m,多采用齿轮齿条式升降系统;

(2) 漂浮状态升降桩腿的最高速度;

(3) 举升主体的举升力大小;

(4) 站立状态升降装置的支持能力以及承载部件的可靠性;

(5) 装置是否简单,操作是否方便;

(6) 维修保养是否方便;

(7) 任何部件发生故障时是否会引起灾难性事故。

齿轮齿条式升降系统工作速度连续,升降速度快,控制简单,操作性能良好。但是由于齿轮和齿条的精密啮合要求,桩腿的制造公差很小,对桩腿的制造工艺要求也就较高。小齿轮的载荷分配也是一个复杂的问题。所有这些因素是导致齿轮齿条系统传动部件比较容易损坏的重要原因。液压油缸式升降系统的工作是间断的,升降速度较齿条式慢,但能吸震,工作平稳、可靠。由于采用了销子和销孔的配合,对桩腿的制造工艺要求较低。升降时销子和销孔之间不存在相对运动和摩擦力的问题,但操作比较麻烦。

另外一个关键的因素是疲劳,齿轮齿条式的升降系统,由于通过开式齿轮传动,采用了减速箱的形式,所以难以避免会有疲劳寿命的问题。根据 AGMA 规范,在设计减速箱时,需要根据实际工况计算减速箱内部齿轮、轴、轴承等零部件的循环时间。虽然爬齿和齿条属于开式齿轮,根据相关标准不需要考虑疲劳强度,但难以避免的就是磨损的问题。相反,液压油缸的形式,虽然保养相对麻烦一点,但是其结构特点决定了几乎没有疲劳的问题,仅需要考虑液压部件的维护问题即可。因此,对于风电安装船的设计者来说,需要综合考虑实际的使用频率和设计寿命等方面的要求,以便选择更合适的升降系统类型。

9.1.6 产品性能参数表

世界上生产制作升降减速箱的厂家有不少,但最后的集成供货商不多。著名的有 NOV、GustoMSC、F&G 等,还有如韩国晓星、新加坡 KEPPLE 等都是典型代表。而国内,升降减速箱的主要代表有振华重工、南高齿、郑州 TSC 等。而液压油缸升降国内外也有不少代表,如 GustoMSC、武汉船机、润邦、振华重工、衡拓船舶(704 所)、广州精铟等。表 9.1 是目前世界上一些升降装置的参数及制作厂家。

表 9.1 升降装置的参数及主要生产厂家

齿条式升降系统							
正常升降载荷(t)	预压载荷(t)	速度(m/min)	暴风载荷(t)	功率(kW)	减速箱速比	供货商	爬升齿轮模数
2×182	2×236	0.304	2×363	2×14.8	8 786.5	郑州富格	80
200	300	0.457	454	25		FLENDER	80
200	300	0.457	454	22	5 996	振华重工	80

(续表)

齿条式升降系统								
正常升降载荷(t)	预压载荷(t)	速度(m/min)	暴风载荷(t)	功率(kW)	减速箱速比	供货商	爬升齿轮模数	
200	300	0.8	454	37	1 965	振华重工	80	
200	300	0.457	454	22	6 679	韩国晓星	80	
250	320	0.457	686	26		KEPPLE	97.02	
275	375	0.3	560	25	6 685	振华重工	97.02	
2×250	2×320	0.457	686	46		Nov	97.02	
300	450	0.457	720	30	6 589	振华重工	97.02	
340	522	0.457	646	50	8 175	振华重工	97.02	
385.5	522	0.457	646	50	8 175	振华重工	97.02	

油缸式升降系统							
额定升降载荷(t)	预压载荷(t)	平均速度(m/hr)	暴风载荷(t)	桩腿直径(m)	桩腿形式	供货商	销控节距(m)
1 500	1 800	10	2 000	2.5	圆柱	衡拓船舶	1.5
2 000	3 000	12	3 000	3.2	圆柱	武汉船机	1.5
2 500	3 000	12	3 000	3.4	圆柱	润邦重机	1.5
2 500	5 000	24	5 000	3.8	圆柱	振华重工	1.5
3 200	4 500	12	4 500	3.8	圆柱	武汉船机	1.5
3 600	7 200	24	7 200	3.8	方形	广州精钢	1.5
3 600	7 200	24	7 200	3.8	圆柱	振华重工	2
4 000	6 000	24	6 000	4.0	圆柱	衡拓船舶	1.5
4 800	7 200	24	7 200	4.5	圆柱	振华重工	1.5

9.1.7 锁紧系统

在早期的自升式海洋钻井平台设计和建造过程中,基本没有考虑桩腿独立的锁紧机构,而是利用齿轮齿条式升降装置来实现桩腿与平台之间的垂向锁定。因此,较老的自升式海洋钻井平台上极少安装有锁紧系统。随着海工重大装备大型化的发展,对海洋工程重大装备的安全性提出了更高的要求,要能够适应作业环境的复杂性和多样性。锁紧系统相对齿轮齿条升降装置,因具有增加工作水深、极限波高与可变载荷,提高桩腿疲劳寿命等优点,因此,在近代的自升式海洋钻进平台设计中,锁紧系统得到了充分的重视并被应用于自升式海洋钻井平台上。

通常一个平台有三根桁架式桩腿,每根桩腿有三根主弦杆,每根主弦杆处设有1套锁紧系统,并在弦杆处对称布置,即在弦杆齿条每侧均设有一个齿形块,一个三桩腿的平台共设有9套锁紧系统。通过齿形块与桩腿主弦杆齿条啮合进行锁紧,完成锁紧后,它就使平台主体结构和平台桩腿之间形成一个刚性连接。通常锁紧系统布置在升降系统的下方。在拖航、运输和在平台自升到工作高度时,该锁紧系统起作用。

1) 锁紧系统的分类

常见的锁紧系统,根据其结构形式的不同,可分为全顶升器式(见图9.6)和顶升器与楔块组合式。

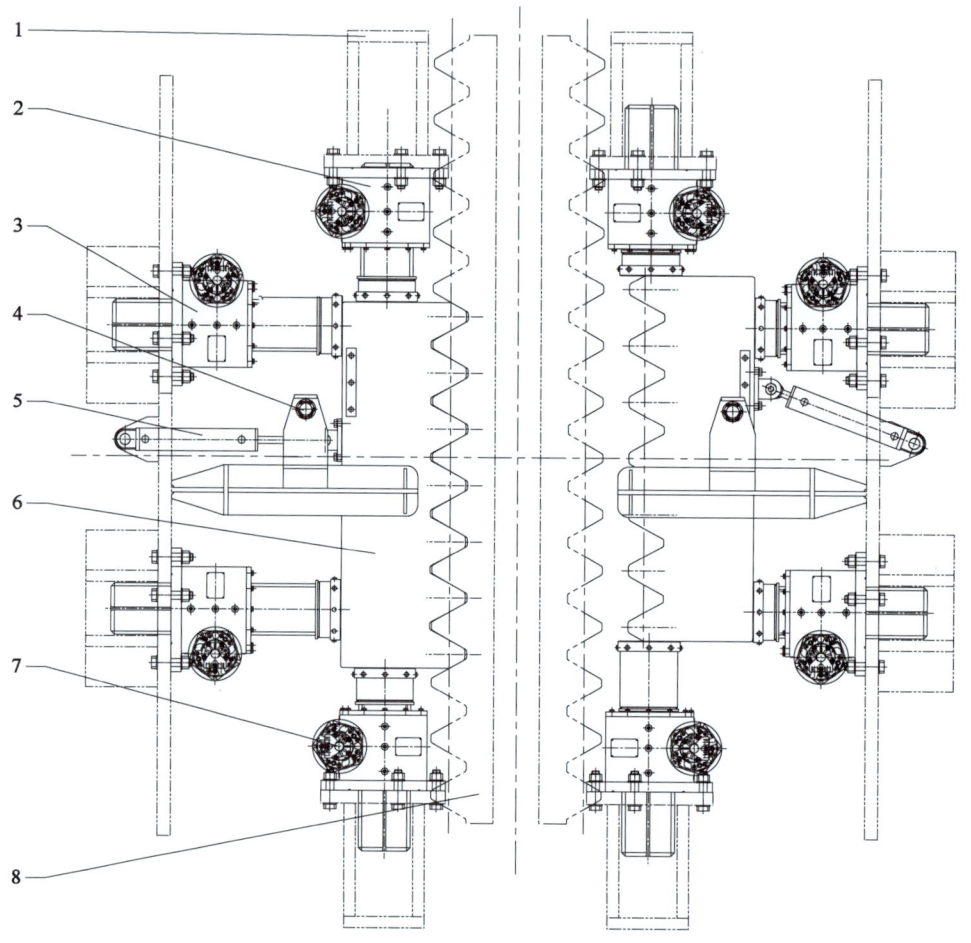

图 9.6　全顶升器式锁紧系统

1—承载结构;2—垂直顶升器;3—水平顶升器;4—插销油缸;5—复位油缸;
6—齿形块;7—液压马达;8—支腿齿条

全顶升器式的优点是:结构简单,力传递明确,操作简单。缺点是:锁紧系统松开过程中,水平顶升器易发生卡死现象,操作相对费时且成本高。

顶升器与楔块组合式的优点是:顶升器一般不发生卡死现象,驱动原件少,成本低。缺点是:顶升器同时受水平力和垂直力的影响,因此顶升器受力较大;楔块配合面多,制作要求相对较高。

(1) 全顶升器式锁紧系统。1套典型的全顶升器式锁紧系统通常由8个液压马达、4个垂直顶升器、4个水平顶升器、2个齿形块、2个复位油缸、2个插销油缸、承载结构、桩腿齿条、液压系统以及电控系统组成。

以振华重工制造的"振海一号"自升式平台为例,该平台有 3 根弦杆式桩腿,每根桩腿由 3 根主弦杆组成,每根弦杆处设 1 套锁紧系统,故该平台共设置了 9 套锁紧系统。在每根桩腿主弦杆处有 2 个与主弦杆齿条相啮合的齿形块,每个齿形块有 6 个齿牙。每个齿形块由液压马达驱动的顶升器来驱动和支撑。这些顶升器都可以单独驱动,该锁紧系统可以满足桩腿停在任意高度位置时,都能使齿形块与其可靠啮合。每个齿形块都有一个复位油缸,可以将其从与桩腿齿条啮合的状态下拉回至脱开状态;还有一个锁销油缸,可以确保将处于脱开状态下的齿形块锁定。

锁紧系统在每根桩腿主弦杆处直接使用便携式控制盒来完成操作。每根桩腿处的锁紧系统相对其他桩腿都是独立的,因此三根桩腿可以分别操作也可同时操作。通常啮合或脱开大约需要操作 2 h。

(2) 顶升器与楔块组合式锁紧系统。1 套典型的顶升器与楔块组合式锁紧系统通常由 4 个液压马达、4 个垂直顶升器、4 个楔块、2 个齿形块、2 个复位油缸、2 个插销油缸、承载结构、桩腿齿条、液压系统以及电控系统组成。

以振华重工制造的"抛石整平船"为例,该船有 4 根圆柱形桩腿,每根桩腿处设有一套锁紧系统,故该船共设置了 4 套锁紧系统。在每根桩腿处有 2 个与桩腿齿条相啮合的齿形块,每个齿形块有 5 个齿牙。每根桩腿处有 4 个楔块,每个楔块由液压马达驱动的顶升器来驱动和支撑,从而通过楔块再驱动齿形块。这些顶升器都可以单独驱动,该锁紧系统可以满足桩腿停在任意高度位置时,都能使齿形块与其可靠啮合。每个齿形块都有一个复位油缸,可以将其从与桩腿齿条啮合的状态下拉回至脱开状态;还有一个锁销油缸,可以确保将处于脱开状态下的齿形块锁定。

锁紧系统在每根桩腿处直接使用便携式控制盒来完成操作。每根桩腿处的锁紧系统相对其他桩腿都是独立的,因此 4 根桩腿的锁紧系统可以分别操作也可以同时操作。通常啮合或脱开大约需要操作 1 h。

2) 锁紧系统中的关键设备

(1) 顶升器。常用的顶升器一般采用蜗轮蜗杆和丝杆螺母的结构形式,蜗轮和螺母是一体的,通过液压马达驱动蜗杆旋转,从而驱动蜗轮旋转,最终使丝杆直线位移。目前,顶升器一般要满足 1 000~5 000 t 的静态支持力。"振海一号"上使用的垂直顶升器就已达到 2 000 t 的静态支持能力。

当需要脱开锁紧系统时,顶升器可轻易缩回,然后利用复位油缸将齿形块从与桩腿齿条啮合状态下退出。有时,由于平台的倾转或其他原因,顶升器无法正常退出。以前只能将顶升器头部割除,顶升器退出后再进行更换,这样做既危险又费时,而且成本也较高。现在都配备了顶升器释放装置,一旦顶升器由于负载过大无法缩回时,可通过释放装置很方便地将负载释放,从而将顶升器缩回。

(2) 齿形块。通过有限元分析表明,在齿形块与桩腿齿条啮合时,齿形块每个齿牙的受力是不均匀的,根据不同的使用工况,最大应力会出现在齿形块的最外侧(最上或最下)的一个齿牙上,因此在设计时,应尽量使啮合齿条的各个齿受力均匀。常用的改善方法是在保证强度的前提下,将齿形块最外侧的两个齿牙的齿厚变薄。另外,在齿形块与桩

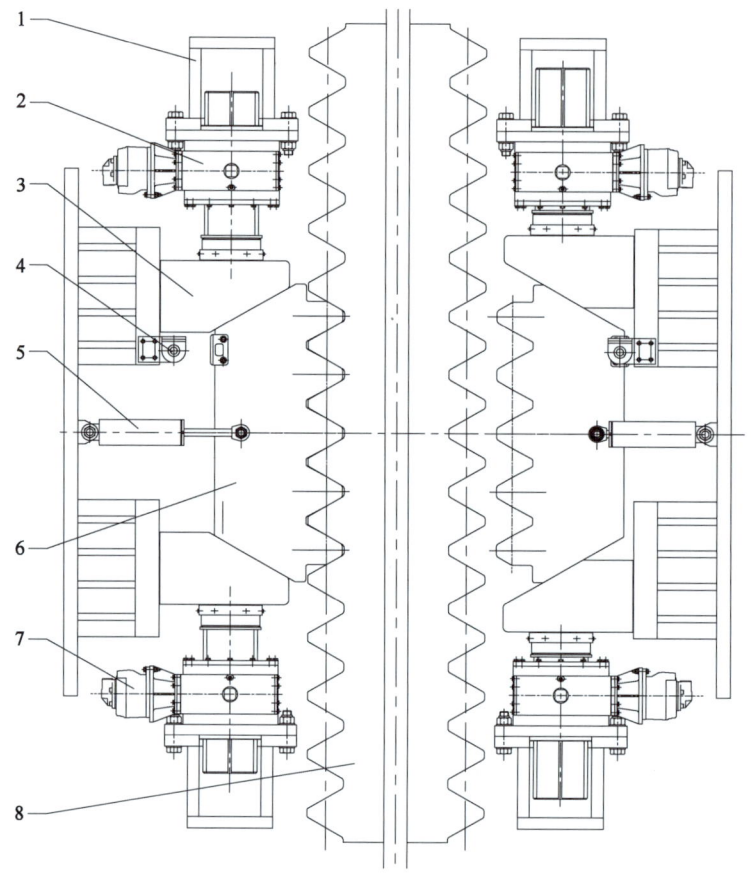

图 9.7 顶升器与楔块组合式锁紧系统
1—承载结构；2—垂直顶升器；3—水平顶升器；4—插销油缸；5—复位油缸；
6—齿形块；7—液压马达；8—支腿齿条

腿齿条啮合时，齿根受压侧会由于应力集中而产生很大的应力，可以适当增加齿根处的倒圆半径来改善齿根部位的应力集中。

9.2 齿轮齿条式升降系统

齿轮齿条升降系统通常由升降装置、升降框架、导向装置、桩腿以及电控系统组成。升降装置如图 9.8 所示，通常由电动机或液压马达、减速箱、制动器、小齿轮等组成。电动机以前通常多采用滑差式电机，后来随着变频技术的成熟，为便于控制，滑差式电动机逐渐被变频电机取代。减速箱通常由平行轴减速箱和行星减速箱两部分组成，速比很大，通常达到 5 000 以上，有的甚至 10 000。由于空间及质量的限制，制动器通常为电磁圆盘式制动器。有的制动器直接装在电动机上，有的装在减速箱的高速轴上。小齿轮由高强度合金钢通过特殊的加工手段制成，齿数通常为 7 齿，模数一般要 80 以上。

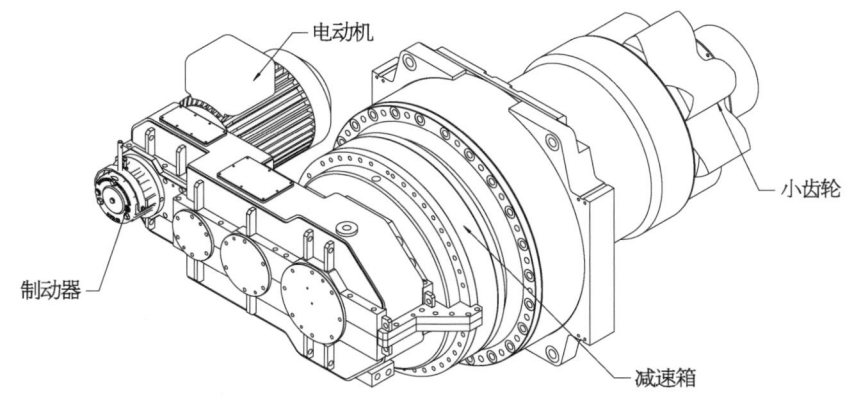

图 9.8　升降装置

目前世界上最大的小齿轮模数甚至达到 110。以振华重工为美国 Fride & Goldman 供货的大量应用于 JU2000E 型 400 ft 自升式钻井平台升降装置为例，该升降装置的额定载荷为 385 t，预压载荷为 522 t，静载支撑载荷为 544 t，暴风极限载荷为 646 t，减速箱速比为 8 175，正常升降速度为 0.457 m/min。原型试验时，按 ABS 规范的要求，原型试验载荷通常为静载支撑载荷的 1.5 倍，达到 816 t。另外一种用于 300 ft 平台型号的升降装置，其额定升降能力 200 t，预压载荷为 300 t，静载支持能力为 320 t，暴风极限载荷为 454 t，升降速度 0.457 m/min。

9.2.1　结构布置

齿轮齿条式升降系统的齿条沿桩腿筒体（圆柱形桩腿）或弦杆（桁架式桩腿）铺设，而与齿条相啮合的小齿轮通过减速箱安装在升降框架上，并由电动机或液压马达经减速箱齿轮驱动。当平台主体漂浮于水面时，驱动齿轮可使桩腿升降，而当桩腿支承于海底时，驱动齿轮则可使平台主体升降。一根桩腿上常常铺设有多道齿条，以振华重工制造的"振海一号"自升式平台为例，该平台有 3 条桁架式桩腿，每条桩腿有 3 根弦杆，每根弦杆上有背对的 2 道齿条，每道齿条上有 3 个小齿轮与之啮合，由电动机通过减速箱驱动小齿轮转动。图 9.9 为"振海一号"升降系统布置图。

如图 9.9 所示，每根桩腿上有 6 道齿条，各对应有 3 套升降装置，而每套升降装置由 1 台驱动电机、1 台制动器、1 套减速箱和 1 个爬升齿轮组成。这样，每根桩腿有 18 套升降装置，平台共有 54 套电动升降装置。为了减小升降框架承受的水平力，齿条一般是成对设置的，即附设在同一根弦杆的两侧，使齿轮动作时，由压力角和摩擦力引起的水平分力可以相互抵消。

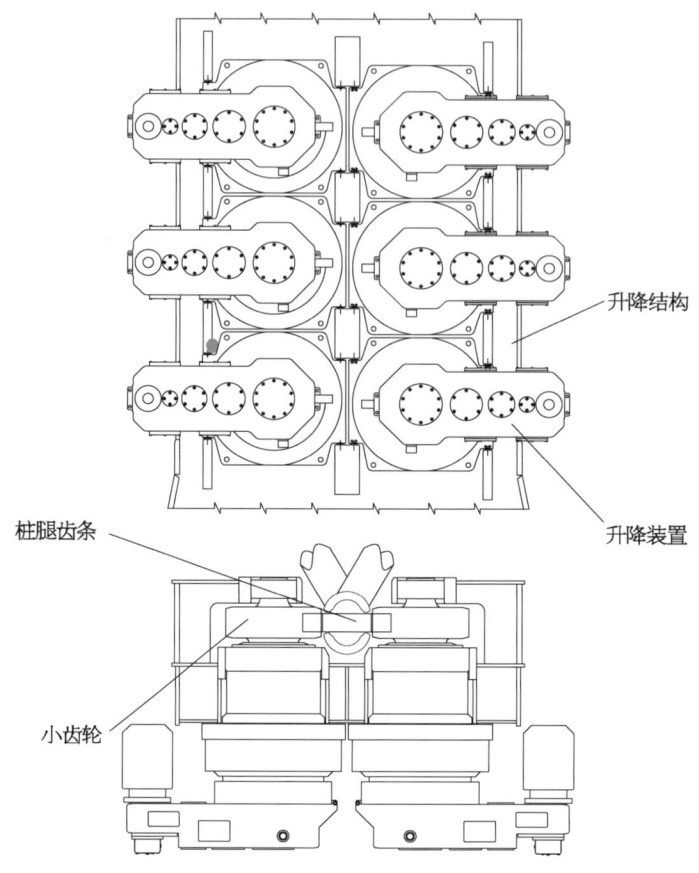

图 9.9 升降系统布置图

有的升降系统在升降框架的上面和下面分别还设有缓冲垫(橡胶缓冲器,见图 9.10),以缓和力的冲击作用(例如桩腿与海底碰撞的力),改善平台主体、升降装置及桩腿等的受力状况。通常,每一个小齿轮有一台独立的电动机驱动。几台电动机载荷的均匀性能够通过电控系统进行自动调整,小齿轮与齿条的啮合相位也可以调节,以确保桩腿的垂直升降。升降装置均配置有电磁制动器,在升降时,先由电动机建立平衡扭矩,然后制动器自动松开,一旦供电停止便立即进入制动状态,把平台主体固定在桩腿的某一位置上——"制动"。由于与齿条相啮合的每一个小齿轮有自己独立的传动系统,而且通常一个平台的升降装置有 54 套以上,因此,各个小齿轮之间的载荷分配问题成为突出的问题。如果载荷分配不均,则小齿轮的强度难以保证。事实证明,小齿轮的强度是齿轮齿条式升降系统的薄弱环节。在升降作业中举升平台主体,特别是预压作业时,在主体压载舱中有压载水的情况下强行将主体调平的时候(在预压过程中往往需要紧急调平,此时已来不及将压载水排除,故属于"强行举升"),小齿轮的载荷是很大的,而且是动载性质的。对这类动态工作状况,必须校核小齿轮的动态强度。好在动态情况下的载荷分配问题可通过控制系统来解决,电动机和液压马达在传动中的弹性对载荷分配也是有利的。

还有一种严重的情况发生在抗暴风时,升降装置虽然处于"制动"状态,但风、浪、流在

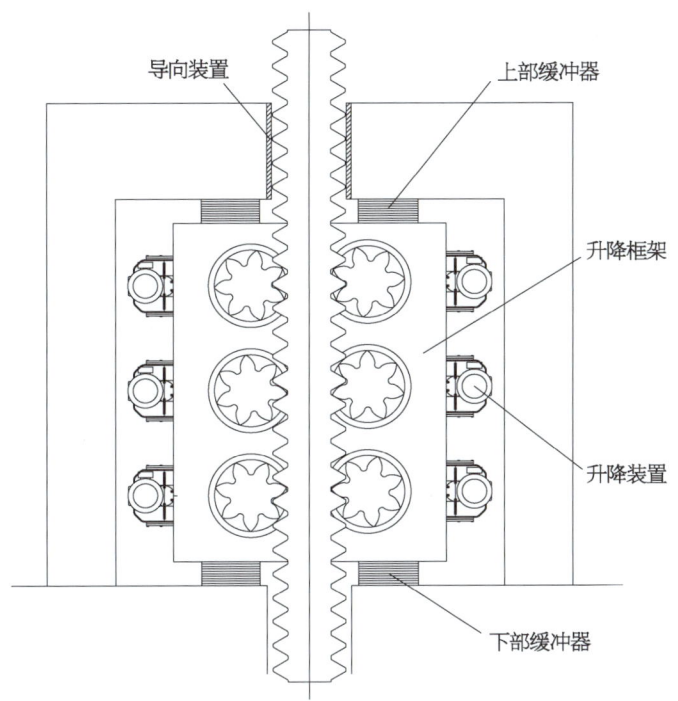

图 9.10　升降框架缓冲器示意图

水平方向的作用力所形成的倾覆力矩将使下风舷的桩腿上附加一个垂直载荷,同时在所有桩腿上产生弯曲力矩。此时,小齿轮的载荷分配问题也变得十分复杂,与制动、升降装置的刚性等许多因素有关。因此,必须在考虑载荷分配不均匀的前提下,对小齿轮在风暴工况下的静态强度进行计算。实践经验表明,底部的小齿轮载荷最大。在平台的使用过程中,制动状态升降电动机的扭矩须随时进行手动调节。不管平台处于何种工况和进行何种作业,都必须严格控制可变载荷的数量,否则将会危及升降装置和相邻部位的结构。

9.2.2　减速箱

升降减速箱是齿条式升降系统中最重要的机械部件,所有平台、桩腿的质量都由其来承载,因此,该减速箱的设计至关重要。目前,根据工况、配置要求以及驱动件的特点,常见的升降减速箱有集中形式:油马达驱动的全行星减速箱、电机驱动的平行轴和行星减速箱、电机驱动的全行星减速箱。另外,减速箱的输出形式有单爬齿和双爬齿的,NOV 的升降系统特点即由一套电机驱动两套爬齿。但无论哪种形式,都离不开行星传动的设计,可见行星传动是平台升降系统的重要组成部分。

结构合理的行星齿轮传动组件应是外廓尺寸小,质量轻,动平衡性好,具有足够的强度和刚度。因此,在进行行星传动的设计中,必须保证轮齿之间的啮合具有足够的强度和刚度,使其在整个工作寿命期间能够正常工作,不致发生失效。

随着行星传动技术的迅速发展,行星齿轮传动装置所传递的载荷也在不断增大。据相关资料介绍,目前传递功率已达到 2 000 kW,输出转矩已超过 4 500 kN·m。低速重载行星齿轮传动装置是目前齿轮传动技术的重点发展方向之一。

1) 行星传动组成

如图 9.11 所示,行星传动结构主要由太阳轮、行星轮、轴承、齿圈、行星轮轴、行星架六个部件组成。其中太阳轮和齿圈又可称做中心轮,在载荷传递中,太阳轮、齿圈及行星架三个部件可互为输入输出。在行星传动中,沿齿宽方向的载荷称为齿向载荷分布,沿齿轮半径方向的载荷称为径向载荷。

2) 行星传动齿轮啮合特性

(1) 齿轮齿向载荷分布特性。依据材料本身特性,材料所承受的载荷小于屈服应力值时,会出现弹性变形,而且载荷越大,变形越大。机构在承受载荷后,由于材料弹性变形,行星架会出现扭转变形,行星轮轴会出现弯曲变形(见图 9.12),使得传动机构在运行过程中任意行星轮的回转轴线和中心轮的回转轴线出现偏差 L_{xi}。

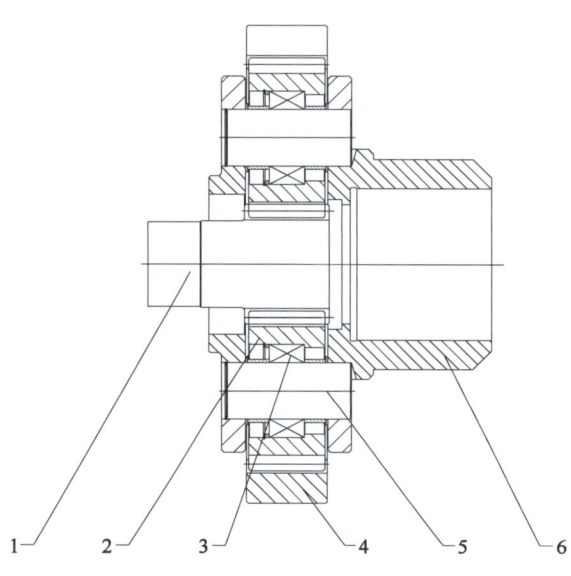

图 9.11 行星传动基本组成图

1—太阳轮;2—行星轮;3—轴承;4—齿圈;
5—行星轮轴;6—行星架

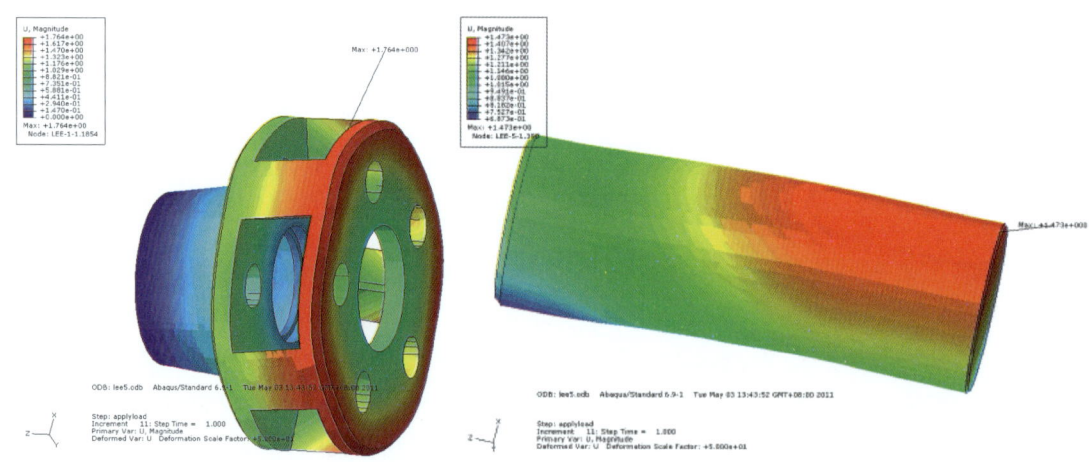

图 9.12 行星架和轮轴变形示意图

L_{xi} 可用下述公式表达:

$$L_{xi} = F'_i / k'_i \tag{9.1}$$

式中 F_i'——任意行星轮承受的外部载荷；

k_i'——经过任意行星轮的输入及输出路径上的综合弹性系数。

由于行星轮轴线和中心轮轴线不平行，在载荷的作用下行星轮与太阳轮啮合时齿部首先会在图 4 所示的 A 点接触。随着载荷力的增大，齿面弹性变形增大，最终 B 点也接触。如继续加载，此时增加的载荷会均匀分布在有效齿宽 B 上。因此，在此条件下的行星传动中 A 点的受力 $F_{x\max}$ 最大。假设行星轮个数为 n，太阳轮直径为 d，太阳轮传递的扭矩为 T，任意行星轮和中心轮齿部啮合弹性系数为 K_{xi}，则 $F_{x\max}$ 可用下述公式表示：

$$F_{x\max}=2T/ndB+k_{xi}L_{xi}/2 \qquad (9.2)$$

对行星机构而言，k_i'、k_{xi}、n、d 均为固定值，不随载荷的变化而变化；而从式(9.1)可以看出，外部载荷 F_i' 加大会导致 L_{xi} 变大，从式(9.2)可知，L_{xi} 加大会直接导致啮合面最大受力 $F_{x\max}$ 的加大，最终使齿向载荷的分布更不均匀。

(2) 齿间载荷分布特性。行星传动中的行星轮个数通常大于等于 3 个，对于 3 个行星轮的传动装置，只要采用浮动构件，就可很好地实现行星轮与中心轮之间的均载，但总的承载能力不强。低转速大扭矩传动的行星机构，通常采用大于或等于 4 个行星轮（后续称之为多行星轮）的传动形式。由于制造、装配存在误差，多行星轮传动机构的行星轮轴线不可避免地会不在同一个理论圆周上。

如图 9.13 所示，L_{rn} 为行星轮轴线偏离理论圆的距离，假设 $L_{r1} \leqslant L_{r2} \leqslant L_{r3} \cdots\cdots \leqslant L_{rn}$，行星传动机构在运行时，行星架转动 L_{r1} 时，首先行星轮 1 进行齿部啮合受载，当行星架转动 L_{r2} 时，行星轮 1、2 进行齿部啮合受载，以此类推，当行星架转动 L_{rn} 时，行星轮 1、2、3、……、n 均进行齿部啮合受载，当行星架再次同方向转动时，增加的传递载荷则均匀地分布在各个行星轮上。

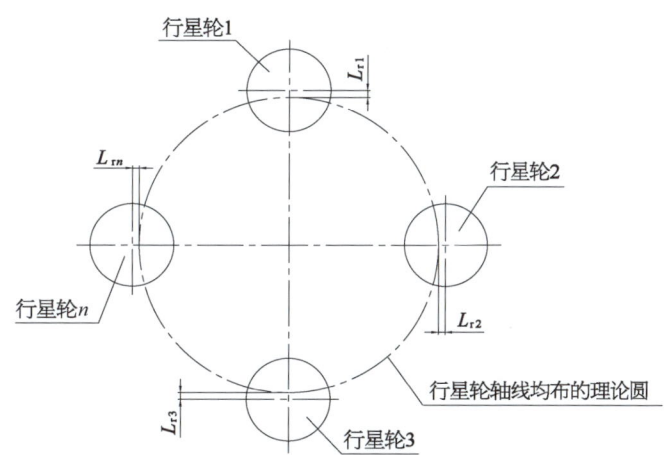

图 9.13 行星架和轮轴变形示意图

此时，最先接触的行星轮 1 齿部承受的载荷 $F_{r\max}$ 最大；设定通过每个行星轮的载荷传输路径上的总的弹性系数相等且均为 k_r，则 $F_{r\max}$ 可用下述公式表示：

$$F_{r\max}=2T/nd+k_r\left(\sum L_{ri}-nL_{r1}\right)/n \qquad (9.3)$$

从式(9.3)中可以看出，对一个既定的行星传动机构而言，最大的齿间载荷取决于弹性系数 k_r 和行星轮轴线偏离理论圆的距离 L_{rn} 之间的一致性，而 L_{rn} 的一致性则由齿轮、行星架、行星轮支撑轴承的加工、装配精度决定。

对于太阳轮和行星架浮动的行星结构,如行星轮数小于等于3,可以实现$L_{r1}=L_{r2}=L_{r3}$,则$\sum L_{ri}-nL_{r1}=0$,因此,行星轮的最大载荷$F_{rmax}=0$,齿间载荷分配能实现有效的平均分布;对于行星轮数大于等于4的行星机构,通过浮动组件,最大能实现3个行星轮轴线偏离理论圆的距离$L_{r1}\sim L_{r3}$之间的一致性,其他行星轮轴线必然在理论圆以外,而且与$L_{r1}\sim L_{r3}$的偏差越大,则行星轮最大载荷F_{rmax}越大。对于无浮动组件的行星传动结构,L_{ri}之间的一致性较差,则$\sum L_{ri}-nL_{r1}$的值较大,此时在同等加工精度条件下,行星轮最大载荷F_{rmax}最大。

9.2.3 齿轮和齿条

爬升齿轮和齿条的设计直接影响着升降系统的寿命和能力,而且爬齿和齿条是末端低速齿,理论上是安全系数最低的一级,也是受到载荷最大的一级。所以对齿轮模数、齿数、齿宽、修型方面的设计要求很高。

爬升齿轮的设计和计算一般参照 AGMA 标准,由于英制标准的影响,目前常见的爬齿模数有3种,即80模、97.02模和101.6模,分别适用于不同能力的升降系统。而大部分的爬齿齿数为7,也有个别齿数为9或11,甚至更多。而齿数的原则主要以单个齿的强度为基础,并考虑齿轮的啮合重合度。再确保重合度,并且不根切和顶切的前提下,尽量减少齿数来增加齿的能力。根据使用循环数的特点,一般齿轮的齿面硬度要大于齿条,爬齿的齿宽也要大于齿条。这是齿条式升降系统的特点。

爬齿的受力方式如图 9.14 所示,主要有两种形式:单边支撑;两端支撑。

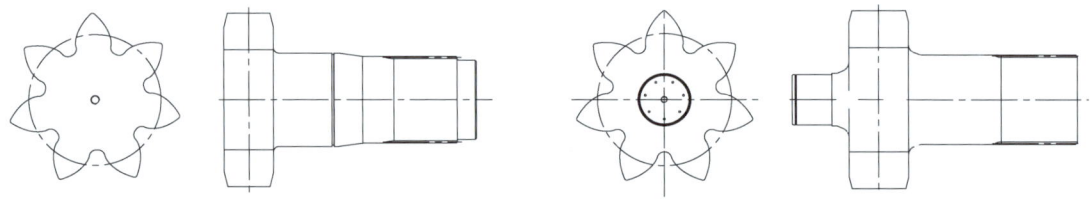

图 9.14 爬齿受力方式示意图

单边受载即在齿轮的一侧,布置2套轴承受力,其中一套布置于减速箱输出的内花键轴上。此结构多用于额定载荷较小的平台,如 Super M2。双边受载即轴承布置在齿轮两侧,这种形式对 jack-case 的 3 孔同心度等加工要求更高,装配难度也大于单边受载,但对减速箱及花键更有利,可以避免花键承受径向载荷,确保大扭矩的平滑输出。

齿条的加工和焊接也是升降系统成功与否的关键,表 9.2 为某一平台桩腿齿条的制作要求,可见对于齿条、半圆板焊接等方面的要求很高。

众所周知,影响齿轮、齿条设计的主要因素是齿面接触强度和齿根弯曲强度,虽然升降系统的爬齿和齿条属于开式齿轮,根据相关规范,不需要考核其接触强度和疲劳,但是设计者必须考虑爬齿和齿条在长期使用过程中的磨损问题。

表 9.2　桩腿齿条加工精度要求

名　称	公　差
齿到齿(节距)	±1.5 mm
齿到齿(焊接)	±1.5 mm
齿条宽度	±2 mm
齿根到齿根	±1.5 mm
节线之间	±2 mm
齿形偏移	±2 mm
齿条平面度(纵向)	3 mm/24 齿
齿条平面度(横向)	1.5 mm
拱度	3 mm/24 齿
节线偏差	±1.5 mm
切割垂直度	1.5 mm
表面精度	<0.5 mm
压力角偏差	25°±15′
齿厚	+2 mm −1.5 mm
扭转	≤0.25°

对于提高齿轮接触强度的方法,根据渐开线齿轮接触强度的计算公式,一般认为采用增加齿数、加大模数、增加齿宽以及增大压力角等方法都可以提高齿轮的接触强度,但很多时候由于结构及成本的限制,齿数、模数不可能放大。如何综合分析设计,选择平衡点是关键。

对于齿轮弯曲强度的提高,可以通过选用较好的轮齿材料及恰当的热处理方式进行齿面硬化;增大齿根圆角半径,提高齿轮制造精度,消除齿根处的加工刀痕,以降低齿根的应力集中;提高安装精度,增大轴及支撑物的刚度,以减轻齿面局部过载的程度;设计时选用较大模数的齿轮;采用增大渐开线齿轮压力角等方法来实现。

9.2.4　电机和制动器

升降装置的驱动电机有 2 种:滑差电机和变频电机。早期,大部分的平台采用的都是高滑差的电机,近年随着变频技术的发展和应用,越来越多的供货商开始采用变频驱动电机的方案。电机的功率主要由最大升降载荷和升降速度决定。以 F&G 的 JU2000E 平台升降系统为例,其额定升降载荷为 385 t,预压升降载荷为 522 t,升降速度 0.457 m/min,根据计算,每台电机的功率为 48.5 kW,并且保留了一定的系数。

在计算电机功率时,减速箱的传递效率的影响非常关键。通常减速箱的效率可参照标准,即轴承取 0.99,行星部分根据级数为 0.92~0.98,平行轴则按每级 0.98 来选取。

在电机的设计中,还有其他的辅助功能需要注意,比如电机的过载保护、温控保护、电机启动力矩的设定以及电机的滑差率等。因为在一个平台几十台套设备运动过程中,势必会有同步、不均载的问题,需要依靠电机和控制来实现平衡的作用。

制动器的设计主要参考规范。如 ABS 的最新规范规定,制动器的动态制动扭矩和静态制动扭矩,都需要达到设计参数的 1.2 倍以上。而 DNV 规范则根据平台是否配备锁紧系统,制动器的安全系数有所不同,即有锁紧系统按 1.2 倍,无锁紧系统则按 1.3 倍选取。在功能方面,制动器的释放信号、磨损信号、温度信号基本作为标准配置。

另外,从平台的安全角度出发,在电机和制动器上面往往会额外布置有编码器、超速开关等元器件,确保控制上实现对设备的完全控制。

9.2.5 电气控制系统

升降系统的电控系统是典型的机、电、液一体化控制系统,系统复杂、控制要求高,是升降装置作业系统的关键设备。电控系统可以实时显示各升降装置的载荷,还可以显示各桩腿的位差,能自动调平,以达到同步控制的目的。

控制系统包括:主驱动回路装置中的脉冲变压器、变频柜组、电机控制柜组、升降电机以及相应控制系统回路中所包含的中央控制台、本地操作站,以及相应的各种信号检测传感器,包括电子倾斜仪、位置编码器、带超速开关的转速传感器等,还有桩腿高度指示、爬升齿轮载荷检测装置、平台水平检测等装置。

升降操作可通过从中央控制台或本地操作站来进行,操作相应的按钮来进行升降机构上升下降,完成平台插桩、压桩、拔桩、高度监测、防止倾斜等各种升降任务。

9.3 液压油缸式升降系统

液压油缸式升降系统主要由桩腿、升降结构、围阱结构、导向结构、液压系统、水平定位系统、报警监控系统、电控系统组成。

液压油缸式升降系统的桩腿通常为圆柱形钢质结构,在桩腿上面,根据升降系统的插销形式布置有等距的类圆形销孔。桩腿下部一般设有桩靴,部分船型不设桩靴。平台主体通过插销、销孔连接在桩腿上。由于桩腿要承受平台主体的自重以及提供稳性来抵抗横向载荷。同时又要承受风、浪、流的影响,因此桩腿的设计、计算至关重要。

液压油缸式升降系统的升降结构多由上、下两部分环梁组成,这上、下两部分环梁各通过一组液压油缸连接,在上、下环梁上分别布置有几个液压驱动的插销,通过这些插销插入到桩腿的孔中来传递平台以及环境的载荷,如图 9.15 所示。当装在上部环梁的插销插入到桩腿的销孔中时,一组爬升液压缸的同步动作即可使环梁及销子带动桩腿(或平台主体)升降一个节距,然后进行换销:将下部固定销推入到桩腿的销孔中,退出上部环梁插销,液压油缸和上环梁复位,下一个工作循环开始。即上下环梁通过互相接力的形式实现平台的升降。

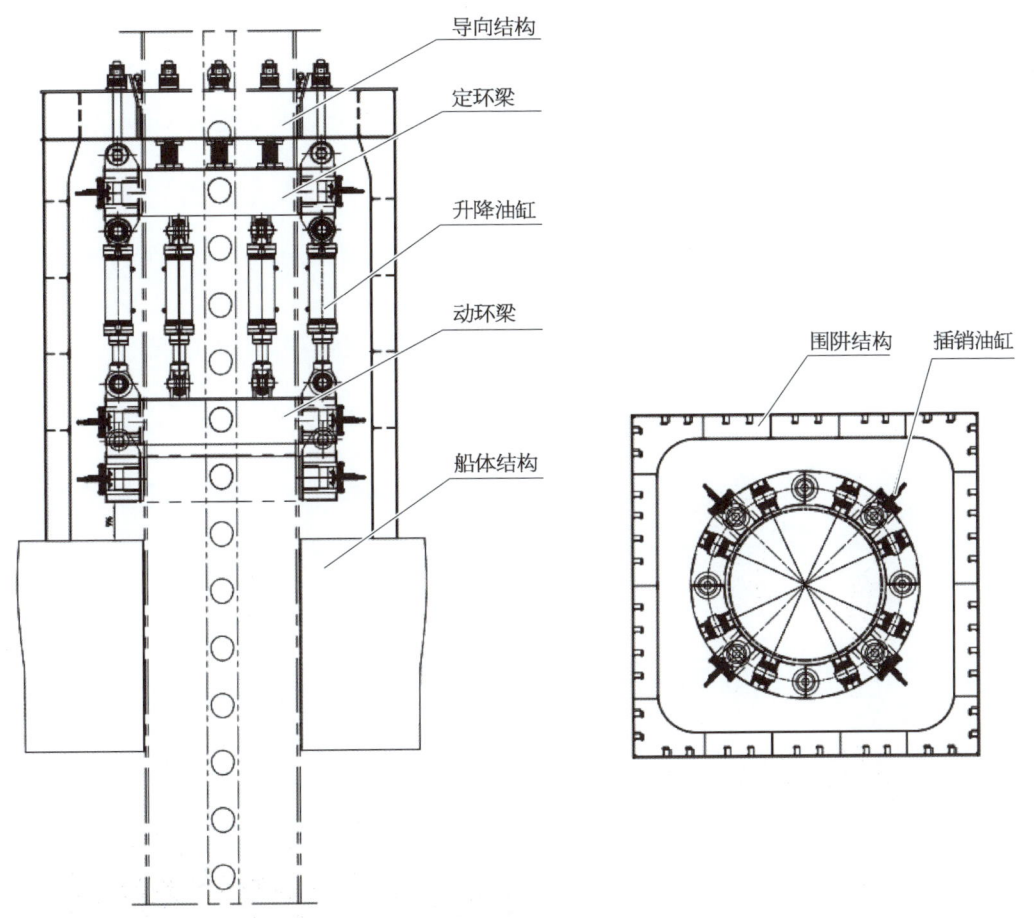

图 9.15　液压油缸式升降系统

围阱结构实际上是平台主体的一部分,但是由于桩腿要穿过它,且要通过油缸把桩腿连接在一起,承受平台主体的所有种类的载荷,因此围阱结构的材料及板厚必须通过详细的计算来确定。

导向结构与围阱结构一体化设计,可分为桩腿导向和环梁导向。桩腿导向通常还分为上部导向和下部导向,上部导向在围阱结构的顶部,而下部导向则为船体型深,两者主要用来对桩腿的升降进行导向和防转功能。环梁导向则主要确保上、下环梁在桩腿上的顺利升降,以便插销准确插入。

液压系统主要由主爬升油缸、插销油缸、液压站、管系、冷却水系统、控制系统等组成,是液压油缸式升降系统的控制和动力中枢。

水平定位系统,其实是安装在平台主体上面由 3 组液压油缸组成的水平调整系统,主要用来调整桩腿相对于平台主体的垂直度,同时在静止状态下起到固桩的作用。

报警监控系统是装在平台上用来监控升降系统的载荷及故障的安全系统。

9.3.1 升降系统介绍

液压油缸式升降系统主要由油缸、升降结构、桩腿和导向组成,个别的还有桩腿扶正机构、托航固定机构、升降结构导向等。目前,国外在风电机组安装中应用的典型安装船主要由荷兰的 GustoMSC 公司设计。国内也有部分的应用,但基本设计都源于 GustoMSC 公司。因此,升降的形式也主要有 3 种类型,即步进式、间断连续式和连续式升降。

1)步进式升降系统

如图 9.16 所示,该类型升降系统主要由动、定环梁和动、定插销,以及升降油缸组成。该结构具有以下特点:升降油缸分别与定环梁和动环梁连接;动、定环梁上各均布 3 个或 4 个插销;定环梁通过拉杆、平衡器等与固桩架等船体结构连接;升降时始终只有一组插销插入销孔。

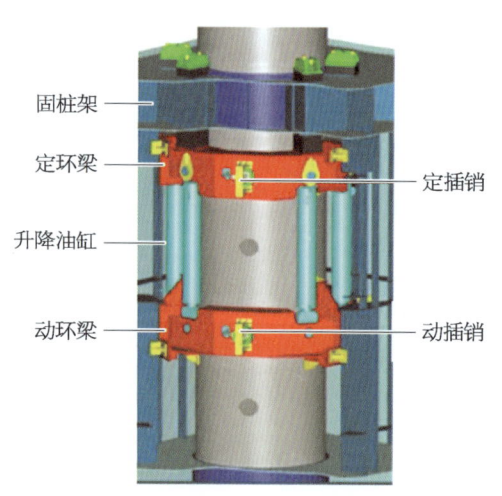

图 9.16 步进式升降系统示意图

图 9.17 SEA‐2000 风电安装船

步进式升降系统为间断不连续型爬升,以平台上升为例,其工作原理如下:动插销插入销孔后,定插销中拔出;升降油缸活塞杆伸出,带动平台上升至下一节距销孔位置;定插销插入销孔,动插销拔出;升降油缸空载收缩至下一销孔节距;动插销插入销孔,一个循环结束。

此类型升降系统已应用于 Wind、SEA‐2000、JB‐116 等风电安装船,也是目前应用最多的液压销孔式升降系统。

2)间断连续式升降系统

如图 9.18 所示,该类型升降系统为双液压升降,由主、辅升降油缸和主、辅 YOKE 以及上、下导向组成。该结构具有以下特点:分别对称布置 2 种规格升降油缸,每两个为一组,共 4 组;主升降油缸行程是辅油缸行程的两倍;主、辅升降油缸分别与下导向装置和主、辅 YOKE 相连;主、辅 YOKE 上均有由插销液压缸驱动的主、辅插销;升降结构上下端布置有上、下导向装置;升降动作通过主、辅 YOKE 的交替换力来实现。

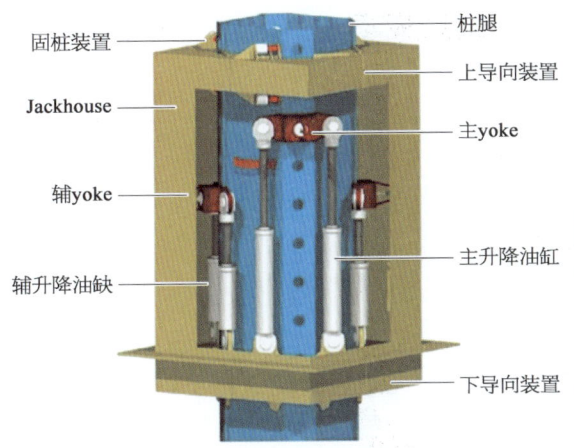

图 9.18 间断非连续式升降系统二

图 9.19 Wind Lift 1 风电安装船

该类型的升降系统同样为间断不连续爬升,采用仿生学原理可以很好地诠释该升降系统的工作原理(以平台上升为例):主插销插入销孔,辅插销拔出;主升降油缸活塞杆收缩,带动平台上升,直至下一节距销孔位置;辅插销插入销孔,主插销拔出;主升降油缸空载伸出至下一销孔节距;主插销插入销孔,系统一个循环结束。

GustoMSC 公司的"Wind Lift 1(图 9.19)"、"MPI Adventure & MPI Discovery"风电安装船采用此类型升降系统。该公司为"五月花·果敢"号设计的液压销孔式升降系统(图 9.20)与此类型结构稍有不同,但原理类似。

 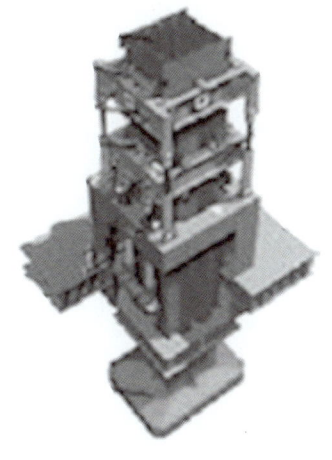

图 9.20 "五月花·果敢"号及其液压升降系统

3）连续式升降系统

如图 9.21 所示，该类型液压销孔式升降系统主要由 4 组升降油缸及其对应的 YOKE 结构组成。该结构具有以下特点：

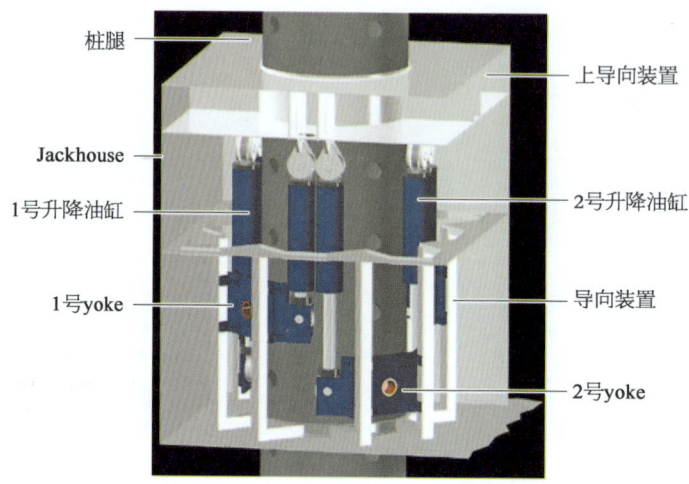

图 9.21 连续式升降系统

（1）升降油缸两两一组，共四组，均布于桩腿四周，每组对应一个 YOKE 结构。
（2）每个 YOKE 结构上均布有插销。
（3）升降油缸两端分别与结构和 YOKE 相连。
（4）升降结构内布有 YOKE 的导向装置。
（5）该类型液压销孔式升降系统为连续式爬升，采用仿生学原理（仿人爬杆动作）可以诠释该系统的原理（以平台上升为例）。
（6）1号、3号插销插入销孔，2号、4号销拔出。
（7）1号、3号升降油缸活塞杆伸出，通过 YOKE 带动平台上升；同时，2号、4号升降油缸活塞杆空载收缩，直至下一节距销孔位置。
（8）2号、4号插销插入销孔，完成第一步上升动作。
（9）第二步上升过程与上述原理相同。
（10）通过 1号、3号 YOKE 和 2号、4号 YOKE 的交替换力来实现平台和桩腿的升降。

该类型升降系统还有另外一种升降原理：升降动作时，始终有 3 个 YOKE 处于受力状态，1 个 YOKE 处于回缩状态，这样做螺旋升降运动从而实现平台和桩腿的连续升降。

Gusto MSC 公司的"NG-5500C"和"NG-9000C（见图 9.22）"风电安装船采用此结构类型的升降系统。

第9章 升降系统设计

图9.22 "NG-9000C"风电安装船

9.3.2 国内液压升降系统

中国的海上风电研究起步不久,目前国内已经制造成功的液压销孔式升降系统主要有武汉船用机械(461)、衡拓船舶(704所)和上海振华重工(ZPMC)设计、广州精铟、润邦等公司。而最多的应用是步进式液压升降系统,这两年才开始往连续式升降开始发展,如广州精铟制造的"精铟1号"风电船采用的即是间断连续式液压升降。振华重工给中交三航局建造的1 000 t风电安装船项目采用的是双环梁间断非连续式升降,如图9.23所示,该升降系统为双液压升降,主要由升降油缸、高低位环梁、导向架、导向装置等组成。该结构具有以下特点:

(1)升降油缸由12套规格相同的主、辅升降油缸组成,两两一组均布于桩腿。

(2)主、辅升降油缸均具备升降能力。

(3)主、辅升降油缸分别与高、低位环梁和船体连接。

(4)高、低位环梁上均布有三组插销。

(5)高、低位环梁的导向布于围阱结构。

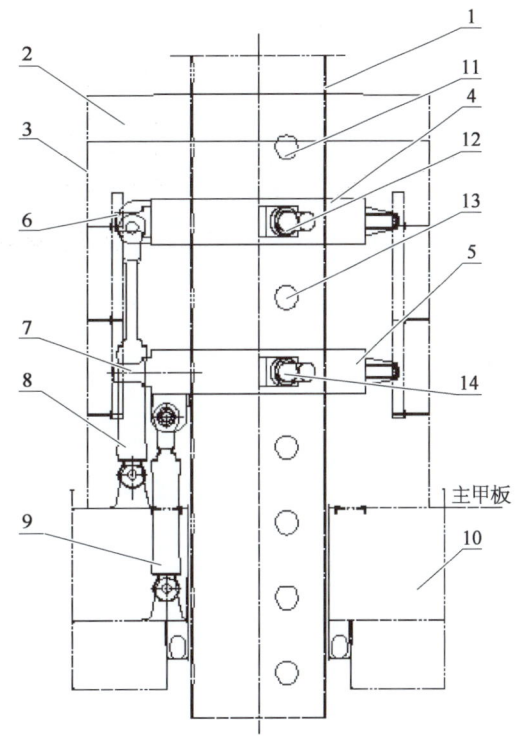

图9.23 ZPMC的液压销孔式升降系统
1—桩腿;2—导向装置;3—升降框架;4—高位环梁;
5—低位环梁;6—高位插销;7—低位插销;
8—主升降油缸;9—辅升降油缸;10—船体;
11—销孔Ⅰ;12—销孔Ⅱ;13—销孔Ⅲ;14—销孔Ⅳ

· 409 ·

(6) 桩腿的导向以船体结构导向为主。

该液压销孔式升降系统为间断不连续型爬升,现以平台上升为例简述其工作原理:高位插销插入销孔Ⅱ,低位插销从销孔Ⅳ拔出;主升降油缸活塞杆收缩,带动平台上升,直到下一个节距销孔位置;低位插销插入销孔Ⅲ,高位插销从销孔Ⅱ拔出;主升降油缸伸出复位,直至高位插销能够插入销孔Ⅰ,系统一个行程结束。"风华号"风电安装船如图9.24所示。

图9.24 "风华号"风电安装船

9.3.3 液压销孔式升降系统对比

前面介绍了按照布置形式,液压升降系统主要有3种形式,其他形式都是在此基础上的衍生或扩展。3种形式的升降系统在升降能力、工况特点等方面各有区别,现对各方案进行对比。

1) 升降能力对比

液压销孔式升降系统的升降能力对比见表9.3。

GustoMSC公司的第一代液压销孔式升降系统单腿升降能力可达6 500 t,表中列举的为"SEA-2000"风电安装船的升降能力;GustoMSC公司的第二代液压销孔式升降系统单腿升降能力有2 650 t、3 750 t、4 500 t 三种规格,表1中列举的为"Wind Lift 1"风电安装船的升降能力;GustoMSC公司的第三代液压销孔式升降系统单腿升降能力有3 250 t和5 500 t两种规格,表中列举的为"NG-5500C"风电安装船的升降能力;461所设计的液压销孔式升降系统单腿升降能力有多种规格,表 9.1 中列举的为"HPJS3600"型升降系统;ZPMC 设计的液压销孔式升降系统单腿升降能力有多种规格,表 9.3 中列举的为三航"风华号"风电安装船的升降能力。

表 9.3 液压销孔式升降系统升降能力对比 (t)

技术参数	GustoMSC			461	ZPMC
	第一代	第二代	第三代		
单腿升降能力	2 000	2 650	3 250	3 000	3 500
单腿支持能力	2 000	5 300	5 500	3 600	7 000
单腿压桩能力	2 000	5 300	5 500	3 600	7 000

2)双液压升降方式对比

液压销孔式升降系统在升降时,把仅一种升降油缸升降定义为单液压升降,两种升降油缸同时升降定义为双液压升降。

双液压升降的两套升降装置相互独立,均具有升降能力。这种结构形式使得升降系统的压桩能力、支持能力是单升降能力的 2 倍,并且当主升降装置失效时,辅升降装置具有调整能力。现将各方案是否具有双液压升降功能对比见表 9.4。

表 9.4 各方案双液压升降功能对比

GustoMSC			461	ZPMC
第一代	第二代	第三代		
否	是	是	否	是

3)支持模式对比

自升式风电安装船在作业状态,平台需保持静立不动,即处于支持模式,这就需要依靠某个机械结构或若干升降油缸保压,将平台/船体稳固于桩腿上。现将各方案的支持模式对比见表 9.5。

表 9.5 各方案支持模式对比

支持方式	GustoMSC			461	ZPMC
	第一代	第二代	第三代		
机械锁紧	√	√	√	√	√
油缸保压	—	√	√	—	√

从表中可以看出:

(1) GustoMSC 公司的第一代和 461 所的液压销孔式升降系统采用机械结构来稳固

平台。这种方案的主要缺点是：压桩完成后，各桩腿的销孔无法保证在同一水平面上，因此在作业状态，强行把所有插销插入销孔，平台产生倾斜，对船体的结构刚度和升降系统本身都有很大影响；

（2）GustoMSC 公司的第二代、第三代以及 ZPMC 的液压销孔式升降系统均采用机械结构和升降油缸保压两种方式来稳固平台，始终将平台保持在水平位置，系统安全性也更高。

9.3.4 电气控制系统

液压升降电气控制系统电控系统由中央控制台、液压站控制柜、桩腿本地操作站组成。主要实现了升降系统连续、自动的运行。根据运动方向及受力方向的不同，升降工况分为以下 4 种：桩腿上升，桩腿下降，平台上升，平台下降。而拔桩与桩腿上升在原理上并无区别，仅在保护设置上有所区分。以上工况由操作人员选择，一旦确定后，系统通过油缸位移传感器判断系统所处位置，并自动运行。

利用 PLC 逻辑控制电液比例换向阀、电磁换向阀的不同通电状态可以实现主油缸同步升降、与主副插销油缸协调工作，再配以位移与压力传感器反馈实时状态，位移监测信号通过控制电缆传输到 PLC，进行比较分析判断，PLC 发出控制信号对液压控制模块进行操作，从而实现平台四个桩腿安全同步地上升和下降。

自升式风电安装船技术与应用

第 10 章　动力定位系统

10.1 概　　述

10.1.1 船舶动力定位系统定义

国际海事组织(IMO)、挪威船级社(DNV)、美国船级社(ABS)、英国劳氏船级社对动力定位船舶的定义为：仅依靠推进器保持船舶位置和艏向(固定位置或预定航迹)的装置和船舶。动力定位的基本含义是：船舶利用自身的推进装置，补偿风、浪、流等环境干扰的影响，使得船舶保持一定的位置和艏向或按照预定的轨迹运动[1~2]。

船舶在水中运动，不可避免地要受到风、浪、流等环境干扰的作用，为了顺利完成特殊的作业需求，如打捞、救生、海洋探测等，船舶应具有在海洋中任意位置定位的装置。根据定位方法的不同可以划分为传统的锚泊定位系统和现代的动力定位系统。

1) 锚泊定位

传统的锚泊系统是将锚抛出去，沉于海底，利用锚抓住海底，来抵抗外界对船舶的干扰力。它的优点是，锚是任何船舶都有的定位设备，不需要另外附加定位设备。缺点是，定位不准，而且抛锚、起锚费时费力，通常要几小时甚至几天；一旦抛锚后机动性能差；受水深、海床环境的限制，一般的有效定位范围在水深100 m 的区域。船舶锚泊定位原理如图 10.1 所示。

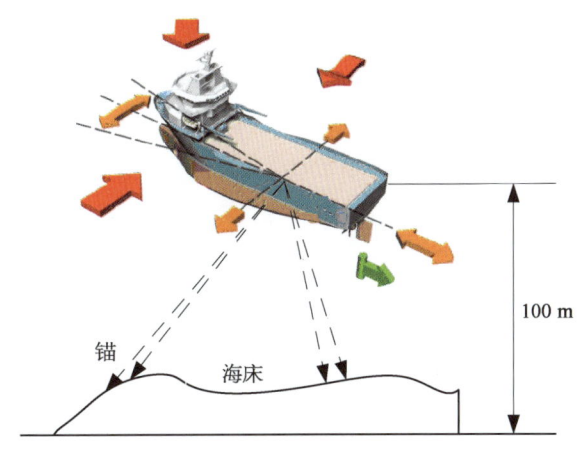

图 10.1　船舶锚泊定位原理图

2) 动力定位

动力定位(dynamic positioning, DP)系统在主螺旋桨外还要安装其他导管推进器，或者安装能提供不同方向推力的 Z 型推力器。在不借助锚泊系统的情况下，不断检测出船舶实际位置与目标位置的偏差，再根据风、浪、流等外界扰动力的影响计算出使船舶恢复到目标位置所需推力的大小，并对船舶上各推力器进行推力分配，使各推力器产生相应的推力，从而使船尽可能地保持在海平面上要求的位置上。船舶动力定位原理如图 10.2 所示[2]。

动力定位优点包括：定位准确；依靠自身产生的推力定位，不需要依靠外部设备；不受水深、海床环境的限制；定位方便、快速；船舶的机动性高、操作简单；对外界环境改变作

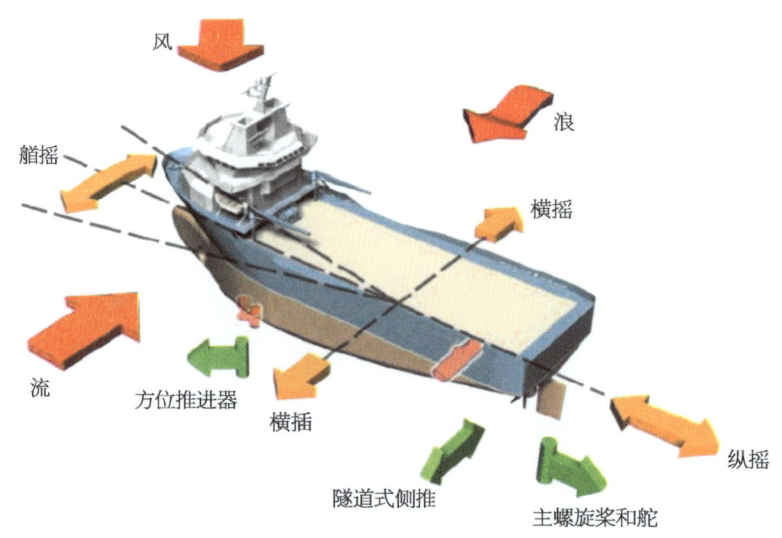

图 10.2 船舶动力定位原理图

出快速响应;避免锚链破坏海底设备的危险;避免与其他船舶或平台锚链缠绕[3~4]。

动力定位的缺点也不容忽视:必须在原有动力系统的基础上加装推进器和其他与动力定位相关的设备,因而增加了造价;设备故障时会丧失定位能力;燃油消耗高,使用、维护成本高;推进器对潜水员和水下机器人存在危险;需要更多的人员去操作和维护设备;在极端恶劣的环境下或浅水强潮汐时可能不能定位等缺点[3~4]。

动力定位不总是最经济的定位方法,但由于受制于水深限制,以及海床上杂乱无章地布满了管道和其他设备,抛锚对管道和水源有较高的破坏性危险;同时随着科技的进步,动力定位系统的成本有较大的降价空间,因此动力定位有着更为广阔的应用前景[5]。

10.1.2 动力定位系统的功能及应用

动力定位系统的基本功能包括[6]:

1) 艏向控制

当目前艏向和设定艏向存在偏差时,系统自动改变船舶目前艏向,将船舶的航向精确控制到给定值。

2) 定点控位

船舶定点控位的设定值为大地坐标上的某一点。对于水面船舶来说,可以设为北东位置(东经、北纬值)。当船舶偏离设定位置时,动力定位系统能自动移动到设定位置,并精确保持位置。

3) 航迹控制

船舶在作业或航行过程中,往往需要沿一个预定轨迹前进。典型应用是海洋调查船的循迹控制,以及用于海洋石油管线的铺设与检修。航迹控制需要人工或机器给定航迹指令及速度指令,由动力定位系统来自动控制船舶沿预定的路线前进,直到终点。

4）跟踪控制

跟踪控制主要用于动目标跟踪，始终让被控船舶与目标保持固定的空间位置关系，一般用于工作母船。

动力定位最早的起源也是最主要的推动力是石油和天然气的开发。现在，动力定位系统的主要应用包括以下方面：石油和天然气的勘探、开采、电缆敷设和维修、水文测量、失事船勘查、打捞和故障排除、挖泥作业、管道防护、海底打捞、起重（干舷和海底）、平台供应、穿梭船、浮式生产储运单元、海洋研究、自动驾驶、轨迹控制。动力定位还被用于军事用途：火箭平台的定位、水雷对抗、军用船的补给。游艇和快艇业也经常采用动力定位系统。某些水域有大量的珊瑚礁，不能采用锚泊定位，需要采用动力定位系统。在某些港口和限制水域时，以及自动靠离泊系统有时也需要精确的动力定位[7]。

10.1.3 动力定位系统的组成

在风、浪、流共同作用的复杂海况下，无约束的船舶具有 6 个自由度的运动特征。此振荡运动包含了高频（波频）和低频运动。低频运动分量可以认为是由螺旋桨的推力、舵力、流力、风力和缓变的波浪漂移力等产生；而高频运动分量主要是由波浪引起的一阶波频运动响应随波浪的起伏而往复运动。由于高频振荡运动要求推进器在高频下工作，这会要求大的功率和引起推进器的损耗，因而动力定位仅是用推进器来抵消在水平面内的 3 个自由度的低频运动，即纵摇（surge）、横摇（sway）、艏摇（yaw），从而能够在这 3 个自由度上控制船舶位置，船舶需要定位在半径为 r，首向 α 范围内。船舶位置控制如图 10.3 所示。

船舶动力定位系统是一系列船用系统的综合，通常其主要由测量系统、控制系统和推进器系统 3 个主要部分组成，其原理框图如图 10.4 所示[6]。

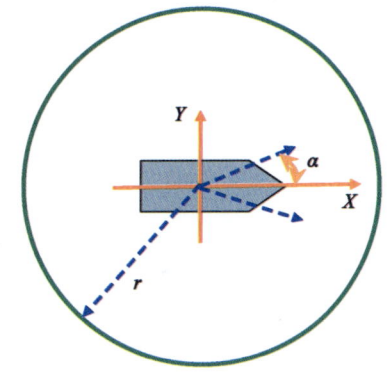

图 10.3 船舶位置控制示意图

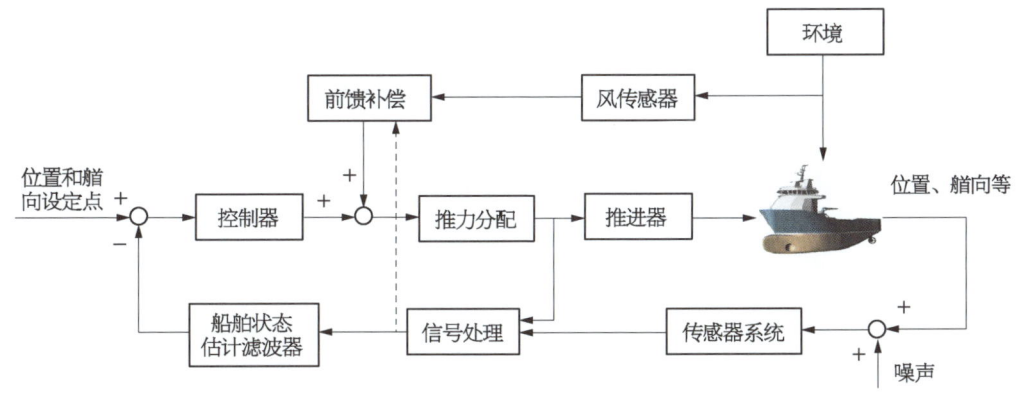

图 10.4 动力定位系统框图

其中，由计算机组成的控制系统是整套系统的核心部分。船舶的位置和艏向通过船舶模型、位置参考和电罗经的测量以及状态观测器估计获得。控制器给出的推进器指令系统为船舶提供抵抗外界环境力所需的推力和转矩。对于传感器测量获得的信号，由于其测量值中含有因测量噪声（由传感器类型和测量方法决定）和船舶纵、横摇所引入的干扰，因此需要经过信号预处理来剔除相应的错误信号值并进行纵横摇补偿。船舶状态估计滤波器除了给出船舶状态的估计值（如位置、航向、速度、流向、流速等）外，还具有滤除海浪高频干扰的作用。动力定位系统综合利用传感器（电罗经、风传感器和垂直运动参考系统）以及船舶模型相关信息进行运动控制。通常采用的动力定位控制方法是基于位置和艏向偏差的反馈控制，为了补偿静态环境干扰，可以适当引入积分作用，对于风作用采用前馈控制方法。对于控制器给出的合力、力矩指令，则通过推力分配算法以转速、方向角、舵角以及螺距等指令形式发送到各个推进器单元。

1) 传感测量系统

动力定位船舶控制系统所需的信息包括船舶的位置、艏向以及外部干扰力的信息，控制性能很大部分取决于动力定位系统所用的传感测量系统，要求以足够的速度和精度获取所需的信息，以便控制器计算出推力器指令，使船舶完成预定的任务。

(1) 位置参考系统。位置参考系统能以一定的速率和精度提供所需要的信息，以便控制器计算出推进器指令，去抗衡环境因素的作用，使船舶完成预定的任务。一个精确可靠的船体位置反馈是对闭环控制系统的基本要求，对于动力定位系统而言，需要有一套合适的位置参考系统，使其能够在船工作的所有时间提供所需要的测量量。

动力定位系统使用的位置参考系统有很多种，最常用的是 DGPS、声学系统 (HPR)、张紧索等。

① DGPS：由空间卫星系统、地面监控系统和用户接收系统组成，能够迅速、准确、全天候地提供定位导航信息，是目前应用比较广泛、精度也比较高的定位系统。

② 声学定位系统：将一组发射器或接收器按一定几何形状形成基阵布置在船上，也可以布置在作为动力定位基准坐标的海底上。前者为短基线系统，后者为长基线系统。系统依靠声信号从发射器经过水传播给接收器，然后根据接收到的信号计算出船体位置。因此，声波在水中的传播特性在很大程度上影响着声学系统的性能。声学系统在较长一段时间内有比较好的精确度，但存在瞬时或短时间的干扰。

③ 张紧索：在船体和海底之间安装一根钢索，测量其在恒张力情况下的倾斜度，然后根据船体、钢索以及海底所构成的几何图形求解船体所在的位置。由于流的存在会导致张紧索在长时间段的偏移，因此其精度不如声学系统。

每一种测量系统都有其优缺点，为了达到高可靠性，需要将它们结合起来使用。

(2) 艏向传感器。动力定位船舶的艏向信息是由一个或多个陀螺罗经测量出来，并被传递给动力定位控制系统。对于存在冗余的船舶，需要配备两个或三个陀螺罗经。陀螺罗经是一种利用陀螺特性，自动找北并跟踪地理子午面的精密导航仪器，已被广泛应用在各类船舶上。

目前，艏向测量系统一般都选用电罗经。电罗经的寿命较长，而且其海上使用技术成熟,完全适用于近海船舶动力定位系统。

(3) 环境测量系统。引起船舶偏离其设定位置/艏向的力主要来自风、浪和流的作用。海流测量仪可以为动力定位控制系统提供前馈信息,但其造价较高,尤其是在有较高可靠性的要求时,因此很少使用。流的作用力一般变化缓慢,可以用控制器中的积分项来补偿。

动力定位控制系统没有为波浪提供专门的补偿器。实际上,波浪的发生频率太快,对个别波浪提供补偿是不可行的,而且作用力太大。波浪产生的波浪漂移力变化缓慢,在控制系统中以流或海洋力的形式出现。

船舶的横摇、纵摇和垂荡运动对动力定位控制系统来说不用加以补偿,但有必要提供给动力定位控制系统精确的横摇量和纵摇量。这就能为所有不同类型的位置测量传感器的输入,补偿其相对船舶中心的偏移量。测量这些值的仪器有垂直测量传感器 VRS、垂直测量单元 VRU 或运动测量单元 MRU。MRU 可通过线性加速计测量出加速度并计算出倾角。

所有动力定位系统都有风传感器。风传感器的作用是测量出风速和风向,以便控制器计算出前馈的推进器指令。测得的数据用来估算风对船的作用力,并允许它们在引起船舶的位置和艏向改变之前就对其进行补偿。风传感器很重要,因为较大的风速或风向变化是定位中的主要干扰因素。风前馈可以迅速产生推力来补偿监测到的风速、风向变化产生的干扰。

2) 控制系统

动力定位系统的控制器是一种多回路反馈控制系统,其主要功能包括[3]:

① 处理传感器信息,求得实际位置与艏向。

② 将实际位置与艏向同基准值相比较,产生位置偏差信号。

③ 计算抵抗位置偏移所需要的恢复力和力矩,使偏差的平均值减小到零。

④ 计算风力和力矩,提供风变化的前馈信息。

⑤ 将前馈的风力和力矩信息迭加到误差信号所代表的力和力矩信息上,形成总的力和力矩。

⑥ 按照推力分配逻辑,将力和力矩指令分配到各个推进器。

⑦ 将推力指令转化为推力器指令。

同时,它还起到了下列重要作用:补偿动力定位所固有的滞后,以免造成不稳定的闭环动作(稳定性补偿);消除传感器的错误信号,防止推进器做不必要的运转(推进器调节)。控制方式有下述两种:

① 如果控制系统是用船的瞬时位置与所要求位置的偏差作为输入来求的所需的推力大小和方向,这种控制方式称为后反馈(feed-back),简称反馈。

② 如果能够知道每一时刻作用在船体上的环境力的大小和方向,控制系统中所要求的推力由已知的环境力来确定,则这种控制方式称为前反馈(feed-forward),简称前馈。

在多数情况下瞬时风速可用来作为瞬时风力的量度,它可由推进单元直接抵消,这种方式称为风前馈(wind feed-forward)。风前馈已较早被采用,它能提高定位的性能,特别是在有阵风的情况下。在严重的海况条件下,二阶波浪漂移力会达到较高的程度,且产生较大幅值的低频振荡运动,这就超过了动力定位系统的能力。如果能在大幅值的低频振荡运动发生之前,在控制器内输入二阶波浪力的信号,直接由推进器来抵消它,以防止过大的振荡运动的发生,则能提高定位的能力,这就是所谓的波前反馈的思想。MARIN 开展了通过测量相对波高后换算成相对波高做出贡献的那部分二阶漂移力,进行了波的前反馈(wave feed-forward)的研究工作,以改善动力定位的性能[3]。

3) 推进器系统

推力系统是动力定位系统的一个组成部分,用于产生力和力矩,来抗衡作用于船上的力和力矩,以便使船处于规定的作业区域内。

安装于动力定位船舶上的推进器有主推进器、槽道推进器、全回转推进器、吊舱推进器和喷水推进器。

多推进器之间的推力分配问题已经形成一个优化问题,要求推进器在每一个瞬时都给出所需要的力。对推进器系统整体性能要求的提高,以及引入新的推进器来加强船的可操纵性都促进了推力分配策略的发展。

10.2 船舶动力定位传感器测量系统

一艘动力定位船舶能否顺利执行一项或几项任务,很自然地取决于动力定位系统所采用的测量传感系统。要求该系统必须以足够的速度和精度获取所需的信息,以便控制器计算出推力器指令,使船舶完成预定的任务。控制系统所需的信息包括船舶位置、艏向以及外部干扰力的信息。而测量传感系统的具体构成和配置,不仅取决于 DP 系统的等级和性能要求,也会根据该 DP 系统所控制的对象的不同应用场合和不同工况而有所不同。

10.2.1 传感测量系统基本组成

参考《动力定位系统检验指南(2002)》[8],完整的动力定位系统设备的布置应满足表10.1 要求。

表 10.1 动力定位系统的布置

设 备	附加标志	DP-1	DP-2	DP-3
动力系统	发电机和原动机	无冗余	有冗余	有冗余,舱室分开
	主配电板	1	1	2,舱室分开
	功率管理系统	无	有	有

(续表)

设备	附加标志	DP-1	DP-2	DP-3
推力器	推力器布置	无冗余	有冗余	有冗余,舱室分开
控制	自动控制,计算机系统数量	1	2	3(其中之一在另一控制站)
	手动控制,带自动定向的人工操纵	有	有	有
	各推力器的单独手柄	有	有	有
传感器	位置参照系统	2	3	3
	垂直面参照系统	1	2	2
	陀螺罗经	1	2	3
	风速风向	1	2	2
UPS电源		1	1	2,舱室分开
备用控制站		无	无	有

从表10.1中可以发现,对于DP系统,其中的测量传感子系统通常所需要包含的组成部件和基本配置要求。事实上,国际上不同的船级社认证标准,对于DP系统的传感器配置有不同的要求。如表10.2所示,为PRAXIS Automation公司Mega guard DPS系列中不同DP等级对应于不同标准下的传感器配置要求,我们可以从中归纳出其中一些共有的、基本的、必需的组成部分。

表10.2 动力定位等级定义及设备配置

等级系统	IMO			CCS			ABS				LRS				DNV				BV Dynaposs			
标识	DP1	DP2	DP3	DP1	DP2	DP3	DP S0	DP S1	DP S2	DP S3	DP CM	DP AM	DP AA	DP AAA	AUTS	AUT	AUTR	AUTRO	SAM	AWAT	AW/ATR	AM/ATRS
等级	DP1	DP2	DP3	DP1	DP2	DP3	DP0	DP1	DP2	DP3	DP0	DP1	DP2	DP3	DP0	DP1	DP2	DP3	DP0	DP1	DP2	DP3
位置	1	3	3	2*	3*	3*	1	2	*3	*3	1	2*	3*	3*	1	2*	3*	3*	1	2	3	3
风	1	3	3	1	2	2	1	2	2	2	1	2	2	2	1	1	2	2	1	2	2	2
陀螺	1	3	3	1	2	3	1	2	3	3	1	2	3	3	1	1	2	3	1	2	3	3
垂直参考系统	1	2	2	1	2	2	1	2	2	2	1	2	2	2	1	1	3	3	1	2	2	2
不间段电源	1	2	3	1	1	2	-	1	2	3	-	1	2	2	-	1	2	3	-	1	2	3

根据以上分析,一般而言,可以把DP系统中的测量传感子系统再划分为位置参考系统和传感器系统两部分。前者又可以分为绝对位置参考系统和相对位置参考系统两类。常用的DP用绝对位置参考系统包括卫星导航系统、水声位置参考系统(HPR)、张紧索位置参考系统等;常用的DP用相对位置参考系统包括微波系统、无线电波系统、光学系统

(激光、雷达)等。传感器系统通常包括以下几个部分：电罗经和/或磁罗经、竖直参考单元(VRU)、惯性运动单元(IMU)、风传感器、水深传感器等。其分布与组成如图 10.5 所示。

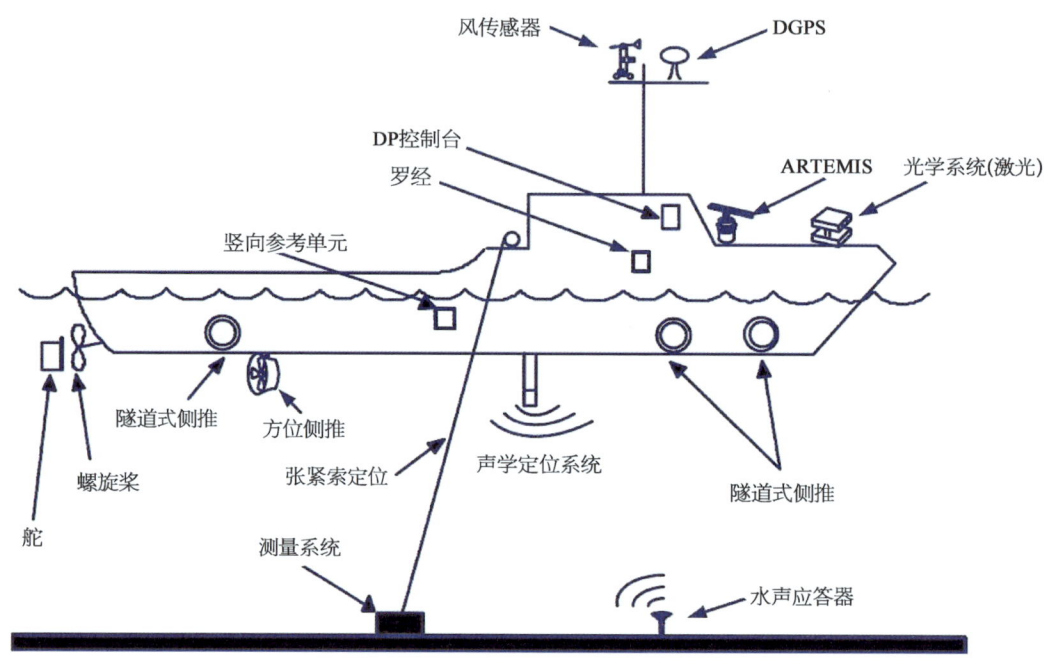

图 10.5　典型 DP 系统的主要构成

当然，在一些特殊应用场合，DP 系统还会配置一些与任务相关的传感器，此处不对此进行具体叙述。

通过如上分析，可设计 DP-3 传感测量系统最小配置，如图 10.6 所示。

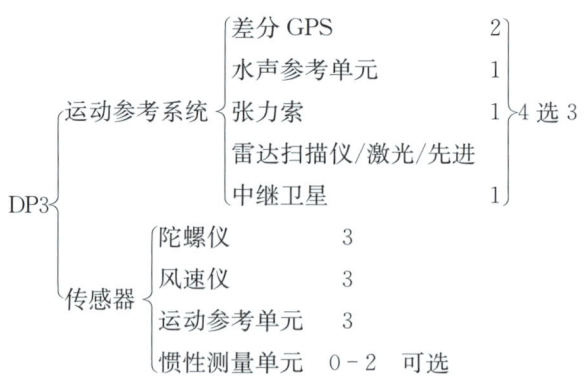

图 10.6　DP-3 传感测量系统最小配置示意图

10.2.2 位置参考系统

参考《动力定位系统检验指南(2002)》[8],位置参照系统有如下要求:

(1) 一套动力定位系统通常应包括至少 2 个独立的位置参照系统。对于 DP-2 和 DP-3,至少应安装 3 套位置参照系统,并且在操作中可同时使用。当使用 2 个或更多的位置参照系统时,这些系统不应采用同一工作原理。

(2) 不同的位置参照系统可相互校准,参照系统间的传输应无波动。

(3) 位置参照系统应能为动力定位操作提供足够精确的数据,当船舶偏离设定的航向或操作者决定的工作区域将发出听觉和视觉报警。应对位置参照系统进行监测,当提供的信号不正确或明显衰退时,应发出报警。

(4) 对于 DP-3 系统,一套位置参照系统应连接至备用控制站,并且用 A-60 级分隔与其他位置参照系统分开。

(5) 当使用声学位置参照系统时,应将水声监测器传输通道上的机械和水声干扰减至最小。

(6) 当使用张紧索系统时,绳索和张力设备应适合于海上环境。

(7) 当来自位置参照系统的信号被船舶运动(横摇、纵摇)改变时,应对位置进行自动修正。

对于位置参考系统的定位精度,有如下要求:

① 对于基于水下的定位系统,定位精度范围应为一半径不大于水深 2% 的圆;

② 对于基于水面的定位系统,定位精度范围为一半径不大于 3 m 的圆。

1) 绝对位置参考系统

如前所述,常用的 DP 用绝对位置参考系统包括卫星导航系统、水声位置参考系统(HPR)、张紧索位置参考系统等,其基本性能比较见表 10.3。

表 10.3 位置测量设备比较

设备类型	测量范围	适用水深	测量精度	适用范围
全球卫星定位系统	无限制	无限制	±3 m	全球
无线电定位系统	30 km	无限制	±1 m	能接受信号区域
水声定位系统	5 倍水深	4~6 km	水深的 1%~2%	全球
张紧绳系统	1/4 倍水深	500 m	水深的 2%	全球
激光定位系统	250 m	无限制	<0.5 m	需要固定目标

(1) GPS/DGPS。DGPS 是 DP 系统中最常用的位置参考系统。DGPS 的基本硬件设备构成包括 GPS 天线、接收器,以及差分修正单元。天线一般安装在船舶驾驶室的顶部,需要注意的是周围必须没有阻挡,以确保信号的接受。考虑到连接电缆的长度,接收器一般安装在 DP 控制台旁。

(2) 水声位置参考系统(HPR)。水声位置参考系统通常由海底声单元、装船声单元以及处理计算机等组成。其中,若干声单元通常按照一定的几何图形或基阵布置在船上,或布置在作为动力定位基准坐标的海底。根据基阵位置和尺寸的差别,水声位置参考系统可细分为短基线系统(SBL)、长基线系统(LBL)、超短基线(USBL)、长超短基线系统(LUSBL)等几类。其精度主要由水深及发射器与应答器的距离来决定。根据使用场合、精度要求、作用距离等约束条件可以选择不同的声学系统类型。在 DP 系统中,水声位置参考系统往往自成一体系,包括测量的发送、接受部件,位置数据的传输和处理、控制部件,以及显示、监控部件。选择适合于计算机之间的通信方式和相应的应用软件,即可实现 HPR 和 DP 主控程序之间的信息交互。

(3) 张紧索位置参考系统。张紧索位置参考系统用来测量船舶在漂浮状态下的相对位置,该系统由一个安置在海底的重载荷组成。重载和船通过一根钢索连接起来,钢索的一端连接在船上的绞车上,通过绞车使钢索保持恒定的张力。测量钢索两端的角度以及钢索的长度,通过求解 3 个几何方程便可以求出 3 个未知量,从而确定船舶的位置。

张紧索位置参考系统在 150 m 的范围内精度高,可靠性高、快速、易安装;但该系统易受强流干扰,当水深超过 350 m 时,其所产生的测量误差将不容忽视,而且重锤迟延性也是在定位性能参数中需要留意的一点。因此该系统一般只适用于近海应用场合,局限性较大。

2) 相对位置参考系统

在 DP 系统的应用中,入坞(docking)、FPSO(floating production storage and offloading)等任务都是非常常见的。而这些操作都涉及船舶与码头间、船舶与固定/浮动平台间以及船舶与船舶之间的相对定位需求。采用相对位置参考系统,可以提供比绝对位置参考系统更便捷、更有针对性、精度更高的定位性能,因此也是位置参考系统中必须加以考虑的部分。常用的 DP 用相对位置参考系统包括微波系统、无线电波系统、光学系统等。这部分传感器的选择与 DP 系统的任务、工作环境、定位精度等密切相关,需要根据实际工况进行选择。

10.2.3 传感器系统

参考《动力定位系统检验指南(2002)》[8],传感器系统有如下要求:

(1) 至少要配备测量船舶艏向、船舶运动、风速风向的传感器。

(2) 应尽可能监测传感器故障(过热、失电等)。

(3) 为了发现可能的故障,应对来自传感器的输入信号进行监测,尤其是信号的暂时变化。对于模拟传感器,当发生接线断开、短路或低阻时应发出报警。

(4) 传感器间自动转换出现故障时,应在控制站发出听觉和视觉报警。

(5) 为了相同目的的连接到冗余系统的传感器要独立设置,以防止一个传感器故障影响到其他传感器。

(6) 对于 DP-3 系统,每类传感器必须有一个直接与备用控制系统连接,并通过 A-60 级分隔与其他传感器分开。

传感器系统通常包括有以下几个部分组成：

（1）电罗经和/或磁罗经。用来测量船舶的艏向。磁罗经结构简单造价低、但容易受到外界环境对地磁场作用的影响；电罗经结构复杂成本较高，但抗干扰性能较好，长期工作稳定，普通电罗经的精度已可达到 0.1°～0.2°。

（2）**竖直参考单元**（VRU）。用来测量垂荡、横摇和纵摇量。一般也可以得到相应的角速度，此时一般称为运动参考单元（MRU）。它的一个主要的作用是用来调整通过 GPS、HPR 等系统得到的横摇和纵摇位置量。对于深海的动力定位操作，横摇纵摇的量必须非常精确，提供给 HPR 作修正。这种传感器随着工作原理的不同其价格也差别很大，为了减小测向加速度对瞬时角度测量值的影响，在其安装时应使其尽量靠近船舶的旋转中心。MRU 一般安装在船的纵向中轴线上。

（3）**惯性运动单元**（IMU）。包括陀螺仪和 3 个方向的加速度仪，能够测量船体坐标系中纵荡、横荡和垂荡的加速度，横摇、纵摇和艏摇的角速度以及相应的欧拉角的角速度。和滤波器（或观测器）一起使用，可用来处理 DGPS 或者 HPR 的测量值，得到比较精确的速度值。在某些应用场合，IMU 可取代部分 MRU 系统。

（4）**风传感器**。用来测量风速及风向，提供风变化的前馈信息，从而提高整个系统的性能。风传感器一般安装在船舶驾驶室的顶部，确保风传感器的安装位置没有任何可能阻碍空气流通或者引起空气乱流的障碍物。基于风传感器的工作原理，不能将风传感器安装在高功率的雷达或无线电发射器附近。

（5）**水深传感器**。用来测量船舶的吃水深度，配合 HPR 系统使用，提供 HRP 系统的修正信息。

10.2.4　参考模型

本节以 Kongsberg 公司的 DP‑3 动力定位系统为主要考察对象，简要分析其测量传感系统的硬件架构实现方案，以及各部件与主控器之间的数据接口形式。

Kongsberg DP 系统中传感信号的主要通信形式以串口为主，一般采用电气隔离后，通过串口集线设备以网络形式连接至各个 DPC 控制核心，如图 10.7 所示。各部分具体接口形式和数据协议类型见表 10.4。主要传感部件串行通信数据更新频率见表 10.5。

表 10.4　K‑Pos DP‑22 系统数据接口类型

项目	说明
罗径罗盘	串行线（美国国家海洋电子协会‑0183）
运动参考单元	模拟输入/串行线（康士伯海事标准）
风	串行线（美国国家海洋电子协会‑0183）
差分 GPS	串行线（美国国家海洋电子协会‑0183）
轻载张紧索	模拟输入/数字输入（康士伯海事标准）

(续表)

项　　目	说　　明
雷达	串行线（康士伯海事标准）
高精度水声定位	局域网（康士伯海事标准）
超短基线声学定位系统	串行线（康士伯海事标准）
备用位置参考系统接口	串行线（康士伯海事标准）
升沉测量	串行线/局域网（康士伯海事标准）
水深	串行线（美国国家海洋电子协会-0183）
K-Pos 系统航迹点	串行线（美国国家海洋电子协会-0183）
管线张力	模拟输入/串行线（康士伯海事标准）
外力和角度（人工输入或实际测量）	模拟输入/串行线（康士伯海事标准）

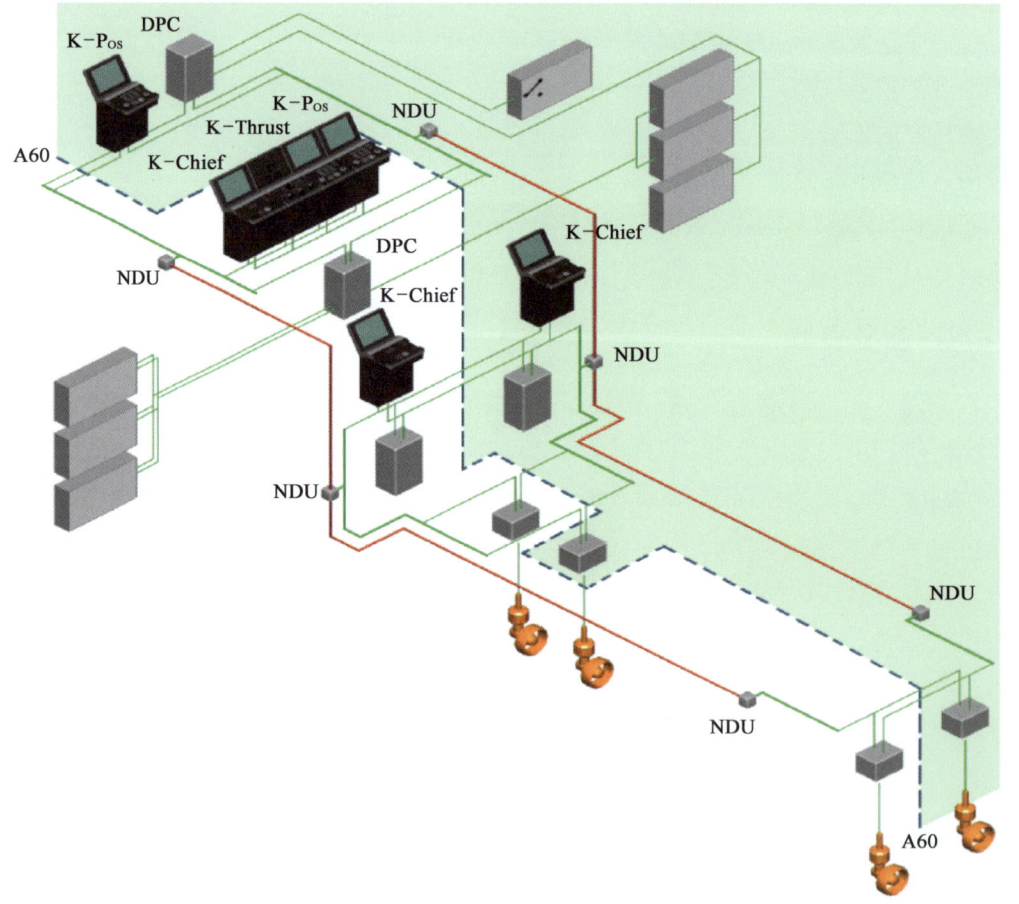

图 10.7　K-Pos DP3 系统

表 10.5　K‑Pos 串行通信数据更新频率

报 文 类 型	最小频率	最大频率
艏向（罗径测量）和旋转速度（美国国家海洋电子协会-0183）	2 Hz，推荐 5 Hz	10 Hz
垂直参考系统（纵摇/横摇/升沉）	4 Hz	10 Hz
位置参考测量系统	1 Hz	4 Hz
主时钟平台	1/60 Hz	1 Hz
其他（如无特殊要求）	1 Hz	2 Hz

10.3　动力定位能力分析

10.3.1　设计总则

以 API RP 2SK‑2005、IMO. Cir. 645、IMCA Specification for DP Capacity Plot、IMCA M103 对定位能力分析软件及入级文档要求为设计标准，以设计简洁、实施便利、方法科学、结果可靠为设计原则，开发了动力定位能力分析软件和方法。

10.3.2　总体设计

1）功能模块

DP 系统的定位能力一般是在设计初期予以考虑的，其目的在于验证推力系统产生的总推力值是否足以抵消已预计的各种外力和力矩，即在设计海况下是否满足定位要求，在作业海况下是否具备一定的冗余度。分析结果适用于对 DP 船舶推力系统大小、控制性能、最佳艏向以及海上锚泊设备大小的初步估算。

位置漂移（drift-off）仿真模拟船舶在正常作业或故障状态下的偏移（drive-off）和漂移时历过程。可作为系统训练或实时监控工具，在 DP 出现某一故障后，能根据当前的环境条件，向操纵者指示船舶在现有条件下的船位保持能力，为采取适当的应急措施提供依据。

定位能力分析工具在 DP 操作系统中的应用须经海试验证。

2）信息输入

能力分析模块需如下船舶及作业信息输入：

（1）船舶主尺度，包括：船长、船宽、型深、满载吃水、满载装载量、载重状况（满载、半载、空载）、载重量、受风面积；或可输入船舶的型值表。

(2) 推进器布置位置、类型、功率和数量。

(3) 环境条件包括：风速、风向、流速、流向以及波浪谱；环境参数可由操作人员输入或采用实时数据。

(4) DP 设备等级。

(5) 电力系统单线图。

(6) 功率限制情况。

(7) 其他载荷（如冰、立管、铺管载荷等，由用户输入）。

漂移仿真部分除需要以上输入信息外，还需要船舶的 RAO，推进器敞水特性和动态响应特性。

3) 计算流程

计算 DP 系统最大持续定位工作能力时，包含以下几类情况：

(1) 所有推进器可正常运转，并可全力输出情况，计算结果对应 DP 系统正常定位能力和极限工作海况。

(2) 除单个推进器外，其余推进器可全力输出的情况，计算结果表明某台推进器突然停车时定位操作限制。

(3) DP 等级对应的最坏单点故障发生后，剩余推进器和电力单元可全力输出的情况。对于大多数船舶来说，最坏单点故障意味着一个舱室的损失或一半配电板的损失，或可根据 FMEA 分析结果确定。

定位能力计算只分析可能发生的环境极限，而不考虑船舶的偏移。在此极限内，由正常的外力干扰产生偏移时，DP 船舶能有效地回复到指定位置。因此，在计算时需要预留推力裕度以抵消外载的动态效应。根据 API 要求，动力定位系统在实际工作中，单个推进器控制漂移(drift-off)的力不能超过当时工况下推进器输出全力的 80%，余下 20% 的力用来控制位置偏差(drive-off)。

漂移仿真计算时要考虑推进器、环境和船舶的动态效应，计算步骤如下：

(1) 船舶在给定海况下保持定位。

(2) 引入系统故障，包括：TC 控制系统误差、推进器故障、发电机跳闸、输电分系统故障、位置参考系统故障（数据冻结、漂移、野值）、其他传感器（高信噪比或常规失效模式）。

(3) 模拟船舶动态漂移，记录船舶超越工作区域的时间。

4) 结果输出

定位能力分析输出以下结果：

(1) 最大风力极坐标曲线。

(2) 各推进器推力使用极坐标曲线。

(3) 以文本文件形式输出的风、浪、流载荷系数以及船舶各方向对应的极限环境参数。

漂移仿真输出以下结果：船舶漂移轨迹图及超越指定工作半径的时间。

10.3.3 功能实现

本节主要描述 DP 船舶定位能力及动态仿真环境载荷计算原理、适用范围。

1) DP 环境条件

DP 能力分析环境条件根据船东设计任务书要求或船级社标准确定。在 CCS 钢制海船入级规范汇中对 DP 系统环境条件的要求是：对于在无限航区的船舶，环境条件应采用一套标准的北海环境状态；对于在有限航区的船舶，选择环境条件时，应考虑船舶作业海域的主要环境状态的长期分布。为了在船级附号上表明 DP 系统的能力，各船级社在授予 DP 附加标志时，还授予一个环境指数。例如，LR 推出了实现能力等级标志 PCR；BV 推出了环境位置保持指数 ESKI；DNV 的环境规则数(environmental regularity number，ERN)定义的船舶位置保持能力是按照环境力和推力输出的静态平衡来计算的，由风、浪、流产生的环境力用公认的方法进行计算，也可用船模试验数据来确定。

2) 风载荷

对于甲板上结构物较简单的船舶，可采用 Blendermann 方法计算风载。

对于甲板上结构较为复杂的船舶（如起重船等），ABS 和 DNV 推荐采用模块法进行风力计算。模块法是将整个水线以上结构离散成不同的标准构件模块，通过叠加各组成构件的载荷获得总载荷。根据 API(2SK)建议，风力可按照下式计算：

$$F = \frac{1}{2}\rho U_w^2 \sum_i C_{di} C_{si} C_{hi} A_i \tag{10.1}$$

式中　C_{si}——形状系数；

　　　C_{hi}——高度系数；

　　　C_{di}——结构间遮蔽系数；

　　　A_i——受风投影面积；考虑阵风的影响，还要附加一定的阵风裕度，可以参照 API、DNV 等规范选取。

另外，风载荷的计算还可采用 Marin 的方法[22]。该方法建立在大量试验研究基础上，考虑几种标准构件的载荷特性、风场特性、构件间相互影响以及结构倾斜状态的受力情况，建立了相关特性系数和影响参数的数据库，编制了一套半经验的模块计算方法。

值得一提的是，按照规范计算得到的风力系数一般偏保守，如果要确定风力前馈控制器设计参数，可通过 CFD 软件精确建模或风洞模型试验得到。

3) 流载荷

(1) OCIMF 法。对于 FPSO 和钻井船等船型浮式结构，API 规范推荐采用 OCIMF 的流载参数进行计算。该文件是 OCIMF 通过对 15 万～50 万载重吨油轮进行风洞试验及计算后得到的一系列流载系数及载荷计算的方法。

(2) 数据库法。对于品种相同而具体参数（船长、船宽、型深等）不同的船舶，通常可采用同船型同倍比例缩放的方法得到流阻系数。目前，已收集了若干大方形系数低速船型的阻力试验数据,具体计算时,可根据目标船型型线的特点,选择相应的母型船,并输入主尺度即可。

(3)切片法。对于数据库未覆盖的船型或有多个吃水作业工况的船型,可用Faltinsen方法[13]评估流载。

定位及低速范围内($F_r<0.2$),流阻主要来源于摩擦阻力和黏压阻力。纵向方向主要受摩擦阻力影响,可以用以下公式估算:

$$F_1 = \frac{0.075(1+k)}{(\log_{10}R - 2)^2} \frac{1}{2}\rho SU^2 \cos\beta |\cos\beta| \tag{10.2}$$

式中　　S——船舶的湿表面积;

R——雷诺数;

k——船体形状系数,参考SEAWAY、Orca3D算法,表示如下:

$$1+k = 0.93 + 0.48c_{14}(B/L)(T/L)^{0.5}(L/L_R)^{0.12}(L^3/V)^{0.4}(1-C_P)^{-0.6} \tag{10.3}$$

式中　　B——型宽;

T——吃水;

L——水线面长度;

V——排水量;

C_P——棱形系数。

L_R表示如下:

$$L_R = L(1 - C_P + 0.06C_P lcb/(4C_P - 1)) \tag{10.4}$$

$$lcb = \frac{L_{\text{center of buoyancy}} - 0.5L}{L} \tag{10.5}$$

式中　　c_{14}——船艉形状系数;$c_{14} = 1 + 0.011C_{\text{stern}}$。

表10.6　船艉形状系数

船　艉　形　状	C_{stern}
凤尾形平底帆船	-25
V-型区域	-10
正常区域	0
U-型区域(霍格纳船艉)	10

横向以及艏摇方向主要受黏压阻力影响。黏压阻力是由黏性消耗水质点动能形成首尾压差而产生的阻力,主要取决于物体形状,特别是后体形状。利用船体细长的特点,将绕船体的流动简化成二维问题,将船体沿纵轴方向按型线的变化分割成若干剖面,根据流动相似的原理,各剖面分别按其水动力性能计算阻力,沿纵轴积分后即可得到总体阻力,

表达式如下：

$$F_2 = \frac{1}{2}\rho \left[\int C_D(x)D(x)\mathrm{d}x\right] U^2 \sin\beta \mid \sin\beta \mid$$

$$F_6 = \frac{1}{2}\rho \left[\int C_D(x)D(x)x\mathrm{d}x\right] U^2 \sin\beta \mid \sin\beta \mid + \frac{1}{2}U^2(A_{22}-A_{11})\sin 2\beta \quad (10.6)$$

式中 $C_D(x)$——横剖面形状系数，可根据实验数据确定；

              $D(x)$——横剖面吃水；

              A_{11}、A_{22}——纵向及横向的附加质量；

$\frac{1}{2}U^2(A_{22}-A_{11})\sin 2\beta$——Munk 力矩。

在均匀来流，零航速的情况下惯性力为 0 而惯性力矩不为 0，所以在计算力矩时，就要考虑惯性力矩项，表示水质点势能的影响。

(4) 附体阻力。附体阻力可用下式计算：

$$R_{\mathrm{app}} = 0.5\rho U^2 S_{\mathrm{app}}(1+k_2)C_F \quad (10.7)$$

式中 S_{app}——附体湿表面积；

$(1+k_2)$——流线型附体的形状系数。

根据 ITTC[18] 整理的试验数据结果见表 10.7。

表 10.7 附体形状系数

尾鳍后舵	1.5~2.0
船艉后舵	1.3~1.5
双螺旋平衡舵	2.8
轴支架	3.0
尾鳍	1.5~2.0
支柱套/支杆套	3.0
船体包套	2.0
轴系	2.0~4.0
稳定翅片	2.8
圆顶	2.7
舭龙骨	1.4

艏侧推开口部分增加的船舶阻力可表示为：

$$\rho U^2 \pi d^2 C_{\mathrm{BTO}} \quad (10.8)$$

式中，d 是隧道直径；C_{BTO} 取 0.003~0.012，如果侧推在球鼻艏圆柱部分，则取 0.003。

4) 二阶波浪力

影响定位控制的波浪力包括二阶平均力和二阶慢变力。首先用 AQWA 计算得到二阶力的传递函数(QTF)，再用 Simulink 模块进行数据后处理计算得到二阶波浪力，具体算法如下：

（1）二阶平均力。二阶平均力在不规则波中可用线性叠加法得到。把选定的波浪谱 $S(\omega)$ 在 $[\omega_{\min}, \omega_{\max}]$ 区间等分成 N 份，则不规则波可表示为：

$$\eta(t) = \sum^{N} \zeta_i \cos(\omega_i + \varepsilon_i) \quad (10.9)$$

式中 $\zeta_i = \sqrt{2S(\omega_i)\Delta\omega_i}$；

$\Delta\omega_i = \omega_{i+1} - \omega_i$；

$\omega_i = \dfrac{1}{2}(\omega_{i+1} + \omega_i)$；

ε_i——$[0, 2\pi]$ 上的随机相位。

将传递函数对角系数与波频成分叠加即可得到二阶平均力：

$$F = \sum_{i=1}^{N} \zeta_i^2 P_{ii} \quad (10.10)$$

（2）二阶慢变力。慢变力是船舶作低频运动的主要环境激励。在 DP 系统初步设计阶段选择辅推方案、分析各推进器功耗情况以及选择控制器参数时，都需要了解慢漂力的幅值和频域特性。

与慢变力相比，二阶平均力仅与一阶量的乘积有关，理论计算较容易，实践中也比较容易测量；而慢变力既与一阶量的乘积有关，又与二阶速度势有关，求解较为困难。在工程设计中一般采用纽曼提出的近似法计算慢变力，方法如下：

在不规则波中，慢漂力表示为

$$F(t) = \sum_{i=1}^{N}\sum_{j=1}^{N} \zeta_i\zeta_j P_{ij} \cos[(\omega_i-\omega_j)t+(\varepsilon_i-\varepsilon_j)] + \sum_{i=1}^{N}\sum_{j=1}^{N} \zeta_i\zeta_j Q_{ij} \sin[(\omega_i-\omega_j)t+(\varepsilon_i-\varepsilon_j)] \quad (10.11)$$

其中，P_{ij} 和 Q_{ij} 分别是漂移力传递函数的同相分量和正交分量，可通过 AQWA 计算得出。纽曼指出，在差频 $(\omega_i-\omega_j)$ 很小的部分，P_{ij} 可用 P_{ii} 来近似，且 Q_{ij} 值很小，可近似不计。而我们关心的也正是差频 $(\omega_i-\omega_j)$ 很小的频域部分，因此在 Simulink 模块中也采用这一近似法计算慢漂力。

$$F(t) = \sum_{i=1}^{N}\sum_{j=1}^{N} \zeta_i\zeta_j \dfrac{1}{2}(P_{ii}+P_{jj})\cos[(\omega_i-\omega_j)t+(\varepsilon_i-\varepsilon_j)] \quad (10.12)$$

图 10.8、图 10.9 为慢漂力试验数据[27]与理论计算的比较，结果较为吻合，且能捕捉

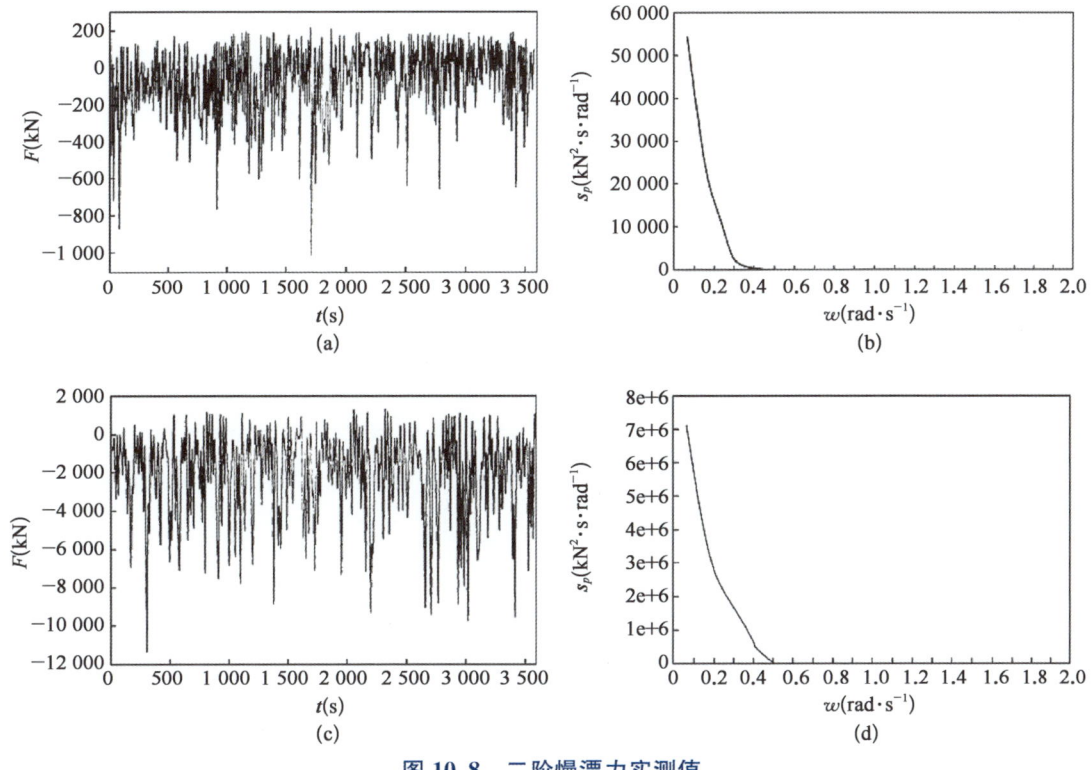

图 10.8 二阶慢漂力实测值
(a) 横向慢漂力时历;(b) 横向慢漂力谱;(c) 纵向慢漂力时历;(d) 纵向慢漂力谱

慢漂力的基本特征。从图中可以看出,慢漂力在低频段波动值很大,因此在调试控制器的带宽时应尽量避免这一段。

(3) 浪流联合作用。船舶在风浪中阻力将较静水时为大,所增加的阻力称为波浪中的阻力增值。一般认为,引起船舶阻力增加主要是由纵摇、升沉运动所致,而横摇和艏摇较为次要。由于流速改变波浪被船体绕射产生的水波,该水波的能量就是船体阻力增值的一部分。同时在波浪中船体严重的淹湿性使浸湿面积增大亦是造成阻力增加的因素之一。

根据船模和实船测量结果,有以下共性结论:
① 阻力增加与波高的平方成正比。
② 阻力增加取决于船舶的纵摇和升沉运动的强烈程度以及波浪的相位。当波浪周期与船的纵摇周期接近时,即使浪高相对来说并不大,也会产生很大的阻力增加。

阻力增加可根据船长和方形系数相近的同型船舶经验确定。或可采用 AQWA 计算船体有速度时的 QTF,进而计算平均增加系数。

图 10.10 表示船舶在波浪单独作用和浪流联合作用情况下二阶平均力随浪向角变化的情况,其中,波浪有义波高为 3.2 m,平均周期 8.4 s,流向角为 0°。在有流的情况下,船舶纵向力和艏摇力矩在浪向角为 2 rad 处分别增加 20% 和 18%。反映到定位能力上,波

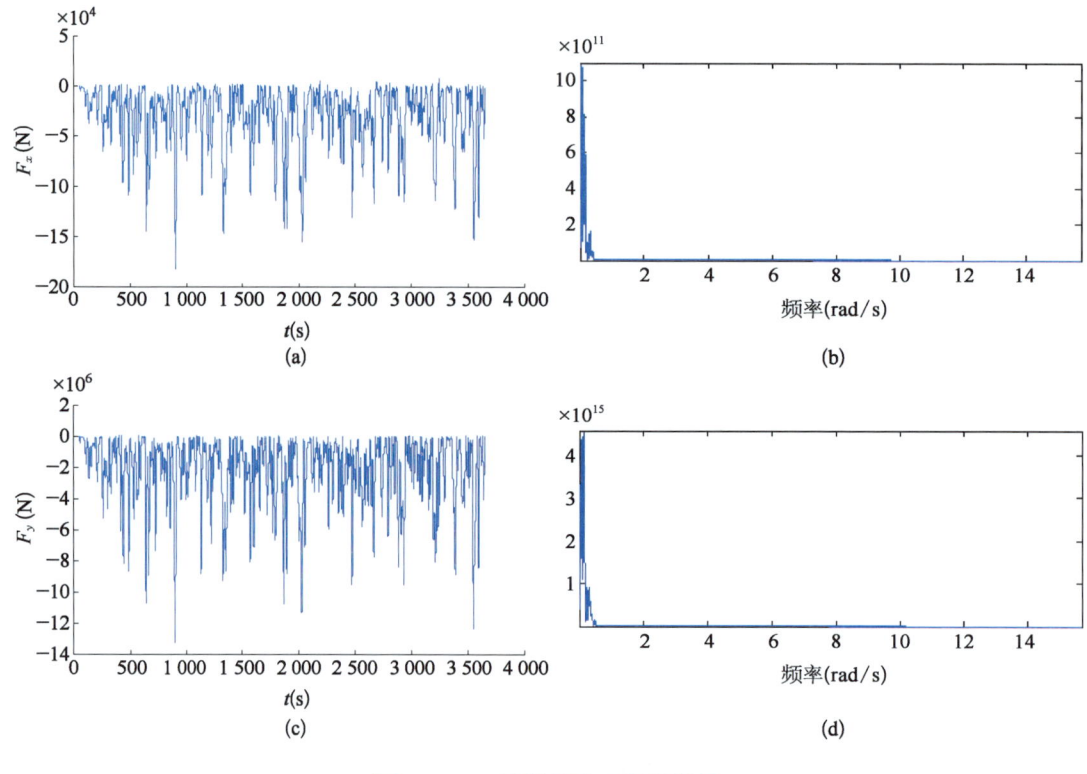

图 10.9　二阶慢漂力理论计算值
(a) 横向慢漂力时历；(b) 横向慢漂力谱；(c) 纵向慢漂力时历；(d) 纵向慢漂力谱

浪中阻力增加现象要求在流载和浪载计算基础上附加额外的储备功率。

进行全面评估时，需要流速、流向和浪向角不同组合情况下的 QTF，人工操作烦琐，后处理计算量大，因此，本书拟采用 DNV[11] 推荐的处理方法，具体如下：

规则波和流的联合作用下，二阶平均力可以表示为：

$$F_\mathrm{d}(\omega, \dot{x}) = F_\mathrm{d}(\omega, 0) - B(\omega)\dot{x} \quad (10.13)$$

$B(\omega)$ 表示漂移阻尼系数，不规则波作用下漂移阻尼系数可表示为：

$$2\int B(\omega) S(\omega) \mathrm{d}\omega \quad (10.14)$$

对船运动的影响：

$$\begin{pmatrix} F_\mathrm{dx} \\ F_\mathrm{dy} \\ M_\mathrm{dz} \end{pmatrix} = \begin{pmatrix} B_\mathrm{xx} & B_\mathrm{xy} & B_\mathrm{xz} \\ B_\mathrm{yx} & B_\mathrm{yy} & B_\mathrm{yz} \\ B_\mathrm{zx} & B_\mathrm{zy} & B_\mathrm{zz} \end{pmatrix} \begin{pmatrix} \dot{x} \\ \dot{y} \\ \dot{\theta} \end{pmatrix} \quad (10.15)$$

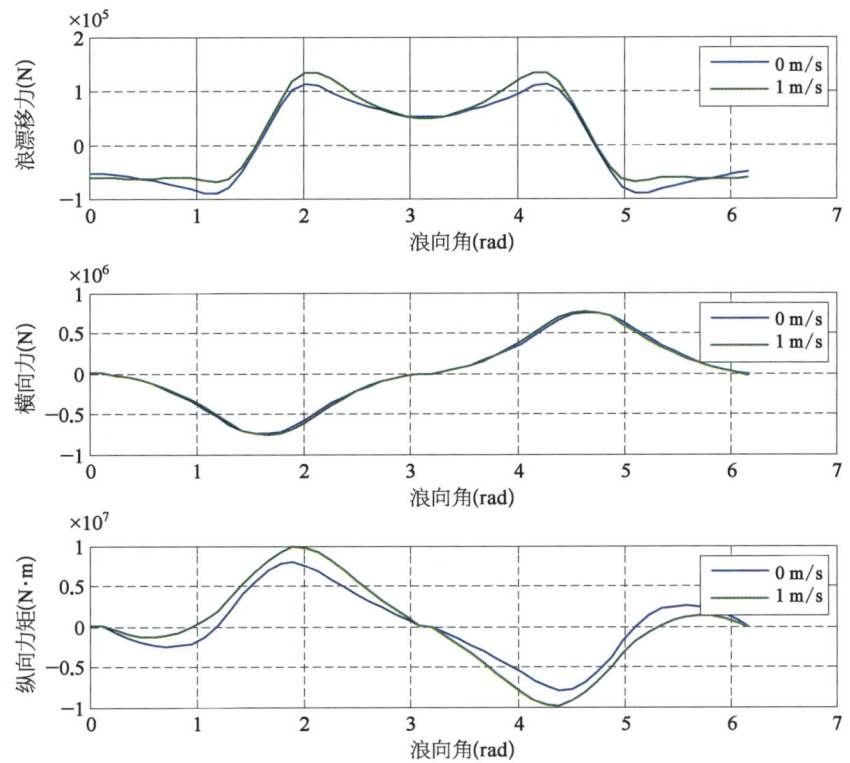

图 10.10　船舶分别在无流和有流情况下二阶平均波浪力计算值

其中，

$$B_{xx}=-\frac{\partial F_{dx}}{\partial X'}=\left(\frac{4\omega}{g}F_{dx}+\frac{\omega^2}{g}\frac{\partial F_{dx}}{\partial \omega}\right)\cos\beta-\frac{2\omega}{g}\frac{\partial F_{dx}}{\partial \beta}\sin\beta$$

$$B_{xy}=-\frac{\partial F_{dx}}{\partial Y'}=\left(\frac{4\omega}{g}F_{dx}+\frac{\omega^2}{g}\frac{\partial F_{dx}}{\partial \omega}\right)\sin\beta+\frac{2\omega}{g}\frac{\partial F_{dx}}{\partial \beta}\cos\beta$$

$$B_{yx}=-\frac{\partial F_{dy}}{\partial X'}=\left(\frac{4\omega}{g}F_{dy}+\frac{\omega^2}{g}\frac{\partial F_{dx}}{\partial \omega}\right)\cos\beta-\frac{2\omega}{g}\frac{\partial F_{dy}}{\partial \beta}\sin\beta$$

$$B_{yy}=-\frac{\partial F_{dy}}{\partial Y'}=\left(\frac{4\omega}{g}F_{dy}+\frac{\omega^2}{g}\frac{\partial F_{dy}}{\partial \omega}\right)\sin\beta+\frac{2\omega}{g}\frac{\partial F_{dy}}{\partial \beta}\cos\beta$$

(10.16)

式中　β——浪向角。

图 10.11 为利用以上方法计算的结果与模型试验值[19]的比较。在 5～20 s 波浪周期内，计算结果偏小，但在量级上基本能反映真实值。

漂移阻尼由水势能作用引起，与由黏性引起的流阻作用机制不同。图 10.12 为船舶分别在静水和规则波作用下做自由衰减运动的试验曲线[24]，图 10.13 为对应海况下两种

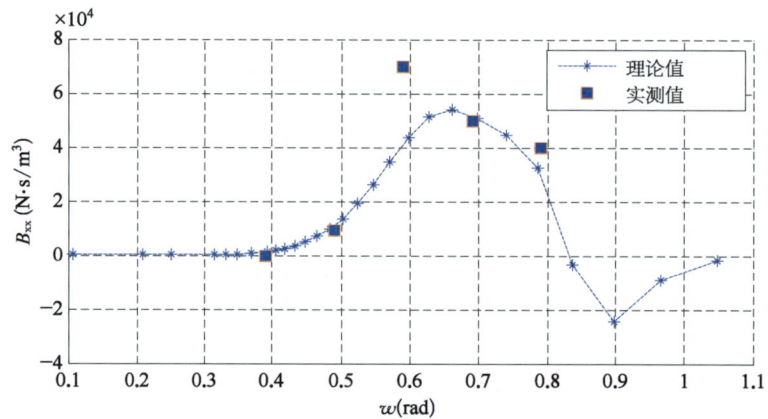

图 10.11　154 000 载重吨驳船迎浪条件下 B_{xx} 理论值与实测值比较

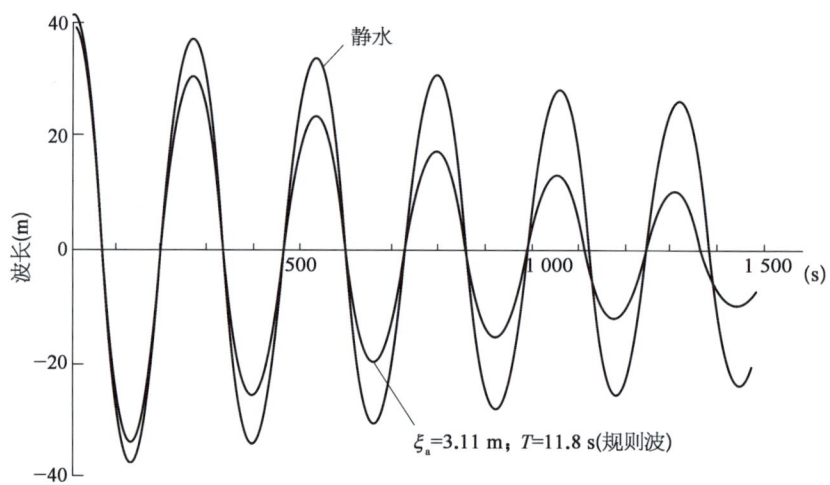

图 10.12　船舶分别在静水和规则波下的衰减曲线

不同作用机制所产生的阻力随流速的变化。流速较低时,附加的流场不会引起波浪分离,两者产生的阻力等效为可相互叠加,在进行时域仿真时,在阻力项中增加漂移阻尼修正即可。

10.3.4　1 200 t 风电安装平台 DP2 能力分析

本节以 1 200 t 风电安装平台为例,给出 DP2 能力分析结果。

1) 系统概况

(1) 船舶主尺度,见表 10.8。

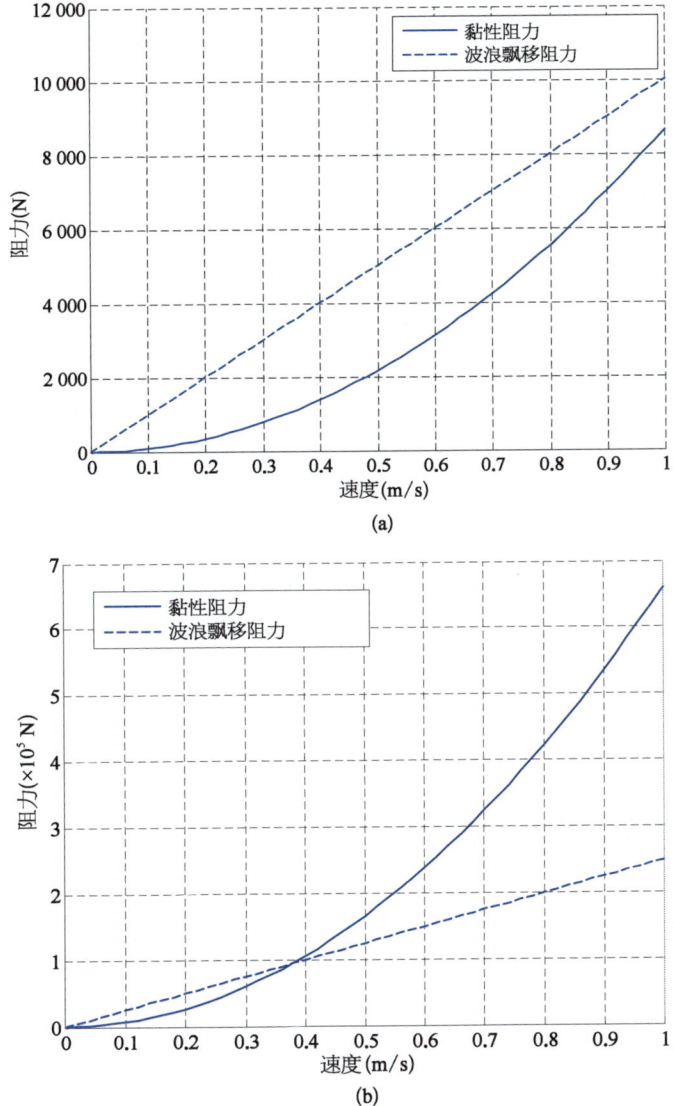

图 10.13　黏性阻力和波浪漂移阻力随船速的变化

(a) 纵向阻力；(b) 横向阻力

表 10.8　船舶主尺度

总长(m)	90.0
垂线间长(m)	86.9
船宽(m)	45
吃水(m)	5.2
排水量(t)	19 000
桩腿直径(m)	4.0
插桩水深(m)	50.0

(2) 推力系统配置,见表 10.9。

表 10.9 推力系统配置

编号	类型	安装位置(m) X	安装位置(m) Y	名义最大推力(kN)	额定功率(kW)	直径(m)
T1	全回转	−42	−18	265	1 500	2.5
T2	全回转	−40	0	265	1 500	2.5
T3	全回转	−42	18	265	1 500	2.5
T4	隧道侧推	43	—	216	1 500	—
T5	隧道侧推	40	—	216	1 500	—
T6	隧道侧推	37	—	216	1 500	—

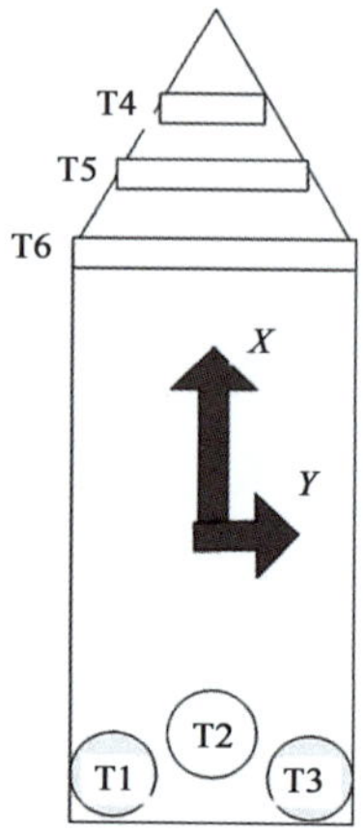

(3) 环境设计工况,见表 10.10。

表 10.10 环境设计工况

平均风速(m/s)	13.8
静水面流速(m/s)	1.028
有义波高(m)	2.0
跨零周期(s)	7.8

2) 计算结果

(1) 工况 1(设备完整)计算结果见表 10.11。1 200 t 风电安装平台 DP2 能力分析如图 10.14 所示。

表 10.11 工况 1 计算结果

平均风速(m/s)	13.8
静水面流速(m/s)	1.028
有义波高(m)	2.0
跨零周期(s)	7.8
桩腿下放深度(m)	0
在线推进器	T1～T6
推进器最大利用率	50%
DP2 能力	满足,360°迎环境力

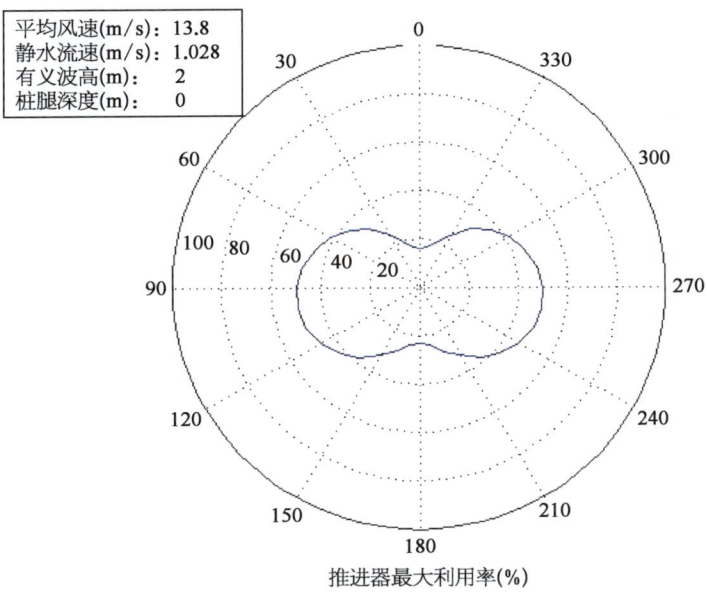

图 10.14　1 200 t 风电安装平台 DP2 能力分析图(1)

(2) 工况 2(设备完整)计算结果见表 10.12,DP2 能力分析如图 10.15 所示。

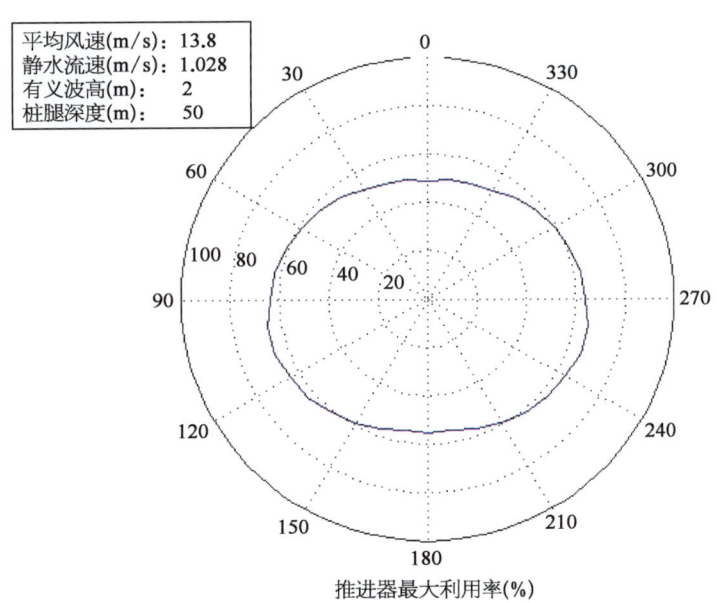

图 10.15　1 200 t 风电安装平台 DP2 能力分析图(2)

表 10.12　工况 2 计算结果

平均风速(m/s)	13.8
静水面流速(m/s)	1.028
有义波高(m)	2.0
跨零周期(s)	7.8
桩腿下放深度(m)	50
在线推进器	T1~T6
推进器最大利用率	66%
DP2 能力	满足,360°迎环境力

(3) 工况 3(侧推进器单点故障)计算结果见表 10.13,DP2 能力分析如图 10.16 所示。

表 10.13　工况 3 计算结果

平均风速(m/s)	13.8
静水面流速(m/s)	1.028
有义波高(m)	2.0
跨零周期(s)	7.8
桩腿下放深度(m)	0
在线推进器	T1~T5
推进器最大利用率	75%
DP2 能力	满足,360°迎环境力

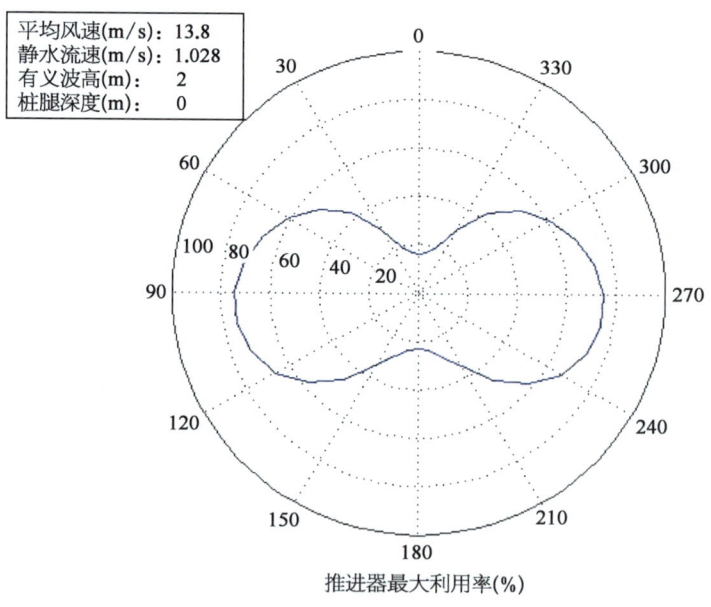

图 10.16　1 200 t 风电安装平台 DP2 能力分析图(3)

(4) 工况 4(主推进器单点故障)计算结果见表 10.14,DP2 能力分析如图 10.17 所示。

表 10.14 工况 4 计算结果

平均风速(m/s)	13.8
静水面流速(m/s)	1.028
有义波高(m)	2.0
跨零周期(s)	7.8
桩腿下放深度(m)	0
在线推进器	T2～T6
推进器最大利用率	75%
DP2 能力	满足,360°迎环境力

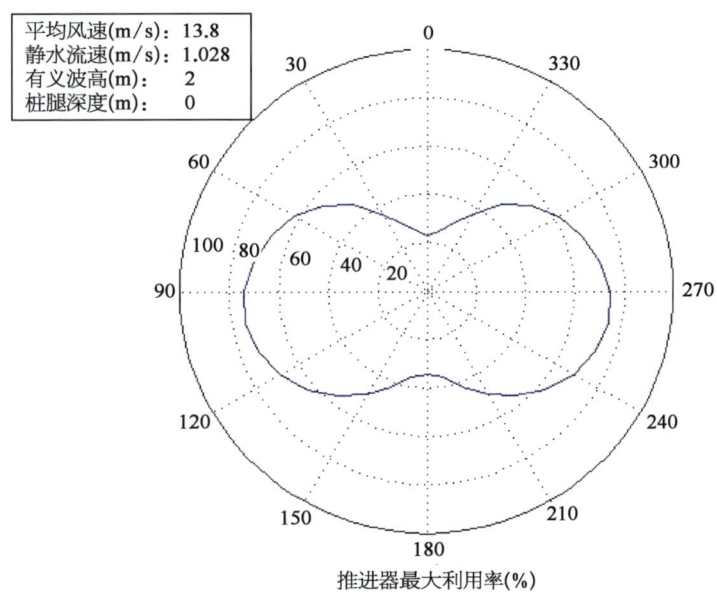

图 10.17 1 200 t 风电安装平台 DP2 能力分析图(4)

(5) 工况 5(侧推进器单点故障)计算结果见表 10.15,DP2 能力分析如图 10.18 所示。

表 10.15 工况 5 计算结果

平均风速(m/s)	13.8
静水面流速(m/s)	1.028
有义波高(m)	2.0
跨零周期(s)	7.8

(续表)

桩腿下放深度(m)	50
在线推进器	T1~T5
推进器最大利用率	100%
DP2能力	满足,360°迎环境力

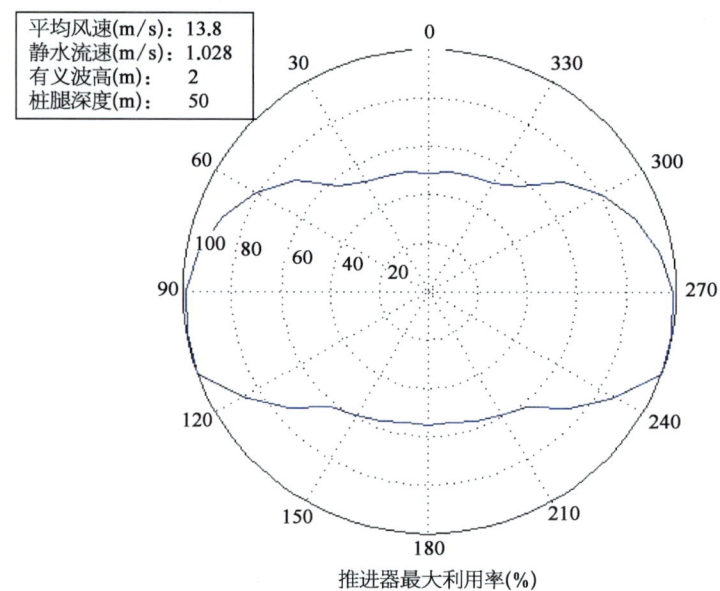

图 10.18　1 200 t 风电安装平台 DP2 能力分析图(5)

(6) 工况 6(主推进器单点故障)计算结果见表 10.16,DP2 能力分析如图 10.19 所示。

表 10.16　工况 6 计算结果

平均风速(m/s)	13.8
静水面流速(m/s)	1.028
有义波高(m)	2.0
跨零周期(s)	7.8
桩腿下放深度(m)	50
在线推进器	T2~T6
推进器最大利用率	100%
DP2能力	满足,360°迎环境力

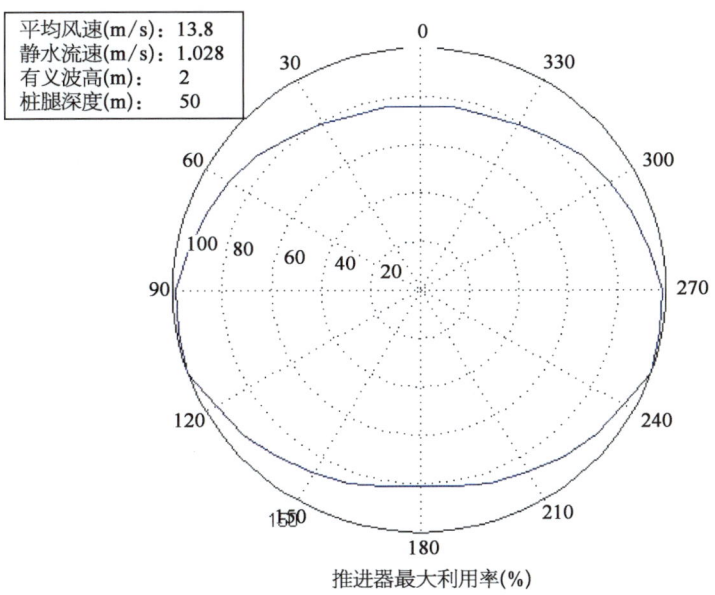

图 10.19　1 200 t 风电安装平台 DP2 能力分析图(6)

（7）工况 7(母排 A 段单点故障)计算结果见表 10.17,DP2 能力分析如图 10.20 所示。

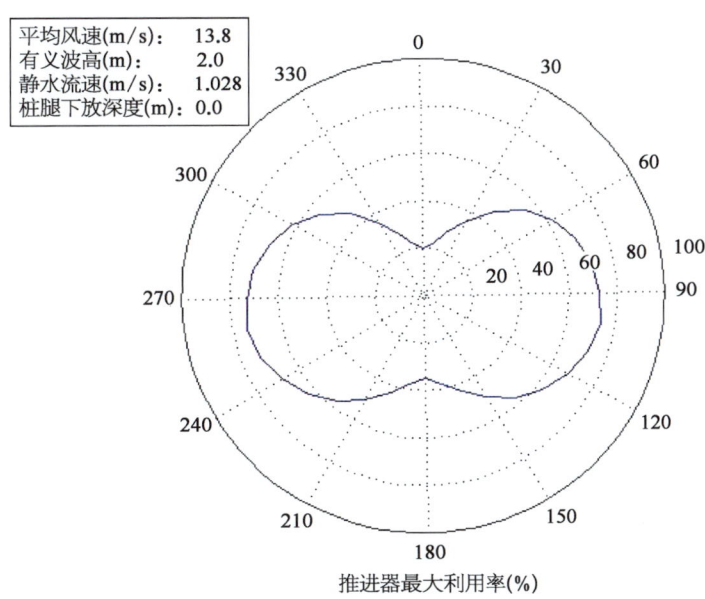

图 10.20　1 200 t 风电安装平台 DP2 能力分析图(7)

表 10.17 工况 7 计算结果

平均风速(m/s)	13.8
静水面流速(m/s)	1.028
有义波高(m)	2.0
跨零周期(s)	7.8
桩腿下放深度(m)	0
在线推进器	T2、T3、T4、T5
推进器最大利用率	74%
DP2 能力	满足,360°迎环境力

(8) 工况 8(母排 A 段单点故障)计算结果见表 10.18,DP2 能力分析如图 10.21 所示。

表 10.18 工况 8 计算结果

平均风速(m/s)	13.8
静水面流速(m/s)	1.028
有义波高(m)	2.0
跨零周期(s)	7.8
桩腿下放深度(m)	50
在线推进器	T2、T3、T4、T5
推进器最大利用率	99%
DP2 能力	满足,360°迎环境力

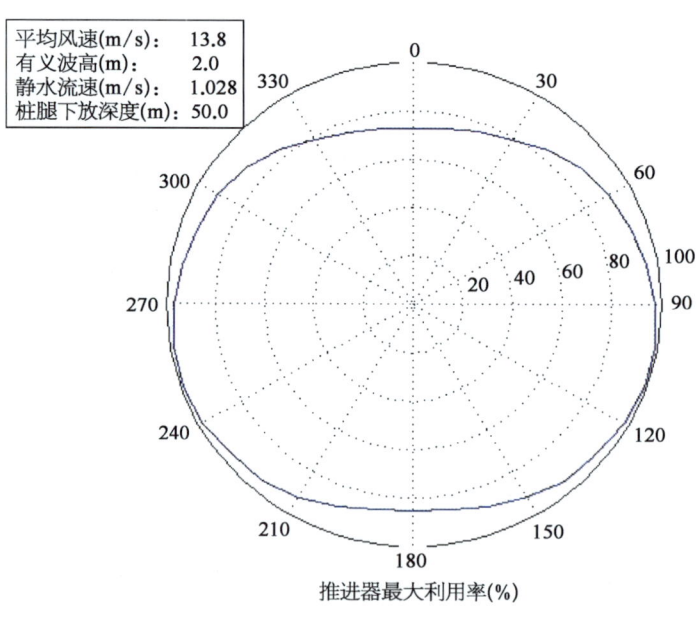

图 10.21　1 200 t 风电安装平台 DP2 能力分析图(8)

10.4 船舶动力定位数据处理系统

10.4.1 多传感器数据融合技术的概述

传感器数据融合的定义可以概括为把分布在不同位置的多个同类或不同类传感器所提供的局部数据资源加以综合,结合业务相关知识,对其进行分析,消除多传感器信息之间可能存在的冗余和矛盾,加以互补,降低其不确实性,获得被测对象的一致性解释与描述,从而提高系统决策、规划、反应的快速性和正确性,使得传感器所观测到的信息得到充分利用。简而言之,数据融合的关键在于具有业务知识前提下的观测信息的充分利用。

多传感器数据融合的过程主要包括多传感器、数据预处理、数据融合中心和结果输出等环节,其过程如图 10.22 所示。

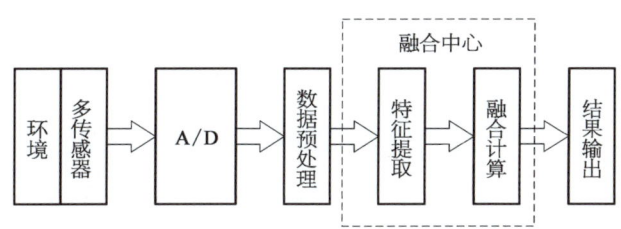

图 10.22　多传感器数据融合过程

由于被测对象多半为具有不同特征的非电量,如压力、温度、色彩和灰度等,因此首先要将它们转换成电信号,然后经过 A/D 转换将它们转换为能由计算机处理的数字量。数字化后的电信号由于环境等因素的随机影响,不可避免地存在一些干扰和噪声信号,通过预处理滤除数据采集过程中的干扰和噪声,以便得到有用信号。预处理后的有用信号经过特征提取,并对某一特征量进行数据融合计算,最后输出融合结果。

10.4.2 船舶动力定位数据处理与数据融合

如前述,动力定位船舶一般须配备如下种类的传感器:

① 位置观测类传感器,按惯例称之位位置参考系统,主要用于观测船舶的位置(绝对位置如经纬度或相对位置)。

② 罗经类传感器,用于观测船舶艏向。

③ 垂直参考系统,用于观测船舶的垂向运动,如纵摇、横摇垂荡等。

④ 风速风向仪,用于观测风速、风向。

除上述传感器外,速度类传感器如多普勒仪、惯性导航系统、吃水仪等设备如有配备,则其观测输出皆宜接入动力定位控制系统,为船舶运动状态估计——详见下文——提供有用的观测信息。

1) 单传感器信号处理

对每一种类型的传感器,DP系统如果安装了两套及以上,则用户可指定某一传感器为优先选用的传感器,在该传感器正常工作时,系统采用该传感器数据进行与之相关的计算,其余传感器备用,当默认优先的传感器失效时,则自动切换至一台备用的传感器。对于IJS系统,一般只安装一套传感器,故不存在传感器备用这一功能。

对于每一个传感器,DP系统提供如下功能:同类传感器相互校正;传感器信号丢失报警;传感器野值检测检测;模拟传感器,接线断开、短路或低阻报警;传感器数据冻结监测及报警。

2) 位置参考系统信号处理

(1) 位置参考系统数据处理流程。与其他传感器在动力定位计算中只采用一个传感器的数据不同,动力定位控制系统对接入的所有传感器采用基于权值的数据融合方法,其具体步骤为:

① 对某一具体位置参考系统数据进行处理,以此计算出该位置参考系统数安装位置处的坐标。

② 考虑船舶艏向及姿态的影响,由位置参考系统安装位置处的坐标计算系统坐标原点的坐标。

③ 这就是所谓的空间对准,对于不同的位置参考系统,具有不同的空间处理算法。

④ 对于由不同位置参考系统所计算得到的系统坐标原点坐标,根据各自的权值进行融合,融合后的结果将用于后续处理。

(2) 位置参考系统设置功能。对位置参考系统,动力定位控制系统提供如下用户操作功能:

① 多位置参考系统的相互校正。位置参考系统的校正一般发生在系统配置、启动检测以及系统发现或接入新的位置参考系同时,主要用于消除位置参考系统的固定偏差。对于某些位置参考系统,存在随运行时间变化的偏移,如果没有这种偏移的先验知识,系统是无法做出处理的。

② 位置参考系统的权重设定。如前述,各位置参考系统所观测到的位置信号,均转化为系统坐标原点(船舶重心)的位置信号,用以估算船舶重心的真实位置。假设各位置参考系统所计算得到的船舶重心位置均是一个服从正太分布的随机变量,如果方差矩阵已知,那么根据最优化理论,很容易估算出船舶的最优位置及其方差。最优位置即各位置参考所计算得到位置估计的加权平均,权重由各方差决定。但实际的情况是,各位置参考系统观测数据的方差(该方差反映了位置参考系统的测量质量)是未知的,至少是不能精确知道的,因此必须由操作者指定各位置参考系统的融合权重。各位置参考系统权重的选取可以参考其以往的表现,总之,精度高、运行稳定则给予较大权重,反之则给予较小

权重。

(3) 位置参考系统数据监测及报警。对系统安装的每一位置参考系统,动力定位控制系统提供如下数据监测及报警功能:

① 位置参考系统信号丢失及错误报警:当接入系统的位置参考系统出现连接丢失,报文错误等状态时系统将进行报警。

② 位置参考系统数据野值检测:系统对位置参考系统所测数据相对上一时刻出现的突然跳变进行监测,当监测到跳变时,系统舍弃该数据,用预测值代替。对于连续出现野值的情况,系统将进行报警。

③ 位置参考系统数据冻结监测及报警:当某一位置参考系统所测数据出现冻结情况时,系统将进行报警。

④ 双位置参考系统数据分歧报警:当动力定位控制系统所接受的两套位置参考系统所测数据指示的船舶位置出现明显分歧时,系统将发出警报。

10.4.3 船舶动力定位的数据滤波与运动状态估计

1) 运动状态估计的目的

数据融合的关键在于信息的最大利用,前文内容主要是基于各类传感器包含位置参考系统自身的数据处理,并没有涉及船舶运动相关的知识。而船舶在风、浪、流等环境作用下的运动响应有其自身规律,因此有必要对船舶运动状态进行估计,以利于动力定位系统进行船舶运动控制。

一般而言,船舶在海面上主要承受风、浪、流三种外荷载,其中前两者一般而言是缓变荷载——低频荷载,而波浪引起的荷载可以分为一阶波浪力和二阶波浪力两部分,其中前者具有与波浪运动相当的频率,后者跟流荷载一样是缓变荷载。可见船舶外荷载可以分为低频荷载和波频荷载两部分,相应的船舶的运动亦可以分为低频和波频两部分,就船舶动力定位系统的控制而言,在控制精度允许的范围内,应当尽可能地不对外荷载中的波频部分不做响应,而只是抵抗荷载中的低频部分,在达到控制目标的前提下尽可能地降低能量损耗和设备磨损。

综上所述,船舶运动状态估计的就是利用船舶在海面上运动这一业务知识对传感器数据做进一步处理,准确估计船舶的运动状态,分离出船舶水平运动中的低频与高频分量,以供控制器决策所用。

本系统中,我们采用卡尔曼算法对船舶水平运动进行滤波。

2) 扩展卡尔曼滤波算法的一般描述

对于离散非线性系统:

$$\begin{cases} x(k+1) = F(x(k), u(k)) + \Gamma(k)w(k) \\ z(k) = \boldsymbol{H}(x(k)) + v(k) \end{cases} \quad (10.17)$$

式中 x——表示系统状态的 n 维列向量;

u——r 维控制向量;

w——p 维系统干扰向量；

z——m 维观测向量；

v——m 维观测噪声向量。

假定 ω 和 v 均为零均值白噪声向量且相互独立。

其 EKF 算法表述如下：

初始条件(initial conditions)：

$$\bar{x}(0) = x_0 \tag{10.18}$$

$$\bar{P}(0) = P_0 \tag{10.19}$$

增益矩阵(gain Matrix)：

$$\boldsymbol{K}(k) = \bar{\boldsymbol{P}}(k)\boldsymbol{H}^{\mathrm{T}}(k)[\boldsymbol{H}(k)\bar{\boldsymbol{P}}(k)\boldsymbol{H}^{\mathrm{T}}(k) + \boldsymbol{R}(k)]^{-1} \tag{10.20}$$

状态估计校正(state estimate update)：

$$\hat{\boldsymbol{x}}(k) = \bar{\boldsymbol{x}}(k) + \boldsymbol{K}(k)[\boldsymbol{z}(k) - \boldsymbol{H}(\bar{\boldsymbol{x}}(k))] \tag{10.21}$$

协方差矩阵校正(error covariance update)：

$$\hat{\boldsymbol{P}}(k) = [\boldsymbol{I} - \boldsymbol{K}(k)\boldsymbol{H}(k)]\bar{\boldsymbol{P}}(k)[\boldsymbol{I} - \boldsymbol{K}(k)\boldsymbol{H}(k)]^{\mathrm{T}} + \boldsymbol{K}(k)\boldsymbol{R}(k)\boldsymbol{K}(k)^{\mathrm{T}} \tag{10.22}$$

状态估计(state estimate propagation)：

$$\bar{\boldsymbol{x}}(k+1) = \boldsymbol{F}(\hat{\boldsymbol{x}}(k), \boldsymbol{u}(k)) \tag{10.23}$$

协方差估计(error covariance propagation)：

$$\bar{\boldsymbol{P}}(k+1) = \boldsymbol{\Phi}(k)\hat{\boldsymbol{P}}(k)\boldsymbol{\Phi}^{\mathrm{T}}(k) + \boldsymbol{\Gamma}(k)\boldsymbol{Q}(k)\boldsymbol{\Gamma}^{\mathrm{T}}(k) \tag{10.24}$$

其中，

$$\boldsymbol{\Phi}(k) = \left.\frac{\partial \boldsymbol{F}(g)}{\partial \boldsymbol{x}(k)}\right|_{x(k) = \hat{x}(k)} \tag{10.25}$$

$$\boldsymbol{H}(k) = \left.\frac{\partial \boldsymbol{H}(g)}{\partial \boldsymbol{x}(k)}\right|_{x(k) = \hat{x}(k)} \tag{10.26}$$

$\bar{x}(k)$ 和 $\hat{x}(k)$ 分别系统状态变量第 k 观测前的估计值和取得第 k 观测数据后的校正值，当 EKF 用于参数辨识时，$\bar{x}(k)$ 和 $\hat{x}(k)$ 为包含系统本身状态变量和待辨识参数在内的增广状态变量的估计值和校正值。

对于我们要研究的问题，$\boldsymbol{H}(k)$ 通常为 $m \times n$ 维矩阵，其元素的值非 0 及 1(或 -1)，且不随时间变化，因此可以预先给出。在将连续系统用离散系统近似时，$\boldsymbol{\Gamma}(k)$ 的计算相对复杂，但对我们的问题而言，当采用一步欧拉近似时，如果采样时间不变，则 $\boldsymbol{\Gamma}(k)$ 亦为常值，因此亦可以预先给出 $\boldsymbol{\Gamma}(k)$。

3) 船舶水平运动模型及其离散

假设船舶在风浪流中的运动具有如下形式(这里只考虑水平面内的运动)：

(1) 低频运动模型。

$$\begin{bmatrix} \dot{x}_L \\ \dot{y}_L \\ \dot{\psi}_L \end{bmatrix} = \begin{bmatrix} x_L \\ y_L \\ \psi_L \end{bmatrix} + \begin{bmatrix} \cos(\psi_L) & -\sin(\psi_L) & 0 \\ \sin(\psi_L) & \cos(\psi_L) & 0 \\ 0 & 0 & 1 \end{bmatrix} \begin{bmatrix} u_L \\ v_L \\ r_L \end{bmatrix} \quad (10.27)$$

$$\begin{bmatrix} \dot{u}_L \\ \dot{v}_L \\ \dot{r}_L \end{bmatrix} = \boldsymbol{M}^{-1} \left(\tau_L + \tau_w + \left(-D \begin{bmatrix} u_L \\ v_L \\ r_L \end{bmatrix} - \begin{bmatrix} u_c \\ v_c \\ r_c \end{bmatrix} \right) + \begin{bmatrix} X_{uu} \mid u_L - u_c \mid (u_L - u_c) \\ Y_{vv} \mid v_L - v_c \mid (v_L - v_c) \\ N_{rr} \mid r_L - r_c \mid (r_L - r_c) \end{bmatrix} + \begin{bmatrix} w_u \\ w_v \\ w_r \end{bmatrix} \right) \quad (10.28)$$

式中 x_L、y_L、ψ_L——船舶的低频北向、东向坐标及转艏角；

u_L、v_L、r_L——船舶的低频纵向速度、低频横向速度及低频转艏速度；

$\boldsymbol{M}$——船舶的惯量矩阵（包括刚体质量和附加质量）。

D 为线性阻尼矩阵：

$$\boldsymbol{D} = \begin{bmatrix} -X_u & 0 & 0 \\ 0 & -Y_v & -Y_r \\ 0 & -N_v & N_r \end{bmatrix} \quad (10.29)$$

根据线性阻尼性质，假定 $Y_r = -N_v$。u_c，v_c，r_c 的定义见后文流模型。τ_L 为控制力，τ_w 为风力，表达式见下文风模型。w_u，w_v，w_r 为 0 均值白噪声向量用于描述未建模量。

上述近似中没有考虑科氏力的影响，因而只适合于转艏速度不大的情况，对于转艏速度较大的情况，科氏力部分不宜忽略。

(2) 高频运动模型（波频运动）。船舶在波浪下的运动时相当复杂的，如果只考虑一阶波频运动，可以将波浪分解成一系列的正弦波，同时只考虑波浪的一阶运动响应，假设船舶在 3 个水平自由度上对波浪的响应是线性的，则船舶在波浪下的一阶波频运动亦可以看做一系列简谐运动的叠加。以此种方式考虑船舶的波频运动仍是相当复杂的，因为除了船舶的响应函数能通过势流理论计算之外，波浪中各成分的大小和相位、浪向均难以精确观测。

在卡尔曼滤波中，为简化处理，对船舶水平运动的 3 个自由度，均采用二阶系统在随机白噪声下的激励进行模拟[31]，其中 x_H、y_H、ψ_H 分别表示船舶的北向、东向及转艏波频位移。

$$\begin{bmatrix} \dot{\xi}_x \\ \dot{x}_H \end{bmatrix} = \begin{bmatrix} 0 & 1 \\ -2\zeta_x \omega_{0x} & \omega_{0x}^2 \end{bmatrix} \begin{bmatrix} \xi_x \\ x_H \end{bmatrix} + \begin{bmatrix} 0 \\ K_{wx} \end{bmatrix} w_x \quad (10.30)$$

$$\begin{bmatrix} \dot{\xi}_y \\ \dot{y}_H \end{bmatrix} = \begin{bmatrix} 0 & 1 \\ -2\zeta_y \omega_{0x} & \omega_{0y}^2 \end{bmatrix} \begin{bmatrix} \xi_y \\ y_H \end{bmatrix} + \begin{bmatrix} 0 \\ K_{wy} \end{bmatrix} w_y \quad (10.31)$$

$$\begin{bmatrix} \dot{\xi}_\psi \\ \dot{\psi}_H \end{bmatrix} = \begin{bmatrix} 0 & 1 \\ -2\zeta_\psi \omega_{0\psi} & \omega_{0\psi}^2 \end{bmatrix} \begin{bmatrix} \xi_\psi \\ \psi_H \end{bmatrix} + \begin{bmatrix} 0 \\ K_{w\psi} \end{bmatrix} w_\psi \tag{10.32}$$

在实际的模拟中,增益 K_{wx}, K_{wy}, $K_{w\psi}$ 的值可取为 1,而采取调节白噪声激励 w_x, w_y, w_ψ 强度的方法来达到相同的效果。

(3) 流模型。

$$\begin{cases} \dot{V}_c = w_{Vc} \\ \dot{\beta}_c = w_{\beta c} \\ \dot{r}_c = w_{rc} \end{cases} \tag{10.33}$$

其中,低频运动模型中的 u_c、v_c 通过如下公式计算:

$$u_c = V_c \cos(\beta_c - \psi_L - \psi_H) \tag{10.34}$$

$$v_c = V_c \sin(\beta_c - \psi_L - \psi_H) \tag{10.35}$$

(4) 风模型。

$$\begin{cases} \dot{V}_w = w_{Vw} \\ \dot{\beta}_w = w_{\beta w} \end{cases} \tag{10.36}$$

风力的计算公式如下:

$$\tau_w = \begin{bmatrix} 0.5\rho_w C_X(\gamma_R) V_R^2 A_T \\ 0.5\rho_w C_Y(\gamma_R) V_R^2 A_L \\ 0.5\rho_w C_N(\gamma_R) V_R^2 A_L L \end{bmatrix} \tag{10.37}$$

式中 C_X, C_Y, C_N——风的拖曳和转矩系数;

ρ_w——空气密度;

A_T 和 A_L——船的横向和经向投影面积;

L——船长。

当假定船速远小于风速时,有:

$$V_R = W_w \tag{10.38}$$

$$\gamma_R = \beta_w - \psi_L - \psi_H \tag{10.39}$$

(5) 观测模型。观测模型包含位置、艏向观测器以及风向和风速观测器。

$$\begin{cases} z_1 = x_L + x_H + v_1 \\ z_2 = y_L + y_H + v_2 \\ z_3 = \psi_L + \psi_H + v_3 \\ z_4 = V_w + v_4 \\ z_5 = \beta_w - \psi_L - \psi_H + v_1 \end{cases} \tag{10.40}$$

(6) 总结。将上述模型写成较为一般的连续系统的形式如下：

$$\begin{cases} \dot{x} = f(x, u) + \boldsymbol{E}w \\ z = \boldsymbol{H}x + v \end{cases} \tag{10.41}$$

(7) 离散化。对上节的连续系统做一阶欧拉近似：

$$\begin{cases} x(k+1) = F(x(k), u(k)) + \boldsymbol{\Gamma}(k)w(k) \\ z(k) = \boldsymbol{H}x(k) + v(k) \end{cases} \tag{10.42}$$

当采用一阶欧拉积分近似,并设采样时间为 h, 则：

$$\boldsymbol{\Gamma} = h\boldsymbol{E} \tag{10.43}$$

对式(10.42)应用 EKF 算法,因 $\boldsymbol{H}$ 矩阵已知,在观测噪声 v 的协防差 $\boldsymbol{R}$ 和和系统噪声 w 的协方差的情况下,如果能给定一步更新公式 $\bar{x}(k+1) = F(\hat{x}(k), u(k))$ 以及 $\boldsymbol{\Phi}$ 矩阵的计算公式,则 EKF 算法可以完成迭代了。下面给出一步更新公式,$\boldsymbol{\Phi}$ 矩阵的计算公式过于复杂,此处从略。

为简单起见,等式右边各状态量均不写(k),默认其为第 k 步时的值。

$$\begin{bmatrix} \bar{x}_L(k+1) \\ \bar{y}_L(k+1) \\ \bar{\psi}_L(k+1) \end{bmatrix} = \begin{bmatrix} \hat{x}_L \\ \hat{y}_L \\ \hat{\psi}_L \end{bmatrix} + h \begin{bmatrix} \cos(\hat{\psi}_L) & -\sin(\hat{\psi}_L) & 0 \\ \sin(\hat{\psi}_L) & \cos(\hat{\psi}_L) & 0 \\ 0 & 0 & 1 \end{bmatrix} \begin{bmatrix} \hat{u}_L \\ \hat{v}_L \\ \hat{r}_L \end{bmatrix} \tag{10.44}$$

$$\begin{bmatrix} \bar{u}_L(k+1) \\ \bar{v}_L(k+1) \\ \bar{r}_L(k+1) \end{bmatrix} = \begin{bmatrix} \hat{u}_L \\ \hat{v}_L \\ \hat{r}_L \end{bmatrix} + h\boldsymbol{M}^{-1}\left(\tau_L + \tau_w + \left(-\hat{\boldsymbol{D}}\left(\begin{bmatrix} \hat{u}_L \\ \hat{v}_L \\ \hat{r}_L \end{bmatrix} - \begin{bmatrix} \hat{u}_c \\ \hat{v}_c \\ \hat{r}_c \end{bmatrix}\right)\right) + \begin{bmatrix} \hat{X}_{uu} |\hat{u}_L - \hat{u}_c| (\hat{u}_L - \hat{u}_c) \\ \hat{Y}_{vv} |\hat{v}_L - \hat{v}_c| (\hat{v}_L - \hat{v}_c) \\ \hat{N}_{rr} |\hat{r}_L - \hat{r}_c| (\hat{r}_L - \hat{r}_c) \end{bmatrix}\right) \tag{10.45}$$

$$\begin{bmatrix} \bar{\xi}_x(k+1) \\ \bar{x}_H(k+1) \end{bmatrix} = \begin{bmatrix} \hat{\xi}_x \\ \hat{x}_H \end{bmatrix} + h \begin{bmatrix} 0 & 1 \\ -2\hat{\zeta}_x\hat{\omega}_{0x} & \hat{\omega}_{0x}^2 \end{bmatrix} \begin{bmatrix} \hat{\xi}_x \\ \hat{x}_H \end{bmatrix} \tag{10.46}$$

$$\begin{bmatrix} \bar{\xi}_y(k+1) \\ \bar{y}_H(k+1) \end{bmatrix} = \begin{bmatrix} \hat{\xi}_y \\ \hat{y}_H \end{bmatrix} + h \begin{bmatrix} 0 & 1 \\ -2\hat{\zeta}_y\hat{\omega}_{0x} & \hat{\omega}_{0y}^2 \end{bmatrix} \begin{bmatrix} \hat{\xi}_y \\ \hat{y}_H \end{bmatrix} \tag{10.47}$$

$$\begin{bmatrix} \bar{\xi}_\psi(k+1) \\ \bar{\psi}_H(k+1) \end{bmatrix} = \begin{bmatrix} \hat{\xi}_\psi \\ \hat{\psi}_H \end{bmatrix} + h \begin{bmatrix} 0 & 1 \\ -2\hat{\zeta}_\psi\hat{\omega}_{0\psi} & \hat{\omega}_{0\psi}^2 \end{bmatrix} \begin{bmatrix} \hat{\xi}_\psi \\ \hat{\psi}_H \end{bmatrix} \tag{10.48}$$

$$\begin{cases} \bar{V}_c(k+1) = \hat{V}_c \\ \bar{\beta}_c(k+1) = \hat{\beta}_c \\ \bar{r}_c(k+1) = \hat{r}_c \end{cases} \tag{10.49}$$

$$\begin{cases} \bar{V}_w(k+1) = \hat{V}_w \\ \bar{\beta}_w(k+1) = \hat{\beta}_w \end{cases} \tag{10.50}$$

4）船舶水平运动卡尔曼滤波实施中的一些问题

结合前面两小节的内容，将其代码化，编入动力地位控制系统内部，就可以实现船舶水平运动滤波。滤波需要的已知参数如质量矩阵、线性及非线性阻尼系数等反映了系统的先验知识，而滤波过程中的输入参数包括位置、艏向角、风速、风向的观测值及方差反映了船舶的当前观测信息，滤波器通过当前观测信息实时更新，达到对船舶水平运动状态的最优估计。

（1）传感信号丢失时的 Dead_Reckoning。在卡尔曼滤波过程中，如果传感器信号丢失，如丢失位置或是艏向观测信号时（系统没有可用的位置参考系统和/或罗经），此时卡尔曼滤波器可以进入 Dead_Reckoning 状态，在处理上只需改变观测矩阵即可，当所有观测信号丢失时，系统就完全没有观测更新过程。从能观性的角度看，如果系统是不能观测的，那么卡尔曼滤波迭代会使得滤波中的状态变量的协方差逐步累积增大，以至于数值发散，因此在 Dead_Reckoning 具体实施的过程中应当采取适当的措施，避免此种数值上的麻烦。

（2）波浪运动二阶激励强度的动态选择。如前所述，对于船舶水平运动中的波频运动部分，对船舶的北向、东向及转艏波频运动分别采用 3 个二阶系统在白噪声激励下的响应进行近似模拟。其中二阶系统的自身属性即自振频率和阻尼系数可取固定值，而外界激励也即上文中白噪声激励 w_x、w_y、w_ψ 强度可以看出直接与波频运动的强度相联系，因此可以采用传感器中与船舶横摇、纵摇相关的垂直参考系统的观测数据作为波频运动激励强度的依据。

（3）船舶水动力系数的动态选取。一般而言，船舶只运行于特定的工况，而在该工况下船舶的水动力系数一般是固定不变的。因此系统在运行时，就应当由操作者选择特定的工况，则动力定位系统加载与此工况对应的水动力系数作为船舶运动状态估计的依据。对于装备有吃水传感器的动力定位船舶，当吃水传感器的数据引入动力定位系统时，亦可由此估计船舶的实时水动力系数[32]。对于某些平台，在定位过程中存在桩腿上升与下降的情况，此种情况下，桩腿的上升与下降实时深度均宜引入动力定位系统，系统已可以采用理论或经验的方法计算因桩腿下降长度而带来的水动力系数改变[33]。

10.5　动力定位控制方法

动力定位控制系统是动力定位系统的核心。20 世纪 60 年代出现的第一代动力定位产品,主要采用常规的 PID 控制与低通滤波技术。20 世纪 70 年代中叶,巴尔肖等提出了以最优控制和卡尔曼滤波理论相结合的动力定位控制方法,产生了第二代也是应用最为广泛的动力定位系统。近年来出现的第三代动力定位系统采用了鲁棒控制、模糊控制、非线性模型预测控制等现代控制理论和方法,使动力定位控制进一步向智能化方向发展,定位精度更高、自适应性更强、鲁棒性更强、更加智能化是动力定位系统研制的一种趋势[6]。

本节主要介绍基于 LQG 最优控制及预测控制的动力定位控制算法。

10.5.1 LQG 控制器设计

经过卡尔曼滤波得到的低频信号,对低频信号加以控制来设计动力定位控制器,这是动力定位控制器设计的通常思路。对于线性系统,线性二次型(LQ)性能指标下的最优控制是一种较为成熟的控制方法,同时考虑到系统中存在高斯信号,选择线性二次高斯型(LQG)最优控制方法设计船舶动力动力定位控制算法是本章研究的重点。LQG 由线性二次型最优控制器与卡尔曼滤波器组成,也是目前动力定位控制系统设计的主要方法。

1) LQ 控制简介

设计控制系统需要综合考虑系统动态品质以及所需能量的大小这两方面的考虑,系统的指标通常采用线性二次型性能指标,二次型性能指标是指系统的性能指标为状态量和控制量变量的二次型函数。线性二次型最优控制问题的实质是:用不大的控制能量,来保持较小的误差,以达到控制能量和误差综合最优的目的。

设线性系统方程为:

$$\begin{cases} \dot{x}(t) = A(t)x(t) + B(t)u(t) \\ y(t) = C(t)x(t) \end{cases} \tag{10.51}$$

式中 x ——n 维状态向量;

u ——r 维控制向量;

y ——m 维输出向量;

$A(t)$、$B(t)$、$C(t)$ ——维数适当的系数矩阵,且 u 不受约束。

以 m 维向量 $y_d(t)$ 表示系统的期望输出,则误差向量表示为

$$e(t) = y(t) - y_d(t) \tag{10.52}$$

选取如下的二次型性能指标:

$$J = \frac{1}{2}e^T(t_f)Se(t_f) + \frac{1}{2}\int_{t_0}^{t_f}[e^T(t)Q(t)e(t) + u^T(t)R(t)u(t)]dt \tag{10.53}$$

式中 S ——$m \times m$ 维半正定常数矩阵;

$Q(t)$ ——$m \times m$ 维半正定矩阵;

$R(t)$ ——$r \times r$ 维正定矩阵;

t_f ——给定的终端时间。

二次型最优控制问题就是确定最优控制 $u^*(t)$,使上述性能指标最小。

根据性能指标式(10.53)的几种特殊情况,可以有不同的线性二次型最优控制问题:状态调节器问题、输出调节器问题、跟踪问题。下面主要就状态调节器问题进行讨论。

若 $y_d(t)=\mathbf{0}$, $C=I$,则 $e(t)=x(t)$,性能指标式(10.53)为:

$$J=\frac{1}{2}x^T(t_f)Sx(t_f)+\frac{1}{2}\int_{t_0}^{t_f}[x^T(t)Q(t)x(t)+u^T(t)R(t)u(t)]dt \quad (10.54)$$

线性二次调解器(LQR)问题为:设计最优控制 $u^*(t)$,在不消耗过多控制能量的情况下,使得状态 $x(t)$ 保持在零值附近。

状态调节器可以利用变分法,也可以利用极小值原理来进行求解。下面介绍一下变分法求解过程。

首先建立哈密顿函数:

$$H(x,u,\lambda,t)=\frac{1}{2}x^TQ(t)x+\frac{1}{2}u^TR(t)u+\lambda^T[A(t)x+B(t)u] \quad (10.55)$$

实现最优控制的必要条件为:

(1) 正则方程组。

状态方程:

$$\dot{x}=\frac{\partial H}{\partial \lambda}=A(t)x(t)+B(t)u(t) \quad (10.56)$$

伴随方程:

$$\dot{\lambda}=-\frac{\partial H}{\partial x}=-Q(t)x(t)-A^T(t)\lambda(t) \quad (10.57)$$

边界条件:

$$x(t_0)=x_0$$
$$\lambda(t_f)=\frac{\partial}{\partial x(t_f)}\left[\frac{1}{2}x^T(t_f)Sx(t_f)\right]=Sx(t_f) \quad (10.58)$$

(2) 极值条件。

$$\frac{\partial H}{\partial u}=R(t)u+B^T(t)\lambda=0 \quad (10.59)$$

$$\frac{\partial^2 H}{\partial u^2}=R(t)>0 \quad (10.60)$$

得到

$$u^*(t)=-R^{-1}(t)B^T(t)\lambda \quad (10.61)$$

将 u^* 代入状态方程得:

$$\dot{x} = A(t)x - B(t)R^{-1}(t)B(t)\lambda \tag{10.62}$$

卡尔曼提出向量 $\lambda(t)$ 与状态量 $x(t)$ 构成线性关系：

$$\lambda(t) = P(t)x \tag{10.63}$$

则：

$$\dot{\lambda} = [\dot{P}(t) + P(t)A(t) - P(t)B(t)R^{-1}(t)B^{\mathrm{T}}(t)P(t)]x \tag{10.64}$$

同时，根据伴随方程可得：

$$\dot{\lambda} = -A^{\mathrm{T}}(t)P(t)x - Q(t)x = [-A^{\mathrm{T}}(t)P(t) - Q(t)]x \tag{10.65}$$

联立可得：

$$\dot{P}(t) + P(t)A(t) + A^{\mathrm{T}}(t)P(t) - P(t)B(t)R^{-1}(t)B^{\mathrm{T}}(t)P(t) + Q(t) = 0 \tag{10.66}$$

上式即著名的 Riccati 微分方程，其中 P 是对称阵定矩阵，终止条件为：

$$P(t_{\mathrm{f}}) = S \tag{10.67}$$

整理得到最优控制律为：

$$u^* = -R^{-1}(t)B^{\mathrm{T}}(t)P(t)x \tag{10.68}$$

状态反馈的闭环方程为：

$$\dot{x} = G(t)x \tag{10.69}$$

其中

$$G(t) = A(t) - B(t)R^{-1}(t)B^{\mathrm{T}}(t)P(t) \tag{10.70}$$

线性二次调节器的控制系统框图如图 10.23 所示：

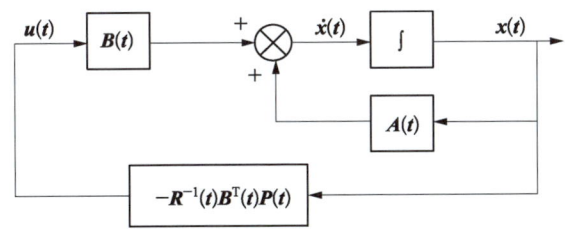

图 10.23　线性二次调节器控制框图

进一步讨论闭环系统的稳定性问题。令李亚普诺夫函数为：

$$V(x) = x^{\mathrm{T}}Px \tag{10.71}$$

上式对时间求导，得

$$\dot{V}(x) = \frac{\mathrm{d}}{\mathrm{d}t}(x^\mathrm{T} P x) = \dot{x}^\mathrm{T} P x + x^\mathrm{T} \dot{P} x + x^\mathrm{T} P \dot{x}$$

$$= (Ax + Bu)^\mathrm{T} P x + x^\mathrm{T} \dot{P} x + x^\mathrm{T} P (Ax + Bu)$$

$$= x^\mathrm{T}(A^\mathrm{T} P + PA + \dot{P} - 2PBR^{-1}B^\mathrm{T} P)x$$

$$= x^\mathrm{T}(-PBR^{-1}B^\mathrm{T} P - Q)x \tag{10.72}$$

令 $z = R^{-1}B^\mathrm{T} Px$，则

$$\dot{V}(x) = -z^\mathrm{T} R z - x^\mathrm{T} Q x \tag{10.73}$$

由于 R 是正定矩阵，Q 是半正定矩阵，因此 $\dot{V}(x) < 0$，由李亚普诺夫第二定理可知，由线性调解器组成的闭环系统是一个渐进稳定的系统。

2) 基于 LQG 的 DP 控制算法

基于 LQG 的 DP 控制算法分为卡尔曼滤波、线性二次调解器控制两部分。

(1) 线性二次调节器（LQR）设计。从前面的论述可知，船舶运动学模型、动力学模型是非线性的，而要使用线性二次调节器，需要对方程进行线性化。在动力定位的定点控制（station-keeping control）模式中，动力学模型中非线性项的影响极小可以忽略[在跟踪控制（tracking control）模式中会有影响]；而船模运动学模型通过引入船体平行坐标系，可以得到简单的线性船舶运动学模型。

线性化后的船舶控制模型为（详细推导参见文献[1]）：

$$\dot{x} = Ax + B\tau_{LQ} \tag{10.74}$$

其中：

$$A = \begin{bmatrix} A_L & B_L \\ 0 & A_{thr} \end{bmatrix}; \quad B = \begin{bmatrix} 0 \\ B_{thr} \end{bmatrix}; \quad A_{thr} = \mathrm{diag}\left(-\frac{1}{T_{thrx}} \quad -\frac{1}{T_{thry}} \quad -\frac{1}{T_{thr\psi}}\right); \quad B_{thr} = -A_{thr}$$

$$A_L = \begin{bmatrix} 0 & I \\ 0 & -M_L^{-1} D_L \end{bmatrix}; \quad B_L = \begin{bmatrix} 0 \\ M_L^{-1} \end{bmatrix}; \quad M_L = \begin{bmatrix} m_{11} & 0 & 0 \\ 0 & m_{22} & m_{23} \\ 0 & m_{32} & m_{33} \end{bmatrix};$$

$$D_L = \begin{bmatrix} -d_{11} & 0 & 0 \\ 0 & -d_{22} & -d_{23} \\ 0 & -d_{32} & -d_{33} \end{bmatrix}$$

$$x = \begin{bmatrix} x & y & \psi & u & v & r & \tau_{Lx} & \tau_{Ly} & \tau_{L\psi} \end{bmatrix}^\mathrm{T}$$

式中下标"L"表示船舶低频运动相关量，下标"thr"表示推进器模型相关量。

T_{thrx}、T_{thry}、$T_{thr\psi}$ 分别为推进器在 Surge、Sway 和 Yaw 方向上的一阶响应时间常数，推进器被简化为一个一阶系统，这样的简化是十分有效的，一般来说推进器都处于伺服控制下，超调比较小，而时间常数的具体数值视推进器性能而定。

船舶惯性矩阵中 $m_{23} = m_{32}$，且远小于主对角线元素 m_{11}、m_{22}、m_{33} 以致可以忽略；阻尼系数 $d_{23} = d_{32}$。$\tau_{LQ} = \begin{bmatrix} \tau_{LQx} & \tau_{LQy} & \tau_{LQ\psi} \end{bmatrix}^\mathrm{T}$ 由线性二次型调节器设计的 Surge、Sway 和

Yaw 方向上的推力和力矩指令值。$\boldsymbol{\tau}_L = [\tau_{Lx} \quad \tau_{Ly} \quad \tau_{L\psi}]^T = \boldsymbol{\tau}_{thr} + \boldsymbol{\tau}_{env}$，其中 $\boldsymbol{\tau}_{thr}$ 表示推进器产生的实际推力和力矩，$\boldsymbol{\tau}_{env}$ 表示作用在船舶上的环境力，主要由风、流、二阶波浪、不确定未建模力引起。

需要注意的是，船舶运动分析在船舶平行坐标系中进行，因此 $[x \quad y \quad \phi]^T = [x_p \quad y_p \quad \psi_p]^T$。

根据线性二次调节器设计出的 $\boldsymbol{\tau}_{LQ}$ 需要加上外界扰动力的前馈作用，作为最终的控制器设计，即

$$\boldsymbol{\tau}_{com} = \boldsymbol{\tau}_{LQ} - \boldsymbol{\tau}_{env} = \boldsymbol{\tau}_{LQ} - \boldsymbol{\tau}_{wi} - \boldsymbol{\tau}_{cu} - \boldsymbol{\tau}_{wa2} \tag{10.75}$$

其中，$\boldsymbol{\tau}_{wi}$、$\boldsymbol{\tau}_{cu}$、$\boldsymbol{\tau}_{wa2}$ 分别是风、流、二阶波浪作用在船舶上的力和力矩。

① 风力：

$$\boldsymbol{\tau}_{wi} = \begin{bmatrix} 0.5\rho_w C_{wX}(\gamma_R) V_R^2 A_T \\ 0.5\rho_w C_{wY}(\gamma_R) V_R^2 A_L \\ 0.5\rho_w C_{wN}(\gamma_R) V_R^2 A_L L \end{bmatrix} \tag{10.76}$$

其中：

相对风速（因为风速远大于船速，故相对风速近似等于风速）：

$$V_R = V_w \tag{10.77}$$

相对风向角：

$$\gamma_R = \beta_w - \psi_L - \psi_H \tag{10.78}$$

风力系数 C_{wX}、C_{wY}、C_{wN} 由布伦德曼公式计算得到；风速、风向角根据风速仪测量得到。

② 流力：

$$\boldsymbol{\tau}_{cu} = \boldsymbol{D}_L \boldsymbol{v}_c = \begin{bmatrix} -d_{11} & 0 & 0 \\ 0 & -d_{22} & -d_{23} \\ 0 & -d_{32} & -d_{33} \end{bmatrix} \begin{bmatrix} u_c \\ v_c \\ 0 \end{bmatrix} \tag{10.79}$$

上式是一种等效流力的形式。其中：

$$u_c = V_c \cos(\beta_c - \psi_L - \psi_H) \tag{10.80}$$

$$v_c = V_c \sin(\beta_c - \psi_L - \psi_H) \tag{10.81}$$

V_c、β_c 分别代表流速、流向，由于缺少流传感器测量流速、流向，且考虑到流速、流向是缓慢变化，因此 V_c、β_c 一般通过辨识手段得到，这也是引起动力定位控制困难的一个主要来源。

③ 二阶波浪力：二阶波浪力 $\boldsymbol{\tau}_{wa2}$ 一般不能直接得到，而是以慢漂力的形式引起船舶的缓慢变化，其影响一般可以考虑在流的影响中。在海况恶劣的情况下，二阶波浪力的影

响变大,荷兰 MARIN 研究所通过测量有义波高,计算出有义波高引起的二阶漂移力,进行波的前馈,以改善动力定位的性能。

根据式(10.75)计算出反馈力 τ_{LQ}、风力、流力、二阶波浪力的值,共同组成的动力定位控制器 τ_{com},是进行动力分配的指令力和力矩。

详细的动力定位控制系统框图如图 10.24 所示。

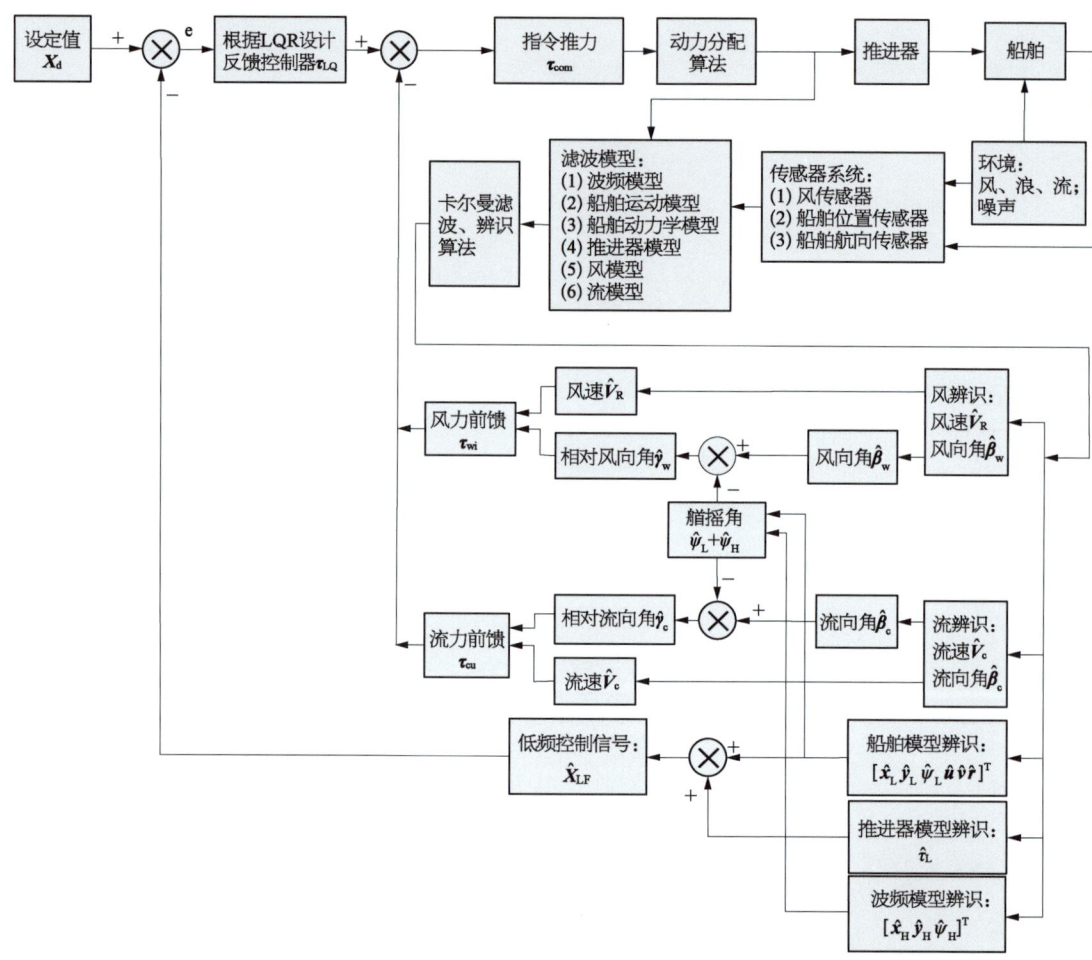

图 10.24 动力定位控制算法框图

(2)船舶动力定位滤波模型。在前面章节已提到,船舶在波浪中的运动假设为是低频运动和波频运动的叠加运动,低频运动由二阶波浪漂移力、慢漂力、缓变力、流力、风力和推进器力引起,而波频运动是由一阶波浪力引起的,运动模型分为低频模型与波频(高频)模型,控制器只对低频信号做出响应。为此需要设计卡尔曼滤波器分离出波频(高频)、低频信号,并对模型中的不确定参数进行辨识。船舶动力定位滤波模型包含以下模型:

① 波频模型。

$$\begin{cases} \dot{\boldsymbol{x}}_H = \boldsymbol{A}_H \boldsymbol{x}_H + \boldsymbol{E}_w w_H \\ \boldsymbol{y}_H = \boldsymbol{C}_H \boldsymbol{x}_H \end{cases} \tag{10.82}$$

式中　w_H——零均值高斯白噪声；

$\boldsymbol{y}_H = [x_H \quad y_H \quad \psi_H]^T$——船舶高频的 surge、sway、yaw 方向上的三维观测向量；

$\boldsymbol{x}_w = [\boldsymbol{\eta}_w^T \; \boldsymbol{\xi}^T]^T = [x_H \quad y_H \quad \psi_H \quad \xi_x \quad \xi_y \quad \xi_\psi]^T$——船舶高频位置及其积分向量。

$$\boldsymbol{A}_w = \begin{bmatrix} \boldsymbol{A}_w^{11} & \boldsymbol{A}_w^{21} \\ \boldsymbol{I}_{3\times 3} & 0 \end{bmatrix}; \; \boldsymbol{E}_w = [k_1 \quad k_2 \quad k_6 \quad 0 \quad 0 \quad 0]^T; \; \boldsymbol{C}_w = [\boldsymbol{I}_{3\times 3} \quad \boldsymbol{0}_{3\times 3}];$$

$$\boldsymbol{A}_w^{11} = \begin{bmatrix} -2\zeta_1\omega_1 & & \\ & -2\zeta_2\omega_2 & \\ & & -2\zeta_6\omega_6 \end{bmatrix}; \; \boldsymbol{A}_w^{21} = \begin{bmatrix} -\omega_1^2 & & \\ & -\omega_2^2 & \\ & & -\omega_6^2 \end{bmatrix} \tag{10.83}$$

相对阻尼系数 $\zeta_i(i=1,2,6)$ 小于 1，一般取值范围为 $0.05 \sim 0.2$；$\omega_i(i=1,2,6)$ 表示波浪谱的主要频率，与有义波高有关；$k_i > 0 \; (i=1,2,6)$ 是白噪声的协方差，反映了由实际海况引起的高频运动响应[1]。

② 船舶低频运动模型。

$$\dot{\boldsymbol{x}}_L = \boldsymbol{A}_L \boldsymbol{x}_L + \boldsymbol{B}_L(\boldsymbol{\tau}_{thr} + \boldsymbol{\tau}_{wi} + \boldsymbol{\tau}_{cu} + \boldsymbol{\tau}_b) + \boldsymbol{E}_L w_L \tag{10.84}$$

其中，$\boldsymbol{x}_L = [x_L \quad y_L \quad \psi_L \quad u \quad v \quad r]^T$ 表示船舶的低频位置和速度；w_L 零均值高斯白噪声；

$$\boldsymbol{A}_L = \begin{bmatrix} 0 & \boldsymbol{I} \\ 0 & -\boldsymbol{M}_L^{-1}\boldsymbol{D}_L \end{bmatrix}; \; \boldsymbol{B}_L = \begin{bmatrix} 0 \\ \boldsymbol{M}_L^{-1} \end{bmatrix}; \; \boldsymbol{M}_L = \begin{bmatrix} m_{11} & 0 & 0 \\ 0 & m_{22} & m_{23} \\ 0 & m_{32} & m_{33} \end{bmatrix};$$

$$\boldsymbol{D}_L = \begin{bmatrix} -d_{11} & 0 & 0 \\ 0 & -d_{22} & -d_{23} \\ 0 & -d_{32} & -d_{33} \end{bmatrix};$$

$\boldsymbol{E}_L = \begin{bmatrix} 0 \\ \boldsymbol{M}_L^{-1} \end{bmatrix}$ 表示噪声协方差阵；$\boldsymbol{\tau}_{thr}$、$\boldsymbol{\tau}_{wi}$、$\boldsymbol{\tau}_{cu}$、$\boldsymbol{\tau}_b$ 分别表示推进器力、风力、流力、未建模力。

③ 推进器模型。推进器模型由前面提到的一阶惯性系统表示：

$$\dot{\boldsymbol{\tau}}_{thr} = \boldsymbol{A}_{thr}(\boldsymbol{\tau}_{thr} - \boldsymbol{\tau}_{com}) \tag{10.85}$$

④ 风模型。风速 V_w、风向角 β_w 假设为缓变量，满足如下方程：

$$\dot{V}_w = w_{V_w} \tag{10.86}$$

$$\dot{\beta}_w = w_{\beta_w} \tag{10.87}$$

滤波得到风速 V_w、风向角 β_w 后，根据布伦德曼公式计算得到风力 τ_{wi}。

⑤ 流模型。流速 V_c、流向角 β_c 假设为缓变量，满足如下方程：

$$\dot{V}_c = w_{V_c} \tag{10.88}$$

$$\dot{\beta}_c = w_{\beta_c} \tag{10.89}$$

辨识得到 V_c、流向角 β_c 后，计算得到流力 τ_{cu}。

⑥ 未建模力模型。未建模力包括船舶反作用力、风浪流的残量、未知不确定力的影响等，未建模力一般考虑为缓变力，满足方程：

$$\dot{\tau}_b = E_b w_b \tag{10.90}$$

式中　τ_b——3×1 维向量；
　　　w_b——白噪声；
　　　E_b——噪声协方差阵。

⑦ 不确定参数模型。船舶动力定位模型中的不确定参数包括水动力参数（主要是阻尼项，通过计算得到附加质量较为准确）等，不确定参数 θ 一般亦考虑为缓变量，该项的处理是动力定位系统辨识的难点之一。θ 满足如下方程：

$$\dot{\theta} = E_\theta w_\theta \tag{10.91}$$

式中　w_θ——高斯白噪声；
　　　E_θ——噪声协方差矩阵。

10.5.2　基于非线性预测控制的动力定位控制算法

船舶动力定位控制系统本质上是非线性的，对非线性系统进行线性化后应用线性控制理论设计的动力定位控制算法存在诸多缺点，因而研究动力定位的非线性控制算法是十分必要的。本节应用非线性模型预测控制（nonlinear model predictive control，NMPC）技术研究船舶动力定位控制算法。非线性模型预测控制技术在工业控制中已有较多的应用，在动力定位领域，Kongsberg 公司研发的新一代动力定位系统已大量应用了非线性模型预测控制技术。

1）问题描述

不考虑环境干扰以及推进器模型，动力定位船舶低频运动模型如下：

$$\begin{cases} \dot{x} = u\cos\psi - v\sin\psi \\ \dot{y} = u\sin\psi + v\cos\psi \\ \dot{\psi} = r \\ \dot{u} = a_{11}u + b_1\tau_u \\ \dot{v} = a_{22}v + a_{23}r + b_2\tau_v \\ \dot{r} = a_{32}v + a_{33}r + b_3\tau_r \\ y_1 = x \\ y_2 = y \\ y_3 = \psi \end{cases} \tag{10.92}$$

其中，$\begin{bmatrix} a_{11} & & \\ & a_{22} & a_{23} \\ & a_{23} & a_{33} \end{bmatrix} = -\boldsymbol{M}^{-1}\boldsymbol{D}$，$\begin{bmatrix} b_1 & & \\ & b_2 & \\ & & b_3 \end{bmatrix} = \boldsymbol{M}^{-1}$，动力定位控制器的设计目标是设计 $\boldsymbol{\tau} = [\tau_u \quad \tau_v \quad \tau_r]^T$，使得船舶定位在设定位置 $[x_d \quad y_d \quad \psi_d]^T$。

为应用状态空间预测控制方法，对系统式(10.92)应用 Euler 方法进行离散化，写成状态空间模型，并令 $[x \quad y \quad \psi \quad u \quad v \quad r]^T = [x_1 \quad x_2 \quad x_3 \quad x_4 \quad x_5 \quad x_6]^T$，得到

$$\begin{cases} x_1(n+1) = x_1(n) + [\Delta t \cdot \cos x_3(n)] \cdot x_4(n) - [\Delta t \cdot \cos x_3(n)] \cdot x_5(n) \\ x_2(n+1) = x_2(n) + [\Delta t \cdot \sin x_3(n)] \cdot x_4(n) + [\Delta t \cdot \cos x_3(n)] \cdot x_5(n) \\ x_3(n+1) = x_3(n) + \Delta t \cdot x_6(n) \\ x_4(n+1) = [1 + \Delta t \cdot a_{11}] \cdot x_4(n) + \Delta t \cdot b_1 \cdot \tau_u(n) \\ x_5(n+1) = [1 + \Delta t \cdot a_{22}] \cdot x_5(n) + \Delta t \cdot a_{22} \cdot x_6(n) + \Delta t \cdot b_2 \cdot \tau_v(n) \\ x_6(n+1) = \Delta t \cdot a_{32} \cdot x_5(n) + [1 + \Delta t \cdot a_{33}] \cdot x_6(n) + \Delta t \cdot b_3 \cdot \tau_r(n) \\ y_1(n) = x_1(n) \\ y_2(n) = x_2(n) \\ y_3(n) = x_3(n) \end{cases}$$

(10.93)

将上式整理为如下矩阵形式的状态空间模型：

$$\begin{cases} x_{n+1} = A(x_n)x_n + B(x_n)\tau_n \\ y_n = C(x_n)x_n \end{cases} \tag{10.94}$$

其中，

$$\boldsymbol{A}(\boldsymbol{x}_n) = \begin{bmatrix} 1 & 0 & 0 & \Delta t \cos x_3(n) & -\Delta t \sin x_3(n) & 0 \\ 0 & 1 & 0 & \Delta t \sin x_3(n) & \Delta t \cos x_3(n) & 0 \\ 0 & 0 & 1 & 0 & 0 & \Delta t \\ 0 & 0 & 0 & 1 + \Delta t \cdot a_{11} & 0 & 0 \\ 0 & 0 & 0 & 0 & 1 + \Delta t \cdot a_{22} & \Delta t \cdot a_{23} \\ 0 & 0 & 0 & 0 & \Delta t \cdot a_{32} & 1 + \Delta t \cdot a_{33} \end{bmatrix};$$

$$\boldsymbol{B}(\boldsymbol{x}_n) = \begin{bmatrix} 0 & 0 & 0 \\ 0 & 0 & 0 \\ 0 & 0 & 0 \\ \Delta t \cdot b_1 & 0 & 0 \\ 0 & \Delta t \cdot b_2 & 0 \\ 0 & 0 & \Delta t \cdot b_3 \end{bmatrix}; \quad \boldsymbol{C}(\boldsymbol{x}_n) = \begin{bmatrix} 1 & 0 & 0 & 0 & 0 & 0 \\ 0 & 1 & 0 & 0 & 0 & 0 \\ 0 & 0 & 1 & 0 & 0 & 0 \end{bmatrix} \tag{10.95}$$

因为非线性预测控制中控制律是以控制增量 $\Delta \boldsymbol{\tau}_n$ 的形式给出的，因此将上式重新整

理成如下的扩展状态空间模型：

$$\begin{cases} \pmb{\chi}_{n+1} = \pmb{A}(\pmb{\chi}_n)\pmb{\chi}_n + \pmb{B}(\pmb{\chi}_n)\Delta\pmb{\tau}_n \\ y_n = C(\pmb{\chi}_n)\pmb{\chi}_n \end{cases} \tag{10.96}$$

其中，

$$\pmb{A}(\pmb{\chi}_n) = \begin{bmatrix} \pmb{A}(x_n) & B(x_n) \\ \pmb{0} & \pmb{I} \end{bmatrix}; \ B(\pmb{\chi}_n) = \begin{bmatrix} B(x_n) \\ \pmb{I} \end{bmatrix}; \ C(\pmb{\chi}_n) = \begin{bmatrix} C(x_n) & \pmb{0} \end{bmatrix},$$

$$\pmb{\chi}_n = \begin{bmatrix} x_n \\ \tau_{n-1} \end{bmatrix}; \ \Delta\tau_n = \tau_n - \tau_{n-1};$$

$$A(\pmb{\chi}_n) = \begin{bmatrix} 1 & 0 & 0 & \Delta t\cos x_3(n) & -\Delta t\sin x_3(n) & 0 & 0 & 0 & 0 \\ 0 & 1 & 0 & \Delta t\sin x_3(n) & \Delta t\cos x_3(n) & 0 & 0 & 0 & 0 \\ 0 & 0 & 1 & 0 & 0 & \Delta t & 0 & 0 & 0 \\ 0 & 0 & 0 & 1+\Delta t\cdot a_{11} & 0 & 0 & \Delta t\cdot b_1 & 0 & 0 \\ 0 & 0 & 0 & 0 & 1+\Delta t\cdot a_{22} & \Delta t\cdot a_{23} & 0 & \Delta t\cdot b_2 & 0 \\ 0 & 0 & 0 & 0 & \Delta t\cdot a_{32} & 1+\Delta t\cdot a_{33} & 0 & 0 & \Delta t\cdot b_3 \\ 0 & 0 & 0 & 0 & 0 & 0 & 1 & 0 & 0 \\ 0 & 0 & 0 & 0 & 0 & 0 & 0 & 1 & 0 \\ 0 & 0 & 0 & 0 & 0 & 0 & 0 & 0 & 1 \end{bmatrix};$$

$$\pmb{B}(\pmb{\chi}_n) = \begin{bmatrix} \pmb{B}(x_n) \\ \pmb{I} \end{bmatrix} = \begin{bmatrix} 0 & 0 & 0 \\ 0 & 0 & 0 \\ 0 & 0 & 0 \\ \Delta t\cdot b_1 & 0 & 0 \\ 0 & \Delta t\cdot b_2 & 0 \\ 0 & 0 & \Delta t\cdot b_3 \\ 1 & 0 & 0 \\ 0 & 1 & 0 \\ 0 & 0 & 1 \end{bmatrix};$$

$$C(\pmb{\chi}_n) = \begin{bmatrix} 1 & 0 & 0 & 0 & 0 & 0 & 0 & 0 & 0 \\ 0 & 1 & 0 & 0 & 0 & 0 & 0 & 0 & 0 \\ 0 & 0 & 1 & 0 & 0 & 0 & 0 & 0 & 0 \end{bmatrix}$$

$$\pmb{\chi}_n = \begin{bmatrix} x_n \\ \tau_{n-1} \end{bmatrix} = \begin{bmatrix} x_n & y_n & \psi_n & u_n & v_n & r_n & \tau_{u,n} & \tau_{v,n} & \tau_{r,n} \end{bmatrix}^{\mathrm{T}} \tag{10.97}$$

$$\Delta\tau_n = \tau_n - \tau_{n-1} = \begin{bmatrix} \tau_{u,n} - \tau_{u,n-1} \\ \tau_{v,n} - \tau_{v,n-1} \\ \tau_{r,n} - \tau_{r,n-1} \end{bmatrix}$$

2) 基于状态空间模型预测控制算法

令 $A_n = A(\chi_n)$，$B_n = B(\chi_n)$，$C_n = C(\chi_n)$，对扩展状态空间模型考虑如下的预测控制性能函数：

$$\boldsymbol{J}_n = \sum_{i=1}^{N_e} \{(y_{d,n+i} - y_{n+i})^T \Lambda_E^i (y_{d,n+i} - y_{n+i})\} + \sum_{i=1}^{N_u} \{\Delta\tau_{n+i-1}^T \Lambda_U^i \Delta\tau_{n+i-1}\} \tag{10.98}$$

式中 N_u——控制时域；

N_e——预测时域；

y_d——输出的期望值；

$\boldsymbol{\Lambda}_E^i (i = N_e)$，$\boldsymbol{\Lambda}_U^i (i = N_u)$——输出误差和控制误差的权矩阵。

令

$$\begin{aligned}
\boldsymbol{X}_{n+1,N_e} &= [\chi_{n+1}^T, \cdots, \chi_{n+N_e}^T]^T; \quad \Delta U_{n,N_u} = [\Delta\tau_n^T, \cdots, \Delta\tau_{n+N_u-1}^T]^T; \\
\boldsymbol{Y}_{n+1,N_e} &= [y_{n+1}^T, \cdots, y_{n+N_e}^T]^T; \quad Y_{d,n+1,N_e} = [y_{d,n+1}^T, \cdots, y_{d,n+N_e}^T]^T; \\
\boldsymbol{\Lambda}_E &= \text{diag}(\boldsymbol{\Lambda}_E^1, \boldsymbol{\Lambda}_E^2, \cdots, \boldsymbol{\Lambda}_E^{N_e}); \quad \boldsymbol{\Lambda}_U = \text{diag}(\boldsymbol{\Lambda}_U^1, \boldsymbol{\Lambda}_U^2, \cdots, \boldsymbol{\Lambda}_U^{N_u})
\end{aligned} \tag{10.99}$$

因此，式(10.98)重新整理为：

$$\boldsymbol{J}_n = (Y_{d,n+1,N_e} - Y_{n+1,N_e})^T \boldsymbol{\Lambda}_E (Y_{d,n+1,N_e} - Y_{n+1,N_e}) + \Delta U_{n,N_u}^T \boldsymbol{\Lambda}_U \Delta U_{n,N_u} \tag{10.100}$$

未来状态预测值可以由下式获得

$$\begin{aligned}
\boldsymbol{\chi}_{n+j} =\ & [A_{n+j-1} A_{n+j-2} \cdots A_n] \chi_n + [A_{n+j-1} A_{n+j-2} \cdots A_{n+1}] B_n \Delta u_n \\
& + [A_{n+j-1} A_{n+j-2} \cdots A_{n+2}] B_{n+1} \Delta u_{n+1} \\
& + \cdots [A_{n+j-1} A_{n+j-2} \cdots A_{n+N_u}] B_{n-1+\min(j,N_u)} \Delta u_{n-1+\min(j,N_u)}
\end{aligned} \tag{10.101}$$

其中，$j = 1 \cdots N_e$。

要获得 $n + j$ 时刻的状态预测值，需要知道预测矩阵 $\boldsymbol{A}_n \cdots \boldsymbol{A}_{n+j-1}$ 以及 $\boldsymbol{B}_n \cdots \boldsymbol{B}_{n-1+\min(j,N_u)}$ 的相关信息，控制时域 N_u 后的控制增量假设为零。

引入如下的标记：

$$\left[\prod_{k=l}^{m} \boldsymbol{A}_{n+k}\right] = \begin{cases} A_{n+m} A_{n+m-1} \cdots A_{n+l} & l \leqslant m; \\ \boldsymbol{I} & l > m \end{cases} \tag{10.102}$$

因此，式(10.101)可以表示为

$$\begin{aligned}
\boldsymbol{\chi}_{n+j} =\ & \left[\prod_{k=0}^{j-1} \boldsymbol{A}_{n+k}\right] \boldsymbol{\chi}_n + \left[\prod_{k=1}^{j-1} \boldsymbol{A}_{n+k}\right] \boldsymbol{B}_n \Delta u_n + \left[\prod_{k=2}^{j-1} \boldsymbol{A}_{n+k}\right] \boldsymbol{B}_{n+1} \Delta u_{n+1} + \cdots \\
& + \left[\prod_{k=N_u}^{j-1} \boldsymbol{A}_{n+k}\right] \boldsymbol{B}_{n-1+\min(j,N_u)} \Delta \boldsymbol{u}_{n-1+\min(j,N_u)}
\end{aligned} \tag{10.103}$$

由此，可以得到如下的未来状态预测向量 $X_{n+1,N}$ 的相关方程：

$$X_{n+1,N_e} = \Omega_{n,N_e} A_n \chi_n + \Psi_{n,N_e} \Delta U_{n,N_u} \tag{10.104}$$

式中

$$\Omega_{n,N_e} = \left[\left[\prod_{k=1}^{0} A_{n+k}\right]^T \quad \left[\prod_{k=1}^{1} A_{n+k}\right]^T \quad \cdots \quad \left[\prod_{k=1}^{N_e-1} A_{n+k}\right]^T \right]^T_{4N_e \times 4};$$

$$\Psi_{n,N_e} = \begin{bmatrix} \left[\prod_{k=1}^{0} A_{n+k}\right] B_n & 0 & \cdots & 0 \\ \left[\prod_{k=1}^{1} A_{n+k}\right] B_n & \left[\prod_{k=2}^{1} A_{n+k}\right] B_{n+1} & \cdots & \vdots \\ \vdots & \vdots & \ddots & \vdots \\ \left[\prod_{k=1}^{N_u-1} A_{n+k}\right] B_n & \left[\prod_{k=2}^{N_u-1} A_{n+k}\right] B_{n+1} & \cdots & \left[\prod_{k=N_u}^{N_u-1} A_{n+k}\right] B_{n+N_u-1} \\ \vdots & \vdots & \vdots & \vdots \\ \left[\prod_{k=1}^{N_e-1} A_{n+k}\right] B_n & \left[\prod_{k=2}^{N_e-1} A_{n+k}\right] B_{n+1} & \cdots & \left[\prod_{k=N_u}^{N_e-1} A_{n+k}\right] B_{n+N_u-1} \end{bmatrix}_{4N_e \times N_u}$$

$$\tag{10.105}$$

由式(10.96)得，

$$Y_{n+j} = C_{n+j} \chi_{n+j} \tag{10.106}$$

联合式(10.99)和式(10.106)，得到 X_{n+1,N_e} 和 Y_{n+1,N_e} 的如下关系：

$$Y_{n+1,N_e} = \Theta_{n,N_e} X_{n+1,N_e} \tag{10.107}$$

其中

$$\Theta_{n,N_e} = \mathrm{diag}(C_{n+1}, C_{n+2}, \cdots, C_{n+N_e}) \tag{10.108}$$

是维数为 $2N_e \times 4N_e$ 的矩阵。

最后，得到下输出预测方程：

$$Y_{n+1,N_e} = \Phi_{n,N_e} A_n \chi_n + S_{n,N_e} \Delta U_{n,N_u} \tag{10.109}$$

式中，

$$\Phi_{n,N_e} = \Theta_{n,N_e} \Omega_{n,N_e}, \quad S_{n,N_e} = \Theta_{n,N_e} \psi_{n,N_e} \tag{10.110}$$

分别是维数为 $2N_e \times 4$，$2N_e \times N_u$ 的矩阵。

通过最小化性能函数 J，即令

$$\frac{\partial J}{\partial \Delta U} = 0 \tag{10.111}$$

最终得到控制增量的表达式

$$\Delta U_{n,N_u} = (S_{n,N_e}^T \Lambda_E S_{n,N_e} + \Lambda_U)^{-1} S_{n,N_e}^T \Lambda_E (Y_{d,n+1,N_e} - \Phi_{n,N_e} A_n \chi_n) \tag{10.112}$$

实际中并不需要全部的 $\Delta U_{n,N_u}$，只需要 $\Delta U_{n,N_u}$ 中的第一个值 Δu_n。最终得到预测控制的迭代公式：

$$u_n = u_{n-1} + \Delta u_n \tag{10.113}$$

每一个控制通过时域 N_u、N_e 来调节，通过选取合适的权矩阵可以得到最快的响应。

10.6 推 力 分 配

在动力定位系统中，推力分配算法接收来自控制算法的推力命令后计算得到执行机构——通常是螺旋桨所应执行的命令并下发给执行机构，因此推力分配算法是联系控制算法和执行机构的纽带。

通常过驱动的推力分配问题都转化为在一组约束条件下求取权函数最小(大)值的优化问题，权函数通常是能源消耗、机械磨损、分配推力与目标推力差异等多重性能指标间折中的结果。目前，求取海洋工程中动力定位系统的推力分配问题存在多种不同方法。

求取推力分配问题最简单、直接的算法是伪逆算法[34~37]。伪逆算法一般不考虑机械磨损因素，也很难考虑螺旋桨自身响应速度对推力分配算法的限制，其所用能量函数也并非准确的反应螺旋桨所消耗的总能量，尽管存在上述缺点，但伪逆算法在指导固定式螺旋桨的布置以及全回转式螺旋桨限制区域的设置方面还是有其重要意义。

求取推力分配问题的另一类算法是将其转化为带约束的凸二次规划问题。此类算法可以在权函数中考虑机械磨损因素以及螺旋桨自身响应速度对推力分配算法的限制，但其与推进器能量相关的权值也并非准确的反应螺旋桨所消耗的总能量。Tøndel、Johansen 等人[38]采用分片线性函数求取固定式螺旋桨的推力分配问题；Johansen 则将这种方法推广至全回转桨和舵的推力分配问题[40]。

推力分配问题总体上是一个非线性优化问题，因而难于求解。为求解这一问题，Johansen、Fossen 等人[41~42]采用基于上一步的推力分配执行结果，在该点进行线性展开，将其转化为凸二次规划问题求解。该方法中与推进器能量相关的权较之前述两类而言更加能够准确地反映推进器消耗的能量，并且在权函数中加入了反映推进器构造矩阵奇异程度的项以避免推进器进入奇异区域，该方法的一个难点在于海森矩阵的求取。

10.6.1　推力分配问题的一般提法

1) 问题介绍

一般而言,动力定位系统中参与推力分配的推进器可以分为如下几类:固定式推进器(可变螺距或不可变螺距),全回转推进器,隧道桨(一般为可调螺距桨)连同其桨后舵(一般为高效舵)。为便于分析,上述三种推进器均可发出沿船舶横向和纵向的推力,因此可以总结为广义推进器。下文中,通过上下文可以判断出广义推进器的地方均省略广义二字。

假设船上装有 r 台推进器,第 i 台推进器的位置坐标为 $[l_{x,i} l_{y,i}]^T$,在某一时刻 k,该推进器所产生的推力为 $\vec{F}_i [f_{x,i}(k) f_{y,i}(k)]^T$,则该推进器的推力对总推力的贡献为:

$$\begin{bmatrix} \tau_{1,i}(k) \\ \tau_{2,i}(k) \\ \tau_{3,i}(k) \end{bmatrix} = \begin{bmatrix} 1 & 0 \\ 0 & 1 \\ -l_{y,i} & l_{x,i} \end{bmatrix} \begin{bmatrix} f_{x,i}(k) \\ f_{y,i}(k) \end{bmatrix} = \boldsymbol{B}_i \cdot \vec{F}_i(k) \qquad (10.114)$$

其中 $\tau_{1,i}$,$\tau_{2,i}$,$\tau_{3,i}$ 分别表示第 i 台推进器对总的纵向力,横向力以及转艏力矩的贡献。其中 $\boldsymbol{B}_i$ 称为第 i 台推进器的构造矩阵。对于总共 r 台推进器而言,其在船舶 3 个平动自由度上施加给船体的总的纵向力,横向力以及转艏力矩可以表示如下:

$$\begin{bmatrix} \tau_1(k) \\ \tau_2(k) \\ \tau_3(k) \end{bmatrix} = \begin{bmatrix} \boldsymbol{B}_1 & \boldsymbol{B}_2 & \cdots & \boldsymbol{B}_r \end{bmatrix} \begin{bmatrix} \vec{F}_1(k) \\ \vec{F}_2(k) \\ \vdots \\ \vec{F}_r(k) \end{bmatrix} = \boldsymbol{B} \times \boldsymbol{F}(k) \qquad (10.115)$$

其中,$\boldsymbol{B} = \begin{bmatrix} \boldsymbol{B}_1 & \boldsymbol{B}_2 & \cdots & \boldsymbol{B}_r \end{bmatrix}$ 为总共 r 台推进器的整体构造矩阵。

在过驱动的推进器系统的推力分配问题中,对于给定的位于推进器能力范围内的目标推力 $\vec{\tau}(k) = [\tau_1(k) \quad \tau_2(k) \quad \tau_3(k)]^T$ 和推进器的整体构造矩阵 $\boldsymbol{B}$,推力分配的优化问题为在满足条件式(10.115)以及其他约束条件求取如下的权函数的极小值:

$$\min_{\boldsymbol{F}} J(\boldsymbol{F}^T(k)) \qquad (10.116)$$

其中 $J(\boldsymbol{F}^T(k))$ 为损失函数,一般应当包含推进器系统所消耗的实时能量、执行机构的磨损以及其他相关因素。例如 Johansen 等人提出了如下的损失函数:

$$J(\boldsymbol{F}^T(k)) = \boldsymbol{F}^T \boldsymbol{W} \boldsymbol{F} + \Delta \boldsymbol{\alpha}^T \boldsymbol{\Omega} \Delta \boldsymbol{\alpha} + \frac{\rho}{\varepsilon + \det(\boldsymbol{B}(\alpha) \boldsymbol{B}^T(\alpha))} \qquad (10.117)$$

其中右边第一项代表了能量损失,这里采用了假设单台推进器的能量损耗与其推力平方成正比的假定(实际情况是与推力的 2/3 次方成正比)。第二项中 $\Delta \boldsymbol{\alpha}^T$ 为所有全回转推进器单步角度变化所组成的向量,$\boldsymbol{\Omega}$ 为对角阵,故该项反映了推进器磨损。第三项则基于推力分配反映的灵活性考虑,因为推力分配问题如果只考虑能量损失,其解往往具有所有推进器朝一个方向顶住外荷载的性质,此时如果因调教稍有变化,需要分配一个与该方向垂直的力,考虑到推进器变换角度较慢,则由于推进器构型矩阵的问题很难快速满足力的分配要求,所以添加此项以对推进器构型矩阵的奇异性做某种惩罚,其中 ρ 为正常数,ε 为较小的正数。

因式(10.115)所代表的等式约束在求解中往往采用松弛法求解,因此对应的等式约束变为

$$\begin{bmatrix} \tau_1(k) \\ \tau_2(k) \\ \tau_3(k) \end{bmatrix} - \boldsymbol{B} * \boldsymbol{F}(k) + \boldsymbol{s} = 0 \tag{10.118}$$

其中,$\boldsymbol{s} = \begin{bmatrix} s_1 & s_2 & s_3 \end{bmatrix}^\mathrm{T}$ 为新引入的松弛变量,与式(10.123)对应的损失函数相应的变为:

$$J[\boldsymbol{F}^\mathrm{T}(k), \boldsymbol{s}^\mathrm{T}(k)] = \boldsymbol{F}^\mathrm{T}\boldsymbol{W}\boldsymbol{F} + \Delta\boldsymbol{\alpha}^\mathrm{T}\boldsymbol{\Omega}\Delta\boldsymbol{\alpha} + \frac{\rho}{\varepsilon + \det(\boldsymbol{B}(\alpha)\boldsymbol{B}^\mathrm{T}(\alpha))} + \boldsymbol{s}^\mathrm{T}\boldsymbol{Q}\boldsymbol{s} \tag{10.119}$$

2) 约束条件

这里讨论的约束条件是指式(10.115)或式(10.117)以外的约束。由于推力分配问题往往转化为二次规划问题或序列二次规划问题求解,因此下文在讨论约束时通常讨论如何将其转化为线性不等式约束的组合,以便于最终问题求解。

对于第 i 台推进器,先讨论其为全回转推进器的情况,已知其在第 $k-1$ 时刻的推力大小和方位角分别为 $F_i(k-1) = |\vec{F}_i(k-1)|$ 和 $\alpha_i(k-1)$,其中 $\alpha_i(k-1)$ 为向量 $\vec{F}_i(k-1)$ 的幅角。假设该台推进器在第 k 时间步的推力大小和方位角相较上一时刻不应超过 $(\Delta F_{i,\min}(k), \Delta T_{i,\max}(k))$ 与 $(\Delta\alpha_{i,\min}(k), \Delta\alpha_{i,\max}(k))$,则对于第 i 台推进器,推力与方位角的上下临界分别为:

$$\begin{cases} F_{i,-}(k) = F_i(k-1) + \Delta F_{i,\min}(k) \\ F_{i,+}(k) = F_i(k-1) + \Delta F_{i,\max}(k) \end{cases} \tag{10.120}$$

$$\begin{cases} \alpha_{i,-}(k) = \alpha_i(k-1) + \Delta\alpha_{i,\min}(k) \\ \alpha_{i,+}(k) = \alpha_i(k-1) + \Delta\alpha_{i,\max}(k) \end{cases} \tag{10.121}$$

根据图 10.25 所示的几何关系,可以确定第 i 台推进器在时刻 k 所应满足的推力与方位角的限制条件可以表示如下:

$$\begin{bmatrix} \sin(\alpha_{i,-}(k)) & -\cos(\alpha_{i,-}(k)) \\ -\sin(\alpha_{i,+}(k)) & \cos(\alpha_{i,+}(k)) \\ -\cos(\alpha_{i,+}(k)) & -\sin(\alpha_{i,+}(k)) \\ \cos(\alpha_{i,-}(k)) & \sin(\alpha_{i,-}(k)) \\ \cos(\alpha_{i,+}(k)) & \sin(\alpha_{i,+}(k)) \end{bmatrix} \cdot \begin{bmatrix} f_{x,i}(k) \\ f_{y,i}(k) \end{bmatrix} \leqslant \begin{bmatrix} 0 \\ 0 \\ -F_{i,-}(k) \\ F_{i,+}(k) \cdot \cos(\alpha_{i,-}(k) - \alpha_i(k-1)) \\ F_{i,+}(k) \cdot \cos(\alpha_{i,+}(k) - \alpha_i(k-1)) \end{bmatrix} \tag{10.122}$$

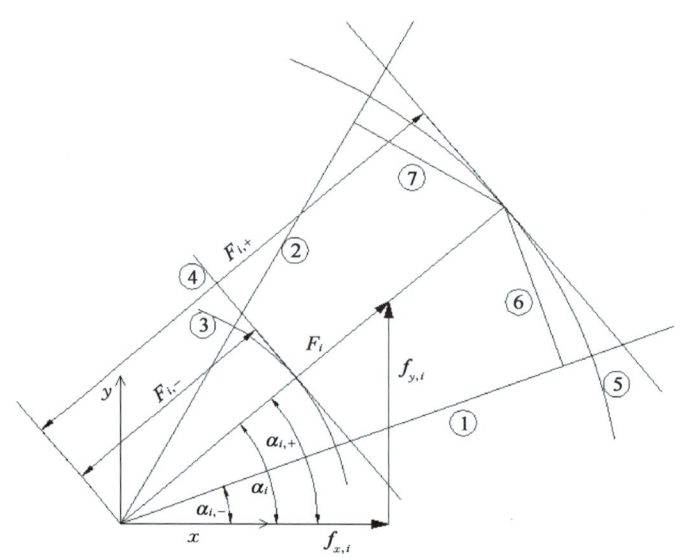

图 10.25　推进器推力与方位角约束

式(10.122)为限制全回转推进器单步角度与推力大小变化的限制条件，该式中前两个不等式分别表示了图中直线 1 和直线 2 所代表的角度约束；第 3 个不等式表示了直线 4 所代表的最小推力约束，直线 4 为弧线 3 的简化；最后两个不等式表示直线 6 和直线 7 所代表的边界约束，直线 6 和直线 7 分别垂直直线 1 和直线 2，为弧线 5 的简化。

现在讨论第 i 台推进器为固定式推进器的情况，假设其固定角度为 $\alpha_{D,i}$，则限制推进器推力变化的限制条件可以表示如下：

$$\begin{bmatrix} \sin(\alpha_{D,i}) & -\cos(\alpha_{D,i}) \\ -\sin(\alpha_{D,i}) & -\cos(\alpha_{D,i}) \\ -\cos(\alpha_{D,i}) & -\sin(\alpha_{D,i}) \\ \cos(\alpha_{D,i}) & \cos(\alpha_{D,i}) \end{bmatrix} \begin{bmatrix} f_{x,i}(k) \\ f_{y,i}(k) \end{bmatrix} \leqslant \begin{bmatrix} 0 \\ 0 \\ -F_{i,-}(k) \\ F_{i,+}(k) \end{bmatrix} \quad (10.123)$$

式(10.123)为限制固定式推进器单步角度与推力大小变化的限制条件，其中前两个不等式约束构成一个关于推进器角度等式约束，后两个不等式约束为限制推进器单步推力大小变化的限制条件。

对于隧道桨连同其桨后舵，分为前向打水和后向打水两种情况。前向打水时其约束同式(10.123)，后向打水时约束类似于全回转桨的情况，具体形式此处从略。

3) 约束条件的进一步讨论（全局约束）

在上一小节的讨论中，考虑了推进器的反应速度，如果不反映推进器的反应速度，则推进器上的约束会有所区别，称此种约束为全局约束。对于某些问题（例如控卫能力分析）或者推进器配置较少的情况，可以不考虑推进器的局部约束，而在全局范围内求解，因此有必要讨论全局约束。

对于全回转推进器，假设其编号为 i，则推进器的推力约束为

$$\sqrt{f_{x,i}*f_{x,i}+f_{y,i}*f_{y,i}} < T_{i,\max} \tag{10.124}$$

其中，$T_{i,\max}$ 为第 i 台推进器所能发出的最大推力。式(10.124)所代表的约束是一个圆。对于某些推力分配方法，需要将上式转化为凸线性约束的情况，则可以采用似方法，用凸多边形代替圆，用一组线性不等式约束代替式(10.124)。

对于固定式螺旋桨，其全局约束的形式与式(10.123)基本相同，表示如下

$$\begin{bmatrix} \sin(\alpha_{D,i}) & -\cos(\alpha_{D,i}) \\ -\sin(\alpha_{D,i}) & -\cos(\alpha_{D,i}) \\ -\cos(\alpha_{D,i}) & -\sin(\alpha_{D,i}) \\ \cos(\alpha_{D,i}) & \cos(\alpha_{D,i}) \end{bmatrix} \begin{bmatrix} f_{x,i}(k) \\ f_{y,i}(k) \end{bmatrix} \leqslant \begin{bmatrix} 0 \\ 0 \\ T_{i,\min} \\ T_{i,\max} \end{bmatrix} \tag{10.125}$$

其中 $T_{i,\min}$ 对于某些可发出反向推力的螺旋桨（如看调距桨）可以为负数，对于不可发出反向推力的螺旋桨，一般为 0。

对于隧道桨连同其桨后舵，其在全局范围下的推力约束如图 10.26 所示。

该图两条边线的斜率对应螺旋桨朝后打水、舵转至正负最大舵角时纵向力与横向力的比值，弧顶对应螺旋桨以最大推力朝后打水舵在不同角度下的纵向力与横向力的比值。横轴下方与纵轴重合的直线段对应螺旋桨前向打水的情况。在必要时，图 10.26 所代表的约束可分为前向打水和后向打水两种情况分别用一组线性不等式约束代替。

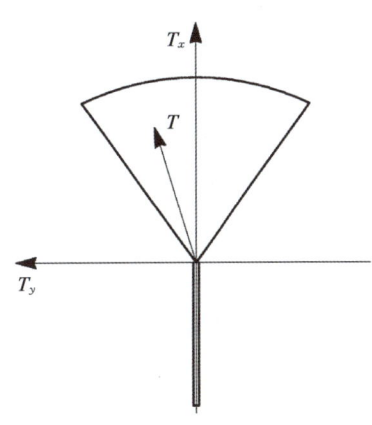

图 10.26 推力约束示意图

10.6.2 推力分配问题的解法

1) 伪逆算法

如果只考虑目标推力与实际推力相等这一等式约束式(10.115)，并且在损失函数中只考虑近似二次能量损失，即式(10.117)的左边第一项，可形成如下最优化问题：

$$\begin{cases} \min_{\boldsymbol{F}} J(\boldsymbol{F}^{\mathrm{T}}) = \boldsymbol{F}^{\mathrm{T}} \boldsymbol{W} \boldsymbol{F} \\ \text{s.t.} \begin{bmatrix} \tau_1(k) \\ \tau_2(k) \\ \tau_3(k) \end{bmatrix} = \boldsymbol{B} \times \boldsymbol{F} \end{cases} \tag{10.126}$$

采用拉格朗日乘子法，很容易求得该问题的理论解：

$$\boldsymbol{F} = \boldsymbol{W}^{-1} \boldsymbol{B}^{\mathrm{T}} (\boldsymbol{B} \boldsymbol{W}^{-1} \boldsymbol{B}^{\mathrm{T}})^{-1} \boldsymbol{\tau} \tag{10.127}$$

伪逆方法是一种全局方法,其求解快速容易,编程简单,分配结果与目标推力完全相等。其缺点是该方法没能考虑推进器的能力,在很多情况下导致分配的结果在物理上是没法实现的。

2) 二次规划方法

损失函数与前述算法一样,但考虑推进器的能力,例如考虑局部能力,可以得到如下问题:

$$\begin{cases} \min_{\boldsymbol{F}} J(\boldsymbol{F}^{\mathrm{T}}) = \boldsymbol{F}^{\mathrm{T}} \boldsymbol{W} \boldsymbol{F} \\ \text{s. t.} \\ \boldsymbol{\tau}(k) = \boldsymbol{B} \times \boldsymbol{F}(k) \\ \begin{bmatrix} \boldsymbol{A}_1(k) & & & \\ & \boldsymbol{A}_2(k) & & \\ & & \ddots & \\ & & & \boldsymbol{A}_r(k) \end{bmatrix} \times \boldsymbol{F}(k) \leqslant \begin{bmatrix} \vec{\boldsymbol{b}}_1(k) \\ \vec{\boldsymbol{b}}_2(k) \\ \vdots \\ \vec{\boldsymbol{b}}_r(k) \end{bmatrix} \end{cases} \quad (10.128)$$

其中,对于全回转推进器:

$$\boldsymbol{A}_i(k) = \begin{bmatrix} \sin(\alpha_{i,-}(k)) & -\cos(\alpha_{i,-}(k)) \\ -\sin(\alpha_{i,+}(k)) & \cos(\alpha_{i,+}(k)) \\ -\cos(\alpha_{i,+}(k)) & -\sin(\alpha_{i,+}(k)) \\ \cos(\alpha_{i,-}(k)) & \sin(\alpha_{i,-}(k)) \\ \cos(\alpha_{i,+}(k)) & \sin(\alpha_{i,+}(k)) \end{bmatrix} \quad (10.129)$$

$$\vec{\boldsymbol{b}}_i(k) = \begin{bmatrix} 0 \\ 0 \\ -F_{i,-}(k) \\ F_{i,+}(k) \cdot \cos(\alpha_{i,-}(k) - \alpha_i(k-1)) \\ F_{i,+}(k) \cdot \cos(\alpha_{i,+}(k) - \alpha_i(k-1)) \end{bmatrix} \quad (10.130)$$

对于固定式推进器:

$$\boldsymbol{A}_i(k) = \begin{bmatrix} \sin(\alpha_{D,i}) & -\cos(\alpha_{D,i}) \\ -\sin(\alpha_{D,i}) & -\cos(\alpha_{D,i}) \\ -\cos(\alpha_{D,i}) & -\sin(\alpha_{D,i}) \\ \cos(\alpha_{D,i}) & \cos(\alpha_{D,i}) \end{bmatrix} \quad (10.131)$$

$$\vec{\boldsymbol{b}}_i(k) = \begin{bmatrix} 0 \\ 0 \\ f_{x,i}(k) \\ f_{y,i}(k) \end{bmatrix} \quad (10.132)$$

式(10.128)中的损失函数为二次函数,如果 W 矩阵正定,因式(10.128)中的不等式约束和等式约束均为线性约束,因此是一个典型的凸二次规划问题,可以采用凸二次规划问题求解,在约束条件不是互相矛盾的情况下,二次规划问题总能求得最优解。

对于式(10.128)中的不等式约束和等式约束相矛盾的情况,代表在目前的构型区域附近以推进器的能力无法分配出严格满足目标推力的结果,而实际的控制目标也没必要使得分配结果与目标推力完全相同。因此往往采用松弛变量法,用式(10.120)所表示的等式约束代替式(10.128)中的严格等式约束,此时亦用如下的损失函数代替式(10.128)中的损失函数

$$J[F^{\mathrm{T}}(k), s^{\mathrm{T}}(k)] = F^{\mathrm{T}}WF + s^{\mathrm{T}}Qs \tag{10.133}$$

二次规划方法同样快速简单,既适用于全局分配(用全局约束代替局部约束即可),也适合于局部分配,是一种很不错的方法。唯一的缺点是该分配方法容易使得推进器构型陷入奇异,导致在奇异方向需要分配推力时反应缓慢。

3) 其他分配方法

立足于图二次规划,将式(10.117)所代表的损失函数在推进器当前点(注意当前点对于松弛等式约束及其他推进器能力约束而言是一个可行点)附近展开,通过采用求取一系列二次规划的办法求得最求解,即所谓的序列二次规划方法,该方法的推导及编程均较复杂,求解过程中容易陷入局部极小点。

推力分配中另一类用得比较多的方法是粒子群方法,该方法的基本原理是在问题的可行区域中生成一系列随机解,然后模拟鸟群觅食的方式使得这些随机点向较优的随机点移动,并在移动过程中计算实时最优点。该方法的推导和编程均很简单,唯一的缺点是计算工作量较大,且在参数一定的情况下,计算越久,越可能接近最佳解。

10.6.3 实际问题

1) 推力分配模式

对动力定位操作而言,推力分配主要有以下几种配模式,各分配模式下的求解其本质是一样的,所不同的只是对全回转推进器的角度施加额外的约束而已。

(1) 可变分配模式。对接入系统的所有推进器,推进器方位角在全局范围内可变,系统依此将为达到控制目标所需的推力和力矩分配到各台推进器上,所以推进器的转动比较频繁。

(2) 固定分配模式分配。对接入系统的所有推进器,对其中的所有全回转推进器按照推进器配备情况预设一个固定的方位角,在此基础上分配所需推力和力矩。

(3) 基于环境力的固定分配模式。对接入系统的所有推进器,对其中所有全回转推进器配备情况以及系统计算得到和环境荷载情况,预设一个相对固定的方位角后再行分配所需推力和力矩。

(4) 操作者自行设定的方位角的固定分配模式。对接入系统的所有推进器,对其中的所有全回转推进器由操作者指定其后方位角,在此基础上分配所需推力和力矩。

2) 推进器干涉及禁止区

当两台推进器离得较近时，如果一台推进器处于另一台推进器的尾流中，则处于尾流中的推进器效率会降低，因此要避免此种情况发生。一个解决办法是设定禁止区，即处于上游的推进器不允许进入预先设定的禁止区，以避免此类干扰，可以分为静态与动态两种模式。其中，静态模式是系统预设，不管情况如何，禁止区均不允许停留。对于动态模式在推力分配时，如果检测到某台推进器处于另一台推进器的尾流影响区域中，则在推力分配中，处于尾流影响中的推进器将自动避开那些尾流影响较大的方位角。

禁止区的设定不一定全由避免推力干涉设定。禁止区的引入会使得推力分配的求解变得相对复杂，以二次规划方法为例，可能要分为多个互相独立的二次规划子问题求解。

3) 全局分配于局部分配

前文讲到了全局分配与局部分配，如果推进器角度转动足够快，那么全局分配与局部分配是一致的，但推进器变换角度实际上是比较慢的。

如果采用全局分配，那么在推进器转动过程中，推进器所发出的实际合力显然不会与目标推力相等，只有到推进器转到按全局分配结果的角度附近时，才会比较接近目标推力。在推进器转动角度的过程中，如果目标推力发生了变化，则目标角度也相应发生变化。因此如果目标推力变化较大，则很容易使得推进器的实际构型总是落后于目标最优构型。而对于动力定位工况，如果船舶的艏向角已经固定，那么推进器的目标推力就是抵抗风、流荷载即波浪力中的二阶波浪力，均为缓变，因此采用全局分配也能有较好的效果。尤其当系统推进器较少时，很难在局部范围内找到符合目标推力的解时，最好使用全局分配算法。

如前所述，采用局部分配的一个缺点是在外载荷变化时，如果推进器局部构型欠优，很可能陷入局部极小点（此处的局部极小点相对全局而言，并不一定指按局部分配所形成的优化问题的局部极小点）。

全局分配与局部分配各有优缺点，一种办法是将两者结合起来。分配时大体采用局部分配的结果，当局部分配出现较大偏差时，按全局分配计算新的构型，将构型转换后再按局部分配。

10.7 船舶动力定位推进器系统

10.7.1 概述

推进器系统作为动力定位系统的执行机构，它的功能是接受控制系统发出的推力矩指令，产生推力矩，来抵抗作用在船舶上的外载荷，实现船舶的定位。推进器系统所要具备的能力主要包括：抵抗风、浪、流等环境作用力；抵抗为达到某些特定的作业要求时产生的作业力；整个推力系统要有足够快的响应速度。

推进器在水下工作时，会产生复杂的流场，加之海流和波浪的影响，它们之间会产生相互作用，导致推进器水动力性能的降低。这些相互作用主要包括推进器与船体、推进器与推进器之间产生相互干扰，海流引起的推力损失、波浪引起的推力损失等。

10.7.2 形式和原理

1) 推进器的形式

（1）主推进器。船舶的主推进器，不仅用来进行船舶的定位，同时还是船舶航行时的主要推进装置。主推进器一般布置在船舶的舵部，并且常常与舵联合使用，其主要作用是来抵抗船舶所受到的纵向外载荷。主推进器在船舶运转时，会受到船体伴流的作用，影响推进器的水动力性能。主推在倒车产生反向推力时，水动力性能较正车时效率有所降低，其产生反向推力的能力下降。主推进器与舵配合使用时，螺旋桨尾流产生诱导速度，对舵的水动力性能产生干扰。主推进器结构简单，使用方便，是目前应该用最为广泛的推进器。

（2）侧向推进器。侧向推进器是安装在船体隧道中的推进器，隧道贯穿于船体的两侧，而且一般垂直于船体的中纵剖面，因此侧向推进器只能提供横向推力，同时为获得更大的回转力矩，侧推一般安装在靠近船舶的舷舵两端。侧向推进器的优点在于安装简单，但和传统推进器或全回转式推进器相比，其推进效率较低。侧向推进器的水动力性能在很大程度上受到隧道的影响，隧道的长度和布置位置都对推进器的水动力性能产生作用。由于船壳与安装方面的限制，隧道往往会造成侧向推进器的推力损失。

侧向推进器安装在船体上且船体处于无流（即无前进速度或来流）情况时，有效推力是最高的。但是在有来流的情况下，有效推力会急剧下降，甚至可以减少50%。有关资料表明，侧向推进器的有效推力不但受来流的影响，而且来流的方向和水深都对其有影响，当水深小于船舶吃水的2.5倍时，水深对侧向推进器的有效推力会有严重的影响。

在侧向推进器中，通常将螺旋桨的桨叶做成对称翼剖面，以螺旋桨的正转和反转来获得正向和反向推力。但是，由于整个侧向推进器无法做成完全对称的结构，因此侧向推进器的正推力和反向推力一般不是相等的。

（3）全回转推进器。全回转推进器是通过伞齿轮系统传动机构使普通螺旋桨或导管螺旋桨能在水平面内绕竖轴的转动，用以船舶的推进。全回转推进器可以改变螺旋桨轴在水平面上的任意角度，能够提供水平面上范围的推力，在使用上非常灵活方便。全回转推进器可在车间中整个组装完成，不需要水下作业，因此安装和维修变得十分方便。全回转推进器在动力定位系统中应用十分普遍。

全回转推进器由于可以进行360°的回转，所以可以产生所需要的任意方向的推力，它可以是船舶进行原地回转、横向移动、急速后退等特殊驾驶操作。装备全回转推进器可使船舶艉部形状简化，减少船舶阻力，并且在推进器发生故障时可以将整机从机舱吊出而不需要进坞，使维修工作大大简化。另外，由于螺旋桨可以回转而不需要柴油机倒车，因此增加了柴油机的使用寿命。全回转推进器适合于各种工程船舶,如拖轮、顶轮、浮动起重船、渡轮、作业用平底船和钻井平台等,具有广阔的市场应用前景和军事意义。

(4) 吊舱推进器。吊舱推进器又称为 POD 推进器。它是利用发电机(一般为柴油机发电机组、燃气轮机发电机组或涡轮机发电机组)将其他形式的能量转换为电能,再通过电动机将电能转换成机械能,实现了能量的非机械方式传递。POD 推进器的出现是舰船全电力推进技术中的亮点。它提高了推进器的水动力性能,弥补了传统电力推进系统效率不高的缺陷。吊舱式电力推进器提出了一种全新的推进理念,它集推进和操舵装置于一体,极大地增加了船舶设计、建造和使用的灵活性,POD 推进器的应用将使电力推进的优越性得到更充分的体现。

(5) 喷水推进器。喷水推进装置是又主机驱动水泵,利用高速、高压水流喷射产生的反作用力进行推进的装置,通过操舵和导航装置改变喷流来实现船舶操控。近 20 多年来,已有很多高速船舶采用此装置,并显示出其卓越的性能。对于前面介绍的螺旋桨推进装置,其吸收功率受航速影响很大,船舶在加速或遇到风浪时,常使主机处于超载工况,而喷水推进装置则完全不同,其功率吸收不取决于航速,这对主机十分有利,而且有可能组成多轴推进装置[6]。

2) 推进器的原理

(1) 螺旋桨的推力和转矩。一定几何形状的螺旋桨在敞水中转动时产生的流体动力特性为推力和转矩。它们与螺旋桨的直径 D、转速 n、进速 V_A、水密度 ρ、水运动黏性系数 υ 及重力及速度 g 有关。

一般可用下列函数表示推力 T 与各因素的关系

$$T = f(D, n, V_A, \rho, \upsilon, g) \tag{10.134}$$

螺旋桨推进器的推力 T 与转矩 Q 和转速 n 之间的关系为

$$T = k_T \rho n^2 D^4$$
$$T = k_Q \rho n^2 D^5 \tag{10.135}$$

式中 k_T 和 k_Q ——推力系数和转矩系数;

n ——螺旋桨转速;

D ——螺旋桨直径。

(2) 推进器效率。定义进速系数 J 为:

$$J = \frac{V_A}{nD} \tag{10.136}$$

螺旋桨敞水效率 η_0 定义为螺旋桨产生的有用的推进功率与阻力之间的比值,即

$$\eta_0 = \frac{TV_A}{2\pi nQ} = \frac{k_T \rho n^2 D^4}{k_Q \rho n^2 D^5} \frac{V_A}{2\pi n} = \frac{k_T}{k_Q} \frac{J}{2\pi} \tag{10.137}$$

推进效率分为三部分:敞水效率、船身效率和相对转动效率。

有效推进功率为：

$$P_E = X_P V \tag{10.138}$$

式中　P_E——有效功率。

推进器产生的功率为：

$$P_T = TV_A \tag{10.139}$$

当船舶由螺旋桨推进以相同的航速航行时，船身周围的压力场由于螺旋桨的作用将会发生改变。船体艉部压力降低而艏部压力为改变，从而增加了船体阻力。增加的阻力可以表示为：

$$X_P = (1-t)T \tag{10.140}$$

式中 t 为推力减额。

现在给出船身效率的定义。它表示了有效推进功率与推进器功率之间的比值，即

$$\eta_h = \frac{P_E}{P_T} = \frac{X_P V}{TV_A} = \frac{1-t}{1-\omega} \tag{10.141}$$

相对旋转效率 η_R，它反映出了螺旋桨推进器在船舶伴流中和敞水中所表现出的不同力矩特性，大多数情况下接近于 1。

由以上几个定义可得推挤效率为

$$\eta_D = \eta_0 \eta_h \eta_R \tag{10.142}$$

10.7.3　水动力计算

推进器的水动力计算主要是指螺旋桨的水动力计算。而螺旋桨的水动力学研究对象，研究范围非常广泛。涉及螺旋桨理论设计与优化、尺度效应、空泡、压力脉动、噪声以及船/桨/舵干扰等诸多方面。螺旋桨水动力学研究仍然是基于势流理论，势流理论局限性必然会造成许多不足之处，但势流理论的相对完善性使其在螺旋桨设计方面得到广泛应用。而计算流体力学(computational fluid dynamics，CFD)正飞速的发展，由于数值模拟相对于实验研究有很独特的优点，如成本低、周期短、能获得完整的数据，能模拟出实际运行过程中各种所测数据状态，目前 CFD 技术在工程领域已得到了广泛的应用。与物理模型的试验研究相比，数值计算的特点是适应性强、应用面广。

1) 基于势流理论的螺旋桨水动力计算

基于势流理论的螺旋桨水动力性能预报经历了升力线、升力面、面元法几个阶段。下面分别就这 3 种主要的理论方法进行简要的介绍。

（1）升力线理论。螺旋桨的桨叶剖面一般都是机翼型，虽然螺旋桨叶的结构及运动方式有所不同，但是它们产生流体动力的机理是相同的，广义地可以将螺旋桨叶看作是扭曲的螺旋运动的三维机翼。

机翼的升力线理论模型是由普朗特建立的,它将附着涡假设为一根涡强沿展向变化的涡线,称为升力线,自由涡从升力线上沿来流方向泄出。与机翼的升力线模型相似,把螺旋桨的所有附着涡集中在一条从叶根到叶梢的展向线上,这根涡线称为螺旋桨的升力线。它的强度沿展向是变化的,所以一定有自由涡向后泄出。三维机翼以及螺旋桨升力线的模型如图10.27所示。

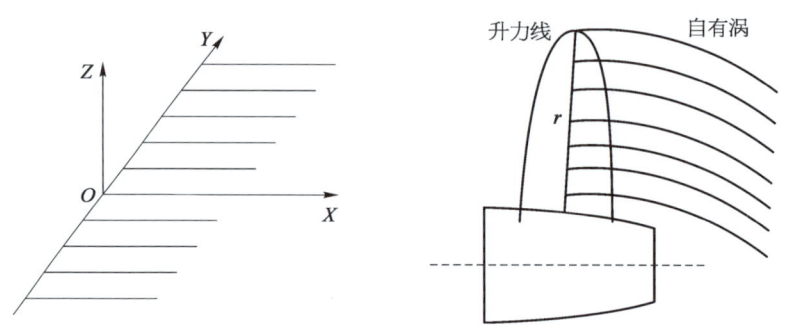

图10.27 三维机翼以及螺旋桨的升力线模型

升力线模型比较简单,数学上相当于一种远场解,在20世纪70年代曾发挥过重要作用。但由于螺旋桨升力线理论在考虑下洗速度时仍然采用二维机翼的剖面特征来处理,而且其不能满足物面的边界条件,再加上船用螺旋桨的展弦比一般比较小,造成此理论计算的结果往往不能满足计算精度。同时,升力线理论在处理带有侧斜和纵倾的螺旋桨时存在很大的不足,因此升力线理论的应用受到很大的限制,目前应用得较少。

(2) 升力面理论。螺旋桨升力面理论是以在螺旋桨叶片拱弧面上连续分布的附着涡,来替代叶片的作用,该涡片称为螺旋桨的附着涡片,即升力面。升力面理论是薄翼理论的推广,把桨叶分成厚度部分和弯度部分的线性迭加。厚度部分只对桨叶的压力分布有贡献,可用分布在桨叶各半径上的翼弦所构成的曲面上的源汇分布来代替;弯度部分才是升力的起源,需要用分布在翼弦面上的涡来表示,在翼弦上满足不可渗透的边界条件。

升力面理论是基于薄物体的假定简化,其边界条件不是在真实物理表面上满足,而是把边界条件移到拱弧面上去满足。由于薄翼绕流在导边的奇异性,使它不能计算导边附近的压力分布。因此,升力面理论的发展也受到一定的限制。

(3) 面元法理论。面元法又称为边界元法,与升力面理论相比,面元法直接在物面上分布源汇、偶极子等奇点,按在流动边界上满足边界条件形成求解未知奇点强度的联立方程组,不对物面形状做任何假设,因而在理论上比升力面理论完善,对复杂物体的几何形状能更精确地进行描述,对于桨毂、导管和桨叶空泡的影响也更容易处理。

在对螺旋桨性能进行计算过程中,面元法采用的基本计算公式有两类。一类是基于速度的计算方法,以1964年汉斯和史密斯提出的面元密度法为代表。其主要思想是将物面引起的速度势单独由源汇的面分布表示,考虑物面的法向速度为零的边界条件,构成了求解无升力势流问题的面源密度方法的基本公式。另一类是基于速度势的计算方法,蒙瑞诺于1974年首先提出了其基本原理,20世纪80年代以后才被逐渐重视[43]。

2) 基于CFD的螺旋桨水动力计算

CFD技术可以弥补了理论分析方法和实验测量方法的不足,CFD技术能够解决流动问题的非线性控制方程自变量多、计算域的几何形状和边界条件复杂的情况,并且在计算机上进行数值模型的计算,可以形象的再现流动情景。

(1) 计算流体动力学原理。采用计算流体动力学方法对流体流动进行数值模拟,以建立数学模型为出发点,数学模型应该能够反映问题各个量之间关系的控制方程及相应的定解条件,然后针对控制方程选用相应的离散化方法,如有限差分法、有限元法、有限体积法等,对流场进行求解。

运用CFD软件对流场进行求解计算,一般包括计算网格划分、初始条件和边界条件的输入、控制参数的设定。对任何流场的求解,都必须给出边界条件,边界条件反应边界上的变量随时间的变化情况,设置初始条件时要考虑瞬态和稳态问题的区别[3]。

(2) 数值计算方法。

① 基本控制方程。基本控制方程作为流体流动研究方法的根本方程,计算流体力学方法的建立就是以这一方程为基础。该方程从牛顿力学运动定律、质量守恒定理及能量守恒定理的角度,在黏性不可压缩情况下,建立牛顿流体的连续方程与运动方程,表达如下:

$$\frac{\partial u_i}{\partial x_i}=0$$

$$\frac{\partial u_i}{\partial t}+\frac{\partial}{\partial x_j}(u_i u_j)=-\frac{1}{\rho}\frac{\partial p}{\partial x_i}+v\frac{\partial}{\partial x_j}\left[\frac{\partial u_i}{\partial x_j}+\frac{\partial u_j}{\partial x_i}\right] \quad (10.143)$$

② 湍流模型。在CFD软件对黏性流场进行计算时,能够选择使用不同的湍流模型对其进行研究。为了使雷诺平均的纳威尔-斯托克斯方程能够封闭可解,根据湍流的运动规律,寻求附加的条件与关系式,从而形成了不同的湍流模型。CFD软件中提供的湍流模型如下:一方程模型Spalart-Allmaras(S-A),两方程模型k-ε(包括Standard k-ε、RNG k-ε和Realizable k-ε)、k-ω(包括Standard k-ω和SST k-ω),雷诺应力模型(RSM)和大涡模拟(LES)。

③ 湍流模拟方法。湍流的数值模拟方法可以分为直接数值模拟方法和非直接数值模拟,直接数值模拟方法是指直接求解瞬时湍流控制方程;非直接数值模拟方法不是直接计算湍流的脉动特性,而是设法对湍流做某种程度的近似和简化处理,根据所采用的近似和简化方法的不同,将非直接数值模拟方法又可分为大涡模拟、统计平均法和雷诺平均法。

④ 离散方法。计算流体动力学的核心内容就是离散化方法,在模型计算前首先要生成计算网格,即对计算域进行离散,常用的离散方法分为有限差分法、有限元法和有限体积法。

有限差分法和有限元法都只是对元微分方程的数学近似,并没有反映其物理特性,当出现流动的守恒性、强对流和不可压等条件时,无法给出合理的物理解释。

有限体积法是目前 CFD 领域广泛使用的离散化方法,其在控制方程的离散化和网格使用上都有自己的特点。有限体积法得出的控制方程,使得任意一组控制体积都满足特征变量的积分守恒,自然整个计算区域也得到满足,即使在网格较粗的情况下,也能准确表现出积分守恒。

10.7.4 系统设计

当前船舶推进器以螺旋桨为主,针对不同的用途,螺旋桨推进器具有不同的控制方式和结构形式。因此,不同的工况需要选择不同的螺旋桨形式和参数。

1) 定螺距螺旋桨与变螺距螺旋桨

当前电力驱动的螺旋桨和柴油机直接驱动的螺旋桨都能够实现对转速的直接调节。出于结构的简洁和控制的方便性考虑,动力定位推进器大量选用电力推进螺旋桨,因此对于定螺距螺旋桨来说,必须采用变频装置控制螺旋桨交流驱动电机的转速,或者采用直流电动机调速驱动。根据用途、吃水深度、主机功率等因素的不同,桨叶的数目为 1～4 个。定距螺旋桨结构简单、经济安全,但不能在多种工况下充分发挥作用。

变螺距螺旋桨由桨叶、桨毂机构、配油器、液压系统及电子遥控系统五大部分组成。其桨叶不固定在桨毂上,围绕垂直于桨轴的轴线转动。利用桨毂内的操纵机构转动桨叶,改变螺距角,从而改变推力的大小和方向,以适应舰艇前进、后退、停止和变速等要求。

螺旋桨的驱动机构以恒定转速运行,通过电液伺服控制系统控制配油机构,将方向和油量都受控制的高压油输入到位于螺旋桨桨毂中的调距油缸,并通过转叶机构,驱动桨叶,在全正车和全倒车范围内无级调节螺旋桨的螺距角,从而达到改变推力的目的。变螺距螺旋桨可在不同航行工况下充分发挥主机的功率,同时获得较高的推进效率,并能最有效地满足船舶紧急加速、倒航、微速航行及停航而主机不熄火等工况要求。对于工况多变并且对操纵性能要求较高的船舶有很高的优越性。但其功能也造成了结构的复杂,造价高,维修难度大。并且由于调距部件较多,造成桨毂直径较大,在相同的螺旋桨导流管直径及空泡限制的前提条件下,容许的桨叶长度较小。通常情况下效率比定螺距螺旋桨低 1‰～3‰。基于以上情况,可知变螺距螺旋桨宜用于以下船舶:对灵敏度要求较高,需要经常灵活地前进、停车及倒退之船舶,航程远且具有多种工况的船舶,在各种航道及气候条件下需要远航、只有一种航速的船舶,原动机调速不便的船舶。因此,在拖船、渔船、工程船、布缆船、挖泥船、调查船、科学考察船、油船、渡船、滚装船、破冰船、燃气轮机货船等船型上得到了广泛的使用[45]。

2) 螺旋桨基本结构参数

(1) 螺旋桨直径:首先考虑与尾型和吃水的关系,在绘制船体线型时,已基本决定了螺旋桨的轴线位置和可能的最大直径。从尾型和吃水条件看,普通船舶的螺旋桨直径大约在下列范围:

$$单桨\ D=(0.7\sim 0.8)T_w$$

$$双桨\ D=(0.6\sim 0.7)T_w$$

式中 T_w——船舶满载时的船尾吃水。

只要螺旋桨直径未超过尾型和吃水条件的限制,就可以通过设计图谱求得敞水效率最佳的螺旋桨直径。但是由于船后伴流不均匀性的影响,敞水最佳直径与船后最佳直径略有差别。随着伴流不均匀的程度,最佳直径应有不同程度的减小:单桨所处的位置的伴流不均匀性较大,最佳直径要减3%～5%;双桨所处的位置伴流比较均匀,最佳直径减少约2%～4%。

(2) 盘面比:若螺旋桨的直径、螺距、转速和叶数均相等,则推力和转矩均随盘面比的增加而增大。但盘面比大时,翼栅作用较甚,桨叶的摩擦阻力也较大,螺旋桨的效率就较低。盘面比太小时,因强度需要,势必增加桨叶厚度,这时桨叶单位面积所发出的推力较大,容易发生空泡,且会增加涡旋阻力,致使效率反而降低。所以在设计螺旋桨时,均选择不发生空泡的最小盘面比。

(3) 桨叶轮廓形状:桨叶的外形轮廓多螺旋桨的效率和空泡性都能有影响。但是通过现场反馈表明,对一般接近椭圆形的桨叶,叶形的变化对螺旋桨效率影响不大。

(4) 叶数:螺旋桨叶数的选择应根据船型、吃水、推进性能、振动和空泡多方面加以考虑。一般认为若螺旋桨的直径及展开面积相同,则叶数少者效率略高,叶数多者因叶片与叶片间产生的相互干扰作用较大,效率常略低。叶数多者对减小振动有利,叶数少者对避免空泡有利。

3) 推进器与船体之间的干扰

推进器与船体之间的水动力干扰主要表现为推进器尾流对船体的作用,从而产生相反的阻力。而且由于尾流速度的变化和船体形状的多样性,尾流相对船体的压力分布就比较复杂,从而导致推进器与船体之间的水动力干扰比较复杂。因此,在实际工程设计中,推进系统的设计往往会考虑以下几个方面的干扰:

(1) 摩擦阻力。推进器安装在船体平坦的底部时,推进器正常工作产生的尾流会紧贴船体表面往后流动,由于海水的黏性作用,就会在船体表面形成一个与推力相反的摩擦阻力,使推进器推力损失。尤其是推进器安装在船体的端部,推进器尾流从一端沿着船体表面流向另一端时,会产生更大的摩擦阻力,推力损失可达到20%～25%。

(2) 科安达效应。科安达效应(Coanda effect)主要是由于船体表面为曲面时,像船体舭部连接处曲面,推进器尾流因海水的黏性作用沿着船体曲面流动扩散,在船体曲面附近形成水流低压区,从而造成压差阻力,抵消了部分推力,使推进器推力损失。压差阻力大小一般和推进器与船体之间的距离、船体舭部半径的大小、推进器与舭部的距离等因素有关[46]。

(3) 双浮体影响。双浮体影响主要发生在双体半潜结构中,当推进器安装在非常靠近平坦的船底,并且离半径较大的舭部距离很远时,由于海水黏性作用,推进器尾流会沿着船体表面流动,其轨迹会偏离一定角度,最大可以达到29°,这大大超过了推进器在敞水中尾流的扩散角8°～10°。这时候,在双体半潜结构中,由于轨迹偏离的尾流直接作用到另一边的浮体上,产生很大的反向作用力,从而造成推进器推力严重损失。

4）推进器与推进器之间的干扰

推进器是通过螺旋桨将水流拨向后端，从而生成向前的推力驱动船舶移动的。当船舶安装多个推进器，尤其是两个推进器相互距离较近时，一个推进器推力方向处于另一个推进器尾流中，就会发生前一个推进器尾流作用于后一个推进器，使处于尾流中的推进器推力损失。特别是前后两个推进器推力的方向处于同一直线时，后面的推进器推力损失最为严重。因此，对于提高推进器效率，研究推进器与推进器之间的水动力干扰是很有意义的。

推进器与推进器之间的水动力干扰主要与推进器之间的距离以及方位角相关。目前已经有很多水池试验对这方面干扰进行了研究，并且给出了推进器推力损失经验公式。对比这些研究结果，尽管推进器的形式不一样，但结果基本差不多。

10.7.5 布置

作为动力定位系统的执行机构，推进器系统的良好运行是实现定位的必要前提，其配置的合理与否直接影响着定位的精度和系统运行的经济性。

1）动力定位推进器的布置方法

动力定位船舶的推进器系统应该满足如下关系：

$$\tau = B(\alpha) u \tag{10.144}$$

式中　τ——总推力向量；

$B(\alpha)$——推进系统的布置矩阵；

α——推进器的推力方向角；

u——推力列向量。

此方程通常称为推力方程。式中向量 τ 包含 3 个元素，分别为全部推进器产生的船舶纵向力、横向力和转艏力矩；$B(\alpha)$ 表示出了各个推进器的位置和朝向；向量 u 中的各个元素为各个推进器输出推力的大小。

推力方程为动力定位船舶进行推力系统设计和推力分配的依据。只不过在具体的情况下，会增加一定的限制条件。比如进行推力分配时，除了推进器系统要满足基本的推力方程关系外，还需要增加禁止角、能量消耗、推进器角度变化速率等约束条件。若将此矩阵方程写成方程组的形式，则可以表示成如下形式

$$\begin{cases} F_x = -\sum_{i=1}^{N_T} T_i \cos \alpha_i \\ F_y = -\sum_{i=1}^{N_T} T_i \sin \alpha_i \\ M = -\sum_{i=1}^{N_T} (x_i T_i \sin \alpha_i - y_i T_i \cos \alpha_i) \end{cases} \tag{10.145}$$

式中 　α_i——船体坐标系正半轴到第 i 个推进器推力方向的回转角(rad);
　　　(x_i, y_i)——第 i 个推进器在船体坐标系上的位置(m);
　　　T_i——第 i 个推进器的输出推力(N)。

从上式可以看出,推进器所处的位置不同,整个推进器系统的工作效果也不同。特别是动力定位船舶推进器个数通常较多,且常用全方位式推进器,因此,推力方程是一个不定方程,在方程的若干组解中,一定存在针对特定目标的最优解。如果说对于每个推进器推力大小和方向的确定是推力分配的问题,那么对于每个推进器位置的确定则是推进器的布置问题[47]。

2) 动力定位推进器布置规律分析

为了使动力定位系统推进器有一个良好的工作状况,在布置时需要对与布置相关的若干规则进行考虑。由推力方程的形式可以知道,船舶若要实现动力定位,至少需要用到两台推进器,并且其中一台推进器还应该为全方位式的。例如,若 1 号推进器为全方位式,2 号为槽道式侧推,则其推力方程为

$$\begin{cases} T_x = T_1 \cos\alpha_1 \\ T_y = T_1 \sin\alpha_1 + T_2 \\ M_T = x_1 T_1 \sin\alpha_1 - y_1 T_1 \cos\alpha_1 + x_2 T_2 \end{cases} \quad (10.146)$$

式中 　T_x——所有推进器产生的总的纵向力(N);
　　　T_y——所有推进器产生的总的横向力(N);
　　　M_T——所有推进器产生的总的转艏力矩(N·m)。

在推进器位置确定时,一个外载荷情形有且仅有一种推进器推力分配结果,这样会存在以下问题[48]:

① 每个推进器的需求功率会很大,特别是对于大型动力定位船只来说,若只用两台推进器,则很难找到能够与之匹配的推进器型号。

② 在外载荷变化时,推进器系统很难快速做出相应。

③ 推进器系统无冗余,任意一个推进器出现故障,都会导致船舶丧失定位能力。

因此,实际中的动力定位船舶的推进器个数都较多,考察船一般有 3~5 个推进器,大型海上石油钻井平台甚至能达到 8 个以上。

另外,在推力方程中还可以看出,推进器位置的变化会直接影响船舶的转艏力矩大小,在相同的推进器个数、推力大小和方向的条件下,推进器布置的位置不同,产生的力矩效果也不一样。

3) 动力定位推进器的布置流程

动力定位推进器布置的基本流程如下:

(1) 确定船体参数、环境载荷参数、工作载荷数据,并确定环境载荷计算方法。

(2) 根据船舶的航速要求确定主推进器的基本功率和布置位置。

(3) 根据动力定位推进器的布置规律增设推进器,并布置到合适的位置上。

(4) 使用船舶最大环境参数和工作参数对当前推进器系统进行校核,确定每台推进

器所需配置的功率大小。

（5）判断当前推进器系统的每台推进器需要配置的功率是否在可选功率范围内。如果功率可以满足选型要求，则最简动力定位推进器系统布置完毕，如果功率需求超出了选型范围，则增加推进器，回到第三步，直到满足要求为止。

（6）绘制动力定位能力曲线图，对推进器系统定位能力进行考核[49]。

如果有冗余要求，则可按照冗余的具体要求对推进器系统进行验证。如果定位能力满足要求，则布置工作结束；如果不满足要求，则根据各个推进器的负荷情况进行适当调整，重复验证直到满足设计要求为止。

10.8 船舶动力定位控制系统仿真测试

10.8.1 硬件在环仿真（DP-HIL）系统

硬件在环仿真系统主要针对动力定位控制系统提供软件测试和验证，探测软件系统错误和缺陷，保证动力定位控制系统产品能够符合 IMO 及船级社等相关规范。对于新建船舶，该系统提供的测试功能可以在试车、起动和第一年运行中大大降低软件相关的风险。对于在运行船舶，该系统提供的测试功能可以用于评估控制系统软件的在线升级。该系统提供的测试技术可以节省故障处理的时间和费用。简而言之，该系统测试降低了软件相关的停租费用和非生产性时间消耗风险。在失效模式测试中，该系统的仿真测试功能以非损坏设备的方式提供了全面的失效模式，该系统测试对被测系统的覆盖度较高，降低了失效模式测试的复杂度和测试成本。

1）系统概述

如图 10.28 所示，整个系统由若干子系统（模块）组成。人机交互方面包括：仿真器管理系统、性能分析系统、故障管理系统、视景仿真系统、实时数据记录系统和远程服务系统。仿真计算方面包括：船舶运动模块、故障模拟系统、作业载荷、环境载荷、传感器、位置参考系统、电力仿真系统和推进器系统。为使 DP 控制系统的安装与实船无差别，系统提供了多种外部数据接口。为累积试验数据用于进一步的分析，系统提供对测试配置数据、故障数据和实时运行数据存储功能。各个子系统通过系统内部通信通道进行数据交换。

其中各个子系统功能描述如下：

（1）仿真器管理系统主要负责对整个试验系统进行配置管理、仿真场景管理和系统运行状态监控。

（2）性能分析系统用于分析整个系统的性能，包括燃油消耗性能、船舶运动状态误

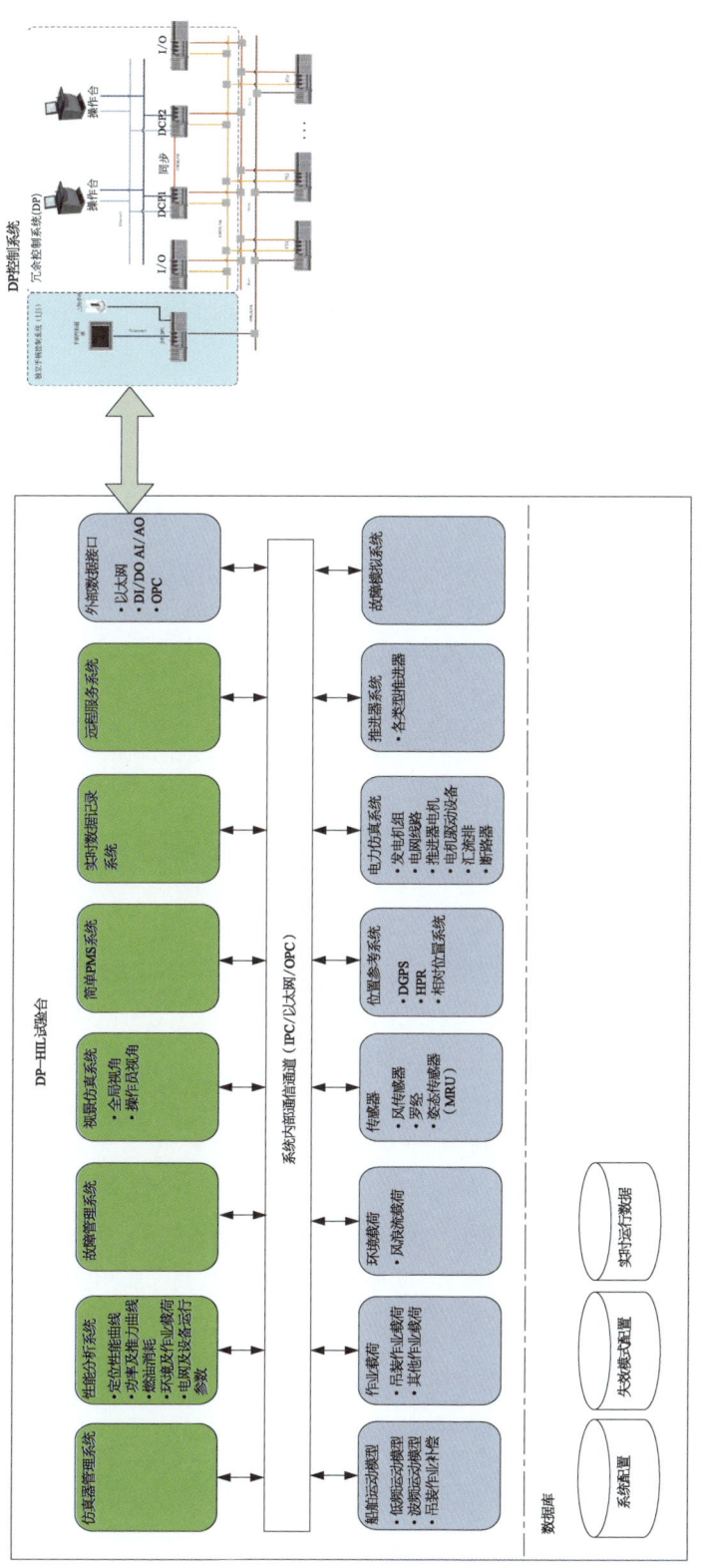

图 10.28 DP-HIL 仿真系统

差等。

（3）故障管理系统用于管理各类故障模式的生成和故障参数设置。该系统独立运行，通过仿真模块提供的接口设置故障参数、触发故障。

（4）视景仿真系统将仿真过程中船舶运动和设备运行的实时数据，通过视觉图形技术仿真出视景效果。该系统包括DP操作员视角和全局视角。操作员视角用于仿真操作员在驾控台中观察到的本船外部的情景。全局视角用于仿真俯视本船与其他外部船舶或物体的情景。

（5）简单PMS系统主要负责对电力仿真系统的管理和监控。该系统提供手动方式控制电网运行模式的功能。

（6）实时数据记录系统负责存储系统仿真过程中的船舶运动数据、设备运行状态数据、环境载荷数据、动力定位控制系统控制指令数据、控制性能数据。

（7）远程服务系统一方面负责对DP-HIL测试系统进行远程管理和性能分析等；另一方面提供对实船DP系统进行性能分析的功能。

（8）船舶运动模块用于仿真船舶在外力作用下的位置和姿态，包括船舶在波浪的作用下的波频运动。

（9）故障模拟系统用于仿真信号失效，包括信号线的连接故障、信号干扰故障、信号数据包故障等。

（10）作业载荷模块用于仿真船舶在某种作业情况下引起船舶运动变化的外力。如铺管、铺缆、挖泥作业都会影响船舶运动。

（11）环境载荷模块用于仿真风、浪、流对船舶的作用力，同时仿真环境缓变过程。

（12）传感器模块用于仿真传感器测量数据，同时仿真数据传输特征，包括传感器数据频率、传输协议等。该模块主要仿真风速风向仪、电罗经、姿态仪（MRU）等。

（13）位置参考系统用于仿真各类位置参考系统测量数据，同时仿真数据传输特征，包括传感器数据频率、传输协议等。该模块仿真的位置参考系统包括GPS、水声位置参考系统和立管角度位置参考系统等。

（14）电力仿真系统用于仿真船舶电网及其相关设备的动态特性，该系统仿真的设备包括柴发机组、断路器、变压器、电动机、电机驱动设备、电网。

（15）推进器系统用于仿真推进器的水动力特性。该系统是电力仿真系统和船舶运动模块相联系的环节，推进器系统从电力仿真系统获取电机转速，基于该转速计算推力和扭矩，船舶运动模块使用该推力计算船舶运动状态，电力系统使用该扭矩计算电机功率。该模块还仿真了推进器设备的状态信号。

（16）外部数据接口为DP控制系统提供了与实船无差别的信号采集和控制指令接口，其中包括串口、开关量信号、模拟量信号。

如图10.29所示，整个系统基于分布式的结构，不同类型的任务在不同的计算机上执行。各个计算机通过以太网相互连接，实现数据通信。

2）系统总体功能结构

船舶仿真系统（SimVesselSys）主要负责船舶运动、电力系统、作业过程、传感系统、参

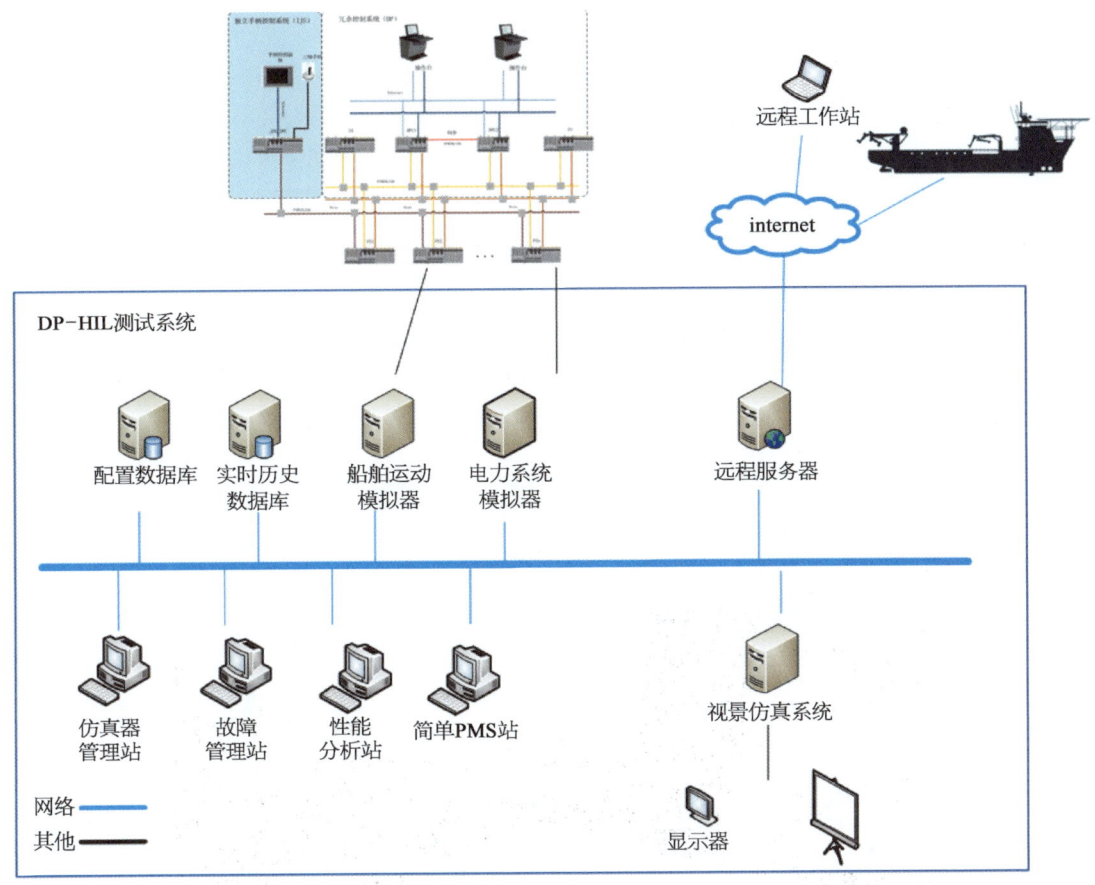

图 10.29　仿真系统拓扑图

考系统、环境等的仿真计算。

仿真器管理系统(SimulatorManager)主要负责对整个试验系统进行配置管理、仿真场景管理和系统运行状态监控。该系统作为独立的工具软件，由用户在需要更改系统参数时运行。

性能分析系统(PerforAnalyzer)用于分析整个系统的性能，包括燃油消耗性能、船舶运动状态误差等。该系统作为独立的工具软件可对系统的各项性能指标进行在线和离线分析。

故障管理系统(FailModeManager)用于管理各类故障模式的生成和故障参数设置。该系统独立运行，通过仿真模块提供的接口设置故障参数、触发故障。该系统独立运行，在 DP 控制系统错误处理测试中，用户可通过其友好的交互界面动态触发各类故障模式、修改故障相关参数，使船舶仿真系统模拟故障场景。

简单 PMS(SimplePms)用户通过手动方式控制电力仿真系统。控制功能包括：起停发电机组、开合短路器、发电机组的并网解列等。

· 485 ·

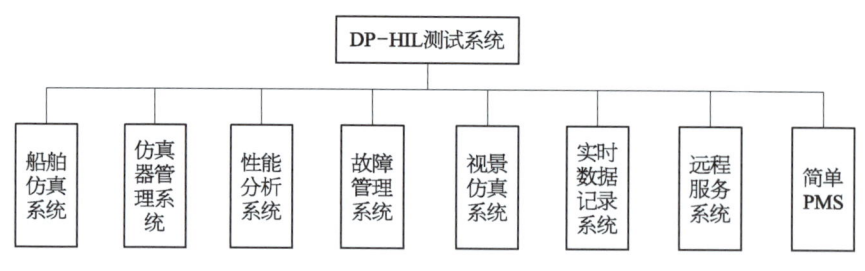

图 10.30 系统构成

实时数据记录系统(HistorianPro)负责存储系统仿真过程中的船舶运动数据、设备运行状态数据、环境载荷数据、动力定位控制系统控制指令数据、控制性能数据。

图 10.31 仿真集成测试现场

10.8.2 仿真测试方法

2 000 t 风电安装船仿真器试验系统如图 10.32 所示,推进器布置如图 10.33 所示。

根据验证系统不同方面的要求,测试可分为 3 种类型:功能测试、性能测试和失效测试。

功能测试主要验证 DP 控制系统中具体功能的可用性和正确性,以及在使用功能过程中系统操作流程的合理性。

性能测试主要验证 DP 控制系统控位能力和在不同海况环境下 DP 控制系统控制性能,如定位精度等。

失效测试主要验证 DP 控制系统失效探测功能,以及系统提供的失效发生后合理的

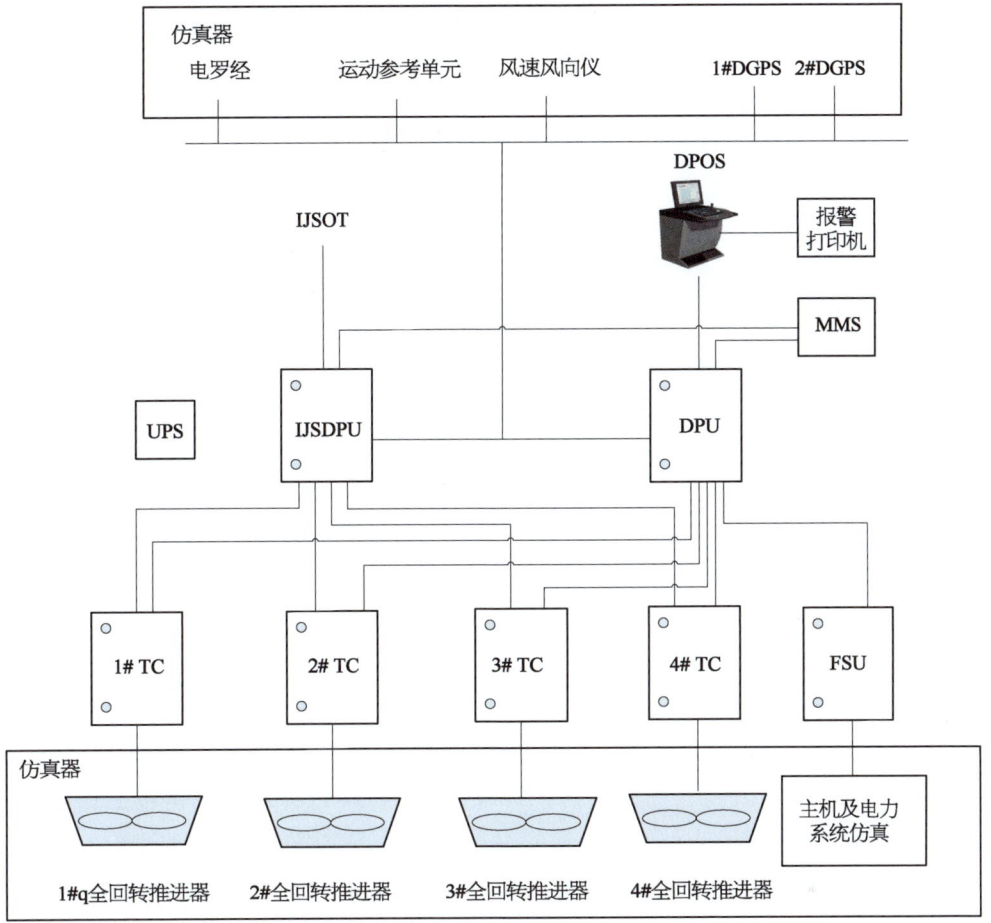

图 10.32　2 000 t 风电安装船仿真器试验系统

操作处理的功能,比如报警系统、冗余、票选和信号质量确认等。

HIL 测试根据 DP 控制系统不同的安装使用阶段可分为以下几种测试:工厂测试、试运行测试、客户验收测试、年度和系统升级测试。

工厂测试是 DP HIL 测试的重要环节,因为该阶段时间相对充裕,可以进行比较全面的测试。工厂测试主要关注如下几个方面:

基础软硬配置测试,通过对 DP 系统所处的软、硬件环境进行设置上的调整,来了解其对于系统性能影响的程度,并根据结果发现环境的最优配置组合。该测试包括 DP 控制器、操作台(终端)和操作面板等。

I/O 接口系统测试,包括 I/O 失效处理、缓冲溢出等。

测试 DP 和联合操纵手柄基本模式和功能,包括模式切换、推力分配模式功能、推进器禁止区、船舶旋转中心和推进器配置等。

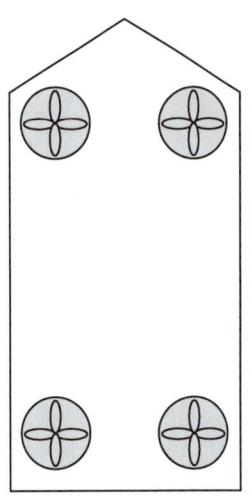

图 10.33　2 000 t 风电安装船推进器布置

电力和推进系统配置测试,验证电力系统设备安装位置、设备型号、额定参数,验证选择和取消选择相应的电力设备而不影响系统性能,验证系统结果分析、功率限制和"黑排"保护功能等。

位置参考系统和传感器系统配置测试,验证设备安装位置和设备型号,验证选择和取消选择相应的设备而不影响系统性能。

报警系统测试,验证所有的单点故障触发相应的报警,同时通过 DP 计算机系统进行合理的故障处理,即不使能故障设备或自动切换到冗余设备。

DP 控制系统参数整定测试,包括控制器参数调整、增益参数设置、状态估计、风前馈、位置推算(dead reckoning)、滤波器、动态性能和极端海况性能测试。这些广泛的测试可以进一步了解系统特性,预先调整参数,节约了海试阶段的调试时间。

试运行测试和客户验收测试一方面主要关注系统在安装和试运行阶段中更改的部分,包括参数修改、系统升级和重新配置。另一方面主要关注 DP 系统的集成测试,而不是孤立的 DP 系统测试。另外还关注包括:

集成网络的功能和障碍包括网络风暴、流量监视和网络部分失效的冗余性能等。

针对冗余 DP 系统测试系统物理隔绝性能。

测试 DP 系统、联合手柄系统和单手柄推进器控制系统之间推进器控制权限的切换功能,及操作台间权限传递的功能。

测试 DP 计算机系统、电力系统和推进系统之间接口及传输失效处理功能。

这些测试大部分都可以在码头通过 HIL 船舶仿真器完成,包括通过失效仿真测试系统失效处理和报警功能。

在年审和系统升级测试中测试范围主要集中在重要的测试,这些测试主要与系统升级历史和前期测试历程有关。

1) 功能测试

该测试主要是在 DP 系统正确安装的情况下,对系统的功能进行测试,测试主要依据 DP 控制系统的操作手册,对手册中系统功能逐条测试,观察测试结果是否与手册中描述的结果一致。HIL 系统提供与实船无差别的安装接口,测试人员通过 DP 控制系统对 HIL 仿真系统中船舶或设备进行控制,测试 DP 控制系统的功能。测试步骤包括:

(1) 依据 DP 控制系统的安装手册正确安装系统。
(2) 依据 DP 控制系统电气图纸正确连接信号。
(3) 针对用户操作手册功能配置 HIL 测试的系统环境,包括设备数量、参数或操作阶段。
(4) 操作使用 DP 控制系统完成相应的功能。
(5) 对比手册和实际测试结果,判断系统功能正确性,记录测试结果。

2) 性能测试

该测试主要是在 DP 系统正确安装的情况下,测试系统的性能,包括控制过程的精度、动态特性、可靠性以及其他特性指标。测试人员通过动态设置 HIL 系统的仿真海况环境,观察分析被控船舶的运动和设备运行情况。比较预期性能指标与实际性能指标。

通过对 DP 控制系统长时间连续运行测试,跟踪记录系统运行状态,测试系统的可靠性。测试步骤包括:

(1) 根据 DP 系统工作海域,使用 HIL 配置管理软件配置仿真海况环境参数。

(2) 操作 DP 系统使其工作于某一模式下,利用历史实时数据分析系统,观察分析系统指标数据。

(3) 比较预期性能指标与实际性能指标,记录测试结果。

3) 失效测试

该测试主要是在 DP 系统正确安装的情况下,测试 DP 控制系统失效模式探测功能,以及系统提供的失效发生后合理的操作处理的功能。

测试人员通过设置触发失效模式,观察 DP 控制系统对失效发生的反应,依据用户手册进行故障处理,判断实际系统对失效反应与用户手册中描述失效反应的一致性,以及操作人员失效处理方法的合理性。测试步骤包括:

(1) 操作系统运行于某种正常的工作模式下,通过失效管理系统触发故障。

(2) 查看 DP 系统报警信息,比较与根据用户操作手册描述的一致性。

(3) 根据用户操作手册处理故障。

(4) 查看处理结果,比较与根据用户操作手册描述的一致性,记录测试结果。

自升式风电安装船技术与应用

第 11 章　抱 桩 器 设 计

11.1 抱桩器简介

全液压式海上桩体纠偏固定系统俗称抱桩器。作为近海及潮间带风电单桩基础打桩的专用辅助夹具,其作用是使桩体以规定的垂直度插入海床到指定的深度。系统既具有桩体的纠偏功能,还具备一定的导向扶正功能。系统执行机构采用液压驱动,并配以不同长度的支撑杆,实现不同桩径的纠偏和扶正功能。其纠偏定位精度较高,可保证桩体插入的垂直度,是海上风电安装过程中不可或缺的重要部件之一。主要包括:支撑钢结构系统、主推系统、侧推系统、抱箍系统、液压系统和电控系统。

11.2 抱桩器基本参数

适应的桩径范围:3.8~7 m;
最大纠偏力:100 t;
最大纠偏幅度:桩中心前后左右均±1 m;
油缸最大速度:0.4 m/min(可微动操作)。

11.3 抱桩器原理及工况

11.3.1 液压原理

利用2套液压油缸顶推,实现单桩的前后±1 m范围内的初级纠偏,利用另2套侧推油缸实现单桩左右±1 m范围内的初级纠偏。利用纵锁油缸,将大小夹臂锁住后,利用夹臂内的高压千斤顶,实现桩体300 mm范围内的精确纠偏。同时,该抱桩器设置为上下两层,间距7 m,以更好的保证桩体入泥的垂直度。

注意：鉴于每次打桩的直径不同，需要事先配置不同长度的撑杆，连接顶推滚轮，以实现不同桩径的纠偏。

11.3.2 作业工况

（1）风电桩吊装到位后，主推油缸动作（外伸或后退），侧推油缸及抱桩油缸保压；待主推油缸动作到位后，锁定；侧推油缸动作，将抱桩器角度初步调整到位后，侧推油缸锁定；抱桩油缸动作，将风电桩准确环抱到位后，纵锁油缸动作，将夹臂锁死。所有油缸保压锁定。抱桩器动作完毕。

（2）风电桩打桩过程中，如果发生倾斜、侧偏等情况，使主推油缸或侧推油缸受力超过其最大推力，油路自动泄压，以保护抱桩器不受损坏。

（3）风电桩打桩完毕后，纵锁油缸提起，抱桩油缸松开，夹臂收回，侧推油缸及主推油缸依次收回。准备下一个机位的工作。

（4）全部过程均为手工现场操作，微调控制，以使油缸伸缩到位。

（5）上下两层抱桩器均为独立控制，鉴于油泵功率及结构强度，系统每次只允许一个油缸动作，控制系统做了互锁。上下两层抱桩器具有同步控制功能，控制设置于下层。

（6）每个油缸没有设置限位开关，每个油缸的启停需要操作人员根据现场实际情况自己判断。但是，在主推油缸及侧推油缸处设有标尺刻度，供系统归零时参照。

11.4 抱桩器各系统简介

11.4.1 主推系统

主推系统主要由旋转臂、伸缩臂和主推油缸组成；旋转臂主要起摆动和导向功能，伸缩臂在两套主推油缸的作用下，可以沿旋转臂导向的方向进行伸缩，实现单桩的前后±1 m范围内的初级纠偏。主推油缸共4件，上下抱箍主推系统各2件，对称布置在伸缩臂的两侧，有效行程2 000 mm，单个推力为50 t。

11.4.2 侧推系统

侧推系统主要由侧推支架、侧推滑块以及侧推油缸组成；侧推支架是侧推系统的支撑和框架，抗磨块块均匀布置在支撑平面上或伸缩臂下表面，主要目的是减少伸缩臂移动过程中的摩擦力；侧推滑块安装在油缸的推杆上，具有自纠偏能力，可以根据伸缩臂的偏角，自动调整位置，保证滑块与伸缩臂充分接触，使油缸的推力发挥最大的效率。

侧推油缸共 4 件,上下侧推系统各 2 件,布置在伸缩臂的两侧,有效行程 1 200 mm,单个推力为 200 t。

11.4.3 抱箍系统

抱箍系统主要包括：夹套、大夹臂、小夹臂、联系臂、抱桩油缸、横锁油缸、竖锁油缸及顶推系统。

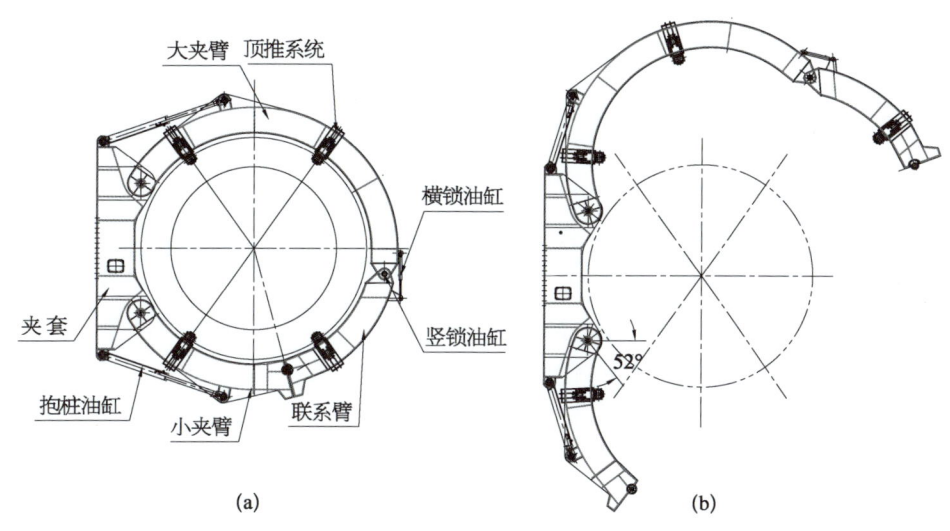

图 11.1 夹臂
(a) 夹臂闭合状态；(b) 夹臂打开状态

夹套、大夹臂、小夹臂和联系臂组成了抱箍系统的框架结构,抱箍油缸主要功能控制大夹臂和小夹臂的开合角度,最大打开角度约为 51 度；横锁油缸功能是控制联系臂的打开角度,可以增加抱桩器夹臂最大开口距离；横锁油缸的功能为联系臂锁定在小夹臂。顶推系统主要由千斤顶和调节支撑杆组成,8 个千斤顶最终对风电桩施加纠偏力,进行调整。调节支撑杆可以根据具体的桩径调整千斤顶的位置。油缸主要参数(包括上下两层抱箍油缸)见表 11.1。

表 11.1 油缸主要参数

名 称	数 量	行程(mm)	最大推力(t)
抱桩油缸	4	1 700	50
纵锁油缸	2	450	5
横锁油缸	2	500	10
千斤顶	8	300	100

11.4.4　电控系统

电气系统由本地电气柜和远程行车手柄组成。控制系统采用西门子 200 系列 PLC，安全可靠。

电气系统元件（包括各种断路器、接触器、继电器、PLC 等）均选用世界著名公司的产品，如施耐德、明伟和魏德米勒等，具有很高的可靠性和安全性；电气回路中设有过载保护，短路保护，以确保系统的安全。

电气控制柜采用不锈钢材质，控制器为施耐德的专用行车手柄，防护等级均能达到海上户外施工的要求。

11.4.5　液压系统

本液压系统设计基于 GB/T 3766—2015、ISO 4413—2010 标准。

液压系统由油箱、电动机-泵组、各种控制阀件、油缸、过滤器等附件及管路组成，系统采用当今世界较为先进的液压技术，可靠安全、高效节能。

主液压系统元件（包括各种阀件、泵、过滤器、密封件等）均选用世界著名公司的产品，具有很高的可靠性、安全性及可维修性；系统所有零部件的工作压力足以满足系统额定压力的要求，流量和管径的选择均满足使用要求。液压回路中设有过载保护阀，以确保系统的安全。

主油泵为柱塞泵，用联轴器与电动机连接，液压站共设两组主泵源，互为备用。另外系统配备一组齿轮泵作为循环冷却与应急泵使用，以满足在船舶主电源失效时，由船舶应急电源提供动力。另外液压站还集成了阀块、压力表、过滤器等。

液压站油箱采用不锈钢材质，装备有油温计、加热器、液位计、空气滤清器及人孔、泄油口等。

系统配备有风冷却器，在外界环境温度较高时，系统也能长时间连续运行。加热器的设置可在环境温度较低时，使系统正常工作。

另外系统设置有液位控制器，当液位过低系统会报警或停机。

系统的主要液压元件在总装前均进行合格性试验，液压系统安装完成后将按相关标准进行静压试验。此外我们将采用先进的清洗工艺，来保证整个液压系统管路的清洁。

本系统设计时充分考虑了液压系统的海上工作环境，管路和油缸等满足盐雾、防腐等要求，供应商均为有相关资质的厂家，以确保系统的可靠运行。

油缸上均设置有平衡阀，其作用是在执行元件的回油管路中建立背压，使油缸在负载变化时依旧能保持平稳运动，以防止因外力使油缸超速而失控，同时在静态状态锁定油缸；主油路设置有压力补偿的调速阀，以调节油缸的运行速度，同时免受负载影响，这种控制方式充分体现了液压传动刚柔并济的优点。

11.5　抱桩器系统主要特点

（1）本系统最大的特点是既能适应不同的桩径纠偏,且纠偏力度大,操作灵活,自动化程度高,纠偏精度较高。

（2）结构简单,易于维修且操作简便,同时其纠偏幅度范围大,可适应 桩径变化范围大,结构紧凑,质量轻,造价便宜。本设备除了抗磨块及液压件等为易损件,其余零部件在寿命期内几乎不需更换。最大限度为海上施工节省时间。

（3）整体结构自成一体,可实现撬块化安装拆卸,基座及动力站等可与群桩抱桩器共用,在海上可快速整体拆卸。

（4）所有紧固件均有防松措施,并考虑维修更换时的便利与安全。

（5）夹臂内外均有扶手护栏,保证现场操作检查人员安全。

（6）12 mm 以下的螺钉,螺母均采用不锈钢材料。12 mm 以上的螺栓螺母均采用防锈涂层保护。

（7）各易损件均采用螺栓连接,便于后期的维护更换。

（8）各油缸活动部件均有防护,适应海上施工恶劣环境。各油缸均考虑了维修拆卸的便利措施,最大限度地节省海上现场维修成本。

（9）各滑动部件均具有抗磨块保护,有效减小系统阻尼及噪声,同时提高了移位准确度,减少部件磨损。

11.6　电控系统操作说明

11.6.1　电控柜指示灯说明

电控柜指示灯标记如图 11.2 所示,指示说明见表 11.2。

11.6.2　操作站指示灯说明

本机共有两个操作站:本地操作站及远程遥控操作站,两个操作站操作工况及布局基本一致,下面着重以本地操作站为例介绍,见表 11.3。

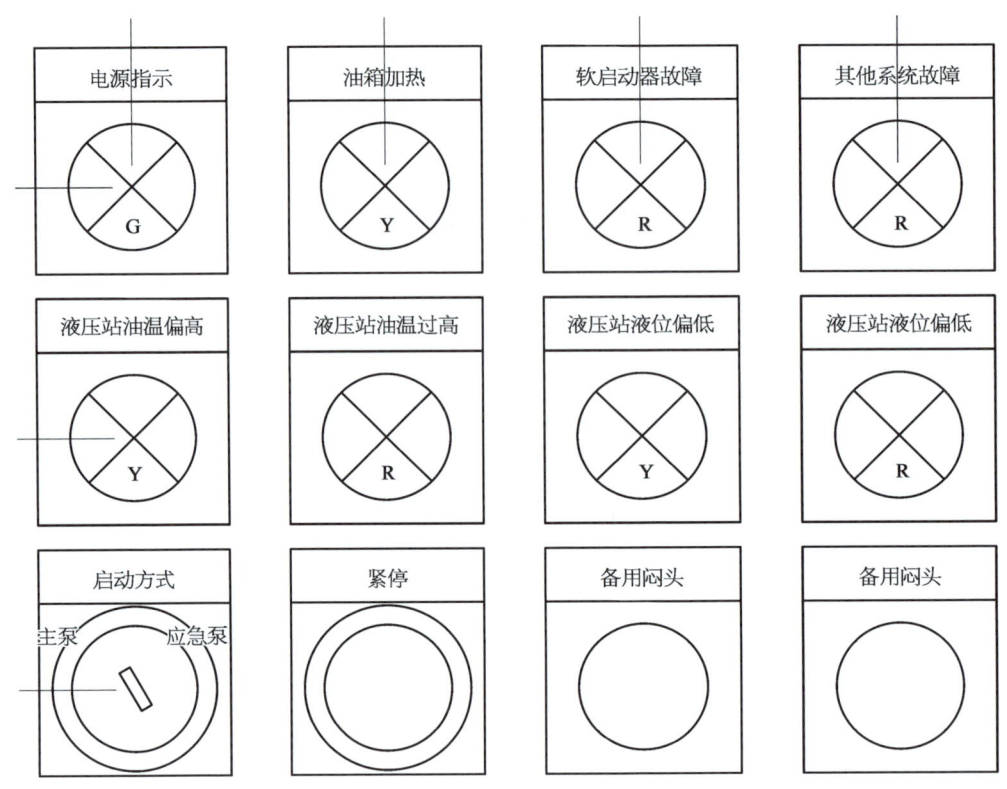

图 11.2 按钮标记图

表 11.2 电控柜指示灯说明

名　　称	类　　型	作　　用
电源指示	绿色指示灯	系统主电源供电时,绿色指示灯亮;系统主电源断电时,绿色指示灯灭
油箱加热	黄色指示灯	邮箱加热器加热时,黄色指示灯亮;油箱加热器断开时,黄色指示灯灭
软启动器故障	红色指示灯	软启动器正常时,指示灯灭;当软启动器发生故障时,红色指示灯亮
液压站油温偏高	黄色指示灯	液压站油温正常时,指示灯灭;当液压站油温达到预警位置时,液压站会发送一个油温偏高信号,此时黄色指示灯亮
液压站油温过高	红色指示灯	液压站油温正常时,指示灯灭;当液压站油温达到报警位置时,液压站会发送一个油温偏高信号,此时红色指示灯亮
液压站液位偏低	黄色指示灯	液压站液位正常时,指示灯灭;当液压站液位偏低达到预警位置时,液压站会发送一个液位偏低信号,此时黄色指示灯亮,所有机构可正常工作,但必须尽快加油
液压站液位过低	红色指示灯	液压站液位正常时,指示灯灭;当液压站液位过低达到报警位置时,液压站会发送一个液为过低信号,此时红色指示灯亮,所有机构立即停止动作,需要马上加油才可继续使用

（续表）

名称	类型	作用
启动方式	两位选择开关	当开关打在"主泵"位置,此时系统为主泵工作方式;当开关打在"应急泵"位置,此时系统为应急泵工作方式
紧停	红色蘑菇头按钮	在运行过程中,如果任一处的"紧停"被触动,油泵电机失电,所有电磁铁失电
备用		
备用		

表 11.3 操作指示灯说明

名称	类型	作用
主推/右抱桩	万向手柄	操作主推机构与右抱桩,具体参见控制工况部分
侧推/左抱桩	万向手柄	操作侧推机构与左抱桩,具体参见控制工况部分
横锁油缸	手柄	操作横锁油缸机构,具体参见控制工况部分
竖锁油缸	手柄	操作竖锁油缸机构,具体参见控制工况部分
顶轮油缸(千斤顶)	手柄	操作顶轮油缸(千斤顶)机构,具体参见控制工况部分
顶轮油缸选择	5位选择开关	选择需要使用的千斤顶,具体参见控制工况部分
微动	2位选择开关	当开关打到"微动开"时,电磁铁 S24(对应上层千斤顶油缸)、S45(对应下层千斤顶油缸)得电,此时进入微动模式;当开关打到"微动关"时,系统正常模式操作
控制合	绿色带灯按钮	当按下按钮时,电机 M1 启动,延时 3 秒,M2 启动,液压系统即处于"待命"状态,此时绿色指示灯亮
控制断	红色带灯按钮	当按下按钮,电机 M1、M2 失电,所有电磁铁失电,此时所有机构不能动作
电源指示	绿色指示灯	系统主电源供电时,绿色指示灯亮;系统主电源断电时,绿色指示灯灭
故障复位	黑色按钮	系统发生误报警故障时,可按下此按钮故障复位继续使用,若不能不复位需检查故障发生原因
消音	黑色按钮	当发生故障时,蜂鸣器会产生报警声,按下此按钮可消除报警音
旁路	两位选择开关	当液压系统报"油温过高"故障时,所有电磁铁会失电,电机 M1、M2 会停止运行,在"旁路"开关动作时,M1 或 M2 可应急启动,可启动风机,电磁阀可得电,进行应急操作
液压站油位偏低	黄色指示灯	液压站油温正常时,指示灯灭;当液压站油温达到预警位置时,液压站会发送一个油温偏高信号,此时黄色指示灯亮
液压站油位过低	红色指示灯	液压站油温正常时,指示灯灭;当液压站油温达到报警位置时,液压站会发送一个油温偏高信号,此时红色指示灯亮
液压站油温偏高	黄色指示灯	液压站液位正常时,指示灯灭;当液压站液位偏低达到预警位置时,液压站会发送一个液位偏低信号,此时黄色指示灯亮,所有机构可正常工作,但必须尽快加油

（续表）

名　　称	类　　型	作　　用
液压站油温过高	红色指示灯	液压站液位正常时,指示灯灭;当液压站液位过低达到报警位置时,液压站会发送一个也为过低信号,此时红色指示灯亮,所有机构立即停止动作,需要马上加油才可继续使用
软启动器故障	红色指示灯	软启动器正常时,指示灯灭;当软启动器发生故障时,红色指示灯亮
其他系统故障	红色指示灯	当控制系统产生其他位置故障时,红色指示灯亮,此时需要停机检查故障产生原因
蜂鸣器		当系统产生故障时,蜂鸣器
紧停	红色蘑菇头按钮	在运行过程中,如果任一处的"紧停"被触动,油泵电机失电,所有电磁铁失电

参 考 文 献

[1] 顾敏童. 船舶设计原理[M]. 上海：上海交通大学出版社，2001.
[2] 中国船级社. 海上移动平台入级规范[S]. 北京：人民交通出版社，2016.
[3] 中国船级社. 钢质海船入级与建造规范[S]. 北京：人民交通出版社，2015.
[4] 中国海事局. 国内航行海船法定检验技术规则[S]. 北京：人民交通出版社，2011.
[5] 晁世方，于多，刘小亮. 800 t 自升式风电安装平台的吊重丢失稳性计算分析[J]. 船舶工程，2015(S1)：241-244.
[6] 刘晓，董美余，晁世方. 基于1 000 t 自升式风电安装船的浮态起重作业稳性探究[J]. 船舶工程，2016(S1)：46-49.
[7] ABS. Guide for Building and Classing Mobile offshore Drilling Units [S]. 2012.
[8] ABS. Guide for Building and Classing Mobile Offshore Units [S]. 2012.
[9] NAPA Manual (Version 2015) [S]. 2015.
[10] 中国船级社. 船舶与海上设施起重设备规范[S]. 北京：人民交通出版社，2007.
[11] 孙东昌，潘斌. 海洋自升式移动平台设计与研究[M]. 上海：上海交通大学出版社，2008.
[12] 满永奎，韩安荣. 通用变频器及其应用[M]. 北京：机械工业出版社，2012.
[13] 王兆安，杨军，刘进军. 谐波抑制和无功功率补偿[M]. 北京：机械工业出版社，1998.
[14] ABB. ACS800 变频器硬件手册[R]. 2002.
[15] 符敦鉴等. 岸边集装箱起重机[M]. 武汉：湖北科学技术出版社，2007.
[16] 上海港机重工有限公司. 港口起重机设计规范[M]. 北京：人民交通出版社，2007.
[17] 张质文，等. 起重机设计手册[M]. 北京：中国铁道出版社，1998.
[18] 中华人民共和国国家质量监督检验检疫总局，中国国家标准化管理委员会. 起重机设计规范(GB/T 3811—2008)[S]. 北京：中国标准出版社，2008.
[19] 中华人民共和国住房和城乡建设部. 钢结构设计规范(附条文说明[另附])(GB 50017—2017)[S]. 北京：中国建筑工业出版社，2017.
[20] 王金诺. 起重运输机金属结构[M]. 北京：中国铁道出版社，1983.
[21] 李谷音. 港口起重机机械[M]. 北京：人民交通出版社，2004.
[22] 成大先. 机械设计手册[M]. 北京：化学工业出版社，2007.
[23] FEM 1.001. Rules for the design of Hoisting Appliances [M]. 1998.

[24] 成大先. 机械设计手册-液压传动[M]. 北京：化学工业出版社, 2004.
[25] 雷天觉. 新编液压工程手册[M]. 北京理工大学出版社, 1998.
[26] 郑见粹. 内河斜坡式码头集装箱装卸工艺风电安装桥式集装箱起重机[J]. 集装箱化, 2007(09): 1-4.
[27] 陶德馨, 等. 工程机械手册[M]. 北京：清华大学出版社, 2017.
[28] 蒋国庆, 等. 世界先进水平的海上减载装卸系统[J]. 港口装卸, 2002(3): 4-6.
[29] 李玉林. 内河5 t风电安装双悬臂桥式起重机[J]. 水运科学研究, 2005(3): 31-33.
[30] Fossen T I. Guidance and control of ocean vehicles [M]. John Wiley & Sons Ltd, 1996.
[31] DNV. Dynamic positioning systems-operation guidance [M]. DNV, 2011.
[32] 陈恒. 深海半潜式平台动力定位推力系统设计研究[D]. 上海：上海交通大学, 2008.
[33] 周利. 半潜式钻井平台动力定位推力系统理论设计及模型试验研究[D]. 上海：上海交通大学, 2009.
[34] 王元慧. 模型预测控制在动力定位系统的应用[D]. 哈尔滨：哈尔滨工程大学, 2006.
[35] 边信黔, 付明玉, 王元慧. 船舶动力定位[M]. 北京：科学出版社, 2011.
[36] 王晓飞. 船舶动力定位建模与控制算法研究[D]. 上海：上海交通大学, 2011.
[37] 中国船级社. 动力定位系统检验指南. 北京：人民交通出版社, 2002.
[38] DNV. RULES FOR CLASSIFICATION OF SHIPS. 2010.
[39] API RP 2SK. Design and Analysis of Stationkeeping Systems for Floating Structures [R]. 2005.
[40] Clarke D. The Application of Maneuvering Criteria in Hull Design Using Linear Theory [R]. RINA, 1982.
[41] DNV-RP-C205. Environmental Conditions and Environmental Loads [R]. 2010.
[42] English J. Hydrodynamic Aspects of Dynamic Positioning [R]. NECEIS, 1975.
[43] Faltinsen. Sea Loads on Ships and Offshore Structures [R].
[44] Hoerner S F. Fluid Dynamic Drag [M]. 1958.
[45] IMCA M 103. Guideline for the Design and Operation of Dynamically Positioned Vessels [R].
[46] IMCA M 140. Specifications for DP Capacity Plot [R]. 2000.
[47] OCIMF. Prediction of Wind and Current Loads on VLCCs [R]. Oil Companies International Marine Forum, 1994.
[48] Proceedings 15th ITTC [C]. the Hague, 1978.
[49] MARINTEK FPSO model tests [R]. AFP stage II, 1995.

[50] Newman J N. Second Order, Slowly Varying Forces on Vessels in Irregular Waves [J]. Waves, 1974.

[51] Nienhuis U. Simulation of Low Frequency Motions of Dynamically Positioned Offshore Structures. RINA, 1986.

[52] Walree I F. Wind Load on Offshore Structures. Marin Report, 1988.

[53] Wichers J. A Simulation Model for a Single Point Moored Tanker.

[54] Molin B. Second-Order Hydrodynamics Applied to Moored Structures [C]. 19th WEGEMT, 1993.

[55] 王磊. 动力定位船舶二阶低频慢漂力模型试验研究[J]. 海洋工程, 2006, 24(3): 1-5.

[56] 范尚雍. 船舶操纵性[M]. 北京: 国防工业出版社, 1988.

[57] Hebert M, Krotkov E, Choi Jaebum. University of North Carolina at Chapel Hill. Berlin: Springer, 1993.

[58] 贾欣乐, 杨盐生. 船舶运动数学模型-机理建模与辨识建模[M]. 大连: 大连海事大学出版社, 1999.

[59] 黄祥鹿, 陆鑫森. 海洋工程流体力学及结构动力响应[M]. 上海: 上海交通大学出版社, 1992.

[60] Fossen T I, Sagatun S I. Adaptive Control of Nonlinear Systems: A Case Study of Underwater Robotic Systems [J]. Journal of Robotic Systems, 1991, 8(3): 393-412.

[61] Sørdalen O J. Optimal Thrust Allocation for Marine Vessels. Control Engineering Practice, 1997, 5(9): 1223-1231.

[62] Berge S P and Fossen T I. Robust Control Allocation of Overactuated Ships: Experiments with a Model Ship//Manoeuving and Control of Marine Craft, Brijuni [C]. Croatia, 1997.

[63] Tøndel P, Johanson T A, and Bemporad A. An algorithm for multi-parametric quadratic programming and explicit MPC solutions. Automatica, 2003(39): 489-497.

[64] Johanson T A, Fossen T I, and Tøndel P. Efficient Optimal Constrained Control Allocation via multi-parametric programming. AIAA Journal of Guidance, Control and Dynamics, 2005(28): 506-615.

[65] Johanson T A, Fuglseth T P, Tøndel P, and et al. Optimal Constrained Control Allocation in Marine Surface Vessels with Rudders in IFCA Conf//Manoeuving and Control of Marine Craft [C]. Girona, 2003.

[66] Johanson T A. Optimizing Nonlinear Control Allocation in IEEE conf//Decision and Control [C]. Nassau, 2004: 3435-3430.

[67] Johanson T A, Fossen T I, and Berge S P. Constrained Nonlinear Control

Allocation with Singularity Avoidance using Sequential Quadratic Programming[J]. IEEE Transactions on Control Systems Technology,2004(12):211-216.

[68] 杨晨俊,李慧. 2010—2014 我国船舶推进研究进展综述[A]. 中国造船工程学会船舶力学学术委员会第八次全体会议,2014.

[69] 王超. 螺旋桨水动力性能、空泡及噪声性能的数值预报研究[D]. 哈尔滨:哈尔滨工程大学,2010.

[70] 王福军. 计算流体动力学分析[M]. 北京:清华大学出版社,2004.

[71] 广超越. 船舶动力定位系统定位能力分析[D]. 武汉:武汉理工大学,2011.

[72] 杨娜. 船舶动力定位系统推力分配算法研究[D]. 广州:广东工业大学硕士学位论文,2012.

[73] 李志旭. 铺管起重船动力定位推进器配置研究[D]. 哈尔滨:哈尔滨工程大学,2011.

[74] 朱海洋. 船舶动力定位能力分析系统研究[D]. 镇江:江苏科技大学,2017.

[75] 李红涛,等. 海上风电安装船技术发展趋势及突围路径[J]. 中国船检,2017.

[76] 张海亚,等. 海上风电安装船的发展趋势研究[J]. 船舶工程,2016.

[77] 孙永泰. 自升式海洋平台齿轮齿条升降系统的研究[J]. 石油机械,2004,32(10):23-26.

[78] ABS. Rules for Building and Classing:Mobile Offshore Drilling Units 2016[Z]. Part 6. Houston.

[79] 中国船级社. 海上移动平台入级规范 2016 版[Z]. 北京

[80] 黄维学,刘放. 自升式海上钻井平台升降系统技术特点分析[J]. 设计与计算,2011(2):1-3.

[81] 车畅,施海滨,吴富生. 自升式风电安装船液压销孔式升降系统研究[J]. 船舶工程,2018(1):150-169.

[82] 丁金鸿,谭家华. 近海风电专用安装船概述[J]. 中国海洋平台,2009,24(5):6-10.

鸣 谢 单 位

上海振华重工(集团)股份有限公司

中国船舶重工集团公司第七〇四研究所

江苏龙源振华海洋工程有限公司

中国电建集团华东勘测设计研究院有限公司

上海衡拓船舶设备有限公司

华电重工股份有限公司

湖北海洋工程装备研究院有限公司

湖南湘电动力有限公司

中国船舶重工集团海装风电股份有限公司

晟冶风电科技(上海)有限公司